ホワイト・トラッシュ

アメリカ低層白人の四百年史

ナンシー・アイゼンバーグ［著］
渡辺将人［監訳］　富岡由美［訳］

White Trash

The 400-Year Untold History of Class in America

Nancy Isenberg

東洋書林

ホワイト・トラッシュ　アメリカ低層白人の四百年史

《目次》

《凡 例》

・原註は本文当該部に《　》で対照番号を付した上で巻末に原文ママで掲載した。

・訳註は本文当該部に対照記号＊を付した上で脚註化した（人物の没年などの情報は 2018 年 8 月現在）。

・初出資料には、原書記述に準じた原題を欧文イタリックで付した。

・書籍資料に邦訳がある場合は、その書誌情報を底本・全抄訳の異同に関わらず訳註で示した。なお、関連の訳語は原則独自訳を採っているが、既訳引用の際は上記の書誌情報の末尾に「〜より」と特記した（数詞などの文字遣いは適宜、本書に揃えた）。

・聖書からの引用は原則的に新共同訳に拠った。

・史料性を重んじる原書の意図を尊重し、現在は適当でないとされる可能性のある語についても歴史用語として訳出した。

はじめに
Preface

時代を超えて最も記憶に残る映画をひとつ挙げるなら、それは『アラバマ物語』*To Kill a Mockingbird*（1962）ということになる。〝奴隷制〟と〝人種差別〟という南部における負の遺産の肖像を描いた古典的名作だ。わたしが20年以上にわたって講義で取り上げ続けているこの映画は、オバマ元大統領お気に入りの一作でもある。そして今なおこの作品を見た学生たちは、（たとえ高校ですでに目にしていたとしても）ドラマに込められた不穏な意図に初めて気づく。ひとつならず、ふたつも。

✺

筋立ての流れは、人種に深く根差した〝二重のしきたり《ダブル・スタンダード》〟を拒絶する、勇敢で強い信念を持った弁護士アティカス・フィンチを中心に展開する。フィンチは周囲の反対を押しきって、貧しい白人女性メイエラ・ユーエルをレイプした罪に問われているアフロ＝アメリカン、トム・ロビンソンの弁護を引き受ける。裁判は有罪となるものの、映画の観客には彼の潔白が織り込み済みだ。誇り高く勤勉な家族思いの男、トムのほうが、告発者である堕落したユーエル親子よりも好ましい。みすぼらしく着飾ったメイエラは、何の取り柄も道徳心もない、つなぎ姿の痩せこけた父ボブの暴力に怯えていた。ボブ・ユーエルは全員が白人で占められた陪審員らに自分に有利な評決を下すよう要求し、結局のところそうなる。娘の名誉のための復讐に手を貸してくれ。そう主張したのである。そしてトムが囚われの身からの逃亡を企てて射殺されたことにも飽き足らず、ハロウィンの夜、ボブはアティカス・フィンチの子供ふたりを襲う。

ボブ・ユーエルのフルネームは、ロバート・E・リー・ユーエルである。とはいえ、古株の南部《オールド・サウス》のあの名流の家門に連なる者ではない。* ハーパー・リーが原作で記したように、こちらのユーエル家は貧しさの極みにあり、いかなる経済の変動によっても、それがたとえあの大恐慌だったとしてもだが、その境遇には何の変化も起こり得ない。いわば人類の不作なのだ。著者の言葉を借りれば「無断欠席児童の監督官は、こうした大ぜいのこどもたちを学校にこさせることができなかったし、公衆衛生官吏といえども、先天的な不具やさまざまな虫、不潔な環境特有の病気から、彼らを救うことはできなかった」。彼らは町のゴミ溜めの裏に住み、毎日ゴミの山を漁る。崩れかけたぼろ家は「以前ニグロがいた小屋」だった。残飯がそこら中に散乱し、小屋はまるで「気がちがったこどもの遊び場」のようだった。誰もこの家に子供が何人いるのかを知らない。9人だ、いや6人だという声もある。アラバマ州メイコームの住人にとって、ユーエル家の子供たちは「いつ通っても、窓にきたない顔をした子が何人か」いるくらいのものなのだ**〈1〉。ユーエルの一家は、南部人（そして残りの大方）が呼ぶ〝ホワイト《白い》・トラッシュ《屑》〟に他ならない。

今日のアメリカ人は、ホワイト・トラッシュについて狭義の歪んだ理解を示している。この好ましからざる人々に関する時代を逆行する態度の最も激しく最も身近な象徴のひとつが、1957年の新聞やテレビを賑わした、アーカンソー州リトルロックでの人種統合教育に抗議する白人たちの敵意をむき出しにした表情である。2015年には、タトゥーを入れたKKKがチャールストンのサウスカロライナ州議事堂に掲げられた南部連合旗を守ろうとしたことで同様の感情を喚起し、この厄介な社会現象の根深さを実証している。ジョージア出身の料理研究家ポーラ・ディーンは、フード・ネットワークで披露するコレステロールたっぷりのレシピによっ

*――― Old South は米建国13州に含まれる南部諸州の総称で、“名門ユーエル家”の在所はヴァージニアである。

**―――本段引用「　」は『アラバマ物語』、菊池重三郎訳、暮しの手帖社より。なお、メイコームは作品の舞台になった架空の町。

て人気を博していたが、2013年にその評判を急落させた。「Nワード《ニガー》」の常用が明るみに出たことで、庶民派としての支持が一夜にして地に墜ち、ぞんざいで洗練されていない南部の田舎者《レッドネック》というラベルを貼られてしまったのである。これと対極をなすかのように、テレビ視聴者は『爆発！ デューク』*The Dukes of Hazzard*(1979–1985)に登場するジェファーソン・デイヴィス・「ボス」・ホッグのようなヴォードヴィル芸人さながらの人物を贔屓にする。しかし番組は2015年まで再放送されたものの、ボー・デュークとルーク・デュークの愛車「リー将軍」にペイントされた南部連合旗のせいで打ち切りになった。* この番組名は、まさに階級アイデンティティに関するきつい洒落だ。デューク一家が密造酒《ムーンシャイナー》づくりの貧相なジョージアの山の衆であるにもかかわらず、その名前はイギリス貴族を暗示しているのである**《2》。

　こうしたホワイト・トラッシュの〝スナップ写真〟には、実際かなり昔からあるというのに普段見過ごされている問題がぼんやり写し出されている。アメリカ人は、先に挙げたような事件を口の端《は》から口の端へと次々に移すとき、階級というものをそこまで深くは掘り下げない。だがこの白人の怒りと無理解の向こう側には、アメリカの植民地時代とイギリスの貧困意識にまで遡る、階級アイデンティティのなおいっそう複雑な歴史がある。この国の階級システムは、主流社会への仲間入りがひと目で無理だとわかる田舎住まいの余計者の白人を見捨てる際に、あるいは悪の根源とする際に、(さらに言えば、思い出したように更生させる際に)あしらわれる、政治展開上の理由づけによって様々な道筋に定められていくのだ。

　とするならば、ユーエル一家はアメリカ史の端役ではない。彼らの歴史は、1900年代ではなく1500年代に始まっているのだから。貧者を海外へ移住させるというイギリスによる植民地政策の結果、アメリカの階級に対する考えが条件づけられ、永久に刻み込まれたのである。まずは「無用者」waste people、そしてのちに「ホワイト・トラッシュ」white trash として認知される社会の周縁に追いやられたアメリカ人は、生産性がなく、自前の土地を持たず、這い上がる気骨――つまりアメリカン・ドリームを掴む基礎となる上昇志向――のある健全

*――同年、チャールストンの黒人教会で起きた銃乱射事件で、犯人の白人男性がこの旗を身に着けていた。

**――デュークは「公爵」の意。「ボス」の名や問題になった車の名が南部人へのあからさまな“くすぐり”になっていることにも留意されたい。

な子をなすこともないという烙印を押された。貧困と〝社会に乗り遅れた者〟に向けたアメリカの解答は期待通りというわけにはいかず、20世紀も深まると堕胎が、そしてさらには断種までもが、成長過程にある経済の足かせとなる「負け犬」loser の切り捨てを望む者にとって合理的に映るようになった。

✺

こうした求められない人々の扱いにアメリカが気を取られる中、田舎者の貧乏白人《プア・ホワイト》がともかくも白人の範疇には容れられず、黄みがかった肌をした病気がちで弱々しい子供らの印象から何か別の奇妙な種族と見なされた19世紀半ばに、おそらく最も劇的な術語が付け加えられた。「無用／不作」waste や「クズ」trash という言葉は、この強烈に刻まれる語彙そのものをどうとらえるにせよ決して見逃せないだろう。合衆国には、その歴史を通じて常に階級システムというものが存在したが、それは上座を占める1％が管理し、不満のない中流階級によって支持されるだけに留まらない。国家のアイデンティティを明らかにするにあたっては、澱《よど》み、使い捨てられるままの社会における底辺層を無視することなどもはやできないのである。

貧乏人、無用者、がらくたなど様々なラベルを貼られる人々は、アメリカがその形をなす節目のたびに展開された政争の矢面に立たされた。植民地時代、土地を持たない不法居住者《スクワッター》が大陸を股にかけ群れをなして西へと向かう中、彼らはお定まりの使い出のある捨て駒であり、同時に一貫して反抗的な厄介者だった。南部のプア・ホワイトは、エイブラハム・リンカン率いる共和党の台頭と、南北戦争当時の南部連合の内にあってより貧しい階級へと染みわたった悪しき血の元凶として眉をひそめられる風潮との中、はなはだしく注目を集めた。そしてリコンストラクション（再建期）を通じての連邦復興の物騒な異常値がホワイト・トラッシュであり、20世紀初めの20年で優生学運動が最盛期を迎えると退化した階級として断種の標的にされたが、*その一方でニューディール政策やリンドン《L》・ベインズ《B》・ジョンソン《J》の掲げた「偉大な社会」における社会活動の恩恵を受けてもいた。

＊―――人類学者フランシス・ゴルトンが1883年に造語した " 優生学 "eugenics は、ヒトの遺伝構造の操作を通じて社会改良を図る応用科学で、人種政策などの悪弊を産み出した。

ホワイト・トラッシュはいつでも、アメリカという国家の気づまりな真実のひとつを思い起こさせる。つまり、貧者は常にそばにいるのである。〝プア・ホワイトは報いを受けている〟とする先入観は、アメリカに刷り込まれた田舎育ちの抱く大志——身を立て世に出る夢——と、それを叶わぬ夢にしてしまうほど変わることのない階級の壁という訴えるところのより少ない真実とのはざまにみなぎる不安な緊張をあらわにする。ここで人種と階級の交差が、物語全体の否定できない部分として依然残っていることは言うまでもない。

本書で示した調査によって、ひどく込み入った〝遺産〟が明らかになるだろう。それは単に、底辺層をその都度どうラベルづけしてきたのか、という問題ではない。経済的不平等の正当化は、国家信条の無意識の内に属してきた。つまり貧困は、人間に統制できない自然の仕業とされてきたのである。こうした評価があって、プア・ホワイトには〝他とは違う種族《ブリード》〟として必然的な分類がなされた。換言すれば、その〝種の涵養／血統づけ《ブリーディング》〟とは社会における作法や社交術へのあげつらいなどではない。むしろそれより遥かに残忍な何かであり、押しつけられた相続なのだ。アメリカが採用した〝ある階級を示唆する言葉〟は、浮浪罪へと向かうイングランドの姿勢の向こうを張り、*大西洋を越えて畜産や人口動態や血統を語る上で定着した。貧者は不作と腐されるばかりか、質の悪い家飼いの獣と同等に扱われたのである。

長い年月の間に、身近な軽蔑の念が込められたイメージの一方で、ポピュリスト的な観念も台頭してきたもの**の、貧困にあえぐ田舎暮らしの白人に投影された敵意を減少させるほどの十分な力はそこになかった。ただしここ数十年で言えば、「生粋の南部人という出自《レッドネック・ルーツ》」の再発見を通じての部族めいた激情の盛り上がり、すなわち1980年代と90年代にわたって氾濫した誇りに満ちたある運動が目につく。アイデンティティ・ポリティクス***にいっそう多くの人々が魅了されるようになったためか、こうした転換には人種間関係の発展的変化に向かう態度を超える勢いが感じられる。ここで言う〝出自〟、すなわち〝ルーツ〟は、階級による民族的伝統の特色（と魅力）の引き受けと、翻ってその階級を単なる文化現象と評価したい現代の欲求とを暗示している。しかし、『ダッ

＊———英現行法となる浮浪者取締法の成立は1824年。

＊＊———ポピュリズム populism（人民主義／大衆主義）では、“利権を寡占するエリート”という悪が仮想され、それによって虐げられている“大衆”に向けた為政が標榜される。

＊＊＊——— identity politics。“自己をある特定域で定義する人々に向けた政治”の意。

ク・ダイナスティ』*Duck Dynasty*や『ハニー・ブー・ブー』*Here Comes Honey Boo Boo*といったテレビの「リアリティ番組」が集めるここ最近の人気が証明するように、21世紀のホワイト・トラッシュもまた絶望的に育ちの悪い者のステレオタイプという昔ながらのイメージを依然として留めている。

数多くの人物が、それこそ有名であれさほど有名でなかれアメリカで窮状にあった〝卑種の人々〟が織りなす長大な英雄譚《サーガ》に身を投じた。ベンジャミン・フランクリン、トマス・ジェファーソン、デイヴィ・クロケット、ハリエット・ビーチャー・ストウ、ジェファーソン・デイヴィス、アンドルー・ジャクソン、W・E・B・デュボイス、セオドア・ローズヴェルト、アースキン・コールドウェル、ジェイムズ・エイジー、エルヴィス・プレスリー、リンドン・ベインズ・ジョンソン、ジェイムズ・ディッキー、ビリー・カーター、ドリー・パートン、ウィリアム・ジェファーソン・クリントン、サラ・ペイリン……自身にまつわる概念を吟味し、パブリック・イメージを変転させながら描かれる彼らのセルフ＝イメージは、アメリカにおける階級アイデンティティの奇妙で複雑な物語をいっそう研ぎ澄ました形で感じさせてくれるはずだ。

踏まえた上で、本書ではたくさんの物語が語られる。まずはアメリカの田舎にあって見逃すことのできない過去が。そしてひとつにはおそらく最も重きを置かれるべきひとりの国民として抱える苦悩、つまり合衆国に広く行き渡った階級ヒエラルキーが。それは土地と資産所有というコンセプトをめぐって終始し、階級アイデンティティと土地をめぐる具体的かつ比喩的な意味が密接に結びついている。最悪の階級は、アメリカ史の大半において雑木林や痩せた土地、あるいは沼沢の荒地といった最悪の土地から噴き出たかのように見なされた。住宅の所有は、今日でも〝社会移動〟*の指標であり続けている。

✺

わたしが抱いた本書の論題への興味は、そもそも大学院時代にまで遡る。ふたりの素晴らしい研究者とともに学

*——— social mobility。個人による社会的地位の変化を指すが、本書では概ねその上昇／向上の含みをもって使われている。

ぶ機会に恵まれたのだ。彼らの歴史への取り組み方は、その後のわたしの学究生活の形成に重要な意味を持った。博士論文を指導してくれたゲルダ・ラーナーは、イデオロギーがまとう神秘性を取り払おうと情熱を傾けており、型通りの知識には限界があることを肝に銘じるよう辛抱強く説いた。ポール・ボイヤーは驚くほど広範な専門領域にその知性を発揮する歴史家で、ピューリタンのニューイングランド、19世紀の道徳改革者、20世紀の宗教原理主義者のことを機微に触れる優雅な筆致で書き綴った。メキシコと国境を接するテキサスの町サン・ベニートも、本書の論題に対する興味を掻き立ててくれる。ここは母の生まれ故郷で、彼女の父ジョン・マクドゥーガルは農地を開こうとカナダから入植者を引き連れてきた現代の開拓者《コロニスト》なのだ。

本書の執筆にあたり、友人や同僚が的確な方法で力を貸してくれた。各章に目を通し、助言を授け、参考資料を届けてくれたクリス・トムリンズ、アレクシス・マクロッセン、リズ・ヴァロン、マット・デニス、リジー・レイス、エイミー・グリーンバーグ、そしてルイジアナ州立大学の同僚アーロン・シーハン＝ディーンに感謝を。『トマス・ジェファーソン集』*The Papers of Thomas Jefferson* の総合編集を担当したリサ・フランカヴィラは、調査に役立つ手紙への注意を促してくれた。チャールズ・ロバーツはアラバマ州パーマーデイルの再入植コミュニティに関する重要な新聞記事を快く貸してくれた。ヴァイキング社の編集者でニューオーリンズにルーツを持つウェンディ・ウォルフは、論旨の緊張と文体の彫琢に目を光らせてくれた。膨大な時間と技術と気配りとを原稿に込めた彼女の思慮深い手際によって、複雑な歴史は遥かに読みやすくまとまり、学問上の厳めしさが必ずしも本を手に取りづらくさせるわけではないことを証明している。おしまいに、わたしの最高の親友で歴史家の同志、アンディ・バースタインにも感謝を述べなければならない。彼の批評眼は、本書をいっそういいものにしてくれた。

――ナンシー・アイゼンバーグ

序――忘れ去っている寓話

Introduction: Fables We Forget By

人々は、階級とは何であるかを知っている。もしくは知っていると考えている。富と特権によって産み出された、経済上の成層のことだ。一般的なアメリカ史は、困ったことに社会階級の存在にはほぼ言及することなく、ごく当たり前に語られる――しかも劇的な表現をもって。あたかも大英帝国から分離する過程で、合衆国がなぜか階級の束縛から魔法のように逃れ、豊かな可能性という気高い意識を得たかのように。曰く、つまるところアメリカの上院《セナト》はイギリスの上院《ハウス・オヴ・ロード》とは違う。「いかにして土地と自由を勝ち取ったか」や、「いかにしてありふれた民衆が好機を掴んだか」という主旨で、教科書が国の成り立ちの物語を教える。ともあれ、生まれ（両親が誰なのか）や身分（階級システムのどの位置から人生を踏み出したか）に由来する束縛に囚われることのない、各世代による幸福の定義の追求としての生活の質を、政治家であれ有権者であれ等しく推し量る、という意味において、聖なるアメリカン・ドリームは〝金本位制そのもの〟なのである。

　アメリカがその心に抱く神話は、ひとたび人を励ましたかと思えば貶める。「すべての人間は生まれながらにして平等であり」*という一節は、アメリカの広大な原野が孕む神との契約を定義する標語として、また海を隔てた希望のない多くの社会と自ら一線を画すために団結した国民の道徳律として幸運にも採用され、彼らを率いる推進者らによってアメリカという概念が華々しく披露された。それは、君主制と揺るぎない貴顕に支配された世

*―――"All men are created equal"。〈アメリカ独立宣言〉(1776)、アメリカンセンターJAPAN、https://americancenterjapan.com/aboutusa/translations/2547/ より。

界において、一個の近代共和国の成立そのものが〝社会移動〟という見地に立った独立革命としてあることのどれほどかを証明するはずのヴィジョンだった。

そのすべては、人を励ますだろう。とはいえ、地に足を踏みしめたときの〝現実〟は相当に異なっていたし、今も異なっている。これから検討するように、イギリスの植民地推進者は、それこそ寸分違わない言葉のもとで二重になった課題《アジェンダ》へと取り組んだ。ある者はイングランドにおける貧困の減少にかかり合い、他の者は職にあぶれた非産者を新世界に移送しようと声をあげたのである。入植後、辺境の植民地は非自由労働者（年季奉公人、奴隷、そして子供）を搾取し、こうした可処分階級を人類の不作として扱った。貧者であり無用者である彼らが絶えることはなく、18世紀初頭には変わりようのない種族とまで見なされるようになった。落伍した人類を分別する道筋が、合衆国に定着したのである。大陸の誇らしい発展物語は、時代ごとに独特となる〝無用者——望ましくもなく、また救いようもない人々——の分類学〟を表した。各時代には、その時代版のホワイト・トラッシュ《白い屑》を主流となる理想像から遠ざける、その時代なりのやり方があったのだ。

下層階級の人々を救い難く取り返しのつかない「種族」breed とする思考は、人種と階級の関係を再構成するように本論を促す。人種との交差部は別として、階級というものには独自の非凡で強烈な動力が備わっている。その源泉となったのが、アメリカの底辺層に授けられた様々な呼び名に伴う尽きることのない声高な意図である。今で言う「移動住宅住まいのクズ《トレイラー・トラッシュ》」trailer trash や「赤頸《レッドネック》」redneck は、ずっと以前に「のらくら者」lubber、「クズ」trash、「泥食らい《クレイ＝イーター》」clay-eater、「クラッカー」*cracker などと呼ばれていた——しかもこれらはうわべを少々掻き取っただけにすぎない。

まず、読者が本書の目的を見誤らないように、論旨を明快にしておこう。ごく往々にしてないことにされてしまいがちなアメリカのアイデンティティに関わる何かを、〝ある階級を示唆する言葉〟で語られるアメリカ史上の営為の再評価によって明らかにしたいのである。とはいえ、ただ過去の誤りを指摘するだけにはしていない。

＊———語源は定かでないが、鞭を打つ擬音から転じて「耳障りな自慢屋」を意味するようになった中英語 crak に由来を求める説もある。

現代アメリカ社会に今なおある悩ましい矛盾を、できるかぎり的確に知ってもらえればと願っている。

機会の平等を重んじる文化が、そこに身を置きながらも執拗に軽んじられている人々のありようをどう説明するのか？　いや、そればかりか彼らをどう受け入れるのか？　21世紀のアメリカ人は、この恒久的な難題に立ち向かわなければならない。底辺層《アンダークラス》の存在を認めよう。最初のヨーロッパ人入植者があの岸辺に辿り着いたときからともにあり続けているそれは、今日の厖大な全国的人口動態のつまらない一部などではない。ホワイト・トラッシュがこうした緊張をどう体現したのかというパズルは、ひとつには本書があえて解こうと試みる根源的な謎かけとなる。

アメリカの〝ある階級を示唆する言葉〟やその思考は、イングランドによる植民地化が残した強固な刷り込みに端を発する。アメリカの自然環境を大規模に〝開拓／搾取〟するヴィジョンをイングランドが抱いた1500年代と1600年代を生きた世代が、意図的な表現と露骨なイメージをかけ合わせた語彙を採用したのである。そして、彼らのふけったことは軽口どころではない。まず、慎重な投資家たちに植民地という概念を売り込む必要がそこにあった。つまるところ新世界アメリカへの入植は、旧世界の目的に適うものでなければならない。推進者は、大枠としてアメリカを成功の機会に満ちたエデンの園ではなく、産み殖やせる地に化ける可能性を秘めた巨大ながらくたの吹きだまりになるだろうと想定していた。荷厄介な使い捨ての連中――無用者――を、イングランドという船から降ろしてしまおう。彼らの働きが、遠く離れた荒地を芽吹かせるかもしれない。厳しい言い方をすれば、職にあぶれた貧乏人や社会からのはみだし者は〝あちら側〟へと送り込まれ、ただ肥やしを撒き間の抜けた汚穢《おわい》にまみれて死ぬ運命にあった。逸話に名高い「丘の上の町」＊になる前の16世紀に、冒険家の目に映ったアメリカは、悪臭を放って雑草のはびこる原野であり――育ちの悪い庶民には似合いの「掃き溜め」だった。

＊――後出する社会改革家ジョン・ウィンスロップが1630年、ピューリタン入植者を前に語った“地上に建設する神の町”の比喩で、「マタイ福音書」、「山上の垂訓」からの引用（5:13）。

もっとも、この新世界の陰鬱なイメージにしても、いっそう人心をそそるそれに付帯するものではあった。初期のイングランドの推進者が、北米を大いに、そして故意に誇張し、潤沢で肥沃な風景としてその肖像を描いたのである。とはいえこれが、大半の者の目にしたこともない土地の描写だったことは言うまでもない。気色ばむ投資家と政府の役人も納得させられ、海の向こうの危なげな投機事業に乗り出すことになった。しかし、彼らにとっての何よりの大事は、当の彼らが軽んじる人々の〝輸出〟が許される土地がそこだということだった。

アメリカを「世界でも比類のない希望の的」*とする概念が表れるのは、いっそう後のことになる。歴史に則った記憶は、「自由の地と勇士の故郷」**のさほど崇高とは言えない原点を擬装し続けている。自らの国をして、過去も今も常に「例外的な」土地だったと意を強めようとする現代の愛国者たちが、すぐさま心に浮かべるイメージとは何か？　言わずもがな、人のいいインディアンに種の蒔き方を教わる慎み深いピルグリムであり、ジェイムズ川沿いのよく整備された地所で客をもてなすヴァージニアの王党派である。アメリカ人は、プリマスやジェイムズタウンを階級区分というより協調性の脈絡で連想しがちだが、それも歴史の習いようということだろう。

そして、ますます視界は曇らされる。無秩序や軋轢は、国家の誇りの芽生えに見受けられる毅然とした決意の足しにはまるでならないからだ。そして延々と見残されているにせよ、初期の植民地が前提とした最も顕著な要素が〝階級〟なのである。中流階級は幅広く、どうにでも当てはまるという考えは、きつい香油や煙幕となって今なお作用する。下層がなければ中流もまたあり得ないことを人は忘れ、中流階級の居心地よさにしがみつく。そうした構図が揺るがされるのはごくたまのことで、たとえば近年のOWS***による運動では金融業界が槍玉に挙がり、1％と99％の異様な乖離が浮き彫りになった。巨大メディアがそれを新しい危機ととらえ、国家が連綿となおざりにしてきた階級というものが再び取り沙汰されたものの、その問題にしてもまたもや後方へと押しやられ、影を潜めてしまった。

空想された〝無階級《クラスレス》の（もしくは階級から解放《クラス＝フリー》された）アメリカの過去〟は、チャールズ・マレーが『階級「断

*——— "the world's best hope"。トマス・ジェファーソンの第1回大統領就任演説（1801）より。

**——— "the land of the free and the home of the blave"。アメリカ国歌「星条旗」The Star-Spangled Banner より。

***——— Occupy Wall Street（ウォール街を占拠せよ）は、同街で2011年に起こった上位1％の富裕層が持つ既得権益への申し立てを先導した団体名とそのスローガン。

絶」社会アメリカ：新上流と新下流の出現』* *Coming Apart : The State of White America, 1960–2010*（2012）で召喚したアメリカからもうかがえる。マレーによれば、１９６３年の大規模で流動的な社会で暮らす多くの人々は核家族という営為を共有しており、それを拠り処として胸に抱き、固く結ばれていた。ホームドラマ『陽気なネルソン』*The Adventures of Ozzie and Harriet* を視聴する彼らは〝平均的なアメリカ人〟で、小さな画面の中にある自らの暮らしぶりを眺めていたのである〈1〉。

　そのすべてが真実からまったくかけ離れているというわけでもなかったろうが、無邪気な青春時代を描くときでさえテレビは階級タイプのもとで人々を戯画化するもので、この類いの幸福な歳月《ハルシオン・イヤーズ》に材を取った番組は、人気のわけを探るのもただ2、3を吟味するだけで事足りてしまう。シェイディーレスト・ホテルでの田舎暮らしの日々を描き、単純者と訳知り顔の都会の縁者とを対比させた『ペティコート・ジャンクション』*Petticoat Junction*（1963）、農家出身のスウェーデン系アメリカ娘が米下院議員のもとで働くことになる『すてきなケティ』*The Farmer's Daughter*(1963)、豚のアーノルドが一番の賢い住民だという田舎町フッターヴィルでの出来事を綴った『農園天国』*Green Acres*（1965）、石油で一攫千金を掴んだ山育ちの一家が都会人の目の前でその先祖返りぶりをさらす〝社会移動〟の古典的諷刺劇『ビヴァリー・ヒルビリーズ』*The Beverly Hillbillies*（1962）がそれだが、先述の〝平均的な〟家庭を描いた『陽気なネルソン』が、バス運転手や下水処理工と貧しい労働者階級丸出しの彼らの細君とを見事にからかった『ハネムーナーズ』*The Honeymooners* と同時期にロングラン放送を始めたことも忘れないでおこう。『陽気なネルソン』のオジーとハリエット夫妻の世界と、『ハネムーナーズ』のラルフとアリスのクラムデン夫妻の世界にはまったく共通点がない。チャンネルを合わせた誰もが、そのことをよくわきまえていた。パロディは、アメリカの階級政治を安全に圧縮分類するひとつの方法だった。

　人は選択的記憶によって、アメリカのアイデンティティの時を超えた護符という機能を果たす、ある黄金期へと甘美な思いを馳せる。この国の長い歴史をとりたてて問題にすることのないチャールズ・マレーは、ギャラッ

*―――橘明美訳、草思社。

プ調査を通じてアメリカ人の抱く信念の本質がある程度とらえられた1963年を、彼なりの黄金期と考えた。調査の回答者は、貧困と富裕の双方をセルフ＝アイデンティティの置きどころとして拒絶しており、ほぼ半数が自身を労働者階級に属すると答える一方、残りの半数は自らを中流階級と見なしていた。社会学者マレーは、単一の統計値があたかも包括的な物語を紡ぎ得るかのように述べる。「こうした態度には**建国当初からこの国に広く行き渡っていた**国家的自負が反映されている。すなわち、**アメリカに階級はない**、いや、あるとしても、アメリカ国民はそれがないかのように振る舞わなければならないという自負である」*（強調は本書著者）。彼の語る階級否認の寓話は、その逆を説明する豊富な歴史上の根拠を消し去ることでしかあり得ない。問題は、はなはだしい偽証を明らかにする根拠が、効果的に展開されてきたためしがないということだ《2》。

まずは植民地というコンテクストへのよりよい理解を、次に階級の現代的定義づけが確立されていく諸段階のチャート化を果たせば、概念と理想が時を経るにしたがってどう結びついていったのかがわかるだろう。イングランドにおける前段階の貧困と階級の定義が引き続き影響を及ぼしていると知れば、アメリカの階級アイデンティティがはっきりと――しかもかなり根深く――それこそジョージ・ギャラップが世論の所産として眺めるかなり前から浸透している、という認識が持てるはずだ。事実、移民の波が陸《おか》を洗うようになる19世紀を遥かに先駆けて、階級はその存在を轟かせており、しばしば熱を帯びた文化変容となるもめ事もまた不可避となっていた。ともあれ、母国イングランドで広く行き渡っていた階級という重荷からアメリカ人が稀な幸運によって解き放たれていた、という明らかな反事実に熱弁を振るうことはやめるべきだろう。認める認めないにかかわらず、アメリカの冷酷な階級システムとは土地の特質と潜在性、労働力の価値、そして決定的なコンセプトとなる〝血統づけ《ブリーディング》〟に関連して繰り返される農業現場の意見から導き出されたものである。厄介な下層階級は常に多勢であり、同時に北米大陸では常に無用者と見なされてきた。

＊――マレー前掲書、既訳より。

歴史に記される神話づくりは、忘却によってのみ可能だ。そのとき手始めとして頑なに拒絶されるのは、17世紀と18世紀の英領アメリカに根づいた植民地化の計画案の大方が、原民主主義《プロト＝デモクラシー》に類することのない特権と従属の上に打ち建てられていた、という現実である。1776年*の世代は、確かにその実相を控えめに演じていた。そしてそれに続くすべての世代が、建国者たちの例にならったのである。

逸話に名高いピルグリムや聖化された1776年の世代にもっぱら依存する過去は、ひとつならず様々な方法で人々を欺いている。北部と南部の建国譚と階級の重要性をごく軽んじたしたり顔のたとえ話とのあわいにあるはずの、史実を決する競り合いの機会が失われているのだ。〈独立宣言〉と〈合衆国憲法〉という主要な建国文書が国家の父性の証言としてその威容を顕せば、身の丈190センチほどのヴァージニア人ジョージ・ワシントンが自国の比喩的な「父」として同胞より頭ひとつ抜きん出る。もうひとりの建国の父ジョン・アダムズは、ヴァージニアがアメリカの起源物語を主張しているのを後目《しりめ》に、マサチューセッツ湾植民地の初代知事ジョン・ウィンスロップをアメリカの父の中の父のより早期でより力強いモデルとして喧伝した。教訓は簡単である。〝起源《オリジン》〟とは、当時も今も獲り合った領《なわばり》のことなのだ。いずれにせよ、否定されようもないのは聖別された指導者たちが属する階級の起源である[3]。

✺

建国の世代が手ずから編んだ物語の網をかいくぐって、現代の信念に最も深く関わってくるのが19世紀の〝大神話作家〟だろう。当時の傑出した歴史家のほとんどがニューイングランド人であり、歴史譚の形成にかけては他の何者をも凌いでいたため、〝起源〟を語る優性の物語もまた彼らの利に適うよう作動した。こうして、感傷をそそるコミュニティと誉むべき労働倫理とを兼ね備えたピューリタンの原体験譚ができあがる。信教の自由と勤勉という対をなす属性が、その気高い理想に添えない入植者を記録から抹消させたことは言うまでもない。土

*——〈アメリカ独立宣言〉の採択・公布年。

地を持たず貧困にあえぐ、のちの世にホワイト・トラッシュ《白い屑》と呼ばれる者の始祖たちは、建国の英雄譚《サーガ》から都合よく姿を消すのである。

基礎をなす歴史の他に、早期の植民地を整えた分離派を称えるような劇や詩がボストン人のペン先から湧き出し、早くも1769年にはニューイングランドの人々がプリマスで「父祖の日」を祝い始め、1815年になるとやはりボストンの画家となるヘンリー・サージェントが『ピルグリム・ファーザーズの上陸』*Landing of the Fathers* を発表する。* とはいえメイフラワー号とアラベラ号がどう岸辺に流れ着きどう地に種を蒔いたかについての格好の例示は、広く称賛を得たジョージ・バンクロフトの『合衆国の歴史』*History of the United States* 第1巻（1834）でなされている。その地はまた、19世紀に開かれた記念式典においても、ダニエル・ウェブスターなどの傲慢な演説によって〝自由への愛が熟れきった実をつけたところ〟と満座の聴衆を前に謳われたものである。こうした運動は「全米植民地婦人会」を始めとする諸組織が旺盛に示した促進の手腕もよろしく広がりを見せる結果となり、メイフラワー号のピルグリム・ファーザーズとウィンスロップのピューリタンとをアメリカの国民的記憶の中に息づく最重要の人格に連なるよう祭り上げることになった〈4〉。

1889年、プリマスで（現在は「父祖に捧げる国定記念像」として知られる）「ピルグリム記念像」の落成式が行われた。ボストンの建築家で彫刻家のハマット・ビリングズは、そもそもの構想がいかに「壮大《コローサル》」だったかを誇示しつつ、〝古代世界の七不思議〟のひとつとなるロードスの巨像《コローサス・オヴ・ローズ》のアメリカ版をイメージした高さ45メートルほどの設計を提出した。完成した彫刻は予定より小型ではあったものの（目論

①――― 1815年初作の破損を受けて描かれた、サージェント『ピルグリム・ファーザーズの上陸』（1818–1822、ピルグリム・ホール博物館所蔵）。

*―――「分離派」は、英国国教会の改革派であるピューリタンの内、教会を離脱したプロテスタント諸派を指す。また「父祖の日」Forefathers Day は1620年12月21日のピルグリム・ファーザーズ上陸を翌22日に祝う。

②――ガスト『アメリカの進歩』(1872、アメリカ西部博物館所蔵)。

見通り）寓意的であり、彼の意志をないがしろにするものではなかった。たいまつを掲げる自由の女神によく似た、天を指しながら片手に聖書を抱える〝信仰《フェイス》〟の女神像である〈5〉。

周知の通り、こうした記念像は過去の不正確な記録であり、（ほぼどこにでも見受けられる）彫り刻まれた女性の姿態とそれが喚起する出来事との間には奇妙な食い違いが存在する。ジョン・ガストによる１８７２年の名画『アメリカの進歩』*American Progress* では、大陸を横断して移住しようと平原を越え西へと行軍する開拓民らの頭上を天女が翔け飛ぶのだが、人々はその実、駅馬車、幌馬車を駆りそして機関車の軌道、電信線を敷きながらじゃまなインディアンやバッファローを追い立てている。＊〝信仰〟を宣するビリングズの女神像にしても、台座の側面にその名がただ控えめにうかがえるメイフラワー号の実際の乗員を見た通り足下に置いている。要は、最初のイングランド人入植者を旅に駆り立てた各個人の動機が、信教の自由という単一にして圧倒的な力へと組み込まれているのだ。当の入植者は、いまだ黙して語らない。植民の複雑な過程は、すべての人的痕跡（名前に紐づけられる実際の乗員）が失われたため、縮約され忘れ去られた。落伍した人々、つまり継がせるものや遺すもののなかった人々を記し念《おも》うよすがは何もない。その代わりに時は、〝行軍する進歩〟という空虚なシンボルを後世に残したのである〈6〉。

歴史の要約、すなわち歴史についた籾殻の吹き分けは、自然で中立的なことのように思われるかもしれない。だが、それは断じて違う。小学生向けの歴史を、基礎をなす大人の歴史にしてしまうやり方なのだ。マサチューセッツへと渡った者の実に半数以上が宗教上の理由に拠っていない、という１６３０年代以降のごくごく要を得た事実が、教課としての偉大なるアメリカの英雄譚《サーガ》から締め出されているゆえんがこれである。若い頃漠然と

＊――アメリカの開拓時代から現代に至る“西方”への運動律については、カミングス『アメリカ西漸史』、渡辺将人訳、東洋書林を参照されたい。

受け入れたほら話は、ともかくも頭に残る。その結果、最も妥協がなく納得のできる神話が産み出される国家に属している、という意識が確実に育つ。「アメリカ例外主義」である。自らを唯一無二とし、階級の不在によってその質がひとつ担保されるのだ。

「例外主義」は、神との契約の履行と善き志からなるより早期の神話群から立ち現れた。旧世界で迫害されたピルグリムが、信教の自由を夢見て大西洋の荒波を渡りアメリカに漂着、希望に満ちた開拓民の家族を乗せた幌馬車隊は新生活を始めようと西を目指す。他のどこであれ、個人の自由はアメリカでの営為ほどに尊重されなかった、という理解がここで仕向けられる。移住という行為そのものが、人々を結果的に無階級社会の一員とするべく、〝同じ種〟の鋳型にはめこみながらの平等化を主張する。団結の物語が人々の不満を抑えつけ、これ以上ないほどにあからさまな〝種の分類〟さえも覆い隠す。そしてこうした〝分類〟が、おおよそ常にそうであるように階級に基づく場合は、記憶にないというあられもない態度が顔を出す。アメリカ人は階級について話すことを好まない。それが歴史上、重要であるはずがない。それはわれわれのあり方ではない。

そこには代わりにピルグリム（南北戦争まで存在しなかった祝祭日、感謝祭の日に称えられる人々）がいる。プリマス・ロック*に足をかけたのは彼らなのだ（そのように〝指定〟されたのは、ようやく18世紀後半になってからのことになる）。感謝祭という典型的なアメリカの祝祭日は、南北戦争中に低迷していた食肉鳥産業の振興に寄与した地物の七面鳥に関わっている。そして実のところ、「ピルグリム」Pilgrimという単語**は、１７９４年になるまでまるで一般化していなかった。にもかかわらず「最初の」感謝祭が充てられたのは、１６２１年に善意のピルグリムが偏見のないワムパノアグ族と食事を分け合ったその日なのである。イングランド人入植者の厳しい越冬に尽力したインディアンの通訳スクワントが、会食を取り持ったのだという。しかし、この美談から抜け落ちた、（些事ではない）細部がある。スクワントは、英語しか話せなかった。彼は幼い頃にさらわれ、奴隷としてイングランド船の船長に売られていたのだ（この種の強制労働は、白人の使用人の大多数がアメリカ

＊――メイフラワー号でプリマスに着いたピルグリムが、最初の一歩を記したとされる岩。

＊＊――「巡礼始祖」。語源は「異邦人」を意味するラテン語 peregrinus。

にやって来た経緯を思い起こさせる)。スクワントが示した友情の何たることか! だがそこにはおとぎ話が示唆する以上の、遥かに複雑な事件があった。まさに翌年、ワムパノアグ族の「大酋長」マサソイトとの権力闘争に巻き込まれる中、不可思議な高熱に冒されて、彼は死んでしまうのである《7》。

こと新世界での文化的優位を際立たせる包括的な植民地神話のあつらえともなると、ワシントンやジェファーソンによるわかりやすい偉業や、ピルグリムよりも13年早いヴァージニア植民という事例があるにもかかわらず、南部諸州は筆の立つ北部人に遅れを取っていた。ここで挙げられるのが、今日もなお昏《くら》い好奇心をそそる1587年の「失われた植民地」ロアノークに関する物語を超えたミステリーで、*これは世界一周を目指した太平洋航路で消息を絶った飛行士アメリア・イアハートの一件にも類するパズルとなる。行方知れずとなった人々のそれぞれには――それこそ熱狂的な人気を呼んだテレビシリーズ『ロスト』*Lost*や、プラトンの語るアトランティスばりの――ある奇妙な引力がまといつくもので、幽霊船や廃墟となった植民地は時間を超越した言い知れない感興を呼び起こす。それらは歴史の常識の埒外にあり、このゆえ早期の入植者が直面せざるを得なかったと直感される無残な現実が、ロアノークのミステリーではやわらげられるのである《8》。

ロアノークを失われた世界のもどかしい骨董品とするならば、ヴァージニア植民地の起源を象徴するまでに成長したジェイムズタウンのほうは、意気軒昂としたピルグリムの物語に匹敵するほどの、より人口に膾炙する産物になっている。この都市の1607年の創立は、いかにも国民の祝日からは外されるだろう。だがしかし、「インディアンの王女」ポカホンタスによる劇的なジョン・スミス救出**というたいそうなまめかしい寓話は多くの中に息づき、絶えることがない。その物語によると、大仰な儀式のさなか、部族の者のこん棒が振り下ろされ、スミスの頭蓋が今にも砕けんとするその寸前に、ポウハタン「王」の11歳になる「愛し子」が自らの頭を挿し入れてそれを止めた。旧世界と新世界とを隔てる言葉と文化による障壁をすべて打ち破った、誇り高きイングランド男性と幼くも純真な娘との人心を魅いてやまない絆がここに象《かたど》られたのだ。

*――イギリス植民地政策の立役者、サー・ウォルター・ローリーの肝煎りで同年組織された100人以上の遠征団が、現ノースカロライナ州のロアノーク島に入植したまま謎の"失踪"を遂げた。

**――「ヴァージニア会社」の委託を受けて、本文表記年からのジェイムズタウン建設を指揮した。

この勇敢な少女は詩人、劇作家、画家、映画製作者の心を奪った。ポカホンタスは以来、ジェイムズタウンの「守護女神」、ヴァージニアとアメリカ双方の「母」と呼ばれている。１９０８年にある作家が、ポカホンタスは実のところロアノーク植民地でもひと際若い成員だったヴァージニア・デアの娘ではないかと主張した。インディアンの王女を原野に消えたヨーロッパ人の子孫としたところは、この6年後に出版されたエドガー・ライス・バローズの『ターザン』* *Tarzan of the Apes* にも酷似している[9]。

この物語の最もよく知られ、最も新しい翻案は、１９９５年のウォルト・ディズニー社のアニメーション映画である。際立って美しく、悩ましいほど豊満なヒロインは、テナコマカにいた部族のひとりというよりポップ・カルチャーの歌姫に近い。ディズニーのポカホンタスは驚異的な自然の申し子で、アライグマと心を通わせ、木々と語らう。その姿はディズニー映画の他のヒロイン、白雪姫やシンデレラにも通じるもので、彼女らもまた多くの動物の友人からなるひと群れと誇らしげに交わる。なぜなのか？　自然との交流は、アダムとエヴァが楽園を喪失する前にも似た無階級社会としての新世界が持つ男性原理のロマンティックなイメージを引き寄せる。旧来の〃言葉が織りなした綾〃が映画という新形式と継ぎ目なくつながり、西欧文化の女性は一貫して母なる自然、こくと豊穣、エデンの園めいた平穏と多産にいっそう接近した肖像をもって描かれるのである。そこには、ことこの〃楽園の再現〃ジェイムズタウンには、悪臭を放つ沼地、疫病、飢餓の一切がない[10]。

研究者らは、スミス救出についての虚々実々を論争してきた。あるのは彼当人の記録ばかりで、そのこれでもかと推敲を重ねた版にしてもポカホンタスの死後ようやく世に出ているのである。軍人、冒険家にして自己宣伝屋の庶民というスミスには自身の功績を誇張する迷惑な性癖があり、彼の救出物語もまた〃ターキー公〃の美しい娘が斬首寸前のイングランド人冒険家を救うという当時人気を呼んだスコットランドの口承歌《スコティッシュ・バラッド》の完璧な猿まねだった。ともあれ、のちのポカホンタス王女と農園主ジョン・ロルフとの結婚の宣誓を行ったのは英国国教会の牧師である。にもかかわらず、ジェイムズタウン議会に席を持つひとりは彼女を「忌むべき一族」となる異教徒

＊———厚木淳訳、創元SF文庫。

の落とし子と指弾して「蛮族《バルバルス》上がりの」女というラベルを貼り、ロルフでさえもこのつながりを恋愛結婚とは呼べずにむしろ体《てい》のいい政略的縁組だと考えていた〈11〉。

もっとも、〝無階級アメリカ〟のアイデンティティにおける基本原理——すなわち共鳴する霊的交わり《コミュニオン》——の如何を問うとき、ディズニー作品にその正統性など期待できようはずもない。映画は、多くの口にのぼる昔語りの、また別な神話的立場に拠ってつくられている。ポカホンタスの恋人はロルフではなくジョン・スミスにされているし（その上、映画の彼は筋骨たくましい金髪青年である）、王女の美貌の誇張や、スミスを救出しイングランド人の協力者になるという彼女の〝選択〟を強調するやり方にしても今に始まったことではない。1842年に世に出された写実とは言い難い肖像のほうも小太りで魅力が感じられず、小柄で愛らしいインディアン女王の面影もそこには認められないが、一方それを「粗雑で詩情のかけらもない」表現としたある評には激しい抗議の声が挙がってもいる。曰く、英国風に描かれたポカホンタスの美には議論の余地などなく、つまるところ素朴な上品さにも何ら違和感がない。なるほど、このインディアンの乙女が受け入れられるのには十分だろう〈12〉。

ともあれポカホンタスの物語は王女その人に自民族と自文化の拒絶を求めており、こうした強権的なテーマは歴史家ナンシー・シューメイカーの私見のように〝インディアンが自らの消滅に積極的に加担した〟といういっそう大きな国家的有理に寄与するべく、これまでも存続してきた。だがこの少女が、自ら進んでジェイムズタウンに住んだはずもない。むしろ彼女は囚われの身だったのである。早期のヴァージニアからは、楽園と言われながらもかつてそうであったことなど決してないというのに、戦《いくさ》と苦痛、強欲と植民地征服が都合よく失われて

③———肖像画家として著名なトマスを父に持つロバート・マシュー・サリーの原画による多色刷石版画『ポカホンタス』*Pocahontas*（ライス＆クラーク社,1842）は、当時すでに定型となっていた彼女のイメージに沿わない作品として不評を買った。その乙女ならばもっとほっそりして小柄な美姫であるはず、というのである。

いる。階級や文化の不協和は、アメリカの起源をユートピアの恋物語へとつくり直すためとあれば、魔法のように視界から消えていくものなのだ〈13〉。

✺

真実の操作は可能だろうか？　植民地時代の早期、縁故よろしくいくつかの株式会社を預かった人々の利益に憑かれた思惑の中、アメリカは逆説的な言葉をもって言い表された。そこは肥沃で可能性に満ちた土地であると同時に、耕す者とてない荒地と、「悪臭を放つ」雑草だらけの澱《よど》みと、湿って陰気な沼のある地所でもあったのだ。ここはちょうど、イングランドが囚人を監獄から間引き、何千人かを吸い上げ、その望ましくない者らを放出する好機と、徘徊者や物乞いといったロンドンの目障りな連中を排除する道筋とを提供する場になった。アメリカへの危険な航海に送り出されて生き延びた人々は、帝国の暴利をむさぼる者が掲げた単純な目的を体現することになり、イングランドの利益に奉仕しつつその過程で命さえも賭した。この意味で、「ピルグリム・ファーザーズ」の奇跡的な入植が達成される以前からその存在を知られている「初期の来訪者」を、霊感に憑き動かされた人々と呼ぶことは難しい。メイフラワー号で上陸した人々の内数十人は、飢餓とビタミン不足に伴う疾病によって1年ともたずに死んだ。壊血病が歯茎を腐らせ、体中の穴という穴から血を吹いたのである。以後ニューイングランド人は、1630年代になるまでに支配側のエリート層から住み込みの使用人までという「身分」に応じた階層制社会を新たにつくり上げた。後者の相当数は、搾取を意図して潤沢に提供された貧しい少年である。中には信心深い者もいたが、ウィンスロップのアラベラ号に続く大量の移民の中にあってはそれも少数派となった。エリート層はインディアンとアフリカ人からなる奴隷を所有したものだが、概ね搾取の対象となったのは子供の労働者ということになる。教会でさえ階級という関係性を反映し、その中での身分に応じた席次を指定していた〈14〉。

なおいっそう希望の土地とは言い難いのが、ヴァージニアである。この地にはイングランドでも粗野で鳴らした無頼漢どもが集まっており、せっせと賭け事にいそしんで生活費を失いながらも、暮らしのための仕事に手を染める気などさらさらなかった。イングランドは彼らを辺境の地に撒く「肥やし」と見なしており、こうしたあぶれ者の男たちの世渡りにしても酷薄もいいところだった。金儲けしか頭にないジョン・スミスのやり方で自分たちが割りを食うのなら、土地の価値を上げるために働くことなど望むところではなく金輪際あり得ない。ともかくも、巣立ったばかりの植民地を生かしておこうというのであれば、軍隊式の強制労働収容所にかぎるわけで、それはつまり、スペイン、フランス、ドイツの各国政府が同様の目論見のもとでまさに臨んでいた土地争いのさなかにあって、イングランドの利権を守り抜くことを意味していた。植民地の最初の20年間を生き延びた入植者はほんのひと握りだけだったが、本国は驚きもしない――ロンドンのエリート層にしても、まるで気に留めていなかった。投資は、人にしているわけではない。そもそもが育ちに品を欠いているところに手遅れなほどの退歩を重ねた連中、インディアンとの粗暴な出遇い方ひとつ取ってても礼儀をわきまえずに大ぼらを吹くと知れている連中とあれば、なおのことである。開拓者は、金鉱を探しあて、イングランドで控える投資家階級のポケットにその重みでしわを寄せることがさも当然と思われており、この務めを果たすために送り込まれた者はまず使い捨て、という扱いだった〈15〉。

植民史で何が起こっていたかが、これでわかるだろう。体《てい》のいいごまかしである。たとえ新世界への入植者が〝社会移動〟という契約の体現を思わせ、ピルグリムが自由の中での聖なる信仰を産み出し、19世紀のアメリカ人が「民主的な」王族の誇張された鋳型を逆説的に創作したのだとしても。後継者たちは1840年代に最初の系図協会を、20世紀になろうとする頃には代々の子孫に重きを置く「メイフラワー号末裔総協会」や「アメリカの建国者および愛国者同盟」といった愛国的組織をそれぞれ創設し、支部は全国へと広がった。1912年にはごくかぎられた会員のみの「ヴァージニア植民地時代からの名門同盟」が組織されたが、これはイングランド〝諸卿〟と〝レディ〟・レベッカ・ロルフに遡ることができる家系の人々が会員となる——あの英化されたポカホンタスの裔《すえ》というわけだ*[16]。

彫像というものは、父系のつながりと新たな貴顕の立場を謳歌するエリート社会にはつきものだ。ある家門が（そしてある階級が）神との契約のそもそもの履行を引き継ぐ者だという、より強い主張を物語るのである。地方や州の指導者は、国家によって聖別された人物の伝記を仰々しく称えようと、植民地時代の〝市父〟の巨大な記念碑を建設した。アメリカ独立革命の志士ジョン・アダムズが大いに好んだジョン・ウィンスロップ像などは、派手なひだ襟の上着とタイツというシェイクスピアもかくやと思わせる、あるいはテューダー＝ステュアートの往年**を偲ばせる盛装を施された上で、1880年、ボストンのバックベイで初披露されている。だが、そのような記念像でも最大のものは、フィラデルフィア市庁舎の先端で重量27トンもの威容を誇るウィリアム・ペンの銅像になるだろう。1901年の落成から1987年までは、その頭に載せられたクエーカー帽を超える建物を市中に建てることが禁じられていた。この〝友愛の町《フィラデルフィア》〟を俯瞰する創建者の絶対的まなざしを確保し、所有した領地に入植を進めた活動を称えようというのである。イギリス法では、ある者がその地所に立つことによって所有権が判定され——つまるところ土地の占有がそうして認められ、土地そのものが市民のアイデンティティの拠り処となっていた。この原則はトーテムとしての「プリマス・ロック」の価値をも言い表しており、最後尾のピルグリムがニューイングランドの空気を吸ったそのときからかなり遅れて発見されたこの巨石は、メイフラワー号の入植者が新大陸で最初に踏みしめたとされたことからそう名づけられている[17]。

この種の記念物は、以下のような設問を誘う。植民地征服という壮大なゲームの勝者と敗者は誰なのか？　土地の区画化のみならず、いかにして境界が定められ、財がなされ、労働力が確保されたのか？　初期のヨーロッパ系アメリカ人によって、どのような社会構造とどのような社会関係の作法が実際に始動していったのか？　これらの問いに対する答えを見つけることで、その昔確立された〝持つ者〟と〝持たざる者〟それぞれのアイデン

*——本段で言及される団体の英名は、順に General Society of Mayflower Descendants（メイフラワー号末裔総協会）、Order of the Founders and Patriots of America（アメリカの建国者および愛国者同盟）、Order of the First Families of Virginia（ヴァージニア植民地時代からの名門同盟）。

**——イングランドのテューダー朝は1485年から興り、続くステュアート朝が1603年から共和国成立前の1649年まで統治を引き継いだ。

ティティがどのようにアメリカの集合意識に不朽の刷り込みを残したのかが、十分に理解できるだろう。

母国が植民地から出発したことに対してのアメリカ人の大雑把な理解は、世紀単位でなされた危険な決定、曖昧な方策、そして紛れもない失敗を忘れたい――少なくとも体裁を取り繕いたい――という比較的大きめな文化上の衝動を反映している。「失われた植民地」ロアノークは失敗に終わった数々の植民地計画案のひとつにすぎなかったし、新世界への入植という意欲的に響く構想もまたその場しのぎの気まぐれか大袈裟な宣伝用の小論以外の何物でもなく、それらの事業への新規参入者にしても、銅像のモデルにされてそれぞれが手がけた植民地の増補された運命を投影していくためにもてはやされた――そう、ジョン・ウィンスロップやウィリアム・ペンのような――主義主張を抱く指導者の信念を共有する必要もなかった。

17世紀の入植者の大半は、強制的な国外追放が「丘の上の町」の出発点になるとは夢にも思わなかったし、ペンの「聖なる実験」*に永遠の信を置いてもいなかった。夢見る者は、夢を見た。だが果てしなく続く神の計画を履行しようとアメリカに来る者は、ごくわずかだったのである。1600年代の間、初期の開拓者の大多数は価値あるイギリス臣民の地位を与えられるにはほど遠く、余剰人口、使い捨ての「がらくた」rubbish、そして頑健なというより礼儀をわきまえない者として分類されていた。貧しいはみだし者は、4通りの道筋に沿って社会から淘汰されるだろう。イングランド人の意識は、そうした概念で一致していたのである。貧者という重荷は、食糧不足、窮乏、疾病、あるいは犯罪への惑溺を通じて当然のことその数を減らすだろう。さもなくば、行きつく先は絞首台になるのかもしれない。とどのつまり、腕っぷしがものを言うことを心底思い知らされ、報奨金に釣られ、見知らぬ土地での戦闘でひと暴れして死ぬか、植民地行きの船に詰め込まれるかなのである。こうした無価値な無駄飯食らいどもは、腕利きの労働者と忘れるわけにはいかない若く「多産な」女性が払底している辺境の植民地に追い払われることになる。ひとたびそこに行けば、これは願わくばだが、無駄飯食らい《ドローン》は働き蜂《ワーカー・ビー》となって喝が入るだろう。** 蜜蜂はイングランド人が愛好する虫で、一見貞淑な反面、いっそう重要なことに生産

*――― 1682年に着手された“クエーカーが治めるクエーカーの町”フィラデルフィアの建設を、指導者ウィリアム・ペンは「聖なる実験」Holly Experiment と呼んだ。

**――― drone は worker bee 同様「働き蜂」を指すが、転じて「居候」や「無駄飯食らい」といった意も持つ。

性が高いのである[18]。

開拓者は、雑多な人間の集まりだった。吹きだまりの底辺にいたのが、貧困層や犯罪者層にいた男女である。英雄的とはとても言い難いこれら〝植え替えられた者〟の内訳は、悪党の追い剝ぎ、しみったれの浮浪者、アイルランド人反逆者、名うての淫売、そして重窃盗を始めとする略取事件によって有罪判決を受けはしたがある種の執行猶予によって絞首台を免れ、植民地行きの船の積み荷となった雑多な連中といったところで、年季奉公人との同類項を満たす者のほうがまだましか、卑しい路上の浮浪児から借金で首が回らなくなった元職人までが占める階級上の位置づけに居並ぶ者のほうがまだましか、とまではいかなくとも、奉仕の心に感銘を受け、ぎゅう詰めで病のはびこるイングランド監獄の塀の中への幽閉よりはと追放を選び、ともかくも植民地での運に賭けたのである。船長や周旋人の中には、少ない労働力を補うためにロンドンなどの街角から子供たちを掻き集め、海の向こうの農園主に売り飛ばす者もいて——これは「神隠し《スピリティング》」と呼ばれたものだが、一方ではいたいけな子供たちが些細な罪で船荷となってもいた。エリザベス・「リトルベス」・アームストロングのように、2本のスプーンを盗んだばかりにヴァージニア送りにされた例もひとつにはあるのだ。いずれにせよ、大勢の貧しい大人や父親のいない少年が、年季奉公の隷属関係へと身を沈め、自由を捨てた。渡航費が支払われる代わりに、それがどこであれ4年から9年の労働契約を結ぶのである。その契約にしても、よくある話だが到着した先で譲り渡されることがあった。結婚や他の主人を選ぶことは許されず、意のままに罰せられ、鞭打たれる。この耐えるしかない厳しい労働環境のゆえに、彼らの運命は「エジプトの奴隷生活」になぞらえ評された[19]。

除隊兵もまた、下層階級の一員として植民地行きの船に乗り込んだ。独り身の男女、下級郷紳《ジェントリー》の一族、職人や独立自営農《ヨーマンリー》階級の一族にしても、様々な理由のもと〝移住性の虫の群れ〟へと加わった。監獄行きになりかねない借金を逃れて故郷を離れた者もいれば、（相当数がドイツやフランスの出身者だった）植民地を宗教上の信仰による迫害に充てられた保護施設と見なす者などもまた、自ら営む貿易に課せられた経済規制を避けて再入植してくる者と肩を並べるほどいたし、さらには色あせた名声と経済上のしくじりを後にしてあえてアメリカに渡る者も一方ではいた。歴史を学んでいれば、アフリカやカリブの国々で拉致され、そこから英領アメリカ植民地へと移送された奴隷が、非自由労働者のひと際巨大な群れ群れのひとつになったことは知識としてあるだろう。18世紀末までにその数は60万人を超えるまでに増加していた。とりわけイギリス政府が奴隷貿易を全面的に奨励し、1663年に「王立アフリカ冒険商人会社」に独占権を与えると、どの植民地であろうとアフリカ人が見受けられるようになった。その独占の終結後、*奴隷貿易は急速に発展することになり、アメリカの開拓者が国外の売り主に直接かけ合ってはより低価格で奴隷を買いつけていった[20]。

〝階級〟が確かにそこにあった、という物語を綴るのであれば、まったく違った眺望をイメージしなければならない。平等な機会の陸《おか》などではなく、死と、厳しい労働環境が移住者の大半を待ち受けていた、いっそう魅力に乏しい土地。堅い塹壕に囲まれたイギリスのイデオロギーは、〝社会移動〟が期待できない厳格な階級上の身分を正当化した。ピューリタンの宗教上の信仰にしても、確かに階級ヒエラルキーを除外するものではなかった。ニューイングランド人の早期の世代は、使用人や奴隷への日常的な依存を非難することはもとより、それを減じさせる方策すら講じなかった。土地は最も重要な富の源泉であり、完全な持たざる者であれば隷属関係を免れることなどほぼできなかった。〝土地を持たざる者〟という汚名《スティグマ》／聖痕。それが、その日からこちら〝ホワイト・トラッシュ《白い屑》〟にしるしとして残されることになる。

取りも直さず、往年の〝ようこそアメリカへ〟の縁起がこれである。そして1776年という年は、アメリカの実情を考慮するにあたっての誤った出発点にもなっている。独立は、イギリスの階級システムを魔法のように消し去ったわけでも、労働の意図的な搾取と貧困との絡みで長い間固められてきた信念を根こそぎにしたわけでもなかったのだから。不作や「がらくた」とほうぼうで考えられてきた好ましくない人々は、時代が進んだ今にあっても依然使い捨てなのである。

*―――奴隷貿易の独占は後身の「王立アフリカ会社」によって1698年まで継続された。

第Ⅰ部 「世界」を新たに To Begin the World Anew

第1章「クズ」をつまみ出せ：新世界の無用者

Taking out the Trash: Waste People in the New World

植民地は、国家の排出器か下水溝にするのがよい。つまり、不潔なものを流すのである。
——ジョン・ホワイト『農園主の請願』*The Planters Plea*（1630）

イギリスの教養ある男女の認識では、入植を始めた頃合いとなる1500年代の北米大陸といえば恐ろしいけだものが棲息する未知の世界で、金山に囲まれた空白の領域だった。* そもそもがほぼ誰もじかに見たことのない異境とあれば、実際の見聞録以上に見世物めいた架空譚へと興味がそそられるものだろう。何しろ、イングランドにあってアメリカ探検の要を真っ先に唱えたふたりでさえも、大陸に足ひとつ踏み入れなかったのだから。大リチャード・ハクルート（1530–1591）は、首都ロンドンにおける知的生活と朝政の活気ある中心をなしたミドル・テンプルで活躍する法律家だった。同名の年若い従弟（1552–1616）もまたオックスフォードのクライストチャーチ・カレッジで研鑽を積んでいたものの、フランス近海を越える旅にすら身をすくめていた(1)。

大ハクルートは学究肌の代理士であり、海外の投機事業から利益を得ようと夢見る人々とも縁があった。彼の〝仲間内〟に名を連ねたのは商人や王宮の高官であり、サー・ウォルター・ローリー、サー・ハンフリー・ギルバート、そしてマーティン・フロビシャーのような、皆が皆探検に名声や栄光を求めつつひと儲けを企む類いの男たちだった。稀に見る自我を授かり、英雄的行為ばかりか隠れもない短気な素行によっても知られた冒険家と

*————のちの領有の布石となる同国初の北米到達は、ヴェネツィアから帰化して勅許を得た航海者ジョヴァンニ・カボート（英名ジョン・カボット）により1497年に行われている。

いう新たな種族である彼らは、自らの活動にひたすら没頭していくのである〈2〉。

オックスフォードの校友にして聖職者の小リチャード・ハクルートは、探検家がものした旅行譚の編纂に人生を捧げた。１５８９年には、東方や北方、そしてもちろんのことアメリカにも向かったイングランド人旅行家の全記録を余すことなく網羅した畢生の野心作『イギリス国民の主要航海記』*The Principal Navigations, Voyages, Traffiques and Discoveries of the English Nation* を出版している。世はシェイクスピアの時代であり、誰彼となくハクルートの著作をひもといた。そこにはあの〝飽くなきジョン・スミス〟による、栄達に憑かれたただの酷薄非情な軍人以上の自己を示そうという記述が、ふんだんに引用されている〈3〉。

小ハクルートは『主要航海記』の刊行前からすでに王室の歓心を買おうと模索し、エリザベス1世とその上級顧問らに向けてイギリスによる入植の実践理論を展開する論文を用意していた。その『西方植民論』* *Discourse of Western Planting* (1584) はアメリカ植民地から得られる利益を女王に説こうと目論んだ純然たるプロパガンダで、執筆の依頼人サー・ウォルター・ローリーが、短命に終わったカロライナ沖、ロアノーク植民地建設の遠征に乗り出した頃には皆無だった国からの資金援助を引き出そうと願ったのである〈4〉。

ハクルートが抱く植民地のヴィジョンにある遥かなるアメリカは、概ね想像もつかないほどの広がりを持つ原野だったが、一方でフランスの知識人ミシェル・ド・モンテーニュが思う１５８０年当時のこの地は、大衆が持つ〝人肉をむさぼる野人〟というイメージを巧みに刺激しつつ気まぐれに「食人種《カニバル》」と呼んだ、素朴で侵されていない人々の棲息地だった。** もちろんモンテーニュもハクルート同様ネイティヴの人々を見たことはない。だがしかし、少なくともハクルートのネイティヴに対する見解のほうがより実践的（そしてより英国国教会的）だった。彼らは危険でも純真でもなく、キリストの教えの——そして少なからず市場の——〝真理〟で満たされるのを待つ空の容器である。そうハクルートは信じていた。彼がインディアンに対して抱くイメージは、イングランドの大望を成就するにあたっての有益な盟友、交易相手になり得る人々、劣等でこそあれつまるところいっそう

＊——『大航海時代叢書』II−18所収、越智武臣訳、岩波書店。

＊＊——ド・モンテーニュ「人食い人種について」、『エセー』2所収、宮下志朗訳、白水社。

大規模な利益のために活用すべき天然資源、というものだった[5]。

暗喩としての「空《エンプティ》の」という語を謎に包まれた陸地に書き添えることは、イングランド国家の〝正当な目的〟を資《たす》けた。承認された所有者のいない領は誰もが利用でき、占有を待っている。学究肌の聖職者ハクルートにとってさえ占領とは言葉の綾で、彼が表すアメリカはイングランドからの求婚によって結ばれるのを待ち望む、愛らしい女性だった。彼《イングランド》は合法的な所有者、しかるべき管理者となるだろう。もちろんのこと、すべてはつくり話である。新大陸は実際、まったくの空虚《イナネ・アク・ワクウム》*ではなかったのだから。ともあれイングランド人はこう考えた。いかなる土地であれ、素の状態を取り除き、そこに商業的な利を据えるべきだ——そうでなければ、真の所有とは言えない[6]。

明らかに占有者であるはずのインディアンは、正規の土地所有権を持ち得ないものと見なされていた。植民地化を奨励するイングランド人らは、古代の習慣を梳《くしけず》るようにして説得力あるアナロジーを求め、ネイティヴを野蛮人《サヴィッジ》と、あるときは蛮《バーバリアン》族と分類した。インディアンは、イングランド人から認められるような定まった家屋や町も建てず、ものになる地所を垣根や柵で取り囲むこともなかった。彼らが借用する土地は、境界もなく均《なら》されてもいない——ジョン・スミスがしたためたヴァージニアについての、そして遅れて加わるニューイングランドについての記録の中には、「ひどい悪臭」に延び放題の雑草といった描写があるが、当のインディアンにしてみれば受動的な遊動民として大地に拠った暮らしを紡いでいただけである。利益追求型の農園主や額に汗する自作農は、恵みを得るためとあれば頑丈な人工《にんく》を欺いてでも土地を開かなければならなかった[7]。

土地利用に関するこの強権的なコンセプトづけが、実験に基づいて大陸上で将来展開される人種や階級の分化の鍵という役割を果たすだろう。新しくせわしない諸社会が確立する前にあってなお、植民地化の奨励者は〝開拓／搾取〟する土地の事業家めいた家令として誰かしらを任じ、その他（つまり大多数）の者を生産性や商業面での投資を顧みる要のない、単なる借地人だと公言した。

＊———— inane ac vacuum。原著に出典指示はないが、ラテン語で執筆された後出のモア『ユートピア』にもこの語が見られる。

不毛であれ空であれ、未開墾であれ悪臭ふんぷんであれ、この土地には実にイングランドらしい意義づけがなされた。無用者《ウェイスト》に悩まされたイングランド人は、このゆえにこそ真っ先にアメリカを「無用者を放り込む土地《ウェイストランド》」と見なしたのである。荒地《ウェイストランド》とはすなわち未開発地であり、その土地は交易の流れの外にあり、農業生産における暗黙の規定からもかけ離れていた。〝荒地に横たわる《トゥ・ライ・イン・ウェイスト》〟という聖書めかした謂いはわびしく顧みられない様を意味し、農業における言い回しでのそれは休耕のまま荒れ果てた状態を指している。

荒地《ウェイストランド》とはあぶれた土地だ。魅惑の資産となる耕作可能な広がりは、鋤で耕した畑地、列をなす作物や果樹、金色になびく麦畑、牛と羊が遊ぶ牧草地をもっぱら連想させる。ジョン・スミスは、(品性こそ欠くものの)それそのものというほのめかしをもって同様のイデオロギーのもとにある前提を取り入れ、イングランド人の土地についての権利は〝土壌の一面に肥やしを撒く〟と誓約することによって確保される、とした。動物の無用物《ウェイスト》でできたイングランドの霊液《エリクサー》*は、ヴァージニアの原野を未耕作の荒地《ウェイストランド》から価値ある英領へと魔法さながらに変容させるだろう。手当てされ、しかるのちに搾取されるであろうそもそもの無用物《ウェイスト》がそこにあった。それは、いまだ識《し》られざる富だった〈8〉。

つまり、大陸全体が「アメリカという〝無用物を扱う企業〟」**なのである。ハクルートは自著『西方植民論』の中、自信たっぷりにそう書いた。堅き大地《テッラ・フィルマ》*** terra firma ならぬ無用物を扱う企業《ウェイスト・ファーム》 waste firm というわけだ。彼は天然の素材を貴重な産物に転換させ得る資源と理解し、当時のイングランド人の例に漏れず、荒地を共有地、森林、沼沢地と同等に考えた――これらはつまり、16世紀の農地改良者が注目した利益の期待される地所である。共有地が囲われ、羊と牛がそこで草を食むそのとき、荒地は商業市場における利益を所有者である個人へともたらす。森の木は伐り倒されて木材になり、取り払われた跡は入植地となり、沼地や湿地の水は抜き取られ、肥沃な耕作地へと姿を変えるのだ〈9〉。

そして、この無用物《ウェイスト》となり得たのは土地ばかりではない。人もまたしかりである。ここに注目すべきた

*――――錬金術（卑金属を黄金へと“変容”させようという試み）で言う、不老不死の飲み薬。

**――――ハクルート『西方植民論』、既訳では「無人といってもよいアメリカ」となっているが、コンテクスト上、独自訳を採った。

***――――流動的な水や空気に対置した“solid earth”としての「大陸」を示唆するラテン語。

④――リチャード・ハクルート(小、1552–1616)。

いへんな要点がある。ハクルートのアメリカは、彼の分類する「無用者《ウェイスト・ピープル》」waste peopleを欲した。つまり木を伐り、(ロープをつくるべく)麻を打ち、ハチミツを集め、魚を塩漬けや干物にし、動物の皮をなめし、地を掘って鉱脈を探し、オリーヴや生糸を産し、鳥の羽根を仕分けて詰め物にする〝労働部隊〟である〈10〉。

そうした仕事に、困窮者、浮浪者、囚人、債務者、血の気の多い若者などからなる無職者がいそしむ様を、ハクルートは思い描いていた。「うろつき回っている乞食たちの子供は、大きくなっても怠けぐせがとれず、この国にとっては有害な厄介者であります。その彼らもあちらへ積んで行って降ろし、もっと旨く育てればよいと思います」[*]。商人を送り込めば、インディアンとの交易で装身具や布製品を売る代わりに内陸の情報を聞き回るだろう。職人も必要だった。水車大工が材を加工し、大工やレンガ職人や左官が入植地を建て、料理人、洗濯屋、パン職人、仕立屋、靴直し職人が〝まだ幼い植民地〟の世話を焼くのだ〈11〉。

こうした労働者を、どこから調達するのか? ハクルートの印象では、職人たちを引き抜いたところでイングランド経済は弱体化することなどない。ただし、大部分の労働力については、数をいや増す貧者とホームレスによってまかなおうではないか。彼の不穏なほのめかしに曰く、かの者らはすでに「おたがい同士食い合おうとさえして」イギリス経済をむさぼっていた。仕事にあぶれ、無為に過ごす人々は、(たとえ人道にもとるとしても)今よりましに扱われるべく、アメリカへと植え替えられることを待ち望んでいた〈12〉。

貧困に対するこうした見解は、広く共有された。その半数が零落した徘徊者となるであろう1万もの人々を収容する100トン級漁船団を組織しようというとある計画が、実現こそしなかったものの1580年の初案以来強力に推し進められ、一方では漁業取引における働きぶりで知られるオランダ人を叩き出そうと意図した〝ガ

＊――次段までの引用「 」はハクルート前掲書、既訳より。

レー船の漕ぎ手〟計画なども案出されたのである《13》。卓越した数学者で地理学者のジョン・ディーもまた貧困の解決策を海事面でイメージした者のひとりで、1577年にイギリス海軍の拡大に乗じ、貧者を船乗りに仕立て上げる旨の提案を行っているが、その他の者にしても、公道や要塞を建てる人工《にんく》として有無を言わさず掻き集めるなり監獄や救貧院にしょっぴいてひとまとめにするなりして、貧困者を何とかして街中から一掃したいものと望んでいた。徘徊者の感化を目的とする類いの施設でも初となるのが1553年に勅許を得たロンドンのブライドウェル監獄だが、1570年代までにはさらに多くの矯正院がその門戸を開いた。創設者たちは、努めて親の轍は踏ませまい、引いては「職にあぶれた悪党」にはさせまいとして、「勤労と努力が身についた」貧者の子供の育成を掲げていた《14》。

　こうした意味合いのもと、ハクルートは植民地化されるアメリカの中に〝ひとつの大きな救貧院〟を見越していたわけだが、これは強調してしすぎることはない。「アメリカという〝無用物を扱う企業〟」への植民が進むほどに、そこはイングランドの〝無用者〟である増えすぎた貧者が経済上の資産に転じ得る場になっていくだろう。国家の富を――減らし続けるのではなく――むしろ増やすため、土地と貧者をもろともに刈り入れられれば。海を渡った労働者の第一陣の中には囚人がいた。彼らは重労働向けに雇い入れられるだろう。木を伐り、それを燃やしてピッチやタールや灰石鹸をつくるのである。さもなくば、金、銀、鉄、そして銅を目当てに鉱道を掘ることになる。囚人には賃金が支払われなかった。債務奴隷として輸出品を産し、イングランド〝連邦〟に対して罪をつぐなう義務があったのだ。見返りとして、彼らは犯罪者たる自身の一生から、ハクルートの言う「挙句の果てに首を絞られる」ことや、「嘆き悲しんで日を送」って死に赴くことを回避し続けられるだろう*《15》。

　彼の見立てによれば、次の世代はさらに大きな褒美を刈り入れることになる。新世界から原料を輸入し、布地などの商品を輸出すれば、本国の貧者も仕事を得て「憐れな人間は、ひとりとして」いなくなり、「只今のように盗みを働いたり、飢えたり、乞食をしたり」もやむを得ないと感じることもなくなるだろう。植民地貿易の成

*―――次段までの引用「　」はハクルート前掲書、既訳より。

長とともに、彼らは発育するだろう。「うろつき回っている乞食」の子供たちは「怠惰に陥らないですみ、自身、まっとうな安んじてできる仕事に就ける」ため、「他人の迷惑にもならないで」確実に育っていくだろう。貧窮を免れた子供はもはや国家の重荷ではなく、正直な働き手としてさらなる労働力の仲間入りを果たすに違いない。海外送りの貧しく小さき者にしても、多数のイングランド国民の暮らしを栄えさせ、勤労貧民《ワーキング・プア》の意欲を向上させるとなれば、「いまより幸せに」なるだろう。この謂いはすべてが完璧に論理的で、かつ実現も可能なように響いた[16]。

貧困者を金食い虫や社会のはみだし者とする視点は、確かにひとつも目新しくはなかった。イングランド人は、何世代にもわたって貧者、とりわけ徘徊者や浮浪者に敵意を向けていたのである。14世紀における一連の法は、この哀れな「諸悪の根源」を根こそぎにしようという一致協力した運動を引き起こしたし、16世紀までには厳格な諸法や刑罰が確固として定められ、脱走した使用人を罰するさらし台が、笞刑柱《ちけいちゅう》*や檻に加えてロンドンの至るところにしつらえられた。この種の下層民は鉄ごての烙印や耳の穴あけによって身元が証され、〝犯罪者部隊〟として別格の扱いを受けた。1547年のある法では、徘徊者vegrantの胸にVの烙印を押した上での奴隷化が許可されている。この異常な法は実施こそされなかったようだが、それでも貧者への中傷ははびこり、自然と広まっていった[17]。

ハクルートが『西方植民論』の草稿を書いていた頃——つまり、刊行された1584年の以前ということになるのだが——貧者は「金遣いが荒く」、その上「職にあぶれた」病的で危ない非定住者、いわばどこにも籍のない者どもで、「王国中のあちらこちらを」動き回る、と常日頃から腐されていた。虫の群れになぞらえられ、「うじゃうじゃとあふれかえる大群」というラベルを貼られ、イングランド経済の健康に負担をかけて汚染する悪臭の流れ、といった言葉をもってイメージされたのである[18]。

ロンドンは、スラムだらけだった。1608年、ある観察者は貧乏人が大量に寄り集まり、「洞穴」に住むあ

*——— whipping post。笞刑（鞭打ち）に処される罪人を縛りつける柱。

さましく醜い「怪物」よろしく地下世界をつくっていると指摘した。彼らは急激に育ち、都市を貧困という「疫病」に感染させ、このゆえに失業状態は比喩的に〝伝染病〟と呼ばれた。その治療に処方されたのが、遥かなるアメリカの植民地というわけだ。これで貧者を一掃できるかもしれない。著名な詩人で聖職者のジョン・ダンは、1622年にこうした考えをもってヴァージニアのことをしたためている。新植民地は国の脾臓と肝臓であり、＊「悪しき体液を流し（……）善き血液を創る」のだ。一方、さらに露骨な比喩表現を使う者も中にはいた。アメリカ植民地は、国体から〝人類の不作《ヒューマン・ウェイスト》〟を泄《も》らす「排出器官」だというのである。その大リチャード・ハクルートは、植民地に追放し得る貧者を何はばかることなく「われらが民の腐肉」と呼んだ《19》。

貧乏人は、人類の不作だった。かすなのだ。肉体的に傷のない五体満足な貧者は、職にあぶれているだけで怒りを買った。しかし、概して月に30キロから120キロもの移動距離を浮浪《さすら》う人々をどうしてあぶれ者と言えるのだろうか？　ウィリアム・ハリソンの代表作『イングランド誌』*Description of England*（1577）がその説明を示している。あぶれ者でいることは、精力の無駄遣いだ。浮浪《さすら》う者の絶え間ない移動ではどこにも辿り着けない。ほうぼうを動き回ることで（インディアン同様）健全な根を下ろし損ない、使用人や小作農や職人という定住型の労働力に加わりそびれている。ハリソンによるあぶれ者でいること《アイドルネス》についての思考は、現代にあって車のアイドリング・モーターに言い及ぶのと同じ道筋にある。モーターは〝持ち場〟の中で作動し、あぶれ者の貧乏人は経済上の停滞に閉じ込められている。無用者は、荒地さながらに澱《よど》み、その精力は何ひとつとして価値を産まない。彼らは打ち捨てられた《アイドル》庭を廃《すた》れさせるただれた雑草のようなものだった《20》。

したがって、荒地／無用者《ウェイストランド》を放り込む土地は目障りなもの、イングランド人が「掃き溜め」と呼ぶものだった。無用者《ウェイスト・ピープル》は雑草か、さもなくば山盛りの肥やしの上で草を食む悪臭が染みついた牛といったところだろうか。だがしかし、柵のある囲い地で手塩にかけて飼育される従順な牛の群れと違って、貧乏人は破壊分子や紊乱《びんらん》者になりかねない。ふとした弾みで暴動を起こすのである。社会という乳に浮かぶクリームさながらの人々を、

＊――――脾臓、肝臓はそれぞれ、不機嫌や憂鬱を司る部位、感情や欲望を司る部位と考えられていた。

貧しき者のあられもなく不快な行為から護りきれるのだろうか。かの者らは、葬儀の席、教会の礼拝、本道や脇道、エール酒場とどこにでも出没し、議事堂の周りを――果ては王宮の敷地を――所在なくうろついているようだが。ニューマーケットにある宮殿の周囲で群れをなしてたむろする徘徊の少年たちに辟易したジェイムズ1世は、1619年、ロンドンに本拠を置く「ヴァージニア会社」に書状を送り、あの不快な民を海外行きの船荷とすることで、わが領から取り除いてはくれまいか、と助力を求めている《21》。

はぐれ、何も産まず、従う親方《マスター》もいない徘徊の貧者は、植民地で〝主人／部隊長《マスター》〟を得ることになる。ハクルートを始めとする人々にとっては、いわゆる軍隊式が理に適っていた。それはすでに、アイルランドにおいて成功を収めていたのである。ネイティヴを征圧するにせよ植民地への野望を他のヨーロッパ諸国と競い合うにせよ、新世界にあっては防御に向けた手配が優先されるべきだった。塹壕を掘り、火薬を調合し、男どもに弓を使う訓練を施すのだ。そしてこの軍隊化は、別の決定的な目的を果たすことにも役立つ。イングランドの徘徊者でも最大となる集団の一部を、いささかなりと元兵士が形成しており、水兵にしても、海の徘徊者となってしばしば海賊行為に引き入れられていたのである。往々にして16世紀の大半の戦闘法では、落とし難い要塞を攻めることにかかずらって包囲の手が長引き、大量の歩兵が必要とされた。戦《いくさ》が息を吹き返すそのたび、貧者はある研究者の言う「失業者で編成された予備軍」となって、招集の太鼓とともに任務へと引き戻されていた《22》。

近世初期の兵士の生活は過酷かつ予測不可能なもので、解除部隊の兵士が故郷へ戻る際に略奪行為を働くことさえあった。当時よく読まれた著作でも、〝兵士転じて盗人となる〟が量産された痛快な筋立ての主題となっている。ジョン・オードリーによる『浮浪者の同胞愛』*The Fraternity of Vagabonds*（1561）やその類いの諸作では、略奪によって身を立てるギャングの巨大ネットワークとして流浪の貧者らが描かれている。元兵士は「義人」か、さもなくば野盗を率いる頭目としてギャングたちに取り巻かれながらその座を占める。一方、「兎猟師」は言葉の通り〝獲物を袋詰めにする者〟で、この申し分ない盗賊は商売道具のひとつとして自在鉤を持ち歩き、窓の隙間にそれを差し入れ忍び込んでは金目の物を盗むのだ。「わが国のあぶれ者の兵士」を海外へ送り込むという提案の中、ハクルートは安逸をむさぼる輩を実際の兎猟師《コニー＝キャッチャー》ならぬ取り込み詐欺師《コン・マン》に仕立て、いわば兎を撃たせてアメリカ植民の推進者が口にする日々のシチューに栄養たっぷりの食材をもたらすことを目論んだ。別の言い方をすると、退役軍人と罪人とをアメリカ送りにするひと手間だけで、犯罪と貧困とを減らそうというのである[23]。

　新世界へと移送され、その土壌へと植え替えられるべき徘徊者、物乞いの子供、そして元兵士の人生に他のどのようなしがらみがあろうとも、彼らの労働が荒地を肥沃にしていくものと考えられた。つまり、彼らの価値は人道的に（もしくは人間としてさえ）算定されず、肉体性から切り離されたある商業上の〝威力〟として評価されたのである。この提起は冷酷で打算的に聞こえるかもしれない。だが、それが現実だった。その死にしても、今言われる適切な表現を使えば付帯的損害《コラテラル・ダメージ》＊ということになるだろう。イングランドの職にあぶれた無用者でいるよりは、死んだ入植者となるほうがよほど王国への貢献になったのである。ハクルートの案出による壮大な計画では、植民地で生き延びたイングランドの物乞いの子供たちが、他ならぬ未来の兵士や水兵の要員となることがイメージされていた[24]。

　アメリカという土壌への望ましくない者らの入植には、犯罪暮らしに手を染める誘惑が減るだろうという意図があった。あの大陸の開放された空席だらけの土地であれば、誰かが見事に成功を収めるかもしれない――確かに故郷に戻ったところで、人余りの労働市場には機会などまったくないのだから。それでもなお、貧者の子供らが再利用の利く無用者と見なされ迎える顛末には、誰ひとり異を唱えることなどできない。ひとたび一様に兵士や水兵として「よくしつけられ」たならば、無用な男たちからなる〝植民地向けの予備軍〟の空席を満たし、イングランドの起こした戦《いくさ》にあって死ぬべく送り込まれる運命を辿るのだ。粗暴な搾取は、16世紀末に――つまり、まだ植民地がない頃に――アメリカの植民地システムを思い描いたイングランドの計画者たちによる

＊――戦争や政策における大目的（勝利や達成）を果たす過程で発生する、人的被害や枝葉的な損失といった“やむを得ない犠牲”のこと。

常套手段《モドゥス・オペランディ》だった《25》。

チェサピーク湾沿いのイングランド外地、ジェイムズタウンがようやく成立した１６０７年のそのとき、実生活に則した植民地をつくろうにもハクルートの青写真が欠陥だらけなことは、入植者の経験した辛苦によって明らかになっていた。「ロンドンのヴァージニア会社」*の擁護者は、小論、説教書、そして実見記を発行し、ジェイムズタウンにまつわる多くの奇怪な事件をことごとく言い抜けようとしていた。社会の習律《モーレス》など、そこにはまるで存在しなかったのである。手狭な駐屯地内の公共の場で排便する男ども、そこら中にへたり込んで飢えに苦しむ者ら、厳格な法が布かれて野菜を盗ったり不敬な口をきくだけで死によって罰せられ、労働者とその子供たちは事実上の商品で実のところ奴隷、ある男などは妻を殺した挙句にそれを食べてしまっていた《26》。

ジェイムズタウンは、サー・ウォルター・ローリーのロアノーク植民地が流れた後に〝イングランドの幼い長子〟という洗礼名を授かった。この地とともにあったイングランド人の忍耐を多としたのが詩人、聖職者のジョン・ダンで、彼らを「胎《はら》の裡《うち》に長らく熟睡《うまい》した大きなる被造物ら」とする説教を１６２２年に記している。いかにもジェイムズタウンは、未来の中にあるわずかな〝確信〟を立ち会い人として、苦痛を伴う難産の末に誕生したのだが、ダンの話題となった同年、一方的なインディアンの襲撃によって周辺住民を含む相当数が命を落としてもいるのだ**《27》。

はや数年の内にジェイムズタウンの隅々まで染みついたトラウマは、今や伝説である。１６２５年を迎える前に入植者は羽虫さながらにばたばたと墜ち、最初の６０００人の8割が次々に死んでいった。軍指揮官の何人かが個別の強制労働体制を押しつけ、巣立ったばかりの植民地を囚人の収容所に変えた一方、ジェイムズタウンに引かれた男どもはあくせく働くつもりもなしに金鉱の発見を夢見ており、たとえ飢えても決して目を覚ますそ

*――― 1606年、ジェイムズ1世の勅許を得て北米植民地開発を目的につくられた「ヴァージニア会社」は、その現地中心域からの展開に応じて北の「ロンドン会社」、南の「プリマス会社」として運営された。

**―――いわゆる"ジェイムズタウンの虐殺"だが、このワンサイド・ゲームには当然のこと後発住民がネイティヴを追いつめた素地が少なからず絡むであろうことも付記しておきたい。

うとはしなかった。1611年に次期植民団が到着し、彼らの先達が「無精なあぶれ者ぶり」と「獣同然の怠惰」にどれほどふけったかを書き残しているが、むろんのことそれは以前よりましな暮らし向きであるはずもなかった[28]。

ハクルートの精彩ある言葉を繰り返せば、「元気だけ〔は〕よい」*男どもがヴァージニアにはほとんどいなかった。外に出て木を伐り、家を建て、土地を改良し、魚を釣り、野生動物を狩ろうという〝新兵〟を探すのは相変わらず困難で、早期のジェイムズタウンの男どもはカード遊びに興じ、げすな船乗りとの取引に手を出し、インディアン女性をレイプするという誘惑に抗うことができなかった。一方それとは別に、色つきビーズづくりのためのガラス吹き職人が送り込まれてもいた――この小さな装身具をインディアン相手に商おうというわけだが、これはハクルートのアイデアである。しかし、食糧調達に必要な農夫はいったいどこにいるのだろうか？[29]

現実に即した対応の欠如、ずさんな決断、人員補充戦略の失敗によって植民地の耕夫や農夫の数が大幅に不足し、畑地の世話やイングランドからの海運による家畜の手入れが思うに任せなくなっていた。あらゆる生産社会は大地を耕作する者を尊ぶ、というトマス・モア『ユートピア』** *Utopia* (1516) の中にも表れたイングランドの信条を、ジェイムズタウンは見失っていたのである。モアはこう記す。農耕の振興を怠れば「いかなる共和国／公共繁栄《コモンウェルス》も1年と持ちこたえない」[30]。

ポカホンタスの夫ジョン・ロルフは、この言葉を肝に銘じていた。1609年に彼が導入したバミューダ諸島産品のタバコの栽培がヴァージニア入植者によって上首尾に行われるや、たちまち新しい金鉱――富への切符――となったのである。「不潔な雑草」***は高値を呼び、その〝発見〟によってにわか景気がもたらされた。だが、タバコは熱狂であると同時に破滅でもあった。確かに植民地を崩壊から救いはしたものの、一方で経済成長を妨げ、歪んだ階級システムを生じさせたのである。参議会は、植民地でも最も貴重な即時資源となるもの、すなわち〝労働者〟を油断なく監視した。ここで、唯一注意が払われたハクルートの教訓がある。極端に応用されたた

*――――ハクルート前掲書、既訳より。

**――――平井正穂訳、岩波文庫。なお本段末「　」は第2巻第9章の一節 "no commonwealth could hold out a year" の引用だが、コンテクスト上、独自訳を採った。

***――――「雑草」の意の weed は、俗語化して「紙巻の葉もの」(タバコやマリファナ) を指すようにもなっている。

だひとつの事柄、それは、弱者として依存する従業員からの搾取だった[31]。

総督と参議会議員は、さらなる年季奉公人と労働者を、つまりは最高入札者へと奴隷同然に売り払える者どもを植民地に送るよう、「ヴァージニア会社」に嘆願した。年季奉公人が大量に集められ、こき使われ、契約期間は不正に延長された。そして、土地が不平等に分配されると、階級差も広がっていく。1616年以前の入植者の内でも、渡航費を自費でまかなった者は100エーカー（約0・4平方キロ）の土地を与えられたが、それ以降の新参者はといえば、たったの50エーカーのために自ら懐を痛めることになった。いっそう見逃せないのが、1618年以降、渡航者が自ら輸送した年季奉公人のひとりにつき50エーカーを受け取れるようになったことである。人頭権制度として知られたこのシステムによって、頭数に応じた土地が分配された。つまり、農園主の小屋に詰め込む人数が増すほど彼の所領は広がっていくわけで、移送中の船で奉公人がこと切れたとしても、ありがたいことにその死亡者の〝持ち主〟には制度が約束した地所のすべてが保証された。それは、生き死に《デッド・オア・アライヴ》に関わりのない労働者の輸入への対価だった[32]。

イングランドでは、使用人契約よりも年季奉公契約のほうが——1年から2年に対し、4年から9年と——長かった。ちなみに、〈1662年のヴァージニア法〉を見てみると、子供は24歳になるまで使用人として留め置かれている。年季奉公は、賃金契約とはまた別ものであり、奉公人が可動物品・資産と同様の〝動産〟として分類された。契約は譲渡可能で、主人が在所を変えれば奉公人もともに移動する義務があり、家具類や家畜類さながら、所有者を相続人に書き変えることもできた[33]。

ジェイムズタウンを指導する農園主は、無階級社会の創出という幻想などは抱かなかった。1618年から1623年にかけ、かなりの数の孤児がロンドンから船荷となってヴァージニアへと送り込まれたが——その列の後を追うたいていの年季奉公人もまた、年端のいかない少年だった。農園主によるひと握りの特権集団が土地、労働者、富を手中に収めた一方で、その〝内輪〟から外れた者はひと際低い自身の境遇を脱しなければと追いつめられたものの、そのような人々が貧しい借地人となり果《おお》せたところで自らの苦境の中に好機を見出すべもなく、使用人の時分と代わり映えのしない仕事を往々にして強いられた。また、相当数の者が使役の日々を生き抜くことができず、さもなくばジョン・スミスが1624年の著書『ヴァージニア概論』* *Generall Historie of Virginia* で嘆いたような仕儀に陥っていた。「非常に多くの血と資金がつぎ込まれたこの法外な土地は、ほんの少しの金持ちと残りすべてからなる負け犬とを産み出した」のである[34]。

妻や子供は、いっそう油断のならない植民地の慣例に則り、年季奉公の労働期間における夫や父親の責任を負わされた。先述した1622年の襲撃の後、ネイティヴにさらわれて10カ月もの間囚われの身となっていたジェイン・ディケンソンという名の開拓者女性が、ジェイムズタウンに返されると今度は亡き夫の元主人からタバコ150ポンドによる支払いを要求された。払えないと言うと、夫が果たすべき義務をかたづけるよう強制されるだろう。この仕打ちは「残酷な野蛮人《クルエル・サヴィッジ》」*に取り囲まれて経験する「奴隷状態」も同然だと彼女は手紙にしたため、総督に訴えた。イングランド文明が、この植民地の荒地で犠牲になってしまっていたのか？　それがディケンソンの語らずして訴えたかったことだろう。そしてまた、彼女への仕打ちが非日常ではないことも。『ヴァージニア概論』におけるジョン・スミスの認識はこうだ。「父親のいない子供」は「奴隷すれすれの状態」の中に取り残される。「両親が負債を抱えたまま死んでしまえば、その子供は負債を弁済するまで男奴隷とされるのだから」[35]。

ジェイムズタウンの指導者たちは、古代ローマの奴隷制モデルを直接取り入れ、捨て子や債務者を奴隷にした。アメリカで働くことを条件に渡航費を肩代わりされた大人の年季奉公人がそのまま債務者となったわけだが、するとその子供は

⑤———ジョン・スミス（1580頃–1631）。

＊———1世紀以上ののち、フランスの啓蒙思想家ドニ・ディドロが『ブーガンヴィル航海記補遺』（1772、『世界周航記』2所収、中川久定訳、岩波書店）で称賛することになる、文明に侵されていない“善き野蛮人（ボン・ソヴァージュ）／高貴な野蛮人（ノーブル・サヴィッジ）”のコンセプトを併せて想起されたい。

〝付帯的動産《コラテラル・アセット》〟ということになる。シャイロックが肉1ポンドを要求した、あのシェイクスピア『ヴェニスの商人』*The Merchant of Venice* に描かれた世界に似ていないこともなく、ヴァージニアの農園主は、死んだ使用人の罪のない妻子を自らの〝血と肉〟にする権利があるように思っていた＊《36》。

文明をしっかりと根づかせようというのなら、善き生活習慣を人々に促す努力を重ねつつ、イングランドの典型的な村落の体裁を取る必要がジェイムズタウンにはあるだろう。植民地にまつわる流刑先というイメージを払拭し、より確実に根を下ろさなければならない。それには、タバコ以外のものも必要だろう。群れ集う家畜、実りある畑に加え、主人と使用人との関係改善もまたしかり。何はさておき、いっそう多くの従順な女性は欠かせない。1620年、「ヴァージニア会社」は57人の「若く容色に秀で、正当な教育を受けた乙女《メイド》」を植民地に送り、さらに157人の女性がその後の3年を費やして海を渡った。彼女らは、新たな道徳秩序の密使と見なされていたのだが、社の記録は別のあることもまた同様にほのめかしている。「気高い仕事」の「最大の障害」は、「慰安への欲求」に基づいていたのだ。男性は「満足して生きる」に値する、というわけだ。女性という船荷の輸送は、「妻や子供との絆によって、植民者の心をヴァージニアにつなぎとめ、根づかせる」だろう。性的な満足と養うべき後継ぎは、怠惰な男どもをより〝産み殖やす〟開拓者にするはずだった。

女性に求められた要件はただ結婚だけで、一方の将来の夫にかけられた期待は彼女らを買うこと、つまり渡航費や食費をまかなうことだった。女性ひとりはタバコ150ポンドに見積もられたのだが、それはちょうどジェイン・ディケンソンが晴れて自由の身となるのに強要された額と同じである。当時としてはタバコによる彼女らの価値の算定など驚くことではなく、ヴァージニアにおける女性は繁殖力のある商品として扱われていた。「乙女」らはその徳性に対する証書を添えられ、粗悪品ではないだろうという思い入れを「勤勉な植民者」に抱かせつつやってきた。ある気難しい農園主は先日積み込まれてきた女性たちが「傷んでいた」として、次のひと山が健康で、こちらの都合に合うよう種の涵養《ブリーディング》にも積極的なことを保証してくれと手紙に書いている。船荷の女性と

＊――――『ヴェニスの商人』既訳は『全集』14所収、小田島雄志訳、白水uブックス。また「ヨハネ福音書」6などに表れる“血と肉”はイエスによる犠牲の象徴。

同乗するのは概ね200頭はいようかという畜牛だったが、そのどちらもヴァージニアの農場経営者《ハズバンドマン》にはイングランド人としての根《ルーツ》を正しく導く種の涵養のための〝備蓄品目〟であり、なくてはならない自己確認の装置《リマインダー》だった[37]。

あらゆる努力に反して、ジェイムズタウンが安定した農業コミュニティになることはなく、ヴァージニアのプランテーションにしても、奇妙なことに17世紀前半を通じて実を結ばずにいた。何よりもまず、あて込んでいた地産物の収穫がない。そしてまた、（熟練労働者とただ体を使って仕事に従事する者との按配に考慮した）様々な地位や身分の区分けも計画通りにいかない。ウィリアム・バークリー総督はといえば、1663年になってもなおハクルートの提案による産品にこだわっていた。亜麻や麻、造船用の材木やタール、そして舶来物となる絹やオリーヴ油である。「危険で破滅を招くタバコ」は、彼がそう腐したままにヴァージニア経済の多様化を阻害していた[38]。

ジェイムズタウンにおけるシステムの中心をなすのは、労働者を可処分資産化してしまう年季奉公契約である。生き延びることが至難の業である非常に過酷な環境の中、ありがたみのまったくない無用者は文字通り死ぬまで働かされた。中でも最も標的になりやすく、最も搾取されていたのが、家族もなしにやって来た若者や少年である。入植者の多くが根を張ることもできずに跡継ぎを産み殖やし損ね、土地への愛着からなるイングランド人の大切な理想像を守ることさえ叶わなかった。

そのくせ、階級区分は根強く定着するのである。土地所有権の絡む格差は広がる一方で、大農園主がひと握りの特権派閥を成長させたが、それと同時に労働システムのせいで使用人は債務奴隷と化し、本土から遠く離れていることもあってか待遇改善を訴えるすべさえなかった。この孤立が、言うなれば潜在的な虐待の温床になったのである。植民地にあって使用人が自由を得ようというのであれば、自分の足を使うしかない——そう、逃亡だ。ジェイムズタウンの創建者たちは、イングランドの村落を再現しなかった。その代わりに、無慈悲な階級秩序を象《かたど》ったのである。

✻

ジェイムズタウンの御し難い問題をよそに、イングランドの投資家と分離派信徒は「ヴァージニア会社」からの認可を得た上でハドソン川河口近くの土地へと狙いを定めた。偶然によってか、さもなくば誰かの憶測のように秘密の企みによってか、いずれにせよ彼らの最初の船メイフラワー号は1620年9月、「ヴァージニア会社」の占有先のさらに向こうにあるケープコッドへと到達している。ちっぽけな闘士の一行は、飢えと病気のために最初の1年間でその半数を失った。指導者のひとり、ウィリアム・ブラッドフォードの妻などは、不可解にもメイフラワー号の舷側からその姿を消している。* ともあれ、マサチューセッツに意義深い〝侵入〟を果たしたイングランド人入植者が、この地へと新たな住民を引き寄せるまでにはたっぷり10年が費やされることになる[39]。

その大々的な移住が実施されたのが1630年で、ジョン・ウィンスロップ率いる700人の渡航者と家畜を載せた11隻の船団が、永続的なコミュニティの設置という明解な目的のもとで手際よく組織されていた。ヴァージニアに比べて家族ぐるみの移民が多く、入植者の中心は〝安息日の礼拝出席によって死刑宣告を受ける〟怖れ――これはジェイムズタウンの成立期に強行された数多い事例のひとつなのだが――などものともしないピューリタンだった。

土地の所有というニューイングランド**の魅力には、誰もが心惹かれていたことだろう。マサチューセッツ湾植民地には、最初の10年間でおよそ2万1000もの人々が渡航している。その実に40％ほどが

⑥―――ジョン・ウィンスロップ（1588–1649）。

*―――北米に辿り着いた後も、乗員は安全確保などを考慮して船上生活を余儀なくされており、陸上に拠点を移すのは1621年3月からとなる。

**―――プリマスにその端緒を求め、ヌーヴェル＝フランスなどに対置されるニューイングランドは、ヴァージニアと並んで北米でも最古となる英領で、現在は入植、ないし連邦加盟の順に、マサチューセッツ、ニューハンプシャー、コネティカット、ロードアイランド、ヴァーモント、メインの北東部6州を指す。

イーストアングリアや沿岸の町々の出身で、これらはピューリタン転向者の居住率が高い地域だった。いずれにせよ、1630年代に出国《エクソダス》を果たした宗教上の異端者たちは、皆が皆商業上のある事情に衝き動かされてロンドン、もしくはイングランドの他地域を後に移住を行い、そうした日々の中、自ら雇った使用人を同行してやって来る圧倒的多数が拡大家族の形態を取っていた。到着した者のほぼ60%は24歳以下で――その3分の1がまだ独り身の男性だった《40》。

植民地弁護の立場を自ら取ったウィンスロップは、「頽廃した」知の砦であるオックスフォードとケンブリッジに取り込まれない宗教コミュニティの創出を願っていた。そしてその頽廃とカトリックの反キリスト者どもの戦いの果てにともかくも新総督となり、自身が実務的な人物であることの証しを立てたのである。入植者を誘致するためにはと、イングランドであればわずかばかりの地所しか手に入らない資金でマサチューセッツの数百エーカーがまかなえることを豪語した彼は、人口過密なブリテンにあって国土が「住まいする者の足下でうめき声をあげている」とまで述べた。だがそんなウィンスロップでさえも、貧者を救う心算については皆無であり、彼自らが貧者を「陸の浮きかす《スカム》」と呼ぶほどだった。げすな無用者に対して抱く彼のヴィジョンは、英国国教会の聖職者リチャード・ハクルートのそれとさして変わらなかったのである《41》。

不平等は「丘の上の町」における既定の事実であり、服従は人類の自然状態と見なされた。「キリスト者としての慈愛モデル」の中、ある者は支配しなければならず、その他の者は上位者に仕えるべきだとウィンスロップは明言した。「最も聖《きよ》く、かつ最も賢明《あかる》い全能の主は、富める者と貧しき者、強く卓越した力を持つ高位の者と卑しく他人の言いなりになる者が常にあるように、人類の状態を整えられたのである」。はっきり言っておこう。そう前置きした総督ウィンスロップは、自らが忌み嫌う民主主義をにべもなくこう決めつけた。「為政のあらゆる形態の内でも、最低にして最悪である」。ピューリタンにとっての教会と国家は連動しており、行政官の豪腕は公共の秩序と階級差別のどちらをも維持するためにあるのだ《42》。

ピューリタン社会にあって、「ジェントルマン」という敬称は貴族の血統の男子に通常適用されるが、教会で傑出した位置づけを得た富裕商も同様にそう呼ばれ、教養を積んだ専門家、聖職者や彼らの妻は「マスター」、「ミスター」や「ミストレス」、土地は所有するが行政官や聖職者などの有力な立場にない〝誉《ほ》むべき農場経営者《ハズバンドマン》〟は「グッドマン」と呼ばれて敬われており、ニューイングランド人がこうした敬称を厳密に使ったわけではないが、間違いなく意識はしていたようである。結局、彼らが従う行政府は、土地を持つエリートが官省を牛耳るイングランドの寡頭制を模倣していたのだから〈43〉。

とはいえ、当のピューリタンのエリートが依存していたのは下賤な労働力だった。その序列の上位は徒弟と相続された使用人、下位がヴァージニアのくだりで見た強制労働に就かされる債務者、犯罪者である。適例として、ウィンスロップの統括による、窃盗で訴えられた男の１６３３年の公判が挙げられる。有罪判決が下った後、男の土地は売却され、その収益が被害者救済に充てられた。男は3年、娘が付け足しの縁故者として14年の奉公をそれぞれ言い渡された。これで通常の流れなのである。マサチューセッツ植民地について記された１６４８年の『法と自由』*Laws and Liberties* では、当の自由の剝奪にもあたりかねないいっそう下位の2階級が定められた。「正義の戦争」によって捕囚となったインディアンと、「われわれに進んで身を売る、あるいは売られた異人」がそれで、この場合の「異人」とは、輸入されたアフリカ人奴隷はもちろん、植民地の〝外部〟からやって来た年季奉公人のことでもあった〈44〉。

17世紀のニューイングランドでは、10歳から21歳の搾取しやすい若い男女が最も頻繁に使用人の供給源となった。法によって、独身者はジェンダーを問わずに家族と同居してそのやり方に従わなければならず、子供は日常的に近所や親戚の家庭の仕事へと「貸し出された」。マサチューセッツ高等裁判所が正式な児童教育に関して詮議した１６４２年の条例では、徒弟、使用人、子供が皆すべて互換性でもあるかのように扱われている。両親、雇い主は「公正な法の求めの中、子供や徒弟を訓育する」義務を同様に引き受け、家族は、ともすれば「無作法で、強情で、始末に負えなく」なるこれらの者を監督する役割を担った[45]。地主家族がその家の子供の成人までを十分に見取るよう、〝わが子の労働の監視〟が社会の標準となった。若者が家族の私有地から出奔したり、父親の命令に背いたりした場合には相続権を失う怖れがあり、このゆえ家族の成員は様々な地位の使用人がするように長時間を総出で働くことになった。ピューリタンの拡大家族は、ヴァージニアのタバコ景気で採用されたシステムほどに無慈悲な行動の循環をもって稼働していたわけではないが、法や文化に根ざした実践がその家の子供と使用人との差別を曖昧にした[46]。

このように、ピューリタンの家族は現代アメリカの核家族やそれに準じる家族形態とは似ても似つかない。若くして連れ合いを亡くした親の再婚もごく普通に行われたため、別々の両親のもとに生まれた子供によって家族が構成されることも多々あった。ウィンスロップにしても最後の結婚はその死の2年前となる59歳のときで、4人の異なる妻との間に16人の子をもうけている。大方の家政は家父長と親戚関係にない子供の使用人を交えて行われており、収穫期には相続された使用人が臨時の仕事を請け負わされ、貧しい子供は長期の家事や農作業の下賤な見習いとして買い取られた。1638年、ボストンに初となる奴隷の積荷が到着しているが、ウィンスロップ自身インディアン奴隷の所有者で、その息子もまたアフリカ人を購入している[47]。

使用人は従順であることを期待されたが、実際はほぼそうではなかった。多くの法廷の判例に、職務怠慢、窃盗、無作法、反抗、高慢、逃亡癖といった罪がつきまとう使用人の不服従に対する、主人の不満が垣間見えるのである。その声高な主張をもって知られる牧師コットン・マザーは、マサチューセッツ湾植民地の乱脈な使用人どもの統制を明白に意識した著書『よく仕えられたる善良な主人《あるじ》』*A Good Master Well Served* を1696年に発行している。被雇用側へと向けられた彼の訓戒に曰く、「あなたがたは**生き**、**身を隔てられ**、**自律する道具**で、他者を持ち主としている」。そして再び、誤解しようのない言葉をもって釘を刺すのだ。「**用いられる者**よ、あなたがたの**舌**、あなたがたの**両の手**、あなたがたの**両の足**は、あなたがたの**師**《マスター》であり、その師はあなたがたの**主人**《マスター》

の意に引かれて動くべきなのである」。この鋭い舌鋒とはっしとした言葉の鞭があれば、しみったれた生まれの者どももわが身に服従が期待されていると思い知るだろう《48》。

ピューリタンの悩みの種は、そこに留まらない。使用人とその身に降りかかる「しみったれた状況」は、まだ足りないと言わんばかりに肥大化した野望を抱く男女の姿を取った。少なくとも不安に駆られやすい寡頭制の為政者から見れば、だが。ピューリタンは、商取引や富の獲得ということであれば一切異議を唱えなかったものの、話が〝社会移動〟に及ぶとあからさまに顔色を変えた。行政側は奢侈禁止法を定め、階級上の身分を上に見せようとして高級な絹や金ボタンで身を飾る者は有罪にあたる、と布告した。尊大、高慢、横柄な暮らしぶりに眉をひそめた正統派ピューリタンが、羽振りのよすぎる者は妬《ねた》み心を刺激するとした上で制定を求めたのである。イングランドのピューリタン神学者ウィリアム・パーキンズは、１５９２年の小論『正当、遵法にして、聖なる衣服のあしらいについて』*On the Right, Lawful, and Holy Use of Apparel* の中、存在の大いなる連鎖、すなわち神の創った階級ヒエラルキーにおいて、外見がその者の立ち位置の限界をどれほど明示するかを指摘している。敬虔さのかけらもない華美な装いは、使用人を寛大に扱いすぎる主人と同列に語られるほどの破壊的な違反行為であり、そのどちらもが神の恩寵を失いつつある社会の指標として早くから識《し》られていた《49》。

ピューリタンのマサチューセッツでは、男も女も身のほどをわきまえなければならず、教会信徒というだけで既存のヒエラルキーに基づく体制とは別立てとなる、法廷その他に臨む際の特権が上載せされた。逆に言うと、教会からの追放は消し難い汚名《スティグマ》を残すことになり、物理的に遠ざけられ、孤立させられ、追放されたアン・ハッチンソンやメアリー・ダイアーのような〝異端者〟も中にはいる。* コミュニティへの復帰が叶うのは、裁判所と教会という二重の権威の前で謙虚に許しを乞う者だけである。ダイアーは決意した。戻ったとしても回心することなく、支配側の秩序へと挑もう。彼女は、１６５９年から１６６１年の間に他のクエーカー信徒３人と連座して世俗の権威に対する「僭越にして根強い侮蔑」の罪により告発され、審理の後、ただちに揃って絞首刑に処

*―――ハッチンソン（1591–1643）とその教え子ダイアー（1611–1660）は両者ともに宗教活動家で、信教の自由を求めてイングランドからマサチューセッツへと渡ったものの、植民地の統制に信仰を重ね合わせるピューリタンの不寛容性に異を唱えて告発された。

せられた[50]。
一方のアン・ハッチンソンはボストンの教区からの破門に遭い、1638年には町の聖職者に従うことを拒んだためマサチューセッツ湾植民地からも追放された。そのとき、彼女は厳しい訓戒を受けている。「あなたは妻というより夫であり、聴衆というより説教師であり、民というより行政官だ」。自宅で宗教講座を開いたハッチンソンは多くの追随者を得、社会秩序を顚倒させながらピューリタン礼拝堂の入念に統合された道徳の地勢をひっそりと揺るがしていたのである。当時にあって男性支配は疑問視されず、地位がはっきり認識されていたため、座席表のようなごく簡単なものからでさえ権力の輪郭は見失いようがなかった。教会信徒と非信徒は離れて座り、夫と妻は隔てられ、男が部屋の片側を占めれば女はその反対に腰を下ろした。信徒席の前2列には有力者が陣取り、特に行政官のために最前列が、富裕商はもちろん聖職者や総督の家族のために2列目がそれぞれ取り置かれた。息子が多いほど上席となり、教会内で席が割り当てられる前には年齢、声望、婚姻関係、財産といったすべての特質が正確に算定された[51]。

ピューリタンは、地位に固執した。それが彼らにとっての保障を意味していたのだし、地位の崩壊——もしくは消滅——という思考さえ産み出す不安を、彼らは隠しきれなかったのである。血生臭いフィリップ王戦争（1675–1676）の後、メアリー・ローランソンの訓話『主権と神の善性』*The Sovereignty and Goodness of God*が広く刊行され、階級の果たす役割の熱っぽい範例が再建に向かう流動的な時節に示された。[*] 戦《いくさ》がそのきざはしに足をかけた頃、ナラガンセット族インディアンがマサチューセッツ、ランカスターの燃え盛る家屋からローランソンを引きずり出し、11週にわたって捕囚とした。1682年に出版された彼女の記録には、捕獲者であるインディアンによって隷属を強いられた後の、イングランド郷紳《ジェントリー》の一員というわが身のアイデンティティを保とうとした心理的苦闘が詳述されている。ともあれ、富裕地主の娘でかつ牧師の妻でもあるローランソンは、二重構造の物語を語った。そもそもの階級内地位への元囚人による復帰を受けたその物語は、ひとつの位相が〝魂の

*———「フィリップ王」は、対戦相手となるワンパノアグ族インディアンの“大酋長”メタコメットを指す、マケドニア王ピリッポスから取られたイングランド側の呼称。また、『主権と神の善性』には副題『メアリー・ローランソン夫人の捕囚と救済の物語』*The narrative of the captivity and restoration of Mrs. Mary Rowlandson* を訳題とした邦訳（『インディアンに囚われた白人女性の物語』所収、白井洋子訳、刀水書房）がある。

救済の旅〟、そしてもうひとつの位相が〝種の涵養《ブリーディング》の喪失にまつわる架空譚〟となる〈52〉。

ローランソンの女主人《ミストレス》となったインディアンは、物語上の悪玉である。他の有力な酋長3人と婚姻関係を結ぶという知恵を発揮してはその身分を継承し続けていたウエタムーは、ポカセット・ワムパノアグ族のやり手の酋長（女王）だった。* 貝殻玉《ワムプム》の環《わ》を飾り、厚手のペティコートをまとい、次に腕環をあしらう。身支度となると何時間でも費やすウエタムーは「厳しく誇り高い夫人」** で、ローランソンにあれこれと言いつけては手ひどく叩いた。ローランソンの目には、この鼻持ちならない女主人が新世界で権力をひけらかす王党派のイングランド貴人と同様に映ったようだが、それにしても〝服従〟は――そう、これはピューリタンが彼らの使用人に要求した資質と同じである――彼女にとって容易いものではない。だが今や、かつての誇り高き牧師の妻は卑しい小間使いに身をやつしているのだ。ネイティヴを未開の野蛮人も同然とはしなかったこの流れは、ヴァージニアで捕囚となったジェイン・ディケンソンの場合とはいかにも異なる。しかしその代わりに、彼らは授かりものの身分からなる神聖秩序を下品にも冒瀆する神位の簒奪者であり、神のあて振りをする者なのである〈53〉。

ピューリタンは、法によって強化された家族という威信を用いて使用人の統制を図った。また、異人や宗教上の部外者には猜疑の目を向け、信仰による「選民《エレクト》」、すなわち教会に通う平信徒の中核層を構成する者に特権を授けもした。そして「選民」の子供らには、教会信徒であればより容易く手に入る信仰ゆえの特権の継承がもたらされる。1662年の「半途契約」*** の設定によって、宗教上の血統システムが事実上確立したのである。コットン・マザーの長寿の父、インクリース・マザー師は、いみじくもこう述べた。主は「敬虔な両親の腰を通り抜けて」くるよう「選びの道を下されたのです」。破門だけがこの特権を葬り、頽廃した家筋から子羊を救うのだという。トマス・シェパード牧師はこれに同意し、選民の子は剪定され、養育され、水を撒かれ、神の恩寵によって生長するものだ、と説いた。宗教上の身分は、この手順によって階級上の身分を強固にした。その家筋が祝福を受けることで、誰の目にも疑いようのない聖なる者が認定種となるのである〈54〉。

*―――「ポカセット」はインディアンによるポーツマスの呼称。また、インディアン社会は基本的に合議制であり、その調停を司る「酋長」と元首である「王／女王」とはニュアンスが異なるものの、ここでは既出の「ポカホンタス王女」と同種の含みを持たせているものと思われる。

**―――ローランソン前掲書、既訳より。

***―――神から授かった恩寵の告白（回心）が教会信徒となる条件だったところを、それが実質不可能な子供でも信徒に迎えられるよう特に便宜を図った。

植民地化の計画案は、〝種の涵養／血統づけ《ブリーディング》〟という言葉によってことごとく描かれた。繁殖力というものは、王室や市父の微に入り細を穿つまなざしのもと、言葉通りの意味でも象徴的な意味でも常に監視されなければならない。始末に負えない子供を鍛《きた》え、使用人を使用人として囲い込み、信仰をひとつにする成員の特権を次世代（すなわち神を敬う者の裔《すえ》）へと分配するためとあればなおさらで、善き種の涵養《ブリーディング》の実践は、そこが荒地《ウェイストランド》であれ、またそれが無用者《ウェイスト・ピープル》であれ、諸々の手に負えない〝不作《ウェイスト》〟を利用可能な状態にし、血統づけ《ブリーディング》そのものも、素朴な美と宇宙の調和に向けた信条を表すときの最たる修辞を自ら見出す、エリザベス朝時代*にあらかじめ紐づけられた田園生活の伝統を伸長したのである。

何ひとつ残すもののない土地なしの状態が、貧しい者から恵みを遠ざけた。彼らは跡継ぎも持てない。とりわけジェイムズタウンではこれが深刻で、使用人の忘れ形見となった孤児は差し押さえに遭った資産さながらに売り払われるか、「物乞いのがき」beggarly spawnとして地縁なき貧者となった。権利を手に入れるのは、肥沃な地所の〝正当な〟管理者ばかりだった。

愛すべき「インディアンの王女」にしてアメリカの母であるポカホンタスを、イングランド人コミュニティに輿入れした自然の申し子とする描写には語りの機微を超える何かがある。イングランド人探検家が自ら見出した土地と「婚姻関係を結んだ」という何気なく織りなされる言葉の綾の中にそれは見受けられるのだが、ここで言う「婚姻」は支配権、つまり君主の権勢が地の隅々にまで及ぶことをほのめかしている。小ハクルートもまた、サー・ウォルター・ローリーに献呈した1587年の著書をもって、女王エリザベスから花嫁としてかねて下賜されている「清らかさにかけては並ぶ者のない乙女《ニュンペ》」、ヴァージニアの「優しい抱擁」をこのパトロンに思い起こさせており、要するに土地に下された勅許が婚姻契約ということになるのである[55]。

＊――テューダー朝の掉尾を飾ったエリザベス1世の治世は1558年から1603年。

⑦―――ヤン・ファン・ダー・ストラエト『アメリカの発見』(1575)。

土地に根ざした繁殖性は、視覚イメージによっても称えられた。フランドルの画家ヤン・ファン・ダー・ストラエト（ヨハンネス・ストラダヌス）による古典的な作品『アメリカの発見』*The Discovery of America*（1575）では、探検が性的邂逅の暗喩となっている。新世界に上陸したアメリゴ・ヴェスプッチを描いているのだが、* 画家があしらったのは船を後方に従えながら航海具を携えてすっくと立つ探検家と、その眼前に吊られたハンモックに物憂げに横たわりながら手を延ばす、ふくよかな裸形のインディアン女性である。イングランドの著述家もまた同様の男性原理《ポテント》を示唆するテーマを取り上げたもので、女性の姿をした北アメリカが、愛しの求婚者である「ただひとりの人イングランド」に手を（それから土地を）差し出すのだ[56]。

そして新世界における繁殖力の最も豊かな潤色が、トマス・モートンのペン先から生まれる。その『ニューイングランドのカナン、もしくはニューイングランドの精髄を容れたるニューカナン』*New English Canaan, or New Canaan, containing an abstract of New England*（1637）は、瑞々しい土地の描写に交えてともすれば艶笑譚にも取れる二重表現を提示した。撹乱者モートンをどう理解するのか、歴史家の間でも意見が分かれるところだ。ある者から不埒な道楽者と値踏みされる彼は、他の者からすればジョン・ウィンスロップ総督とピューリタンによる支配を批判するポピュリストになるのだから[57]。

モートンは１６２４年に使用人30人を引き連れて新大陸へと渡り、牧歌的な荘園に居を構えた。そこを拠点として、ネイティヴの部族との毛皮交易のための前哨基地を開設しようというのである。ニューイングランド北部に関する勅許を王室から引き出そうと求める非ピューリタンの同胞投資家に法律家として仕えてもいた彼は、

＊―――ヴェスプッチによる計4度にわたるアメリカ州沿岸探検は、1497年からのカリブに始まり、1504年までの南米で終結した。

ウィンスロップ率いるピューリタンとぶつかって逮捕されること3度、商品を没収され、家を焼かれたこともあった。植民地からは2度追放されており、そうした身の上となっての母国滞在中に件の『ニューイングランドのカナン』を執筆、マサチューセッツ湾植民地に下された勅許を無効にするため奔走もしたようである（ただしそれは失敗に終わっている）〈58〉。

モートンのピューリタン嫌いは、彼らの土地利用についての記述からしても明らかだ。ピューリタンどもは「モグラ」と大差ないのである。モートンは書く。大地に本来備わっている愉悦を味わおうともせず、ただただ闇雲に掘りまくっているだけではないか。ネイティヴの人々への興味が、本音では彼らを回心させようというところを超えないのも気に入らない。モートンは、ウィンスロップとその腰巾着どもを「女々しい輩」——土地にたかる性悪夫——だと切り捨て、ピューリタンは土地という寡婦にあてがわれた性的不能《インポテント》の継夫だと『ニューイングランドのカナン』でこきおろした。だが、自分と商売仲間は彼女を救える（モートン自身、寡婦と結婚していた）。一同は——そこいらをじりじりと歩き回りながら、魅力的な、そう、奴らよりも断然男らしい愛人がいよいよ登場する、という思い入れをもって——〝できもしないピューリタンども〟に今にも襲いかからんばかりだった。

モートンが描くニューイングランドの風景には、「好色の樹」に蔓を這わせる「熟れし葡萄」、「優美な丸く小高い丘」があり、官能的な小川が「心地よい安寝《やすい》によって五感をなだめよと耳近くする、甘《うま》くかそけき妙音《みょうおん》」を立てていた。モートンは、当時普及しつつあった医学上のコンテクストを用いて、繁殖力を歓びに結びつけた。性的満足を経験すると、女性は身ごもりやすくなるのだという。自然環境に応じた繁殖力にこだわりすぎる彼は、インディアン女性がどうやら容易く妊娠してしまうようだと知って目を見張った。野生の雌鹿が1度に2、3頭の子を産むことからして、地元の動物もやはりとりわけ生殖能力が高い。女性は数えるばかりで歴史も浅いが、ニューイングランドはヴァージニアより多く子をなしている。少なくともモートンに言わせればそうで、『ニューイングランドのカナン』にも〝北〟へと旅するまで子を授からなかったヴァージニア出身の独身女性、「石女《うまずめ》の雌鹿」の奇妙な物語を挟まずにはいられなかった《59》。

こうしたくだりもさることながら、実際のところモートンは彼以前の記録を拝借しながらペンを執っていた。1614年にラルフ・ハマーが書いた、ヴァージニアではライオン、熊、鹿が1度に3、4頭の子を産むというでっち上げがまずあるのだが、もっともこれもまた小ハクルートによる断言の踏襲で、ただウォルター・ローリーの新妻ヴァージニアが「実に多くの子を新たにもたらす」だろうと述べただけなのだった。同じ類いの主張は他でも繰り返される。たとえばジョン・ローソンは『カロライナへの新たなる航海』*A New Voyage to Carolina*(1709)の中、「長い結婚生活にもかかわらず子供ができなかった女性たちが、カロライナへと移住し、幸せな母親になった」と言い立てた。「彼女らにとってたいへん喜ばしいことに、子を産む際の陣痛は軽く、流産もほとんどなかった」のだという。幸福で健康なヨーロッパ女性が本来備えている性質は、アメリカでいっそう身近になる。そんな議論が闘わされた。新世界の女性は、野生の鹿さながらの本能的で従順な種畜《ブリーダー》／種の涵養者になったのである《60》。

種畜の繁殖《ブリーディング》／種の涵養がよりよい売り場を得た市場はひとつだけではない。17世紀初期のヴァージニアとその他のチェサピーク湾岸地域では、年季奉公人の男女比が6対1というジェンダーの不均衡があり、新たにイングランドから到着した女性にとって結婚の取引は売り手市場ということになった。女どもが船から降りたとたん、目に入るのは気を惹こうとわれ先に争う男の群れだ。1660年のメリーランドに関する書きものの中、元年季奉公人ジョージ・アルソップが言を強める。女性にしてみればよりどりみどりで、使用人でさえ羽振りのいい農園主との結婚を射止めていた。女性が財産持ちの夫に自らの受精の才《ブリーディング・キャパシティ》を売るこうした結びつきを、アルソップは「交尾婚」と呼んだものだ。女性は「自分の操《みさお》を手に市場《いちば》へと」出かけたのだ、とあられもない言葉で記している。また、意見をひとつにする別の喧《やかま》し屋がカロライナについて遠慮なしに書くことには、アメリカでは女性がどんなものに似ていようと問題なく花婿を見つけられるのだという。曰く、新たに海を渡ってきた彼女が「素人」風の外見で、その上「50歳以下」だったなら、誰かが妻として買い上げるだろう〈61〉。

この「交尾婚」はひとつの選択肢で、他には再婚という手もあった。ジェイムズタウンの男どもが、夫から土地を遺贈された寡婦との結婚によって敷地と労働者が増やせることに気づいたのだが、タバコ景気のさなかとあって土地と人夫の確保に手段を選んでいる場合ではなく、参議会の議員も地所を手に入れるためにあれこれ策を弄していた——とはいえそれが毎度のこと倫理に適っていない。自分以上に裕福な故人と同姓の前夫がいたという理由で妻をめとった者までおり、まだまだ増やしたいと願う資産に都合のいい〝資格〟を手に入れた彼は、ふたりの人物の名を混同させることで制度を欺いたのである。寡婦は富と土地との明らかな導管で、17世紀を通じて死亡率を大いに高めた流行病《はやりやまい》を生き延びた者ともなれば、おそらく2度や3度は結婚したことだろう〈62〉。

階級上の利益、土地、寡婦をめぐる諍いが、ヴァージニア人にとっての日常茶飯事だったとはいえ、それはときとして命がけとなった。1676年のベーコンの反乱などは、植民地を舞台にした最大の紛争に数えられる。頑迷な総督ウィリアム・バークリーが、それなりの資産家ではあるが不満も抱えていた入植者ナサニエル・ベーコンと衝突することになったのだ。歴史家はこの重大局面の原因と根本的な意義をいまだに論議しているが、反乱に参加した者たちが階級闘争だと考えていたことを示すに足る証拠は残っている。ベーコンはバークリーに、ヴァージニアの辺境に住む比較的弱い立場の人々に脅威を与えているらしいインディアンの部族を攻撃するよう要求し、自らは総督に不満を抱く者らの指導者となった。こうして権力をめぐる争いが始まったのである。

ジェイムズタウンの総督にとって、年季奉公人から「這い上がった」ばかりのこれ以上ないほどにしみったれた男どもは、共謀して反乱を起こす怖れがあった。そこでバークリーは、成り上がり者の扇動家としてベーコンを貶めることにしたのである。総督の有力な支持者は、反逆者を「国家の浮きかす《スカム》ども」、そして——ここでとりわけ喚情的なあの言葉が登場するのだが——社会の「汚物」offscouringと呼んだ。「汚物」（人間の排泄する無用物）は、年季奉公人やイングランドをうろつく徘徊者を嘲る際の最も一般的な言葉だが、片やベーコンに味方した土地保有者のほうもまた「あぶれた」男ども、「下手なやりくり」のために借金を背負った「遊蕩者」と即刻言い捨てられている。反逆者はあからさまに、汚穢《おわい》を鼻で漁る豚になぞらえられたのだ《63》。

バークリーとの決着を見た後に自由を与えられるという約束で、奴隷と使用人もベーコンの部隊に参加した。こうした事態は、ヴァージニアでも先例がない。ちなみにこの地における奴隷所有の定着は、1640年にはおよそ150人、1670年には全人口2万6000人の内わずか1000人と緩慢で、奴隷法を成文化した初の植民地もヴァージニアではなくマサチューセッツ湾植民地とカリブ地域の英領である。ベーコンの反乱の勃発までに南部植民地にはおよそ6000人の使用人がおり、年季奉公人上がりの自由土地保有者のざっと3分の1が借金や不公平な税制に圧迫されてままならない暮らしを送っていた。実際のところバークリー総督は、ベーコンの反乱以前から他国の侵略やインディアンによる大規模な襲撃が当然のこと階級闘争へと移行するように考えていた。彼は書く。「債務を抱え、不満を抱き、武装した貧者」は、「国士を盗む」機会を利用してエリート農園主の資産を奪い取るだろう《64》。

争いはまた、いびつに拡大していく植民地内に居住するインディアンの友好度にも関わっていた。ベーコンは、バークリーとその取り巻きが辺境の入植者を襲撃や報復から守らず、利益の上がる特定部族との交易を優先していたことに対して反旗を掲げたのである。泥づくりの砦のため入植者に課税するとは何の役にも立たないどころか、保護対策ひとつ講じることなく税金を上載せする口実を植民地議会内でバークリーを「たぶらかす寄生者」へと与えることになるではないか。中心部から遠く隔たった辺境（や沿岸部）に住むヴァージニア人は、建設当時の植民地の比較的裕福な農園主ほどの利益を得ていないと感じていた。権力の座から次第に遠ざけられ、西へと向かわせられるほど、階級アイデンティティは安定感を欠いていたのである《65》。

ベーコンの熱心な追随者の多くが、農耕に適した土地からインディアンを追い出したいものと考え、一方では先頃の辺境における襲撃に対して報復しようという衝動に駆られていた。〝こちら側〟の相当数は、ほぼ疑いなく景気低迷によるタバコ価格の下落と良質な土地獲得のさらなる困難化に不満を抱いていた。価値のある広大な敷地が、当時「ランド・ローパー」＊と呼ばれた、実際に入植する気もなしに大量の広がりの取り上げ（もしくは切り取り）を行う者の買い占めに遭っていたのである。あろうことか「ローパー」は、総督と陰で通じていた。わずかばかりの土地では家族を養えないとなれば、男たちの不平不満も無理からぬことだろう《66》。

人々が1676年に直面したその事件は目新しくなかったものの、それがアメリカの階級語彙から消え去ることもまたなかった。いずれにせよ、権力からの隔たりは人を極端に傷つきやすくし、喪失感を強めたのである。ベーコンは、反乱勃発の同年に赤痢で死ぬ。憎き魔王が、き奴めの崇めるシラミだらけの造物主に出くわした——支配階級の敵に取り憑いた不潔や病気への何とも酷薄な寸評だが——訃報に触れたバークリーは手を叩いて歓んだ。ベーコン自身、エリート一門の出ではあるが、つきあったのは社会のはみだし者であるという謂いは、反芻してみる価値があるだろう。シラミだらけの遺体は、彼らの仲間である証拠なのだから。残された追随者の内ある者は処刑され、ある者は監獄で死んだ。バークリーの地位にしても無傷では済まない。軍によってイングランドへと送還され、公式の取調べを受けた。その後ロンドンで死亡したが、それもベーコンより8カ月長く生きた程度である《67》。

権力をめぐる争いは、何も意志強固な男たちにかぎってのことではない。抵抗者の妻たちも、反乱における有力な役割を担っていた。エリザベス・ベーコンは、辺境における夫の大義に向けた首都からの庇護を打ち建てようと、彼の行動を弁護する手紙をイングランドにいる義理の姉妹に宛ててしたためた。由緒ある家柄の出とあって彼女の言葉には重みがあり、抵抗運動をはっきりと支持する他の女性たちの声も同様に聞こえてきた。「発信する妻たち」は、新課税に応じないときには総督が所有物のすべて（それこそ牛や豚の最後の1匹まで）を差し押さえるつもりでいることを〝仲間内〟の全員に伝えた。そして妻たちは、この類いの扇動的な噂を広める以上の、紛争における象徴的な役割を演じることにもなる。あるときベーコンは、砦に固められたジェイムズタウン

＊——— Land loper。「（定住することなく）土地を駆け抜けていく者」というほどの意で、いわば地上げ屋ということになるだろう。

の中心の外側に部下たちが塹壕を掘る間、彼らを守ろうとバークリー後援者の妻たちを駆り集めた――「白エプロン」と呼ばれるベーコン流の方陣《パランクス》である。女たちは非戦地域を示す意味合いをもたされたわけで（白エプロンが停戦のしるしである白旗の代役になった）、彼女らは両陣営にとって〝無用〟とはとても言えないほどの貴重な物資となったのである《68》。

反逆者たちの公判でもとりわけ劇的とされる一瞬に登場するのがリディア・チスマンである。ポカホンタスがジョン・スミスの命を救った（のか、あるいはつくり話なのかという）芝居がかった行動にも似た場面で、リディアは自分の命と引き換えに夫を救おうと、総督に歯向かうよう追い立てたのは自分だと主張した。だが、その申し立ては聞き入れられない。夫はおそらく、拷問を受けた末に獄死している。バークリーはリディアを淫売と罵ったものの、女性の反逆者はよほどのことがないかぎり最も過酷な刑罰を免れられた。イングランド法に照らすと売国奴の妻子は血族として公権剥奪の対象になる――すべての資産と肩書を失うのである。しかしチスマンとベーコンの両未亡人には、家屋敷の回復が許された。その後、ベーコン未亡人は2度、リディアは1度、それぞれ再婚している《69》。

こうした破局がどう起こり得たのかはともかくとして、この女性たちは刑罰をどう回避したのだろうか？バークリー総督は、反逆者からのできるかぎり多くの差し押さえを望む一方で、無謀に報復を急ぐあまり勢いを失っていた。王立委員会は、自らの強権の拠り処となっていた艦船や軍勢を反乱鎮圧のために送り込むと、返す刀で総督に敵対し、王の寛容は人々にあまねく注がれる、と強調しつつ押収品を大量に返還させ、その上で彼の解任を要求した。植民地維持のためには、平和と正義が再建されるべきなのである。その秩序回復の道筋が、ひとつには反逆者の妻たちへの慈悲の公示にあったというわけだ《70》。

これらの事実は重要である。王立委員会にしてみれば自省しない女どもが貧しくなろうと関知はしないものの、国土と寡婦の保護は優先されるべき、ということなのだから。イングランドの劇作家アフラ・ベーンが、ベーコンの反乱を下敷きにした『寡婦のわめき』*The Widow Ranter* というそのままの題の喜劇を1690年に書いている。筋立ては、身分を超えて2度結婚した、低い生まれの、ふしだらな、異性装《クロス=ドレッシング》の、タバコを嗜む寡婦を中心に進む（彼女は喫煙を育ちのよい者のしるし《グッド・ブリーディング》だと信じて疑わない）。およそ気の利かないやり口とは裏腹に、彼女は自分の値打ちをわきまえている。入植者の新顔に彼女は言う。「あたしら恵み多き女寡《おんなやもめ》は、この国最高の産物なのさ」《71》。

植民地アメリカにあって、繁殖力は大いに重んじられた。土地資産をうまく切り回すには、優れた男性管理者が必要だ。寡婦に求められたのは、彼女らの土地を〝不作〟にしないようすぐに再婚することで、人によってはこの実践を都合よく活用していた。レディ・フランシス・カルペパー・スティーヴンズ・バークリー・ラドウェル（1634–1695）などは、ウィリアム・バークリーを含む3人の植民地総督と結婚している。子供こそ産まなかったものの、その結果として相続した地所から得る収益の手綱を厳しくさばき続けることができたようで、夫3人組からの指図を受け入れることなく土地を切り盛りした。それでもやはり、このレディ・バークリーという女傑はベーコンの反乱当時にきわめて多くの物議をかもしており、自分よりかなり年上の夫を性的にたぶらかした邪悪なイゼベル*まがいに連れ合いの尻を叩き、操縦した、と非難された《72》。

繁殖力のある女性の切り回しは、階級と財産に基づく植民地のコンセプトの中心であり続け、ヴァージニア人による奴隷女性の子への規制開始からしても、この要件はなおいっそう抜き差しならなくなっていた。1662年に通過した法によると、奴隷というものはその〝産地〟や異教信仰のみならず、奴隷状態にある女性のもとでの出生からも定義された。子供が奴隷となるか自由民となるかは「母親の状況」次第で、制定の物言いではイギリスに一切の先例がない法ということなのだが、奴隷の子供を主人の資産として扱う原理をもたらしたのはいかにもローマ法ではあるものの、母親の状況に準じる子供というモデルの由来はイングランドの非嫡出子法である。ちなみに母親の状況を引き継いで奴隷となる事例は、聖トマス・アクィナス（1225頃–1274）の昔にまで遡れる。

*――――前9世紀のイスラエル王妃で、「列王記」などに記載が散見される。異教を導入してユダヤ教徒を迫害した。

アクィナスが用いたアナロジーでは、子宮が土地に結びつけられていた。ある男が他の男の島を訪れ、他の男の土地に彼の種を蒔いたとしても、地主はなお産物の権利を所持するのである。また〈1662年のヴァージニア法〉では、種の涵養者《ブリーダー》の抱くモデルが安直に基礎とされた節もある。ある雌牛の産んだ子牛は皆、たとえ父牛が他者の持ちものであろうとも、母牛の飼い主の資産なのである[73]。

そして繁殖力は、女性の、そして男性の社会的立場を定義する中で、等分に意義深い役割を果たした。女性の持つ受精の才《ブリーディング・キャパシティ》とは〝開拓／搾取〟を待つあてにできる天然資源であり、結婚の現場で交換可能となる商品だった。奴隷女性にしてみれば、子宮を一個の交易品に、子供奴隷を家畜——動産——にするものが繁殖能力ということになる（「動産」chattelという語は、「家畜」cattleと同じラテン語源に由来している）。子供奴隷は実際、農園主の「育種《ブリーディング》」として遺言で目録化され、奴隷女性の出産の潜在能力は、家畜の適用語と同様「繁殖の見込み有」と表示された[74]。

植民地の世紀が幕を開ける頃合いとなる1605年、イングランドの哲学者フランシス・ベーコンが、妻たちは「子を産み、慰めを与える」*ためにある、と記した。実りをもたらす耕作に適した土地に女性の体をなぞらえることは、彼の愛読者にしてみても完璧に理に適っていた。子牛同然の子供を取り巻く繁殖への取り組みや論争もまた、優れた家畜の生成に類する価値観に基づいており、いわば女性と土地は男性が用いて益する利のためにあったのだ[75]。

土地はその広がりのゆえに力を帯び、植民地であるがゆえに潜在性を持ち、そして繁殖の見込みを秘めていた。土地の豊穣を御するすべを知ることが、階級権力の真の定義だった。何を明らかにしたかをもって、ベーコンの反乱を理解することは重要だろう。つまり、約束されているところの最たる地が等しく行き渡ることはないのだ。バークリー総督を取り巻く「寄生者」には決定的な強みがあった。政治上の縁故、あるいはあがりの多い遺産につながる結婚という幸運によって、身分を相続する折り合いがついていたのである。年季奉公人による土地所有

＊————『学問の進歩』、ワイド版『世界の大思想』2－4所収、服部英次郎他訳、河出書房新社より。ただし引用のコンテクストは知識一般のあり方を女性（妻）になぞらえたもので、ジェンダー・ギャップへの直接の言及ではない。

の可能性は、1700年までにかなり低くなっていた。後は別の場所に移動するか小作農になるしかない。大農園主による新規開発地の初入札の掌握を王の測量官が取り計らったため、より大きな広がりがより少数の手へと次第に集中し、その上さらなる奴隷の船荷が植民地に届いても、都度それも有力な土地所有者一家の独占となった[76]。

土地への愛を口にしながらも、ヴァージニア人の農耕技術はイングランドの同輩のそれより劣っていた。17世紀のヴァージニアでは、鋤がほぼ使われなかったのである。タバコ栽培に必携の道具である簡素な鍬は、作法として多くの人手を必要とした。だがアメリカ沿岸に上陸した人々の大半が土地をものにできるほど長く暮らしてはおらず、独自に土を手なずけるしかない。このゆえに奴隷制は小ハクルートがイメージした植民地の階級システムにおける必然的な副産物となり、それは3つの相関する事象から生じた。過酷な労働状況、商品という年季奉公人の処遇、そして子供を搾取可能な人夫の〝備蓄〟にするべく繁殖しようという意図的な選択である。

無用者の男女（とりわけ無用者の子供、年季奉公人の大多数を構成する無用者の青年）は、植民地化を可能にした使い捨ての労働者階級だった。植民地時代のアメリカのいわゆる荒地は、新たなる約束の地《ニューカナン》の素地を確かに有していただろう。とはいえ、その労働によって土壌を肥やす一方、〝社会移動〟をまるで刈り入れられないと悟った無用者は、疲れきっていた。

第2章 ジョン・ロックの「のらくら者の国《ラバーランド》」：カロライナとジョージアの入植地

John Locke's Lubberland: The Settlements of Carolina and Georgia

確かにノースカロライナほど住民が働かない土地は世界のどこにもない。穏やかな気候と食糧の手に入れやすさ、そして住民にみなぎる怠け癖のせいで、よそよりもいっそう〝のらくら者の国〟めいていくのだ。

――ウィリアム・バード2世「境界線の研究」History of the Dividing Line（1728）

アメリカの人々がイングランドの著名な啓蒙思想家ジョン・ロックの名を聞いて想起するのは、その言葉と思想をトマス・ジェファーソンが我が意を得たりとあの〈独立宣言〉に取り入れたことだろう。ロックの有名な「生命、自由、資産」という文言がこのヴァージニア人によって「生命、自由、および幸福の追求」として採用されたのである。* ロックの論は英領アメリカ植民地の成人男女から子供に至るすべての学のある人々の必読書だった。だが、「人類の自然権と自由の、偉大にして誉《ほま》れある擁護者」と呼ばれた彼の影響力ある著述は、アメリカの独立革命論者たちの戦略の書となった『統治二論』*Two Treatise of Government*（1689）だけではない。現代人にとっての考慮すべき最重要事は、〈カロライナ基本憲法〉（1669）を起草し、そこで次の承認を下したことにある。「カロライナのいかなる自由民も、彼のニグロ奴隷がどんな見解または宗教をもとうと、その者に**絶対的な権力と権限**を有する」。** 「これが人道家ロック氏の言葉だろうか」と最も声高な批評家のひとりが1776年に嘆いているが、驚くにあたらない。ロックは、イギリスの奴隷貿易を独占した「王立アフリカ会社」*** の創設者のひとりで、株の3分の1を所有していたのだ。彼とカロライナの奴隷制との関係は、決して枝葉の問題というわけではなかっ

*―――引用「　」はそれぞれロック『統治二論』、加藤節訳、岩波文庫、および〈アメリカ独立宣言〉、前掲既訳より。

**―――ロック『カロライナ憲法草案』、『政治論集』所収、山田園子、吉村信夫訳、法政大学出版局より（以下、訳語を一部変更）。

***―――序で既出の「王立アフリカ冒険商人会社」の後身として1672年に発足。

たのである[1]。

1663年、イングランド王チャールズ2世が、植民地下賜に関する勅許状をカロライナの「絶対的貴族にして植民地領主」と定めた8人の貴族に与えた。彼らは当該地の防衛、定住、統治に携わる包括的な権力を手にしたのである。2年後には測量官が初めて植民地の北西部を探索し、そこを領主のひとりであるアルベマール公ジョージ・マンクにちなんでアルベマール領と名づけた。しかし「愛しき女《ひと》」のさらに明確な政治設計を形にするには、もうひとりの強力な領主シャフツベリ伯アンソニー・アシュリー＝クーパーを駆り出さなければならなかった[2]。

ロックによる植民地投機への参入を促したシャフツベリ伯は、「交易および国外プランテーション評議会*」の長としてロンドンで権勢を振るうことになる人物である。伯によって同評議会書記の地位を保証されたロックは、植民地領主の私設秘書となってカロライナの代理権者に指示を伝えるといういわば仲介役を務めるようにもなり、アメリカの土を踏みこそしなかったものの、その尽力に対して「方伯《ランドグレイヴ》」という〝即席の肩書〟を授かった上、カロライナの4万8000エーカー（約200平方キロ）の土地まで贈与される。植民地を熟知し、新世界全般についての広範な読書量を誇った彼は、反自由主義の内在した〈憲法〉を著すのに紛れもなく適任だった、ということになる[3]。

⑧———ジョン・ロック（1632–1704、ネラー作、1697、エルミタージュ美術館所蔵）。

〈憲法〉は、奴隷制を是認するだけに留まらない、半封建的で全面的な貴族社会を奨励する宣言だった。そこでは爵位を持つエリートや領家に恩恵を与える植民地王国を考案するために多くの理由づけがなされ、確立した階層ヒエラルキーを基盤に、土地という貴重な産物が分配されていた。新たな領地は区分けされてその5分の1があらかじめ領主に取り置かれ、さらに5分の1が植民地貴族に、残りの5分の

*———英名 Council of Trade and Foreign Plantations、設立は1696年。

3が爵位のない領家や自由土地保有者にあてがわれた〈4〉。

8人の領主は、あらゆる法に対しての絶対的な拒否権を有する最高統治機関、領主植民地裁判所を編成したが、*その一方で行政権は現地貴族と地主による大評議会にあり、法案を発議する権限が独占されていた。頭重持ち《トップ＝ヘヴィー》となったのが、地主かあるいはその代理人、植民地の世襲貴族、そして行政区域ごとにひとりが選出される自由土地保有者によって構成されていた植民地議会である。体制は、上位者《トップ》が権力を占めて「多数派による民主制の勃興を無効とする」ためにあらゆる努力を惜しまない姿勢を明らかにしていた〈5〉。

階級構造に心酔していた憲法起草者ロックは、方伯《ランドグレイヴ》や首長《カシーク》といった通常にない肩書を新世界の貴族階級に賦与した。前者はドイツ諸侯の称号ラントグラーフから、後者はアメリカ・インディアンの長《おさ》を指すスペイン語からの借用で、それらを冠する者がイングランドのシステムからかけ離れた世襲の位階を持つことと、植民地帝国の影のもと地所や交易にその権力を依存するエリートであることを物語っている。この奇妙な取り混ぜに紋章つきの邸宅が加わり、結婚を監督し血統を絶やさないことによって階級アイデンティティを定着（そして維持）させようという意図がさらに明確になった。このような〝擬製〟はどう見てもカロライナの湿地帯にはそぐわなかったが、未開地に秩序を押しつけるという願望の前ではあらゆる些末事が重要事となったのだ――大英帝国の最も鄙《ひな》びた辺境の植民地に身を置く野心に満ちた男たちに、大仰な肩書を割り振ることもむろん例外ではない〈6〉。

とはいえこの偽りの貴族階級は、ロック起草による〈憲法〉におけるもうひとつの要点ほどに奇妙ではない。そのいかがわしい特権とはつまり、奴隷より上だが自由民よりは下に置かれるとされた、貴族と領家が所有する独特な使用人階級に由来する。結婚して子を持つことを奨励されはするが、土地と領主に縛られる「リートマン」**leet-manが、すなわちそれである。彼らは他の領主に賃貸されることこそあれ、主人の使役から逃れることができない。これもまた世襲の身分であり、彼の〈憲法〉には「リートマンの子はすべてリートマンであり、それは全子孫に該当する」***と明示されている。財産の相続人は土地、建物や所持品ばかりか、哀れなリートマン

*――――中世以来のヨーロッパでは、中央機関とは別に領地を監督する領主裁判所が設けられていた。

**――――「領主裁判所管区（リート）の住民」の意。

***――――『カロライナ憲法草案』、既訳より。

まで受け継ぐことになったのだ《7》。

リートマンは、封建制期の時代錯誤的な遺物であるどころか、〝田舎の貧者〟に対するロックの未熟な解決策を象徴してさえいた。彼らを土百姓《ヴィラン》とまでは呼ばなかったロックだが、そこに農奴《サーフ》の属性を多く備えさせていたのである。ともあれ代わりに選ばれた「リートマン」という呼称は、当時のイングランドにあって農奴とはかなり違った意味を持たされてはいた。いわば、貧者救済の対象となる無職者である。一方のロックも多くの成功した大ブリテン人《ブリトン》同様にイングランドを徘徊する貧者を軽視し、「怠惰でだらしない育てられ方をして」*、道義も勤勉さも欠如している彼らを蔑んでいた。そしてロックの見立て通り、カロライナにも植民地の成長と集団的繁栄に乗り遅れた貧困家庭というものがすでに存在していた。言い方を変えれば、彼の定義するリートマンは施しを受ける立場でも哀れみや軽蔑を受ける対象でもない。終生高い生産性を期待される土着農階級なのだ――もちろん紛れもない下層階級でもあったのだが《8》。

それにしても、リートマンは実在したのだろうか? シャフツベリ伯の持つカロライナ領は代理権者によって運営され、奴隷、年季奉公人、そしてある種のリートマンを所有していたようである。1674年、現地にいないこの領主は労働者を「リートマン」として雇うよう代理人に指示し、働く者の「子孫」の権利についても取り決めておくよう強く要請した。シャフツベリ伯は――ヴァージニアとマサチューセッツの植民地を領した先人同様に――子供を世襲階級システムの鍵と見なしていたのである《9》。

〈基本憲法〉は、貧しい入植者に対する宣戦布告と言っていい。ヴァージニアの傲慢な総督ウィリアム・バークリーはカロライナの地権をチャールズ2世の勅許が下る前の1650年代にすでに売却しており、最初にそこを手がけた測量官が、カロライナにいるヴァージニアからの移民《エミグレ》のほとんどは正当な譲渡証書を持っていない、と報告している。彼らは貧しい不法居住者《スクワッター》だった。その測量官は、誕生したばかりのカロライナ植民地にはもっと「恵まれた人々」、つまり家を建て、産み殖やせるプランテーションを経営できるような人々を補充しなければ

*―――ロック『救貧法論』、『政治論集』所収、山田園子、吉村信夫訳、法政大学出版局より。

ば失敗してしまう、と警告した。土地を持たない侵入者（使用人ではない）が来れば、「同じような者」ばかりが多くなる。測量官は、望ましい階級を境に足切りされた社会を暗に匂わせていた〈10〉。

ロックも、それについては同意見だった。貧しいヴァージニア人が植民地全体を貶めかねないのである。「ものぐさか、さもなくば遊蕩者の」男どもとその家族がカロライナへと移住する気にならないよう、あらゆる手段を講じなければ。シャフツベリ伯もそう考えていた。領主たちは断固として植民地に年季奉公人上がりをはびこらせたくなかったのだ。ヴァージニアのかすなどはいらなかった。領主たちの計画案の大枠では、エリート支配者の金庫に貢献せずにその土地で生きる者にリートマンが取って代わることが意図されていた。要するに農奴は、カロライナの徘徊する貧者を評するようになったあの呼び名、愚かで不器用なうすのろを意味する「ものぐさなのらくら者」lazy lubberよりはましなのだ〈11〉。

ロックによる〝リートマンの発明〟は、多くを物語る。これによってノースカロライナの数奇な歴史の理解が可能となり、この植民地がなぜ合衆国のホワイト・トラッシュ《白い屑》物語の中心にあるのかを論証することにつながるのだから。ヴァージニアと境を接する難しい土地柄に加え、貧しいスクワッターと本来的に不安定な植民地政府が原因となって、1712年、カロライナはふたつに分裂する。ロックが〈憲法〉の草案に定めたような、奴隷所有の制度を全面的に採用する従来の階級ヒエラルキーの特徴を備えたサウスカロライナでは、農園主と商人階級が非常に排他的なコミュニティを形づくった。かくして富、奴隷、土地は、少人数の統治集団に独占されるのである。この自足的なひと握りの独裁者らは往年のランドグレイヴの後継者であり、権威ある家柄として似非貴族階級を形成しつつ、王朝さながらの影響力を保ち続けていく〈12〉。

1700年にはカロライナ植民地南部に住む人々の半数を占めた奴隷人口が、1740年までに72%という大幅な過半数となったことには注意が必要だろう。1714年初頭には、奴隷を6人買うごとに白人使用人ひとりを雇わなければならない、とする法まで定められているのである。「釣り合うほどの白人人口の増加がない」

と嘆くサウスカロライナの立法者は、女性を含む〝リートマン部隊〟が現実に形成されることを望むもうひとつの理由を抱いていた。結婚して子を増やすよう奨励され、地縁を結んだ彼らが、奴隷とエリート地主との間に人種と階級の〝柵〟をもたらしてくれるかもしれないのである〈13〉。

「貧《プア》しきカロライナ」というあだ名のついたノースカロライナは、南のきょうだいとごく異なった道を歩んだ。エリート農園主階級を、支えきれなかったのである。アルベマール領として始まりこそすれ、帝国の背教者の領《なわばり》、つまり貧者と土地を持たない者のための沼がちなかすになっていたのだ。誇り高きヴァージニア人と成り上がりのサウスカロライナ人の間に押し込まれた形のノースカロライナは、多くの早期の時評家が嘆いたように厄介な「アメリカの掃き溜め」であり、商業や文化の影響力を拒む（あるいは拒むように思われた）、辺境の荒地だった。「役立たずののらくら者」useless lubber として、（何もせずにだらだらする眠た気なうすのろのイメージを呪文のように唱えられ）切り捨てられる者が多く住みつくノースカロライナは、いわば〝初のホワイト・トラッシュ植民地〟という後世に残る遺産を創り出したのである。イングランド人でありながらも、また自由の身に生まれた大ブリテン人としての権利を主張しながらも、貧しきカロライナのものぐさなのらくら者は、危ない無用者のかすとして目をつけられ、また退化した〝アメリカの種族《アメリカン・ブリード》〟の発生源ともなった〈14〉。

とはいえ両カロライナの二項対立は、物語の一端にすぎない。当初の勅許の対象となったカロライナの地は、最終的に3様に分割されるのだから。ジョージアがそもそもの領から分離したのは1732年、のちの建国13州の掉尾を飾るこの南部植民地は、イギリスの裔《すえ》の中でもとりわけ稀な例となった*。元軍人ジェイムズ・オグルソープが開拓の指導者となり、この投機事業を階級関係の再構築における稀有な機会と位置づけたのである。それは債務者を立ち直らせ、貧者を救うことを意図した慈善的な試みであり、ロックの規定した農奴さながらのリートマンよりは明らかに人道的な働き口を社会にもたらすものだった。ジョージアは植民地の内でも〝貧者を適正に始末する〟格好の舞台となり、そこで「われらが同郷人を育て上げ、保護する」のだ、と声をかぎりに主張し

*————ジョージアは本文表記年に勅許を得てサウスカロライナからさらに分離している。ここで参考までに、英支配から独立する建国13州を、入植開始年の順に列記しておく。①ヴァージニア（1607）、②ニュージャージー（1618）、③マサチューセッツ（1620）、④ニューハンプシャー（1622）、⑤ペンシルヴェニア（1623）、⑥ニューヨーク（1624）、⑦メリーランド（1634）、⑧コネティカット（1635）、⑨ロードアイランド（1636）、⑩デラウェア（1638）、⑪ノースカロライナ（1653）、⑫サウスカロライナ（1670）、⑬ジョージア（1733）。

た者さえいる。奴隷制の許可を拒むことで、アフリカ人奴隷のみならず年季奉公人に対する依存が「自由労働」に取って代わるかもしれない、という期待がジョージア植民地に注がれていた〈15〉。

だが、ジョージアの持つ意味はそれだけに留まらなかった。奴隷を売り土地を統制する場としてサウスカロライナがこの新植民地に投げかける焦れた視線を後目《しりめ》に、自由民からなる当のジョージアはいわば〝既定の結界〟（そして奴隷解放区）となったのである。これはネイティヴやフロリダのスペイン人入植者からか弱い農園主階級を守るという名目の措置だったが、同時に逃亡奴隷の鼻先で避難所の入り口を閉ざすことにもなった。次々項で見ていくように、ジョージアは刮目すべき実験場だったのである。

✺

ノースカロライナの自然界が見せる地勢が、そこに住む人々の特質形成に果たした役割は大きい。ヴァージニアとカロライナに挟まれた辺境にディズマル湿地という人を寄せつけない沼沢地帯があった。「湿地《スワンプ》」は低地ドイツ語とオランダ語から派生した言葉だが、これを初めて使い出したのはヴァージニアとニューイングランドに住むイングランド人入植者である。片や、中世期の迷信めいた伝承を想起させる「ディズマル」のほうは、縁起の悪い日々、エジプトの疫病、卑劣な策略、不吉な前兆に関連づけられる。ウィリアム・シェイクスピアも、自作詩で「暗く陰鬱な夢の夜《ダーク・ディズマル＝ドリーミング・ナイト》」としたように、黄泉の国を連想していた*〈16〉。

ヴァージニア人はおよそ2200平方マイル（約5700平方キロ）の湿地帯を、危険に満ちた緩衝地帯と見なしていた。一見して果てしのない湿地は、実のところふたつの植民地にまたがっている。おびただしい蚊の発生する糸杉の森を抜けようにも道らしい道はなく、旅行家は至るところで泥炭土のぬかるみにひざまで浸かりながら、ごつごつした木の根がじゃまをする石炭色の泥水を掻き分け掻き分け進まなければならなかった〈17〉。

ディズマル湿地では、木々の間や灌木の茂みを通して日が射すことがほぼなく、有害ガスが発生しており、

＊―――引用「　」は『情熱の巡礼者』(1599) からだが、この詩集自体シェイクスピア作を謳ってはいるものの、数篇を除いてその真贋は未詳である。

「不快な汚泥の広大な塊」から立ちのぼる「有毒な蒸気」などという嫌悪に満ちた描写がなされている。それが、1728年にヴァージニア＝カロライナ間の境界地帯の内奥を旅した裕福なヴァージニア人、ウィリアム・バード2世による紀行文である。イングランドで教育を受けた利口者の農園主バードは、荒れ果てた風景をことさら陰鬱に描写しながらカロライナで暮らすうすのろの住人を腐した。湿地帯に端を発する田舎生活に身をやつしたホワイト・トラッシュ《白い屑》の疲弊した姿を、そのような筆致を駆使して初めて描いた彼の後には、多くの書き手が続いている[18]。

この荒涼とした地域は、年若いノースカロライナ植民地の象徴となった。ディズマル大湿地帯は、文明化されたヴァージニア農園主とならず者をもって鳴らすカロライナの蛮族《バーバリアン》との〝隔たり〟となったのである。湿地には明確な境界がほぼなく、そのため北部の境界線はカロライナ植民地の建設以来65年間というもの常に論争の的となっており、1663年の勅許で宣言された境界線にヴァージニアが繰り返し異議を申し立ててもいた。管轄権に関する論争は、法律の不確実性と社会の不安定性という政治情勢を産み出していた[19]。

そしてバードの講じたディズマル湿地への解決策が、干拓を施した上での産み殖やせる農耕地への転用だった。ジョージ・ワシントンを含むのちの都市計画者は、バードの発案を支持している。1763年、ワシントンは複数の投資家と協同して会社を設立し、湿地の干拓、麻の栽培、こけら板の切り出しに奴隷を活用しており、1790年には（当時にあっていっそう的確に「溝《どぶ》」と呼ばれた）運河の建設に乗り出して、糸杉やとげの多い茨、水路のある泥炭土だらけの低湿地帯を抜ける通り道を計画した[20]。

カロライナの海岸線は、大型帆船が容易に近づけずに植民地北部を断絶させるという、ほぼ人を寄せつけない場所だった。砂質の島々が点在するアウターバンクスの入り江を航行できたのは、ニューイングランド人が所有する底浅のボートくらいのものである。大きな港もなく、ヴァージニアを経由して商品を輸出しても割に合わない税金が課されるため、カロライナ人の多くは密輸に関わっていた。逆に言うと、ノースカロライナの入り江には魅力があることになる。海賊の隠れ場所となったのだから。このゆえ、17世紀の終わりから18世紀の初めにかけての西インド諸島から北米大陸に至る交易路沿いにはそうした者どもが横行し、アルベマール領の複数の総督が公海の賊を庇護し違法な取引で私腹を肥やしたとして告発されてもいる。悪名高き黒髭（本名エドワード・ティーチ、またはエドワード・サッチ）は、バルバドスのジェントルマンから海賊になったスティード・ボネット少佐同様、この辺りを拠点としていたらしい。どうやらふたりはともにノースカロライナのつましい家庭に温かく迎えられていたと見え、口の重い黒髭が少なくともそう語っていたのだが、いずれにせよその彼も1718年にはヴァージニア人との死闘の果てに首を切り落とされている《21》。

ノースカロライナのアルベマール領は、ヴァージニアの最貧地区にも匹敵するほどで、入植地が広範囲に分散していたこともまた領主にとっては好ましくなかったようだ。収入源のひとつとして期待した免役地代（地税）の支払いを、遠隔地であることに乗じた入植者が拒んだのである《22》。植民地の領主たちが勅許によるそもそもの領地をイギリス政府に売却した1729年のそのときまでに、ノースカロライナには3281の分割地があり、全体のほぼ半数を309人の譲受者が所有していた。これはつまり、3万6000人近い人口の大部分が、わずかばかりの土地を与えられただけかまったく所有していなかった、ということになる。貧困世帯のほとんどが奴隷や年季奉公人を持てず、土地を耕す息子すらもうけられない状況に陥っていた。1709年、アルベマール領でも最貧となる地域のスクワッターが、自分の土地をただの砂だと言って税の支払い免除を「閣下」に請願する一方で、その数カ月後には英国国教会の牧師が憤慨しながら、入植者を「たいそう無頓着な上に清潔さを欠く」と腐し、「かいば桶の飼料とテーブルに載ったパンとの区別がほとんどない」ほどだと報告している。ノースカロライナ植民地全体に「怠惰と貧困がはびこって」いたのである《23》。

アルベマール領をヴァージニアに編入できないものだろうか、という交渉が、カロライナ領主からバークリー総督へと1672年早々にもちかけられたが、その頃には価値のない土地、そして同じくらい価値のない入植者のせいで、ヴァージニア当局はカロライナとの境界線に猜疑の目を向けていた。この計画は頓挫しているものの、20年後に再び試みられたようである。植民地当局は長年の間、関税の徴収に成功することがほぼなく、領主は免役地代の徴収への抵抗を受け続けていた。法はないも同然だった。イギリスの所有地というのは名ばかりで、アルベマール領はいついかなるときも帝国の規律から免れられたのである[24]。

植民地建設から50年間、道の定まらないカロライナ北部は独自の政府を持ち、ふたつの内乱とタスカローラ族インディアンとの間のひとつの戦争に翻弄された。誤って名づけられたカルペパーの反乱（1677–1679）は、とりわけ教訓に満ちている。密輸業者を厳しく取り締まろうと欲する野心的な商人にしてタバコ農園主のトマス・ミラーは、関税を徴収し果《おお》せて植民地領主の恩顧を受けていた。一方、貧しい入植者の側についたのが、測量官トマス・カルペパーである。これは広範な影響力を持つ個人同士の対決だった。指導者の空位状態に乗じて政治機能を掌握したミラーが、狭量な暴君さながら武装した護衛によって身辺を固め、対するカルペパーは人々の指示を集めて民兵を組織した。ミラーは植民地からの逃亡を余儀なくされてロンドンへと戻り、暴動を率いたかどでカルペパーを告発した。１６８０年、カルペパーは反逆罪に問われて裁判にかけられることになった[25]。

事態は意外な展開を示す。植民地領主シャフツベリ伯爵がカルペパーの弁護に立ったのである。伯は王座裁判所で弁舌を振るい、ノースカロライナでは堅固な政府が合法的に存在したことはないと陳述した。彼はロックの『統治二論』に先んじて、植民地が実質的な自然状態にある、という結論を下した。真の政府がなければ、それに対する反逆もあり得ない。もっとも、こうした主張はただカロライナ北部が示す異常値の度合いを強調するだけだった[26]。

カルペパーの反乱は、決して〝奴隷どもの謀反〟ではなかった。「ノー・ランドグレイヴ、ノー・カシーク」という貧しい入植者の鬨《とき》の声に満ちあふれてはいたものの、それを富者に対する貧者の戦いと言うことは厳密にはできない。ミラーの課題《アジェンダ》にしても、密輸の抑止とイングランドの仲間による英領植民地の交易システムへの参入にあり、その標的が質素に暮らす農民を含む、生活のため密輸に頼る者たちになっただけなのである。この場合、階級に由来する権力は帝国の影響下で利益を上げる人々にあったのだが、一方でまたミラーが違法に総督の地位を狙った上に下手な策を弄したため、政治勢力内での敬意を得ることはなかった。それどころか口汚いことで有名で、酔った挙句に国王を罵り、反乱と不敬な行動による逮捕歴さえあったのである。よくて気取り屋、悪くするとぞんざいなごろつきといったところか。ノースカロライナを統治する貴族階級が、結局はランドグレイヴやカシークといった即席の肩書と同じくらいいかがわしいことがわかろうものだ《27》。

悪政の歴史は、ノースカロライナを悩まし続けた。1681年から1689年まで総督を務めたセス・ソゼルは4万4000エーカー(約180平方キロ)の土地を独占して私腹を肥やし、最終的に植民地を追われた。これだけではない。1662年から1736年にかけてのサウスカロライナ総督が25人だったのに対し、ノースカロライナにおけるそれは41もの人員を数えた。1691年以降、サウスカロライナにあった植民地政府は安定性を高めるべくノースカロライナのために総督代行を指名している。1708年、総督エドワード・ハイドに対する反乱が起こり、ヴァージニア副総督アレグザンダー・スポッツウッドがノースカロライナを目指して南へと出兵したが、この衝突は止むことのないイングランド人の侵略に憤るタスカローラ族インディアンの敵意をより誘発することになった《28》。

1711年、今度はサウスカロライナが「北」へと介入し、タスカローラ族を鎮めるべくジョン・バーンウェル大佐を派遣した。バーンウェルは貢献に対し広大な土地という恩賜を受けるはずだった。しかし、その期待は裏切られる。彼は反旗を翻し、インディアンを扇動してノースカロライナのいくつかの入植地を襲わせた。ただ、この背信行為の前からすでにバーンウェルには開拓者との一体感がほぼなく、ノースカロライナ人は並ぶもののない「臆病者のあほうども《ブロックヘッド》で〔blockhead は lubber(のらくら者)の別称である〕、何かの役に立てたいのならニグロのように使うしかない」とまで書き残している《29》。

ヴァージニア副総督スポッツウッドは、アルベマール領を「われわれの奴隷がことごとく逃げ込むただの避難所」と酷評し、「宗教心のかけらもない」と非難しつつ「アメリカの掃き溜《シンク》め、背教者どもの隠れ家」であると前ヴァージニア総督同様の言葉を交えて糾弾した。利益亡者の巣窟《シンクホール》という意味を込めながら「背教者ども」という偏見に満ちた言葉を使い、キリスト教信仰と国への忠誠も事実上放棄した無法の無信仰者による砦を指弾したのである。だが確かに彼らに道を諭す指導者はほぼいなかったものの、その一方で民草の真の変節とは善良な大ブリテン《ブリトン》人納税者となることの拒否だとされてもいたのである《30》。

ヴァージニア政府は、境界線の遵守を隣接植民地に絶えず求めていた。とはいえ、1710年に測量調査隊が派遣されたものの何の解決も見られない。そこで1728年に同様の事業が計画された折、共同遠征隊を率いる権限を委託されたのが先述のウィリアム・バード2世である。何カ月かを費やしながら苦労の末にディズマル湿地を渡り、出会った住民を無情に嘲笑い、湿地の果てにある多産な土地を熱望するかのように女たちを好色な目で眺めまわした彼は、湿地帯の規模を予測するためと称して太鼓を叩き、銃を空に向けて発砲するよう部下に命じ、その音を「ぺちゃくちゃ喋るあばずれのこだま」とぞんざいになぞらえた。こうした苛立ちは、秘密を明かそうともしない暗く神秘的なカロライナの大地への漠然とした不安の表れだった。しかし、バードはくじけない。博物学愛好家であり、同時に文人でもあった彼は、この探索をふたつの書きものにまとめている。一方がさして吟味もされていない「秘誌」secret history、もう一方がより長く、より推敲を重ねた「ヴァージニアとカロライナのはざまに存する境界線の研究」The History of the Dividing Line Betwixt Virginia and North Carolinaである《31》。

バードにとってのヴァージニアは、ほぼエデンの園かと見紛うほどの居留地《コロニー》で、文明的とは言い難い近隣などその足下にも及ばなかった。そんなノースカロライナへの旅のちょうど2年前となる1726年に書かれた陶然とした手紙では、「わが会衆やわが民草、わが男奴隷どもや女奴隷ども」にかしずかれ、「無花果の樹」の根も

⑨――ウィリアム・バード2世(1674–1744)。

とで小休《おや》みするひとりの男としての自分を描いている。あるときは封建地主、あるときは近代のアブラハム*となったバードによる居留地の肖像は、「乞食の島」――つまりは彼の言うイングランド――をあてどなく「徘徊する物乞い」とは無縁の、牧歌的な隠所なのだ。彼のあて書きに曰く、ヴァージニアには貧困などあり得ず、奴隷は従順で働き者だ。奴隷制に根差すよく秩序立てられた社会は、バードを田園風の夢想に浸らせたばかりか脳裏から貧乏白人《プア・ホワイト》を遠ざけてもいたのである[32]。

だが、カロライナは事情が違う。不明瞭な境界線のすぐ向こうには、階級の権威がひどく損なわれる異質な世界があった。バード率いる弁務官一行は、壮大な中世の十字軍に参加する「遍歴の騎士団」だった。あばら屋から出てきて肩を寄せ合う人々がヴァージニアから来たよそ者の一団をじろじろと眺めたとき、当のバードらは「まるでモロッコ使節団のような気分だった」のだという。ともあれ遠征に従軍牧師が同行していたとあって、行く先々で子供たちに洗礼を施し、男と女に結婚の祝福を授けていった。バードと高位聖職者らの一党は、異教のカロライナ人に聖水を振り撒いたのである[33]。

あるいは、彼がそう夢想したのだろう。カロライナ人は実際のところ、信心や更生に抵抗する態度を見せていたのだから。それこそ、どんな種類の骨折りであろうと男どもは一貫して「嫌悪の情」を抱いていた、とバードが記したように。午前中をほとんど寝て暮らし（それも高いびきである）、起きたら起きたで腰をおろしてパイプをくゆらし、ドアの外をちらりとうかがうことさえ稀で、それが寒月の頃ともなれば「おお冷えると言い言い暖炉のそばに」さっさと戻ってしまう。気候が緩めば、地面に鍬を入れようかと考えることはする。だが、その考えも言い訳に変わり、何ひとつまともにし遂げない。このやる気なしのカロライナの衆は、バードによると「ソ

*――ユダヤ人、アラブ人の始祖にして最初の預言者。

ロモンの無精者＊ばりに人生をぶらぶら過ごす」ことを何より好み、真実し遂げたわずかな仕事にしても女貧民がしおしお果たしていることなのだ《34》。

カロライナの地は、〝アメリカの運命〟＊＊についてそれまで抱いていたヴィジョンをより幅広く修正するよう、ウィリアム・バードに迫った。「世界でも幸いなここ《アメリカ》」にあって、今まで目にした「貧困の中でも群を抜いてみじめないくつかの場面」に関する手持ちの事例からバードの選り抜いた人物が、妻と6人の子までいるというのに屋根のない家で暮らすコーネリアス・キースという名の田舎住まいの男である。曰く、キースの棲処はどんな人間の住宅よりも牛小屋に近い。一家は夜になると、干し草の山に潜り込んで眠った。夫にして父親が、家族の安全よりも家飼いの獣に与えるかいばの〝保護〟に関心を寄せるとは。その様は、バードの目にとりわけ奇異に映った。キースが選んだこの暮らしは、ヴァージニアから来た裕福な探検家にとって衝撃だったのである。手に職があり、満足な土地と満足な四肢があるというのに、「沼地で速脚するアイルランド人」より悪い生活を選ぶ男がここにいる。毎度のこと歯に衣着せないバードの口ぶりである。イングランド人がアイルランド人を侮ることはひとつも珍しくないが、この「沼地で速脚する《ボグトロッティング》」bogtrotting は、かなり気の利いた湿地帯の徘徊者《スワンプ・ヴァグラント》の同義表現になるだろう《35》。

バードは、無産《ネヴァワーク》町のほど近く、怠惰《スロス》の郷《さと》で生まれた「ものぐさ《レイジー》ロレンス」が登場するイングランド民話を思い浮かべ、カロライナ人こそ「のらくら者の国」Lubberland の住民に違いないと考えた。ロレンスは「重度ののろま」heavy lump で、いつも暖炉のそばに座ってまどろんでいた。飼い犬にしても「壁に頭をもたせて吠える」ほどのひどいものぐさぶりだったという。「のらくら者の国」の怠惰は伝染しやすく、その上ロレンスにはすべての主人《マスター》に魔法をかけ昏睡させる力があった。これを周囲の世界から隔絶された〝田舎の貧者〟に当てはめてみると、眠りというものが植民地の規制に対する民衆の抵抗を表す暗喩にもなるだろう。バードは、カロライナで遭遇した人々があらゆる支配形態に反発する様をまのあたりにしていた。「皆が皆、その目に最善と映ったこと

＊———「箴言」の“ソロモンの格言集”にある「無精者の手は人を貧しくし」(10:4、新共同訳では「手のひらに欺きがあれば貧乏になる」)にかけている。

＊＊———America's destiny。序、図②で既出のガスト作の絵画『アメリカの進歩』によって端的に表される、アメリカ開拓の西漸運動を衝き動かした標語“明白なる運命”Manifest Destiny を想起されたい。

⑩――――『のらくら者の国、もしくはものぐさの島の地図』*Mapp of Lubberland or the Ile of Lazye*（1670 頃、大英博物館所蔵）。怠惰が蔓延し、まともな人々が働く意欲を失くしている空想領国の情景。

をするのである」[36]。

人々のあぶれぶりの根源をさらに熟考したバードは、それがのらくら者の血にあることを確信した。かの者らは、瘴気を発する湿地のそばに住みながら「子づくり以外の万事に怠け癖が出る」ようになる「ものぐさという心身症」に悩まされている。「死人のような顔色」と、「ものぐさな、おぞましい気質」を開陳しているではないか。風土、そして不健康な食餌があいまって、かの者らを悲惨な運命へと導くのだ。豚肉を摂ると「森林梅毒《フランベジア》」を発病するのだが、その症状は梅毒そのもので、鼻や口蓋が失われ、顔も醜く変形してしまう。「平らに削げた鼻梁」のため、容姿ばかりかその挙動までもが人馴れしない猪めいてくる。「かの者らの多くが言葉を発しているようには思えない。ぶうぶう鼻を鳴らしているだけである」。人々はこの「豚を食べる」国で、*餌を漁り姦淫にふける日々を送る。気をやるときに上げる大音声《だいおんじょう》はこうも聞こえるだろう。「生肉を引き裂け」。「絶頂の雄叫び」がこれなのだ。以上のよう

*――「レビ記」11:7 に「いのししは（……）汚れたものである」と書かれているように、豚肉食は旧約聖書的な道徳観における禁忌のひとつだった。

にバードは述べるのだが、彼の奇々怪々な語り口は食人《カニバリズム》か、さもなくば屠《ほふ》りたての獲物に群がりそれをむさぼるハイエナを連想させる。湿地に棲むこのような肉食の怪物を、どうすればイングランド人だと思えよう?《37》

バードには、探検行で訪れた神に見離された原野を更生させる実践的アイデアが、薬にしたくてもなかった。働かせるのは極端な判断だけである。のらくら者をドイツ系スイス人入植者に取り替えて、げすな濁り水にまみれた湿地を干拓しようではないか。入植者男性とインディアン女性との雑婚がうまく進んだ暁には、植民地化にもよりいっそうの成果が得られるだろう。彼は黙考する。草花や樹木の種《しゅ》がそうなるように、2世代も経ればインディアンの血も改良されることになり、暗色の肌は漂白され、異教徒のやり口も稀釈されるはずだ。彼はここで、ジョン・ローソンの書いた『カロライナへの新たなる航海』を借用して述べる。より低い地位の男どもは、結納のしるしに土地をもたらすネイティヴ女との結婚によって経済的な恩恵を享受する。この物言いは、下船したてのふしだらなイングランド女と結婚してしまうようなおよそ品のない白人男をとがめ立てした上でのことで、バードはさらに皮肉を込めてこう指摘する。言うまでもなく、貧者が熊さながら各年6カ月を冬眠の内に過ごしたならば、社会問題も霧散することだろう。彼曰く「わがほうの物乞いども掏摸《すり》どもが、同様にしないことを遺憾に思う」《38》。

バードの視点は、精彩ある筆致で綴られているかもしれないが、決して彼独自の、というわけではない。ジョン・アームストンという名の英国国教会牧師《ミニスター》は、教区民である貧乏白人が彼らの指導者《ミニスター》に対する以上の愛情を飼い豚に注ぐことを報告している。彼らは外が暑いからと言って豚を教会内に入れ、床に「糞や厭なもの」を残して立ち去ったのだという。1737年にはノースカロライナ総督ガブリエル・ジョンソンが、人々を「人後に落ちないしみったれで、とりわけの田舎者で、ひと際むさ苦しい種の一端」と語った。1770年代も深まる頃にノースカロライナを通りがかった旅行家もまた、このような「無学な恥知らず」にはおよそ出会ったことがないと住民を評した。彼らはどうやら、自分の住む場所の名や隣家の方角さえ言えなかったらしい。狭量な地元民たちは、疑り深い視線を旅行者に向けた後、「ここいらでは見かけない奇妙な衆」ということにして気を落ち着けたようで、〝田舎の貧者〟とはかくも現実というものに縛られない人々だったのである《39》。

早期のアメリカ開拓者の実に相当数が、上記のように薄汚れて不快な状況の中で生涯をそっくり過ごしたことは、よくよく考えてみると衝撃だろう。ここに伝えられるくすんだ情景は、アメリカの過去における避け難い一部をなしている。だが、話はこれだけではない。人々は、肉体的にも隠しようのない明らかな痛ましさを抱えながら行き交っていた。貧相な食餌ゆえの凄惨な形相、四肢や鼻や口蓋や歯を失くした多くの者。スマイスという名の旅行家の記録によれば、無学な恥知らずの会う者会う者が「綿布のぼろ」をまとい、「汚物と不快にまみれて」いた《40》。

植民地アメリカの貧者は、ただの無用者でもなかったし、また単に旧世界の同輩になぞらえられる常民でもなかった。同時代の観察者の見立てによると、彼らは固有の類型の繁殖によって人類の異例とも言える新しい種族をつくる過程にあったのである。階級構造は地勢に紐づけられ、土壌にその根本が求められる。17世紀から18世紀初頭にかけてカロライナを訪れた大多数の旅行家は、そう信じ込んでいた。探検家、科学愛好家、そしてウィリアム・バード2世のような早期の民族学者は、皆口々に推論を述べ――そして臆面もなくこう断言した――劣等な、あるいは処置しきれない土地は、劣等で、その上処置不能の人々を育む。

✺

ジョン・ロックがカロライナ全土に及ぼした影響は、概ねが知識人の机上の産物だった。だが、次に続く南部植民地の場合はそのかぎりでない。それは、野心的な計画者の指揮のもとで姿を現したのである。その理念を〝憲法〟に求めないジョージアは、むしろ貧困家庭の生活向上や負債者の更生を企図する慈善的投機として端緒を開いており、その背後にあって最も重んじられるべき精神の一翼を担った人物が、ジェイムズ・エドワード・オグルソープである。軍人にして冒険家のオグルソープは、議会と植民地の受託人の承認を得た上でアメリカへと渡り、〝入植者の植え込み〟を助けた。アメリカの入植地の中でも異彩を放つジョージアは、利益追求をその動機としない。1732年に勅許が下されたこの最南の植民地は、アメリカ独立革命前にできた最後の整備地でもある。目的は、両カロライナの極端な貧富の差を打破する妥協点を見出すこと、そしてフロリダのスペイン人に備える防壁の役割を担うことのふたつにあった。かくしてこの地は稀有な実験場となる。

隣のサウスカロライナで歓迎されているような大規模プランテーションに基づく経済成長や、奴隷を底辺に置く寡頭制を阻もうと、保守的な土地政策によって入植者ひとりにつき500エーカー（約2平方キロ）が所有限度としてまず設定された。ノースカロライナにいるスクワッターなど、この地ではあり得ない。イングランド、スコットランド、そしてその他のヨーロッパ地域からやって来た貧しい入植者に、家と庭をつけた50エーカー（約0・2平方キロ）の土地を無償で与えようではないか。北隣とは様相をまったく異にするジョージアは、下層階級からの搾取や富裕層への優遇措置のない社会秩序を用いて実験を行ったのである。創建者たちは、この領土を清貧の家族の安息所にしようと慎重に事を進めた。彼らの目指すところにはまったく前例がない。そう、「自由労働」植民地を打ち建てるのだ。

⑪――――ジェイムズ・オグルソープ（1696–1785、フロリダ州立古文書館所蔵）。

着手から数えて2年目の入植地を訪ねた、フランシス・ムーアの言を引いてみよう。そこではふたつの「異常」な励行がひと際目を惹いたのだという。アルコールの禁止と、暗色の肌をした人々の忌避である。「ひとりも奴隷のいないことが許容されており、それはニグロのいないことにしてもそうなのだ」。ムーアは記す。「自由白人」の聖域《サンクチュアリ》であるジョージアは、「貧しい労働者を飢え死にさせるからという理由で、奴隷を認めようとしない」。自由労働は、地道に土を耕すようにと貧乏白人《プア・ホワイト》を促し、外部の脅威がもたらす有事に際して領を守らなければという決意をも仕向ける。しかも、イングランド由来の最も致命的な病気となる、あの〝怠惰〟を患う入植者を治す見込みまであるのだ《41》。

議会の支えによって運営され、20人の受託人会によって監督されたジョージアだが、理論の上では慈善事業としての性質を維持した。受託人会は、植民地で謳われた標語〝己がためでなく、他者のために〟《ノン・シビ・セド・アリイス》Non sibi sed aliis に表されている通りの博愛精神を繰り返し教え込もうと努めていたが、オグルソープは彼らのその腐心を踏まえた上でモーセさながら114人からなる最初のイングランド人入植者団を1732年から1733年にかけて引率し、植民地の日々をつなぐ運営を整備していった《42》。

自らも受託人として立ったオグルソープは、総督の任を占めることも、土地を購入して私腹を肥やすこともなかった。議会の成員の中でも深い教養を誇る一方で、使用人ひとり連れるでもなく旅に出かけ、その暮らしぶりにしても質素なものだったらしい。1716年から1718年の墺土戦争で、オイゲン公の通称で知られるウジェーヌ＝フランソワ・ド・サヴォイア＝カリニャンのもと将校として戦ったこともある彼は、軍律にも精通していた。垂範の意義に信を置くようになったゆえんがこれで、民は善き指導者を仰ぎ見ることで正しい行いに馴致《じゅんち》されるものとして疑わなかった。病み、あるいは恵まれない者と食糧を分け合い、サヴァナ*の北にあるスコットランド人コミュニティを訪れた折には柔らかな寝床を固辞し、男たちに混じって堅い地面を臥処《ふしど》とした。団結の推進者オグルソープは、植民地を創建した誰にも増して自らを民のひとりとしたのである《43》。

ジョージアは、英領とスペイン領のはざまにある、いわば〝自由労働の緩衝地帯〟となったが、その事情はやはり他と相容れなかった。1742年、オグルソープは遠征軍を率いてスペイン領セント・オーガスティンに対抗しているのだが、北隣の英領はといえば争闘に際しての資金供出にさえ二の足を踏んでいた。大規模な奴隷人口に負担を強いた上でわが身の安全を信じているサウスカロライナの思い違いぶりにはただただ驚かされるば

*————米史上初の計画都市サヴァナは、オグルソープの指揮のもと、ジョージアの中心地として1733年に建てられている。

かりで——オグルソープはこの有様を指して「愚かな安全保障」だと述べている。サヴァナの都市としての体裁はことごとく軍の野営地の様相を呈しており、〝新兵〟にはまだアメリカに上陸しない内から軍事訓練が課せられた。孤児も男で十分な体躯があるとなれば、すぐさまマスケット銃の持ち方を叩き込まれた《44》。

植民地の若い信奉者のひとり、16歳のフィリップ・シックネスは、1735年の母親宛ての手紙にこう書いている。「ここでなら自分を高められるよ、よく働きさえすればだけどね」。オグルソープ自身による計画の大枠では秩序立った民兵からなる植民地が望ましいとされ、つまりは土を耕し自給自足を達成して徳を得る、という古典的な農耕の理想に賛が寄せられていた。じっくりと腰を据えて産み殖やす健全な農家が、すなわち植民地を安定させるだろう。女性もまた、オグルソープが1732年に記した通りに日々清潔を保ち、「健康食」を用意し、病人にかいがいしく手を差し延べていく。オグルソープは自身の先達の轍を踏むことなく、恵まれない人々もまた公平な機会を与えられれば立ち直るものと考えていた。

いっそう革新的なのが、働く妻と長男が年季奉公人や奴隷による労働力の代替になり得るという予測である。オグルソープの主張によると、妻ひとり息子ひとりで成人男性ひとりに相当する労働力が得られるのだという。年季奉公というやり方には「長年の奴隷」も同然と見なして不満の意を明らかにし、植民地の受託人会が白人使用人の雇用を禁じていなかったにせよ、その保有の制限を徹底させた。ちなみにこれは奇妙な話になるのだが、いざ事を進めてみるとジョージアの実験に最も適応した開拓者はイングランド人ではなく、皆が皆、農家コミュニティ総出で海を渡って苦難の生活に相当な覚悟を持っているように思われたスイス人、ドイツ人、ユグノー信徒のフランス人、スコットランド高地人だった《45》。

とはいえ、当初描いていたジョージアの未来図通りに、奴隷制を切り離したままにもできなかった。オグルソープ自身、その決定を悔やむことになるのだが、サヴァナの都市建設にあたっての樹木の伐採や地均《じなら》しのためにサウスカロライナからの奴隷の受け入れを許しているのである。チャールズタウン*での短期滞在から戻った彼

*———サウスカロライナにおける1670年の創建時に、英国王チャールズ2世にちなんで名づけられた。1783年よりチャールストンに改称。

は、そのわずかな間に白人入植者が「労働と規律を疎ましく」思うようになっていることに気づいた。ラムパンチを手に入れるために〝善き食糧〟を売り払う者も出て、酒浸りともなると病気も患う。となればオグルソープもまたこう書かざるを得ない。「われわれになり代わって鋸《のこ》を挽くニグロ」と、意を強くした白人の「あぶれ者」が差し戻されてきてしまった[46]。

この時代の多くの人々が、奴隷制とイングランド人のあぶれ者に相関性を見出していた。あのウィリアム・バード2世にしても、ジョージアの受託人宛ての手紙の中、この地が奴隷制に抗しての禁令下にあったことを評価している。奴隷制が貧乏白人の不満をどれほど誘発するのかを、ヴァージニアでまのあたりにしていたのである。彼らは「どのような種類の労働であれ己が手を汚すこと」を日常的に拒み、畑仕事をするくらいなら盗むか飢えるかするほうを選ぶ。奴隷制が「われわれ白人の産業」を台なしにしたのだ。バードは打ち明ける。彼らは「自分たちより下の貧しい被造物の地位」を見下すひねくれた思い上がりから、仕事をすれば「奴隷のように見えはしないか」と恐れ、それを考えることさえ厭ったのだ。また、ノースカロライナの地主ジョン・コールトンによるバルバドスの実況には、貧乏白人が黒人奴隷から「白い奴隷」呼ばわりされている、とある。コールトンは衝撃を隠せなかった。それは、北米の南部植民地で流布している白人農業労働者への蔑みと同じだったのである[47]。

ジョージア人の内のかなりの者が、高い志を持つことなく隣接するサウスカロライナを羨んでいた。ジョージアで（そもそもの勅許には言及のなかった）奴隷所有への禁令が布かれるや、奴隷購入許可を求める請願が受託人会に殺到したのである。オグルソープは奴隷制推進派の入植者と激しい言葉の応酬を行い、彼らを「不満分子」と糾弾した。議論も最高潮を迎えた1739年、オグルソープはこう主張している。当植民地には、アフリカ人奴隷を断固として持ち込ませない。受託人会が定めた原則の核、すなわち「困民の救済」に反するではないか。誠実な労働者に保護区《サンクチュアリ》を提供する代わりに「自由民」を「果てしない奴隷制に売り渡す」ことを認めてしまえば、「アフリカの何千という苦悩」を助長することになり、ジョージアを強圧的な体制に変えてしまうだろう[48]。

先立つこと1728年に、オグルソープはイングランド人水兵についても同様のことを書いていた。今となっては奇妙な思考に思えるが、オグルソープの反奴隷制の議論は、水兵が独特な階級の者として直面していた〝酷使の実態〟に対する理解の同一線上にある。18世紀の船乗りは、海上生活に向けて当然のように「しつけられ」、イギリス海軍の過酷な日常に耐えられる体質を備えた男たちというイメージを持たれていた。抜きん出て開明なオグルソープは、水兵の苦役に抗議する小論によって、彼らが搾取されるべき身分に生まれついたという主張を退けた。彼にしてみれば、文字通りの「奴隷」として機能する船乗りは、生まれついての自由民である大ブリテン人《ブリトン》にあらかじめ許されていた解放という特権を剥奪されていたのである。彼らは、貧者として水兵強制徴募隊《プレス・ギャング》によって路上から引き剥がされ、監獄船に放り込まれ、海軍へと売り飛ばされた。満足な食餌も与えられず、ひどい薄給で「捕囚」のように扱われ、獣も同然とされる労働者階級に押し込められ、あらゆる面において抑圧されていた《49》。

奴隷購入を請願したジョージア人によると、ニグロは水兵同様の手順で過酷な労働向けに「よくしつけられ」ていた。アフリカ人は、うだるような暑さばかりかじめじめとした有毒の湿地帯であっても生き延びられるだろう。食べさせるにしても着せるにしても安く済む。水、トウモロコシ、じゃが芋という必要最低限の食餌があれば、彼らを生かして働かせるのに十分だと考えられていたのである。外着《そとぎ》1着と靴1足もあれば、1年はもつ。だが、白人の年季奉公人となるとそうもいかない。彼らには、イングランド人なりの服装が季節ごとに入り用だった。テーブルに肉とパンとビールが載っていることを所望し、そうした恵まれた食餌が出なければ気力や体力がなくなったと言って仕事を拒んだ。厳しい夏の間アフリカ人奴隷同様に働くことを強制されたならば、先述した請願者も強弁している通り、白人の使用人はまるで「遺体安置所」(そう、そこは〝体が腐っていく保留区〟なのである)を避けるかのようにジョージアから逃亡した。奴隷制推進派のジョージア人は、監獄さながらの植民地を運営するオグルソープの告発も辞さない構えだった《50》。

オグルソープは、彼らの要求を頑として受け入れなかった。貧者に無理強いをして船乗りに仕立て上げた水兵強制徴募隊を、「巨大なこん棒」を持つ「卑小な抑圧者」と呼んだ往年とまさに同じ口ぶりで、サウスカロライナへと〝避難〟したジョージア人を、真っ当な仕事よりも「ニグロを鞭打つ」ほうを選んだ者とただちに責め立てたのである。労働を恐れず、奴隷が欲しいなどとやかましい口を利くことなく「快適に暮らす」すべを身につけている、これこそオグルソープが指し示す入植者だった。スコットランド高地やドイツからやって来た人々がそれで、彼らは奴隷を植民地に入れないよう受託人会に請願してもいた。オグルソープには、これらの国人《くにびと》がイングランド人よりも頼もしく、仕事への気構えもまたいっそう優れているように感じられたものである。何しろ肝心なのは、集団としての作業効率であり、食べるに足りる農業への需要を理解しつつその真髄を味わいたいと願う意欲であり――人影もまばらな植民地にあって長期の展望を胸に生き延びようという気構えである。一方のイングランド人入植者はといえば、農業を経験してこなかったためか体を使って働こうという意志を欠いていた。せいぜいのところ薬種屋、チーズ売り、鋳掛屋、かつらづくり業者、織物職人といったところだろうか。土を耕すことができた者は、ほんのひと握りだった。奴隷所有を支持する請願の1通を起こしたパトリック・テイルファーという人物などは、与えられた土地を1エーカーたりとも耕そうとしなかったのだという〈51〉。

ここではっきりさせておくべきだろうが、オグルソープは現代的な意味の平等主義者ではない。自身が手がけた領を多民族コミュニティとしてイメージしてはいなかったし、一般的に抱かれる偏見をアフリカ人への尊敬とともに克服しようとも思わず、わずかとはいえ植民地にインディアン奴隷が存在することも容認していた。彼の計画の中心を占めたのは〝階級〟である。奴隷制を制限した主な理由も、ジョージアにおける階級権力の均衡が崩れれば「貧しい白人労働者が飢え死にしてしまう」という確信にあった。諸々のより大規模な計画案においてオグルソープが抱いていた更生の哲学は、弱く、自暴自棄に陥った者が自身の利に反して敷かれた道を選ばされる、という認識の上に立っていた。人は、ラム酒1杯のために土地を売り払ってしまうものなのである。負債とあぶれた暮らしぶりは、いつ何時でも一個の誘惑としてそこにあった[52]。

ともあれ、オグルソープの提唱する善き心がけを後目《しりめ》に、植民地は階級区分の全削除をし損じることになるだろう。先述の通り無借金生活を営む入植者には、無償で支給される50エーカー（約0・2平方キロ）に加えること延べ500エーカー（約2平方キロ）までの土地が承認され、4人から10人の使用人の雇用が期待された。この500エーカーは、自由土地保有者に提供されるぎりぎりの限度である。なお、受託人会は土地を投機用ではなく居住用とすることを入植者に望んでおり、不在の土地所有者に用はなかった。ジョージアはまた、土地が長男へと引き継がれる趣旨で「男系相続」を維持する政策を布いたのだが、この封建的な規定は男たちを一族に縛りつけることになった。男系相続は、土地を売り払おうとする貧しい父親の気を間違いなく別の意味で重くし、それをいわば担保として相続人は保護された[53]。

この実践を多くの入植者が嫌い、懸命に働く家族は「何も残してやれないだろう」と未婚の娘の行く末を案じた。そうした不満をひとつ漏らしたのが、ジョージアへの移住に興味を示していたフランス人プロテスタントの指導者デュモン師である。「縁談や子づくりには歳を重ねすぎた」寡婦はどうなるのか、と師は問う。そしてまた娘らは、とりわけ「病気や、不運な体のつくりゆえに結婚に適さない」娘らは、どう生き抜けと？[54]

デュモン師の問いかけは、オグルソープと受託人たちの哲学の核心に迫っていた。〝若い〟寡婦や娘は、白人自由労働者として生まれてくる次世代のための種畜／種《ブリーダー》の涵養者と見なされていたのである。ジョージアの政策は、オグルソープが宣伝用小論の一冊で明言した通り「繁殖」の自然な進展を促進するはずだった。これはつまり、イングランド人と他国のプロテスタントが北米にいるフランス人やスペイン人を数において確実に上回るよう、オグルソープによる計画の大枠が担保するはずだったということで、競合するカトリック植民地との勢力争いとは、長きにわたる数の諍いの謂いなのである。ジョージアには自軍の編成に十分な自由白人を確保する必要があり、産み殖やすことによって人口動態の戦いでも勝利を収めて優位に立ち、そこから益を得なければならなかった《55》。

ただ悲しいかな、オグルソープは負け戦を闘っていた。奴隷を要求している男たちの大半が、サウスカロライナの商人から奴隷を信用買いする約束を取りつけていたのだ。奴隷は、それによって土地を担保として差し出すように仕向ける、いわば貧者の前にぶら下げられた疑似餌だった。奴隷経済は隙だらけの入植者から土地を奪うことになる、とオグルソープが確信した理由がこれで、彼にとって奴隷制の締め出しとは土地分配のいっそう公平な維持と手を携え合っていくものなのである。植民地が入植者に（所有地の恣意的な売却を可能にする）「単純不動産権」という地権を許してしまえば、大規模農園主が優位を占めるようになることは当然だった。彼は1739年にこう予測している。やりたい放題の「ニグロ商人」は「貧しい勤労白人の男たちすべて」に何ひとつ残すことなく、「植民地内の土地をことごとく」支配下に置くだろう《56》。

1734年にコミュニティを開いたドイツのルター派信徒たちは、次第にサウスカロライナめいていくジョージアの危険性に気づいていた。オグルソープの督励のもとになかった彼らの代表を務めるボルツィウス師が、いみじくもこう看破している。「チャールズタウンのありふれた白人労働者」にしても「ニグロ」同然の稼ぎしかないではないか。アフリカ人に対する「動物並みの種の涵養《ブリーディング》」が奨励されてその〝備蓄〟を増やせるとなれば、奴隷所有者はありとあらゆることを厭わないだろう。商人その他のジェントルマンたちが浜辺や商用河川沿いの最良の土地を買い貯めし、より貧しい人々は辺鄙でいっそう誰も見向きもしないような土地を不承不承手に入れざるを得なくされている。サウスカロライナは、白人の貧困家庭が見る最も恐ろしい悪夢だ《57》。

オグルソープは1743年に植民地を去り、二度と戻らなかった。その3年前にとある兵士が彼の殺害を企て、マスケット銃の弾丸でかつらを撃ち抜いたのである。命に別状がなかったとはいえ、ジョージアに抱いていた彼の夢はそのときについえた。その後の10年で土地所有に関する政策は解除され、ラム酒の自由な流通が許可され、奴隷も密かに売買されるようになった。そして1750年になると、入植者の奴隷所有権が公認されるのである《58》。

西インド諸島とサウスカロライナから〝植え替えられた者〟たちが、すぐさまエリート農園主層の形成を主導した。1788年までには、カロライナ人ジョナサン・ブライアンが3万2000エーカー(約130平方キロ)の土地に奴隷250人を抱えるジョージア随一の有力者になる。1750年という奴隷制が合法化されたまさにその年に彼は農園を開き、所有する多数の奴隷によって広大な土地がもたらされた。しかし、自らの帝国を建設するためには、土地配分に関しての主たる責務を担うジョージア参議会を裏で操る必要があった。会の実効期間が長くなれば、主要交易路沿いというあつらえ向きの立地を持つ最も肥沃な土地が確実に手に入ることになる。1760年までには、ジョージア白人の5%がようやく奴隷ひとりを所有しているところに、ひと握りの農園主一家だけがそれぞれ何百人という奴隷を抱え込むようになっていた。ジョナサン・ブライアンなどは、オグルソープが植民地を牛耳ることになると警告した「奴隷買い」の権化ということになるだろう《59》。

だが、オグルソープのアイデアが雲散霧消したわけではない。ベンジャミン・フランクリンとトマス・ジェファーソンは、奴隷所有が白人を頽廃させるという見解に両者とも賛意を示していた。白人による〝自由労働の緩衝地帯〟を促進するというアイデアは、13植民地からなる連合に新しい州を加入させるための青写真、つまり〈北西部領地条例〉(1787)となるジェファーソンの草稿へと組み込まれた。フランクリンにせよジェファーソンにせよ、産み殖やす力の集結に熱中したわけで、ふたりは揃って人口成長を国力のしるしととらえていたのである。そして奴隷制もまた数の駆け引きの内と判断されることになったのだが、ボルツィウス師の見立て通り奴隷に対する「動物並みの種の涵養《ブリーディング》」が奨励されたとすれば、貧乏白人は同じ割合で繁殖することはおろか自らの土地や自らの自由もその手にできなくなったということになる。

奴隷制が階級アイデンティティに絡みついていることは、すでにして明らかだった。オグルソープが自由労働を、活気ある、安定した、もの(そして人)を産み殖やせる社会と結びつけていたというのに、当の白人自由労働者はといえば植民地の軍事力に加算されるばかりで、土地の買い占めに走る奴隷所有者の階級と経済的に競合することは叶わなかった。そして、ジョージアを「異常《ペキュリア》」ととらえさせたもの――すなわち奴隷所有への禁令――は、奴隷制がアメリカ南部に「特有《ペキュリア》の慣習」となった19世紀には皮肉にも真逆の意味を帯びることになるだろう。

〝あぶれ者〟に対するイングランド人の根深い嫌悪は、その間もなお持続した。〝田舎の貧者〟は足手まといと見なされながらもアメリカの営為における払いのけようのない一部になり、輸入アフリカ人奴隷との対照の中で存在を示した自由労働者にしても、そこに留まらずに彼ら〝役立たずの白人ののらくら者〟とは一線を画した。土地、すなわち主要な富の源泉は、自由と公民としての価値とを計る真の基準であり続け、世襲の肩書はいかにも次第に消滅していったかもしれないが、広大な払い下げ地と地権のほうは変わることなくアメリカの特権システムの中心をなしていった。いずれにせよ、蔑まれた下層階級の印象として〝それ〟が一般の口にのぼるとき、新世界というものはまったくもって新しくなくなるのである。

第3章 ベンジャミン・フランクリンの「アメリカの種族」：平凡な人々の人口動態

Benjamin Franklin's American Breed: The Demographics of Mediocrity

真に人を必要とする、新しい国において、王の臣民を増やすことは、道理上、犯罪と申せましょうか。
――ベンジャミン・フランクリン「ポリー・ベイカーの弁論」* The Speech of Miss Polly Baker (1747)

これまで見てきた教養あるイングランド人のそれぞれと同じく、ベンジャミン・フランクリンもまた〝あぶれ者〟の存在に頭を悩ませていた。『貧しきリチャードの暦書』** *Poor Richard's Almanack* の1741年版にも、ハクルートやウィンスロップ、バードの言葉を繰り返したかのようなありふれた忠言が示されている。「無精者よ起きなさい、人生を無駄にせぬよう。墓に入ればぐっすり眠れるのだから」。何ひとつ新味はないものの、富へと至る道筋が勤勉にあると奨めているわけだ〈1〉。

1740年代から50年代にかけてのフランクリンは、当時繰り広げられていた階級とアメリカの植民に関する討論に意見を差し挟める有利な立場にあった。小商いを営むボストンの質素な家庭に生まれた彼は、出版業者として身を立て、1729年から『ペンシルヴェニア・ガゼット』*Pennsylvania Gazette* を発行、その3年後には初めて出した暦書《アルマナク》が大当たりを取って印刷機から次々刷り出され、以後シリーズ化されるまでになった。衆に訴える才に長けたフランクリンは、植民地にありがちな人々の声色を使いながら紙上で腹話術を演じる技術をすでにして身につけており、10代の頃にはボストンの熟年寡婦「サイレンス・ドゥーグッド」になりすまして手

＊――『アメリカ古典文庫』1所収、池田孝一訳、研究社より。

＊＊――次段でも触れているように、フランクリンがリチャード・ソンダーズ名義で刊行した頁ものの暦で、1732年の“初号”の好評を受けて翌年から1758年まで年刊化された。収載の格言部分を再編した邦訳（『プーア・リチャードの暦』、真島一男監訳、ぎょうせい）がある。

⑫————ベンジャミン・フランクリン(1706–1790、デュプレシス作、1785頃、英国立肖像画美術館所蔵)。

紙を書いたし、アフリカ人奴隷「ディンゴ」という別人格まで持っていた。* 自身の暦書の標題人物となった〝貧しきリチャード・ソンダーズ〟の場合は小商いにいそしむ寝取られ男《コキュ》という触れ込みで、日々のやりくりに悪戦苦闘して漏らす泣き言にはおよそ似つかわしくない、気の利いた格言を口にするのだ。共同経営者を得、ペンによる声芸を磨きながら出版業を拡大して成功を収めたフランクリンは、1748年にそれまで連日かかずらってきたすべての商用の懸念から身を引くことにした[2]。

仕事から解放されて1751年にペンシルヴェニア議会入りを果たした彼は、市民の起業を積極的に促進し続け、病院と若者が通う学園をフィラデルフィアに設立するべく尽力した。同時期の10年間で行った電気実験もまたヨーロッパに強烈な印象を残しており、ロンドンの王認協会からは栄えあるコプリ・メダルが贈られ、ほどなくしてハーヴァード、イェール、ウィリアム・アンド・メアリーといった各校の名誉学位まで授与されている。郵政副長官を拝命した際は植民地間のよりよい通信に向けた改善策を導入し、1754年のオールバニ会議では防衛力の強化と西方への拡張を目的とする植民地連合政府の提案を行ったが、後者の連合計画のほうは会議での承認を得こそすれ各植民地では決して批准されなかった[3]。

植民地の科学を先導する人物として、フランクリンは最新理論の普及にもこれ努めた。ここでまず興味を惹くのが、あらゆる中でもひと際解き難い問題、すなわち〝階級というものの創造〟に科学知識を応用しようと試みたことである。文明社会は、生き残るにあたっての安全を担保されたいと願う人類の根源的な欲求によって往々にして形づくられるが、その同じ社会が虚栄に没頭するあまり次第に頽廃し、結果的に衰微していくとはいかにも18世紀イギリス的な思索に信を置いた論説だった。このような理論化の背景にはローマ帝国の盛衰があったの

*————新聞出版などを手がける兄の徒弟として働いていた頃、記者としての筆力を披露するためにSilence DogoodやDingoといった偽名で投書形式の寄稿をすでに行っていた。

だが、フランクリンの試行はむしろ人類の生態に焦点を移していた。ヒトが行うすべての努力が根ざしているのは、本来的な動物的直観だというのである——つまりフランクリンは、苦痛と快楽の押し引きに眼目を置いていた。過剰な快楽は衰微型の社会を産み、過剰な苦痛は専制と圧制につながる。そのあわいのどこかが幸福な中庸であり、すなわち人間性が帯びるよりよい動物的直観に基づいて努力を傾ける社会なのである〈4〉。

北米には、この幸福な中庸を得られる環境があるのだろうか？ フランクリンはあると考えた。その稀有な環境をもって、旧世界システムの不自然状態が徐々に解消されていくのではないか。広大な大陸は、すぐさま種の涵養《ブリーディング》による人口動態上の有利をアメリカ人にもたらし、その実りはイングランドの同輩を凌ぐだろう。厳しさをいや増す無職や窮乏はもちろん、過密な都市からも解放されたアメリカ人は、目のくらむほどの富と擦りつぶされるような貧困という両極を免れるだろう。資源をめぐる死に物狂いの競争をやめ、中流の段階に留まることに、大多数が完全な満足を覚えるはずだ。フランクリンは、「幸福な平凡」*happy mediocrity を謳ったのである。

蜜蜂の他にイングランド人が愛好するもう1種の虫、働き蟻が、フランクリンの必要とする実証のきっかけをもたらした。1748年のある日、天井からぶら下がる糖蜜壺の吊り紐伝いに行列をなす蟻を眺めながら、彼はふと気づく。蟻たちが、互いに何かを伝達し合っているではないか。動物の行動についての興味がフランクリンに芽生え、2年後には鳩を使った実験にも手を染めていた。ひと組のつがいを巣箱に入れる。と、すぐに繁殖が行われた。それも、巣箱が窮屈になることを決して受け入れずに。彼が目をつけたのはここである。鳥が自然選択を営み、「年嵩の強い個体が若く弱い個体を追い出して、新しい棲処探しを余儀なくさせたのだ」。巣箱を増やすと、鳩はそちらも満杯にした。可能な空間と餌に応じて産み、殖えたのである**〈5〉。

蟻と鳩。群生する被造物は、人間になぞらえやすかったものと思われる。快楽の追求と苦痛の回避とを最優先する衝動に、人間のあらゆる行動を集束した功利主義者フランクリンは、社会整備を推進する力は宗教や道徳にほとんど関係しない、と確信した。動物であるという核心に男女が自ら身を置けば、本能に衝き動かされて食べ、

*———出典となる Information to Those Who Would Remove to America (1782) には既訳（「アメリカへ移住しようとする人びとへの情報」、『アメリカ古典文庫』1 所収、池田孝一訳、研究社）があるが、コンテクスト上、独自訳を採った。

**———ちなみにこの挿話はチャールズ・ダーウィンらが生物進化における自然選択説を発表する 100 年以上前で、ダーウィンの両祖父となるイングランド人科学者エラズマス・ダーウィン、ジョサイア・ウェッジウッドとフランクリンには実際に親交があった。

産み、そして移動するだろう。最後に挙げた性質を「平静であるときに不安を感じ」＊た上でのものだと述べたフランクリンは、そこに動物と人間の転住／移住《ミグレーション》における明らかな類似性を見出していた。人々は、動き回りたい、先へと移りたい、今いる状態を進めたいという願望をあらわにする。〝住まれていない土地〟が移住への衝動を呼び覚ますのは、かぎりある資源そのものが移出を促すのと同義で――新しい棲処探しを強いられた鳩の若い個体と何ほどの違いもない。「平静であるときに不安を感じ」というフランクリンの言は、小リチャード・ハクルートの語る、あらゆるイングランド人は新天地の探索者にして富へと続く新たな道筋の探究者、すなわち「外《と》つ国の扇動家」であれという主張にも呼応しているだろう〈6〉。

フランクリンは、最も重要な論考に数えられる「人類の増加、諸国の人口などに関する考察」＊＊Observations Concerning the Increase of Mankind（1751）の中、その後の20年でアメリカの人口は倍増すると予測した。あぶれ者は、イングランド人体制の外で育まれることになるだろう。大家族制は両親を勤勉にする。子供たちは親に倣い、生き抜こうとする意志に駆り立てられて仕事に就くだろう。人々が外側へと広がり、可能な領土を満たすにつれて社会構造も体《てい》をなすが、それは絶え間なく変化し、調節されていくだろう〈7〉。

いっそう子を産み殖やすにあたり、人々には見返りが必要だった。「人類の増加に関する考察」によれば、ローマ帝国では産んだ裔《すえ》の数に応じた褒美が実り多き女性に下されたのだという。女性奴隷であれば自由が、一方で自由民に生まれついて多数の係累を産んだ寡婦には土地所有権に加えて通常であれば自由民家庭の男性に取り置かれる自主性が、それぞれもたらされたのである。偉大な帝国というものは、新たな領土に入居・入植をするために多数の人民を欲したというのがフランクリンの論旨だった（そう、数は力なのである）。アメリカが提供した見返りは、他のどこにもない類いのものだった。有り余るほどの土地、そして若くして結婚する自由である〈8〉。

フランクリンによる繁殖の哲学を最も端的に表しているのが、１７４７年の諷刺作品「ポリー・ベイカーの弁論」である。判事の前に現れたポリーは、私生児を産んだかどで起訴されること5度目。わが身の弁明にあた

＊――「自由と必然、快楽と苦痛についての論」、『アメリカ古典文庫』１所収、池田孝一訳、研究社より。

＊＊――『アメリカ古典文庫』１所収、池田孝一訳、研究社。以下、本文では略称で表記。

り、ベイカー嬢は自ら〝勤勉な女性〟であることを訴えた。「わたしは生命をかけて、5人のよい子供をこの世に生み落としました。わたしは子供たちを、町の方々を悩ませることなく、女の細腕一つで立派に養ってきました」。＊ その自負は、愛国心からの奉公という認識によって支えられている。「真に人を必要とする、新しい国において、王の臣民を」増やしたのだ。褒められこそすれ、罰せられる筋合いはない。彼女の言いたいことはこれだった。

ベイカーの苦境は、身から出た錆というわけではなかった。彼女は結婚を望み、「よき妻の性格にふさわしい、勤勉、倹約、多産、節約の手腕」を発揮したいと願っていたのである。独り身の殿方が多いことは、わたしの過ちになるのでしょうか？ 彼女は訴える。非の打ちどころのない子を創られた神の「素晴らしい手腕」へとまなざしが注がれるときに、どうすればわたしの行いを罪深いものと見なせるのでしょう？ より崇高な本分である「自然と自然の神の第一のそして最大の掟、つまり**産めよ、殖やせよ**」を、わたしは果たさなかったのでしょうか？ フランクリンの見識に沿って、神と自然はベイカー嬢に味方し、ばかげた法と時代遅れの教会の罰則は敵方に回るわけだが、その主張の正しさを示すため、彼はユーモアに満ちた結末をあらかじめ冒頭で言い添えている。陳述を聞いた判事は、納得した上で翌日自らベイカーと結婚したのだという〈9〉。

フランクリンによる微苦笑を誘う物語《オフビート・ストーリー》はその実、「人類の増加に関する考察」で人口動態の予測のもと説き明かそうとしたあらゆる要点と、推論したひとつひとつに関わっていた。ふたつの小考《エッセイ》は、一編一編を並べて読むべきだったのだろう。パン職人《ベイカー》という登場人物の命名についても偶然ではなく、子宮《ウォム》から竈《オーヴン》を連想させようといういたずら心のゆえで、これは当時イングランドの書き手の間でよく行われていた駄洒落である。科学と弁舌ふたつながらの人物フランクリンにとって、繁殖する労働者階級は研究対象であると同時にそのものとしての価値が認められていなければならなかった。何しろ「王の臣民」を増やすのである。繁殖する労働者階級は、帝国の強みになるのだ。

フランクリンにとっては、独身男性を架空譚の種《たね》にすることにも意味があった。植民地アメリカとイングラン

＊―――次段までの引用「　」は「ポリー・ベイカーの弁論」、既訳より（訳語を一部変更）。

ドにおいては、資力があるにもかかわらず未婚でいる男性は恥ずべき人物だとして揶揄されたのである。半分が男で半分が女の両性者《ヘルマフロダイト》ではないのか。あるニューヨークの新聞が〝罰〟として男らしさが少ないことがすぐわかるよう、顔半分の髭を剃ってはどうかと提案したほどで、相続権を失って当然と思う者さえいた。土地が作つけされないまま放り出されているのと同じ理屈で、人間の繁殖力が無用の長物になるかもしれない。子をなすこともなく子種を無駄にする独り身の男は、産み殖やすことからあぶれるという最悪の行いにふけっているというのである[10]。

それに引き換え、非嫡出子は人口に加わって帝国の富を増やすのだ。フランクリン自身の境遇が、彼の声をいっそう大きくした。息子のウィリアム（のちのニュージャージー王領植民地総督）は、非嫡出子だったのである。そしてそのウィリアムもまた非嫡出子ウィリアム・テンプル・フランクリンの父となり、テンプルにしても巷間言われるようにふたりの庶出の子を系図に加えている。非嫡出は、いわば一家の〝慣例〟だった[11]。

フランクリンは、ジョン・ロックの言うように健康な子供というものが「どこの国であれ恵み」になると確信していたのである。１７５０年代になお行った人口の自然増加に関する唱導にしても、まったくの科学的好奇心というよりは植民地政策を慮ってのことだった。英領北アメリカでは、他のどこにも増して健やかで肥えた子らがことさらの利となる。彼はそう断言し、「人類の増加に関する考察」の中でカリブの島々が好ましい植民地モデルとはなり得ないことを、イギリスの政策担当者に注進している。白人労働者の人口が不自然に少ない西インド諸島では、人種間の不均衡が懸念されていた。自ら労働に従事しないまま肉体に〝欠陥〟を抱えるようになった奴隷所有者は「弱くなり、したがってがいして子供は多くない」＊。フランクリンは結論を下す。要は、奴隷制がイングランド男をあぶれ者の性的不能《インポテント》にしたのである[12]。

フランクリンはまた、奴隷制が子供たちに悪い教訓を身につけさせるものと信じていた。「白人の子供たちは高慢になり、労働を厭うようになって、怠惰に仕込まれているから、一所懸命働いて生計をたてるのに不向きに

＊―――以下、次段までの引用「　」は「人類の増加、諸国の人口などに関する考察」、既訳より。

なってしまうのである」。ここでの謂いは、ヴァージニアの貧乏白人《プア・ホワイト》に関するウィリアム・バードの書きぶりにも共通するだろう。1726年、バードはジョージアの受託人に対し、貧しい白人労働者の男たちが仕事を厭がるようになってきており、畑仕事をするくらいなら盗むか飢えるかするほうを選ぶだろう、と打ち明けている。フランクリンは、こうした方程式に少し手を加えていた。曰く、奴隷制がすべての白人を貧富の別なく頽廃させるのである。

彼は、オグルソープのそれを凌ぐほどに大規模な、北部植民地の自由労働地帯を構想していた。理想とする英領アメリカを達成させ得る魔法の霊 液《エリクサー》とは、ひと言で言えば〝種の涵養／血統づけ《ブリーディング》〟である。フランクリンの抱くイメージでは、繁殖力のある入植者を住まいさせる大陸の広がりが、いっそう安定した社会をつくり出すはずだった。そこでは子供が労働者となり、年季奉公人や奴隷に取って代わるだろう。それはオグルソープがジョージアで試し、永続的な体制づくりに失敗した労働システムの鏡像だった。

世界的な戦争と北米大陸における境界線の変遷とのさなかにあって、自らの理論を展開するフランクリンは、1760年までにイギリスによるカナダへの主張を支持する論陣を張り、七年戦争*でフランスに勝利して帝国に広大な領土を加えることを熱望した。イギリスからの入植者が陸《おか》を満たし、その大半が幸福の内に農業へと携わる「中流のままの人民」middling population であり続けるだろう。社会構造的に不均衡な砂糖の島々《カリブ》とは異なり、北米にあって望ましい「金持ちでもなければ、貧乏人でもない」**人々がイギリスからの産品を大きくあてにする消費者となって、成長していく人口を先導するはずだ。これは、イギリス商人とアメリカ開拓者の双方ともに満足のいく状況だった。人口成長が、イングランドへと回流する商業と産業を同時に拡大させるのだから。フランクリンは誇張を怖れず、議会が植民地人口を抑制するかもしれないという警告を発した。カナダ併合に難色を示し、北米の3番目、4番目の新生児を窒息させようとする最高立法府であれば、残酷な助産婦と何ら変わりがなくなるだろう[13]。

*――オーストリア・ハプスブルク家の領土問題から発展した世界戦で、主戦期間（1756–1763）からその呼称がついた。北米大陸ではインディアン諸部族を交えた英仏の争い“フレンチ・インディアン戦争”として展開されているが、これ自体を“七年戦争”と呼ぶ場合もある。

**――フランクリン「アメリカへ移住しようとする人びとへの情報」、既訳より。原文 mediocrity of fortunes は、“平凡な身上（しんじょう）”というほどにも解されよう。

種の涵養に関するフランクリンの理論は、その後の世紀を超えたアメリカ例外主義の主要素として残り続ける。彼の提言は、揺るがし難い3つの論旨のもとにあった。第1が階級の安定は西へと向かう人々の移住に同期するはずであるという展望、第2が人々の分散は階級間紛争を弱めた上で各人への広範な富の分配を促進するだろうという推論、そして第3となるのが、彼の言う「金持ちでもなければ、貧乏人でもない」人々こそが中流帯という階級のあり方を成長させる、という信念である。貧しくもなく尊大でもなく、それでいて家族を養いイギリスからの産品を購えるだけの十分な生産性を持つ、何らかの形態の農業経営に従事する者が、彼の示す農家だった〈14〉。

フランクリンによる理論の最も驚くべき特徴は、彼の述べた階級の満足度というものが自然な手順によって達成可能だということで、より率直に言えば自然《あるがまま》に任せていればいいということにもなる。よく訓練された地上部隊と強力な海軍によって大英帝国が領土を確保し、爾来、誰にも占められていない土地が蟻にとっての糖蜜壺と同様、入植者を誘う疑似餌となった。機会にあふれたその土地では、家族の幸福と安定に伴って〝産むこと〟がより自然になっていく。厳しい階級差別と資源の秘匿が起こる見込みはごく薄い。諸階級の圧縮は、人々が分け入り入植できる権利を得た新しい土地のあるかぎり持続し、勤勉、倹約、多産が幸福な平凡による自然のなりゆきのもと表れるのである。

＊

フランクリンの理論には、どれほどの現実味があったのだろうか？　また、彼の論旨の拠り処のどれほどが人類の行動に対する合理的な分析で、どれほどがむしろ願望だったのだろうか？　何はともあれ18世紀アメリカの開拓者は――それこそ21世紀のアメリカ人と同様――蟻や鳩さながらの人々ではなかった。ヒトの自然状態とは、苦痛と快楽に対して予測可能な反応をする機械論的モデルに従うものではない。しかもフランクリンの言う、道を示す全能者の〝自然《あるがまま》の手つき〟が、政治や文化の強烈な威力に比肩する他の何かによる介入をなおざりにできるはずもまずなかった。人々は、本当に迷路の鼠だったのだろうか？　あるいは植民地化、移住、入居というものは、フランクリンの理論の大枠が期待させた以上の、より複雑でより不確実なものだったのだろうか？

フランクリン自身の経歴は、土地から土地へとやすやす移り住む開拓者を論じるような彼の楽観主義とはおよそ矛盾するものだった。彼は10代で、兄に仕える取り決めだった徒弟期間を満了前に切り上げ、ボストンからフィラデルフィアへと出奔しているのである。逃亡者にして徘徊者というわけだが、足抜けに追っ手がつく使用人階級という大多数層に彼も属していたということになる。その行動は他の同輩同様にでたらめで、のちに研究対象とする蟻にも増して無秩序だ。このフランクリンの若年の頃と同時期にフィラデルフィアへと辿り着いた人物、ウィリアム・モラリーには自身の体験について記した回顧録があるのだが、自らを新しい主人の手から次の主人の手へと渡る「財産のテニスボール」とするその口吻は、実に言い得て妙だろう。法務書記や時計職人の経験を積みながら文才にも恵まれていたというのに、フランクリンその人ではない身の上のモラリーはほうぼうへの移動をぐるぐると繰り返したらしく、社会の階段をのぼることは決してなかった。飽くなき転住が〝社会移動〟を必ずもたらすという保証は、一切ないのである《15》。

18世紀も深まるにつれ、貧困は次第に常態となっていった。フィラデルフィアは経済の停滞期を迎え、極寒の冬に薪不足が重なり、貧者は凍え死にの危機に瀕した。1784年、町の勤労貧民層《ワーキング・プア》に属するひとりの男が、6人の子供を抱え「懸命に努力して」はいるもののとても養いきれるものではない、と地元紙に訴えている。勤勉それ自体が家計を自足する魔法の香油とはならず、大家族が常に利をもたらすとしたフランクリンも正しくなかったことになる。彼はその上アメリカにおける出生率の目算についても誤りを犯していた。フィラデルフィアの幼児死亡率はイングランドのそれに比べて驚くほど高く、健康で幸福な民に関するフランクリンの予測は、人口動態上の事実ではなくむしろ巧みなレトリックによることが証明されてしまったのである《16》。

この典型的な独立独行の人物はその実、独りで立ち独りで行う者ではなかった。彼のアイデアはどこまで行ってもアイデアにすぎず、フィラデルフィアという世界を定義する、パトロンとその庇護を受ける者との関係からなる免れ難いネットワークを前にすれば、失笑ものということにもなる。自身の盛業のために扶《たす》けを得ようとしたフランクリンは、印刷工房を開き高額な設備投資を行う際に必要な元手を融通できる縁故と金力を持った、有力なパトロンを頼ったのだから。

だが、そのパトロンからの支援を得、かつ相争う政治派閥を操縦していくことは、フランクリンにとって取り扱いの難しい事業ではあった。ペンシルヴェニアの階級構造には、ある尋常でない〝癖〟があったのだ。まず上位を占めていたのが莫大な地権と搾り集めた免役地代を一手にする故ウィリアム・ペンの一門、次に控えたのが富裕クエーカーの地主と商人で、後者のフレンド派*の場合、同志を結びつける家族と信仰の絆は固く、18世紀には非会員と結婚したすべての者を破門して商用に欠かせない物資の提供や融資、土地売買を拒む村八分の目に遭わせ、経済上の困難を課すほどだった〈17〉。

フランクリンは、クエーカー信徒でも準信徒でもなかったが（宗教教理の共有をことさら強調する者も中にはいる）、フィラデルフィアとイングランドの幾人もの国際人や高い教養を持つフレンド派信徒と強固な個人的関係を築いたことは事実で、特に事業を始めた頃はクエーカーのパトロンを頼みにしていた。数ある支援者のひとりで、クエーカー党に所属していたものの非信徒の指導者だった（のちの政治家とは別人の）法律家、アレグザンダー・ハミルトンと同じく、平和主義という正統的クエーカーの立場で意見が合いさえすれば、地元と帝国の政策に関してはまずフレンド派信徒の側についた。彼と親交を持つフレンド派信徒は皆揃ってリベラルで、クエーカー党内の政治派閥の中で影響力を振るうように思われる人物にも排斥する姿勢は取らなかった。ハミルトンがペンシルヴェニアで権力を握り、フランクリンが議会議員に指名されるよう取り計らえたゆえんもここにあり、翻えってみればフランクリンもそれがあってこそ地元政界の舞台へと正式に迎え入れられたのである〈18〉。

＊――――クエーカーの正式名称“Religious Society of Friends”。キリスト友会とも。

とはいえ、フレンド派信徒も争いをしないわけではなかった。植民地領主と英国国教会の双方に通じた非クエーカーのエリートによる党派が台頭し始めていたのである。イングランドとの強固な通商関係から引き出されたその影響力は、見逃せないことにスコットランドの会計筋にまで及び、またこれは土地管理の部局が有力領主の監視下にあればこそできたことだが、最も利益の上がる何千エーカーもの不動産の購入によって勢力はさらに広がっていった。彼らは領主党――富裕クエーカー信徒の対抗勢力――として知られるようになる。小商いや出版業を営む親方《マスター》となってその成功の途上にあったフランクリンだが、どちらの勢力の側であれ植民地商人をおろそかにはできなかった。彼らは世界市場を相手にする、いわば卸売業者で、フランクリンのような小売店主や小商いに励む者とは階級が明確に異なり、大半がきわめて裕福だった。海外貿易の発達に伴ってその安全性を評価されるようになった紙幣の印刷を議会と契約したフランクリンは、商業エリートとのつきあいをより密にしていった《19》。

ペンシルヴェニアではペン、ペンバートン、ローガン一門――いわゆる領主とクエーカーのエリート――で上段が占められ、というように、依然として階級の度合いが家名に基づいて計られていた。彼らの下につけていたのが、大西洋貿易によって台頭しつつあったものの、富をひけらかすような露骨さからはあえて身を引く商人階級である。いずれにせよ以上の家柄の者は奴隷や使用人、そして銀製のティーセットを所有し、あるいは高級な生地の服をまとって壮大な屋敷に住み、馬車を乗り回していた。その頃のフランクリンはといえば1748年に出版業の経営から身を引き、1頭の馬と2輪馬車を手に入れて広大な土地に投資を行いつつ富裕層の上位10％入りを果たしていた。簡素な服装で知られる質実なクエーカーにとってさえ、馬車はその境遇の象徴《ステータス・シンボル》で、1774年のフィラデルフィアでは人口1万5000人の内、その所有者がわずか84人しかいなかった《20》。

階級のあれこれというものは、富や家名以上に見場や声望から推し量られるものだ。これを理解していたのがフランクリンだった。1746年に描かれた最初の肖像は、活字を組むときの革エプロン姿ではなく、増して

⑬———"フィラデルフィアの名士"時代のフランクリン像（フェケ作、1746、ハーヴァード大学所蔵）。

や町中で手押し車を押す姿でもなく、『自伝』* *Autobiography* の中で自らが綴った通りのたたずまいをしていた——実直な小商人である。きちんとかつらをかぶってひだ飾りのあるシャツを身に着けた絵の中の彼には、そのままで「名流人士《ベター・ソート》」better sort の風格が備わっていた〈21〉。

何を身に着けているか、という見場によって領主と富裕層が「名流人士」と定義されるならば、社会という連続体《スペクトラム》の真逆に位置する、いわば「卑流人士《ミーナー・ソート》」meaner sort の人々にも同じ法則が適用されるだろう。自由民と非自由民は法差別でも表され、後者には奴隷ばかりか年季奉公人や囚人労働者、そして徒弟までもが含まれていた。依存者とされる彼らは、揃いも揃って〝しみったれ《ミーン》〟mean で、奴隷根性の染みついた、育ちの悪い者どもとして分類されていた。フィラデルフィアには何千人という非自由労働者があふれ返り、これにはフランクリンも「徘徊者どもとあぶれた奴ら」が植民地に入り込んできた、と１７３０年の早々に不満を漏らしていたほどだった。だがこの言葉にしても、自身が貧しい暮らし向きを免れてからそれほど長くの年月を経ていない頃に記されたものなのである。** １７２３年当時の彼もまた、不潔でしみったれた身なりをした濡れ鼠の逃亡者として、フィラデルフィアに辿り着いているのだから〈22〉。

よきにつけあしきにつけ「種類《ソート》」sort という語は意味深長で、それはまず商品の様々な質を漠然と表していた。ちょうどボタンやタバコの等級が「種類《ソート》」で分けられたように。１７３３年、ニューヨークの新聞に掲載されたある広告は、こう謳っている。扇子は〝とびきりの品とお値頃の品を各種〟richer and minor sort 取り揃えております。親が何々でといった血筋によって価値が計られる家畜の種の涵養《ブリーディング》における語法とは異な

*———鶴見俊輔訳、土曜社。

**———自らが発行人となった『ペンシルヴェニア・ガゼット』への寄稿である。

り、これが優良品でこれが安物と切り分けられるときの商品の種類《ソート》はあくまでも見場にいっそうの重きが置かれ、重商国の民であるイギリス人は同じ線に沿って社会階級を考える傾向にあった。新聞が人々を評して「他に見ないしみったれ気質《ミーネスト・クオリティ》」meanest quality と言えば、それは布生地について「最低の品質《ミーネスト・クオリティ》」と気易く値踏みしているのと同じことで、いずれにせよ粗雑で、未完成で、いただけない素材でできた安物という意味合いなのである《23》。

ここで言う〝しみったれぶり《ミーンネス》〟meanness は、一般的に貧困と、その表象が慈善をあてにする態度であれ救貧院での強制労働であれ、どうにも頷けない依存とを意味したものだが(フィラデルフィアにもボストンにもニューヨークにも、私設救貧院があった)、一方でその言葉は隷属状態についても使われ、服従させられた者もまたその範疇でとらえられていた。このゆえ、下層階級の人々には汚名／聖痕《スティグマ》がくっきり顕れた。他者から見下され、軽蔑され、虐げられるに任せざるを得なかったのだから。卑流人士《ミーナー・ソート》は、あからさまな無作法さ、やる気のなさ、品のない態度の持ち主で、俗悪な言葉づかいにふける者どもと考えられたのである。〝しみったれぶり〟とは不潔と卑賤の謂いである反面、耐え忍ぶ〝無用者〟階級を指す別称でもあった《24》。

フランクリンは、貧者の窮状の全般に同情的というわけではなかった。彼の発案によって1751年に設立されたペンシルヴェニア病院にしても、勤勉だが貧しい人々、とりわけ怪我で働けない人々の救済を目的として恒久的な貧困層は歓迎されず、そのような者どもはただただ私設救貧院に追い払われるばかりだった。イングランド人は慈善的にすぎるとフランクリンは感じており、貧民救済の道がほぼ閉ざされている国からやって来たがために、かえっていっそう懸命に仕事に励むようになった地元植民地のドイツ人入植者を日頃から目にしていたことが、そうした彼の持論のきっかけになっていた。貧者について語る際のフランクリンは、ウィリアム・バード2世さながらの口ぶりになったものである。1766年には、本国で暴徒と化した貧しい人々に小麦を積んだ荷馬車が襲われたことを嘆いて、イングランドがもうひとつの「のらくら者の国」＊になりつつあると非難して

＊——出典となる On the Price of Corn, and Management of the Poor (1766) には既訳(「小麦の価格および貧乏人の取り扱い論」、『アメリカ古典文庫』1所収、池田孝一訳、研究社)があるが、コンテクスト上、独自訳を採った。

いる《25》。

つまるところ、とフランクリンが言うことに、たいていの人々は「安楽な生活」と、そして「心配事や労働からの解放」とを望んでいた。怠惰はそれ自体が快楽のひとつの形であり、このゆえ彼も困窮者を働かせるためのある種強制的なシステムが貧困の唯一の解決策になる、と強く主張したのである。「貧者に役立つ最良の道筋は、貧しさの**中**に甘んじさせず、そこから**外**へと導き、あるいは追い立てることにあるだろう」。「休息のさなかでも安まらず」にいるはずの貧者の本能は、すでに損なわれている。そこで彼らに必要なのは、再び仕事に向かうための強い刺激、ということになる（電気でも使えばいいのだろうか？）*《26》。

ここに、フランクリンの唱えた強制移住の理論に内包される二重の意味《ダブル・ミーニング》が読み取れる。フランクリンの計画した移住モデルの中では、大陸の広がりが繁殖力のある入植者を住まいさせ、人々を他者のために働く重荷から免れさせるだろう。両親と子供は、卑流人士としてのあり方の一部、もしくは一群だという〝ある卑屈な文化〟を次第に曖昧化しながら、自分自身のために働くだろう。しかし一方、彼らの運命は、新たに見出した自由とともに最たる非人称の力へと委ねられた。適者生存である。辺境の過酷な環境が、懸命に働くか死滅するかのどちらかを入植者に強いた。要は、よりつましく、より繁殖力があり、より勤勉な者として成功していくか、さもなくば怠惰で無能な者として移動し続け、あるいは死ななければならないということで、道といえばそれだけなのである。

フランクリンが辺境の中流人士に価値を認めていたのであれば、その擁護者ぶりは「人類の増加に関する考察」の執筆前から、ということになる。ペンシルヴェニアのいわゆる「中流のままの人々」middling people は、彼の記述によると「小商人、小売店主、そして農夫」という面々だった。**「名流人士」を除外したいという意識もむろんのことなかったのだが、誰かが「名流」ならば他の誰かは当然のこと「**卑流人士**、言い換えれば暴徒か、さもなくば「下層民」になるという概念を、彼は受け入れなかったのである。

*———本段のくだりはイングランド人植物学者、ピーター・コリンソンに宛てた1753年の書簡より。フレンド派信徒でもあるコリンソンは友人、支援者としてフランクリンによる電気実験の関連書がロンドンの王認協会から刊行されるよう尽力もしている。

**———これはつまり、前掲の“名士時代”の肖像の挿話でも指摘された、『自伝』からうかがえるセルフ＝イメージであり、本人が打ち出したパブリック・イメージである。

1747年のパンフレット「ありのままの真実」Plain Truth の中、フランクリンは植民地で〝中流〟が決定的な役割を果たしていることを大々的に示した。その年に起きたフランスとスペインの非正規軍によるデラウェア侵攻を受けて、同胞フィラデルフィア人、特にクエーカー信徒向けに、志願者からなる民兵軍を組織しなければ自分たちも同じ運命を辿るだろうという警告をしたため、名流と中流の人々が自身の所有地と植民地を守るために協働する「**自由民**の軍」の結成を呼びかけたのである《27》。

民兵計画への支持を集めようとしたフランクリンは、異国による侵攻の危険性を階級闘争の見地から訴えた。彼は問いかける。文明人への攻撃を率先して行うことを懸念されるのは誰だろうか？　それはあの「不逞な私掠船」に乗り込む者、社会からのはみだし者であり、「ニグロ、ムラート*、そしてその他となる〝人類の内でも最もげすで最も放埓な輩〟」である。ここでフランクリンは、年季奉公人が自由民の軍隊に加わることは断固として許されない、と力説するのだが、植民地の防衛を唱導する以外にいったい何を目論んだのだろうか？　答えは簡単だ。階級間の線を引き直し、勤勉な中流の男たちに社会の階段をのぼらせ、中流を卑流から隔てるための線をいっそうくっきりと刻み込んでいたのである《28》。

ヒトの自然状態というものには、それほどの信を置かない。これがフランクリンの本音だろう。ペンシルヴェニアにやって来てしばらくの頃には、御し難い貧乏人を痛罵したこともあった。1731年の『ペンシルヴェニア・ガゼット』に、奴隷、泥酔者、野外市に群がる卑しい白人使用人といった「けしからぬ者どもの山」について寄稿しているのである。フィラデルフィア人の同胞に目を凝らすにつけ、稀にしか徳を表さず、かつ他者に影響されやすい特質を持つ人間性を冷笑とともに眺めることを受け入れざるを得なくなったフランクリンは、割かれた魚の腹からたくさんの小魚が出てきた様を見て以来、菜食主義をやめたのだ、と若い頃の顚末を『自伝』に記してもいるのだが、その物語とはすなわち階級に関するたとえ話で、大きな魚（つまり権力を握るエリート）は、いっそう弱い人々をむさぼり喰らうものだという教訓を彼に示していた。フランクリンは「山上の垂訓」**に

*――――ヨーロッパから来た白人とアフリカから来た黒人の混血。

**――――「心の貧しい人々は、幸いである」で始まる「マタイ福音書」5–7。およそ100年前にウィンスロップが語った「丘の上の町」の出典もこれとなる。

耳を傾けるイエスの弟子などではないばかりか、貧乏人がより〝上〟の人々に比べて欲深くないはずもなかろうと、あるいは当然のことつましくあるはずもなかろうと信じて疑わなかった。もし彼の世界に住む小魚が上にのぼることを許されたというのならば、それは正しく貪欲だったからということになる[29]。

たとえ独創の人であれフランクリンもまた時代の子で、際限のない〝社会移動〟については本能的な当惑を隠さなかった。大半の18世紀アメリカ人にとって、使用人がその卑しい出自から抜け出すことなど到底考えられることではなく、ある新聞なども、卑流人士が「奴隷根性の垢を洗い流せる」はずがないと強い論調で書き立てている。そこにあったのは、恐怖心である。上位者であるはずの自分のすぐ後ろに、卑流人士が肉薄しているかもしれないのだ[30]。

フランクリンは自身の経歴にもかかわらず、現代人が考えるような〝社会移動〟を是認したことなど一度もなかった。正確に言えば、大陸が諸階級を平坦に均《なら》すことを夢見はしたものの、その状況については貧者を間断なく動かし続けられるかどうかにかかっていたのであり、自ら提起した民兵計画もまた保守的な情動の発露だった。中流人士を成立させて公的な敬意と市民の義務感覚とを賦与すれば、幸福な平凡という確固とした満足が彼らにもたらされるだろうし、その満足感は社会の階段をいち早く、あるいはかなり無謀にものぼっていきたいといういっそうの野心を抱く者の欲望を、まさに減衰させることになるかもしれないと期待された。

階級格差の維持、それ自体に意義がある。これがフランクリンの理解だった。１７４１年には自身の発行による新聞『ペンシルヴェニア・ガゼット』に、階級ヒエラルキーのないことよりもあることのほうがなぜ人々に好まれるのかを明るみに出した記事を掲載している。ヒエラルキーというものは、自分より〝下〟に誰かがいることを大多数の者が感じてこそ維持が容易なのだという。「それが名流人士であればなおさら」だが、と書き手は問いかける。「**自身の下にいる**人々に**独断的**かつ**専制的**な規則をあまねく行使できると定められているにもかかわらず、誰かを**上**に置いて自ら**奴隷**に」なることを「いったい何人の者が」選ぶというのだろうか？ フランクリンによる功利主義の公理を適用すれば、下位の諸階級を牛耳る感覚の中に人々の欲する何かが、おそらくは快楽ですらある何かが存在するのであり、18世紀の精神を極端に配線し直しでもしなければこの満足の指標は改造されない。繰り返しになるが、フランクリンにとっての解は、人々をなるべく遠く離れたところにまで広げて住まいさせるという基礎的な手法と、そうしてできた密度の低い入植領域の中に見出されていた。そこであれば、かつて誰が上で誰が下だったかがいかにも不問に付されるだろう。だがしかし、階級の優位を犠牲にし、労働者を雇わず、あるいは奴隷も連れずに西へと向かうことが、富者に何か意義をもたらすように思われるだろうか？言い換えれば、新たな在所を探し出すのはただ貧者だけという確信のもとでフランクリンの理論が想定されているように思われるだろうか？《31》

自ら理屈づけた辺境があくまでも仮想の地であることは、フランクリンにも織り込み済みだった。とはいえそれも、彼の意に適っていたことにはなる。帝国における人口動態上の砦となる英領北アメリカの堅守を、政論として表明していたのだから。この地にはイギリス臣民である種の涵養者《ブリーダー》がおり、産業品の消費者が急成長しながら潜在しているのである。だが一方で、フランクリンによる〝人口動態の科学〟は、貧者に対して彼が感じていた深い蔑みを隠匿してもいた。自然状態の抗いようのない威力のほうが、公設私設の救貧院の強制よりも確かに外聞はいい。1780年も深まった頃、彼は孫に注意を促している。社会は人間を「2種類の人々」に分けている。「上等な家で快適に暮らす」者と、「貧しく、汚れて、ぼろぼろで、悪徳にまみれながら粗末な小屋や屋根裏で暮らして」いる上に、「もし職にあぶれてしまおうものならまずもって無一物になるか飢え死にしてしまう」者だ。上記に表れた歯に衣着せないフランクリンの評価は辛辣な反面、当時多くの者が抱いていた〝貧乏人は使い捨て〟という所感を想起させる。辺境の地であっても「粗末な小屋」には貧困と絶望が満ち満ちていたのである《32》。

フランクリンには、ホワイト・インディアンの知人もあったようだ。子供の頃インディアンにさらわれ、入植地に戻った後も元の生活になじめなかったイングランド人である。フランクリンが知り合いだと主張した元インディアン捕囚というその裕福な若者は、地所を放棄し、銃1挺とコートだけを携えて原野へと舞い戻っていったのだという。フランクリンはこのたとえ話を使って、ある種の者にとっては〝気苦労からの解放とものぐさぶり〟が常に誘惑になることを知らせようとしたのである。ただし、人口動態上の数字と平均値の法則を信頼していたために、ときたま異常値が生じたとしてもそれほど悩むことにはならなかったのだが[33]。

北米辺境の入植者が、イギリスにとっての最も都合のいい備蓄ばかりを構成するはずもないという事実に、フランクリンが気づかなかったわけではない。ペンシルヴェニアの奥地に分け入り住まいした者を、アメリカの「かす」refuse とすぐさま呼んだのも彼なのである。しかし同時に、自然状態の見えざる力が功を奏し、生き残りへの欲求が怠惰な者を淘汰し、よりよい種の涵養者が無用者に取って代わることを期待してもいた。それが、せめても彼の望みだったのである[34]。

✳

フランクリンの理論は、同時代イングランド人が一般的にめぐらせた思索を踏まえた上で打ち立てられており、このゆえそこに牽引力が生じた。革新を行う者という以上に他を魅了することに巧みな者、それが彼だった。時はアメリカ独立革命の到来期、トマス・ペインが聖像《アイコン》のプロパガンダを手がけてフランクリンの示唆する〝アメリカの種族《アメリカン・ブリード》〟の変奏を心ある読者に紹介しており、人口動態の広がりの果てに肥沃な土地が見出されるというフランクリンの理念も、そのようにして彼その人の声望となった。ペインもフランクリンも、同様に土地と資源という独自の状況から鍛えられる民の姿を思い描いており、アメリカの種族には本能的ではつらつとした前向きな心根が賦与されていた。

今なお革命の精神をいち早く掴み取っていたとされているペインのパンフレット『コモン・センス』* *Common Sense*（1776）は、自然権と独立に向かう経済的根拠とを説得力ある言葉で縦横に論じていた。アメリカで権利

＊———小松春雄訳、岩波文庫。この数十頁の綴じものの初版は本文表記年の1月。前年4月に独立戦争が始まっており、〈独立宣言〉採択は発行と同年の7月となる。

を授かった白人入居者ならではの気質は、ペインからすれば広大な大陸を覆う疑いようのない主権によって支えられており、同時に自然の法則による抗し難い影響力の証しとなっていた。自由貿易と商業帝国にもなり得るアメリカの潜在力とを大いに評価する彼は、不自然な種の涵養／血統づけ《ブリーディング》を指弾するレトリックを費やして君主制を否認しながら、王の手の届かないほど遠く隔たった大陸に萌《きざ》しつつあるその力を謳い上げ、植民地体制下で猖獗《しょうけつ》を極めている無用者やあぶれ者が独立によって一掃されるだろうという予測を展開した。

現代アメリカ人が革命のシンボルとしてペインを賛美すれば、まず奇異の目で見られてしまう。何しろ生粋のイングランド人である。どちらかと言えば亡命イングランド人のほうがまだふさわしい。『コモン・センス』が出版された1776年1月は、フィラデルフィアに渡って1年がたつかどうかという頃合いだろう。フランクリンからの紹介状を携え到着したペインは、『ペンシルヴェニア・マガジン』*Pennsylvania Magazine* で編集の職を得た。その紛れもないロンドンかぶれの構成とイングランド人による編集にもかかわらず、内容はアメリカ一辺倒という〝冒険的事業〟である。この皮肉な状況に付け加えるならば、イングランド時代のペインは司税官《エクサイズマン》として務めており、革命へと傾斜する数々の抗議の中に現れたおよそ公平を欠いた者どももまた収税吏《タックス・コレクター》だった。ともあれペインのパンフレットは本人の主張する実売15万部とまではいかなかったものの、ジョージ・ワシントンをうならせ、ニューイングランド、ニューヨーク、ボルティモア、そしてチャールストンの読み手の心をしっかりととらえた。支援者フランクリン同様、事実と数字、政治上の計算と有用な知識に魅せられ、それらと同時にイソップ寓話の引用さえも厭わなかった彼は、エリート知識人以外の読者にも把握しやすい簡潔で直接的な文体を採用しつつ、ありふれた言葉や明確なイギリスの商業用語で自身の綴じものを記

⑭———トマス・ペイン(1737–1809、ミリエール作、1876、英国立肖像画美術館所蔵)。

したのである[35]。

　ペインの著述からは、階級への言及の有無がすぐわかる。それまで土地と富の独占の問題に取り組もうとはしなかった彼も、フランス革命の進展をまのあたりにした後となる1797年には『農民の正義』*Agrarian Justice* を著し、*大地の所有に関する平等にして神授の権利を万人が持つと宣言するようになっているのである。一方『コモン・センス』では階級や貧困やその他の社会区分をまだ棚上げにしており、「貧富の差」**こそ認めているものの階級間紛争を悪化させるような「どぎつい、耳障りな言葉」はあえて避けている。また風通しのいい2段落では、当時の政治的懸案を超えた現象として階級差別と性差別をふたつながらに論じ、偶然とでも言えるものに由来する結果であり自然のもたらした違いなのだとしたが、単純にその通りだろう。ともあれ階級の不等は、独立革命を正当化する水準までにはまだ注目されていなかったのである[36]。

　階級を隠匿するペインの巧妙な手さばきは、彼なりに選んだ〝種族〟関連の術語の反映で、次のように論点が総括される。ヨーロッパ人の末裔であるアメリカ人は、帝国の征服によって生まれた国家の機械装置ではなく、自由貿易のため特別に育成される者、つまり形成されつつある新しい人種なのだ。イギリスの政治経済に対するペインの批評は、軍遠征への高額出資が招いた莫大な負債に焦点を絞っており、イングランド王家の浅慮な野望を論難するものだった。時代は変わり、今や王も女王も自らがなり自らが負う社会的債務、つまり国家元首という無用者と化していた[37]。

　ペインは、「下院を独占」する君主制を告発した。イングランドで台頭している商人階級の意思を体現すべき一機関、庶民院《ハウス・オヴ・コモン》（下院）の自然《あるがまま》の姿を損なっているではないか。一方、植民地アメリカは新たな対外戦の費用をまかなうそのためだけに、人手と財産を「奪い去られ」つつあった。だが、とペインは劇的に訴える。アメリカは独立によって「もう一度世界をつくり直す」ことになる。この新国家は、新しい世界秩序の兆しとなるだろう。負債と大規模な軍隊という恒久的な荷を下し、自由貿易と世界通商という理想の上に立つ、活気ある大陸の

*――― 1787年の米出国以来、ペインは拠点を仏英交互に置いた。『農民の正義』は仏市民権を得た数年後の作で、再びの渡米は1802年となる。

**―――ペイン『コモン・センス』、既訳より。以下、特記のないかぎり本項の引用「　」は同書より。

力を示すのだ《38》。

両ハクルートばりの自論の推進者であるペインは、帝国の真の意味を調整もしくは再調整していくためのいわゆる実験社会として、アメリカを想定した。彼の評言は過去の時評家と同様で、木材、タール、鉄、そして麻といったアメリカの天然資源を絶賛している。ヨーロッパの糧食を満たすにあたり、小麦その他の農産品がアメリカに主導的役割をもたらすだろう。ただしペインの議論からは、北米の主要な換金作物であるタバコが完全に欠落していた——ヴァージニアではなく穀物の一大産地ペンシルヴェニアを、モデルとして用いていたのである《39》。

最も重要なことに、とペインは力説する。独立は、アメリカとイギリス両国家の利になるはずだ。自由貿易（と彼がイメージしたもの）には分け隔てがなく、つまり境界という意識が一切なかった。出費の嵩む次の戦争に突入するより大陸との通商を保護し推進して欲しいと大英帝国政府に望んでいるのだから、イングランド商人は味方につくはずだ、とアメリカの読者にまで請け合ったほどである。だが、商人については正しく理解していた彼も、こと戦《いくさ》に関しては致命的な誤謬を犯していた《40》。

階級区分を措いて通商同盟に重きを置くようペインを導いたのは、ヒトの自然状態に関する自身の理論だった。通商は自然《あるがまま》、君主制は不自然《つくりもの》。これが彼の真言《マントラ》だった。多くの著作でペインは提言する。通商が相互の親愛の情から姿を現し、生き残りの衝動を共有させる一方、君主制はといえば〝俗悪な〟大衆から略奪し、かつ彼らを威圧することに意を注ぐ。つまるところ、王たちは自分以外の誰にも恩恵を施さないのだ。王権に依存することは強みではない、と彼は別の小考《エッセイ》で読者に語りかける。国王の権限と影響力が増すならば、イギリス国民にとってそれはむしろ害になるのであり、植民地の人々が王権に依存しなくなった暁に、国民は貿易のみから恩恵を受けるだろう。ペインは通商というものを、このように見なしていた。いわば階級格差を取り繕い、イギリスとアメリカ双方の商人の利益をひとつにまとめる魔法の香油である《41》。

階級間に緊張状態が見られることはペインも知っていたし、革命が憤懣を煽り立てることを理解してもいた。『コモン・センス』では主張の要点となる箇所に不吉な書きぶりを取り入れ、読者に警告を行っている。**独立を宣し、安定政権を樹立する機は熟した。**さもなくばたいへんなことになる、というわけだ。目下の状況において「大衆の心理は気まぐれだ」と彼は続ける。「だれの財産も安全ではない」のだ。したがって、これらの引用《ナラティヴ》として括った箇所を指導者階級がしっかり把握していなければ、広範な層に向けた政治的独立の訴えが社会を平らに均《なら》せという扇動的な要求に押しのけられてしまう。土地を持たない暴徒が、植民地の指導者たちの失策を舞台袖で待ち構えているのだ。ペインにとっての「常識《コモン・センス》」には、階級秩序における基礎構造の維持の他にも、暴徒の心理や果ては無政府状態にまでまっさかさまに落ちていく物事すべての予防という意図があった[42]。

　安定した階級システムが効果的な通商システムに不可欠である一方、何が要らないといって采配を振るう頭の鈍い王ほどの者はいない。「ひとりの人間を他の人間よりも非常に高い地位におく」という慣行は非常識かつ不自然で、「無知で不適当」な者ばかりかただやんごとなき家柄というだけの幼子《おさなご》までもが手順通りに王位にのぼるとは理性を欠いていることこの上なく、「王が老齢や病気のため弱り果てて」も法に照らせば権力の剝ぎ取りようもない。さてここでの自然《あるがまま》とは何と抑制が利かず、歪められ、曲解されていることか。イングランド王家をして絶対確実な才覚と称えるに足る「新しい種族」であり、「ある人間の一族」だとする概念をペインは嘲った。「世界の現存する王族」が誉《ほま》れある（言うまでもなく神聖な）出自を持つという主張をどうあれ歴史は正当としない。征服王ウィリアムなど「フランスの一庶子」で、「武装した盗賊ども」を率いた侵略者、「強奪者」、「ギャングの親分」ではないか。ペインは鼻白んだ[43]。

　イギリス君主を絶滅とは言わないまでも衰退した種族として非聖化していく過程で、ペインは他の啓蒙批評家の言説を繰り返し吟味した。思えば『コモン・センス』初版発行の１７７６年１月はアメリカの土を踏んでからわずか13カ月という頃合いで、当時はまだフィラデルフィアの外を旅したこともなく、この領についての見聞は主に新聞や書物頼み、イングランドと大陸の巷間を回遊するその〝知識庫〟から短信や切り抜きを自ら選《え》ったものだ。ペインは（戦争前夜ではあったが、まだ在英中の）フランクリンに、オリヴァー・ゴールドスミスの『地球と動物界の記録』＊ *History of Earth and Animated Nature*（1774）を1部頼んでいる。この著者とフランクリン、ペインは皆、当時人気の科学、博物学に入れ込んでいた。異なる民の種族や系統によって諸大陸を切り分けるのである〈44〉。

これを基礎にして、ペインは血統づけに関するふたつの強力な論点を追究していく。本国による君主制が、旧弊な思索と政治的迷信に由来しているという理解を強調したものがひとつ、そしてアメリカ人は〝他とは違う民〟で、家筋もまた迷信どころか科学に基づいているということを証明する目的のものがひとつである。当時広く注目を集め、ゴールドスミスの論文にも影響を及ぼしたリンネ（1707–1778）とビュフォン伯ジョルジュ＝ルイ・ルクレール（1707–1788）の理論は、生物界を主な大陸ごとの環境特性によって形成される種や系統に切り分けていた。科学史上、リンナエウスというラテン名でも知られるスウェーデン人植物学者カール・フォン・リンネは、動植物相をあまねく体系づけて人類に〝ホモ・サピエンス〟という造語をあてたが、それ以前には人類（ホモ／ヒト属）をさらに4種に分類していた＊＊。ヨーロッパ型は陽気で筋骨たくましく、明敏で創意に富む。アメリカ・インディアンは短気で頑固だが、それでいてこだわりがないようにも思われる。アジア人は憂鬱かつ貪欲であり、アフリカ人はずる賢く、さぼり屋で、しかもいいかげんとされた。この壮大な（そして自民族中心的《エスノセントリック》な）分類学は、アメリカ独立革命を正当化したいペインの目的に適った。イングランド系、ヨーロッパ系であるアメリカ人は、北米における権利を主張して「もう一度世界をつくり直す」ため、形成されつつある新しい人種――おそらくよりよい人種――になるべきなのだ〈45〉。

ペインの簡素な定式化によると、血統づけというものは自然に任せて状態化されるか迷信を通じて頽廃させられるかのどちらかだった。前者は人々の潜在力を最大限度まで解き放つ可能性を持つが、一方の後者はといえば人々が成長し自らを向上させる能力をただひたすら減衰させるばかりである。重ねて言えば、君主制を悪しき血

＊――『ゴールドスミス動物誌』全8巻、玉井東助編訳、原書房。

＊＊――リンネ『自然の体系』*Systema naturae* 初版（1735）では、ヒト属を白色ヨーロッパ人、赤色アメリカ人、暗色アジア人、黒色アフリカ人とし（ラテン語学名としては三名法）、同書第10版（1758）でラテン語属名と種小名からなる二名法分類を確立させ初めて学名“ホモ・サピエンス”が記載されている。

統づけそのものと見なしたのは、ペインだけというわけでもなかった。イギリス臣民は「農地の家畜」になぞらえられ、「使い古したところからまた別のところへと王家の道筋血筋に沿って」逆らいもせずに牽かれていく、と1774年に論じた、フランクリンのもうひとりの友人にしてユニテリアン派の聖職者で科学者のジョゼフ・プリーストリーを彼は踏襲したのである。* さらに言えば、同じ1774年にロンドン、フィラデルフィアの双方で発行された新聞の記事も、王崇拝など「笑止かつ不自然」であり、「常識」をないがしろにするものだと指摘している。その無名の書き手は、皮肉な言い回しで声高にこう述べたものだ。イングランドの「抜け作諸侯」は、王さながらの満艦飾のお仕着せさえまとっていれば、それが鵞鳥**であろうと崇め奉ることだろう。ペインも目を留めずにはいられなかったと思われるくだりを次に挙げておこう。諸王は「繁殖させられ、**種族の代々の連続**を国家へと供出させられている」〈46〉。

ともあれ、王の種族には崇められるべき聖性などどこにもなかった。啓蒙批評家が〝納屋脇の庭先で繰り広げられている習慣〟と腐した盲目的な忠誠はもはや抜き差しならず、ことによると知性ある文明人にも現実を把握できなくさせるかもしれない。自然の秩序は、すでに整合性を大きく欠いていた。筋道の立った理由など何ひとつないまま、イギリスの王たちがすべての他者の頭上に祭り上げられているのだから。アメリカ人は、過去の遺風から逃れ、王と女王という重荷を降ろした者として、よりよい未来に向かう真実の道へと乗り出すまたとない機会を得たのである。

ペインのパンフレットをこれ以上ないほど急進的にしていたのは、この反権威主義的な理念である。国王が「無知で不適当」だと見なされるなら、王認を受けた総督やクエーカーの領主、あるいは馬車を乗り回す〝名流人士《ベター・ソート》〟にしてもそうではないのか？　君主制がそれ自体で象徴するはずだった何かでなければ、権力が取る他の習慣的な形もまた疑問視されていいのだし、階級も同様に一見してただのごまかしに映ることだろう。ペインが富者と貧者の差別を控えめに扱うよう配慮した理由がこれだった。アメリカの読者に目を向けて欲しかっ

*———ユニテリアンは、御父、御子、御霊（聖霊）の三位一体を認めずに、神の唯一性を奉じるプロテスタント一派。なお、本段引用「　」の出典については原註を参照。

**——— goose（鵞鳥）には“とんま”というほどの意味もある。

たのは、遠くの王であって地元の高官ではなかったのである。階級秩序を搔き乱すことなく、彼らを王冠から訣別させたい。ペインはそう望んでいた。

奴隷制に目をつむったのも同様の理由である。ペインの考えるアメリカは〝未来を見据えるヨーロッパ人〟にとっての、またとない「避難所」だった。彼らの他には誰もそうなることを望んでいなかったのだが。ともあれ、アメリカはいっそう劣る人間のいわばゴミ捨て場だ、という従来の意見に彼は反論を加えた。〝むしろ、有能で勤勉な男女にとっての聖域《サンクチュアリ》なのである〟。この過剰に楽天的な叙述では階級が一掃され、不快で見るに堪えないものには無視が決め込まれていた。だが、独立革命が近づく頃になってもなお、年季奉公の奴隷状態や囚人による強制労働の事例は多数の証拠に残されている。奴隷制というものは暮らしに入り込んだ現実で、ペインの住まいにしてもフィラデルフィアの中心をなすフロント街とマーケット街の交差点、ロンドン・コーヒーハウス脇の奴隷競売所の向かいにあった。にもかかわらず、彼は『コモン・センス』のプロパガンダの中、イギリスの愚かな手先という悪評を流すだけのために「黒人」と「インディアン」に言及した。騒ぎを起こしてアメリカ白人を殺し、独立の大義を傷つけるようそそのかされた、というのである。イングランド軍は「インディアンや黒人をけしかけて、われわれを滅ぼそうとしている」。それは、文明化されたアメリカが「憎むべき」ロンドンの力によって野蛮な連中と戦うよう仕組まれている、というまさに〝彼我の対立図〟だった[47]。

ペインの意図は、大陸とちっぽけな島との実寸上の比較と、支配側からの距離的な隔たりに読者の視覚を向けさせながら、アメリカの〝偉大さ〟を喚起することにあった。とはいえ、「自然は決して、衛星を惑星よりも大きくつくらなかった」とニュートンのまなざしを誇張しつつ宣してはいるものの、企図の俗気は「一般的な自然の秩序に反している」としか言いようがない。しかし彼は語調を強くする。イングランドはヨーロッパに、アメリカは他でもない自分自身に属しているではないか。イングランド人よりアメリカ人に近い、というペインの分類法の叙述を引けば、カナダ人もまた自主独立を求めるように思われた。彼らもまた、同じ特色と大志を授かった南の前向きなきょうだいと同様に、北米大陸から〝生まれた〟裔《すえ》なのだから《48》。

萌芽期の国民を召喚するにあたって、ペインは本書の階級研究にも突き当たるもうひとつの要素に考察を加えている。彼は、独立が〝あぶれ者〟を排除するだろうと確信しきっていた。つまりフランクリン同様、貧困が減少した大陸の新秩序を予測していたのである。曰く、「現在の人口数は必需品の供給にうまくつり合っている」のだから「だれも怠けてはいられない」。陸軍を興し、貿易に従事させるだけの男たちは十分にいた。この十分は、自給自足とも言い換えられる。「くだらない国王の従臣どもにむやみに下げ渡され」れば、国土は不作であり続けるのだ（ペインはこのくだりで、往年のペンシルヴェニア領主に痛烈な言葉を浴びせている）。成長の余地のある幼年国家は、かつてロンドンにあったもののその後失われた男らしくはつらつとした商業の精神を示すことで、新たな高みに到達するだろう。独立革命は、帝国に依存する文化において育まれてきた、植民地間の取るに足りないいざこざを終わらせる。アメリカは、独立を通じてのみ商業の成長へと向かう自《あるがまま》然の潜在力を発揮できるはずだ《49》。

大英帝国は長きにわたって「われわれを独占してきた」とペインは語り、自ら選んだ故郷、アメリカという避難所に属していることを誇らかに謳った。ロンドンの政府と王冠は、北米大陸の土地と資源を利己的な意図のもと統制していた。だが今や植民地連合は新たな現実に目覚め、イギリスの独占は走り去った。完全な独立は何であれ、「借地期間が切れたのに不法占拠を続けている借地人を取り締まってもらうため法廷に訴え出て、その間土地を荒らされているのと同様」とは決してならない。土地は荒らされていた。だが、イギリス本国の借地期間は切れたのである《50》。

産み殖やすことや領土の拡張へとアメリカの種族が移行する中、無用者、あぶれ者、血統づけ、土地への執着といったペインの喚情的な言葉は、人々の心を昂《たかぶ》らせた。自著の読み手が印象操作に弱いことなど織り込み済みのペインは、到来中の独立革命をノアの方舟の話にたとえて述べる。「恐らく全ヨーロッパと同数の人類」が生まれ、「自由の分け前」が未来の世代に受け継がれることだろう。アメリカ人が大陸を満たし、輸出資源を収穫するかぎり人口は成長し、栄えるだろう。ペインが称える経済の英雄は、海外貿易商、商業農家、造船家、発明家、そして土地を所有し、かつ守るアメリカ人だった——要は、間違いなく土地なしの貧乏人ではなかったのである[51]。

「イギリスとアメリカとは、今では別個の国なのです」*。1776年にペインは謳い上げ、〝他とは違うアメリカの種族〟を戦争が終結する直前となる6年後もなお擁護していた。「われわれは以前とは別の目で見、別の耳で聞き、別の考え方をしている」[52]。

ペインの名誉のために言うと、確かに彼は世襲君主制という教義《ドグマ》にためらうことなく風穴を開けた。だがその一方で、王位を広く非難したことによって不公平の別形態を曖昧にしたし、大陸の人種や商業的な衝動に固執するあまり階級を表す言葉に〝ゆるすぎる衣装〟をまとわせもした。新たな世界秩序という彼の壮大なヴィジョンの中では、インディアンと奴隷が周辺に追いやられ、下劣な無用者に至っては『コモン・センス』に登場さえしない。ペインの散文の中には、原野の粗末な小屋に住む数えきれない囚人労働者、使用人、徒弟、勤労貧民《ワーキング・プア》、そしてその家族といった者の席が皆設けられていなかった。

ペインからすれば、新たな独立体制が第一級の国家としての運命へと前進するかどうかは、1776年当時のアメリカ人が抱える問題にはならず、重要なのはどうすれば早く前進するかだった。通商と大陸での領土拡大とを指向する強烈な力が怠惰を取り除き、不均衡を是正するはずだと固く信じていた彼はまた、イングランド系アメリカ人《アングロ＝アメリカン》の商人としての本能を洗練させて、大英帝国との平和的な国際通商同盟を維持する分には何の問題も感じなかった一方、イギリスかぶれのものの見方や聞き方がアメリカから消えてなくなることを願ってもいた。階級は、自らを手当てするだろう。ペインはそのように仮定していた。だが、いざ事態が進展してみると、それは大きな誤りだった。

*————ペイン「対話」、『コモン・センス』所収、小松春雄訳、岩波文庫より。また、本段末の引用「　」の出典はペイン『レナール神父宛ての書簡』*Letter Addressed to the Abbe Raynal*（1782）。なお、独立戦争の終結はパリ条約が調印された1783年。

第4章 トマス・ジェファーソンの「がらくた」：階級を産む奇妙な地誌学

Thomas Jefferson's Rubbish: A Curious Topography of Class

こうして、ふるいにかけた優等生が毎年20名ずつ選抜されることになるが、彼らには公共の費用で、グラマー・スクールで修められる限りのものは履修させることとする。（……）われわれが、馬や犬その他の家畜をふやすときに、より美しいものをと心がけることは大切なことであると考えられている。それならば、なぜ人間の場合に、そうであってはいけないのだろうか。

——トマス・ジェファーソン『ヴァージニア覚え書』[*] *Notes on the State of Virginia* (1787)

トマス・ペインやベンジャミン・フランクリン同様、トマス・ジェファーソンもまた大陸の立場から階級についての思索を行った。大統領としてのジェファーソン最大の功績は、1803年のルイジアナ買収によって当時の合衆国領土を倍加したことにある。その西部の新たな領界を彼は「自由の帝国」empire for liberty と呼び、そこでは自由市場経済や、あるいは〝社会移動〟の保証以外の何かが意識されていた。ルイジアナの領土は、とこの地に抱いたヴィジョンを彼が述べる。農業を奨励し、産業《マニュファクチュア》の成長と都市の貧困の機先を制するだろう——これこそが、彼による〝自由の定式〟だった。フランクリンの「幸福な平凡」とは違う（つまり、未入植地に果てしなく敷衍する諸階級をまたぐ圧縮のない）、大農小農による国家である。しかも、それはただの題目ではない。フランクリンとペインはペンシルヴェニアをモデルに用いたが、片やジェファーソンはアメリカの未来——そして階級システムの外枠——を、ヴァージニアの分光器《プリズム》越しに眺めていた〈1〉。

18世紀のヴァージニアは、農業とヒエラルキーの双方に重きが置かれる社会だった。1770年までにはヴァージニア白人の10%にも満たない者だけが植民地の半分以上の権利を主張し、その上位階層を形成する少数

＊———中屋健一訳、岩波文庫より（訳語を一部変更）。

の大規模農園主がそれぞれ100人単位で奴隷を所有するまでになった一方、半数以上の白人男性はといえば小作農や雇われ労働者として働くか、さもなくば奉公人の契約に縛られるかして、土地を一切持てずにいた。つまりジェファーソンの世界では、土地、奴隷、そしてタバコが依然として主な富の源泉であり続け、白人男性の大半が奴隷所有者になれていなかった。ジェファーソン氏が、〝丘の上の瀟洒な邸宅〟から眼下に広がる田園地帯に点在する一般農家を、悠然と眺められたゆえんがこれである。独立革命当時の彼は少なくとも187人の奴隷を所有しており、ヨークタウンの戦い*までにヴァージニアの6つの郡にまたがる延べ1万3700エーカー（約55平方キロ）に及ぶ地権を手にするようになっていた[2]。

階級に対するジェファーソンの見解を明確にする作業は、人を惑わせるような彼の散文によって複雑化する。その筆致は力強く、そして詩的でさえある一方で、レトリックによる撹乱にふけってもいるのである。書きものの中では「大地を耕す者」を最も価値ある市民として称え、彼らが「神に選ばれし民」であり、その並外れて有益な職業を通じて「共和国を生き生きとした状態に保つ」のだとしたものだが**、彼の唱える田園の徳性の鑑は実際のヴァージニア農民を映してはおらず、彼本人もまたそうした〝天職〟に恥じない生き方を必ずしもしていたわけではなかった。農場の効率化を図る取り組みにもかかわらず、黒字への転換に失敗し、嵩む一方の負債からも抜け出せなかったのである。1796年の手紙では、農場が「ひどい有様」で、われながら「あきれた農夫」だと悲しげにしたためている。それからも経営のほうは、万事下り坂の一途を辿っていった[3]。

今でこそジェファーソンを農本的民主政や自由農民階級に関連づけはするものの、彼のやり方は〝ジェントルマン農夫〟のそれだった。いかにも上流階級の一員らしく、所有地の作業のために他者を雇い、奴隷を使ったのである。1795年に初めて野良仕事をしたのも、科学としての農作業に興味が湧き、それに衝き動かされたからだった。読書で得た新技術を実験し、農場や庭園の緻密な記録を書物に書き込んだ彼は、農耕関連の最新の手引き書を――それこそモンティチェロ***の書庫に50冊も――所蔵するほどだったが、逆に好奇心を刺激しないも

*――1781年9月から10月まで行われたイギリス軍の最後の拠点をめぐる戦いで、植民地側の勝利によって独立戦争の終結が決定づけられた。

**――初めの引用「　」のみ、パドーヴァー編『ジェファソンの民主主義思想』、『アメリカ思想史叢書』Ⅷ所収、富田虎男訳、有信堂より（以下、訳語を一部変更。なお本書は、原註の出典指示とは別に、ジェファーソン発言の既訳として参照した）。以下ふたつの引用「　」はジェファーソン前掲書、既訳より。

***――ジェファーソンの邸宅と農場の所在地。

⑮――第3代大統領トマス・ジェファーソン（1743–1826、任期：1801–1809、ピール作、1800）。

のは無視できたようで、財政上の理由で栽培し続けたタバコというげすな雑草を実は嫌っていた、と1801年に告白してこう述べている。「わたしのタバコの葉が梱包されるところなど、ただの1枚たりとも目にしていない」。多少なりともアメリカ農業の近代化を願っていたジェファーソンは、農業技術の改良の概ねに魅力を感じており、1794年には撥土板の抵抗が少ない新型の鋤を実際に考案したほどだった[4]。

　皮肉にも、アメリカの農業を改革するというジェファーソンの取り組みは疑いなくイングランド式であり、アメリカ式とはまず言えなかった。目を通した書物や称賛した農耕の神髄が、主としてイングランド農家の伝統や当時のイギリス人改良家に由来していたのである。ヴァージニア各郡におけるよりよい羊毛産出のためのメリノ種羊の導入と相まって、タバコへの完全な依存をやめ、同時に小麦に力を注ごうという決断には、同輩改良家のジョージ・ワシントンが地元農民の「だらしない」習慣として非難した物事に対処しようという狙いがあった。肥料の使い方や輪作、そして収穫や耕作法においてヴァージニア人はイングランド人に遠く及ばず、大農園主や小農が皆揃って何エーカーもの土壌を痩せ地にしてしまうばかりか休耕地として放り出し、打ち捨てることさえごく当たり前だったのである。それにしても「われわれが思いのままに使い果たしうる」*というジェファーソンの言い回しの、何と慎重なことか[5]。

　アメリカ農業の潜在力を褒めちぎる諸々のレトリックの裏に、およそ開明とは言えない現実認識があることを、ジェファーソンは承知していた。貧相な運営下にある山ほどのプランテーションや、生き残りに苦闘する不器用な小農（や小作農）の姿は、どんなジェントルマン農夫であれ見る目さえあれば察せられようものである。しか

*――ジェファーソン前掲書、既訳より。

しヴァージニアのプランテーションでほとんどの畑仕事を担う奴隷に、「大地を耕す者」cultivators of the earthというお仕着せの外套をどう受け入れて羽織れというのだろう？　ジェファーソンの世界でも、彼らはただの〝農耕奴〟*としか映らなかったのだから。土地を持てずに借りる小作農、土地なし労働者、不法居住者《スクワッター》など商才はおろか耕す者本来の徳にも欠けているのだという。だが下層階級の農民は、彼の全《まった》き世界でまさに土地同様に改良されるはずだった。自由土地保有権と基礎教育を授けられれば、彼らもよりよい農耕術を取り入れ、好ましい習慣や特質を子供たちに伝えられるだろう。しかしこれから見ていくように、ジェファーソンの様々な改革の取り組みは、ヴァージニアの貧者引き上げにほぼ無関心な郷紳《ジェントリー》の支配する諸々に阻まれてしまう。そしていっそう笑劇めいたことに、彼の農業版〝社会移動〟にしても、自身の根深い階級的偏見によって本人がそうと気づかないまま早晩妥協に至るのだ〈6〉。

民主政治論者として史上に称えられるトマス・ジェファーソンだが、自身の出身階級からはまず逃れられず、特権を授かった育ちがその思考を彩ったのも当然と言えば当然だった。ともあれヴァージニア郷紳の傑出した人物でもなければ、〈独立宣言〉起草者として署名することも、大陸会議に人選されることもなかったはずである。古典教育を受けた強みを持ち、エリート校ウィリアム・アンド・メアリー・カレッジで法と文科諸般の研鑽を積んだ彼は、集めに集めた6487冊もの蔵書を抱え、ラテン語やギリシア語に通暁した上にイタリア語まで嗜み、古フランス語やある程度のスペイン語を読解した他にも厄介な古英語まで熟知していた。いずれにせよ、ヨーロッパの奢侈品に囲まれてフランス産のデザートワインを愛飲する隠れもない美食家のジェファーソンが、〝下流人士〟の不安な生活に特別な洞察を働かせ、あるいは小作人の農夫が経験する明日をも知れない状況に真心のこもった理解を示す様をいくらイメージしても、ヴァージニアの富者と貧者とを隔てる広く深い裂け目の説明にはなりようがない〈7〉。

人口動態——快楽を求め苦痛を避けるという人間の強い欲望——を第一義とする状態として階級を思索したの

*———原文 tiller は通常“耕作者”だが、ジェファーソン前掲書、既訳の一節「〔彼らは〕農耕（……）にとじこめられてきた」を参照した。

がフランクリンだとすれば、また別の哲学に同意したのがジェファーソンだった。数字や政治上の計算に惹かれたことに変わりはないが、ヒトの習性に暫定性、可塑性、順応性を見て取り、物理的・社会的環境の変遷に世代を超えて適応するものと考えたのである。自然の手によってある者に長所が授けられるなら、身の回りの環境や仲間の選択によってもそうなる。踏まえた上で、人をそれとわかる〝身分〟に仕分けるものが、土地と労働の不可分な関係なのだ。1813年の手紙に記しているように、「大地が自ずと発する精力は自然の賜物」だが、人はその大いなる恩恵を刈り取るにあたって「労働をやりくり」しなければならない。ジェファーソンの言う万物のより包括的な体系によれば、階級とは地誌学の所産であり、生産者と土の間に築かれた絆により形づくられるのだ。この生産者が——小作農でも奴隷でもなく——農場経営者《ハズバンドマン》と土地所有者を意味したことは言うまでもない〈8〉。

彼が愛した気晴らしであり、最も喜々として記した言葉が〝耕す者〟cultivatorだった。この語は、18世紀に多くの者が親しんだ博物学研究から派生した語法を下敷きに、農作業を通じて日々の糧を得る者という以上の意味を持たされた。〝耕す〟には〝更新する〟や〝肥やす〟という含意があり、その土壌から天然の滋養を抽《ぬ》き出すことはもちろん、精神の善き素養、優れた質《たち》、そして揺るぎない性《しょう》を引き出すことも暗示し、これが〝耕すこと〟cultivationとなれば、動物の種の涵養《ブリーディング》／血統づけと、健康で旺盛な（獣や人の）備蓄を導く地味の肥えた土という概念との恵まれた関わりを連想させる。土地に潜む産む力をほんの少しの合図で目覚めさせられるようになることは、倫理観の向上という恩恵を人にもたらし、それがジェファーソンによる、真の耕す者のどの胸の中にも「根源的で純粋な徳のための特別な寄託所」*が見つかる、という言葉の意味だった。学を身につけた農夫がカルシウムたっぷりの泥炭の堆積土を地所の養分補塡に使うのとそっくり同じように、耕すことによって土壌の再生が期待されるのである〈9〉。

そうなると、ジェファーソンの分類学における〝階級〟は、フランクリンが人を物同然にあっさりと評価する

*———ジェファーソン前掲書、既訳より。

ときに使った「種類《ソート》」という商用語にほとんど関わってこない。ジェファーソン一流の階級とはむしろ、養分に差のある土壌の重なりを擬態した人界の地層といったところだろうか。田園社会を理想化するこの愛書家のヴァージニア人にとって、階級とは〝約束中の地〟から自然に噴き出たもので、〝血と肉〟の顕現からなる農業地誌学なのである。

✺

独立革命に湧くヴァージニアは、調和、平等主義、あるいは連帯の地とはとても言えなかった。エリート愛国者とその下の人々との間ですでに暴発寸前となっていた緊張状態が、戦《いくさ》を迎える動きによって悪化したのである。万事がイギリス流のアメリカ人エリートは、戦場での働きも下層民に期待したもので、七年戦争のさなかにあってもそうしたヴァージニア人がたとえば強制徴募という恥ずべき実践を行って浮浪者を掻き集め、兵数の帳尻を合わせている。革命軍の総司令官ワシントンも、歩兵として貢献すべきは「下層民」だけと明言し、階級の品格がれっきとした本物であることを信じて疑わなかったジェファーソンはといえば、植民地議会下院の一員として農園主子息を特に集めたヴァージニア騎兵隊の結成案を提出した。こうした若者は「愚鈍であれ学を積んだ者であれ、歩兵の軍務にふさわしくない」のである〈10〉。

早くも1775年にはヴァージニア、ラウドン郡の土地なしの小作農たちが、ただ広がっただけの植民地にあふれる不平を声に出した。これでは「何も貧しい男を戦いに駆り立てない。守るものがないのだから」。富裕農園主子飼いの監視人が受けた免除に不満を覚え、少額の手当にも失望した多くの貧しい白人男性が新兵戦略に反発し、こうした抵抗運動は窮余の判断の採択へとつながった。終戦までの奉職を厭わない白人志願兵に、奴隷ひとりの報奨を認めよう。ヴァージニア下院議員による1780年の可決だが、社会の階段を手っ取り早く底上げしようという思惑がここにうかがえる。上流から下流への富と境遇の社会的禅譲である。とはいえこのおぞましい提案でさえ十分な誘惑にはならず、ほぼ誰も餌に食いつきはしなかった。2年後のヨークタウンの戦いで戦局が決したときも状況は変わりなく、ヴァージニアから応召したアメリカ側の戦闘員は、ほんのひと握りにすぎなかった《11》。

もっとも、貧しい白人農民をなだめる試みはこれだけではない。1776年に〈ヴァージニア憲法〉を新たに起草した折には、自由土地保有に基づく参政権が採用された。21歳以上で耕作地25エーカー（0・1平方キロ）の地権を持つ白人男性に投票の権限が与えられたのである。だが土地なしと貧乏人の救済には同志である独立革命推進者が難色を示し、所有地のない者に50エーカーの土地と投票権を与えて底辺層の地位を引き上げるというジェファーソンの提案は、憲法の決定稿から除外された《12》。

〈ヴァージニア憲法〉改訂委員の任も引き受けたジェファーソンは、邦内の階級権力を均衡させる狙いのもとでまた別の方策を試みた。少数の権威ある一門に膨大な土地を一手に収め続けさせてきたふたつの習慣法、長子および限嗣の両相続制の排除に成功したのである。最年長男子のみに土地が付与されるのではなく、その家の子供全員に均等分配されるように、というのがジェファーソンの意図だった。限嗣相続によって売却を制限されていた土地が、これで払い下げの私有地になり代わるだろう。改訂委員会はこの傍らで、貧しい男性に結婚をさせ子供ももうけさせようと自由民出身の各子息に報奨地75エーカーを与える、という提案も行った。ジェファーソンの世界の自由土地保有者には、土地に根づきあぶれた状態を脱出する動機づけとして子供が必要だったのである《13》。

しかし、改革は容易に運ばない。自由土地保有の王国ヴァージニアは、農民に徳を染み込ませようというジェファーソンの夢想の趣旨を履き違えていたのである。大半の小地主が不動産を大農園主に売り払い、地所を抵当に入れ、残った土地さえも奪われるに任せた。彼らは土地を天の思し召しではなく、単に何かの産品のように扱っていた。先人ジェイムズ・オグルソープの轍を、ジェファーソンもやはり誤謬の上で踏んでいたことになる。自由土地保有という（土地処分も付帯する）システムは、金満家の土地相場師に利をもたらしてしまうものなのだ。農業は成功する機会のかぎられた骨の折れる仕事で、ジェファーソンにしてみれば簡単に手に入る奴隷、奴隷監視人、役畜《えきちく》、鋤、手近な水車場、そして作物を市場に輸送する水路といった〝資源〟を欠いた家族にはなおさら難しく、簡単に負債を抱え、破産してしまう。土地だけでは、自給自足の保証にはならなかったのである[14]。

〈ヴァージニア憲法〉制定会議に籍を置く支配側エリートでも、貧者に50エーカー（0・2平方キロ）の土地を与えて自由土地保有者の市民とすることに気乗りしない者であれば、まず喜んで貧者を後背地に投棄することだろう。1776年、土地管理の部局が置かれて新しい政策が布かれた。ヴァージニア西部とケンタッキーにおける所有権未設定地に居つく者は、誰であれその土地の先買権を主張できるものとする。ヴァージニア人は、イギリスによる長年の貧者入植の実践さながら、異論を抑え、増税した上で、先の見えない西部という疑似餌を撒いたわけだが、この政策で階級構造が改まるはずもなく、結局は貧困家庭への逆風となった。即金で土地を買えずに、地主として独立するどころか小作に励む借地人に再び戻ってしまったのである[15]。

また、土地の件に併行して公教育の改革も進められ、「知識のあまねく普及」に向けた第79号法案で、ジェファーソンは水準の異なる教育案をしつらえた。すべての男子と女子のための初等学校と、より才のある男子のためのグラマー・スクールを公費でまかなおう。後者の対象として各郡の下層階級から20人の「優等生」を選抜してはどうか。* 長所を持つ者に報いて、教育が富裕家庭の単なる特権になっている中での〝社会移動〟の手段を案出したのである[16]。

ジェファーソンの計画をしたためた『ヴァージニア覚え書』は、いわば彼による彼の邦のための広範な博物誌で、改革の記述には剣呑な当てつけとも取れる言い回しが選ばれていた。この施策によって、幸運な特待生が「がらくたから掻き出される」** だろう。だがそれはほんのひと握りで、残る大半が無知と貧困にまみれるのである。「がらくた」rubbish は、無用者という永遠の〝今日的〟テーマを頭韻体の一節（raked from the rubbish）に載せた

*――本章題辞を参照。

**――本章題辞の既訳引用では「ふるいにかけた」だが、コンテクスト上、独自訳を採った。

彼なりの変奏で、スキャンダルを嗅ぎ回る《マックレイキング》ジャーナリストに対する「テディ」・ローズヴェルトの〝バニヤン級の当てこすり〟の先取りなどではなく、*むしろ不出来な作物の汚穢を掻き分ける《マックレイキング》という往年のエリザベス朝風の含みを帯びていた。ともあれ貧者への蔑みを示す「がらくた」という名指しは、かすの吹きだまりを逃れる余地のある者などまずもっていないという悲嘆を胸に抱かせるばかりで、その上法案は通過し損ねている。ヴァージニアの郷紳《ジェントリー》は出資する気をまったく起こさず、ぽつりと蒔かれて芽を伸ばしそうな穀粒を〝田舎の貧者〟の荒地から掬《すく》い上げようという気もまたさらさらなかった[17]。

だがこの教育改革法案が辛くも機会を逃した一方で、関連の懸案だった救貧院への出資は上首尾に運んだ。当該法案はイングランドの救貧法の場合同様、所在なくうろつきさまよい、あるいは妻子を省みずにいる「職にあぶれ自堕落な過ごし方で時間を浪費する」人々を審査するもので、そうした者どもが「浮浪者と認められ」、貧者の子供のための解決策のほうは教育ではなく徒弟としての雇用に求められた。ジェファーソンは1755年付けの既存法をわずかに修正し、貧者の識別章《バッジ》携帯を無用としたのだが、**徘徊者は依然罰せられ、その子供たちに親のあぶれ者ぶりの代償を払わせるやり方は、使用人の遺児が搾取された往年のジェイムズタウンを彷彿させる。識別章がなければ目をつけられずにいられたはずの彼らは、相変わらず諸悪と怠惰の強烈なシンボルとされていた[18]。

ジェファーソンの初期の改革はすべて、平等性や民主主義の促進に関わるというより極端を均す方向で行われた。農夫が泥炭土、つまり草炭《ピート》を用いるかのような彼の取り組みは、富と貧困の集塊や集中を極力解体しようとしていたのである。だがしかし、ヴァージニアの社会秩序は頭重《トップ＝ヘヴィー》持ちの状態で停滞しており、土地なし世帯の階級は、農園主階級のもとでますます身動きが取れなくなっていた。「がらくたから掻き出される」というジェファーソンの強烈な物言いは、あからさまな押しつけを伴う紛れのない道筋の中にあって彼の哲学をよくとらえている。〝掻き出すこと〟は〝鍬で耕すこと〟にもなぞらえられ、それはすなわち疲弊して石女《うまずめ》となった土壌の表層をめ

*———おそらくは「テディ」の尊大な態度を、アメリカの地勢を創成したとも言われる西部開拓時代の伝説の巨人ポール・バニヤンになぞらえている。

**———イングランドでは15世紀以来、物乞いの人別（にんべつ）用バッジが制度化されていた。

くり、下層から新たな命を掘り起こす過程なのである。この改善は、利益の拡大には緩慢な一方、未来の市民というういっそうたくましい穀粒へと期待をつなぐものだった。

✳

ジェファーソンが〝有力な〟階級調査を（地誌学の産物として）著した『ヴァージニア覚え書』は、その記述の大半がヴァージニア邦知事時代となる1780年から1781年のものだが、書物自体は数年後、彼が駐仏アメリカ公使として奉職するまで刊行されなかった。* フィラデルフィアのフランス公使館で書記官を務めていたバルベ＝マルボア侯フランソワの提起による一連の質問に自らのアイデアの書面化を促されてできたこの『覚え書』は、ヨーロッパの読者に対して自邦とまだ新しい自国とを併せて護持すると表明した一種の外交調停だった。『ヴァージニア覚え書』はまた〝ジェファーソンの編纂による事実と数字〟に基づく独自の経験的観察を満載した〝人種と階級の博物学〟を提供しつつ、ハクルートの系譜に連なる旅行譚という側面と、弁明の準備書面という側面とを併せ持っていた。誰もが喝采を惜しまないフランス人博物学者ビュフォン伯ジョルジュ＝ルイ・ルクレールが描いた、退化の蔓延によって呪われた後方地というひどくげんなりさせられるアメリカ大陸の肖像に抗する弁護をイメージしていたジェファーソンは、その著述でも唯一の書物となった『覚え書』を通じて醜聞を徐々に取り除き、その代わりにヴァージニアの自然《あるがまま》の美と博愛とを据え置いたのである。いわば『ニューイングランドのカナン』のジェファーソン版で、ここには商業的な富に融和することのない資源を約束する大陸があった。そしてやはり階級の持つ意義は深い。世界に名だたる希望の象徴、「大地を耕す者」であるアメリカの種族《アメリカン・ブリード》に自邦を授けるのは、恵まれた地誌学なのだから。

ビュフォンの研究には、数多くの理由で問題があった。たとえば1749年刊となる著書『博物誌』** *Histoire naturelle* 第1巻では、新世界があの巨大でやくざなディズマル湿地ひとつに集約されていた。アメリカ全体が、

*―――ジェファーソンの知事職は1779年から1781年、公使職はルイ16世の肝煎りによる“国情調査”に答えた『覚え書』の刊行と同年になる1785年から〈合衆国憲法〉制定の翌年となる1789年まで続いた。

**―――荒俣宏監、工作舎。原著は、36巻を刊行した著者の没後も後継者ラセペード伯によって続刊されるほどの評判を呼んだ。

あろうことかノースカロライナになっていたのである。湿気と熱気の相まった息苦しさが、種の成長や多様化を阻害する大水の澱《よど》みや「はびこる草木」、漂う瘴気を産み出していた。ビュフォンは時折かの潤色家ウィリアム・バードばりの口ぶりとなり、陽光の遮られたアメリカでは土と空気の「浄化」ができなくなるほどの「有毒ガスが吐き出される」といった不評を言い立てた。沼沢地のこの環境で殖える被造物は「湿生植物、爬虫類、虫、そしてぬかるみでのたうつ動物がせいぜい」で、家畜もヨーロッパ産の同類に比して卑小、肉も風味がよろしくない。この神に見離された地で栄えるべきは、カロライナの誉《ほま》れとなる食用豚だけだろう[19]。

一方、ネイティヴ・アメリカンについては、ビュフォンが思うに野蛮人《サヴィッジ》であるばかりではなかった。体質的に脆弱な種族で、自由意思と「精神の活性」がなく、「奮い立つような愛の感情や種の繁殖への強い欲望」を欠いた、母なる自然の忘れられた継子である彼らは、文明社会で人々を団結させる強い情緒的な絆を持たずに「愚かしいまどろみ」の内に日々を過ごす「冷たい無気力者」なのである。ビュフォンはインディアンを、半分爬虫類めいた沼地の怪物ととらえていた。湿地帯に潜み、獲物を狩り、孫子《まごこ》の行く末など意に介さず、次の一食や諍いだけに気を向ける者。彼は語る。産み殖やそうと猛る望みは命の「火花」、霊の火で、かの者らの気質からはこの性根《しょうこん》が抜け落ちている――精を奪う環境の只中で、万事が衰微したためだろう[20]。

ジェファーソンは、ビュフォンへの異議を込めながら沼地の怪物を画布《キャンヴァス》から拭い取り、〝環境配慮型《エコ＝フレンドリー》〟のまったく異なる絵で塗り直した。召喚したのは無限の多様性を擁する崇高な地、もうひとつのアメリカである。彼のブルーリッジ山脈の荘厳なこと、ミシシッピ川はといえばナイルの流れもかくやという描法で――そう、西洋文明の誕生の地である――鳥や魚があふれんばかりだった。ネイティヴ・アメリカンは、いかにも未開墾の邦にいるだろう、と認めながらもジェファーソンが述べるには、だがしかし、彼らは彼らで雄々しい情熱を授かり、高貴な精神を表している。アメリカは、動物や人間のみじめな備蓄に頭を悩ませてなどいない。それどころか当代随一となる科学的発見の一端を、この年若い大陸が告げるのだ。人に知られるかぎり最大級の種と位置づけられる毛むくじゃらのマンモスの屍骸が見つかったのだが、ジェファーソンによるとそれはまだ森の中を歩き回っているのだという。イングランドとヨーロッパからの入植者はそもそもが卓越しており、苦しんでなどいなかった。ワシントン、フランクリン、そしてフィラデルフィアの天文学者デイヴィッド・リッテンハウスの内部で涵養された妙なる霊の火花は自然の風景が奮い立たせ改新したもので、ジェファーソンの見立てでは、それ自体がこのことの手堅い証しとなっているのである〈21〉。

ジェファーソンは本来、ビュフォンの科学に賛同しており、人間の種や階級を洗練《cultivate》する決定要因とは物理的環境で、土地は人を再生もしくは退化させ得る、というこのフランス人の掲げた主前提をなおざりにはしなかった。ビュフォンの理論は間違いではない、ということである。ただし、観察が不十分だった。ジェファーソンがそれを論じたのは1785年で、遡ること3年前にモンティチェロを訪れていたシャトリュ侯宛ての手紙の中に曰く、ネイティヴ・アメリカンは脆弱ではない。長年にわたり彼らは筋肉を発達させ、自らを闘争向けの歩兵としていたのだから。むろんヨーロッパ系アメリカ人もまた適度なアメリカの環境へとひとしなみに対応し、畑仕事にいそしんだ幾世代もの祖先から受け継がれた持ち前の力を利用するのである。〝耕すこと〟は血筋だ、とジェファーソンは述べる。彼らはすでに土地を変容させ、それを手中に収めつつあるのだ〈22〉。

ジェファーソンによる地誌学の概念は、自然環境のさらに向こう側にあった。人類が織りなす地勢図――土地に適応し、その繁殖力を〝開拓／搾取〟し、そして社会制度を建設するという道筋――にも同じだけの関心を抱いたのである。農耕そのものが、野蛮状態《サヴィッジリー》や蛮族状態《バーバリズム》という振り出しから人間社会を向上させる重要な舞台なのだという。そしてアメリカを耕す者にはある程度の保護が必要だった。退化も確かにあり得るだろう。ジェファーソンは頷いたが、それはビュフォンとはまったく異なった判断に基づいていた。原野にかかずらいすぎたり、旧世界然とした営利から得られる贅沢に惑わされたりというアメリカ人を狙って、危険は待ち伏せをするものだ。まだ夢多き頃だった1785年に、彼はある期待を記している。アメリカは、中国のようになるだろう。* ヨーロッ

*――米清貿易は、独立戦争終結の翌年となる1784年、広州を指定港に開始されている。

パの通商や産業やその他のしがらみから完全に切り離され、「そうしてあらゆる戦争を回避したわが国の市民は皆、農場経営者《ハズバンドマン》になるだろう」。ジェファーソンが望んだのは、両極端のあわいにある中間地帯だった[23]。

　ジェファーソンは社会工学に敬意を払う者で、そうした作法が洗練され得るという信念を持っていた。ヴァージニアでの改革に基づいて北西部領*に関する計画を案出した彼は、土地の分割および統治の如何を整えるにあたり、ふたつの常任委員会の長として指導的な役割を果たした。たとえば〈1784年の公有地条例〉が布かれる際の報告書でも、独立革命によって得た新領土を完全な正方形に分割して各区画を基本単位となる農家に供与する、というグリッド（碁盤目）計画を提案しており、ついては当該地を〝将来の10邦（州）〟に区切ろうと名称まで用意している。少し挙げればシルヴェニア、チェロネサス、アセニシピア、メトロポタミア、ペリスピアなど。擬古典的なもの、農事を示唆するものと綺想を凝らした名が邦建設を念頭に選ばれているが、連合会議はそれほど西洋文明の再生と復活にかかりきりだったのである。北西部では世襲の称号を認めないとジェファーソンは力説し、1800年以降は奴隷制と不本意な隷属状態にも禁令が布かれた。オグルソープの足跡を辿る彼は、自由労働地帯のヴィジョンを抱いていたのである[24]。

　ジェファーソンは、何をしようとしていたのだろうか？　目的のひとつに、『覚え書』で政体の潰瘍とまで述べた産業《マニュファクチュア》の成長の機先を制することが挙げられる。グリッド・システムは庭の小区画の並びにも似ており、『アメリカ農夫の手紙』*Letters from an American Farmer*（1782）の著者で彼の仲間でもある博物学者、クレヴクール伯ミシェル＝ギヨーム＝ジャンことジョン・ヘクター・セント・ジョンにも通じる何かを感じさせるだろう。フランス生まれの移民として長年ニューヨーク、ハドソンヴァレーで過ごしたクレヴクールは熱烈なビュフォン信奉者であり、「隔絶した個別の階級」を創り出す「中間域」を称えながら「人間は植物のようなもの」**と信じていた。そこに階級の種《たね》を植えつけて洗練させられるだろう。典型的な耕す者の階級がクレヴクールのイメージ通りにこの中間地帯を満たせば、各々371エーカー（約1・5平方キロ）の農地を所有することになる。彼

*――1787年の〈北西部領地条例〉によってアメリカ中央政府（連合会議）の管轄下での統治が決定された五大湖以南、オハイオ川以北の地域。

**――クレヴクール『アメリカ農夫の手紙』、『アメリカ古典文庫』2所収、秋山健、後藤昭次訳、研究社より。

らは小作農でもスクワッターでもなく、増してやイングランド産の商品を輸入する海外貿易商でもない。クレヴクールの完璧な農民とは田畑を教室に変え、息子を鋤に乗せ、土を耕す鋤のリズムを肌で伝える人々なのである《25》。

ジェファーソンもまた、アメリカ人が未来の世代となる自身の末裔につながる根を深く張って土地と結びつくことを望んでいた。理想の農業がそこに芽吹くだろう。土への愛は継承者への愛と少しも変わりなく、郷土愛《アモル・パトリアエ》が辛抱強く説かれるだろう。ジェファーソンは自由奔放な社会や急激な富の蓄積を奨励しているのでも、解き放たれた〝社会移動〟を特徴とする階級システムを擁護しているのでもなかった。彼の考える農場経営者は、親から子へと伝えられ、生まれついての権利となる新しい類いの身分の出となるだろう。出世を狙う野心的な階級の者では断じてないのである《26》。

ジェファーソンの理想とする農民は単なる田舎者でもなかった。たとえ小規模であれ、市場で産物を売りもするのである。むろんそこにはエリートの郷紳《ジェントリー》階級やジェントルマン農夫の占める場も同様にある。最新の農耕術を用い、土壌を改良し、より裕福になった農民は、自分よりも未熟な他の農民の相談に耳を傾けてやれるだろう。教育と、追いつき追い越せの競争とは、徳性をじっくり身につけさせるには不可欠なのである。アメリカの農民にはある種の徒弟制が必要で、それは巧みに計画された良質な環境の中に身を植えられてこそ可能になる。その目的に適うのが、中流の大望を洗練し、有害な影響力を無難に除去する自由労働地帯になった北西部領なのだ。貴族の称号という過去の遺物は消え去り、奴隷制は廃止され、商売に走る衝動は鎮められるだろう。

そしてジェファーソンの最も意欲的な改革案に数えられる概要が、1789年に発表される。彼が思案したのは、ドイツからの移民受け入れだった。上質な労働者として知られる彼らを、奴隷区のすぐ向かいにある50エーカー（約0・2平方キロ）の小区画に置けば、当の奴隷にも「他の人々同様、先々のことや物の道理を考える癖が身につく」だろう。と同時に、ドイツからの人員補充はヴァージニアの貧しい白人農民の改良にも最適だと熟慮される。思うに身の周りのいっそう有能なドイツ人農民と交流すれば、イングランド系ヴァージニア人《アングロ＝ヴァージニア》も学ぶところがあるのではないだろうか《27》。

自身を取り巻く階級システムに対して、ジェファーソンが常に率直でいたわけでもないことは言うまでもなく、延々そこにある喜ばしくもない現実に直面するよりは、「穏やかで永遠に変わらない至福の国」アメリカを打ち出すほうが性に合っていた。もっとも、合衆国を〝比類のない機会にあふれた土地〟と述べるごく極端な声明は、たいてい批評への反応として世に出ているのだが。ともあれ彼は『ヴァージニア覚え書』でしたように、公共の見張り役、新進の年若い祖国への世評に対する有識の弁護人を自任していた。

アメリカ独立革命の余波の中、ジェファーソンには擁護すべき多くのものがあった。終戦を告げる鐘が打ち鳴らされると、戦後の不景気が広範囲にわたる苦しみをつくり出す。国の得た重い負債によって立法府が踏みきった空前の増税は、戦前比で3倍から4倍という高額に達するときもあり、こうして集めたドル立ての税金の大半にしても、結局のところ戦費をまかなうために発行されていた州政府証券を買った相場師の手に流れた。一方では多くの兵士が、報奨としての土地とその所有証書を額面のほんの一部で手放すまでに追いつめられていた。富は上向きに、つまり貧農や兵士の穴だらけのポケットから戦時相場師や債権者といった新興成金――「資本家」という新階級――の膨れた財布に、ひたすら移動するばかりだった《28》。

1783年、大陸軍の将校たちがニューヨーク、ニューバーグで造反も辞さない構えで脅しをかけた。連合会議が恩給の満額を支払わないのなら軍を割る、というのである。将校たちは同年内に友愛結社「シンシナティ協会」を組織し、世襲の貴顕の基盤を布くとして非難の的にもなっていた。同協会は結成早々、退役将校の子息に世襲特権を授け、厳選されたクラブの会員となった識別章《バッジ》としてメダルを与えていた。北西部領における称号禁止というジェファーソンの提言は、社会の断片的な虚勢に対しての明らかな批判で、徘徊者の着けた識別章をかつてヴァージニアで廃止した理由もこれだった《29》。

似非貴顕をためらうことなく攻撃したジェファーソンも、階級の変乱が下層から起こったと耳にしたときにはどこ吹く風という態度で、イギリス紙がアメリカの暴動や反乱を書き立てて世に広めても、些末なことだと取り合わなかった。1784年に発表した返答では、「大陸の隅から隅を」見回しても物乞いなどひとりもいないと言い放っている。貧困と階級間の不和はひとえにあり得ない。これは、浮浪者の検挙を定めたヴァージニアの法案が通過する、わずか1年前の寄稿である[30]。

1786年、シェイズの反乱がマサチューセッツ中西部で勃発した際、ジェファーソンは大方とは異なる意見を抱いた。中流階級や貧農に降りかかる増税と積み上がっていく負債が、かねてから階級戦争を煽っていた。正確な記述かどうかはともかく、暴動の「総司令官」と称されるのが、200エーカー（約0・8平方キロ）以上の土地を所有していたものの戦後の不況でその半分を失う羽目になった大陸軍の退役大尉ダニエル・シェイズで、支持者たちとともに農場や家屋の競売を行う裁判所を封鎖し、スプリングフィールドの武器庫を制圧するべく臨時の反乱軍を組織したのである。遠く南に隔たったヴァージニアでも同様の抗議行動があった。ジェファーソンはフランスから書いた手紙の中で反乱の存在は否認しなかったものの、それは自然に繰り返すもので治癒のような現象でさえあるとしている。奇異なこじつけで、そうした政治的な騒擾《そうじょう》が13年ごとに起こらなくもないと推測しているのだ。曰く、ひとつの「小さな叛乱」は「自然界における嵐」に似ている。その束の間の衝撃もやがて収束し、社会の核をなす原則が蘇るだろう[*][31]。

だがジェファーソンの言葉通りにはいかない。反乱というものは人類の作用から切り離せば〝再生の過程〟となるのであり、階級に潜む〝怒りの排除〟が最も肝心だ、というヴィジョンを彼は抱いていたのだが。アビゲイル・アダムズ[**]は自分なりの考えでシェイズの支持者《シェイサイツ》にほぼ共感を覚えておらず、「騒乱と擾乱」は「大量のがらくた」を産んだ、という他にも散見される意見をジェファーソン宛ての手紙でそっけなく述べている。シェイズ大尉は無学な指導者、「豚小屋」住まいのみじめな男で、仲間の暴徒など「畜生」にすぎない、と新聞は書き立て、

＊―――引用「　」はパドーヴァー編『ジェファソンの民主主義思想』、既訳より。

＊＊―――第2代大統領ジョン（1735–1826、任期：1797–1801）の夫人で第6代大統領ジョン・クインシー（1767–1841、任期：1825–1829）の母（1744–1818）。マサチューセッツ有数の政治一家であるクインシー家の血を引き、その“達筆”でも知られる彼女は、政権時にこじれたままだった夫とジェファーソンの仲を取りもっている。

批評家もまた「ゴミ臭いぼろ着の奴ら」、身のほど知らずの卑しい浮浪者、と彼らを腐した。博物学者ジェファーソン流に言えば、瓦礫の山に紛れていた者が掘り出され、人間の地に撒き散らされた、とでもなったところだろう《32》。

同年、ジェファーソンはあの『体系的百科全書』* *Encyclopedie méthodique* の出版に際し、「合衆国」の項にくだくだしい論評を寄せ、「シンシナティ協会」の沿革を総括した後、それがもたらした〝異変〟に絡めて奇妙な説明を加えている。「アメリカで（……）人と人との間には、これまでどんな差別も認められたことがない」。そう断言して彼は続ける。これがごく個人的なやり取りともなると「もっとも貧しい労働者が、もっとも富裕な百万長者と平等な立場にたち」、富者と貧者の権利が法廷で争われた場合は貧者が引き立てられる。「靴屋、その他の職人」のどちらであれ、公職に選ばれれば「尊敬と服従を直ちに」意のままに集めるものだ。そして最後に仰々しくこう宣言する。アメリカ人は、「出生、家紋による差別」を「月や天体に存在している様式ぐらい」にしかとらえていないのである**《33》。

ジェファーソンとしては、アメリカが無階級社会であることをヨーロッパの人々に喧伝したのだが、そのようなものはヴァージニアはおろか他のどこにも存在しなかった。彼の母邦では、貧しい労働者や靴職人が公職に選ばれることなど、いまだかつてあり得なかったのだから。下層階級の一員が、読み書きも満足にできないどころか初歩的な教育さえ受けていないと知った上で、彼はペンを執ったのである。ヴァージニア法廷にしても、細心の注意を払って富裕農園主の利益に奉仕していた。さて、奴隷制が「人と人との間の差別」ではないとでもいうのだろうか？　その上、ジェファーソンの唱えた投票権獲得のための自由土地保有もまた、地主と、そして貧しい商人や職人との間に、後者の階級の投票権を否定する「唾棄すべき差別」を産んでいたのである《34》。

「シンシナティ協会」はアメリカ人にとって超俗すぎ、地球外生物でもなければ真価を認められない、という彼の何としても色づけたがる露骨な歪曲ぶりは不可解だ。多くのアメリカ人エリートが貴顕という罠を好むこと

＊――啓蒙時代を象徴するディドロ、ダランベール編『百科全書』（1751–1772）の衣鉢を継ぎ、規模などで同書を凌いだ“百科事典”（1782–1832）。

＊＊――本段引用「　」はパドーヴァー編『ジェファソンの民主主義思想』、既訳より。

に気づき損ねているのだから。

ジョージ・ワシントン政権下、連邦主義者党《フェデラリスト》がつくり上げた「共和国の宮廷」では、儀式を重んじ、これ見よがしの典雅な作法をもって正装の〝接見会〟が毎週開かれていた――大統領へのお目見得が叶うのは国家のエリートに名を連ねて招待を受けた者だけである。夫人のマーサ・ワシントンが自身の洗練されたサロンを構え、大統領の周囲にはまさに王室の盛儀の様相を模したかのようなお追従者の集団が群がった。一方、フィラデルフィアのさる名門一家もまたヨーロッパの名族との王朝さながらの縁組を整え、ボルティモアの富裕商の令嬢エリザベス・パターソンはといえば1803年にナポレオン・ボナパルトの弟ジェロームと結婚、国際的な名流婦人《セレブリティ》となった。時の大統領職にあったジェファーソンは、ナポレオンに伝えるよう駐仏公使に一筆したためている。貴殿の賢弟は、「合衆国随一の」社会的地位を持つ家族と姻戚関係を結びました[35]。

⑯――初代大統領ワシントン(1732–1799、任期：1789–1797)の邸宅で開かれた“接見会”の光景(ハンティントン作、1861、ブルックリン美術館所蔵)。

1789年、ワシントン政権の副大統領ジョン・アダムズが、大統領にはより威厳のある、たとえば「陛下《マジェスティ》」のような敬称が入り用ではないか、とアメリカ上院に提案した。執政に関わる差別化を、荘厳さや仰々しさで飾り立てることも必要だ。彼はそう呑み込んでいたのである。アダムズはフランクリンと違い、「差別への情熱」が飢えと怖れにも増して人類を駆り立てる最も強い力になると感じていた。アメリカ人は、先を争って前進するばかりか、見下す誰かを欲している。「いかにも誰かが、人類という種の最後尾にして最低の者にならなければならない」。言葉を結んだアダムズは、誰であれ賛同する者はいないかと辺りを見回し、そして皮肉な顔つきで頷いた。ジェファーソンとその息のかかった共和主義者たちは、敬称や身分を軽蔑しているのだろうが、権威そのものの対面を汚すつもりは毛ほどもないようだ。つまり、従属者に位置づけられる妻、子、使用人、そして奴隷は、何事もなく手つかずのままに措かれるということである《36》。

ジェファーソンは、彼一流の政治演出術に自信を持っていた。各々の大統領就任式典に意匠を凝らした馬車を乗りつけたワシントンやアダムズと違って、就任演説の後は自ら騎乗して公邸に戻ったし、〝接見会〟などなしで済ませて年季の入った胴衣にスリッパという出で立ちのまま迎賓館で外交官や客人を歓待する彼は、気さくな装いでつとに知られていた――むろん駐仏時ではなく帰朝後の話だが《37》。

その田舎者じみた共和主義者の気取りのない態度はヴァージニアでの営為そのままで、モンティチェロのような大邸宅で暮らす郷紳《ジェントリー》であればこそ選挙期間中に小農の群衆と交わるときにはくだけた服装に身を包むものなのである。そんな彼がとりわけ軽蔑した連邦主義者が、そのだらしのない身なりで評判のヴァージニア人、首席判事のジョン・マーシャルで、ふたりの人物は政治的立場こそこれ以上ないほど違っていても〝服の趣味〟は同じだということになる。彼らヴァージニア人エリートは新興成金をひどく嫌い、富や土地や家柄や声望などこれ見よがしにするものではないと確信していた。ジェファーソンが「外見をわざわざ質素」にしてそのような役回りを演じていると見て取る向きもあったが、そうした風潮にあっても階級の外面を取り繕わないからといって当然期待される敬意を損なうことにはならず、くだけた服装がかえって社会差別を容易く覆い隠した。他を教え導く何かを持った国家元首ぶりを装う保守的な手管は、ジェファーソンの哲学のまさに要だった。なるほど、確かに彼は公邸の芝生に羊を放させている。そうして一介のジェントルマン農夫がこの国の最高執務を担っている、と万民に知らしめたのである《38》。

✺

作為的な差別や称号をジェファーソンは嫌っていたのかもしれないが、その彼もごく悠揚迫らない態度をもって

「自然の《あるがまま》」格差はあるものと言いきった。自らの指針を自然状態に置き、動物の品種という秩序に照らして人間の格づけをしない理由はないと感じていたのである。冷静な確信のもと「われわれが、馬や犬その他の家畜をふやすときに、より美しいものをと心がけることは大切なことであると考えられている」と『覚え書』に記した彼は、重ねて「それならば、なぜ人間の場合に、そうであってはいけないのだろうか」と言を強めている*〈39〉。
手入れの行き届いた種の涵養《ブリーディング》／血統づけはまた、奴隷制に折り合いをつけるひとつの方策にもなった。諸法をためつすがめつしながらジェファーソンはこう思案している。黒人奴隷を、どうにかして白くできないものだろうか。8分の7の「白人」の血がその奴隷に流れていれば、男女の別なく昔日のアフリカの「汚点」が霧散するように思われるのだが。1813年、彼はマサチューセッツの若い法律家にこの定式の仕組みを説明した。「博物学上の理解によると、同一種の動物の交配も4代目になればそもそもの血に寄せられていた賢明な思惑に応える結果が得られる」はずということで、かつて自身がメリノ種羊の原種の血統づけに用いた定式と同じこの謂いには、ウィリアム・バードの語ったヨーロッパ人との雑婚によるネイティヴ・アメリカンの均衡化という先例もあるのだが、つまるところビュフォンの言う「原」種に遡る血統づけに黒人を白人へと再構成する含みを持たせたのである〈40〉。
ジェファーソンの友人ウィリアム・ショート**は〝ビュフォンの概念〟を至極真摯にとらえた。1798年のジェファーソン宛ての手紙で合衆国黒人の肌がどれほど明るくなったかを記し、これは白人との混血のためとある程度言えるものの と頷きながら、風土が同じくらい関わっているようだとも語る彼は、可能性という台本《シナリオ》をめぐる体《てい》でビュフォンによる再生概念の支持に傾いていく。「万が一にでも黒人一家をスウェーデンに移植したとして（……）十分な世代を重ねれば風土の影響だけで色は消えていくものではないだろうか？」〈41〉
要するに理屈はひとつだけではない。ジェファーソンも4分の1黒人《クワドルーン》のサリー・ヘミングズとの間に幾人かの子供をもうけながら、自身の膝元で人種の交わりを実践していたのである。***この関係で何が衝撃的かと言えば、

*———引用「　」は本章題辞を参照。

**———ジェファーソンの私設秘書から後任の駐仏公使に転じた人物（1759–1849）。

***———このくだりで原著者は言いきっているものの、ジェファーソンが子供たちを実子と認めた確証はいまだになく、DNA鑑定などの調査や議論が続いている。

ヘミングズの血統ということになるだろう。彼女の母エリザベスは2分の1が白人、片や父ジョン・ウェイルズはイングランド出身でジェファーソンの岳父だった。サリーとの間にできたジェファーソンの子供たちは、まず解放の対象となり白人で通用《パス》すると画策された〝交配の4代目〟となる。子供たちの内ビヴァリーとハリエットのふたりはモンティチェロから逃亡して自由白人となって暮らし、マディソンとエストンはジェファーソンの意向で解放された後オハイオへと移り、エストンの裔《すえ》も白人と雑婚した《42》。

自身のプランテーションで少しのためらいもなく〝動産としての〟奴隷種の涵養にあたったジェファーソンは、子供奴隷を「増加」などの冷たい言葉で勘定し、男より女に奴隷としての価値があるものと見なしていた。男は所詮、即消費される食糧を育てるだけだが、女のほうは備蓄として売れる子を産み殖やすのである。彼は臆面もなく語る。「女の働きは種畜《ブリーダー》／種の涵養者役ということで問題がない。2年ごとに子を産めば、最高の働き手の男が稼ぐ以上の利をもたらすのだから」。女は、「われわれの利と務めとを全《まった》きひとつにした神の御心」に適う、種族《ブリード》の要なのである《43》。

種の涵養を行おうという欲求は、ジェファーソンの農業共和国でひとしなみに意義深い役割を果たした。人々が彼に寄せた信頼は、新種の指導者階級が合衆国に出現しなければならないという彼の信念の賜物で、1813年にジョン・アダムズと交わした一連の手紙の中でも、彼はこの持論を展開している。まず「貴種」wellbornという概念をよすがとする人類の長い歴史に触れて、ざっくばらんな議論を始めたのはアダムズで、要点の傍証に古代ギリシアの詩人哲学者テオグニスを引用した。「私たちは牡羊やロバや馬を探し求めるが、／探し求めるのは純血種だ。そして人が望むのは、［その種が］将来もよい血統から／出ることだ。ところが、卑しい父親から生まれた卑しい娘との結婚を何とも思わないのだね、／家柄のよい男であっても、相手方から莫大な金がもらえさえすれば」。* 男は、健康な子孫を産む欲求を措いて金のために結婚するものだ。これが彼の主張だった。

アダムズは、男であれば虚栄心と野心に衝き動かされる、という彼一流の理屈に立ち戻った。男100人を

*――「テオグニス」、『エレゲイア詩集』所収、西村賀子訳、京都大学学術出版会より。

ひと部屋に入れてみたまえ、と思いつくまま続けて曰く、25人がその場を抑えようとすぐに上位者としての才覚と悪知恵を発揮するだろう。ここで働く欲求は、どの類いの男でもそれぞれの階級へと分かれるよう当たり前に仕向けるのだ。そして自信あり気に彼は語る。合衆国は、こうした差別への情熱による拘束に巻き込まれずにいられるようにはまだなっていないではないか。「貴種」という語は、18世紀までに土地持ちの貴顕と同義になっていた。アダムズはジェファーソンに、縁戚関係や資産を通して結びつき合うマサチューセッツやヴァージニアの権威ある一門を想起させた上で、われわれもまた善き結婚という欲求の所産ではないかと私見を述べた。ジェファーソンは母方の家筋であるヴァージニア植民時代からの名門ランドルフ家につながっており、アビゲイル・アダムズにしてもクインシー家の血統に名を連ねていたのである《44》。

だがジェファーソンは納得しない。彼によるテオグニスの解釈はまた違っており、詩人は倫理的な主張を行っているのだと信じていた。つまり、「品種改良」を要する家畜はより賢明な種の涵養を受けるべきで、片や富と野心のために「年増の醜い性悪女」と結婚するような人間性は糾弾されなければならないのである。ジェファーソンの見立てによると、ヒトというものは（ビュフォンの言うように）性欲という決定的な衝動に導かれて生きる動物で、「発情」を通じて愛と混じり合う肉欲が本能として刻み込まれ、種の繁殖を自然に遂行するようにできている。発情によって雌の動物にさかりがつけば、それが性の目覚めを迎えた証しで、『覚え書』には「愛も、詩人に独特の衝動を与えるもの」*と記されている。性欲はこのような道筋で、ジェファーソンが呼ぶところの「種の涵養者の幸運な合流」を産み出した。種の涵養の真の原動力《エンジン》は欲求で、平均値の法則によれば無意識の肉欲が制御不能の強欲をも出し抜くだろう。彼はそう言いたかったのである《45》。

ジェファーソンの〝種の涵養モデル〟は才覚のある「偶然の貴顕」を生じさせ、階級区分は自然選択を通じて象《かたど》られることになった。男性は、金銭以上の理由で女性と結ばれるだろう。意識するしないにかかわらず他の好ましい特質を持つ連れ合いを選び、後はすべて確率の問題となる。まったくの肉欲で結婚する者、資産目当

*――ジェファーソン前掲書、既訳より。

ての者もいるが、「善良で賢明な者」は美や健康や徳や才に惹かれて縁を結ぶはずだ。政治的指導者を選ぶ中で、生まれながらの貴人と似非貴人とを見分ける生来の知性を十分に持っているアメリカ人であれば、配偶者選びにも理性に則った勘が働く。「種の涵養者の幸運な合流」は、指導者階級――出世を狙う野心家と純粋な才子を選《え》り分ける者の階級――を産むだろう《46》。

ジェファーソンが決して答えなかった問いがここにある。才覚のあるエリートの仲間入りができない者はどうなるのだろうか？ 社会の底辺で生を営む「種の涵養者の合流」など、どうすれば思い描けるのだろうか？ それを見事にやってのけ、選ばれた少数が浚《さら》い上げられたとしても、がらくたはさらにがらくたを産み殖やす。幸運な種の涵養者が社会の階段を自然にのぼる一方で、不幸な者、退化した者は卑流人士《ミーナー・ソート》の泥沼にはまったままなのである。

階級に関するありとあらゆる熟考を行っていく中で、ジェファーソンは「独立自営農《ヨーマン》」という語を使わずに「耕す者《カルティヴェイター》」や「農場経営者《ハズバンドマン》」を好んだ。ウィリアム・ワート宛ての1815年の手紙に用例がひとつ見受けられる。メリーランドで酒場を営む家庭の出で、ジェファーソンの薫陶を受けてその庇護のもと著名な代理士に成り上がったワートは、才覚ある生まれながらの貴顕であり、パトロンとしてのジェファーソンの支援によって恩恵を受けた人物に数えられる。*　1815年、ワートが植民の偉人パトリック・ヘンリーの伝記に最後の仕上げを施そうというそのとき、18世紀ヴァージニアの社会図の描写を照会したところ、ジェファーソンは力のこもった地誌学的な暗喩を召喚しつつ、植民地には澱《よど》んだ階級システムがすでにあって、その社会秩序は考古学的に発掘された地球の断面にも似ている、と論を展開した。階級は「地層」に分かれ、それは「閑静な秩序を乱すものが何もないかのように上層から下層まで徐々に」変化を見せているのだという。

ジェファーソンは、上層に想定される社会的優位者を「貴族、どちらでもない者《ハーフ・ブリード》、詐称者」に分類していた。その下には「上位者に不信の目を注ぎながら自らを頼む独立自営農階級《ヨーマンリー》がいるが、彼らはあえてのし上がろうと

*――――ジェファーソンの引退後、司法長官（任期：1817–1829）を務めるまでになっている。

はしない」。そして、底層の周縁に挙げられているのが、「奴隷監視人という最低で、最も見下げ果てた、堕落した、節操のない人種」である。奴隷監視人は、南部のプランテーション労働に引き込まれた奴隷の維持を仕事として課されていた。実直な独立自営農階級と「沈み澱んだ」奴隷監視人を相対させることで〝人類の不作〟への往年のイングランド風の辛辣な中傷の呪文を唱えているのだが、それでもまだ十分ではなかったと見え、後者の肖像を「主人の面前で恭しく帽子をとる」悪事の仲介人として描いている。あの者どもは望ましい徳性のかけらもない悪徳まみれの男たちで、「支配気分」にふけるためとあれば卑屈なそぶりもする。ジェファーソンは、産業化のさなかにあってあくせく働く者の属性とした諸悪を、ヴァージニアの奴隷監視人階級の取り分にもしたわけで、いわば作業台で回る糸巻き棒が奴隷を操る鞭に置き換わった格好である《47》。

こうした奇妙な手さばきの中、ジェファーソンによって実際の所有者ではなく監視人の犠牲者に仕立て上げられた奴隷は、3層からなる社会的格づけの規格外に置かれた〝見えない〟労働者となった。一方の独立自営農階級は、家筋こそ変わらず〝不鮮明〟ではあれ、ジェファーソン好みの耕す者からなる高貴な階級の旗手ということになるだろう。もっとも、ジェファーソンの見知った小農は高貴でもなければとりたてて独立しているわけでもなかったのだが。そして、彼の描く上流階級はというと〝稀少種の陳列棚〟であり、上位の座を占めるのは大規模農園主（純血種の貴族）なのだが、その子らは格の違う結婚をして「どちらでもない者」の階級を産み出すかもしれず、一方の詐称者はといえばまずもって実際に歓迎されるはずのない指導者一門の身分をあえて主張する部外者を指していた。ヴァージニアの階級に関するジェファーソンの簡潔な博物学は、2年前のジョン・アダムズとの意見交換で見せた姿勢に反してエリートと成り上がり者が「貴種」と結婚することを明らかに示している。ヴァージニアの上流階級は、やはり縁戚関係と血統とを押し戴く中での金と名と身分のための結婚の所産なのである。

つまるところ、ジェファーソンもこうした旧いヴァージニアの消滅を望んではいたものの、現実のほうがよりいっそう複雑だった。〝無用者〟の家筋は続く。そして奴隷監視人のそれもまた同様に。〝貴族の子供〟であるどちらでもない者の階級と、ジェファーソンが「似非貴族」と揶揄した新興階級が台頭し、かつてヴァージニアを支配した人々に取って代わっていった。格差のある諸階級になぞらえた地質層の構成はすでに変化しているのだろうが、上層の最も恵み深い土壌とその下にある肥沃とは言えない層とを識別する手順の実効性は一向に変わらなかった。

アメリカにあって〝階級〟は常設の据えつけ品となった。独立自営農が上位者に不信の目を注ぐ一方で、西部を目指す貧農が新種の貴族に出会う。抜け目のない土地相場師、そして綿花と砂糖を扱う大農園主である。ジェファーソン以上に皮肉屋のアダムズもまた、1813年の手紙で大陸が「土地仲買人」と新興階級の領家によって支配されるだろう、と注意を促した。そして耕す者という栄えある称号は、奥地の入植者の大半にとって手の届かないままになる《48》。

第5章 アンドルー・ジャクソンの「クラッカーの国」：普通人《コモン・マン》としてのスクワッター

Andrew Jackson's Cracker Country: The Squatter as Common Man

ずらかる：立ち去ること、または姿をくらますこと。
――「クラッカー語辞典」、『セイレム・ガゼット』 "Cracker Dictionary," *Salem Gazatte* (1830)

アメリカ人の実に5分の1が、1800年までにアパラチア山脈とミシシッピ川に挟まれた領土である「フロンティア」への再入植を果たしていた。* この大群をなしての移住は、連邦政府が渾身の力を込めたところで効果的な調整などとても施しきれるものではなく、それでも国土の未来がこの広漠とした領の管理にかかっていることを当局は理解していた。むろん財政上のこともある。政府による土地の売り出しは、国が抱えた戦債の償却に不可欠だったのである。ただし、そこが空き地だったとはとても言えず、何の権利もないところへと白人移住者が入植するにつれ、ネイティヴ・アメリカンとの熾烈な紛争の可能性が終始取り沙汰されるようになった。ともあれ偉大な国家となり得るかどうかは、何よりも更新する領土へと分け入る入植者の〃格〃次第で、果たして西部がかすどもの行き着くゴミ捨て場になるのか、さもなくば合衆国が自然の恩恵から利を得てより公正な大陸の帝国へと成長するのか、それはまさに誰も予想がつかなかった[1]。

すべての意図と目的を照らしてみれば、西部の領土は〃アメリカの植民地〃ということになる。1777年以来恒例となった7月4日の祝杯の光景とは裏腹に、イングランドばりの植民地化が息を吹き返してこの方、多

*――1790年に実施された初の国勢調査における建国13州の総人口は約400万人。西漸する開拓の“最前線”であるfrontierは、1平方マイル（約2.6平方キロ）あたりの入植者人口が2人以下の地域を指し、広義ではその周辺の低人口域も含まれる。なお、植民の進展に伴う統計上のフロンティアの“消滅”は1890年となる。

くの不安が呑み残されていくわけだが、こうした愛国的レトリックはさておき、国家の独立が平凡な市民を純粋に気高くしたのかというと、それはまったくもって曖昧になる。革命の影響で、大半のアメリカ人にとって経済的繁栄はかけ値なしに縁遠くなり、アパラチア山脈越しの西を目指した、増える一方の土地なしの不法居住者《スクワッター》人口を形成する地所に紐づけられない人々の群れが、複雑な感情のはけ口にされた。旧本国で蔑まれ貧困に陥れられた人々の階級、つまり徘徊者の一群が合衆国でも再現され、心情的に移住性の貧民がその最たる者とされたのである。独立革命のさなかに召集された大陸会議もまた、〈連合規約〉*（つまり〈合衆国憲法〉採択前の、初となる連邦憲法）の号令下、公民としての特権を与えられた人々と、国家コミュニティの外側に身を置く「困窮者、浮浪者、逃亡犯」との間に明確な線引きを行っていた〈2〉。

フロンティアにおける貧乏白人《プア・ホワイト》居住者の典型的なイメージは、観察者が衝撃を覚えるほどみじめだったにせよ、初めて目にするようなものでもなかった。それはウィリアム・バードの〝ものぐさなのらくら者〟の改訂版で、つまるところ田園地帯をあてどなくさまようイングランドの徘徊者そのものだった。新規のことが何かあるとすれば、気安い雰囲気をまとっているというある観察者の見立てがそれにあたるだろうか。ぼろぼろの身なりや粗雑な態度物腰はともかく、革命後の僻地住まいの人々にはもてなしの心と気前のよさがあった、という時折見受けられる記述からしても、疲れ果てた旅行家をつましい小屋に迎え入れる者がいたのだろう。ところが、森が伐採されて入植者による町や農場が姿を現すと、そのたいそう好ましい気質は滅多に見られなくなってしまう。根をおろし、土地を購い、野蛮な暮らしぶりを洗練された社会に添わせるか――さもなくばそのままで行くのか――文明化が幅を利かせるにつれ、僻地の人々も答えを迫られるようになったのである。

19世紀を生きた〝アメリカの種族《アメリカン・ブリード》〟の記録者は、フランクリン、ペイン、そしてジェファーソンによる〝雄大な大陸に適応して利益をあげるアメリカ人〟というヴィジョンとはまた違ったフロンティアの人物像を思い描いていた。この社会時評家の新世代がとりわけ関心を寄せたのは、北西部領（オハイオ、インディアナ、イリノイ、

*―――建国13州によって1777年に採択された。“アメリカ合衆国”はこのとき正式名称になる。

ミシガン、ウィスコンシン）の鬱蒼とした森、ミシシッピ河岸の沼沢地、南部奥地（ヴァージニア西部、両カロライナ、ジョージア、新たに連邦加盟したケンタッキーにテネシー、そしてアラバマの北部）の山がちな地域と砂がちな痩せ地、そして遅れて加わるフロリダ、アーカンソー、ミズーリの各準州に住まいする、一風変わった階級の人々である。早期アメリカを舞台とする自身の代表作に「革脚絆《レザーストッキング》」という通り名で知られる怖れ知らずの森林の覇者ナッティ・バンポーを登場させたジェイムズ・フェニモア・クーパー（1789–1851）などは、野趣あふれる主人公の数奇な運命を描くことで啓蒙思想による〝観念的な作地図法〟を退け、代わりに著者本人の志向する地域性を押し出していた。神話的な人格を、アメリカ人自らが創り始めたのであり、一般読者にしてもグリッド計画や人口動態の数値より旅行家のものする見聞録のほうにいっそうそそられていた。西へと目を向けたアメリカ人の多くが東海岸沿いの都市やプランテーションに背を向けながら遠方へと移動するにつれ、入植にはまだ余裕のある荒地を〝発見〟していったわけで、ジェファーソンが思いを馳せた、自ら耕す畑地に立つ不屈の独立自営農《ヨーマン》の居場所に彼らが見たものとは、つまるところ丸太小屋に住むぼろ着姿のスクワッターとなった自分自身だった《3》。

スクワッターの立つフロンティアに仮定される「新しい人物像」は、アメリカ人の最善にして最悪の品格の具現だった。アメリカの原野で暮らす「アダム」は半ば心優しい田舎者、残る半ばが匕首《あいくち》を忍ばせた追い剥ぎ、という二重人格者で、僻地住まいの者としての最も好ましい役どころで言えば素朴な哲学者、自主独立の人、声望と富とを遠ざける強く勇敢な男になるのだろうが、ひとたびそれが裏返ると無慈悲な喧嘩屋にして相手の目玉をえぐりさえする者、すなわち〝白い野蛮人《ホワイト・サヴィッジ》〟にもなった。こうした質《たち》の悪い男は、やかましく吠え立てる犬どもを足下にまといつかせながらやつれた細君と雑婚の果てにできた茶色と黄色の悪童とを従え、遺憾極まりないその有様を完璧にでもしようというのか、薄汚れた丸太小屋で畜生同然の生活を送っていた。

早期の共和主義国アメリカはこうして「クラッカー」*の国になり、田舎住まいの多数派が文明化の周縁のさら

＊――後述するように〝劣等白人〟を指す侮蔑語で、序の初出部に付した訳註の通り、語源には諸説がある。

に外へと散れば散るほど都市生活は少数派の要求だけを満たすことになった。かつてイギリスが〈1763年宣言〉*によって試みた西部移住への禁令にしても、独立革命を経てその堰《せき》としての効力を失ったとあれば、よりいっそう貧しさを増した移住者の氾濫ももう黙って眺める他にない。ともあれ――どちらの言葉も〝土地なしの移住者〟を手っ取り早く言い表すようになった――クラッカーやスクワッターは、「真の」農夫、つまりジェファーソンが理想とした商業志向を抱く耕やす者の一寸先の姿であるように思われる。グリッドの外で暮らし、滅多なことで学校にも通わなければ教会にも参列せず、貧困の強烈なシンボルであり続けたのだから。いずれにせよアメリカの田舎の下層階級に身を置くこととは、土地を持たざる者の仲間入りをすることだった。彼らは未入植の領へと姿を消し、どこのどんなところであろうと断りもなく居座った《スクワッテド・ダウン》（つまり、地権を所有することなくその広がりを占拠したのである）。土地に引っかけたアナロジーが入り用なら、彼らはジェファーソンが独創的に発想した土壌の等級に分類されることなく、雑木からごっそり落ちた葉のひと群れ並みに撒き散らされたのであり、はしたなく言えば地べたに巣食ういやらしい虫けらだったのである〈4〉。

スクワッターの窮状は、その本質の静性と存在の不定性によってあぶり出される。〝社会移動〟という担保を一切持たずに、ただ動き続ける自由だけを国土から授かっていた彼らやクラッカーの身になれば、「自由ってのは失うものが何もないってことになるのさ」**というクリス・クリストファーソンの名曲の歌詞がいかにも似合いに響いてくる。

「スクワッター」squatter、「クラッカー」cracker はともにアメリカの固有表現《アメリカニズム》だが、言葉としては職にあぶれた徘徊者へのイングランド流のあしらいを引き継ぎ、改訂を施したものである。1815年のある辞書で「スクワッター」を引くと、未所有地の不当占拠者を指すニューイングランド人の「隠語」とあり、マサチューセッツの連邦主義者《フェデラリスト》党員ナサニエル・ゴーラムからジェイムズ・マディソン***に宛てた、自州の憲法批准に関する1788年の手紙が早期の用例として引かれている。新たな〈合衆国憲法〉に反対する者どもを、西部諸郡に

*――七年戦争の終結に伴って、インディアンとの関係を鑑みたジョージ3世により、アパラチア以西での商行為、土地購入などが禁止された。

**――「ミー・アンド・ボビー・マギー」Me and Bobby Mcgee (1971) より。作者本人以外では、ジャニス・ジョプリンの歌唱によっても知られている。

***――第4代大統領（1751–1836、任期：1809–1817）。

おけるシェイズの反乱の元支持者、一言《いちげん》を持つ他者にそそのかされかねない優柔不断な者、メイン領の選挙人の3組に集約しながら挙げているのだが、この最後の群《グループ》が実は「スクワッター」で、「他人の土地に住み」、「釈明の要求に戦々恐々としている」のだという。マサチューセッツの奥地となる木々に覆われたメインはまだ州として自立しておらず、つまるところゴーラムはその西隣にあたるニューヨーク州の未入植地で最大の権力を振るう相場師の仲間入りをしようとあれこれ画策していたのである。また「スクワッター」の姿は、1790年のペンシルヴェニアのとある新聞からもうかがえる。綴りこそsquatler《スクワットラー》だが、それはサスケハナ河岸の州西境の土地に入居した男たちのことで、地権の所持を装って「河岸の低地に陣取り」、その主張を大胆にも侵害する者どもに追撃を仕掛けたのである《5》。

闖入者にして侵害者、官憲などものともしないスクワッターやクラッカーは、自身の所有しない土地で穀物を育て、森林を伐採し、狩りや漁にいそしんだ。法と社会という文明の威力の及ばない場所ににわかづくりのあばら屋を建てたが、そこは往々にしてネイティヴ・アメリカンの隣近所である。マサチューセッツとメインのとあるスクワッターなどは、地権が自分にある（言い換えればあがりは自分のもの）とまで感じていた。森を開き、囲いをつくり、家や納屋を建て、土を耕し、つまり諸々を改良するのはわれわれではないか。実際のところこうした申し立てを定期的に行ったところで一家は追われ、家屋は焼き払われてしまうのだが、彼らの場合は立ち退きを拒み、武器を取り、報復を行った。1807年、ペンシルヴェニアのひとりの男が退去を迫る保安官を撃ち殺し、1800年の裁判で殺人未遂の罪に問われたメイン人ダニエル・ヒルドレスに至っては、土地名義人を自ら襲ったのだという《6》。

ある語彙がスラングとして迎え入れられるのは、状況的に描写対象の存在がよく浸透してからのことで、言うまでもなくスクワッターの出現もまた言葉そのものより先んじていた。1740年代には早くもペンシルヴェニア植民地当局が、富裕地主の持ちものである西部の土地へと入植した不法な住民に対して警告を与えて立ち退かせるための厳しい布告を発したが、その侵入に歯止めをかけることにほぼ成功しないまま20年がたつと、法廷によって〝権利侵害もいっそう目に余るならば極刑に値するもの〟と見なされるようになった。だが絞首刑という牽制をもってしても、サスケハナ川を渡り、オハイオ川を下り、南は遠くノースカロライナやジョージアにまで至る移住者の流れはとても堰き止められるものではなかった[7]。

〝人として抑えの利かない〟この階級の印象を、初めて公文書に残したのはイギリス軍将校で、1750年代には早々と彼らをこう呼ばわっている。あの者どもは「天然の浮きかす《スカム》」で「害虫」だ。盗みと自儘《じまま》の他に身を立てるすべを持たないではないか。ところが軍は非難の一方で利用もした。オハイオ、アレゲニー、モノンガヒラの各河川の分岐点にあるピット砦（のちのピッツバーグ）のような陣営の周辺に集まった雑多な入植者の群れ群れが、大西洋沿岸に整えられた開拓者の居留地と内陸のネイティヴ部族とのあわいのいわば緩衝帯の役割を果たしたのである。男たちと、兵士に売女とあしらわれるその情婦たちからなる罪人すれすれの階級は、ときに隊商を、またときに一家を装いながら野営隊の〝従者〟として行軍の後をつけ回った[8]。

植民地の指揮官は、ペンシルヴェニアに駐屯したスイス出身のヘンリー・ボウケイ大佐さながら、彼ら全員を使い捨ての厄介者として扱う一方、思い出したように雇い入れてはいわゆる野蛮人を襲わせ殺させた。植民地の余計者には、国外戦要員としてイングランドで駆り集められた徘徊者と同様、社会的価値などどこにもなかった。ボウケイの著した1759年の論述によると、植民地のフロンティアを改良する望みはひと重に平素の〝刈り込み〟の如何にかかっているとある。彼にとっての戦争とは害虫駆除とがらくた一掃のために諾《うべな》うべき善だったわけで、記して曰く、あの者どもは「野蛮人も同然」で、「子供とくれば信仰［や］政府の何たるかもわきまえずに森の中で畜生並みに育っている」。人には「その種族の改良」など工夫のしようがない[9]。

「スクワッター」や「スクワット」という言葉が伝えるのはある定まった悪評へと向かう意識で、押し込めることや平らかにすること、果ては打ち落とすことを示唆した。召喚されるイメージは、ばら撒き、外に振り落とし、土地の縁から人をあふれさせる、といったところだろうか。繰り返し口にのぼせる内に、往年の〝人類の不作〟への俗悪な中傷「しゃがみ込んだ《スクワッティング》軟便野郎」も喚起される。* 18世紀も深まった、あのビュフォンが影響力を振るった時代に、しゃがむことはそのような姿勢を取って地べたで政治集会を開くと報告されたコイサン族のような劣った人々に一貫して結びつけられていたし、七年戦争当時のイギリス軍にしても、ネイティヴ・アメリカンとの戦闘で身を低め姿を隠す兵法——敵と蔑む者が講じる奇襲作戦の、本質的な擬態——を採用していた。ともあれしゃがむこと《スクワッティング》——座り込むこと《シッティング・ダウン》——の明白な語義を見過ごしてはならない。これは「立つこと」のまったくの対義語であり、同時に明らかな領の地「権」を守るイギリスの法原則を伝える名詞なのだから。「権利」right とはまっすぐ「立つこと」に由来し、ある者の法的「立」場とは文明社会の中の存在を意味したのである[10]。

一方の「クラッカー」は、イギリス当局による1760年代の公文書に初めて現れ、そこにはほぼ同一の特質を有する人々の描写が見受けられる。とある植民地のイギリス人将校が、ダートマス卿宛ての手紙に記して曰く、「クラッカー」と呼ばれる者どもは「ひどい自慢屋」で、「ヴァージニア、メリーランド、両カロライナ、そしてジョージアと根城にするフロンティアを頻繁に変える無法のならず者集団」である。彼らは、奥地の「賊」、「悪漢」、「馬泥棒」として、また「職にあぶれた落ちこぼれ」、「往々にしてインディアン以上に悪質な浮浪者の一団」として退けられた。革命期になると、クラッカーが仕出かす犯罪の手口は無慈悲なインディアン戦士さながらとなった。カロライナ奥地でのある目撃証言によると、「乱暴者」のクラッカーがチェロキーを相手に組み合いを演じて地面に這いつくばらせ、目玉をえぐり出し、生きたまま頭皮を剝ぎ、銃尾で頭蓋を打ち砕いたのだという。抹殺こそが、彼らの正義の作法だったのである[11]。

ノースカロライナまで辿れた彼らのいわば〝家筋〟の前身は、ヴァージニアの不適合者や背教者になるようだ。1760年代の6年間をカロライナの原野の旅に費やした英国国教会の牧師チャールズ・ウッドメイソンが、ものぐさで、不逞で、酔いどれの淫蕩者となるかの地の男女を、これまで見たイギリス人入植者の中でも他

*————第1章、原註《26》の段落にも、「手狭な駐屯地内の公共の場で排便する男ども」という1607年成立当時のジェイムズタウンの惨状の描写が挙げられている。

に並ぶ者のないほどの心貧しき悪例と審断しているのである。曰く、「ヴァージニアのクラッカーども」に出会ったのだが、「糞便」を云々するその様は十二分にばかげていた。女は体の線を強調するように胸回りや腰回りのきつい服をまとうと評判の生粋の「あばずれ」で、男ともども神に仕える者の退屈な説教を聞くより呑めや騒げやの乱痴気に帰依する不信心者とあれば、クラッカーどもは揃いも揃って北の同類スクワッター並みのさぼり屋、不道徳者ということになる[12]。

「クラッカー」の由来は、「スクワッター」に劣らず奇妙なものだ。1760年代には〝ほらと俗悪な話をまくしたてる大言壮語の「お喋り商人《クラッキング》」〟という記述が見られ、〝冗談を飛ばす《クラック》〟や、〝ぞんざいなイングランド男が放屁した《クラックト・ウィンド》〟という言い回しまである。爆竹《ファイアクラッカー》はパンッ、パチッ、ポンッとはじけながら異臭を残して騒々しく消えていき、シラミだらけのだらしなく不快な者は〝ろくでもない奴《ラウス・クラッカー》〟となる[13]。

人口に膾炙するこの言葉の、見逃せない関連語はまだある。気の触れた者を表し、イングランドのスラングではばか、つまり「あぶれた頭」を意味する「脳をぶち壊された《クラック・ブレインド》」という形容詞節がそれで、心と体の違いはあっても共通するのはあぶれた状態である。また、16世紀の農耕論にあって広く読まれたトマス・タッサーの著作も、適切な一節を提起する。「善き干し草づくりふたりは、クラッカー20人分に相当する」。意味なくわめいて時間を空費する無用者の顕現が彼らということだ[14]。

アメリカ版のクラッカーは攻撃的で、その「残忍性に潜む歓び」は喧嘩好きどころかもはや危険人物の域にあった。このフロンティアの「無法なならず者」は劣等な獣さながらの痩せて貧相な体つきをして、僻地の商人などは荒くれた鹿の群れによくなぞらえられた(「ならず者」rascal もまた「クズ」trash の同義語である)。クラッカーは悪意に満ちた怒りっぽい腐食動物である一方、ウィリアム・バードの魯鈍なのらくら者と同様のばかを演じることもできた[15]。

〈独立宣言〉の署名者のひとりベンジャミン・ラッシュ博士が、1798年にこう記している。ペンシルヴェニアのスクワッターは、とりわけ労働を前にすると「激烈な」ひきつけを起こし、「長い休息によって効能が持続する」インディアンの「作法という強いチンキ剤」を服用する。南の双子州のきょうだいも、おそらく同一の〝本能に根ざした周期律〟によって暮らしを営むが、さらに南へ行けば行くほど土地なしの奴めらが長周期の怠惰をいっそうむさぼるだろう。ラッシュの言うことに、自州ペンシルヴェニアは南へ向かうスクワッターを濾過する「ふるい」なのである。頑なな土に鋤を入れようと意を決したより心ある貧者がペンシルヴェニアにこそげ残り、とすれば真のさぼり屋のほうはヴァージニア、ノースカロライナ、ジョージアへとこぼれ落ちていく。博士が大掴みした地域性によると、スクワッターは北部州から南部の奥地に入ったとたんクラッカーへと様変わりする模様である《16》。

✺

ともあれ、このスクワッターとクラッカーの連続性は次の理解を許容する。他愛もない繰り言をよそに、フロンティア沿いの〝社会移動〟がどれほど制限されたことだろうか。北西部領（オハイオ、インディアナ、イリノイ、ミシガン、ウィスコンシンの各準州）、北に広がる南部領土（ケンタッキー、テネシー、ミズーリ、アーカンソーの各準州）、そしてフロリダ（東部と西部）では当たり前のように諸階級が形成され、最強の権力と政治的影響力を擁する相場師や大規模農家――不在土地の投資家と地主である郷紳《ジェントリー》との混成――のおおよそが土地の区画分けの方法を決める確固とした利を占め、中流地主には大地主エリートとの個人的かつ政治的な伝手がもたらされた。アパラチア山脈越しの新しい町ケンタッキー州レキシントンは、1815年から1827年にかけての道路建設によって財政上の成長を遂げた上で「西部のアテナイ」*と称えられ、新興商人からなる中流階級が根を下ろしたが、こうした町にしても市場の変動を受けて地所の維持に不安を覚える小農を支援した反面、卑流人士《ミーナー・ソート》の職人などはくすぶらせたままにしていた《17》。

＊――この愛称は古代ギリシアの文化的中心地にちなんでいるわけだが、1801年着工の学園都市ジョージア州アセンズのようにより直接的に命名された町もある。

その時々で家族ものや独り身の男として現れていたスクワッターも、新規の入植者の氾濫に伴ってより知られた存在となり、〝他とは違う厄介者の階級〟と見なされるようになった。北西部領でも非産の老兵か、健全な商業経済の確立の前に一掃しなければならないがらくたかと腐され、大統領ジェファーソンに至っては公有地の「侵入者」呼ばわりである。雇われ労働者となって日々の糧を得ることもあった渡りの者は、皆が皆、商業経済の縁《へり》で生を紡いでいた[18]。

教養ある観察者は、西部にあって「数えきれない人々が悲惨な境遇に陥る」と上流人士の書き手が予測した、1819年の経済恐慌以降の社会秩序の乱れをとりわけ危惧した。貧しい入植者や学のないスクワッターがいや増せば「反逆と略奪の機が熟す」ことになる——1786年のシェイズの反乱の頃に流布した言葉を想起させる畳句《リフレイン》である。恐慌の影響下、連邦政府は、最下層階級に手が出せないほど地価を高額に保つ統制計画を案出していた[19]。

1850年までに南西部の新州でごく当たり前になっていたのが不動産の非所有率の高さで、少なくとも住人の35%がそれに該当した。土地や資産へと連なる道は、格下の者になるほどまったくもって不鮮明になり、小作農が不動産権すらないスクワッターへとあっけなく身を落としてしまう。北西部では、口の回る土地仲介者が〝何も借地人のままでいることはない〟と買い手をそそのかしたものだが、その実、土地購入に関する連邦法はいっそう裕福な相場師の好みに偏っていた。ひとつところに留まってよりよい暮らしのためあくせく働くより、ここを出てどこかよそに行こう。そうした土地なしが、アパラチア以西では顕著になった[20]。

スクワッターは、合衆国中に遍在することによって政治上の強烈な言葉の綾に転訛した。まず連想される特徴は、①ぞんざいな暮らし向き、②自慢げな語彙、③文化的生活と都市住人への不信、④（不逞とも解釈できる）自由への直観的な愛着、⑤種の涵養／血統づけ《ブリーディング》の退化様式、という5つなのだが、彼らはこうしたおよそげんなりさせられる特徴の他に、いくつかの好ましい気質まで付与されている。曰く、見知らぬ客人を小屋で歓待する純朴な僻地住まいの者、突飛なことを語ってはひと晩でも客を飽きさせない話上手。となるとスクワッターは、自前ではない土地を占有する厄介で不躾なならず者では収まりきらないことになる。ともあれこの〝二重人格ぶり〟によって彼らは論議の的となり、1830年代か40年代までには完全な党派政治のシンボルに祭り上げられた。ジャクソン流民主主義の典型、世に言う聖像《アイコン》としての〝普通人《コモン・マン》〟である。

アンドルー・ジャクソンが西部人初の大統領だということを、アメリカ人は忘れがちだ。長身痩躯の骨ばった外見は真の僻地住まいで、フロンティアの過酷な暮らしの跡がその表情からにじみ出、心臓の脇には撃たれたままの銃弾が嘘偽りなく残っていた。* 敵への復讐の念に駆られるや獰猛な憤怒の表情となってしばしば熟慮することなく動き、自らの中に法があると言わんばかりにその素行を正当化したジャクソンは、物騒極まりない世評によって〝テネシーのクラッカー〟という肖像を象《かたど》られて口撃の的となったものだが、妻のレイチェルにしても奥地での結婚解消歴がある上に葉巻とコーンパイプの双方が手放せないとあって、夫婦が揃えば少なくとも東部の中傷者の目にはナッシュヴィルの無骨者としか映らなかった[21]。

⑰——第７代大統領アンドルー・ジャクソン（1767–1845、任期：1829–1837）。

ジャクソンとその支持者は、それまでとはひと味違ったイメージをもって邁進した。3回連続の大統領選（1824年、1828年、1832年）の期間、ジャクソン将軍は「オールド・ヒッコリー」** と称えられており、丹誠込めて育てられる植物としてのアメリカ人というクレヴクール伯の穏当なアナロジーと鮮明な対比を見せている。かつてはノースカロライナ西部の外縁だった過酷な後背地から立ち、不屈の志と勁烈《けいれつ》な指揮作法を兼ね備えたこのテネシー人は、自らに与えられた異名の由来となったインディアンの弓の材となる頑丈で固く締まった木であるヒッコリーのしなやかな小枝に寸分違《たが》

＊——初代ワシントン以来の軍人出身大統領となったジャクソンだが、これは後述する通り戦傷ではなく、1806年の決闘による被弾となる。

＊＊——ヒッコリーは北米に自生するクルミ科の堅牢な高木で、“信念の人／頑固者”といった意に転じた。

わない人物だった《22》。

ジャクソンの性格は敵対者の憎悪を煽りはしたものの、それと同じくらい彼一流の民主主義を売り込む核心をなしていた。華々しい軍歴によって支持を得た初の大統領候補である彼は、そもそも政治家《ステーツマン》としての資質ゆえに評価されたのではない。その点に関しては高度な教養の持ち主である対立候補、ジョン・クインシー・アダムズやヘンリー・クレイに大きく水をあけられていた。支持者は荒削りで、領土を熱望し、テネシーの原野とぶれることなく一体化したジャクソンを慕っていたのであり、クラッカーの国アメリカの象徴として彼が民主主義の意味に新たな階級の次元を付け加えたことは間違いない。

しかしジャクソンによる大統領就任の主旨は、平等というもの以上に積極的な領土拡張に向かう新たな姿勢にかかずらっていた。1818年、彼は将軍として時の大統領*の承認を得ずにフロリダ侵攻を行ったものだが、自身が当職に就いてからもチェロキー族を南東部の諸州から強制的に移住させる政策を支持し、最高裁の判断に対して故意に知らぬ存ぜぬを決め込んだ。要に応じて暴力的な手法に訴えながら領土を取っては平らげ、法的権限もなしに行動するジャクソンは、まず疑いなくクラッカーやスクワッターの衣鉢を継ぐ為政者だった。

✺

アンドルー・ジャクソンの大統領選出に先立つ20有余年の間、スクワッターとクラッカーは次第にアメリカにあって優性を保つ〝貧しき奥地の種族〟になっていった。驚くにはあたらない。自然環境が他と彼らを大いに分けたのだから。鳥類学者で詩人のアレグザンダー・ウィルソンは、1810年にピッツバーグからニューオーリンズに至るオハイオとミシシッピの両河岸を旅し、天翔ける鳥ばかりか地を掻き抱くスクワッターまでも分類目録化した。彼にしてみれば、どちらも同じくらい奇妙な種と映ったわけだ。フィラデルフィアのある雑誌に寄稿したウィルソンは、それがなければ絵のように美しくなる原野の瑕《きず》として、「怪異な丸太小屋」を同定している。

*――――第5代大統領ジェイムズ・モンロー（1758–1831、任期：1817–1825）。

この博物学者が出くわした丸太小屋やあばら屋の周りは雑草だらけで、地べたには骨折りの跡ひとつなかった。ウィルソンは、詩の中で鼻白みながらこうした家を「洞穴のような廃墟」と書く。「その中にはいっそう悪臭を放つ穴ぐらがさらにあって、顔をしかめてしまう」。家族全員がひとり用の寝台でともに眠り、ウィルソンが言うことに「そこは夜ごと犬小屋そのもの」となった。子猫たちが破れ戸棚に潜り込み、子豚はおまるに身を隠し、雨ともなれば屋根は漏り、「汚れて裂けた」シャツを着て、「顔に凝《こご》るは泥と煤」、一家の長のスクワッターが、つぶれ帽子から目を光らせる《23》。

スコットランドから移植されたウィルソンにとって、棲処は動物における斑紋同様に博物分類の基準となった。その人物に進歩の余地があるのか、それとも衰退の可能性があるのかをこれで量るのである。しかし、各家庭がそれぞれの城ならば、アメリカ奥地のスクワッターは土着農よりひどい。ウィルソンは残酷な皮肉を交えて、スクワッターの小屋に「**アメリカ建築の第一級**の見本」という俗名をつけた。ここまでつまらない生きものに自慢話の種《たね》が何かあるとは驚きだったが、それでも彼らは好機の土地アメリカを得意げに語っていた《24》。

多くの人々がウィルソンさながらスクワッターに社会の物差しをあて、裸形の野蛮人《サヴィッジ》の下へと位置づけた。少なくともアメリカ・インディアンは森に〝属している〟ではないか。貧しいスクワッターの住む奥地は、まだおがらくたの吹きだまりを連想させた。西部領土にしつらえられた真の社会の階段は皆無で、〝社会移動〟の確たる基盤は打ち建てられる気配すらなく、人類のかすが染み出す底のない底からのし上がるすべなどなおのことない。国家はアパラチア丘陵からオハイオ、ミシシッピの両河岸へと後ろ向きに傾き、スクワッターの時は止まり、その原人並みのあばら屋が底辺層を封じる檻の象徴となった。

都市と僻地の隔たりは、物理的な距離以上に大きかった。進化とは得てしてそういうもので、同時代の少数に階級間の越えられない溝と認識される何かが形づくられていたのである。わが国土を、あのような者どもと分け合っているとは。教養ある人々はいぶかしみ、日々ペンを執った。一例を挙げると、トマス・ジェファーソンの孫娘コーネリア・ランドルフが、モンティチェロの西90マイル（約145キロ）にある一族の所有地ナチュラルブリッジに祖父ともども出かけたことを、1817年の妹宛ての手紙に記して曰く、「尾根の向こうで暮らす、文明化の不十分な人種」に出会いました。彼女が見た子供らは寸詰まりの被り着やシャツでかろうじて身を覆い、その後ろを男がひとり、反り返りながら「毛だらけの胸もあらわに」歩いていたのだという。眉根を寄せて特筆するに、この始末に負えない大家族は「靴を2、3足」しか持っていなかった。とりわけ驚かされたのが彼らの話しぶりのぞんざいなれなれしさで、社会の礼儀を意に介さず、行方知れずだった家族か何かのように元大統領と言葉を交わす。体も洗わないスクワッターの遥か上位となる誉《ほま》れ高いヴァージニア郷紳《ジェントリー》の一員としてのわが身をコーネリアは実感したものだが、ひと際遺憾なことにこの貧しい一家はみじめな状況を少しも恥じ入る様子がない。彼女は仰天するばかりだった[25]。

このような対比によって、階級が至極あからさまにその姿を現した。男女を問わない物見高い教養人が、奥地をうろつく不躾者の姿を細見して物笑いの種《たね》とした著述は今も読めるのだが、いずれにせよ彼らを新しい種族ととらえる必然性はぞんざいな暮らし向きを超えたところに収斂されるようだ。僻地に住まうクラッカーの足取りの検証には、独特の骨相学がつきまとうのである。1830年にアパラチア以西を旅したとある冒険家が、都会を後にひと夜の寝所を乞うた先でのおどけた観察記を残している。「顎はランタン（手提げランプ）さながら、体躯の節々を自在に動かす僻地の男は、長靴下の足から測って悠に7フィート（約2・1メートル）はある」。イリノイ南部のある個性的なワニ猟師も似たような体つきだったらしい。曰く、「痩身、長い四肢、ランタン顎のジョナサン」（ちなみに「ジョナサン」は「奴《フェロー》」というほどの意味で、何の変哲もないアメリカ男を示す一般的な呼称となる）。クラッカー女性も同じくランタンばかりに突き出た顎、浅黒い顔で、たいてい歯が抜けていたそうである[26]。

女性と子供は、文明化の――あるいはその欠如の――見逃せないシンボルだった。1830年代にフロリダへと配属された将校連の見立てはこうである。「あなたがたクラッカー娘」は、畜生も同然だ。行儀とくれば水兵並みで、四六時中パイプをふかし、タバコを噛んでは唾を吐き、悪態ばかりついている。北東部からやって来たひとりの中尉などは、投げやりな服装、汚れた足、べとついた髪、洗いもしない顔を前に、どれもこれも売春婦と少しも変わりない、と切り捨てた。彼の謂いによるクラッカー階級の女どもは、ひとり残らず「罰あたりな口を利くものぐさで、あぶれ者のあばずれである！」[27]

僻地ならではの人格は、北のメインから南のフロリダ、北西部と南西部の領土にまで広く見受けられ、インディアンの鬨《とき》の声をクラッカー流にあげ、さもなくば好んで金切り声を立てるミシシッピの叫び屋《スクリーマー》、粗挽きトウモロコシの粗末な食餌を摂るケンタッキーの唐黍齧り《コーンクラッカー》、地元州の貧者を指すインディアナのフージャーというように、その地域なりの呼称がつけられた。「フージャー」Hoosierは言語学者でさえ意味を正確に定義できない言葉だが、それでも階級を示す語であることに変わりはなく、この口がよく回る嘘つきの自慢屋は、醜女の妻を腐されようものならいつでもすぐと仕返しに出る。往々にして南部のどのクラッカーにも負けず劣らずの、手口を選ばない喧嘩屋だった。フージャー女の垢抜けなさはフロリダの女きょうだいと双璧をなし、聞くところによると盛んに足で小突き、髪を引っ張るのもまた彼女らの求愛行動なのだという[28]。

階級の度合いを量る、もうひとつの指標が性行動である。この頃、「フージャーの巣」The Hoosier's Nest (1833)という詩がよく読まれていたが、件のスコットランド人博物学者ウィルソンの語彙に回帰した作者はそこで再びこう述べている。彼らの小屋は、乱雑な血統づけ《ブリーディング》へと完全に退行した、半人半獣の人外の者が住む巣窟なのだ。中傷を用いて短絡的に罪を着せる詩人は、子供たちを「フージャルーン」Hoosieroonと同定した——人種混交による4分の1黒人《クワドルーン》から派生させた階級語である。曰く、雨漏りのする屋根の下には心ある開拓民の血など息づき得ず、貧しいインディアナのスクワッターは、その代わりに退化した浮浪児を山ほど産み殖やしたのである[29]。

不潔な小屋、礼儀の欠如、蔓延する雑多な血統づけが相まって、クラッカーとスクワッターを〝他とは違う階級〟にしたが、話しぶりひとつとってもそれはすぐにわかる。彼らの僻地訛りは、下層階級のイングランド人が喋るロンドン方言《コックニー》の、いわばアメリカの田舎者版を形づくっており、1830年には年季の入ったスラングを伝える「クラッカー語辞典」*まで書かれているのだ。たとえば「ジンバー・ジョード」Jimber jawed は絶えず口を動かして与太を止めない者のことで、クラッカーの突き出た下の顎《ジョー》がその語り方まで表すようになったのだという。すぐ手が出る質《たち》の者は「環状紋のある尾を持った吠える獣」** ring tailed roarer で、誰かの耳や鼻や唇を引きちぎったときには「噛み砕いてやった」chewed up とそのままの表現で言い放つのである[30]。

ともあれ、ある多音節語が彼らのアイデンティティを最もよく掴んでいるのかもしれない。「ずらかる」obsquatulate という動詞は「しゃがむこと」squat のクラッカー流の派生語で、立ち去る、あるいは姿をくらます動作を意味した***。この語は、ひとつところに腰を落ち着けない人々に、イングランドの徘徊者の衣鉢を継ぐアメリカ人というある種の活性を与えた。彼らは逃亡する使用人さながらに高飛びを決め込むか、意中の行く先もなしにゆっくりした足取りをもって歩を進める。だがいずれにせよ、彼らを彼らたらしめるのは、その汚れた足と投げやりなやり方なのである[31]。

✺

アメリカの名士《セレブリティ》になったテネシー人は、ジャクソンだけではなかった。民兵の斥候から副官となり、治安判事、地方行政官、州下院議員を経て最終的に合衆国下院議員にまでのぼりつめたデイヴィッド・クロケットが、熊撃ちの「西部のライオン」として1830年代に名を馳せている(ちなみに彼の合衆国議員初当選は1827年だった)。歴史に名を残すクロケットの面白みは独学の人であること、地を耕して生計を立てたこと、そしてスクワッターの権利を——彼自身スクワッターだったため——熱心に擁護したことにある(これにはとりわけ注目しなけ

*———本章題辞も参照されたい。

**———具体的にどういった種を指すのかは不明だが、たとえばアライグマなども尾に環状紋のある北アメリカ産の動物となる。

***———対義を示唆する接頭辞 ob と形容詞化の接尾辞 ul を語幹 squat に付し、さらに接尾辞 ate を加えて動詞化したものと思われる。

ればならない）。彼は政治家として、土地を持たない貧者の理を取り上げたのである[32]。

クロケットは、法的に邦ならぬ邦とされた「フランクリン国」で生まれた。1784年にノースカロライナ邦からの独立を宣言したものの、それもあやふやなまま紆余曲折ののちテネシーへと組み込まれることになったこの国は、耕作に最適なその広がりを手に入れようと相場師やスクワッターが跋扈する〝闘争の地〟となった。*この両者の活動はチェロキー族との絶え間ない小競り合いを誘発し、露骨な協定違反のもと激化していく。南西部準州時代のテネシー初代知事を務めていた桁外れの土地相場師ウィリアム・ブラウントなどは、チェロキー族から「腹黒の長《ダート・キャプテン》」というインディアン・ネームを授かったほどである。ともあれ1797年から1811年にかけて、連邦政府はスクワッターの排除を狙ってテネシーに定期的な軍派遣を行ったものの、それもただ剛情な男たちによる中央府《ワシントン》への当然の敵意を増大させただけだった。一方つましいルーツにあって自らを大いに頼むクロケットは、素朴な哲学の持ち主だった。「気骨が人をつくる」のだ。とはいえそればかりではない。飼いならされない身体性と繁殖性こそが最大のアメリカ人らしさだと考えていたクロケットは、1830年、自州の住民ひとりにつき公有地1区域を与えるよう連邦議会に請願する、という先例のない動きを見せている——精勤云々の問題ではない。妻が三つ子を産んだのである[33]。

アメリカの特産品にして愛すべき余計者のクロケットは、途方もないほら話を延々語ると評判だった。噂では、連邦議会における演説で（おそらくその通りの言葉を使ったわけではないのだろうが）「諸君がこれまで見た中でも群を抜いて野蛮な被造物」と自称したらしく、人間離れした能力に恵まれた彼は「走れば狐さながら、泳げば鰻も顔負け、叫び声はインディアン跣《はだし》」で、「ニガーを丸ごと鵜呑みにした」のだという——このいかれた差別的発言は、自前の地所から貧しいスクワッターを追い出そうとしている奴隷所有者の農園主に向けて、敵意を持っていることを伝えるつもりでもあったのだろう。実のところクロケット自身も奴隷を所有していたのだが、それでも議会では大規模農園主による広大な土地の買い占めに異を唱えていたのである。彼は、連邦政府がスク

*―――同国は独立を宣した翌年に米復帰を打診するなどの迷走を経てベンジャミン・フランクリンの名を当人の支持を得ないまま“僭称”し、1788年にはノースカロライナへと再編入、以後、南西部準州へと割譲された（当該領は1796年にテネシーとして連邦加盟）。幼少期の熊退治の逸話があるクロケット（1786–1836）の生地はフランクリン国グリーンコロニーである。

ワッターに土地を低価格で直売する法案を支持する一方で、負債償却の責を負う破産者に法廷が労働を命じる慣習には反対の立場を取っていた——年季奉公による奴隷状態の、形を変えた更新になるではないか。クロケットはむろんのこと「クラッカー言葉」に堪能で、1830年の例の「辞典」にも、すぐ手が出る質《たち》の者を指す既出の熟語、「環状紋のある尾を持った吠える獣」の作者であることがはっきりと記されている〈34〉。

クロケットはこのように、紛れもない〝階級訛り〟を交えて自慢話に興じた。1828年の記録によると、「蒸気船をかついでミシシッピを渡り」、「山猫どもを手なづける《ウィップ・ヒズ・ウェイト》」ことも朝飯前だと豪語したらしい。とはいえ議会での通り一遍の演説が、どうしてもできない——それは彼にしてみれば妙に落ち着かないことで、逸脱していればこそ議院内の並みいる野郎どもに鞭《ウィップ》をくれることもできると信じていたようだ。クロケットに欠けていたのは馴致《じゅんち》された雄弁術、つまり学のある階級が身につけていた立論の技法で、ユーモアたっ

⑱———『唐黍齧り（コーンクラッカー）と鰻革野郎（イールスキン）の対決』*Encounter Between a Corncracker and an Eelskin* に描かれた、町場の商人の " ぬるりとあてにならない甘言 " から妻を守る僻地住まいのスクワッター（『デイヴィ・クロケットの 1837 年の暦書』より、アメリカ稀覯書協会所蔵）。

ぷりの演説によって公に名を馳せた彼も、つまるところ苦笑を誘う「道化師」にすぎないというところで大方の評価が定まった。ある新聞が書いたように、怪しい物語と奇態な発言が、彼を「上着と半ズボン」で盛装し、俗悪な余興《サイドショー》を演じる〝踊る熊〟に仕立てていたのである[35]。

ほら話を語る満足に教育を受けていない僻地住まいの者というイメージが、〝実際のクロケット〟を覆い隠した。丸っきりの田舎家で繰り広げられる〝クロケット物語〟が世に出たとしても、それはまずもって非公認である。『デイヴィ・クロケットの1837年の暦書』*Davy Crockett's Almanack of 1837* に掲載された、ぞんざいな版画はどうだろう。髭はぼうぼう、鹿革をまとい、ライフル1挺を携えて、アライグマの首がついたままのものものしい毛皮帽を頭に載せた唐黍齧り《コーンクラッカー》。別の版画には巨大なワニにまたがる彼の娘まで描かれ、37フィート（約11・3メートル）の怪物をロデオの花形ばりに乗りこなしている。〝本物の竜〟と闘うにせよ、超現実的な後背地で魔法めいた手柄を立てるにせよ、クロケットの野蛮な本能は騎士道まがいの叙事詩にはうってつけといったところだろうか。代作者や雇われ伝記作家は、彼を野人か無学な大口者に仕立て上げ、同時に蒸気船や熊やあてにならない町場の者をもてあそぶ度外れたほら吹きぶりに手を叩いて喜んだ[36]。

ただし純粋な英雄として見れば、クロケットの自慢癖も完全に影を潜める。「アレゲニー丘陵の両側に住むどの連中」よりも高く跳び「低くしゃがんだ《スクワット》」のも確かだろうが、そうした愛嬌はむしろ筋の通った政治上の言辞をやわらげるのに実に役立っていた。1824年、テネシー議会で演説を行ったクロケット下院議員は、相場師を狡猾なアライグマになぞらえながらもいっそう貧しい入植者から地権証書を巻き上げる法的策略を決して見逃さなかった。架空の身ならぬ彼は、本物の相場師が本物のスクワッターと日々にらみ合う奥地の階級間紛争に光をあてる、というよりよい仕事によって結果を出したのである[37]。

デイヴィッド・クロケットは1828年の大統領選でアンドルー・ジャクソンを熱心に後方で支援したものの、この傲慢な指揮官を見限るのに時間はかからなかった。クロケットの提出による土地法案は両者の地元テネシーにあって対立の火種となり、しかも彼はチェロキー族その他の「文明化した部族」を南東部諸州から強制退去させるインディアン移住法案に難色を示してもいたのである。彼らの移住は、スクワッターに対する不公平な扱いにも連動する。このままでは公有地から追放され、自ら入植し改良した土地に住む前途が閉ざされてしまう。ジャクソン派はクロケットの離反に反応し、彼を不愉快で無教養な人間だと非難した。

クロケットはジャクソンが信条を翻したと責め立て、党派の犬どもとの同調を拒んだ。1831年に記して曰く、「**飼い犬**と書かれた首輪など断じて着けない。そこに**アンドルー・ジャクソン**とあるならなおのことだ」。3年後、彼は一味におもねらない決意の中で、ひどい中傷を行っている。「党の連中のようになるくらいなら、ニガーにでも狸《ラクーンドッグ》にでもなろうじゃないか」。クロケットによる奥地の階級ヒエラルキーでは、土地持ちの自由白人男性、スクワッター、黒人男性、犬がおり、彼の言葉を本気で受け取るのなら、その次が党派の者となるらしい[38]。

✳

民主党員アンドルー・ジャクソンとクロケットとの波乱含みの関係は、いちずな意志と徹底的な衝動との上に立つ両者の顚末を超えて多くの同時代人により幾度となく繰り返された。ジャクソンの忠実な支持者の大半は、結局のところホイッグ党へと合流することになる党派の対抗勢力とは袂を分かったのだが、この男につき従うかどうかについては大なり小なり物議をかもしたようだ。さしたる公職の経験もない彼による大統領選立候補は、言うなれば通常以上にその人間としての品格に注目が集まる次第となったのである。選挙戦向けに書き起こされた経歴にしても、巷間言われる軍人としての彼のあらましとの落差を埋めるためのものだった。支持者がジャクソンの肖像を征服の英雄として描くにせよ、政敵が彼に〝国王アンドルー1世〟というラベルを貼るにせよ、大元はすべてその激しやすい情緒にあったのである。歴代大統領に備わる教養や上品な血統《ブリーディング》づけが、ジャクソンからは確かに欠落しているではないか[39]。

生産性の低い短期の議員歴しか持たない中央府《ワシントン》の部外者であるジャクソンの適性は、激しい批判を引き起こした戦地での働きをどう取るかにかかっていた。後方にあって熱烈な支援を捧げる者は、彼こそ聖化されたワシントン司令官の精神的な後継者だと主張したが、ジャクソンはそもそもがポトマック川から遠く離れたアパラチア山脈の向こう側の出である。棲処と定めた土地にしても、人影がまばらな上にさしものオールド・ヒッコリーといえども法によっていつでも転居させられてしまう。彼は権力者の殿堂ならぬ〝普通人の備蓄《コモン・ストック》〟の中に容れるのが妥当という世評の、いわば一介の奴隷所有者、農園主だった。東海岸に比べて大幅に入植が立ち遅れたテネシーの奥地では、土地所有と階級上の身分というものが表向きさして根づいてもいなかったのである。ニューイングランドのあるジャーナリストが、1824年のジャクソン初となる大統領選出馬に困惑しながらも的確に述べている。「西部の〝苦難の息子〟だとでも？」[40]

一般に結ぶジャクソンのイメージは、荒々しく、そして多分に暴力的な風景と分かち難く結びついていた。ニューオーリンズの戦いを1815年の栄えある勝利で飾ってからの彼は、「無敵の」相手国イギリスを出し抜いた「精彩ある僻地住まいの者」として認知され、ある者からは「森のナポレオン」とまで称えられた*。つまりジャクソンは、1813年から翌1814年に自軍がレッドスティックと呼んだアラバマの沼沢地に住むクリーク族の一派を虐殺する一方、1815年1月にはニューオーリンズの湿地帯でイギリス兵数百人を死に至らしめるという諸々の暴力を経て、政治家として名をなしたことになる。彼はイギリス側の死者数を壮語したが、それはアメリカの詩人にしても同様で、「殺戮が広がり、平原をあまねく紅に染め」と謳った者もいる。しかもこれは誇張ではない。大小の水の流れには屍体が浮かび、数十年後の旅行家に敗者の骨が発見されるほどだった[41]。

ジャクソンは外見にも振る舞いにも従来の政治家らしさがなく、そこが彼の〝売り〟の基礎をなした。1796年、テネシー選出の下院議員としてフィラデルフィアに乗り込んできた様子を、ペンシルヴェニアの

*――当該の戦闘は第2次独立戦争の異名を取る米英戦争（1812–1815）の一環で、当時ナポレオン戦争のさなかにあったイギリス戦力の軽視が、戦争長期化の一因とも言われている。

同僚アルバート・ギャラティンが記して曰く、「長身で、痩せて、一見して不躾な質《たち》で、長い巻き毛を顔に垂らし、後ろで束ねた髪を鰻革で結んでいた」。ちなみに晩年は晩年で、風雪に苛まれ、硬直して馬車に座る凄惨な将軍の姿が、見る者に思わず息を飲ませた。浮腫に冒されていたのである。また、かつて度を超えた怒りに失語したジャクソンに遭遇したトマス・ジェファーソンなどは、見場にはひと言も触れないながらも野蛮な本能の持ち主だとは見抜いていた（〝失語状態〟は、未開人や人馴れしない獣を指す古典的な符牒《シニフィアン》である）[42]。

火のような気性と学究的な所作の欠如が、彼の消えない〝斑紋〟だった。ある不倶戴天の政敵の謂いが、最上の出来となるだろう。「日常会話は乱暴で、論拠に欠けた物事を罵りで補っている」。緻密な論法が身についていなかったジャクソンは無遠慮に私見を述べ、反意を唱える者には誰であろうとすぐさま憤り、兵卒や不躾なクラッカーに混じって悪罵の叫びを上げた。「僻地に住まう者とスクワッター」A Backwoodsman and a Squatter (1821) を著した諷刺作家が、こうしたフロンティアの類型をうまくとらえて曰く、ご存知の通りこの衆は「閉じることのない顎でわめき、怒りの罵りを投げつける」のである[43]。

決闘や路上の喧嘩沙汰の常習者で、怒りが昂じれば個人的であれ政治的であれ報復に出る。ジャクソンの攻撃的なやり口は、彼一流の主義に共感したあるフランス人男性による、「男性性を解放した無作法な本能」を持つ西部人という描写に合致する。ともあれこの行動規範によって、国土に潜在する脅威の一掃を手始めとする独断が生まれた。脅威の源はネイティヴ・アメリカン、競合するスクワッター、政治上の敵であり、『デイヴィ・クロケットの暦書』の唐黍齧り《コーンクラッカー》から〝欲得ずくで思いつきを語る「鰻革」を着た西部人〟と呼ばれた者どもだった。クラッカーの生存主義者精神は、法的な精密度や礼節の端正度を常に凌駕する。この特質が〝型通りのクラッカー〟ジャクソンのパブリック・イメージに影を落としていた[44]。

ニューオーリンズの戦いの後となる１８１８年、ジャクソンは自軍を率いてスペイン領フロリダ入りを果たした。まず最初にテネシーで知事の承認を待つことなく義勇兵を募り、それからアメリカ人入植者襲撃の訴えがあったひと握りのセミノール・インディアンを討伐する名目のもと東フロリダを侵攻したのである。ペンサコーラで防備を固めていたスペイン軍を攻める際、インディアンを捕えようと取った初手の作戦が、即座に全面的な戦闘と占領へと発展していった《45》。

ジャクソンは、スペイン人の耕した土の上に居座る《スクワット》以上の行為に走っていた。命令に背き、国際法を無視し、いくつものフロリダの町を襲い、スペイン人総督を捕縛し、イギリスの民間人ふたりを正当な理由もなく処刑したのである。イギリスの報道筋は海の向こうで論陣を張り、合衆国の少将*を「血で手を染めた獰猛なヤンキーの略奪者」だと書き立てた。痛烈な諷刺画のジャクソンは浅黒いほら吹きの賊で、両脇には骨で太鼓を叩き、軍帽の代わりに髑髏をかぶった、ぼろ着姿で裸足という畜生そのものの民兵隊を従えていた《46》。

奥地の乱暴なクラッカーとのふた役を務めるこの略奪者は、自制せず、また自制する者でもなかった。フロリダ侵攻にあって「白い野蛮人《ホワイト・サヴィッジ》」姿で彼を護衛したと報じられたスクワッターにしても、実のところ芯では暗にジャクソンの問題行動に触発されただけなのかもしれない。このフロリダの紛争には総じてスクワッターの反感の気配がし、セミノール戦士が襲うのは「クラッカーの屯所」ばかりで、イギリス人や北部出の者のそれは手つかずのままだったという兵士の報告もある《47》。

ともあれ名だたる論客が議会による調査の要を力説し、強権の下院議長ヘンリー・クレイなども〝悪党将軍〟の譴責を求めた。ジャクソンはワシントンへと赴いて既存の法権威を口汚く罵り、フロリダの一件はすべてモンロー大統領とわたし自身の間のことで――他者に介入されるいわれはない、と国務長官ジョン・クインシー・アダムズに言い募った。国政の舞台であえて調査を行い――恥をかかせるならば――誰であれその議員の耳を削いでやろうとジャクソンがすごんだらしい。まことしやかに噂が囁かれた《48》。

ぞんざいなジャクソン語録によると、領土論争とは口先ばかりでなく暴力的な方法で解決されるべきもので、彼にかかれば対インディアン政策も「人でなしで血まみれの蛮族《バーバリアン》」を懲らしめる「報復的な復讐」に関わる権

＊――米軍における“ジャクソン将軍”の階級。

利となる。そして1818年、ジャクソンは賛美に満ちるはずの自らの一代記の予兆に触れたのである。一種の〝奥地のモーセ〟として、聖書に表された天罰をもって正義を執り行うのだ。国際法や憲法の詳細への配慮のなさに抗議する人々に、弁護側はこう主張した。彼は「戦場にあって一個の愛国者でいるあまり、その法解釈をためらうことすらできなかったのである」。とはいえ、われこそはと将軍に一身を捧げて熱狂する者でさえ、彼の火のような気性を認めざるを得なかった。ジャクソンなど単なる「軍の族長」にすぎないというヘンリー・クレイによる1825年の声高な公言は、部族的で、未開の匂いのする、総じて非共和主義的な彼の何かを示唆していた。1824年と1828年の大統領選出馬の折も、セミノール戦争は依然懸案のままだった《49》。

ほとんどの批判者にとっては、ジャクソンの弁護人が描いてみせた騎士然とした肖像など一銭の価値もなかった。女性や子供を守らず、フロリダの土地土地をスクワッターや暴れ者などの有象無象の非文明的な白人に開放するばかりではないか。とはいえ、ジャクソンはクロケットとも違ってスクワッターの権利を庇う者ですらなく、彼らを排除せよという指令が下ればすぐと軍を使って遂行した。もっともその一方、土地を開き改良した者がすなわちふさわしい占有者だと主張するスクワッターの自己弁護と同様の道筋で、白人の土地所有を好ましく思ってはいたのだが。ジャクソンの思索は、大統領となってからインディアン移住政策という形を取った。インディアンどもは公有地に特別な主張ができる有権の国民としてではなく、依存者の階級として扱われるべきだろう。同化し損ね、あるいは土地改良や地権維持が無理とわかれば、スクワッターのように強制排除もあり得る。大統領ジャクソンは、貧しい侵入者を移住させる強権を発動するいっそうの意志を固めていた。ただし1833年のアラバマのように、スクワッターが排除に抵抗し、州当局がそれを支援した際は進んで手を引き、より耳あたりのいい言葉で白人入植者との交渉に臨んだ《50》。

ジャクソンによる対選用の公式履歴への反証譚《カウンターナラティヴ》にしても、彼の批判者からすれば公表するまでもないほどにありふれていた。1806年、ジャクソンは若き法律家チャールズ・ディキンソンを決闘によって射殺しているのだが、自らも心臓近くに摘出できない銃弾を受けた。* 犠牲者の体がまだ温もりを失ってもいない内に、彼は紳士らしからぬ思考によって胸を騒がせていた。もしも〝ディキンソン未亡人〟がこのつけを引き継いだなら。不埒者のアイデンティティは、永久に葬り去られなければいけない。それが彼の頭だった。ちなみにこの挿話は、1824年に語り直されている。ジャクソンは発砲の手を控え、こらえ、震える憎き法律家に目を据え、「この臆病者」と呼ばわりながら静かに的を定め、至近距離から彼を撃ち取ったのだという。1813年にはまた別の一件が後に続く。副官を務めていたトマス・ハート・ベントンとその弟ジェシーを相手に、ナッシュヴィル・ホテルで即興の「OK牧場の決闘」を繰り広げたのである。その〝決死の一戦〟の顚末は、選挙年となる1828年にトマスが公表して新聞種となった**〈51〉。

しかしジャクソンの前科でもより悪質になるのは、いわゆる〝棺のチラシ〟Coffin Handbill に掲載された件だろう。クリーク戦争の始まった1813年に彼が部下6人を処刑していた、と告発する6つの黒い棺で飾られたチラシが、大統領選を迎えた1828年、対立候補側から出回ったのである。つまり、ジャクソンに目をつけられる者はインディアンやイングランドの種族ばかりではなく、彼の手によって死ぬ者も伊達男の法律家ディキンソンばかりではないということになる。同じチラシのもう1点の挿画では、ジャクソンが路上の喧嘩で汚い手口を使い、杖に忍ばせた剣で相手の背中を刺している。彼はもう、噛みつき、蹴り、見境なく襲いかかり、上着に武器を隠し持つクラッカー戦士同然の無慈悲な男――穏健な政治家《ステーツマン》の定義対象となる上流教養人士、共和主義者へのアンチテーゼ――に他ならないと見られていた〈52〉。

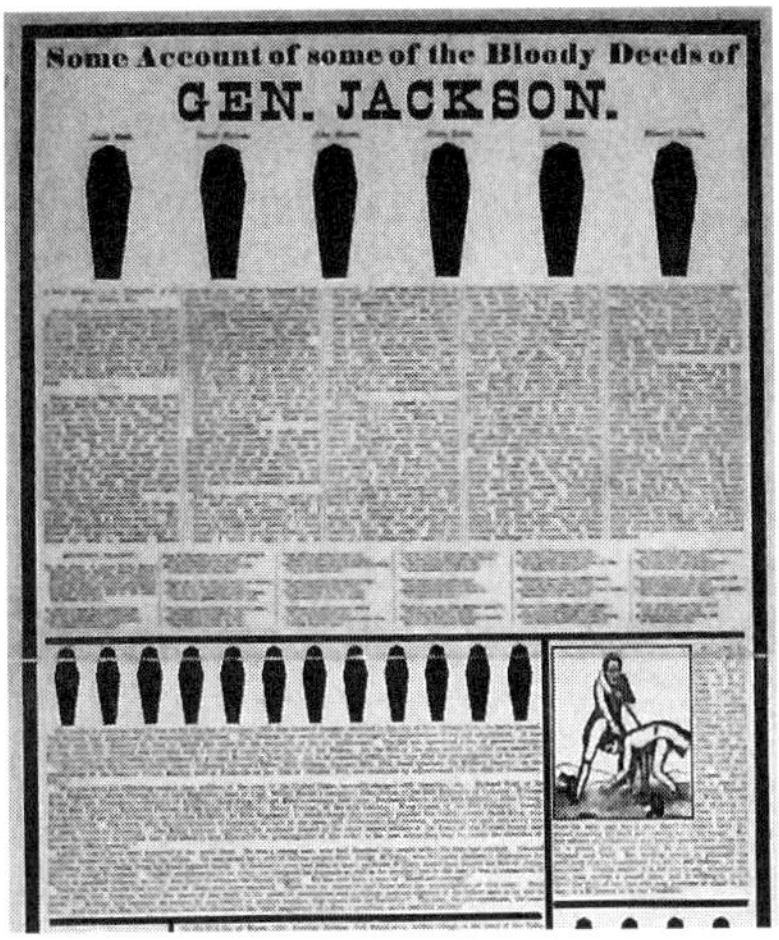

⑲――“棺のチラシ”の部分。標題は「ジャクソン将軍による血にまみれた所業のいくつかの顚末」。

*――ディキンソンに妻との結婚を侮辱されたのが決闘の原因と言われ、「醜女の妻を腐されようものならいつでもすぐと仕返しに出る」という既出のインディアナ・クラッカー、「フージャー」の挿話も想起されたい。

**――ジャクソンによって米英戦争当時の副官に引き立てられていたトマス（1782–1858）は、激務への不満を発端とするこの事件で一旦袂を分かったが、後述の通り大統領選を境に上院議員としてジャクソン支持に復帰した。なお、撃ち合いではジャクソンが負傷している。

ジャクソンも、諷刺化される一件には〝棺のチラシ〟が出回る前から不安を覚えており、1824年には友人にこう書き送っている。「野蛮な気質を持つわたしを描き出そうと、多くの忌々しい連中が躍起になっている。片方の手に皮剝ぎ用のナイフ、もう片方の手にトマホークを常日頃ぶら下げ、文句のある奴は誰であれ片っ端からぶちのめし、頭の皮を剝ぎ取る用意がいつでもできている、とでも言いたげに」。諷刺画のことは認めないジャクソンではあったが、自身の暴力的な傾向は否定できなかった[53]。

一方で、僻地住まいの大統領候補としての受けのいい毒抜きされた姿もまた、1820年代初頭にはすでに表に現れていた。そこに描き出されたのは、ワシントンにおける頽廃を浄化し得る部外者にして、「森育ち」ならではの天賦の才に恵まれたひとりの男である。ジャクソンの大統領候補指名が「ワシントンの権力の走狗どもからの冷笑と嘲り」を誘ったと記すある熱心なジャクソン派の人物は、続けてこう非難した。「あの都にあったアメリカらしさが、退化」している。ジャクソンは政府の手下でもなければ、追従《ついしょう》を語る廷臣でもない。上品とは言えず、政治家《ステーツマン》であればまずそうはしないやり方が、むしろ強みになったのである[54]。

こうした類いのジャクソン像を1819年の議会演説で利用し、セミノール戦争における行動を嗅ぎ回る議院の手の者に横槍を入れようとしたのがケンタッキー選出の下院議員デイヴィッド・ウォーカーである。彼が強調したのは、首都に住む代議士と遠隔地であるフロリダのフロンティアに住むアメリカ国民とを分ける、文化的な差異であり階級差だった。「厳しい風雪に耐える将軍」としての長きにわたる経験を通じて、フロンティアの戦況をより正しく判断する勘がジャクソンの身に染みついていた。各家庭を取り巻く苦痛と困難とをまず理解していたのは、彼なのである。自宅で腰かけたままの調査委員会の面々に、そうした家庭を危機から救う難しさがどれだけ感得できるのだろうか？　ジャクソンを譴責しようという連中は「甘ったるい匂いの白粉をはたいた町の洒落者の青二才」で、まったく始末に負えないとケンタッキー議員は嘲った。巧みな言い回しによって、ジャクソンの敵をクラッカーとスクワッターの従来の仇役である洒落者《ボー》や伊達男《ダンディ》に仕立て直したのである[55]。

ウォーカーの謂いは、少なくともクラッカーと洒落者の対立という筋立てが形をなし始めた1790年に遡る、クラッカー民主主義による優性な階級モチーフへとつながっていく。早期に成立した当該文献を見ると、町場の誘惑に負けて酒をしきりに勧められた挙句に金を騙し盗られた血気盛んなクラッカーの若者が、「幸福と豊かさのそもそもの住まい」は森にある自分の物寂しい小屋なのだという手痛い教訓を得ている。一方1812年の類似の物語が伝えるのは、人を人とも思わない法律家とふざけたまねをする親方《マスター》とを小屋の戸口からけんもほろろに追い払う僻地住まいの男の姿である。ヴァージニア西部に住む聖職者にして郷土史家のジョゼフ・ドドリッジは、こうした類型的人格を1821年の『僻地住まいの男と伊達男の対話』*Dialogue of the Backwoodsman and the Dandy* で戯曲化し、粗野な男たちが帯びる〝異常な徳性〟を簡単にまとめている。

僻地住まいの男は怪しげな類いの奴ではあるが（……）学がないにしても飾らない良識がある。身なりがいいとは言えないにしても気働きはするし心根も健やかだ。富貴者や偉人ではないにしても土地産みの父を自負している（……）あなたがた小物の伊達男と他の大物衆は、こちらで丹精した果実をいとも簡単にむさぼる。あなたがたが祝宴を張るその場所でこちらは飢え死にするだろうし、はしゃぐ場所でこちらは戦わねばならない。とはいえあなたがたは皆もう瀬戸際にいるのだから、僻地住まいの男を前に吠え面をかかぬよう〈56〉。

この引用のすべてが、ジャクソン将軍と議会の調査委員とを分けるウォーカー議員の対位法の説明になる。曰く、洒落者どもなどへなちょこの気取り屋《スノッブ》で、その嘲笑は不必要な侮辱でしかない。真のアメリカ男とはジャクソン主義者のことであり、テネシーとケンタッキーの心ある息子たちのことなのである。彼らは戦場《いくさば》で闘い、自らの犠牲と困難によってフロンティアを切り開き、次世代の勇敢な入植者を産む父親となった。弁護派の西部人はジャクソンに夢を託し、ともに歩んでいく大統領候補者として、彼を作り上げていった〈57〉。

〃クラッカーの大統領〃を売り出すもうひとつの道筋は、ユーモアあふれる誇張に通じていた。1828年にまた別立ての棺のチラシが出回り、ジャクソン陣営が弁護のためクロケットばりのユーモアを用いて応酬したのである。将軍が6人の民兵を平らげた〔に悩まされた〕《ハヴィング・イートゥン》ということだが、それは実に身に覚えのある話だ。「棺から何からそれら〔醜聞〕すべてを呑み込んだのだから」。ジャクソン主義者は、綴り間違いだらけで文法も覚束ない彼の書きものをジョン・クインシー・アダムズ支持者に回覧されればその「独学」ぶりを褒め称え、外交経験の欠如を「夜郎自大」とけなされれば元大使のアダムズほどに異国産の概念や宮廷風の虚飾に汚染されていないのだと解した。とはいえ、階級を比較されるとなると口を濁さざるを得ない。アダムズはハーヴァード大学で修辞学教授を務めたほどだが、われらがテネシーの挑戦者は「普通人の家の出《コモン・ファミリー》」で、益もない思索を超える本能的な行動の他に自慢の種が何ひとつなかったのである《58》。

1824年の大統領選においてアラバマ、ミシシッピ、ノースカロライナ、テネシーからの支持をまず獲得したジャクソンは、クラッカー票を独り占めかと嘲笑されたものだが、それでも南部の新聞には〃クロケットの謂いで「半人半鰐」とされたジョージアのクラッカー男もジャクソンに声援を送っている〃とユーモアたっぷりの記事が載り、1828年までにはインディアナの地盤も「オールド・ヒッコリーとともに息づく僻地」として紹介されている《59》。

ともあれ、ジャクソン一党は品と血統づけ《ブリーディング》の欠落をことあるごとに非難された。1828年のフィラデルフィアの集会では、酔いどれどもが暴力的な言葉でこう乾杯したらしい。「ヒッコリーの込め矢《ラムロッド》で平等の火薬を銃の国に詰め込んで《ラム・ダウン》、しっかり丸めた人民の声でクレイをぬかるみにぶっ飛ばせ」*。別の乾杯の音頭はこうである。「アダムズ派《アダマイト》の野郎の頭は太鼓の革、叩いてやるさ、ぶち破るまで」。ジャクソンの弁護には、頭のめぐり以上に腕づくの武勇を称える強面ぶりが必要だったらしい。彼に熱狂するある者が語るには、「将軍さま」を侮辱する奴はこのおれが「ぶちのめす」とのことで、下層階級のジャクソン主義者の仲間内では喧嘩と自慢口が最高の

*――「込め矢」は弾薬と弾丸を銃に装塡する棒。また時の国務長官ヘンリー・クレイの名字には“土／泥”の意もある。大統領アダムズは、この選挙で再選に挑んでいた。

権威だったのである。ひとりのクラッカー候補者の公約にしても反アダムズの聴衆から湧いた鬨《とき》の声同然で、曰く「おれが受かりゃ将軍閣下の政治に拳骨5発分の味方がつくってもんだ」《60》。

1828年、ジャクソンの悪しき血の傍証のため、墓に入って2年のトマス・ジェファーソンまでもが蘇生された。かつての彼の隣人で、ジェイムズ・マディソンの秘書を長らく務めたイリノイ州知事エドワード・コールズが、1824年の大統領選を前にしたこの偉人による不快がましい警句を回想したのである。「アンドルー・ジャクソンを大統領にするのは、水兵を雄鶏に、兵士を鵞鳥にするのと同じだろう」。大統領の椅子は、疑わしい血統づけによって明らかに無資格なジャクソンには分不相応だ《61》。

一方、立候補者の私生活には詳査がひとしなみに施されたものだが、ジャクソンの普通とは言い難い結婚は、1828年の大統領選のさなかスキャンダルの材料となった。テネシーの腹心の友からなる懇意な仲間は、不義密通の果てに夫婦になったという周知の噂をどうにか正当化できないものかと躍起になっており、ナッシュヴィルに住む旧《ふる》なじみのジョン・オヴァートンなども、妻レイチェルと前夫との結婚解消がすでに成立していたという見地に立ちつつふたりは道義に添った縁組を結んだのだと主張し、「重婚とは違う実状」の物語を喧伝した。ところが真相は別にあった。1790年、レイチェル・ドネルソン・ロバーズは、不貞関係に陥った情夫ジャクソンとともにスペイン領ナチェズへと逃れていたのである。無知からでも戯れでもなく、むしろ前夫との結婚解消を確実にするための行動というわけだ。配偶者の遺棄は、結婚解消を認められる数少ない理由のひとつだった《62》。

この姦通は、ジャクソンの悪行を暴いた文書が広まり続ける中、制御できない激情に由来するまさに追加例となった。他人の妻を盗る行為は、わが身に適用される法への信頼を拒絶する僻地の侵略者が持つ、標準的な人物像の属性と言えるだろう。国際法の遵守から落伍したジャクソンは、フロリダを征服し、妻の最初の婚姻契約を無視し、欲しいものをただその手に収めたのである。オハイオのジャーナリスト、チャールズ・ハモンドは明言する。ジャクソンは「隣人夫妻の臥所という聖域」を侵したのだ《63》。

　レイチェル・ジャクソンを貶めようと、ありとあらゆる類いの悪名が使われた。「アメリカのイゼベル」*、「弱々しくも俗悪な女」、「汚く黒ずんだ商売女」など、すべては僻地育ちをいぶかしんでの指摘だった。淫売というどぎつい彩色を施したのはケンタッキーの親アダムズ派編集者ジェイムズ・G・デイナで、人種差別主義者の侮蔑をもって彼は言い放つ。彼女はもはや上流の集まりでは通用《パス》し得ない。それはジェントルマンの黒人寡婦以上だろう。たとえその黒い商売女が白い仮面を着けたとしても、だ。不純という彼女の汚点は、ワシントンの名流人士《ベター・ソート》の間では断じて恕《ゆる》されないだろう。もうひとりの口さがない批評家の論調も同じである。彼女のぞんざいな品行は、「山脈の向こう側のどの小屋にも」帰属するに違いない。しかし、と彼は続けて記す。大統領公邸ではあり得ない《64》。

　結婚スキャンダルを抜きにしてもなお、レイチェル・ジャクソンの外見は下層階級の女性だった。テネシーのジャクソン家を訪れたひとりの客は、彼女が年老いた洗濯女と勘違いされるかもしれないとまで思ったらしい。太ってなめし革のような肌をした女性だという別の客による描写が、「黒ずんだ商売女」という中傷の説明になるかもしれない。白さは、日に照らされて働く貧しいクラッカー娘たちには望むべくもない階級特権の識別章《バッジ》だった。批判者はジャクソン夫人の奥地ならではの発音を嗤い、「ゴムの木にのぼるオポッサム」Possum Up a Gum Tree がお気に入りの歌だとからかった。その上パイプも嗜むとあっては。悲しいかな、そんなレイチェル・ジャクソンは心臓病に倒れた。夫に付き従ってワシントンへと赴き、ファーストレディの職責を果たそうとした矢先のことだった。妻の死は、就任を控えた次期大統領が抱く政敵への憎しみをひたすら募らせるばかりだった《65》。

✳

ジャクソンの立候補が、階級という論点を超えてもなお民主政治の性質を変えていることは確かで、ある政治時

＊――――第１章、原註《72》の段落を参照。

評家が特に記して曰く、彼の台頭は「自慢ゲーム」を先導したのである。ジャクソン主義者は、自らが戴くこの男への信頼をことさらに言い立てた。彼こそ「ニューオーリンズの騎士」や国士の「解放者」などに留まらない、人類史でも未曾有の偉大なる将軍だ。別の観察者が、次のように結論づけている。「ジャクソン将軍への汲めども尽きぬ賛辞をくたくたになるまで」何時間でも話せる、新種の「お喋りな田舎政治屋《ポリティシャン》＊」がこうして誕生したのだ[66]。

1820年代と30年代には、自慢屋たちの〝他とは違う階級の次元〟ができていた。テネシーで発表された、名誉を重んじる騎士道の慣例の奇妙な翻案に作者が目をつけた諷刺文がここにある。物語では、ケンタッキーの「赤いぼろ布の騎士」とテネシーの「偉大にして強力なクルミ割り人形」が決闘に及ぶのだが、このクルミ割りが誉《ほ》むべき爵位を自称した。曰く、「山猫湾、大豚小豚泥棒の小川、寸足らず山、大穴洞窟、キュウェル橋の公爵」。さて、この種の気取りに何の意味があるのだろう？　クラッカーは、21世紀のギャングスタ・ラップの達人《サートゥン・マスター》ばりに自身の低層の境遇を乱暴な言葉の衣で飾り立て、取り繕わずにはいられなかった。クロケット一流の嘘や自慢というやり口は階級における血統の欠如を補填したのであり、それはアンドルー・ジャクソンにも言えることだった。年若い州テネシーで政界の序列を上げようと、決闘、確執、罵りを駆使したのだから[67]。

スクワッターの権利にほぼ興味を示さなかったジャクソンだが、党派のほうはスクワッター寄りの議論に傾注していった。民主党が支持したのは、土地の購入を手頃で低価格にする資金不足者のための先買権で、入植、改良、買い取りの権利をスクワッターに認めて「最低価格」で土地を占有させるのだという。この権利をめぐる議論は、スクワッターをより好ましい権利の鋳型にはめ込むものだった。これで勤勉な者が出来上がる。自らの手で小屋を建て、国土を均《なら》す一翼を担う〝彼〟は、諸階級にあまねく利をもたらすだろう。ホイッグ党党首ヘンリー・クレイは、期せずして議論の敗者側に立たされた。1838年には上院で冗談めかして次のように語っている。先買権の支持者どもが手ずから新たに〝発見〟したその権限を行使するとなれば、あの「小男」に占拠されてい

＊——politician が statesman に対置されている場合は「政治家」ではなく「政治屋」という訳語を採った。

る見かけ倒しのホワイトハウスにさえ居座《スクワット・ダウン》りかねない――あの小男とはジャクソンお手盛りの後継者、マーティン・ヴァン・ビューレン*のことである《68》。

　ジャクソンは、テネシーを離れて故郷ミズーリへと移ったトマス・ハート・ベントンとよりを戻していた。〈1841年の先買権法〉となる「丸太小屋」法案を通過させたのが、ジャクソンの大統領在任2期目はもちろん、その後もなお傑出した上院議員であり続けたこのベントンである。とはいえ、彼の思考は諸刃の剣だった。自由土地保有者となる機会をスクワッターに与えることをいかにも望んではいたが、使い捨てが利く者としての扱いにもためらいがなく、1839年にはフロリダ・セミノールへの軍事作戦を連邦として再開するため、土地と糧食の支給を交換条件に彼らの武装を提案している。要は、原野を制圧する安上がりの道具としてスクワッターを使う、というイギリスの軍事戦略を復活させただけである《69》。

　ともあれ、民主主義的な伝承**を日常として生きる〝普通人《コモン・マン》〟へとスクワッターを転身させた契機が、1840年の大統領選だと思われる。どの党派も〝彼〟の取り込みに走ったのである。ホイッグ党の候補者ウィリアム・ヘンリー・ハリソンの一派などは、ハリソンその人が僻地の血を引いているとまで主張した。だが、これは事実とは違う。彼はヴァージニアのエリート農園主家庭の生まれで、かつての北西部領で束の間の小屋住まいを送ってはいたものの、当該選に立候補する頃にはそれもとうに取り壊されて大邸宅に場所を譲っていた。ホイッグ党の候補者指名争いで張り合ったケンタッキー人ヘンリー・クレイにしても、丸々太った飼い豚――その名も「唐黍齧り《コーンクラッカー》」――の品評会受賞を聞こえよがしに祝いはしたが、ただそれだけのことだった。新たな階級政治は、丸太小屋、大衆受けするあだ名、きつい林檎酒の愛飲、アライグマ帽といったでっち上げの叙述をたぐり出した。こうしたイメージは、ジャクソン一押しの伊達な東部の独身男マーティン・ヴァン・ビューレンを、なぜ西部人と貧しい選挙人がまるで歓迎しなかったかの説明となるだろう。このオランダ系ニューヨーカーにしてみれば、ホイッグ党を応援するある宣伝歌などはまるで呪いの文句である。「怪しい小男（……）頑丈な

*――第8代大統領（1782–1862、任期：1837–1841）。

**――〝粗暴で自慢屋の僻地住まいの野人〟に対置される、〝初見の客を祖末な小屋で歓待する純朴な話上手〟という既出のイメージを想起されたい。

アンディ・ジャック《アンドルー・ジャクソン》の背に乗っかって」*〈70〉。

スクワッターは、瞬く間に大衆文化における一個のロマンティックな人物像になった。セントルイスの新聞記者ジョン・ロブによる『スクワッターの暮らしあれこれ』*Streaks of Squatter Life* には、こんな〝実話〟が記されている。シュガーという名のミズーリの貧しい白人スクワッターがロブの採録した物語の一篇に紹介されているのだが、この愛称「サグ」はぼろをまとってはいるものの、地方選挙への個人的な影響力はというと化かされたかと思うほどで、黒糖入りの甘いウィスキーの入った小樽《こだる》を抱えて投票所に現れ、群衆の中にいた仲間が彼謹製のこの〝混ぜ薬〟を目当てに列をなすと、自ら耳にした演説への信頼できる意見をもとに、誰に投票すべきかを語り聞かせるのだ。愛する人と農場を失っていたサグは、土地なしのスクワッターの身の上にもかかわらず、なぜか尊敬を集めていた。彼は新しい〝普通人〟、巧みな甘言に騙されることのない人好きのする同志の象徴だった〈71〉。

サグという人格は、類型を単純

⑳———『旧友サグ』*Old Sug*（ロブ『スクワッターの暮らしあれこれ』より、1847、アメリカ稀覯書協会所蔵）。このおどけ者は天然の人畜無害な人物で、象徴するのは奥地の政治集会で喧嘩と酒と罰当たりな口吻に明け暮れることによって知られる実際のスクワッターを軟化させたイメージである。

*———この大統領選でヴァン・ビューレンは再選を果たせず、ハリソン（1773–1841）が軍人出身者としては3人目、ホイッグ党としては初となる第9代大統領に就任したものの結局その年に病死したため、選出を受けずに同党のジョン・タイラー（1790–1862）が第10代（任期：1841–1845）の椅子に収まった。

に均《なら》して出来上がったわけではない。象徴としての彼の本質は、ひとつには更生した者の姿であり、さらに言えば階級と社会的信用とをめぐるいっそう大きな議論に対する中流階級なりの解答なのである。その人の好さは、まあ一杯とウィスキーを配りながら有意義な助言をひとりひとりに示していく理性的な一個の人間を示唆している。選挙に出るでもなく、ということは一票のための喧嘩や振る舞い酒をするでもない。一区域の土地の入札をめぐって、競争相手にすごむでもない。サグは、自らの分をわきまえていた。いわば、隣人に普通人《コモン・センス》の感覚を提供するのが彼なのである《72》。

以来スクワッターも人並みになったと思う向きもわずかにあるかもしれないが、いわゆるジャクソン時代のアメリカで政治的平等は実現しなかった。投票の際の財産資格もヴァージニアでは1851年まで、ルイジアナとコネティカットでは1845年まで、ノースカロライナでは1857年までというようにそれぞれ保持され、テネシーなどは自由土地保有への制限を――ジャクソンが2期目の当選を決めた後となる――1834年まで撤廃しなかった。* 8つの州が都会に住む困窮者の参政権を剝奪する法案を通過させる一方で、傘下の町や都市の多くがその決定以上に厳しい参政権の指針を投票時に採用した。これはシカゴやクロケットのいたテネシーの町々、親ジャクソン派のアラバマでの実話である。確かに、スクワッターは議員選挙に投票することができた。だが、ジョン・ロブのセントルイスは自治体選挙の際、架空の仲間サグのような者の投票権を否認したことだろう《73》。

布告者となった民主政治論者アンドルー・ジャクソンは、1796年の〈テネシー憲法〉制定に向けて参政権を制限する草案を実際に促進していた（これは1828年の大統領選で指摘されることになる）。自州に有権者を増やす策をまったく――そう、ただのひとつも――講じなかったのである。1822年にはフロリダ軍政府長官となって投票の際の財産要件を至極満足げに〝新州〟へと課しているし、大統領候補となったときの〝売り〟にしても真の民主主義などは措いて、土地を手にした白人からなる特定階級の取り込みと「男性性を解放し

＊――――第2期ジャクソン政権は1834年からで、当選はその前年となる。

た無作法な本能」の歓迎にかかずらっていた。だが、全成人男性の普通選挙権を彼は支持していない。事実、その最初の成立は合衆国ではなく、イギリス人とアメリカの元奴隷が建国したリベリアによって1839年になされたのである[74]。

結局のところクラッカー、あるいはスクワッターが、自らの〝逆説的な人格〟を解決することはなかった。〝彼〟は責任から逃れることも、路上で暮らすことも、そしてやり直すこともできただろう。自慢口を利き、大口を叩き、そして気に入りの候補者を侮辱されようものなら誰であれぶちのめすこともできただろう。多くの〝彼〟が取り沙汰したように、投票所でウィスキーを呑むことは往々にして冗漫な演説を聞く以上の重大事だった。「田舎住まいのクラッカー」こそ「わが国の骨であり腱である」と庇うジャーナリストがいる一方で、好ましい遊説者を「物乞いたちが崇める半神」とまで持ち上げる、言うなればただの酔いどれのばかと見る向きもあったゆえんである。「スクワッター」は1842年が終わる頃になっても、階級が曖昧な「入植者」より格下の「破廉恥な暮らしや身分を表す言葉」となお書き立てられていた[75]。

このようにクラッカーやスクワッターは、政治的平等の犠牲を強いられている広告塔《ポスター・チャイルド》などでは決してない。評判を呼んだ諷刺画の一造形にされた〝彼〟は、下層階級の尊厳を示すしるしというよりも、階級差別の真に迫る一点の例証だった。ジョン・クインシー・アダムズやウィリアム・ヘンリー・ハリソン、あるいは地元議員なども含めて皆サグと同等だとうそぶく者は誰もいない。奥地の市民が幸運にもアダムズ大統領に面会する機会があったとしても、握手だけでは社会的地位を上げることにはならないのである（それはまさに、お辞儀に続くありきたりの型にすぎない）。1828年、ジェイムズ・フェニモア・クーパーはこう私見を述べた。民主政治論者の自慢話というものは、盤石であるべき階級区分が真の社会の均一化によって侵食されないことを担保するために支払われる「安い代価」である[76]。

スクワッターについての定着した伝承は、いささかながらまだある。〝彼〟は票を懇願されないことには収まらなかったし、流儀に合わせること《スピーク・ヒズ・ランゲージ》をしない候補者にも容赦がなかった。そうした道徳観を表しているのが、もうひとつのよく知られたスクワッター物語となる１８４０年の「アーカンソーの旅行家」The Arkansas Traveller で、まず奥地を遊説中のエリート政治屋《ポリティシャン》が、ひとりのスクワッターに〝何か飲むものを〟と所望するのである。荒れ果てた小屋の前でウィスキー樽に腰かけていたスクワッターは、男の頼みを無視した。〝では少しばかりご機嫌をうかがいまして〟。その政治屋は〝普通人〟並みに程度を落とすことを余儀なくされた（なにしろ選挙期間中だったのである）。飲み物と票を得るためだ。政治屋は馬から降りてスクワッターのフィドルを手に取り、演《だ》し物よろしくお好みに適う曲を奏でてのけた。ともあれ政治屋がひとたび屋敷に戻ってしまえば、スクワッターの暮らしにも、引いてはこつこつ働く妻や彼の血を引く汚れた裸足の悪童どもの暮らしにも、とりたてて何ら変わるところはなかった〈77〉。

第Ⅱ部「アメリカの種族」の退化

Degeneration of the American Breed

第6章　血統と「プア・ホワイト・トラッシュ」：悪しき血、混血、そして泥食らい《クレイ＝イーター》

Pedigree and Poor White Trash: Bad Blood, Half-Breeds, and Clay-Eaters

どこにいても彼らは似ていて、ほぼ同じような特徴、言葉づかい、野暮ったさ、癖を身につけている（……）どこにいてもプア・ホワイト・トラッシュなのである。

――ダニエル・ハンドリー「プア・ホワイト・トラッシュ」、『われらが南部諸州における社会関係』"Poor White Trash" in *Social Relations in Our Southern States*（1860）

南北戦争（1861–1865）をもたらした局所的な危機は、階級アイデンティティにおける民主主義の術語を劇的に再形成した。下層の不法居住者《スクワッター》は依然目につく存在ではあったがその棲息地はすでに変わり、今や彼らは奇妙なことに〝奴隷州の被造物〟である。貧しい南部白人を指す用語法もまた様変わりし、もはやスクワッターもクラッカーもラベル名に選ばれることはない。プランテーション社会の縁《へり》に住む赤貧の南部人がさらに厭わしい「砂丘地の住人《サンドヒラー》」sandhiller やみじめで自滅的な「泥食らい《クレイ＝イーター》」clay–eater となったのであり、「プア・ホワイト・トラッシュ」poor white trash という最も恒久的な侮蔑が授けられたのもその頃となる。彼ら南部の貧者は単なるものぐさな徘徊者ではなく、病んだ種族や「悪名高き人種」に連なる退化した落とし子の奇異な標本となって稀少種の蒐集家がしつらえた陳列棚に収められた。新分類《ノーメンクラトゥーラ》が、近代の下層民を気易い嘲笑の的にしたのである。

「ホワイト《白い》・トラッシュ《屑》」という呼称は早くも１８２１年に印刷物へと表れているが、広く人口に膾炙するには１８５０年代を待たなければならない。ともあれこの傾向が明るみに出たのは１８４５年、主都ワシントンにおけるアンドルー・ジャクソンの葬送が新聞報道されたそのときである。沿道には貧者が群れをなしていた。

オールド・ヒッコリーへの最後の歓呼に触れるべく居並ぶ彼らは、クラッカーでもスクワッターでもない。逝ってしまった大統領をひと目見ようと貧乏有色人種《プア・カラード》の衆を掻き分け掻き分けする様は、むしろ「プア・ホワイト・トラッシュ」とするほうがふさわしい〈1〉。

このように嘲られた種族を、何がそこまで〝他とは違うもの〟にしたのだろうか？　答えは生まれながらの身体的劣性にある。19世紀半ばの記述によると、ぼろぼろの身なりの痩せ細ったサンドヒラーやクレイ＝イーターは臨床の対象となったらしく、子供らにしても未発達で腹部が醜く膨れていたのだという。汚れた顔や足をしげしげと眺めた観察者は、プア・ホワイトの肌に薄ぼんやりと浮かぶ黄みがかった白みに目を止めた――これは「獣脂」ではないのか。ともあれかろうじてヒトという種の仲間だと認識されたこの奇異な人々は、綿のように白い髪と蠟さながらの色素形成からアルビノという分類を受けた。近親交配率が非常に高い彼らは、飲酒と赤貧という二重の常習を通じて自らの身を滅ぼしているのだ。スウェーデン人作家フレドリカ・ブレーメルが、1853年の南部旅行記で私見を述べた。「油質の土地」*を消費するクレイ＝イーターは、文字通り自らを食い殺している〈2〉。

南部人のホワイト・トラッシュは、進歩や〝社会移動〟のあらゆる可能性をかなぐり捨てた、身の毛もよだつ性質を伝える「人種」と分類された。それも『ナイト・オヴ・ザ・リヴィングデッド』** *Night of the Living Dead* ほどに怖気を震うものではなかったろうが、ともあれプア・ホワイトの人間性の程度はアフリカ人奴隷以下に堕していると有識者は難じたのである。彼らは、退歩に向かう進化の標識として古株の南部《オールド・サウス》の悲惨な未来を予告した。では、自由白人が脆弱な子を産むとして強健な民主主義はどう栄えればいいのか？　白さがそれだけで優越の識別章《バッジ》にならず、ジェファーソンの思い描いた自立して教育可能な自由民からなる均質な人口を保証するわけでもないのなら〝生命、自由、および幸福の追求〟という理想は達成し難くなってしまう。

南北戦争前の南部ではジェファーソンの唱えた〝上昇移動〟が後退し、ジャクソン主義者の称えた勇敢な奥地

*―――アメリカ大陸の土壌は灯油原料となるオイル・シェール（油頁岩〔ゆけつがん〕）が豊富で、1846年にはカナダ人エイブラハム・ゲスナーによって精製が実用化されている。なおエドウィン・ドレイクによる石油採掘技術の発明は、ブレーメルの著述の数年後となる1859年である。

**―――ジョージ・A・ロメロ監督による1968年公開のホラー映画。

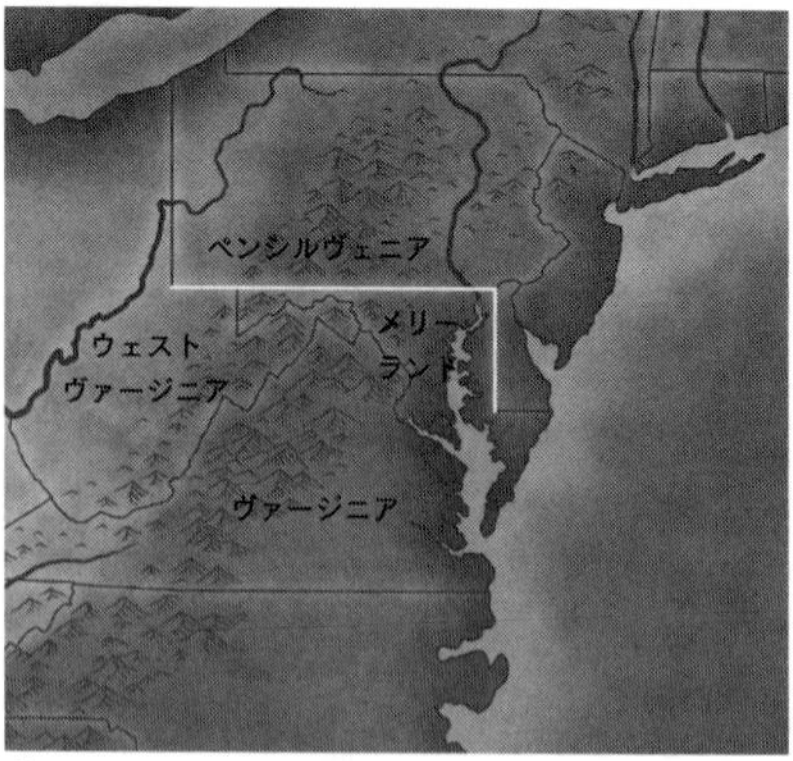

㉑――メイソン＝ディクソン線（図、中ほどの白線）。そもそも植民地時代の領を区切るために引かれ、名称をふたりの測量士から取ったこの境界線は、北部の自由州、南部の奴隷州を分ける境として知られるようになった。

の青年にしても次第に姿を消しつつあった。そして奴隷制とその西への拡大をめぐる掴み合わんばかりの議論が１８５０年代までに巻き起こり、そのさなかでプア・ホワイトが局所的な賛否のシンボルという役割を割り振られる。北部人、特に自由土地党（１８４８年成立）とその後継となった共和党（１８５４年成立）への参加者が、こう宣言した。自由労働は、奴隷制によって衰微の憂き目に遭っている。それが証拠にプア・ホワイトがいるではないか。奴隷経済が耕地を独占するその裏で、非奴隷所有者である白人男性の、家族を養い、自由市場経済で成功する機会は閉ざされている。奴隷制は腐敗と死を呼び込み、土地とその無防備な住民から活力を奪い、個人の大望を押しつぶす。プア・ホワイトは、階級の暴虐と民主主義の継承の不首尾による哀れな犠牲者だった。ジョージ・ウェストンが世に知られた自身のパンフレット『南部のプア・ホワイト』*The Poor White of the South*（1856）に記す通り、彼らは「世代が進むごとにより深く、より絶望的に、蛮族状態《バーバリズム》へと陥っていった」[3]。

奴隷制支持派の南部人は、階級上の身分を自然状態だと弁護する別の対立的イデオロギーを掲げた。保守的な南部の知識人が、生物学を階級における神意とする意見に安住するようになったのである。たとえばアラバマ人ダニエル・ハンドリーなども、１８６０年の『われらが南部諸州における社会関係』の中でプア・ホワイトは頽廃した血統と忌むべき家筋に悩まされていると力説しつつ、貧困という現象の責が奴隷制にあることを否定している。[*] 階級とは、先天的な性質である。彼は確信し、田舎者の白人の置かれている困窮が約束された状態を言い抜けようと「出来損ないの父祖」や「肺病持ちのふた親」を手際よくアナロジーに用いた。ハンドリーやその他大勢にしてみれば、血筋こそがプア・ホワイトを「悪名高き人種」にしたのである。悪しき血と俗悪な

＊――本章題辞も参照されたい。

種の涵養《ブリーディング》／血統づけが、ホワイト・トラッシュの真実を物語るというのだ[4]。

ハンドリーのイデオロギーは幅広く人々に訴え、多くの北部人もまた、これは奴隷制に異議を唱える者までもということだが、南部人のホワイト・トラッシュを危険な種族と見なした。ハーヴァード出身で将来の南部連合支持者であるハンドリーのペンからなるこの肖像には、他ならぬ反奴隷制のシンボル、ハリエット・ビーチャー・ストウでさえ賛意を示したほどである。彼女はベストセラーとなった反奴隷制小説『アンクル・トムの小屋』* *Uncle Tom's Cabin*(1852)によって(悪い意味も含めて)名を売ったが、続く作品はまた別ものの物語となった。『ドレッド：ディズマル大湿地の話』*Dred: A Tale of the Great Dismal Swamp*（1856）では、プア・ホワイトが犯罪傾向のある不道徳で無知で退化した階級と描写されている。また多くの人々が19世紀の最重要作と考えているノースカロライナ人ヒントン・ローワン・ヘルパーのものした『このままでは南部は破滅する』** *The Impending Crisis of the South*（1857）などはプア・ホワイトを圧迫する奴隷制の解説書であり、同作家の作品中最も評判を呼んで14万部超を売り上げたのだという。南部は「無知と堕落の肥溜めに嵌まって」いると語るヘルパーにとって、プア・ホワイト・トラッシュは畸形で、まぬけで、不妊の、絶滅に向かう人々だった。階級を表す明白な術語はこのようにして、そして他の道筋も通りながらメイソン＝ディクソン線を越え、驚くべき経緯のもとで政論を異にする者同士を結束させた。南北戦争というものは、黒人の奴隷化を基盤とする世界の維持の可不可をめぐる競合と教えられるばかりで、全体が語られはしない。逆に言えばそれだけ、政治意識の高い人々の心を社会不安とそれに併行する階級間の緊張が占め、本物の至極生々しい衝撃を――空前絶後の流血で徹頭徹尾彩られた濃厚な4年間を通して――断裂した国家に及ぼしたことになるだろう[5]。

✺

プア・ホワイトは、全《まった》き古株の南部《オールド・サウス》を脅かすだけの存在ではなかった。西部の広大な領界にまで異常な感化を

*――小林憲二訳、明石書店。

**――ジン、アーノブ編『肉声でつづる民衆のアメリカ史』上下所収、寺島隆吉、寺島美紀子訳、明石書店。次文の引用「　」は同書より。

及ぼすのでは。そんな言い知れない不安を、この愛されない階級が召喚したのである。合衆国は、特筆すべき短期間の内に8億エーカー（約324万平方キロ）にまで膨れ上がっていた。1845年のテキサス併合だけで2億5000万エーカー（約101万平方キロ）近い拡大である。同年、「ダークホース」だった民主党のジェイムズ・ポーク*が大統領の座を掴んでいたが、それも露骨な領土拡張を公約の中心に取り入れたからで、ことはテキサスの歓迎に留まらず、大英帝国がオレゴン準州に対するアメリカの主張を既成事実として認めないとあれば武力衝突も辞さない、とまで謳っていた。とはいえポークはオレゴン北の国境を今日まで続く北緯49度線とすることで妥協し、イギリスとの開戦を回避している。

この領土獲得の件は、ふたり目のテネシー出身大統領である「ヤング・ヒッコリー」にとってよほど不本意だったと見え、先達の成功論理が蒸し返されることになった。境界線をめぐるスペイン領フロリダとの小競り合いを征服戦争へと乗り出す口実に用いたアンドルー・ジャクソンのひそみに倣い、今度はメキシコ侵攻を行ったのである。1848年のグアダルーペ・イダルゴ条約の署名が乾く頃には、カリフォルニア、ネバダ、ユタの各州になる土地とテキサス、コロラド、アリゾナ、ニューメキシコ、ワイオミングの一部が手中に収まっていた。なお、ポークが確保したこの戦利品には、のちの民主党選出大統領フランクリン・ピアースによる1854年のいわゆるガズデン購入を通じて細長い土地が加わり、**アリゾナとニューメキシコの南側に編入されている。南部の綿花利権に益する大陸横断鉄道の建設という魅惑的な博打が、この最後の買い物を強く駆り立てていた(6)。

大方の識者が大陸横断《トランスコンチネンタリズム》の欲得に浮かされていたこのとき、アメリカ大衆の頭の中はある新しい語法にとらわれていた。継承する貴顕階級のない国家というジェファーソンのコンセプトのさらに先へと進みながら、生物学的決定論に基づく帝国の運命を受け入れたのである。ここで、新たな命題が提起される。アングロ＝サクソン系アメリカ人という民族の血は上位の品格の賜物であり、とすると後は他の全民族を繁殖において凌駕するだけでいい。1851年の政治算術にはこうある。合衆国は1870年までに「独自の民族と血からなる精力あふれる

*———第11代大統領（1795–1849、任期：1845–1849）。

**———第14代大統領ピアース（1804–1869、任期：1853–1857）の前2代は、ホイッグ党選出が続いていた。

自由民男性1億人を数え」、重要度においてヨーロッパを凌ぐだろう。「不屈の質《たち》を持つ心根と頭脳を備えたアングロ＝サクソンの系譜」に連なる人々は、「邁進する血統の典型となって」大英帝国と合衆国を世界支配の途上に置くだろう[7]。

この新思考の次なる主前提が、人口動態上のまったくの上位性をさらに強化した。国家の卓越は血筋と遺伝の諸法則の上にあるというのだ。自由への愛着、そして民族の排他性などの後天的な特質は、今やある世代から次の世代へと引き継がれるのが当然と見なされていた。「血なるものの育成」The Education of the Blood（1837）と題された小考《エッセイ》のとある唱導者が断言して曰く、ある世代の認識は気風の中に文字通り保持されるのであり、学習の才が血流の中に取り込まれてから「われわれの肉体構造の一部」となって「後世に伝わる」のである。森に住む野蛮人《サヴィッジ》を母親から取り上げて文明の中に置くだけでは、その者の転換にはならないだろう。彼の「血は訓練され教育されなければならず、アングロ＝サクソン民族がやってきたように世代から世代へと受容性をもった蓄積が行われるべきなのである」。同著者はこの現象を、父親の血筋を経由し「母親の乳とともに摂取される」狂気というさして歓迎されない遺伝質にもなぞらえた。血筋は万事を明らかにする。ある国家の卓越は、血統の卓越と紛れもなく同じなのである。アメリカの運命は広大な領土獲得によって決せられるのであり、その神意が人民の血の中へと注ぎ込まれていった[8]。

こうした〝血の魅了〟は、南北戦争前の文献の中にも浸透していた。定期刊行された『アメリカ競馬雑誌』*American Turf Register and Sporting Magazine* の書きぶりの通り南部人は馬の種の涵養《ブリーディング》／血統づけに夢中で、1834年の記事には「アメリカ産の血《アメリカン・ブラッド》」（つまり「アメリカ産の純血種《アメリカン・サラブレッド》」）が世界の他種の血に優るとも劣らない極上の品質を得るようになったとまで書かれている。熱心な読者が長大な種馬の一覧から最も称えられるべき国産馬の血統情報を得る傍ら、繁殖家《ブリーダー》のほうは〝まがいもの〟によるいざこざを避けようと「国産種の血統台帳」をつけて公開していた[9]。

さて、話がこうなると馬もヒトもまったく同じである。「人種改良」のために人類は種の涵養を行うだろうか、というジョン・アダムズとトマス・ジェファーソンの間でかつて交わされた議論を再び取り上げたのがスコットランド人生理学者アレグザンダー・ウォーカーで、著書『雑婚』*Intermarriage*（1838）の中、馬の血統づけにも同様に適用される自然の法則に従って配偶者の選択を実践するよう強く奨励している。一方、『遺伝の系譜』*Hereditary Descent*（1848）で望ましい資質を持つ子供の種の涵養を推奨したアメリカ人公衆衛生改革家オーソン・スクワイア・ファウラーは、動物の繁殖家がもって銘じるべき黄金律を強く言い立てた。曰く、血統に留意することである。富や家名などもはや物差しにならない。問題になるのは長命の祖先はいるか、体のつくりは丈夫かといったことに関わる、遺伝性の疾病や「悪しき血」などの瑕疵のない血統だけなのだという。文献上のこうした目新しい助言の中で叫ばれる号令は、「衛生学的な」結婚にまで及んだ。つまりは健康的な肌、状態良好な歯、均整が取れて強壮な肉体を備えた生殖相手の選択である。「貧しく脆弱な備蓄」の他に何も産まない「悪い生まれの者」など一掃する方向で諸事進めたほうがいい。悪しき血の注入によってアメリカの未来は脱線しかねないのでは？　ここで次の謂いを置けば、機転となるだろうか。「せいぜいのところ、高貴な種馬とはわれわれ、つまり彼らの高貴な息子たちに凌駕される程度のものだ。どんな敬意をもって両親の血統に帰属しろというのか！　どんな誇りをもって血を語れというのか！　どんな警戒心をもって汚濁を防げというのか！」〔10〕

人種と健全な遺伝質は、ともに単一の議論の中で語られていた。1843年、アラバマの外科医ジョサイア・ノットが明言する。ムラートは交雑種で、「馬とロバからのラバのように――互いに違うふたつの種の所産である」。ムラートは「欠陥のある血統」、「退化した、不自然状態の所産であり、自ら破滅に至るよう自然によって運命づけられている」。彼らの運命の由来はラバ同様、その不妊傾向にある。〔これはもちろん、ばかげた理屈だ〕。ノットは、ムラートが欠陥のある内蔵組織を遺伝によって受け継いでいるものと決めつけながら、彼らを〝肺病持ちのふた親〟になぞらえた上、アングロ＝サクソンとニグロの混交への言及に限定するだけでは満足せずに、ことこの主題に関してのイングランドきっての権威となるサー・ウィリアム・ローレンスの次の言葉を反復した。「ヨーロッパ人の知的および道徳的な品格は、黒か赤の血との混交によってその質を悪化させる」《11》。

遺伝的自滅に関する同様の基本原則《ドクトリン》は、すでにアメリカ・インディアンに適用されていた。1840年代までにはジェファーソンによる同化したネイティヴへの家父長主義的な投影などもはや大半のアメリカ人から支持されておらず、むしろ傲慢なほど国家主義的な、厳格で教義《ドグマ》めいたイデオロギーが定着していた。ネイティヴ・アメリカン諸部族は生物学的に堕落した人種であり、上位者であるサクソン人との共存はあり得ないとされたのである。1844年、ある著述家がその気分を冷淡にとらえている。「かつての森の暮らしよろしく、斧と鋤を前に彼らは退散する。白人の気配は彼らにとって毒なのだ。われわれとの共存などできるものではない」。その「赤い者どもはそっくりそのまま絶滅する運命にある」。この確信は目新しくない。ただしより公然と受け入れられたのであり、ヘンリー・クレイなどは20年前の国務長官時代、同じ結論を私人として表明している《12》。

✺

アングロ＝サクソンの空想譚を作り上げるにあたって大きな存在感を示したのが、テキサスとカリフォルニアである。ジャクソン麾下の将校も務めたテキサス共和国*の初代大統領サム・ヒューストンは、自由を求める地元の戦士を促進するカリスマだった。白いテキサス人は、ヒューストンの言によると「アングロ＝サクソンが持つ騎士道精神」の体現者で、独立がつまるところ領土への欲望に引かされた若者の私兵、いわば不法兵士の力に真実由来していたにもかかわらず、民族という立場から勝利がとらえられていた。テキサス人は誰しも「祖先伝来の原理」と「血のつながり」とを「わがものとして」、「上位の知力とほとばしる勇気」に駆り立てられたのだという。ヒューストンのような多くの者にとってテキサス独立は画期的偉業であり、旧世界から新世界への「王権」の移譲とアングロ＝サクソン民族の最も純血な開花のシンボルとなった《13》。

*―――元スペイン領メキシコ合衆国から1836年に独立した短期国家。1845年の連邦加盟が引き金になり、前項で触れた“アメリカによるメキシコ侵攻”（米墨戦争、1846–1848）へと発展した。

だが実のところ、〝民族の誇りの旗手ヒューストン〟という人選は奇妙だ。テキサス大統領になる前の1829年から1833年には、チェロキー族と生活をともにし、ふたりのインディアン妻を娶り、彼らの装束を総身にまとって肖像画に収まったことさえあるのだから。一方の後任大統領はといえば、〝インディアンのテキサス〟をためらうことなく浄化した。それそのものの名のミラボー・ボナパルテ・ラマーは華麗な詩作で知られる反面、彼の言う「絶滅戦争」を1839年チェロキー族とコマンチェ族を相手に遂行した。〈テキサス共和国憲法〉はアフリカ系とインディアン系の市民権を明確に否定し、議会も自国初の反異種混交法を1837年に通過させている。ヨーロッパの血を引く者とアフリカの家系の者との婚姻を禁じた、南部諸州における布告の類似法である〈14〉。

テキサスは、ともすればもうひとつの不審な「初」を独自に主張するかもしれない。1849年、州議会が「善き種畜／種の涵養者《ブリーダー》」の確保を望むに先立って、ギデオン・リンスカム博士がひとつの覚え書を発表したのである。劣等人の再生予防のため、去勢牛よろしく犯罪者を処置して文字通り血筋を絶つことが彼の解だった。動物の繁殖の基本をなす規則は「同類が同類を産む」であり、〝堕落した備蓄〟は動物もヒトも同じことだ。自説の主張にあたって、リンスカムは気安いアナロジーを挙げた。「雄馬と雌馬が斜対歩《トロット》で駆けるときに、側対歩《ペイス》で駆ける子馬はまずいない」。博士の計画は差し戻されたものの、それもただ時代が早かっただけのことである。未来の優生政策は、アメリカで血統づけ《ブリーディング》を行うヒトの備蓄から悪い種《たね》を濾過しようとした彼の青写真の上に打ち建てられたのだから〈15〉。

しかしジェファーソンとアダムズが数十年前に結論づけたように、ヒトが慎重につがいを選ぶことはなく、結果テキサスでは人種混交がきわめて一般的に行われた。共和国独立前にテキサス入りしたアメリカ人入植者は、メキシコ政府からテハーノ*の地元女性と結婚するよう奨励され、その通りにすれば特別に報奨地が与えられた。白人の男性入植者はインディアンやテハーノの女性をごく普通に内妻に迎え、こうして人種混交による子供たち

*―――“テキサス人”の意のスペイン語 Tejano は、当地で生まれたヒスパニック住民を指す。

がのちの共和国と州に広まっていく。だがそれに寛容だったメキシコ人も、人種による階級と″カースト制″には従っていたのである。カスティーリャ人の純血が自身に脈打つと主張するスペイン系の旧家が上位者、次に続くクリオーロ（クレオール）はスペイン人を祖先に持つ地元生まれでインディアンの血も8分の1まで可とされた開拓者、そしてメスティーソ（スペイン人とインディアン由来の者との混交）とインディアンとアフリカ人がカーストの最下層を構成した。よい生まれの女性と結婚したアメリカ人男性は、メキシコ社会に温かく受け入れられたようである。ともあれ上記を受けたテキサスでは、1836年の独立以降も高貴なカスティーリャ人と劣等の人種混交した諸階級との間でメキシコ以来の差別が続いた〈16〉。

合衆国との併合を迎えてなお、イングランド系テキサス《アングロ＝テキサス》人は暗色の肌の下層階級テハーノをネイティヴ人口の堕落のしるしとして折につけ嘲笑した。相変わらずの何気ない言葉で、血筋の堕落を言い立てたのである。メキシコ人は次第に黒人やインディアンも同然と見なされるようになり、総じてアメリカ人から「汚染された」家筋の者、「混血」や「ムラート」のまさに言い換えとなる「雑種」として邪険に払いのけられた。のちに大統領となるペンシルヴェニアの上院議員ジェイムズ・ブキャナン*は1844年、「低能でさぼり屋のメキシコ民族」と露骨に批判し、アングロ＝サクソン人は劣等者の政治支配下に身を置くべきではないと力説した。ニューハンプシャー選出の同僚で元財務長官のリーヴァイ・ウッドベリーもまた、テキサス革命は民族解放の戦いだったとまで言い募ってさらに曰く、「サクソンの血は面目を失い、ムーア人、インディアン、雑種の奴隷にされていたのである」。こうしたレトリックは口先だけの政治家の弁術を遥かに超えて人々に訴えた。あるテキサス女性が、確信をもって母親宛ての手紙をしたためている。「ひとつの民族が他を制する抑え難い必要を感じる」とのことですが、「彼ら上位民族は、自らが運命の女神に導かれていると苦もなく知ることになるでしょう」〈17〉。

心安いアングロ＝サクソン社会を、一刻《いっとき》なりと早く――大陸の隅から隅へと汎《ひろ》げて――盤石のものとしなければ。テキサス併合の支持者は劇的に語った。イングランド系のテキサスは、人種混交によって「血と肌の色の有

*――――第15代大統領（1761–1868、任期：1857–1861）。

毒な混合物」が動脈に流れるメキシコの「半蛮族《セミ＝バルバルス》の大群」からすべてのアメリカ人を守るというのだが、このことを議会で唱え、広く影響を及ぼした１８４４年の『テキサス併合に関する書状』*Letter on the Annexation of Texas* によって補強したのがミシシッピの上院議員ロバート・ウォーカーである。身の丈１・５メートル足らず、体重もわずか45キロのこの人物は、そのしわくちゃな外見にも似合わずワシントンで最も実力のある民主党員にのし上がっていた。彼の公言は、今となっては滑稽に響く。テキサスは、かつてアメリカ南部に入り込んだ奴隷制の危険なはみだし者をサイフォンよろしく吸い上げながら、自由黒人、ムラート、その他のアフリカ系の「雑種」を合衆国から魔法さながらに排出するだろう。この人種差別主義者の理屈は、１７９８年にベンジャミン・ラッシュが記した、いっそうの弱者であるスクワッターをクラッカーで一杯のものぐさな南部へと押し出すことで濾過しよう、というペンシルヴェニアにおける移住モデルを彷彿させる。ウォーカーは自論の確証のため、北部諸州の自由黒人が高い確率で狂気に悩まされている、ともうひとつの似非科学的な事例を簡単に挙げたが、これはその地域の精神病院に収容された黒人に関する合衆国国勢調査データを南部の上院議員が（かつてのアラバマのジョサイア・ノットさながら）故意に誤用して以来の、見当違いな政治算術の別例になるだろう。彼は主張する。解放を望む余地などなくとも健康で満足しきっているはずの南部奴隷に比べて、自由黒人というものは精神、肉体とも先天的にいっそう弱く、自由民としては不適格である〔18〕。

そして高飛車なレトリックは諸刃の剣となった。アメリカの種族《アメリカン・ブリード》を強化しようとテキサスを救援すれば、拡大した連邦にメキシコ人が過剰流入することになり、アメリカにおける民族の血が知らず知らずに脅かされてしまうかもしれないのである。ジョージアの下院議員で、のちに連合国副大統領を務めるアレグザンダー・ハミルトン・スティーヴンズはこう断言した。テキサス人の大半が、他のアメリカ人とともに血統づけと混交を行う価値のある善き備蓄――正しい種類の人々――の出で占められている。スティーヴンズは自らの主張のため、聖書の「創世記」から親しみのある一節を暗喩として援用した。「アメリコ＝アングロ＝サクソン民族」の継承者であるテキサス人とは「われわれ、つまりわれわれの骨の骨、われわれの肉の肉から出た者なのである」。* 米墨戦争で敵対した両国は、合衆国に編入される領の総計を折衝するにあたり、民族に特化した似たような言い回しを用いていた[19]。

一方的な戦争の間、血統づけはアメリカ帝国の造兵廠で次第に〝重要な武器〟になっていった。占領地への入植、「美しいセニョリータ」との結婚、そこで達成される新種の「併合」がヤンキー兵に期待されたのである。以下のカリフォルニアの事例は、ポーク大統領の親友でテネシーの若き将校であるケイヴ・ジョンソン・クーツが目覚ましい働きを通じて示した例証となる。メキシコ人の富裕牧場主の娘と結婚し、広い土地を義兄から譲り受け、10人の子供がさんざめく何とも壮大な邸を建てた彼は、１８６０年代までに2万３０００エーカー（約93平方キロ）超の土地を所有して新州を束ねる家長に数えられるほど栄達したのだ[20]。

とはいえ初期のカリフォルニア史はテキサス並みに過酷だった。逃亡中の破産者、罪を犯した余計者、悪党の博打打ち、無慈悲な冒険家といった者どもが西漸運動の混沌とした環境に乗じ、拡大地である両州に跋扈したのである。カリフォルニアのゴールドラッシュは、不平屋の金鉱掘りばかりか売春婦、財産狙い、偽地権を売る取り込み詐欺師《コン・マン》をも惹き寄せた。またアメリカ人の想像力をとらえたのがテキサスとカリフォルニアを跳梁する「メキシコ人と白人の混血」の喉裂き魔《カットスロート》で、派手な装身具とどぎつい身なりの「雑種の伊達男《ダンディ》ぶり」が評判になった[21]。

カリフォルニアは、ある意味かつての英領植民地の型に回帰していた。奴隷制を禁じる自由州として連邦加盟はしたものの、ネイティヴ・アメリカンを年季奉公の奴隷状態に置いてもよしとする度し難い一連の法を州議会がすぐさま通過させ、１８５０年から１８５４年にかけて2万人近いインディアンの男女、そして子供が奴僕として搾取されたのである。カリフォルニアではジョン・スミスのジェイムズタウンが男女比の不均衡まで含めてそっくり再現され、東部方面の大衆紙が白人女性に西への移住を薦めるほどだったが、そこには熱烈な呼びか

*———「創世記」2:23で、アダムがエヴァを前に「これこそ／わたしの骨の骨／わたしの肉の肉」と語っている。

けがある一方、地元民が必死に〝善き種畜〟を求めていると皮肉る紙面も見受けられた。1850年に評判を呼んだフランスのとある諷刺画には、日用品さながら木枠に梱包され、後は女日照りの「キャリフォルニ」宛に搬送されるばかりの女性が描かれている。『合衆国の雑報と民主的論評』*United States Magazine and Democratic Review* などは、待望の妻が必要な数だけカリフォルニアに送られた暁にはアメリカの〝未婚女性の施設〟は廃業だと予言している[22]。

ゴールドラッシュに引かされたのは、手に入れやすい恵みを探す根なし草のアメリカ白人ばかりではない。オーストラリア、チリ、ハワイ、フランスといった遥かな遠方からも冒険家はやって来たし、1852年には大量の中国人の到来も始まり、サンフランシスコはすぐ北米全域屈指の国際的中継地になった。カリフォルニアで〝発見した〟人種の「動物園《メナジェリ》」——そして完全な白人の堕落——を書き留めた教養ある旅行家のひとりが、著書『黄金の地』*Land of Gold*（1855）を土台とした『南部は破滅する』（1857）でプア・ホワイト論争をさらに煽り立てたノースカロライナ人ヒントン・ローワン・ヘルパーである[23]。

ひょろ長い立ち姿のヘルパーは、雑多な移民《エミグレ》の中ひと際目を惹いたことだろう。3年の長きにわたってカリフォルニアで過ごし、州への嫌悪感を抱いて立ち去った彼は、出会った者ほぼ全員に発した不快がましい言葉に反して、無法の町サンフランシスコで生き残ろうとしたときに売春以外の選択肢をほとんど持たない〝輸入女性〟の大半には同情を禁じ得なかった[24]。

そんなヘルパーから見ても、ディガー・インディアン*などは「肉食獣」さながらの暮らしを営む、「ニガー」や「犬」ほどの価値もない「不潔で忌まわしい」連中で、黄金州《カリフォルニア》の白人もまたリスでも始末するかのように部族の者を次々殺していたらしい。ノースカロライナへと帰る航海で遭ったニカラグア人にしても「脆弱」な上に「畸形」で——言うなればこの「灼熱地帯の交雑種族」4、5人がケンタッキー人ひとりに相当したのだという。自由黒人も同様に「不潔と堕落」の中で生きていた。ヘルパーはウォーカーの人種差別主義的な移住理論を反復する。いず

*——— Digger Indian。漁撈の他に“木の根を掘って”食糧を確保したメイドゥ族への蔑称。

れ黒人は赤道周辺に集められ、南米の土地という「容器」に（無用物として）沈殿するだろう《25》。

ヘルパーは、可能なかぎり動物をアナロジーに用いてカリフォルニアで暮らす者どもへの不満を述べた。アメリカ人、イングランド人、フランス人、中国人、インディアン、ニグロ、そして「混血」が、金鉱をめぐって共通の目的を見つけられないのは、豹、ライオン、虎、あるいは熊が、殺されたばかりの鹿の周りをうろつくのと何ら変わりがない。中国人は、アングロ＝サクソンより上位にいる我が身をイメージする厚かましさを持っているがゆえに軽蔑心を煽る。このような「半蛮族」どもは南部のニグロと同じ運命を辿るだろう。「太平洋の銅」と「大西洋の黒檀」は、どちらも永久に奴隷にされるさだめにあるのだ《26》。

民族の純血を熱心に擁護する者である一方、どことなく社会学者か人類学者めいてもいる。これがヘルパーのセルフ＝イメージだった。黄金への狂乱と綿花地帯である南部の単作経済を対照し、1857年に出版した南部社会への批判の中でそのカリフォルニア研究から得た結論を再び取り上げたのである。エリートのカリフォルニオ（スペイン系の居留者）の描写からは、冷酷で独善的で貴族然とした〝南部農園主の西部版〟をそこに見出していたことがわかる。ヘルパーからすれば、闘牛という怖気を震う見世物にふけるスペイン人は鞭を振り回す南部農園主の縁者だった。蛮族である闘牛士など、奴隷や貧しい白人男に君臨して「騎士のように威張り散らす」農園主と同族ということだ。無情な農園主によって「意図的に永続」させられている「無学」と「堕落」という状態の中で希望もなくのたうつプア・ホワイト・トラッシュは、ヘルパーが自著を出す頃には敗北する生きものである雄牛さながらの性質を帯びるようになっていた*《27》。

ヘルパーは、カリフォルニアの坑夫への視点を南部の貧者に注ぐまなざしへと苦もなく変換した。金鉱掘りはスクワッターの〝更新版〟なのである。むさ苦しいテントに住み、髪は伸び放題、髭など整えたこともない。カリフォルニアに蝟集した白人は、大半が〝困窮にあえぐまぬけども〟になった。この段でいけば彼らは南部のプア・ホワイトとまるで違いがなく、そのため「卑劣漢に欺され、巧妙に金を欺し取られ、ひどく虐待され」てし

＊────本文以下、次段までの引用「　」はヘルパー前掲書、既訳より。

まう。ヘルパーの見立てでは、単一の富の源泉に依存する経済は極端な階級状態を創り出す。カリフォルニアの金鉱は、南部の綿花や奴隷制と同じ道筋で偽の神格となって崇められていた[28]。

✺

『黄金の地』でヘルパーが奴隷制擁護に回ったことは事実だった。ところが彼は2年もたたない内に『南部は破滅する』で廃止を呼びかけた——拠って立つ定式はエイブラハム・リンカンや多数の自称「リベラル」政治家の指向と同じ〝奴隷の解放とその植民〟である。解放された奴隷は、合衆国からも放逐されるべきだった。1848年の自由土地党とそれを吸収した1854年の共和党の成立は、反奴隷制という立場が血統、不自然な混交、退化した血への懸念をまったく顧みないと暗に示唆しているわけではない。初の共和党大統領候補である陸軍将校ジョン・フレモントは、ロッキー山脈の向こうにまでその声望が及ぶ、生まれも育ちも南部という人物だが、彼もまたヘルパー同様、白人護持のために奴隷制廃止に転じているのである[29]。

　自由土地党のレトリックは——アングロ＝サクソンがインディアンと居並び暮らすことができないのとまさに同じで——自由民は奴隷と共存できないという信念を充足するものだった。奴隷制とは、死と荒廃を広め、国家に住まう白人の「激減」によって階級／人口動態の闘争を煽る危険な感染症なのである。賢明な小考《エッセイ》の筆者が早くも1843年に指摘したように、貧しい南部白人はヘルパーの言う奴隷の「絶対的支配者」*に太刀打ちできず、強制的に家を追われ、否応なく難民同然の追放状態に置かれた。土地の奪取と子孫が持つ正当な継承権の略取は不当で、「やつれた相貌」に「痩せ細った体躯」で西を目指す南部の貧困家庭は、それまでにないほどひどく困窮した新階級を象徴していた。先の小考は結論づける。奴隷所有者は「南部の息子」の放逐によって「非奴隷所有者全体の命に関わる利益に戦いを仕掛けているのだ」[30]。

　奴隷制根絶にあたり、自由土地党は可能性のある3つの台本《シナリオ》をイメージした。まず、西部を汚染されないまま

＊———ヘルパー前掲書、既訳より。

にするのなら、新領土すべてから奴隷制を閉め出しておかなければならない。次に、西部準州と州への奴隷制の転移を妨げれば、古株の南部《オールド・サウス》の制度も段階的な消滅に向かうものと思われる。最後はヘルパーの申し立てのように、アフリカ、カリブ諸島、あるいは南米への再入植といった他所への奴隷輸出が、制度廃止の要件となるだろう。

自由土地党の旗じるしは、1846年に国政の中心を占めるようになった。その年、ペンシルヴェニア民主党のデイヴィッド・ウィルモットが、次の規定を記した条文を議会に提出したのである。曰く、米墨戦争によって得た全領土は自由土地――すなわち奴隷制禁止の土地――として留め置かれなければならない。北西部領の奴隷制を禁じたジェファーソンによる1784年の草稿を一言一句取り上げた表現だが、条文自体は160エーカー（約0・65平方キロ）の自営農地を全員に無償で払い下げるホームステッド法と連動していた。自由――もちろん全白人の自由という意味だが――は、ただ地権とそこから生計を立てる能力を通じて保証される。以前の土地政策とは異なるこの新戦略は、スクワッターに土地の先買権（囲い込み耕した土地の購入権）を授けるのではなく、地権を持つ自由民へと転換させようというものだった。自営農地の所有者になるということは、アメリカ人になることを意味する――すなわち不可侵の「生得権」をもって、諸領土の全公有地を共同して所有する者である。あいにく議会の南部票に阻まれたため、「不可侵の自営農地《ホームステッド》」の法制化は南部諸州の連邦脱退後となる1862年を待つことになる《31》。

自由土地党の政策は、階級によって屈折してしまったテーマを浮き彫りにした。南部の農園主が、自由民の利益を侵害する奴隷制を拡大させつつあるではないか。元ケンタッキー下院議員ベンジャミン・ハーディンは階級闘争というテーマへの理解が深く、1841年当時にあって地元州に住む初期開拓民の息子たちが奴隷制によって減少している旨を主張していた。スクワッター開拓民の旧懐のシンボル、ダニエル・ブーンを思い浮かべながら彼は私見を述べる。子孫が「追放と困窮の憂き目に」遭おうとは、あの偉大な人物ですら想像だにしなかっただろう。ケンタッキー全域の自由民が誇らかに謳った〝わが家〟は、プランテーションと家畜に取って代わられつつあった。「かつて自由民として生まれた子供たちがふざけ合っていた草地」の上に現れたのは、何あろう飼い馴らされた獣や奴隷の「見苦しい群れ」で、自由土地はスクワッターと相場師との争いを再燃させ、前者を奴隷所有者による寡頭制の前に敢然と立ちはだかって「土地持ちの民主主義」を標榜する〝正直な自由民〟に変えたのである[32]。

　ここで再び繰り返すが、自由土地党の公約のこだわりは白人救済にあり、1856年の大統領選で共和党候補に指名されたフレモントもまた〝正直な自由民〟の危機を綱領の中心に据えた。北部の白人労働者が事実上の西部奴隷に身を落とさないよう、奴隷所有者を準州から締め出そうではないか。彼は南部の非奴隷所有者にもある種の解放を申し出、1776年以来否認されてきた真の自立を約束したが、それでも自由土地党譲りの基本原則《ドクトリン》がホワイト・トラッシュを現実に救済し得るかについては疑問が残った。マサチューセッツのある演説者が「わたしは自由の土地で生まれ育った自由民であり、自由民の息子だ」と簡潔に語る一方、奴隷州で生を受け〝不自由な土地〟で育った貧しい南部白人は、数を増してきた世の声が言う〝堕落した血統〟に苛まれていた。だが彼らは自由民のように動かない。ヘルパーの見立てでは、無知と従順が彼らをロシアの農奴以下にしたのであり、卑屈にも「奴隷制擁護者」*に票を投じて当選させてしまうことさえあった[33]。

　新進の共和党は、ワシントンとジェファーソンによるかつての批判を持ち出した。南部の農業が土壌を枯渇させ国土を荒地にしている。ヘルパーは南部を凌ぐ北部の高い生産性を裏づける一覧表を公開し、ジョージ・ウェストンは大反響のあったパンフレット『南部のプア・ホワイト』の中、経済的に後退したままになる運命の傍証としてめぼしい南部男の言葉を引用した[34]。

　プア・ホワイトが、砂がちで雑多な松林、湿地性の土壌といった最悪の土地へと常に追いやられ、そのために苦しんでいることは誰もが知るところで、19世紀半ばに「砂丘地の住人《サンドヒラー》」sandhiller や「松林の住人《パイニー》」piney と呼ばれるようになった次第もまたこれである。辺地へと追われ、往々にして〝持たざる土地〟へと不法に居座る《スクワッティング》彼

*―――ヘルパー前掲書、既訳より。

らは、たいてい荒廃した土壌と同じ存在だと見なされていた。「堅いものを掻く奴ら《ハード＝スクラッチ》」Hard-scratch と呼ばれたプア・ホワイトは、ある者に言わせれば「住みついた土地同様の石と切り株と灌木だらけ」の連中なのだという。ビュフォンに立ち返ったヘルパーは、「みすぼらしい代物に畸形化された」人や獣を「退化した人々」が産み殖やしたのだと強弁した。1854年、ヘンリー・デイヴィッド・ソローは同じテーマを想像力の最も暗い隅に置き、奴隷の南部は朽ちかけた屍骸だと記した上でこう述べる。せいぜいのところ、開拓のさなかにある西部の「こやし」*にするしか使い道はない。プア・ホワイトを人間の破片も同然としながら、諸領土の肥料として働くくらいの身のほどでしかないと描写したのである《35》。

『ドレッド』の著者ハリエット・ビーチャー・ストウもまた、酷薄さでは引けを取らなかった。彼女の描く農園主がプア・ホワイトという「人種丸ごと」を「数ある生きものの中でもこの種族は」と腐せば、悲しいかなある登場人物がこう宣告する。「それを追い込む狩猟隊が要る。鼠並みに駆除しなければ」。作家はホワイト・トラッシュの女と子供らを森に隠れる手負いの獣として叙述した。

> 汚いわらの山にしゃがんでいたのは、粗末でやつれた女だった。落ち窪んだ頬に目だけがぎらぎらと際立ち、髪はぼさぼさにもつれ、猛禽の鉤爪さながらの長いごつごつした手をしていた。皮が骨に張りついたような首元には、痩せ衰えた幼児がぶら下がり、もはやそのままでは得られない養分を絞り出そうとするかのように、骨ばった小さい手で母親の胸を押していた。さらにふたりの子供が、飢えに削がれた青白い顔で母親の長衣にびくびくしがみついていた。親子は肩を寄せ合い、侵入者からできるだけ身を離す。怯えた目を見開いて顔を上げる姿は、追いつめられた野生動物を思わせた《36》。

ストウの主張はこうだ。貧しい南部白人は、他者からの引き上げに望みをつなぐだけの追われ者でしかない。だ

＊――『マサチューセッツ州における奴隷制度』、『アメリカ古典文庫』4所収、木村晴子訳、研究社より。

が誰が彼らを引き上げるだろう？　彼女が南部農園主の口にのぼせた蔑みは、まったくの創作ではなかった。多くの農園主が、特に奴隷と共謀して盗品の横流しにいそしむプア・ホワイトを、その犯罪行為ゆえに忌み嫌っていたのである。1850年代にはプア・ホワイト人口も増大して黒人と酒類取引を行う「堕落」した男どもまで現れ、チャールストン地区大陪審が参政権剝奪を勧告している[37]。

農園主によって支配された法廷はどの自由民であろうと参政権を意のままに取り上げ、ノースカロライナ、サウスカロライナ、ルイジアナ、ヴァージニアなどは1840年代、50年代と投票時の財産資格を維持してプア・ホワイトを政治から締め出していた。旦那さま宅の出入りには裏口を使え、といった農園主によるプア・ホワイトへの社会的排斥《オストラシズム》はなおいっそう恥ずべき過去の汚点だが、食やものを乞いに来る彼らであれば奴隷からも「迷い山羊」と呼ばれた。南部の改良家にしても見下すことに変わりはなかったものの、産業の唱導者にして紡績工場主のウィリアム・グレッグなどは1851年、サウスカロライナでの公開演説中に「当地のプア・ホワイトは（……）森のインディアンより一段進んでいる程度の存在の些細さに苛まれている」として〝進化の余地〟を強調した。彼はプア・ホワイトの身分を――今は下賤であれ――より文明的に高めたいと望み、定職に就かせて学校へと通う筋道を用意するべく、自身が経営する工場で彼らの独占的な雇用を行った[38]。

ホワイト・トラッシュのスクワッターは、その大半が自由土地や自営農地を手に入れていない。たつきの道は――富裕南部人の記録を引くかぎり――ゴミ漁り、徘徊者、泥棒である。とはいえ真実はいっそう複雑で、多くの者が奴隷と肩を並べながら小作農や日雇い労働者として額に汗を流し、収穫期には貧しい男女がわずかな賃金で昼夜を問わず作業に励んだ。ボルティモアやニューオーリンズなどの都会で、割に合わない最も骨の折れる仕事――鉄道建設、街路の舗装、荷車による運搬、溝掘り――を主に請け負ったのは白人労働者だった[39]。

プア・ホワイトは、1850年代までに階級として定着するようになっていた。非奴隷所有者であるわが身を自ら評して曰く「農地のない農夫」である。小規模な奴隷所有者は大規模農園主の親戚であることが多く、血統と縁戚関係がいかに重要かを思い起こさせる。奴隷所有者は、そうでない者の上に身を置くための尋常でない財務手段を採っていた。投資としての、あるいは貸しつけを得る場合の担保と信用の重要な原資としての、奴隷の子の養育である。

その場に留まるにせよ西部に移住するにせよ、プア・ホワイトが占有するのは貧しい土地だった。彼らの半数近くが大西洋側の南部を離れ、テキサス、アーカンソー、ミシシッピ、その他へと向かったが、そもそもの奴隷州におけるプア・ホワイトの割合には依然さしたる変化はなかった。〝安全弁の理論〟が働かなかったのである[40]。

✺

「南部のホワイト・トラッシュ」というラベルは、ある者に言わせれば北部の創作というだけではない。「ポ・ホワイト・トラッシュ」po' white trash の「ポ」は奴隷語彙に由来するとされてきた節があるが、（ジェファーソンのように）貧者を「がらくた」と退けた南部エリートの間で口にされたこともまた明らかなのである。ハリエット・ビーチャー・ストウとダニエル・ハンドリーというおよそ共通項のない〝ふたり組〟は、継承された階級の徳性を表現しようと「善き血」の存在を支持した——だが、「脈状に広がり絡み合う」血筋とは世代と世代の類似性が有力であることを強調する似非科学的な言い回しにすぎない[41]。

コネティカット生まれのストウほどには決して知られていないアラバマの人ハンドリーは、典型的な南部人というわけでもない。1853年にハーヴァード大学で法学学位を取得後、在ヴァージニアの従妹と（南部流の）結婚をし、一族の不動産管理のため義父によってシカゴへと送り込まれている。プア・ホワイトのことを著す前にシカゴに失業者があふれる1857年の恐慌をまのあたりにした彼は、リンカンの大統領選出後、南部諸州の連邦脱退と南部の生活様式の熱烈な擁護を胸にアラバマへと戻った[42]。

一般のアングロ＝サクソンに優る王家に連なる家筋、つまり騎士党*の血を引く者が生粋の南部ジェントルマン

*———王政復古期のイングランド親王派（反議会派）に属する人々の総称。

である、とハンドリーは主張した。この段でいけば母方が王家の騎士党直系、父方が心あるアングロ＝サクソンというジェファーソンですら〝混血〟の部類に入る。身の丈1・8メートルの偉丈夫、自邸のある田園地帯で狩りや散策をするというハンドリーの南部ジェントルマン像の原型はアラブ馬並みで、その分類学上の白人の階級は血筋順に上位が騎士党の郷紳《ジェントリー》、中間を占めるのがアングロ＝サクソンの独立自営農《ヨーマン》、脆弱な底辺が「南部のごろつき」や「ホワイト・トラッシュ」と呼ばれた人々だった。最下層民の家系を辿ってみても、行き着く先はジェイムズタウンの囚人や年季奉公人がせいぜいで、彼らは貧しい徘徊者か往年のロンドンの裏町から連行された者の汚れた後継人なのだ〈43〉。

一方のストウは小説『ドレッド』の筋立ての中、貧しい南部白人を3組に分けた。まずはこき使える奴隷の所有を夢見ながら毎度の酩酊状態にのたうつ、ハンドリーの言う〝南部のごろつき〟然とした悪徳者で（しみったれで）不逞者の白人、次に控えるのが怯えた獣か厭な生きものさながらに暮らすホワイト・トラッシュとなるが、やはり混血が作中でもとりわけ興味深い。登場人物のスー嬢はヴァージニアのペイトン家（「善き血」の者）の一員で、家族は富を失った挙句に「退化」している。彼女はプア・ホワイトのジョン・クリップスと衝動的な結婚をするが、子供たちは血統のおかげで救われる。「可愛らしく」、生物学で言う遺伝質が顔立ちに表われ、「白人の野生児の発音や行儀の悪さは微塵もなかった」のである。スーの死後、彼らはニューイングランドで一流の教育を受け、さらに改良された。環境の健全な配合が、母親の上位階級の家筋による恩恵を子供たちに受け取らせたのだ〈44〉。

大衆向けに描かれたプア・ホワイト・トラッシュは「中国人やインディアンのどんな描写」にも負けず劣らずの「怪しい」性質を持つ飛び抜けて「奇妙な」衆で、その子供たちはといえばニューハンプシャーの学校教師がジョージアの泥食らい《クレイ＝イーター》を評したそのままに老け込んでいた。まだ10歳だというのに「愚かで沈痛な顔つきは往々にしてむくみ、見るのも厭われる」。しわくちゃでしなびた子供たちが見せる老朽ほど、絶えゆく種族の劇的な符牒《シニフィアン》となるものはなかった[45]。

　作中の言及は、奇異な肌の色を繰り返し強調している。「身の毛もよだつ黄みがかった白」の「不自然な顔色」、あるいはハンドリーの所見のような「黄みのある羊皮紙」色の肌。そこには、不健康な白さでアルビノとも言われるような「綿色や亜麻色の頭髪」の子供たちがいた。「死人のように血の気のない容姿」の、土でも食べたようなプア・ホワイトの浮浪児もいた。その髪は「いがぐり」の類いとも思われ、ほうぼうの痩せた土壌に生えた綿花さながらの見場である。女は理想の種畜《ブリーダー》／種の涵養者ですらない「母性のみじめな標本」で、その〝所産〟の面倒を適切に見ることもしなかった。カンザスの新聞から「獣脂のような顔色の郷紳」と非難がましいラベルを張られた者どもは、幼児の口に日々泥を押し込んでいた。プア・ホワイト・トラッシュを表す言葉は、17世紀からこちら声を潜めて口にされるようになっていた[46]。

「同類が同類を産む」は、こうした罪深い肖像を深く刻む際の指針として有効であり続けた。サウスカロライナの富裕家庭に生まれた日記作者メアリー・ボイキン・チェスナットが提供するのは、19世紀半ばでも最も嫌悪をもよおす類いのひと齣《こま》である。隣人女性ミリー・トリムリンがプア・ホワイトに魔女だと思われた。「迷信深い群衆」は、墓から彼女の骨を3度掘り起こしてどこかに撒いてしまったのだという。同類の者に蔑まれ生活保護も受けていた彼女は、「砂丘地《サンドヒル》の質の低い《タッキー》人種の完璧な標本」だったとチェスナットは記しているが、実際それそのものの容姿をしていたらしい（〝タッキー〟tacky とはそもそもカロライナの湿地帯に棲息する〝退化種族〟の馬を指す）。「彼女の肌は黄色くがさがさで、目の白いところまで胆汁めいた色になっていた。背は低く、丈夫だが痩せぎすで、顔つきは険しく、手の甲は骨ばっていた」[47]。

　彼らのひどい困窮を解決しようと申し出る者はおろか、気にかける者さえいなかった。砂丘地の住人《サンドヒラー》や泥食らい《クレイ＝イーター》などのホワイト・トラッシュは認知的存在である以上に標本なのであり、社会改良家の介入も意味をなさない異常性や畸形性となって不気味に姿を現す「悪名高い人種」と代々見なされてきた。貧しいホワイト・トラッシュを工場労働者として養成しようと考えたウィリアム・グレッグのような南部人はごく少数で、奴隷制の擁護者にしても自然かつ肝要な無償労働というシステムが実際のところ自由労働の上位に置かれる、と主張するようになっていた。サウスカロライナの元知事ジェイムズ・ヘンリー・ハモンドが1845年に言を強めて曰く、奴隷制はすべての関係性の礎石となるべきで、階級における従属もまたごく自然なことだ。恥知らずなこの人物にかかれば「すべての人間は生まれながらにして平等であり」というジェファーソンの言も「ばかばかしくいかれた」コンセプトになる。今や有力な南部知識人の仲間内では、次のことがあけすけに強弁されていた。人々が適切な身分に留まっていれば、自由というものが最善の形で得られるだろう[48]。

「理知的な白色人種《コーカソイド》」*という概念は、もうすでに現れていた。ウィリアム・アンド・メアリー・カレッジのナサニエル・ビヴァリー・タッカー教授が、1850年にこう断言している。このタイプは「最高次の完全性」という特質を擁し、黒人と劣等白人双方にわたる統制をごく自然に成し遂げるのである。6年後には、奴隷制が肌の色ではなく家筋と慣習に関わっているとする次第に一般化されてきた見解が、『リッチモンド・エンクワイラー』*Richmond Enquirer* で繰り返された。こうなってくると、ハリエット・ビーチャー・ストウが作中でプア・ホワイトによる新階級——白人奴隷《ホワイト・スレイヴ》からなる階級——を待望する奴隷所有者を描いていたことも驚くにはあたらない。ハンドリーは記す。「遊動性を持つ他人種と同様」、ホワイト・トラッシュは「メキシコの平原に棲息する半ば未開の雑種に吸収され消失するまで西や南のさらなる遠方へと進んでいく」だろう。この外向きの移住は、新たなエリート主義者にしてみれば唯一の希望だった[49]。

血統は、首席判事ロジャー・B・テイニーが「ドレッド・スコット事件」(1857)に下した判決主文の大要を占める論点にもなった。自由州ないし連邦の自由領へと連行された奴隷が解放されるべきかどうかを裁定した顛末は、事件の域を遥かに超えて広く影響を及ぼした。奴隷制支持派のメリーランド人テイニーは諸領の奴隷制に触れながら、〈北西部領地条例〉を通じてジェファーソンによって布石が打たれた奴隷制の禁止を〈合衆国憲法〉

*———「白色人種」はドイツ人科学者ヨーハン・フリードリヒ・ブルーメンバッハによる骨相学研究から出発した5人種分類のひとつで、論文『人類の自然変種』(1775)の中、優性白人の源流をコーカサス人(カフカス人、コーカソイド)に求めた彼は、それ以外をモンゴル人(黄色人種)、エチオピア人(黒色人種)、アメリカ人(赤色人種)、マレー人(褐色人種)に設定した。

の立場に拠っていないとして退けた。独立革命、〈独立宣言〉、そして憲法制定会議の当時におけるそもそもの社会契約に独自の解釈を構築し、契約のそもそもの継承者とは建国世代のそのまた子供となる自由白人だけなのであり、ただ血統だけが、アメリカの市民権を受け継ぐ者は誰なのか、「自由民」の資格と呼称の根拠となるのは誰の人種的家筋なのかを決める、としたのである。テイニーによる主文は重大事となった。血統というものを、文字通り憲法の原則内に容れたことになるのだから。物議をかもしたこの判決で、テイニーは民主主義に基づくどの考えをも論証によって却下し、血筋と民族の血を踏まえた市民権を礎石として置いたのである。建国者のそもそもの意図は、〝承認された種族〟の立場から社会の成員を分類していくことにあった。首席判事はそう規定したのである《50》。

徘徊者、スクワッターには、描き直しが施された。だが〝彼／彼女〟ともに質《たち》は変わらない。田舎社会の縁《へり》に住む、ホワイト・トラッシュの一員である。絶えず拡大する西部を移動しながら害をもたらす集団が、どれほど民主主義の中心原理に挑戦しているのか。観察者はそれを識《し》っていた。カリフォルニアは目覚めの鐘だ。いつまでも上意下達のままでいる社会秩序の全貌を目にして不安に駆られた南部人が、奴隷絡みの自らの制度と経済ばかりか、いや増す一方のプア・ホワイトにまで注意を向けるようになったのだから。もう誰も白人同士の平等を語らないのだろうか？　注意を払う者は誰もいない。簡潔に言おう。分裂に至る道沿いには、ホワイト・トラッシュ《白い屑》が散らばっていた。

第7章 臆病者、腰抜け、「どん底の連中《マッドシル》」：階級闘争としての南北戦争

Cowards, Poltroons, and Mudsills: Civil War as Class Warfare

かねて自ら示してくれた通り、諸君はわれわれの父たちの退化した息子ではない（……）いかにも、諸君には父たち以上に固い絆をともに結ぶ大義がある。王冠を戴くイギリスによる横領から逃れるべく彼らは戦ったものだが、その戦（いくさ）相手は雄々しい敵だった。しかし諸君が一戦を交えるのは、地球の汚物なのである。

——連合国大統領ジェファーソン・デイヴィス、1863年1月

1861年2月、アメリカ連合国*の新大統領に選出されたジェファーソン・デイヴィスは、執務地のアラバマ州モンゴメリーへと向かった。群れをなす男女の歓呼の声に迎えられた彼はエクスチェンジ・ホテルの外で短い演説を行い、「アメリカ連合国の同胞市民、並びにきょうだいの諸君」と民衆に呼びかけながら、新生した選挙民を表すのに「ひとつの肉、ひとつの骨、ひとつの利益、ひとつの目的からなる人々、そしてアイデンティティを国内機構に置く人々」というかねて実践済みの暗喩を用いた。**この謂いは、ジョージア出身の副大統領アレグザンダー・スティーヴンズがテキサス併合とその地のアングロ＝サクソン住民の支持を1845年の議会で表明する際に使った聖書のほのめかしと、偶然にも同じだったのである〈1〉。

ひとつの肉、という一対の言葉が織りなす綾には、両義性がある。〝他とは違う種族〟の望ましいイメージを象徴する、人種と生殖である。デイヴィスは、その名をあやかったトマス・ジェファーソンが新しい故国を表現した、ひとつに具体化した諸々の「同質性」という言葉を繰り返していた。『ヴァージニア覚え書』の中、ジェファーソンが国家の団結と保全の基礎に置いたのは、生え抜きの血と文化価値の共有である。「アメリカの種族《アメリカン・ブリード》」とい

*———この“南部連合”は、奴隷制を基礎とする地元経済の固守のため同年同月までに連邦を脱退した上で独立を宣言した7州（サウスカロライナ、ミシシッピ、フロリダ、アラバマ、ジョージア、ルイジアナ、テキサス）と追加加盟した4州（ヴァージニア、アーカンソー、テネシー、ノースカロライナ）からなる。1865年4月の南北戦争（アメリカ内戦）における敗北を機に連邦へと再統合された。

**———始めの引用「　」は「ヘブライ人への手紙」8:11の「彼らはそれぞれ自分の同胞に、それぞれ自分の兄弟に」を、後の“肉と骨”のイメージについては前章原註《19》の段で触れた「創世記」2:23の一節をそれぞれ参照されたい。

う概念は、確実に固まっていた[2]。

この「アメリカの種族」モデルに解説を加えた者は、持たざる領の拡張を展開して文化間の衝突が立ち現れたとき有用となる「彼我」の微積分学に皆揃って引き寄せられていた。南部が分離の意志を固めていくにつれ、さらなる差別化が要求されたのである。連合国大統領が「退化した息子」という得意の対句を折々口にのぼせたゆえんもこれで、同時に彼は1861年のこの度の革命に対する理解を促しながら、建国の父たちの高潔な血統を再び思い起こさせる狙いをもって「1776年の〔独立宣言の〕日々」を公に訴えた。彼は群衆に確言する。南部人は「今に伝えられた聖なる権利」の継承者なのだ。必要とあれば戦場《いくさば》で「南部の勇気」を示そうではないか。ジョージ・ワシントンと彼の高貴な仲間たちの「退化した息子がわれわれではないこと」を、そして最初のアメリカ共和国の純粋な裔《すえ》、つまり正統な家筋の者が真実誰なのかを、新しい国家が世界に証明するだろう[3]。

こうした発言は、裏返って以下の仕儀となる。1862年の暮れ、デイヴィスはまたも演壇でごろを巻いた。ミシシッピでの議会の一席で、連邦側（北軍）を構成する男どもをあからさまに非難したのである。曰く、奴らは「芯まで腐った」政体によって配備された「極悪人」に他ならない。北と南がふたつの〝他とは違う種族〟である証しがこの戦いなのであり、南部人は明確な血統からなる権利を主張できるものの敵はそのかぎりでない。北部人はイングランド内戦で社会階級をないがしろにした者どもにまで遡れる「ホームレス人種」の後継者なのだ。さらに忌憚なく言うと、北の系図学はそもそもがアイルランドやイングランドの「沼地や湿地」に始まり、そこの浮浪者の血筋や沼人《ぬまびと》のがきが奴らなのである。デイヴィスはこう宣言する。ふたつの人種がいつか再び手を取

㉒——連合国大統領ジェファーソン・デイヴィス（1808–1889、任期：1861–1865）。

り合えるという想像など迷妄で、誠実な連合国では自らを落として劣等人と再会しようなどと誰ひとりとして望んでいない〈4〉。

連合国の首都リッチモンドに戻ったデイヴィスは1863年1月にまた別の演説を行い、「かねて自ら示してくれた通り、諸君はわれわれの父たちの退化した息子ではない」と例の言葉を繰り返した。* それでもなお、彼の言う南部の大義の新たな急進性は見逃せない。独立革命の先達が戦ったのは「雄々しい敵」だが、連合国の対峙する相手はまた違う。「諸君が一戦を交えるのは、地球の汚物なのである」。そう大統領はうそぶいた。ヤンキー** というものは、「ハイエナ」にも劣る退化人種だ。デイヴィスは北軍の一団を人外のものと指弾しながらさらに言い募る。鼻を鳴らして群れをなし、罪なき獲物を狩り立てる、ほぼ生まれつきの欲ばりで、臆病者の種が奴らである〈5〉。

✳

戦争では、弾ばかりか言葉も飛び交う。1861年からこの方、連合国は課業さながらに敵を非道だ異常だげすだと悪霊並みに罵った。南部人は理屈抜きに自らの優位を感じないことには収まらず、ヤンキーどもから分離解放された国体の形成に自身の存在がかかっているという〝信念〟を抱かずにはいられなかったのである。アメリカのアイデンティティは19世紀の北部人によって頽廃させられた。その核心を保つ戦いによって、大逆の唾棄すべき攻撃から身を守らなければならない〈6〉。

そのためにも、連合国は同盟州間に存在する深い溝を覆い隠す革命のイデオロギーを構築する必要があった。綿花を産する湾岸諸州と経済的に多様な境界諸州の間の緊張状態は本物で、北軍に参加した推定30万人とされる南部白人の多くが境界州出身者であること、そして境界4州が連邦からすぐに脱退しなかったことは忘れられがちではあるが、そもそもジョージアにあってさえデイヴィスの政策への異議が戦中を通じて著しかった。徴兵と

＊――――原文 degenerate sons は他類語との区別上「退化した息子」としたが、「堕落した（頽廃した）息子」という含意もあることに留意されたい。

＊＊――――Yankee の語源はイングランド人とオランダ人の入植者間で交わされた蔑称に求められるという説があるものの、明確ではない。南北戦争期以降はディキシー（南部）側から北部人を揶揄するときに使われるようになった。

食糧難に端を発して広がる一方の奴隷所有者と非奴隷所有者の間の溝を埋め合わせる役割を担ったのが、首都リッチモンドである。同質性の要求は、現実ではなくイメージの産物だった《7》。

連合国創建の基調になったのは、戦前に南部が抱いていたヤンキー気質への批判である。彼らの主張によるとヤンキーの郷紳《ジェントリー》は南部流の洗練を欠いた成り上がり者ばかりなのだといい、その「自由」とは紛れもなく下層階級の狂信なのだ。1856年、アラバマのある編集者が以下のような記述を残している。

> 自由社会！ 聞いただけで反吐が出る。油まみれの機械工、不潔な工員、けちな農民、気触れの理論家のたかが寄せ集めだろう？ 北には、とりわけニューイングランドには、やんごとないジェントルマンにふさわしい社会など皆無である。上品ぶろうともがく機械工、骨折り仕事で手一杯の小農がそこで出くわす者の階級で、連中など南部ジェントルマンの使用人にすらなれない《8》。

その年、共和党初の合衆国大統領候補となったジョン・C・フレモントの支持者がボストン市内を行進《パレード》した。彼らが掲げた横断幕のひとつには、「油まみれの機械工」という〝中傷〟が誇らかな識別章《バッジ》として染め抜かれていた《9》。

ひどい悪口雑言には格別の意図があった。自由労働絡みの議論を逆手に取った奴隷制支持派の南部人は、下賤な白人労働者からなる下層階級という〝地層〟への依存が北部最大の失敗だと強く主張したのである。連合国大統領になる10年前にミシシッピ選出の上院議員だったジェファーソン・デイヴィスもまた、奴隷州のほうがより偉大な安寧を享受していると説いていた。「どの場所であれどの国であれ階級差別が常に存在する」ことを認めた上で、合衆国にはふたつの〝他とは違う労働システム〟の併存が見られると述べたのである。南部にあって階級間の境界線は「肌の色」をもとに引かれるが、北部白人は「貧富という資産差による」標識を境界に用いてきた。「奴隷所有者のコミュニティには、他者の下賤な使用人になる白人などまるでいない」。そう力説するデイヴィスは、他の多くの奴隷制支持派の主導者と同様、黒人を超えた優位の保証によって奴隷制が貧乏白人《プア・ホワイト》を向上させるものと確信していた。だが、それは違う。階級ヒエラルキーは、南北戦争前の時期にかつてないほど極端化していたのである《10》。

サウスカロライナの指導的な奴隷制支持派知識人ジェイムズ・ヘンリー・ハモンドは、北部における社会経済システムの本質的な劣性を表すため「どん底の連中《マッドシル》*」mudsillという言葉を鋳造した。連合国が非難の的とし、北に反駁する事例があるとすれば、「マッドシル民主主義」がそれなのだ。その表象は1861年の開戦が近づくにつれマッドシルで占められた北軍の描写として急激に増殖していく――つまるところ彼らは都会の暴れ者、草原の汚れた農夫、油まみれの機械工、体を洗いもしない移民からなる悪臭ふんぷんたる蒐集品なのであり、1862年までにはそこにアフロ＝アメリカン部隊の編入に伴う無礼な自由黒人が加わるのだが、皆が皆デイヴィスに言わせれば無用者、つまり「地球の汚物」だった《11》。

1858年、ハモンドは合衆国上院における演説でその普遍性を証明しようと自身の概念を公表した。特に念入りに評言を加えたのが、階級アイデンティティに現れる確固とした品格である。すべての社会には「下賤な務めを担い、日々の骨折り仕事をこなす階級がなくてはならない」。職能を欠き「知性の程度も低い」労働者階級が、文明国家の基礎をつくるのだ。どの先進社会にも取るに足りない労働者からの搾取が必須であり、非難の中でのたうつ勤労貧民《ワーキング・プア》はといえば上位階級をはばかって主人《あるじ》が上に立つことを受け入れる。世に隠れもないこのエリート、選りに選られた者《クレーム・ド・ラ・クレーム》が社会の精髄、あらゆる「文化、発展、洗練」の源泉になるだろう。つまりハモンドの心中では、下賤な労働者など誰ひとりそこから浮かび上がることのできないさしずめ隠喩的な流砂《マッド》でもある泥《マッド》にまみれた、まずもって文字通りの「土台《マッドシル》」なのである《12》。

すべての社会にそれ相応のマッドシルをしつらえるなら、とハモンドは論をつなぐ。アフリカ系の奴隷をこの

*――――原義は“建物の土台部分”である。

低い身分に留め置くという南部の選択は正当である。異形の人種である暗い色素の者は、生来劣等で御しやすい――そして、彼の言い種《ぐさ》でいけば北部の犯した罪はいっそう質《たち》が悪くなる。あ奴らは同族を卑しめている。北部の白人マッドシルは「己が人種の出で、同じ血を分けたきょうだい」ではないか。ハモンドの観点からすれば、北部諸州の民主主義は瑕疵のある自らの労働システムのため堕落したことになる。不満を抱く白人が投票権を得た結果、「多数派となってすべての政治権力の預託者になった」のだ。後は時間の問題だ、と彼は不吉に警告した。やがて貧しい北部のマッドシルが、連邦の残滓を滅ぼす階級革命を画策するだろう《13》。

ハモンドの言い様はジェファーソン・デイヴィスと同じだ。ともあれ将来の連合国のイデオロギーが南北戦争を階級闘争へと変換し、南部の対戦相手は退化民であるマッドシルとそれが表象するすべて、つまり階級の混交、人種の混交、富の再分配になる。エイブラハム・リンカンによる大統領当選までの間*、連邦脱退論者がこう言い立てた。恐るべき人種の退化を助長しながら「黒い共和党」が国政を乗っ取るのだ。だが、危機はそこに留まらない。ある怒れる南部人著述家が言明する。奴隷制廃止ばかりか南部での階級革命の扇動を真の課題《アジェンダ》とする北部の政党など、「黒い共和党」ならぬ「赤い共和党」と呼ぶべきだ《14》。

連合国のイデオロギーを信奉する者が階級と種の涵養／血統づけ《ブリーディング》絡みの術語へと目を向けたのは明白な理由に基づいているのだが、それは奴隷所有に根ざしたヒエラルキーの支持からうかがえる。1861年のそのときにジェファーソン・デイヴィスが語った「国内機構」とは奴隷制を意味し、その保護が「ひとつの肉」を新国家へと集束する新憲法の中心的信条を形成したのである。副大統領アレグザンダー・スティーヴンズもまた、憲法制定会議からの帰途サヴァナで行った演説を通じてハモンドの〝マッドシル理論〟が連合国の礎石となるよう力を尽くした。そして代議士たちがより完璧な体制を布いたのである。曰く、まず第一に白人自身の人種階級は決して抑圧されないことが保証される。次に、アフリカ人奴隷、つまり「**われわれの**社会の下層は本来そこにふさわしい材でこしらえられている」ことが確言される。リンカンが1858年に行った「分かれたる家」の演説

*――共和党候補としては初となるリンカンの大統領当選は、戦争勃発の前年となる1860年（生没年と任期については後出の図版説明文を参照）。

によって提示した前提（半ば奴隷、半ば自由の状態で、この国家が永く続くことはできない）＊に反発するスティーヴンズは、連合国というものを、奴隷の土台《マッドシル》を基礎に、白人の「レンガと大理石」を化粧材にして巧みに建てられた邸宅同然に見なしていた。思うにレンガは不屈の独立自営農《ヨーマン》を象徴し、とすればエリート農園主はさしずめ美しく磨かれた雪花石膏《アラバスター》というところだろうか〈15〉。

階級への腐心は、戦中も決して勢いを失わなかった。１８６４年、敗色が濃厚になるにつれ、南部の指導者連は奴隷による軍の増強を熟考したが、それによって最下層を奪われればせっかくの反旗を掲げた国家も没落しかねない、と不安を訴える者も出てきたのである。黒人男性が軍務を通じて〝色分けされた社会ヒエラルキー〟という通念を浸食し、その境遇を高めるようになるかもしれない。だが要塞建設を進める各州行政方が早くも１８６１年から奴隷の徴発を行っており――南軍総司令部とデイヴィス政権も遅ればせながらそれを政策として採用することになる。とはいえ、奴隷に軍服を着せる処置はこの上なく急進的である。（ハモンドとスティーヴンズが提起した通りの）下賤なマッドシルである彼らの身分を上向かせてしまうのだから。テキサスの分離論者ルイス・Ｔ・ウィグフォールが連合国上院で怒りをあらわにする。武装奴隷など断じてあり得ない。イギリス人が土地持ちの貴顕を根絶やしにして「寄合所の雑魚ども《マーケットハウス・モブ》」にすげ替えるのと同じことだ（「寄合所の雑魚ども」云々はむろん階級革命の別の謂いで、貴顕を廃止すれば連合国は――投票権を持った北のがらくた連中さながらの――〝もうひとつのマッドシル民主主義〟に様変わりすることになる）。ウィグフォールは気取り屋《スノッブ》のイングランド領主ばりの口調で、「ブーツを黒々と光らせる者《マン・フー・ブラックト》と馬を梳《くしけず》る者とが同格の」国には住みたくないと言い添えた。彼の心中では奴隷など生来の使用人で、兵士に仕立てて取り立てることは階級構造の全壊を意味した。徹底した階級システムの擁護こそ、南部人脱退のそもそもの理由《わけ》ではないか。階級絡みの不安がこのように連合国の思索を満たし、南部エリートの結束を促した〈16〉。

階級が取り沙汰される理由は他にもあった。南部独自の底辺層である、多くが軍服をまとう非奴隷所有者のプ

＊――――「スプリングフィールドにおける共和党州大会にてなされた演説　1858年6月16日」、『リンカーン演説集』所収、高木八尺、斎藤光訳、岩波文庫より。「マルコ福音書」3:25を引いて国体を家になぞらえた。

ア・ホワイトの抱く反感をはぐらかさなければならない。それを連合国指導者はよく理解していた。戦中、ことに議会が〈1862年の徴兵法〉を通過させて18歳から35歳の全男性の応召を義務化した後は、「富者が戦争を行い、貧者が闘う」ことへの非難が引きも切らなかったのである。教養あるエリート、奴隷所有者、官職者、有益な職の従事者は――貧農や雇われ労働者を徴兵の主な対象に置きながら――責を免れていた。対象は引き続き45歳までに拡大され、1864年には17歳から50歳の全男性が制度の適用を受けた《17》。

北軍と共和党政治家は、南部のエリート農園主とプア・ホワイトの間にある途方もない搾取を伴う階級区分を標的に戦略を進めた。ユリシーズ・S・グラント*とウィリアム・T・シャーマンの両将軍は、北軍の多くの将官同様、自らが臨んでいるのは奴隷を抱える貴顕との対決戦であり、戦勝と奴隷制廃止が奴隷ばかりかプア・ホワイト・トラッシュの解放にもなる、という信念を抱いていた。グラントは回顧録の中、北軍司令官なりの階級批判を表明している。連邦脱退に至ったそもそもの責は、と記して曰く、北部が「臆病者と腰抜けとニグロ崇拝者」の巣窟でもあるように信じ込ませようと、奴隷を持たない有権者や純真な若年兵の心を乱した扇動家にあるのだ。「南部男ひとりが北部男5人に相当する」と吹き込まれた南軍兵は、自らを上位者と見なした（同じ1対5の比率は、ノースカロライナ人ヒントン・ローワン・ヘルパーが著書『黄金の地』でアングロ＝サクソン民族を擁護したときにも使われている。ケンタッキー人がひとりいれば脆弱で畸形のニカラグア人5人を負かせる、と主張したのである）。この戦争は、貧しい土地へと追いやられて自らの向上や子供の教育の機会をほぼ持てなかった非奴隷所有者とその家族を解放するため闘われていた。これがグラントの評価で、「彼らもまた解き放たれなければならなかった」と言を強めている。「旧体制」下、戦前南部の〝彼ら〟は貴顕農園主にとって紛れもない「プア・ホワイト・トラッシュ」で、言いつけを守れば投票用紙は与えられたものの、それもエリートの望みを鸚鵡返しにしている内にかぎられていた《18》。

*――第18代大統領（1822–1885、任期：1869–1877）。

1861年には、南北両陣営とも相手を〝絶滅する運命にある異文化〟と見なすようになっていた。ハモンドによるあのマッドシル演説と同年の1858年、のちのリンカン政権に貢献するニューヨーク共和党の指導者ウィリアム・S・スワードが、自らの発言の中「抑え難い闘争」irrepressible conflictという言葉を鋳造した。自由労働を「白色人種《コーカソイド》とヨーロッパ人」が実践する高度な文化形態と見立てた上で奴隷制の非をスペインとポルトガルに求め、南米全体が粗暴で低能な経済的停滞の土地に減退してしまったと難じたスワードの壮大な歴史体系からすれば、合衆国南部の奴隷制の打倒などアングロ＝サクソン文明による大陸展開の一途にすぎず、ふたつの階級システム――奴隷と自由――もまた優性を争うにらみ合いの末どちらか一方が生き残るものということになる《19》。

＊

南部イデオロギーの信奉者の主張は、むろんのこと真逆だった。語気を強めて彼らは言う。奴隷制とは力強く活気に満ちたシステムで、その上、自由労働よりも有効なのだ、と。南部は〝御しやすい人手〟をもって、労働と人件費のせめぎ合いを解消していたのである。一方で、南部有識者が北部諸州の労働者階級のことを大所帯で、聞き分けがなく、富者をねたみ、不当な政治的特権を享受していると断じており、平等という観念もハモンドその他の見解通り、もはや同時代にある〝見かけ倒しの虚構〟の最たるものになっていた。チャールストンの『サザン・クオータリー・レヴュー』*Southern Quarterly Review*には、「思索し、感じ、行動する」自由がまさに熱情をはぐくんで「瀆聖的な欲望」を刺激する、というある寄稿者の発した警句が見受けられる。この「瀆聖的な欲望」とは〝社会移動〟へのあこがれのことで、多くの人々が奴隷は下賤なひと山でいることに満足しているものと信じていた。何とも奇妙なアメリカン・ドリームの反転だが、ともあれこうして皮肉にも〝社会移動〟の不在の中から南部の優越が発生したのである《20》。

連邦脱退論者は、メイソン＝ディクソン線以北に階級の不安定性をあしらった〝悲惨な絵〟を描いた。北部では、1861年刊のヴァージニアのとある雑誌でとある書き手がこう反論している。人々は「貧富の状態を反転」させ得る「平等化の境地に向けて生まれ、育ち、学ぶ」のである。だが結局のところ、教育と階級の平等を唱えること自体が破壊活動と見なされ、ヘルパーの『南部は破滅する』もまた扇動的として攻撃の的になり、頒布者は逮捕されて絞首刑に処される者まで出た。悩めるエリートが連合国の指導者に力説する。「堕落させることなく、政治的自由は極力与えず」に、プア・ホワイトを「監視、統制」すべきだ[21]。

驚くほどのことではないが、当時の南部白人の識字率は北部人に比べて低く、資料上、最低でも1対6という割合だった。だが教育の機会における格差の正当性を有力者が主張し、サウスカロライナの判事ウィリアム・ハーパーなども1837年に自著『奴隷制論』*Memoir on Slavery* の中こう結論づけてる。「一部の者が十分かつ高度な教育を受け、残りがまったくの無知でいたほうがいい」。北部諸州のシステムにはむしろ「不完全で表面的で中途半端な教育が行き渡った」上での教養の不均衡が望まれる。南北戦争が始まると、連邦側の広報による汚染から国民を保護するため、編集者や識者は連合国独自の出版産業を待望した[22]。

農園主階級は支配者となるため生を受けている、という概念を南部支持者は公言してはばからなかった。「南部の**典型的な血**」、貴族的エリート、善き富貴者の備蓄に属する人々は、白人や黒人の劣等民を統率しなければならない運命のもとにあるのだという。だが、南部の富者と貧者の間の〝調和のとれた関係〟に対するこの確信があればこそ、多くの分離論者が非奴隷所有者を眠れる内部の敵と見なしたのである。チャールストンのようなところでは白人労働者を「まったくの無駄飯食らい」と呼んだが、当のその者どもの鬱憤は奴隷所有者へと潜在的に向かいかねない。反民主主義の連邦脱退論者は、自営農地《ホームステッド》などの施し物に買収されて票を投じる貧乏人を、ぼんくら政治家の哀れな捨て駒と腐した。ジョージア州知事ジョゼフ・ブラウンなども1860年に共和党新政権による一部市民への事業供与を通じての買収を予言したほどで、一方ではリンカンが「南部社会の底辺層」

を誘惑する甘言を弄して報奨金や安価な土地の疑似餌をちらつかせるのを懸念する者までいた。そしてまた、このような事態に呼応したサウスカロライナの小規模な奴隷所有者も、連邦脱退を妨げる怖れのある非奴隷所有者を牽制しようという主旨で自警組織や「ミニットマン」*軍団を編成するのである〈23〉。

非奴隷所有者の忠誠への懸念を努めて和らげようとする連邦脱退論者も中にはいた。『デボウズ・レヴュー』*De Bow's Review* で健筆を振るう編集者ジェイムズ・デボウは、どうあれプア・ホワイトが南部連合へと立ち戻る他にないその理由《わけ》を詳説する小論を1860年に発表して好評を博した。奴隷制はあらゆる階級にとっての利益となる。そう請け合った彼はマッドシル理論を強力に是認しつつ断言する。「南部には、他人の従者になってブーツを磨き、給仕をし、家事万端の下賤な奉仕にいそしむ白人など金輪際いない!」その上、とデボウは記す。南部のほうが白人労働者の賃金がよく、土地持ちもざらにいるではないか――明らかな虚言である。彼のさらに続けるには、非奴隷所有者にも〝社会移動〟は可能で、節約さえすれば奴隷、とりわけその産物が次世代に残す「法定相続財産」となる種の涵養《ブリーディング》が可能な女奴隷も買えるのだという。見なしの〝トリクルダウン経済〟に説得力などないとするなら、奴隷の地位向上が非奴隷所有者のひどい堕落と同義だと暗に認めていることになるのだが、ともあれデボウに言わせれば、困窮を極めた非奴隷所有者は上記の理由から進んで「塹壕を掘り、あれになるよりはましだと隣人の奴隷資産を守る」のである。プア・ホワイトを闘争に駆り立てるのは、何より奴隷の身分にまで落ちる恐怖なのだ〈24〉。

南北の分裂がこの恐怖を軽減することはなく、たとえば南部下方諸州における連邦脱退についての住民投票はテキサス以外行われていない。一方の南部上方諸州にとって離脱は急務ではなかったようで、4州(ヴァージニア、アーカンソー、テネシー、ノースカロライナ)がようやく動いたのはリンカンによる出兵要請の後だった。各州には相当数の親北派住民がいたのである(ウェストヴァージニアはヴァージニアから分かれて北部に合流した)。そして大統領選を象徴的採決に縮小した連合国暫定議会のエリート少数による選択に捨て印を押す形で、ジェ

*――独立革命を起源とする"1分で駆けつける者"という含意の、緊急即応型の民兵。

ファーソン・デイヴィスが特段の異論もなく大統領の座を占めることになった《25》。

連合国憲法制定会議に出席した口さがない代表委員らは、政治を国民から隔離するばかりか議員選出に際して奴隷も〝人間ひとり分〟として数えるよう5分の3条項*の撤廃を求めた。こうした代議制の作法は奴隷が最も多い州を有利にすることになる。より大規模な非奴隷所有者人口を擁する境界諸州が綿花諸州を「出し抜く《オーヴァースルー》」oversloughこともひとつにはあり得る、とサウスカロライナ人小説家ウィリアム・ギルモア・シムズも懸念していた。slough《スルー》の原義は湿地や泥沼だが、このままでは南部上方諸州のマッドシルも同然の非奴隷所有者がその頭数の多さをもって南部下方諸州の奴隷州以上の代議員確保を可能にするかもしれないとほのめかしたのである。5分の3条項の廃止は結局〈連合国憲法〉の最終草案の段階で4州対3州という僅差をもって否決された《26》。

奴隷所有者が少数派であることに不安を感じたひとりの悩めるジョージア人が、1861年にこう提言した。新国家政府は、イングランド貴族院にいっそう近い奴隷所有者だけで構成された上院を設立すべきである。「豚並みの大衆」の抑制を望んだのは制定会議に出席した保守派のジョージアとヴァージニアの各代表委員だったが、結局のところ投票権の改竄取引は拒否している。一方ヴァージニアでは、徴兵制がそれに付随する取引も含めた問題を引き起こすことに気づいたエリート主義者もいた。曰く、富者の奴隷所有の正統性を主張する戦《いくさ》での闘いを、非奴隷所有者が拒みかねない。地元州での二重の徴兵システムという解決策を私的に提案したのが、ヴァージニア人エドマンド・ラフィンである。それは、非エリート白人への武装要求がひとつ、州農園主の所有奴隷の徴発および兵役の賦課がひとつ、というように2系統の階級システムから成り立っていた。もっとも、ラフィンの急進的な計画が採用されることはなかった。社会的不平等の蔓延が云々される中、あまりにも大胆にすぎ、またあまりにも率直にすぎたのである《27》。

南部の富貴者にとって、未来はよくない兆候を示していた。連邦に残ったとしても、またヤンキーの手にかかって敗北を耐え忍んだとしても断絶は必定で、貴顕の者は北のマッドシルや解放奴隷の洪水に洗い流されるだろう。

*―――人口比算出の際、黒人を白人の「5分の3」人分とするように定めた合衆国憲法。

地元産のホワイト・トラッシュもまた悩みの種だ。おそらく土地なしの労働者や貧農は全面的な勝利とまでは言わないにせよエリート階級を繁殖において凌駕するだろうし、北部民主主義の概念によって彼らが〝頽廃〟でもしようものなら投票箱でエリート農園主を圧倒するに違いなかった[28]。

✺

不公平な徴兵政策が戦中を通じて深刻な不満を引き起こしたものの、フロリダ州知事ジョン・ミルトンなどは早期にこう感じていたようである。法の強行はあり得るべきではなく、戦地に赴く代理人を購える者が優遇される〝身代わりシステム〟には、プア・ホワイトも我慢できないだろう。教師、聖職者、官吏、政治家、並びに必需産業の従事者といった教養人が免除制によって庇護されるばかりで、卑しい者は招集されて兵卒になるや士官から「弾丸の餌食」と見下されるか、リンカン麾下の無慈悲な大群に向けてエリート南部人が使った中傷でもある「厄介な連中《タタール人》」や蛮族《バーバリアン》にまでなぞらえられていた。そのような仕打ちに厭気がさしたアラバマのある新兵が、はっきりと口に出して言う。「あいつらは、おれたちみんなを弾避けがお似合いくらいに思ってやがる。ひとをプア・ホワイト・トラッシュ呼ばわりする奴らより、おれたちのほうがよほどましだろうが」[29]。

この徴兵の唾棄すべき呼び物が「奴隷20人法」である。20人からの奴隷を所有する農園主に免除を与えるというもので、この条件は甘やかされ通しの金持ちとその貴重な資産のための衝立になった。非奴隷所有者の中には奴隷制護持の闘いを拒絶する一方、富裕層が戦争にあって最も恩恵を被るというのなら助成金としてより多額の納税をすべきだと考える者も現れたが、つまるところ下層階級の男たちが望んだのは具体的な利権の保護である。富裕者の士官には賜暇の取得などふたつ返事だったものの、一般兵ともなれば置き去りの家族の生計を危ぶみながらの長期の兵役における耐用が求められていたのだから。ある歴史家が結論づける。貧民兵は自らを「条件つきの連合国民」と見なしていた。つまり、貧農にしても国家への忠誠以前に家族の安寧を思ったということだ[30]。

南部ジェントルマンたる者、確固とした見返りを求めることのない戦働《いくさばたら》きが当然とされたものの、その騎士道精神の矜持が創り出した規範など下層階級からすれば現実離れもはなはだしかった。戦争は階級アイデンティティをも格づけし直すものなのである。徴募も召集への即応も拒んだ者は「ギャング一味《レイアウト》」として「野犬狩り《ドッグ・キャッチャー》」というぞんざいな呼称の衛兵どもに追い回され、代わりに補充された極貧階級の男たちのたいていが同輩兵からも蔑まれた《31》。

脱走は、貧民の新兵の間では日常茶飯事だった。だが、それがあまりに多い。1863年8月までに、ロバート・E・リー将軍はデイヴィス大統領へと抑制策を取るよう進言し、年内の復帰者にはくまなく大赦が下されることになった。もっともこの件を別とすればほとんどの隊の脱走兵が処刑されかねず、さもなくば鎖縛や樽へのぎゅう詰めといった屈辱的な刑罰が加えられた。脱走率の最も高かったノースカロライナ軍では特に、自警団が逃げた徴集兵を追捕した。ミシシッピでは、あるコミュニティが湿地の只中に「ジョーンズ自由州」を創建して連合国に反旗を翻した。大統領膝下の、まさしく文字通りのホワイト・トラッシュ連邦の聖域である《32》。

脱走兵が食糧を盗み、農場を襲撃し、忠義の兵や市民を悩ませ、貧民とその家族からなる孤立地区もまた上流階級の南部人が長年恐れてきた無政府状態に陥っていた。戦末期のジョージアでは、脱走兵による奴隷の誘拐や、さらに悪いことに逃亡奴隷との共謀に絡んだ恐喝まで起きるようになった。1865年、オーキフェノキー湿地に住む〝背教者〟の妻たちが権威を愚弄したのだという。夫たちが湿原で蜂起し、手あたり次第に奴隷を奪って連邦海軍に売り払う準備があると言い放ったのである《33》。

貧しく無学な兵士たちが何を考えて脱走するのかは、彼らが記録を書き残しておらず推し量るのは難しい。しかし、貧乏人によるその件のあけすけな冗談であれば口承による民俗文化から察せられる。彼らにとって、脱走とは上流階級の支配に対する日常的な抵抗の一端だった。ある物語が伝えるのは、ジョージアの砂丘地《サンドヒラー》の住人とノースカロライナのタール踵《タールヒール》*が繰り広げたひとくさりである。ひと片のピッチをどうしたのかと訊かれたこのカ

*―――石油由来の瀝青（れきせい）質、つまりピッチやタールが主要産品だったノースカロライナ住民への揶揄。

ロライナ人は、ジェフ・デイヴィスに売ってしまったと言い張った。あっけにとられるサンドヒラー。「デイヴィスの父っつぁん、何でまたそんなものを欲しがったんだ?」「なぜって」と口ごもるタールヒール。「おまえらジョージア野郎が逃げるから、何か刺して留めるものが要り用なんだとさ」《34》。

脱走者が正確に何人になるのかは知るよしもない。合衆国側の憲兵司令官による報告書上の公式数値は10万3400人で、これは戦争終結までに兵籍に記載された75万人から85万人という総人員数には含まれていない。とはいえこれらの数は物語のごく些細な一部でしかなく、兵士の区分けはまた別の道筋で行われ得る。連合国軍は少なくとも12万人の徴集兵を責め苛んだ。7万人から15万人の身代わり兵はその大半がみじめな貧者であり、野営地への着任報告数はその内の10%にすぎない。他に8万人の〝志願兵〟が徴兵を反故にした再登録者となる。結局のところ戦争の末期までに最大18万人の男たちが入隊に抵抗した者、よく言えば「消極的な反逆者」となったのであり、この抵抗は平均的な兵の間に連合国への深い愛着の証しがほぼ見られないことを表している《35》。

そして、さらに不満を加速したのが食糧不足だった。早くも1861年、農園主にはトウモロコシその他の穀類の植えつけが奨励されていたものの白い黄金である綿花をあきらめる者などほぼなく、その結果、食糧不足とインフレの加熱が貧農、都市労働者、女性、そして子供の間に重い苦痛をもたらすことになった。あるジョージア人が打ち明けて曰く、「綿花王《キング・コットン》*の強欲と下賤な臣民」が、侵略軍よりよほど先に連合国を打ち倒すことだろう《36》。

いっそう不穏なことに、しかも徹底して、富者は食糧ばかりか乏しい生活必需品まで貯め込んだ。1862年、怒り狂った女性暴徒が倉庫や貯蔵所で暴れ回って店々を襲撃し始め、突発的な暴動が同様の抗議行動を両カロライナに飛び火させつつジョージアをあまねく覆った。アラバマでは女性略奪者40人が行く先々で舐め尽くすように綿花を焼き払い、1863年には連合国首都リッチモンドでも食糧暴動が勃発、女どもを諌めようとするデ

*———南部の主要な換金作物である綿花の擬人化。

イヴィス大統領に激昂した反抗者のひとりがパンひと塊りを投げつけている《37》。

以上の段でいくと、女性の暴徒は男性の脱走兵に相当するだろう。連合国による団結の幻想に戸を立て、供物を取り分けたのだから。1863年、リッチモンド食糧暴動に触発された『ヴァニティ・フェア』*Vanity Fair* が、南部の中にある根深い階級差を暴露した。この親北派の雑誌が発表したのは、挑発的イメージを添えた記事体「哀れ貧しき賊軍」**Pity the Poor Rebels** で、貧者が徴集兵として独裁的に駆り集められる一方、連合国の絶望的に貧しい「ホワイト・トラッシュ」が南北を隔てる「死の壁」にでかでかと「**おれたちは飢えている**」と掻き傷をつけた次第が描かれている。併載の挿画には、『ガリヴァー旅行記』* *Gulliver's Travels* に登場するジョナサン・スウィフト一流の反英雄もかくやという尋常でない戯画化が施されたジェファーソン・デイヴィスが見受けられる。さて、長衣とボンネットを着けた連合国大統領が、南部のリリパット人――小人になった奴隷――に縛りつけられているではないか。彼は、欲深い農園主か女性暴徒にどのみち去勢されるのだ。両手首には鎖、長衣にはほつれ――それは、連合国が上流気取りの仮面をすでに剝ぎ取られている確かなしるしだった《38》。

南部の富裕女性は、飢え死にしそうな貧者にも往々にして冷淡な態度を示した。1863年に脱走兵と貧しい山育ちの女の一団がテネシーの保養地で略奪を働いたときの有様は、投宿者のひとりヴァージニア・フレンチの記録によると以下の通りである。「さえない、粗野な、裸足の女性」が「獲物を探す飢えた狼さながら、必死に」あちこちを漁り回っておりました。「女性ふたりが素手の殴り合いになりまして、それが小1時間も続きました――互いを引っ掻き、掴み合い、どちらがどちらより強いのやら！」衝撃を受けながらもそれを楽しむフレンチだったが、別の女がラテン神学書とフランス語の何がしかの書物を盗ったときにも等分の興をそそられている。直接問い質してみると、その泥棒は善き母ならではの行いという脈絡で略奪の品についての証しを立てたのだという。「その女《ひと》にはようやく字を読めるようになった子供らがおりましたので……ためになりたいと望んだのです！」無学な女はこのように、手に取った文芸の財宝に価値を見出していた。このことはある同情心を煽り

＊――平井正穂訳、岩波文庫。

はしただろうが、フレンチにしてみればその一場にしてもこの上なく無作法な所作による「民主主義――ジャコバン主義――急進主義」のひたすら単純な証拠にすぎなかった。女たちは「飢え」、「獣脂」のような顔色で、男たちは「痩せ衰え」、「病んだ容貌」をしていたが、南部農園主の妻君の心はまるで動かない。触れるものすべてに染みをつけたホワイト・トラッシュなどは、哀れみならぬ侮蔑に値したのである《39》。

階級特有の狭量ぶりは、リッチモンドのエリート女性の間にも浸透していた。連合国のファーストレディ、ヴァリナ・デイヴィスも1865年の早々には「旧家に連なるご婦人がたの不興を買うようになっていた」、と彼女の夫に近い事務官がひっそり日記に書き留めている。夫人の父が下層階級の出らしいことに目をつけた「門閥」女性らが、彼女を避け陰口を叩いていたのだという。政府当局者と妻たちにしても、飢え死に寸前の国民を後目《しりめ》に饗応三昧という噂が広まっていた《40》。

その他に、連合国の消滅を予期しつつ、いっそう劇的な懸念を表す書き手もいた。階級の再編は誉《ほま》れ高い母を「ヤンキー婦人にかしずく料理女」の身分に落とし、愛すべき妻を「ヤンキーの屠殺者や道楽者」の洗濯女に変え、忠実な姉妹を「ヤンキー売女」の部屋係女中に転身させてしまうだろう、と。ともあれ状況がどう判断されようと、田舎の貧民女性がすでにあらゆるものを失っているという事実はほぼ問題にされていない。彼女たちの苦痛など、支配階級女性の純潔とは比べものにならないのだから《41》。

✺

エイブラハム・リンカンには、異色とも言える類いの象徴性が漂う。誹謗交じりの描写の中、マッドシルから出た大統領として自ら王冠を戴いたのである。ジェファーソン・デイヴィスの生地からさほど遠くないケンタッキーの出だというのに、「正直者エイブ」のルーツが奥地にあることは敵方にとって格好の〝餌〟になった。では何がリンカンとデイヴィスを隔てるのか。ひとつにはその出身階級である。南部各紙によるとデイヴィスは

「指揮を執るため生まれた」男で陸軍士官学校の出身者《ウェスト・ポインター》、筆も立ち、洗練された物腰の人物である。それに比べてリンカンはどうだ。礼儀知らずの無骨者、「イリノイの猿人」、「酔いどれの呑んべえ」ではないか。この男に期待されている徳性、つまり（正直者の両親を持っての）正直者ぶりにしても怪しげな出身階級ゆえの符号だろう。1862年、肝胆相照らす仲の連邦将軍デイヴィッド・ハンターが、財務長官サーモン・P・チェイスに語った。リンカンは「奴隷州のプア・ホワイト」の出だ。境界諸州の奴隷所有者を気づかいすぎ、「とりわけ敬意を払い馴れた相手の賛同を気にかけ」すぎる。リンカンとはそういう人物で、ケンタッキーの生家が彼をホワイト・トラッシュに、在所に選んだイリノイが彼を草原のマッドシルにしたのだろうと言うのだ。とはいえ連合国では、中西部人などただの薄汚れた農民で片づけられた。ヴァージニアの一砲兵が言う。奴らは皆「草原の泥《マッド》から湧いて出た不埒者か浮きかす《スカム》だ」〈42〉。

中傷の飛び交う泥試合は、いずれにせよ連邦側の利となる運びで決着がついた。共和党支持者と北軍将校は誇らかな識別章《バッジ》であるマッドシルのラベルを自らまとい、リンカンの大統領当選前から開始された戦略の成功を祝う北部民主主義の鬨《とき》の声をあげたのである。

㉓———第16代大統領エイブラハム・リンカン（1809–1865、任期：1861–1865、ガードナー撮影、1863、ミード美術館所蔵）。

「横木挽き《レール・スプリッター》」*はその職務に最適な農夫——「マッドシルと機械工」を一心に守り抜く男だ、と称賛しながらの熱のこもった演説をニューヨーク市の大規模集会でアイオワ州副知事が行い、わが州の共和党員は皆揃って「マッドシルの理念を洗練する《cultivate》／耕す所存である」と冗談を飛ばした〈43〉。

戦中、連合国による階級への揶揄に逆ねじをくらわすべく、ニューヨークで刊行されている『ヴァニティ・フェア』が諷刺を用いた。執筆者は南部人の武張ったセルフ＝イメージをくじくばかりか、守勢に回って「ロビー・イヤーズ」lobby ears——すなわちマッドシ

*——— rail splitter。丸太を挽く柵づくりの労働者にたとえたリンカンの愛称。

㉔――戦中の諷刺画に描かれたリンカンは、文字通りの“マッドシル”である――泥沼（マッド）に腰まではまり、リッチモンドのジェファーソン・デイヴィスに手が出せないのだ（『フランク・レスリーの絵入り新聞』、1863年2月21日）。

ル――に「屈服してしまいそうな」敵の野外戦を描く一方（「ロブ」lob は田舎者の兇漢の意である）、南部の演説屋や三文文士をまねてリンカンを「蛮族《バーバリアン》の国、北部の油にまみれた機械工とマッドシル」の最高行政官として描いていた。

ジェファーソン・デイヴィスの大袈裟な弁舌もまた同様に『ヴァニティ・フェア』のきつい諷刺の餌食になった。第1次ブルランの戦いの後の勝利宣言を茶化す中、デイヴィスが口頭でこう布告するのである。第7連隊を連合国士官の従者に転じつつ、わが軍は屈辱にまみれながらワシントンを去るが、「のぼせ上がった薄らばか」のリンカンを手近な木に吊るし、ついにはニューヨーク市を倒壊させるであろう。そしてこのパロディ化されたデイヴィスは、容易い勝利という自身の誇大妄想的ヴィジョンの中で宣言する。「マッドシル兵ども」が「わが軍を前に羊のごとく散り散りになるため」、どれほどの抵抗も示されないであろう。南部人の誇張した物言いは、彼らの頭を飛ばしていた。つまり、そもそもが北部の庶民を狙い撃ちした侮辱のはずのマッドシルという呼称にしても、連合国の傲慢を嘲笑うのにこの上なく使えることになったのである。1863年にはニューヨークの『フランク・レスリーの絵入り新聞』*Frank Leslie's Illustrated Newspaper* が〝腰まで泥沼《マッド》にはまってリッチモンドの巣にいる「悪鳥」デイヴィスに手が出せないリンカンの諷刺画〟を発表して、マッドシルというあだ名を使った悪ふざけに興じている〈44〉。

1863年11月、前線から戻った未来の大統領ジェイムズ・ガーフィールド*が、ともに戦ったマッドシルを弁護する演説をボルティモアの集会で行っている。「洞穴や岩山」から現れて北軍を援護したテネシーとジョージアの忠義の男たちを称賛した彼は、誤った理念に拠って建設された連合国が「普通の政体などではなく、誰も彼もが奴隷持ちであるジェントルマンどもの、守銭奴の、小賢しい連中の政体」であることを強弁した。貴族支配の旧世界ばりの政体ではないか。南軍の最高司令官となる将軍ふたりを「ブラッグ伯」、「ボーリガード閣下」と呼ぶ口吻に庶民の聴衆はどっと笑いさざめき、この反応に気をよくしたガーフィールドは親愛なる聴衆に向けて呼びかける。「マッドシル諸君」、諸君は階級移動と働き手への本物の敬意とを志す政府、社会の恩人だ。ガーフィールドにとって、また多くの他の者にとって、マッドシルは連邦の〝背骨〟だった。諸君は——「銀のスプーンをくわえて生まれ**はしなかった」ものの——「丈夫な手、雄々しい心を神が与え給うたことを歓ぶ」人々である。そして誇り高きマッドシル諸君、諸君は生き残るだろう〈45〉。

連合国の階級システムと、エリート農園主によるプア・ホワイトからの搾取が動機となり、農園主の財源に手を入れる没収政策の是非を問う議論が、共和党議員と軍指導部によって開戦時から行われていた。親南派の富者を罰する政策が固まったのは、忠誠の置きどころが割れた境界諸州においてである***。突発的な反乱を謀った非正規兵が鉄道を破壊して連邦主義者の文民を恐怖に陥れたミズーリでは、ヘンリー・W・ハレック将軍が厳正な選別法の内に決然と懲罰を下していった。一般民をそっくり罰するのではなく、裕福なミズーリ人だけに賠償金の支払いを命じたのである〈46〉。

ハレックの心情では、戦争の高《たか》のどれほどかを実感すべきなのは上位者だった。難民がセントルイスに流れ込むにつれ——それも貧しい白人の女子供である——ハレックと同輩将官はエリートの経費負担が至当だと意見を

*———第20代大統領（1831–1881、任期：1881）。南北戦争当時は少将として出征している。

**———“恵まれた生まれ”を指す慣用表現。

***———北軍側の境界州、とりわけミズーリやケンタッキーは、連合国参加を主張する強い勢力を内包していた。本章冒頭の訳註に記した通り、南軍側もヴァージニア、アーカンソー他4州が遅れて加盟しており、南北境界州の政情は不安定だった。

一致させ、処罰を可視化して広く世に知らしめようという連邦当局の意図に沿った事態の劇場化《ストリート・シアター》が軍の作戦を補塡した。ハレックの厳格にして見識の高い査定システムのもと、完納を拒むミズーリの親南派は、最も価値ある所持品を没収された上に競売にかけられ公然と面目を失うことになる。憲兵隊が家に押し入り、ピアノ、敷物、家具、稀覯本の数々を積み出していく。富者と貧者の差異はこれで一目瞭然だった。あるとき、ある家族らが、ミシシッピ南西100マイル（約160キロ）のローラ近郊に姿を現した。アーカンソー州オザークで立ち退きに遭い、かつての知事候補に率いられながら、牛車、家畜、犬を伴う総勢2000人以上の奇妙な一隊を構成していたそうで、目撃者によると男どもはホワイト・トラッシュの類いのようでもあり、「長身で、血色が悪く、痩せこけ、肌はがさがさ」、空腹で死にそうな埃まみれの女どもと裸足の子供を引き連れていた。この忘れられた〝追われ者〟たちは、南部プア・ホワイトの仲間入りをしたのである[47]。

公衆の面前で恥をかかせることも北軍の戦術の内で、ニューオーリンズではベンジャミン・バトラー将軍が悪名高い命令第28号のもと、次の布告を行っている。北軍兵に不敬を示した女には誰であれ、上層階級の婦人にふさわしい道徳に適った純潔の仮定を否認した懲罰措置が取られ、売春婦として扱うものとする。命令76号などはさらに途方もない。バトラーが全男女に忠誠の誓いを要求し、怠った者は資産を没収されるのだという。女性に対する政治上平等なこの処遇は「張り入りスカート《クリノリン》のたっぷりした覆い」の陰に隠された何か、つまりは妻名義にした夫の隠し財産を暴き立てた。1862年にフレデリクスバーグで勝利を収めたとある将校は、北軍兵が「泥足」の汚れを置き去りに敗走しながら裕福な人々の家を破壊したと語っているのだが、こうした暴力行為《ヴァンダリズム》は連合国の有力者の面目を失わせるまた別の方法でもあった。富と境遇のシンボルを襲って粉々にし、がらくたを残していくのである。マッドシル歩兵の泥足の跡は、階級の怒りの意識的な皮肉のシンボルでもあった[48]。

そうしたひだを心に留めた人物が、テネシーのアンドルー・ジョンソン*だった。連合国の目の上の瘤《ベト・ノワール》となったこの州軍政長官は、連邦への忠誠を残しつつ脱退した州を代表して合衆国上院に留まった唯一の議員で、

*―――第17代大統領（1808–1875、任期：1865–1869）。議員時代は、テネシーの連邦離脱後も地元支持層と同じ反奴隷制の立場をもって、ワシントンで政治活動を行った。

1864年の大統領選でリンカンの副大統領として共和党の公認を受ける余地があったのもその忠心のゆえである。保守派のジャクソン流民主主義信奉者で傲慢なエリート農園主への反感を隠さなかったジョンソンは、軍政長官職に就く頃には自らが「売国奴の貴族」とラベルづけした者どもとの殴り合いも辞さないほどの対決姿勢によってすでに知られており、南部の「瀆聖的でやくざな造反」のために困窮者に成り果てたと庇う貧しい難民の女性や子供への支払い査定にはやかましいほど口を挟んだ。案の定、中傷者はジョンソンを卑しい仕立て屋上がりで身のほど知らずのホワイト・トラッシュと見なすのだが、彼は選挙演説の俗悪さでも折から名を馳せていた。戦前、対立候補のある者などは「生きて蠢く不潔の塊」とまで言ったものである。上品ぶった南部人の目にリンカンがホワイト・トラッシュと映るのならば、ジョンソンはそれ以上だった[49]。

ウィリアム・T・シャーマン将軍があの「海への進軍」を指揮する1864年のそのときまでに、北軍指導者らはこう確信していた。広範囲の屈辱と苦痛だけが、戦争を終結させるだろう。シャーマンは獲物漁りの大規模遠征へと自軍を差し向けながら、作戦が指向する階級の次元を配下の頭に叩き込んだ。最も念入りに破壊を施したのが、他に類を見ないほどはなはだしい農園主の寡頭制による御前会議が開かれていた血の気の多い奴隷制支持者《ファイア＝イーター》の住むサウスカロライナ州都コロンビアで、都市の南60マイル（約97キロ）にあるちっぽけな町バーンウェルでは、ニュージャージー出身の名誉少将ヒュー・ジャドソン・キルパトリックが町をそっくり焼き払いつつ地元南部の美姫《びき》に北軍士官の世話とダンスの相手を強要するという自称「ネロの舞踏会」を執り行った[50]。

戦闘の狂暴なやり口を正当化する中、シャーマンはトマス・ジェファーソンが階級権力と闘う際に好んで用いた術語を復活させた。その言葉が「用益権*」である。シャーマンの主張はこうなる。私有財産への絶対的権利は存在せず、高慢な農園主は用益権のもとに不動産を所有しているだけにすぎない——それは連邦政府の恩恵に拠っているのだ。南部人は理論上、借地人であり、地主である連邦から不実な借地人として放逐され得るだろう。

*——— usufruct。他者の権利や権利物件の使用収益権。

ジェファーソンもまた、継承された境遇の抱え込みの弱体化と前世代が残した負債からの次世代の保護に向けた政治理論を整えるためにローマ由来の同じコンセプトを用いていたが、シャーマンはそれをさらに進めて、連邦政府の認可のない資産など存在しないとしたのである。彼の哲学では州権が却下されるばかりか、反逆行為が自然状態への逆行同然に見なされていた。南部の寡頭制は、土地と階級特権を剝奪されるだろう。エリート連合国民が富を守るには、連邦法に服従するしか道はなかった《51》。

連邦の将軍と配下の高官は、綿花農園主による寡頭制がデイヴィス政権とともに倒れることを心待ちにしていた。戦後すぐに階級の関係性が根底から変化するに違いない。そう信じる彼らの思索は、ある種伝道師めいた熱意に引かされていた。1865年、ヴァージニアでのピーターズバーグ包囲戦の後、従軍牧師ハロック・アームストロングもまた妻へと宛てた手紙の中で自身が「貴顕に抗する戦《いくさ》」と呼ぶものを評価し、古株の南部《オールド・サウス》への劇的な変化の訪れを予感している。社会というものの姿を変えてしまう奴隷制が、消え去るばかりではないのです。彼は語る。「プア・ホワイト・トラッシュ」のための機会もまた増えていくのです。「実際、彼らが受けている束縛はアフリカ人以上にひどいもので」、戦争は「何百万というプア・ホワイトの足かせを破るでしょう」。妻にそう請け合った牧師は、彼らのみじめな状況をまのあたりにし、教室内で何が行われているのかを何世代にもわたって見たことがない一家に寒々とした思いを抱いていた《52》。

貧者の向上というものは、いかにも克服しづらい課題になるだろう。多くの者がそう思い知っていた。アラバマでぼろをまとった難民に遭遇したウィリアム・ホイーラーという名のニューヨークの砲兵将校は、彼らが「白色人種《コーカソイド》」に分類されようとはとても信じられず、これが「われわれ自身の〝血と肉〟」と同じ者かとよくよく考えたのだという。また、北軍兵のある者にしてみれば南部の澱《よど》みで死人のようなプア・ホワイトに出くわすことなど織り込み済みではあったものの、南軍兵の中にそれを見つけようとは思いも寄らず、曰く脱走兵も、捕囚も、看守も惘然とうなだれた無学者《むがくもの》で、服装もまた奇異だったらしい。ミシシッピ付近で偵察した泥だらけのあばら屋に呆然とした、西部戦線の兵士もいる。ひどい非難《マッド》を浴びせられる湿地帯の住人に比べれば、北部のマッドシルも王族同然に見えたことだろう《53》。

〝泥《マッド》〟は、この戦争の損失評価をする際の中心的イメージになり得、南北双方ともそれに変わりはない。華々しさは微塵もなく、あるのはうんざりするぬかるみの行軍、食糧不足、（文民からの略取を伴う）徴発、そして悪臭ふんぷんたる泥土の野営地にはびこる非人間な諸々の状況だった。死ねば両軍とも浅い泥の墓にさっさとまとめて埋葬するだけである《54》。

しかしそれは、両陣営の政治的想像力をとらえて離さなかった戦中プロパガンダの「悪臭を放つ土台《マッドシル》」なのだ。「どん底の連中《マッドシル》」は、連合国民による連邦国民への中傷語の数々へと迎えられた。浮浪者《ヴァガボンド》、靴磨き《ブートブラック》、北部の浮きかす《スカム》、そしてこうした選択にあって忘れてはいけないジェファーソン・デイヴィスの侮蔑語「地球の汚物《オフスカウアリング・オヴ・ジ・アース》」がそれで、こうした語彙の採用がリンカンの年季奉公人や下層の雇われ人という北軍兵のイメージを反逆者に結ばせたのだ。容易い勝利を自ら確信するため、連合国はこう言い立てる。北軍はどいつもこいつもどた靴野郎《クロッドホッパー》や汚れた農夫と一緒に連邦の内側から運ばれてきた連中で、ヨーロッパの「クズ《トラッシュ》」、北の町の監獄や裏路地から流されてきたがらくた《ラビッシュ》で一杯だ。一方、北部人は北部人でパン暴動、脱走兵、プア・ホワイト難民、そして逃亡奴隷といった諸々を連合国分解の動かぬ証拠と理解していた。北部にしろ南部にしろ、階級を敵方の弱みの核心、そして軍事上、政治上の弱点の大元と見なしていたのである《55》。

どちらの言い種《ぐさ》も部分的には正しい。一般的に戦争というものは、そして内戦というものは、かなりの度合いで階級間の緊張を悪化させる効果を持つのだが、それというのも戦争による犠牲が常に不均衡に分布し、中でも貧者を最も激しく直撃するからである。大枠において、連邦と連合国の指導者たちは、戦争を上位文化が勝利を収めることになる階級システムの衝突と見なしていた。そう誇張することなく言えるほど、北部や南部は階級を基盤とする〝国を国たらしめること〟の定義に賭けてきたのである。

「ホワイト・トラッシュ」は、南部の貧困とエリートの偽善からなる二元的な怪物《ブギーマン》も同然だ。そうした見立て方をする者が連邦民にはいて、彼らは合衆国の分裂を不運なプア・ホワイトに対して仕掛けられた詐欺だと感じていた。フィラデルフィアのとあるジャーナリストが、連合国の驕《おご》り昂《たかぶ》った社会システムに対する最良の、あるいは少なくとも最も独創的な論難を行っている。5セント切手を奴隷の図柄にするよう、ジェフ・デイヴィス政権に進言したのである。彼は説く。「プア・ホワイト・トラッシュ」も、そのときばかりは「動産を安く買う」ことができるだろう。しかし、彼にしても同胞の北部人をそっくり窮地から掬《すく》ったわけではない。北部のマッドシルも南部のクズもほぼ似たようなもので、兵隊になったときにはどちらが得をするでもなかったのである《56》。

第8章　純血種《サラブレッド》と「スキャラワグ」：優生学時代における血筋と非嫡出の備蓄

Thoroughbreds and Scalawags: Bloodlines and Bastard Stock in the Age of Eugenics

退化の産物が罪を犯して処刑されるのを、あるいは痴愚のゆえに餓死するのを待つ代わりに、そうした明確な不適格者による種の連続を社会が予防するほうが全世界のためになる（……）3世代もの痴愚はもはや行きすぎである。

——連邦最高裁判事オリヴァー・ウェンデル・ホームズ『バック対ベル訴訟判決文』*Buck v. Bell*（1927）

1909年5月、ニューヨーク市で開催された全米黒人協議会*において、W・E・B・デュボイスが合衆国のダーウィニズム受容に関する挑発的な演説を行った。その公刊版となる「人種問題の進化」The Evolution of the Race Problemで、彼は明言する。社会ダーウィニズムがアメリカにあってここまでの支持を得たのは、今や優勢となっている保守的な人種政策を「適者生存」の概念が批准したからに他ならない。ハーヴァード大学で研鑽を積んだこの研究者は、「それを除去してしかるべき博愛を一切欠いた人間同士や人種間の避け難い不平等」を、ダーウィンの「輝かしい科学的業績」がどれほど推し進めたことか、と少なからぬ皮肉を込めて力説した。デュボイスは論旨をこのように運ぶ。黒人を「劣等の血」の生まれとする人種差別主義者の仮説に人が信を置いているのであれば、「自然に反する」法が無意味に制定されていることになる。

㉕——ウィリアム・エドワード・バーグハード・デュボイス（1868–1963、バッティ撮影、1918）。

＊——本協議会は黒人ふたり、ユダヤ系を含む白人11人によって開催され、同年10月には「全米黒人地位向上協会」(NAACP) が発足する。

どのような形の博愛であれ「大脳の不完全な発達に対してはなすすべもない」だろうから、わざわざ政治家が手を出して白人の優越を証明する必要などはない〈1〉。

社会批評家デュボイスにとって、ダーウィンの自然選択説がアメリカに馴致《じゅんち》されていく際に人種差別主義を内包し、引いては白人支配が進化の正常な歩みを頽廃させている現実を識《し》ることは、些細な思索過程にすぎなかった。実際のところ人種差別は、（黒人、白人の別なく）最も優れた者を繁栄させることをせずにダーウィニズムの議論に瑕《きず》をつけ、白人の改良すら覚束ないばかりか不実な覇権による「人類最悪の血のいくつかの生き残り」まで許している。白人の下層階級が従来の位置のままでいたのと同様に、能力と生産力のある「有能なニグロ」もまたアメリカ南部全域で選り抜きの当局者に踏みつけにされたことはわかる者にはわかるだろう。あの連中は白人自警団の正義を支持し――時代に取り残された戦後南部のホワイト・トラッシュ《白い屑》どもの興を満たす――憎むべき私刑の習わしを扶《たす》けていたのである〈2〉。

デュボイスは論断する。白人の政治覇権が、進化の法則による南部への自由な作用を妨げつつ、人種の垣根を越えた教育の平等の否定によって「階級の不公平という悪」を再び適用し、科学的根拠を欠いたテーゼである〝白人の優越〟が、非道な恐怖と憎悪に根ざした階級システムにさらなる混乱をもたらしたのである。白人という人種が世界を支配する運命にあるという巷に流布されていた主張とは裏腹に、デュボイスはそれが退歩の途上にあると確信していた。「退化を示す多くのしるし」がたとえば出生率の全般的な減少で、白人の劣化はこのように「内部から」兆しているのだ。ところが〈奴隷解放宣言〉（1862）の後10年以上が経過した1877年に民主党が南部諸州の実権を握ると、混沌とした社会を産み白人の〝下降移動〟を誘発したとして共和党の平等主義者を常に非難するようになった。彼は強く主張する。南部白人は、こうして自らの退化を顧み損ねたのである〈3〉。

より大枠から見れば、デュボイスはリコンストラクション*の歴史とその後を語り直していた。彼はかなりの年月を経た1935年には自身の展望を過不足ない研究へと発展させるのだが、すでに1909年の演説時点で

*――― Reconstruction（復興期）は南北戦終結の1865年から第19代大統領ラザフォード・ヘイズ（1822–1893、任期：1877–1881）の就任までの時期を指し、連邦復帰した南部の、引いては連邦全体に及ぶ諸々の再編がなされた。

いくつかの決定的な関連事に光をあててもいて、とりわけ南部政治がダーウィニズムと優生学運動という二元的魔術に向けた舞台装置を擁したいきさつには深い理解を示した。ダーウィンの著作中、最も名高い『種の起源』*On the Origin of Species*（1859）と『人間の由来』*The Descent of Man*（1871）は、* 彼の従弟で優生学の父となったフランシス・ゴルトンの諸作同様、アメリカでも高評を得ていた。

進化が自然法則に依拠した反面、優生学にはその要素が欠けていた。ゴルトン信者が強調したのは、よりよい種の涵養《ブリーディング》／血統づけを通じて人種改良を行う人為的介入の必然性である。ダーウィンも自ら優生学を支持し、畜産から引いたありふれた言葉の綾をもって以下の例示を行った。「人は、馬、牛、犬を配偶させるときには、細心の注意を払ってその個体の形質と系統を調べるが、自分自身の結婚に際しては、それほどの注意を払うことはほとんどないと言ってよい」。トマス・ジェファーソンの言と比べてみればいい——事実上同じ論法だろう。「われわれが、馬や犬その他の家畜をふやすときに、より美しいものをと心がけることは大切なことであると考えられている。それならば、なぜ人間の場合に、そうであってはいけないのだろうか」**。優生学者はほぼ真言《マントラ》さながらに、貴種をすなわち上位能力や継承した適性のことと見なしながら、善きヒトの備蓄を純血種《サラブレッド》の馬になぞらえていた[4]。

似非科学は遺伝学の仮面をかぶりつつ、階級と人種の格差を自然《あるがまま》のものととらえる簡便な道筋をアメリカ人の心に敷いた。20世紀初めに絶頂期を迎えたこの術語の魔力は、リコンストラクションの時期にまず確立している。北部のイメージをもって南部再建を望む共和党、エリート白人の支配再興を願った民主党の双方が、国家の再統合というこの壮大な機会をより大規模な進化へと向かう奮闘の一端と見なしていた。ダーウィンの「適者生存」はこのゆえ政治家やジャーナリストの合い言葉となり、最悪の備蓄にまつわる不自然な種の涵養、不健康な管理、本質的な退化が彼らの念じたその語彙によって強調されることになった。そして議論の中心を占めたのが競合、つまり貧乏白人《プア・ホワイト》と解放奴隷の渡り合いである。

*———『種の起源』上下、渡辺政隆訳、光文社古典新訳文庫。『人間の由来』上下、長谷川眞理子訳、講談社学術文庫（次段引用「　」は本書より）。

**———第4章題辞を参照。

リコンストラクションに関する議論において、プア・ホワイトが顕著な表象となるのはおそらく避けられなかっただろう。北部の思索者の多くは、南部の優越に関わる往年の騎士党神話を一顧だにしなかった。ある者が1864年に力説した通り、南部人の大半の家筋は「ヨーロッパの浮きかす《スカム》」や「売春宿、矯正院」にいた卑しい子孫へと遡られ、そのため「貴顕平民」の僭称が関の山だったのである。優雅な南部人につきものの上位権力という幻想も、富貴者が率いる連合国が崩壊したときに消え去った[5]。

ほとんどの共和党員にとって、南部再建とはⓐ自由労働経済の導入、ⓑ忠実な人民の確保であり、南部の連邦主義者と解放民が最も忠実な分子になることは彼らも認めていた。共和党が抱えた問題を端的に言えばこうなる。プア・ホワイトは、南部を自由市場経済や教養社会へと変容させる協力者になるのだろうか、さもなくば変化に抵抗して南部を落ちぶれさせるのだろうか？[6]

連邦の復興計画を発表したアンドルー・ジョンソン大統領はその議論において意見を述べ、最富裕層である奴隷所有者の参政権の停止を必須条件として盛り込んだ。1865年の『ニューヨーク・ヘラルド』*New York Herald*が報じた通り、そうすれば南部寡頭制の支配者たちの「力が削がれ」――ここで記事は階級の動性を強調した――その一方で「これまで彼らの後ろを歩き命令に従うことを強要されてきた〝プア・ホワイト・トラッシュ〟が事態の勝者になる」。そう、勝者に、である。ジョンソンは、サウスカロライナの代議員に同じ意見を表明して「今回の造反は非常に多くのニグロを解放する傍ら」と言葉をつないで曰く、「いっそう多くの白人を解放することになった」。口に糊するため痩せ地や砂地を耕そうともがき、ニグロやエリート農園主から一様に見下された「貧しい白人男性」の立場を上向かせようというのである[7]。

大統領が思い描いたのは、再建諸州における3段階の階級システムだった。参政権を停止されたエリート農園主は、土地と一定の社会的効力は維持するものの、政治への直接的な影響力はいかなるものであれ連邦主義者からの信頼を回復するまでは取り上げられたままになる。中間の地位を占めるのが新興のプア・ホワイト階級で、投票権の行使と官職への就任という点で言えば、彼ら自身が解放黒人奴隷と経済的に（あるいは政治的に）競合せざるを得なくなる事態を防ぐ一方で、旧来の寡頭制への抑止力となるだろう。ジョンソンは、次に控える最下位に自由黒人と解放奴隷を置く――後者は、解放されこそすれ事実上は参政権をなお否認された諸権利のみが発生する居留外人として扱われる。リンカン好みとは言い難いこの後継者による計画は、心情的に旧秩序の「復興」でも民主主義確立の公約でもないが、その代わりアメリカにまったく独創的な何かを提供するのである。ジョンソンの計画が実際に着手されていれば、さしずめ「ホワイト・トラッシュ共和国」とでも呼ばれていただろうか。

このテネシー地盤の男の断固とした見立てによると、黒人参政権の優先位は低かった。いずれにせよ彼が執拗に主張したのはかつてのエリート農園主の再定義で、貴顕は参政権を停止されたとしてもある程度の富とそれ相応の要人として他者を説き伏せるだけの力とを維持し、元奴隷を今度は政治上の手駒にもなる雇われ人にすることだろう。ジョンソン大統領にしてみれば、この予見には承認し難いものがあった。だがしかし、元エリート支配者の代議士に対する個別の恩赦の賦与が彼自身の思惑を徐々に削ぐことになるにせよ、彼らの再選の要を感じたがためにそれを行ってしまうこともあり得るだろう《8》。

黒人が政治上の平等を勝ち得るとすれば、さらに大きな脅威となる何かがしかが立ちはだかってくる。ジョンソンの構成概念におけるふたつの下層階級（黒人とプア・ホワイト）の間にある、「人種戦争」を引き起こす積年の反目が再び表面化するかもしれない。ともあれアンドルー・ジョンソンの人種戦争は、トマス・ジェファーソンの考えたそれではない。第3代大統領は、全面的な解放によって自由の身になった奴隷が以前の主人に肩を並べればたちまち互いが全滅するまで争うことを予告していたが、一方の第17代大統領が懸念したのは人種上の余計者同士の対立である。彼の見解によると、片や黒人、片や白人という元被搾取者の2階級は、生き残りを賭けた物騒な戦いを行うはずだった。火種となるのは、連邦による南部諸州への普通選挙権の賦課である[9]。

ジョンソンはすぐにホワイト・トラッシュ共和国をあきらめたが、その思索のゆえに、かつてあったリコンストラクションに関わるアイデアの残像を今なおまざまざと思い浮かべることができるというものである。そしてまた、設立まもない解放黒人局が貧困にあえぐ白人と解放された者を喉裂き魔《カットスロート》ばりの敵対者としてではなく、価値ある貧者として〝対《つい》〟に扱ったことも意義深かった。この部局は、リンカン暗殺*直前となる1865年の設立当初から「すべての難民、そしてすべての解放民」の黒人および白人に支援を行う権限をはっきりと与えられていた。局設立の利点を討議する中で、多くの上院議員の意見が次のように一致したのである。今や「物乞い、依存者、寄る辺ないホームレスの流浪者」となった白人難民の窮状は、解放黒人奴隷のそれと同様の意味合いを帯びている。アラバマ、アーカンソー、ミズーリ、テネシーの各州では当局によって黒人の2倍、場合によっては4倍の支援が白人に行われ、ジョージアに至っては18万人近い白人難民に食糧供給が約束されていた。1866年の解放黒人局拡張に関する討議中に、ケンタッキーの共和党下院議員グリーン・クレイ・スミスが残した覚書にはこうある。「ほんの少しの土地も、どんな資産も、1頭の牛も馬も所有したことがないというのに、他者同様、真に献身的な連邦支持者だった白人は数多い」。南部問題が戦争そのものよりも根深いことを彼は認めている。貧困と徘徊という対をなす悪が、間断なく白人につきまとっていた[10]。

だが当の局内に、忠実で誉《ほ》むべきプア・ホワイトというスミスのヴィジョンに共感する者はほぼなく、難民収容所への訪問者や、『ニューヨーク・タイムズ』*New York Times*の投書に言われた「ほっつき歩く白人」を南部の町で見かけた者なども、彼らをあまり快く思わなかった。ニューオーリンズのある懐疑論者が、こんなひやかしを残している。「プア・ホワイト・トラッシュ」は何をしても能がないと戦前自分からおおっぴらにしていたものだが、「難民仕事」の身すぎを急遽発見したというわけだ。要は行政の施しで暮らしているというのである。フロリダでは、局事務官でのちに議員となったチャールズ・ハミルトンが上司にこう打ち明けている。解放民は「南

*――1865年4月14日に起きたアメリカ初の大統領暗殺事件。ワシントンで観劇中の大統領が親南派の俳優によって射殺され、副大統領であるジョンソンが後任となった。

部の白人庶民」に比べて少しばかり知能が劣っているだけでしょう。広く出回った当局報告書の主張は次の通りだ。何百何千という貧困にあえぐ白人が「アンクル・サムの糧食」*に頼っている。典型的な受給者は「油まみれに薄汚れた小さく〝何もわかっていないお喋りたち〟を1ダースも引き連れた、不潔なぼろ着姿の」女性だった。おそらく最たる酷評を下したのが北軍士官から文民行政官に転じたマーカス・スターリングで、局事務官としてヴァージニアの田舎に4年間勤め、最後となる報告書を1868年に記している。大きな進歩を遂げた解放民の黒人は連邦政府による介入のかいあって「いっそうの安定、勤勉、大志」を示すようになり、「偽りのない誇りと男らしい高潔さ」とともに教養の取得を切望していると確信されるのだが、一方で「プア・ホワイトの哀れむべき階級」、すなわち「〔当局の〕大いなる篤志と大胆な改良にまるで感化されないように映る唯一の階級」の場合はどうにも同じことが言えない。多くの局事務官の目には、プア・ホワイトが独立独行を目指す競争にあってまだ発走ゲートから飛び出してもいないように見えたのである《11》。

プア・ホワイトの暗澹とした先行きに言及したのは、何も解放黒人局の事務官ばかりではない。大手紙誌のジャーナリストもまた好奇心の強い北部の読者をあて込んで定期的な特電を打ち、論文を発表しながら南へと興味を向けて『アトランティック・マンスリー』*Atlantic Monthly*、『パトナムズ・マガジン』*Putnam's Magazine*、『ハーパーズ・ニューマンスリーマガジン』*Harper's New Monthly Magazine* などに傑出した記事を掲載しており、白人の貧困を赤裸々に暴く筆致と無難な標題を持つ1866年の無署名寄稿「南より：南部の旅と手控え」From the South: Southern Journeying and Jottings のような同じ題材を扱った連作の小考《エッセイ》も『ニューヨーク・タイムズ』に発表されている。イリノイを拠点とする記者シドニー・アンドルーズが『シカゴ・トリビューン』*Chicago Tribune* と『ボストン・アドヴァタイザー』*Boston Advertiser* でペンを振るい、『戦後の南部』*The South Since the War* として書籍化することになるみじめな白人に注ぐ率直な視点を表せば、ホワイトロー・リードも『シンシナティ・ガゼット』*Cincinnati Gazette* に共感を一切含まない観察を執筆して紀行『戦後：南部諸州の旅』*After*

＊―――合衆国政府の擬人化で、星条旗模様の山高帽をかぶった礼服姿の、白い顎髭をたくわえた男性として表される。

the War: A Tour of the Southern States にまとめた。最後にジョン・トローブリッジの手による『南部：戦地と荒廃した都市の旅』*The South: A Tour of Its Battlefields and Ruined Cities* を挙げておく。田舎者の白人に酷薄なレンズの焦点を合わせた一冊である《12》。

以上の刊行物は、すべて1866年中に世に問われたものだが、同時期の不安定な数年で最も話題にのぼった一冊が戦争の公式な終結前に刊行されている。その書『テネシーを下って』*Down in Tennessee* (1864) も紀行で、著者はニューヨークの綿花商、作家のジェイムズ・R・ギルモアである。彼の論は独特で、「しみったれの白人」と「普通の白人」という分類を行った上で後者を進取の気性に富む、遵法の、産み殖やす市民とし、彼らは「まあまあ使える豚小屋か犬小屋」を思い起こさせる家に住む、ふがいない、盗み癖のある、粗暴な前者と著しい対照を見せている。ギルモアはしみったれの白人を少数派として分類しているのだが、曰く、その伝染しやすい特質を保持するがために危険な階級に変わりはない。その者らは降伏した南部の病巣、つまり「他の部位の生と力とを奪いながら」社会という体躯で「繁殖した菌」なのだという《13》。

こうした書き手は皆、共通の意欲を抱いていた。不確実な未来の予知に向けて南部の人種や階級のシステムにまつわる謎を解き明かそうではないか。何がしかの点で彼らの意見が一致するならば、それはシドニー・アンドルーズの一模倣者によってこう要約されている。「今となっては南部のプア・ブラックの先行きより南部のプア・ホワイトの行く末のほうが問題だろう？」《14》

見込みある市民ということであればプア・ホワイトは解放民以下で、何しろ覇気がない。共和党寄りの教養を身につけたジャーナリストによるこの主張には仰天するものの〝やはり〟という感は否めないだろう。「いやいやをしながら」戦地へと引きずり出される「屠殺場送りの羊」さながらの貧乏人には、旧連合国エリートに対するものと同じ強い不信が向けられていた。ホワイトロー・リードの所感では黒人の子供には学ぶ意欲があり、片やシドニー・アンドルーズが確信する黒人には「自己保存に向けた鋭敏な本能」が表れているのだが、ホワイト・トラッシュにはそれが欠けていたのである。解放民は、どの報告をめくっても有能で、つましく、連邦への忠義を尽くす者と記されているというのに。『アトランティック・マンスリー』の執筆者は問いかける。なぜ政府は「謙虚で、物静かで、勤勉なニグロの参政権を奪って」おきながらもその持ち票で北部を翻弄する「無価値の蛮族《バーバリアン》」――つまり「無学で、無教養で、悪徳者の」プア・ホワイト――のほうはそのままにしておくのだろう？[15]

　こうして〝一般的な語彙〟はさらに不吉さを増すようになった。ホワイト・トラッシュはもはや社会の縁《へり》の単なる〝造化の戯れ〟ではない。今や彼らは根っからの半端者、アメリカの家系図の朽ちた枝であり、「繁殖した菌」のように南部社会の幹全体を脆くしかねなかった。獣脂の色をした肌以上に彼らの知恵の停滞を如実に示す指標が、「不活発な」精神、「ぎこちない」話し方、「愚かしく、ぼんやりとした目つきで、それは白痴さながら」だった。いわば「知恵なきヒト」*なのである。勤勉な黒人が突如として名誉回復者になったのとは裏腹に、ホワイト・トラッシュは依然未発達な、進化の途上で停滞する被造物のままだった[16]。

　リコンストラクションの時期を通じて、共和党はホワイト・トラッシュを非嫡出子、売春婦、徘徊者、そして犯罪者の氾濫を産む「危険な階級」と呼んだ。父による娘との同衾から夫の売妻《ばいさい》、母による娘の不義密通の黙認に至るまで、かの者どもはあらゆる性的規範に背いている。この危険は、かつての原野への流入と消失を止めて成長の一途にある人口に由来していた。21世紀の移動住宅住まい《トレイラー・トラッシュ》のクズの不快な予兆となる鉄道車両暮らしの不潔な難民には、リードも顔色を失くしたものだ。解放黒人局事務官で作家でもあったジョン・W・デフォレストはこう断言する。ホワイト・トラッシュには我慢ならない。ダーウィンの自然選択という「容赦ない法則」が彼らの大半を抹殺でもしないかぎり[17]。

　1868年、ある執筆者が『パトナムズ・マガジン』のために報じたのが、ある頽廃した系統樹をその根本《ルーツ》まで辿った「家族史」で、20世紀初頭のアメリカ優生学の主導者チャールズ・ダヴェンポートも影響を受けたと

＊――現生人類ホモ・サピエンス“知恵あるヒト”の対義表現。

いう、退化した家筋の不朽の年代記『ジューク一族』*The Jukes*（1877）を含む数々の研究を先取りした物語が基調となっている。書き手の主張では、実在の夫婦を実名とともに洗い出したらしい――とすれば、アメリカに投棄された年季奉公人の後継者である南部のがらくたの、いっそう総括的な退去について記したダニエル・ハンドリーを凌ぐことになる。

その昔この頽廃した家系を開いたのが、ビル・シミンズなる人物である。イギリスの囚人にしてヴァージニアの不法居住者《スクワッター》である彼は、そもそもがロンドンの高級娼婦が転じた「やさぐれ女」と結ばれ、低劣な依存者の〝部族〟を産んだ。書き手によると、ホワイト・トラッシュの唯一の治療法は過激にならざるを得ない。そう、介入である。一家の掘建て小屋から子供を引き離して保護施設に入れる。少なくともここで労働が習慣づけられ、近親交配の産物の増殖も回避できる。系図の連鎖は断ち切らなければ。察しがつくことと思うが、非行から優生学に則った断種へとつながる線は次第次第に短くなりつつあった《18》。

ホワイト・トラッシュが進化発展の（あるいはその欠如の）尺度になるというアイデアは19世紀にかなり普及し、連邦政府初となる兵士を対象とした研究結果の受容度を左右するほどだった。合衆国衛生委員会は、南北戦争で従軍したおよそ1万6000人を対象に大がかりな統計調査を行った。だが非白人兵率は低い（概算で黒人3000人、インディアン519人）。1869年に研究が公表されるや、北軍に奉職した軍医がロンドンの高級誌『人類学評論』*Anthropological Review* 上で疑義を呈している。調査者による黒人と白人の実地比較を欠いて、人種格差についての結論を導くことは果たして妥当か。「あぶれ者、無学者《むがくもの》に退化し、肉体的にも精神的にも堕落した者」とされた「低劣な人々」にしても、アングロ＝サクソンの血を引いているかもしれない。知性が人種／民族に特化して継承される素質かどうかを吟味する時期が、いよいよ到来したのである《19》。

＊

共和党派のジャーナリスト、解放黒人局の事務官、そして連邦将校が旺盛な出版を行う一方、戦後の党派心の強い風潮の中で民主党員も苦労の末に反対政党を再建して共和党の政策の切り崩しを徐々に図り、ほどなくして人種についての議論にも着手するようになった。民主党員らは勤勉な黒人と〝社会移動〟の展望とを称える代わりに「白人による政府」の喪失を思って心を波立たせ、近親交配はともかくとして異種交配については〝他とは違う人種〟同士の不健康な取り合わせと想定して執拗に焦点を合わせた。

この時期の民主党が好んで口にした侮蔑語のひとつが「雑種」mongrelで、この言葉はきつい暗喩を次々とおびただしく喚起していく。敗戦側の連合国民と北部の民主党派のジャーナリストはともに、共和党の政策が「雑種共和国」を招き入れるだろうと予言した。偏執的な比較の誘導先は、人種の混合化が猛威を振るった19世紀の実例となるメキシコ共和国である[20]。

民主党が予言した脅威は「雑種」ばかりではない。代表的な反対政党として浮上した彼らは、さらなるふたつの象徴的な敵に呼び名をつけたのである。「カーペットバガー」carpetbaggerと「スキャラワグ」scalawagがそれで、*新たな〝説話〟の次第は以下となる。素性も怪しく育ちも悪い男どもが権力を手にするや、政府の徳性は傾いた。南北戦争の頃にそしられなじられていたどん底の連中《マッドシル》は、戦後のヤンキー侵略者によっても相変わらずの憂き目に遭う。降伏した南部を食い物にする貪欲な投機家カーペットバガーは、いつも持ち歩く安手の黒い手提げ鞄ですぐそれと知れた。だが、そのカーペットバガー以上の悪人もいる。それが「スキャラワグ」、すなわち裏切り者で、こいつは不潔な金儲けのために魂を（そして同胞を）売り飛ばした南部の白人共和党員だ[21]。

ジョンソン大統領自身「雑種」という言葉こそ使わなかったものの、「雑種市民」の危険性は十分知り尽くしていた――〈1866年の公民権法〉に対して彼が発動した拒否権の核心に横たわるのはまさにこの成句で、ある新聞などもそう評したものである。採決のほんの数日前には、ミズーリの共和党員から民主党員へと鞍替えした熱心なダーウィン信奉者フランシス・ブレア・ジュニアが、法案に異議を唱える熱のこもった手紙を大統領

*――カーペットバガーは南部で暴利をむさぼる“絨毯生地の鞄”を抱えた北部人を指し、地盤でない南部に乗り込む北部出の“渡り政治屋”への揶揄にもなった。一方、次文以降の説明の他に“やくざ者”というほどの意で使われたスキャラワグには“みすぼらしい家畜”という原義解釈がある。

に送り、そこで強く進言している。連邦議会は「雑種国家、非嫡出子の国家」となる重荷を祖国に背負わせることを断じて許してはならない。ジョンソンも同感だった。彼は拒否通告書の冒頭、新法の保護下に急遽置かれることになる混交種すべてを列挙した。「太平洋諸州の中国人、課税対象となるインディアン諸部族、ジプシーと呼ばれる人々、もちろんのこと黒人、有色の人々、ニグロ、ムラート、そしてアフリカの血を引く者と呼ばれるすべての人種」。当該法は、公民権を賦与しながら人種の差別を取り除き、平等な投票権の門戸を開くものだ。ジョンソンは拒否通告書で、自然《あるがまま》に授かる何がしか、すなわち適性が解放民には欠けていると述べ、最後に異人種間結婚を認めるいかなる法にも賛成しないと明言した《22》。

1866年、大統領ジョンソンは事実上共和党を見限った。*そもそもがジャクソン流民主主義の信奉者として政治生活を始めていた彼である。以後はその主義に則って解放黒人局の拡大と〈公民権法〉を拒否し、南部における連邦主導を頓挫させるべく執行権を振るった。こうした一連の動勢は、議会における拒否権無効化に留まらない措置を共和党側に取らせる。憲法上、いっそう恒久的な解決策を模索し、弾劾裁判に踏みきったのである。ジョンソンの〝背任〟は、1867年と1869年にそれぞれ提出される憲法修正第14条および第15条の制定に弾みをつけた。前者は合衆国市民の権利である法の下での平等な保護を約束し、後者は「人種、肌の色、過去の隷属状態」に基づく投票時の差別待遇を禁じるものだった。第14条による、誠意をもった忠誠の宣誓を連邦当局に認められた者を除く旧連合国民の投票権否認もまた見逃してはならない。なお旧連合国の当局者には、公職への就任も禁じられた《23》。

「カーストの誇り」や「人種の誇り」というものは不安を抱く社会時評家の攻撃の的となり、「血の純性」や「社会的排他性」を掲げたその古い防壁は共和党による立法に動揺して崩れつつあった。ここで焦点は白人女性に転じられる。たとえば秘密結社の萌芽だが、早くも1867年にはルイジアナで「白椿騎士団」が組織されている。団員は白人女性との結婚を誓い、「非嫡出子と退化した子孫の産出」防止のためにあらゆる力を尽くすことに賛

*———所属は民主党だが、既出の通り戦中も親連邦派としてリンカン率いる共和党と帯同し、その上で現職に就いた経緯がある。

意を示した[24]。

1868年、民主党の副大統領候補フランシス・ブレア・ジュニアが全国を遊説して回った。選挙戦の争点のひとつとしたのは〝雑種の脅威〟である。そしてその翌年、ジョージア最高裁首席判事ジョゼフ・ブラウンが、後世に残る判決を下す。この南部連合州の元知事は、法廷が異人種間結婚をすべて取り消す権利を有するものと裁定したのである。「混合化」amalgamation は、州法上すでに禁止されている近親相姦による結婚や白痴同士の縁組みと同列に解される。そのような忌避すべき婚姻は「病弱で女々しい」子供の出産によって「優等人種を劣等人種の水準へと引きずり下ろす」怖れがある。そう強く論じたブラウンの物言いは、動物の繁殖家《ブリーダー》が雑種の選別に用いる確立済みの定義の復唱だった。いっそう雄弁なのが、優生学めいた彼の論法である。アングロ＝サクソンの血の汚濁を防ぐべく、今やわが州は種の涵養《ブリーディング》／血統づけを統制する権利を有している[25]。

とはいえ民主党、共和党の双方にとって人種と階級は不可分で、このゆえにスキャラワグは毒々しい口撃にさらされ、実際に肉体的な暴力に見舞われさえした。彼らは解放民、移植された北部人、南部の連邦主義者、転向した旧連合国民が結託した壊れやすい共和党をひとつに固める膠《にかわ》程度に見なされていたのである。生まれも育ちも南部、州議事堂での身の処し方も心得ていたとあって、この〝白い売国奴〟は多くの南部民主党員にとってカーペットバガー以上に質《たち》の悪い障害になっており、南部における共和党の締めつけを解くには比喩的な（そしてときに文字通りの）スキャラワグの死が求められていた[26]。

1868年の大統領選中、スキャラワグは黒人が社会的平等を享受するに足るというアイデアを吹き込んで扇動したと責められた。怒りを覚えたあるジャーナリストが、激しくこう非難している。いわゆる解放民は、もはや「スキャラワグ・ホワイト・トラッシュの奴隷だ」。〝彼〟は公私の立場にわたって黒人と気ままに交わり、社会規範を冒瀆しているではないか。しきたりに従順な妻の感受性を侮辱してまで黒人男を晩餐に招くこの無価値で育ちの悪い被造物は、それでも急激に権力を得た。人々が蔑んだ素養——下層階級流のやり口、黒人との忌憚のない交流――が〝彼〟を完璧な党内策士にしたのである。気が抜けない選挙年にあって、スキャラワグの人種と階級の血統がともに俎上に載せられるようになった[27]。

「あるスキャラワグの自伝」The Autobiography of a Scalawag は、民主党プロパガンダの傑作である。主人公ジョン・スタブズは、いかがわしい者や犯罪人が集うことで知られるヴァージニアのコミュニティ、シフレッツ・コーナーの貧しい14人家族のもとに生まれた。南軍に志願して砲兵隊の所属からジェファーソン・デイヴィスの厩舎の掃除を請け負う御者になった彼には名誉や栄光への野心など一切なく、戦中に描いた自身の軌跡も案に違《たが》わず下り坂だった。

脱走の途上、スタブズはヤンキー連中に嘘をつく。おれは連邦の者だ。そして1866年、ヴァージニアへと舞い戻った彼はスキャラワグになる。その頃には「ニガーの喋り方」もすっかり板についていた。ニグロの投票権のために証しを立てはしたが、何も高尚な考えがあってのことではない。彼には低劣な標語があったのだ。曰く「誰だってわが身が可愛い」。カーペットバガーどもに見下されているのは織り込み済みだったが、奴らの横着に気前よくウィスキー一杯のおごりがついてくるのならてんで気にするものではない。褒美に郡書記官の地位にありついた。それも〝自己改良〟などなしに。情に流されずに共和党で出世の階段をのぼる内に気づいたことがある。成り上がるにつれ、おれの「ならず者ぶり」も大目に見られるようになるものだ[28]。

「あるスキャラワグの自伝」は、独立独行の北部男による勤勉と道徳心の向上の物語のよくできた滑稽化だった。敗北してもなお教養、洗練、誉《ほ》むべき物腰が銘《めい》となる古株《オールド・サウス》の南部の世襲指導者のようになどスタブズは所詮なれない。紛れもない功利主義者で、先見の明を欠き、出世のためなら嘘も騙りもする何者かが彼で、南部のエリート民主党員が下層階級をいまだ蔑んでいることを強烈に思い起こさせる装置でもある。ノースカロライナのある保守派人物が1868年に述べた通り、共和党は資産家や風流人士を牛耳る「卑しい生まれの浮きかす《スカム》で、かつての奴隷」風情にすぎない。南部の民主党員が「白人による政府」を追求するにせよ、それはすべての白人を意味しているわけではなかったのである[29]。

スキャラワグは〝民主党版のホワイト・トラッシュ〟だった。元南軍中将ウェイド・ハンプトンに尋ねてみればいい。8年後にサウスカロライナ州知事に当選し、南部諸州の共和党支配をついに転覆させる運動の主導者連「救い主《リディーマー》」の英雄となるハンプトンは、1868年当時、かつてあった中で最も忘れ難い侮蔑発言でも名を残しており、その言葉は遠くイングランドにまで届いた。農耕の知識があった彼は、「肉屋も犬も見向きもしないと家畜商に言われるような、しみったれた、シラミだらけの、不潔な、雌牛並みの」浮浪者の備蓄である「スキャラワグ」の、つとに知られる扱い方の呪文を唱えたのである。曰く、スキャラワグは人道にもとる野心を抱く〝人類の不作〟であり、生物学的な不適格者であり、同時に浮きかすを掻き混ぜては汚穢《おわい》の中で栄える腕利きの策士でもある[30]。

この年、本物のスキャラワグであるトマス・ジェファーソン・スピアは、彼の「雌牛」の正当性を誇らかに主張する演説を行った。ハンプトンとは対照的な彼は、共和党員に転じてジョージアの憲法制定会議に貢献し、のちに合衆国下院議員となった旧連合国民で、自らを「話し上手ではない」と認めつつコモン・スクール止まりの教育を恥じるでもなかった。いずれにせよ連邦脱退に反意を唱え、連邦側から示された降伏条件が寛大だったことを確信していた彼は、「祖先の骨はこの土の下で眠っている」と語る生粋のジョージア人で、自らを「有色人種の友」と断言する人物だった[31]。

自身のいくぶん幸運な名づけと同様、「スキャラワグ」もまた単なる呼称にすぎないとT・J・スピアは理解していた。とはいえ南部の政治はそうした象徴性の上で繁栄しており、現実でもイメージでも白人黒人の別なく社会のはみだし者を嫌悪する伝統に根ざしていたのである。低劣な者があえて声を上げ、肌の色の境界を越えたとき、地位を代々継承してきた南部の指導者階級もまた自らの度を超えた感情を腹に溜めておけるはずがなかった。

雑種とスキャラワグは、人種や階級の不安定性という脅威になお信管を取りつけながら一対に連結する。時は戦後となって奴隷制を禁じた憲法修正第13条の通過とともに時代に取り残されてしまった南部白人は、自らの心中にゴシック様式もかくやという光景、頭のおかしい指導者に監視される異常な性の劇場をイメージしていた。*そして憲法修正第14条が黒人男性有権者に法の下での平等な保護を与える一方、旧連合国民の公職に就く権利や投票権まで取り上げるという恐怖をはっきりと付加する。世の中が反転する。それは、道化者に支配された共和党の王国である。もちろん南部白人の共和党員は、この書き割りの煽情的なイメージへのはまり役とは実際のところ言い難かったが、分類ラベルはもう貼りついていた。スキャラワグは、付帯するであろう富（あるいは富となる政治経験）の多寡を問わず、内実は当然のことホワイト・トラッシュなのだ[32]。

リコンストラクションの時代が終わると、いわゆる家督を譲られた男たちが南部全域で政治権力を取り戻した。そして1880年代に白人の北部と南部は再び結ばれ合う。「救済された《リディームド》」クラッカーが勤勉な農民になる一方で他の者は汚れなき山岳民を称えた。クラッカーであろうとなかろうと教育を受ける余裕ができ、もはや南部経済に依存しなくても済むほどに向上を果たしたわけだ。短期間ではあったが和解の物語が人気を集め、かつて相争った両陣営は国民的ドラマの中で国内の調和という明るい展望をもって人々を慰めた[33]。

『クラッカー・ジョー』*Cracker Joe* (1883)は、とあるニューイングランド人によって著された。フロリダを舞台に、標題人物が過去の過ちや憤りを愛と寛容で克服する物語である。経営も上々な農場を継いだ「生まれながらのクラッカー」ジョー。抜け目ない野心もあらわに世襲財産など何ほどかと果敢に挑戦する彼は、「進取の気性のある」男で驚異的な記憶力を持つ熱心な読書家だ。ジョーは妻に語りかける。ルース、「一番の色白さん、心だって体だって、見たこともないほどだよ」。暗に匂わすのは自分がそれほど白くはないということで、曰く、おれは「ただのクラッカーなのさ」。（ハリエット・ビーチャー・ストウの『ドレッド』の家族同様、ジョーは混血で、母は「善き血」を引く者である）。彼は10年以上前にある裕福な農園主を殺しそうになり、その息子に償いをする羽目

*―――南軍の降伏による事実上の南北戦終結は1865年4月。修正第13条の布告は同年12月で大半の州が従ったものの最後のミシシッピによる批准は1995年3月であり、「混合化」に対する南部の根深い拒絶のほどがうかがえる。

になっている。ジョーは内心思う。彼は父親の荒れ果てた邸と放りっぱなしの土地をもとに戻さなければならない。遺産を守るためにできるのは、ニューヨークのカーペットバガーの娘と結婚することくらいだろう。すべてがお定まりではあるが、この段でいけば妻への神の祝福とともにジョーがわが家へと迎え入れる愛娘は、ムラートということになる[34]。

そして、描き出されるのは都合のよい差別化である。1890年代、祖父の代からの奴隷制廃止論者でケンタッキーのベレア・カレッジ学長を務めるウィリアム・グッデル・フロストが、山間部の住人を再定義してこう述べた。「〝プア・ホワイト〟は本当に堕落《ディグレイド》している。一方のマウンテン・ホワイトはまだ等級《グレイド》を上げていない人々である」。フロストは、数百年間独自の家筋を固持し続けているがために適者生存の闘いでは負け知らずのこの山岳民を、「チョーサーの趣き」ある口調と明瞭な「サクソン気質」を帯びた現代のサクソン人と見なしていた。〝彼〟は、と学長は記す。「同時代を生きるわれわれの祖先だ！」この孤立した白人をアメリカ史上最良にしたものは何かというと、それは〝彼〟の「頑健さであり、たゆみのない神経であり、多産であり、愛国心——1776年の精神が脈打つ血潮」なのである。フロストは、山の民がアメリカの家系図のまさに幹をなしているのではないかとまで試論を展開した。とはいえマウンテン・ホワイトは、彼らの売り物に用のない多くの人々にしてみれば氏族同士の確執に陥りがちな、奇妙な容貌をした密造酒《ムーンシャイナー》づくりの山出し《ヒルビリー》*だった[35]。

「赤　頸《レッドネック》」redneckという言葉が広く使われ始めたのもこの頃で、19世紀から20世紀初頭にかけ新生南部《ニュー・サウス》で注目度を高めていた民主党の扇動政治家に追随する粗野な人種差別主義者をうまく定義している。サウスカロライナのベン・ティルマン、アーカンソーのジェフ・デイヴィス、そして一群の中でもひと際興味を惹くミシシッピのジェイムズ・ヴァーダマンといった「レッドネック」に出会えるのは湿地帯かはたまた工場町か、つなぎ服を着て政治集会で盛んにやじを飛ばし、繰り返し州の議員に選ばれている。ヴァーダマン派だったガイ・レンチャーなどは、ミシシッピ議会のその現場で自身の「長　赤　頸《ロング・レッドネック》」に絡めて毒を吐きながらそれをあだ名にしてしまっ

＊——— hillbilly。アメリカ南部、特にアパラチア山脈奥地の住人、もしくは出身者。

たようである。言及する価値のある、いかにもという解説をもうひとつ。「レッドネック」は１８９０年代に多くの人々の口にのぼり始め、同時期の南アフリカにおけるボーア戦争でアフリカーナーもまたブリテンの陽光にやられた肌と自身の青白い肌との対比を強調してイングランド兵をそう呼んでいた。* このような用語法は分益小作人のリズミカルな詠唱（1917頃）の欠かせない要素にもなっている。「おれはニガーのほうが好き、耕せよベック爺さん、長　赤　頸《ロング・レッドネック》の白んぼヒルビリーに負けないで」[36]。

✺

その頃、この世界にはＷ・Ｅ・Ｂ・デュボイスがいた。セオドア・ローズヴェルトもいた。だが、ふたりの男の意見が交わることはまずなかった——話が進化論や優生学に及ぶとなれば、なおさらである。ローズヴェルトのほうは完全に入れ込んでいたのだから。大統領の軍国主義、あるいは白人入植者が旧西部で引き起こした野蛮状態《サヴィッジリー》への美化を、デュボイスは確かに居心地悪く感じていた。しかし、ある事柄についてだけは彼らの意見もすべて一致した。レッドネック政治の脅威である。

ローズヴェルトはウィリアム・マッキンリー大統領の暗殺に伴い、１９０１年に思いがけず大統領に就任した。** 当時はまだ42歳、とはいえ共和党公認の副大統領候補の座を自身にもたらした米西戦争での大胆な軍功ですでにその名を知られていたのである。*** 母親がジョージア出身とあって南部連合の血統も標榜できた彼だが、政治屋《ポリティコ》稼業の拠点は地元ニューヨークで、それは岩場や浅瀬だらけの南部政界での舵取りが贔屓目に見ても手に余ることの証しでもあった。大統領就任式直後の夕食会にも黒人指導者のタスキーギ職業訓練校校長ブッカー・Ｔ・ワシントンをあえて招待し、多数の南部白人の憤懣を掻き立てている。民主党は、リコンストラクション以来の筋書きを復活させながら、人種間の社会的平等の奨励を実施した新元首を非難した。怒れる南部白人にとって、そうした公共の場で、しかも極度に象徴的なやり方をもって黒人と食事をともにすることは、異人種間結婚

*———旧称ブール（ボーア）人のAfrikanerは、南アフリカに移住し定着したオランダ系を主体とする白人。イギリスとの領土争いは2回のボーア戦争となって1899年に勃発。

**———第25代大統領マッキンリー（1843–1901、任期：1897–1901）はバッファローで開催されていた汎アメリカ博覧会の席上で無政府主義者によって射殺され、副大統領ローズヴェルトが昇格した。

***———カリブ、太平洋の覇権をめぐってスペインを相手取った米西戦争（1898）にローズヴェルトは海軍省次官の座を辞し大佐として義勇騎兵隊を指揮、勇猛な突撃によって武勲を立てた。

㉖――第26代大統領セオドア・ローズヴェルト（1858–1919、任期：1901–1909）。

の是認からのさらなる露骨な一歩だったのである。上院議員ヴァーダマンは歯に衣着せずに「鼠も厩舎に逃げ出すほどニガー臭に満ちた」ホワイトハウスを腐しながら「黒んぼ臭い異種混交主義者」とローズヴェルトを呼び、南部の諷刺作家ビル・アープに至っては大統領公邸で行われる雑種の結婚まで予言している。〔ブッカー・T・〕ワシントンの娘のポーシャはウェルズリー・カレッジ*に通っているのだから、彼女だってホワイトハウスに招待されるんじゃないか。アープは黙考し、そして薄ら笑いを浮かべてこう言う。T・Rの息子たちの内の誰かの相手にぴったりだって見初められるだろうね[37]。

ローズヴェルトの意見によると、ヴァーダマンとその類いは扇動政治家の中でも選り抜きの卑しい序列に属していた。会衆派教会牧師、編集者のライマン・アボットに宛てた手紙で、大統領はこう語る。ミシシッピ人の「悪臭漂う言葉」と「犬小屋さながらの不潔さ」はニューヨーク市の溝《どぶ》でのたうつ最も卑しむべき不良《ブラックガード》にも劣り、この手の「筆舌に尽くし難い最低加減」があの南部人をアメリカの〝青白い価値観〟の向こう側に置いている。ヴァーダマンを酷評しながらも憎悪の言葉を重ねることは控えた大統領だったが、「きゃんきゃん吠える犬並みの気質がテディの真骨頂で」、それというのも「閣下の母上」は妊娠中犬に怯え通しだったんだとさ、という生まれへのぞんざいなあてつけにはさすがに最大の侮辱と激昂した。恥の心など薬にしたくてもないヴァーダマンは、大統領にではなく犬のほうにならば謝る気はあるのだがと軽口を叩いた[38]。

さて、この白いスーツに白いカウボーイハット姿で長い黒髪をなでつけたミシシッピの謝肉祭《カーニヴァル》の客引き、こと「レッドネック」や「ヒルビリー」の代弁者とはどんな人物なのか？　ジェイムズ・ヴァーダマンはそもそもが毒舌の力を知悉する新聞人である。アンドルー・ジョンソンからウェイド・ハンプトンに至るいわゆる南部人は、

*――アメリカの７名門女子大“セヴン・シスターズ”の一校。

敵を罵るとなれば納屋脇の庭先で使われる類いの侮辱に終始したもので、ヴァーダマンの民主主義とはどれほど汚れていようと「人民」のものなのであり、その人民には思いをすべて口にする権利があるのだ。ひとつにはその白装束好みから、またひとつにはその〝至上主義〟ぶりのレトリックから味方も敵も皆ひとしなみにヴァーダマンを「白い酋長《ホワイト・チーフ》」と呼んだもので、敵にとっての彼は白い野蛮人《ホワイト・サヴィッジ》の低劣な部族を煽り立てるすべを心得た呪医、すなわち「ウィッチ・ドクター」や「メディスン・マン」だった[39]。

プア・ホワイトの弁護人を自任するヴァーダマンは、1903年のミシシッピ州知事選でプア・ホワイトとすべての黒人を対立させた。黒人に学を授けるなど無意味で危険だ、と彼は論じる。白人市民から徴収した税は白人の学校だけに費やす。それを州は保証すべきだ。そしてこの極端なショーマンは——まったく文字通り——雄牛の背に乗りながら上院議員当選を1912年に果たす。民主党の対抗馬の筆頭が支持者を無学者《むがくもの》の群れと嘲ればその事件を逆に利用し、ミシシッピ中を遊説する際には畜牛の長い列の真ん中に「クラッカー候補者の荷車」を好んで停め、とある集会のときなど「レッドネック」、「畜生め《キャトル》」、「野郎ども《ロウダウン》」などという標語《ラベル》の旗や吹き流しで飾った1頭の雄牛にまたがり町へと分け入った彼は、ホワイト・トラッシュのアイデンティティを〝劇的に〟受け入れて見せたのである[40]。

生き延びたエリート農園主や中流階級のミシシッピ人に甘く見られる程度の匙加減で、ヴァーダマンは階級の憤りを意図的に扇動した。民主党における彼の対抗馬ルロイ・パーシーの息子ウィリアムが回想録の中、その怒りようを最もうまく表している。見回すと群衆はいきり立っており、ヴァーダマンの手の者が父親に腐った卵でも投げつけるのではないかと気が気でなかった、と彼は事の次第を思い返す。

> 愚連隊まがいの行為を機転と、悪知恵を知性と誤解し、復興にかこつけて争った後に藪の中で姦淫をするその者どもは、ニグロを私刑にかける種類の人間だった。彼らは混じり気のないアングロ＝サクソンである。

彼らは主権者である。実にひどすぎて、現実とはとても思えなかった。
とはいえ座興の小芝居《サイドショー》まがいの〝憎悪を煽る政見〟に我慢がならなかったルロイ・パーシーも、ヴァーダマンが「主権者」の欲しがるもの――赤身肉《ごちそう》――をくれてやる察しのいい政治家であることは不承不承認めている《41》。富貴者ローズヴェルトにはレッドネックの政敵と馬上槍試合に興じる以外に選択肢がほぼなく、1905年の南部歴訪中もアーカンソー州知事ジェフ・デイヴィスによる私刑集団の正当性の主張を非難した。ある新聞が冗談口を書き立てる。ヴァーダマンに撃たれないよう、大統領のミシシッピ入りを夜行にした側近は利口者だ。ローズヴェルトはまた、ジェファーソン・デイヴィス（連合国大統領）とベネディクト・アーノルド*をわざわざ同類に扱い、誇り高い南部の白人女性の感情を逆なでした。やりもやったりとはこのことで、焚きつけられたあるジョージア女性などは大統領が自分の母親の血を辱めたとまで息巻いている《42》。

ローズヴェルトにとって、血は水よりも濃い。だがこの〝気短な〟ジョージア女性とは、事態の解釈の仕方が違っていた。人種と階級は依然、進化論的な思索に根ざしている。彼はそう理解していたのであり、それは黒人の本然がアングロ＝サクソンへの従属にあるという確信につながっていた。とはいえ、進歩もまた可能なはずだ。タスキーギ職業訓練校におけるブッカー・T・ワシントンの実業教育課程への後方支援が、彼のそうした思いを物語っている。黒人による自給自足経済の可能性が自明となれば、より大きな政治上の権利への資格が与えられるだろう。ただしこのハーヴァード出の大統領は、人種の素養が血によって伝わり、祖先の経験によって決定されるという前提を断じて譲らなかった。「アメリカ例外主義」の熱烈な説明者としてローズヴェルトは主張する。19世紀のフロンティアにおける営為が、アメリカ白人を上位の備蓄へと変容させたのだ、と《43》。

ローズヴェルトの標語《モットー》は「労働し《work》／闘争する《fight》／種族《breed》」という3語に要約される。劣化した南部プア・ホワイトから善きサクソン人の備蓄を分け隔てる〝山岳民神話〟の影響を受けていることは、どうやら明らかだろう。歴

*――独立革命時にイギリス側に寝返った将軍（1741–1801）で、裏切り者の代名詞。

史は血と汗と「微細な原形質」――今で言う〝遺伝子〟にあたる世紀の変わり目の術語――の中に記されるのだという。中流階級のアメリカ人男性は皆、内なるスクワッターを常に忘れてはならず、「奮闘を要する暮らし」に付随する男性性を断じて失うべきではない。ローズヴェルトはそう信じていた。彼の謂いによると、国内の平和、贅沢、気ままな無菌状態も度を超えるとアメリカ人を弱く、無気力で、その上放縦な傾向にしてしまうのである[44]。

この〝現代性〟につきまとう困難は、3つの方法によって克服できるはずだった。人は、アフリカで大物を仕留めた60歳の頃や、アマゾンで悲惨な川下りを敢行した55歳のそのときのローズヴェルトさながら原野に回帰できるだろう。父祖伝来のサクソン人たる素養に実を結ばせる戦争――生き残りをかけたむき出しの闘い――が、第2の手だてである。そして何はさておき、他に抜きん出て初原的な〝種の涵養《ブリーディング》／血統づけという本能〟が依然残っているではないか。ローズヴェルトの心情にあって、出産は自然が用意した女性向けの新兵訓練であり、種全体を強化する生きるか死ぬかの闘争だった[45]。

戦争というものは、品格を打ち建てるばかりかアメリカの備蓄における最良の気質を文字通り活性化させる。牧場主としてダコタで数年過ごした後、半ばアメリカ史、半ば進化論絡みの論文となる大著『西部の獲得』*Winning of the West*（1886–1896）を出版したローズヴェルトはニューヨークに戻って政界へと身を投じ、帝国主義者としての聖戦に新たな意欲の発露を見出していた。1898年、米西戦争の旗じるしのもと、西部のカウボーイや山岳民、果ては彼同様のアイヴィ・リーグ出身の運動選手を集めた自身の連隊ラフ・ライダーズの陣頭に立ってこれを鍛えたローズヴェルトは、そこにインディアン多数（ただし別働隊）、アイルランド系やヒスパニック系数人、ユダヤ系新兵にイタリア系ひとりずつを加え、キューバにおけるアメリカの新フロンティアに向けた適正な多民族混交を想定した企てのもとで全員を叩き直した。もっとも、彼によるこの武張った〝ダーウィンのガラパゴス諸島実験〟に、黒人や生粋の南部クラッカーがひとりも含まれていないことは特筆しておくべきだろう

〈46〉。

ともあれサン・フアン・ヒル（実際にはケトル・ヒル）への突撃が、ローズヴェルトの勲《いさお》しとなる。活写に努めたのは、その名を同じだけ残す画家フレデリック・レミントンである。キューバに赴く前、彼はフロリダのある雑誌の仕事を請け負っていた。そこで見たのがかつての知識にあった純血のアメリカ西部人のアンチテーゼとなる「クラッカーのカウボーイ」で、「引きずって汚れた」ようなそのフロリダ男たちは洗いもしない髪にタバコでくすんだ顎髭、湿地のオークから垂れ下がるサルオガセモドキ*もかくやという情けない身なりをしていた。「獰猛さ」のかけらもない彼らを見たレミントンは、（辺境人と比べれば）「臆病な野良犬」と「フォックステリア」ほどの違いかとつおいつし、動物王国のアナロジーをさらに用いて法感覚が「年寄りの猿人」並みだったと述べている。この野良犬か猿人かという征服者予備軍は家畜泥棒にまで手を染めて犯罪を告発されても意外な顔をするばかり、無学ぶりときたら地図でテキサスを見つけられないほどのひどい有様だった。西部の〝他とは違う文化〟は南部に伝わらない、とローズヴェルトも頷いたことだろう〈47〉。

㉗――レミントン『ラフ・ライダーズのサン・フアン・ヒル突撃』*Charge of the Rough Riders at San Juan Hill*（1898、レミントン美術館所蔵）。

この大統領は、南部への自身の態度が孕む矛盾のすべてを解決しようとはしなかった。人種の純性を弁護し、異種混交に反対を唱えることはできるかもしれない。だがその一方で、『ヴァージニア人』*The Virginian* の著者オーエン・ウィスターにはこう打ち明けている。南部の白人男は、人種の混交に目くじらを立てながら真っ先にムラート女に色目を使い、黒人情婦を囲っている。もっとも、南部白人の歓心を買うこともせずに勤勉な黒人男性を評価したローズヴェルトにしても、後者の投票権を守る方策を何ひとつ取っていない。彼の英雄たち、

＊――樹木に着生してもつれた糸の塊さながらに下垂するパイナップル科植物。

行動的で徳のある人生を歩み、安逸と自己充足を拒否したワシントン、リンカン、グラントは、ある賢明なジャーナリストがはしっこいミシシッピ人と呼んだ「ヴァーダマンの兄哥」のような政界のトリックスターではなかったし、酒を呑んでは決闘をして「ひねくれた」演説をする戦前南部の〝貴族ども〟でもなかった。ローズヴェルトがウィスターに語ったように、南部白人は「不健全な素養」を秘匿しようと空虚な壮語を用いながら、進化の階段をのぼり間違えたのである。最終的な分析として、彼はこう考えた。連合国世代とその後継者は「アメリカ人が現在誇りとしている諸々にまったくと言っていいほど」貢献していない。ヴァーダマンのような者どもは自分にとって目の上の瘤だった。だが、その天下にしても先が見えていたのである[48]。

彼は〝あからさまな優生学者ローズヴェルト〟であるがゆえに未来を確信していた。健康で規律正しい子の世代の種の涵養を行う重要な市民義務を女性が負っている、と公職の権威のもと執務室で強く主張したのである。優生学支持を初めて公にしたのが1903年、その2年後に「全米母親会議」の壇上で所信表明を行った彼は「民族の自殺」を懸念している旨を語り、イングランド系アメリカ人《アングロ＝アメリカン》の血を引く女性に「民族の減少ならぬ増加のために十分な」4人から6人の子を持つよう奨励した。「陣痛」に苦しみ死に瀕する義務が職業軍人に匹敵する繁殖力ある女性をつくるのであり、その出産の義務の忌避者など脱走兵より質《たち》が悪い。そう考えたローズヴェルトは1906年、結婚と離婚を連邦法の統制下に置く憲法修正案の通過を要求した[49]。

結婚と離婚を扱う法を州の任意統制から外せば、優生学のさらなる大目的を資《たす》けることになる。優生学者は揃いも揃ってしぶとく、結婚もしくは生殖に関する私権など市民にはないものと信じていた。1914年、優生学の指導的組織がこう報告している。「社会は生殖質を*、単にそれを伝達する個人にではなく、社会に帰属するものと見なさなければならない」。不適格な両親から生まれた子が犯罪者になった場合、納税者の負担が増すことになるため、社会には自衛権があるのだという。遥かに危険なのは、退化した者が血統づけを許された際に生じる、国家における人的備蓄の損失だった。ローズヴェルトは、優生学の権威チャールズ・ダヴェンポートを文

＊―――生殖細胞内にある次世代への伝達要素。ドイツ人動物学者アウグスト・ヴァイスマンによって1986年に体系化された。

持する1913年の手紙の中、優れた血を持つ善き市民の愛国的義務は彼ないし彼女の「血を後世に」残すことにある、と記して警告する。退化した者たちに「自身の種の再生」を許すことはまかりならない《50》。

優生学の盛期、改革者はよりよい種の涵養を担保するべく報奨を政府に求めた。子供のいる世帯を非課税とするアイデアが表れたのはこのときだが、セオドア・ローズヴェルトは難色を示している。免税を補填するための新しい所得税法は、子供ふたりだけの内ならいいだろうが、3人目、4人目を両親にあきらめさせることになる。彼が望んだのは、1912年にオーストラリアで制定されることになる出産一時金《ベビーボーナス》のような種の涵養に対する金銭的報酬で、このゆえ――好評を得たアイデアとなる――子持ちの寡婦向けの母子年金制も促進したのである。1918年、ある者が年金制を守ろうとこう主張する。寡婦は「判事や将軍であると同時に国家の使用人」で、子の養育義務は戦場で苦役に就く以上の公益事業なのだ。年金は、義務兵役で劣等兵を間引きするように「ふさわしい母親」を選り抜いた上で支給された《51》。

ともあれ、ローズヴェルトはひとり邁進したわけではない。カリフォルニアの医師が命名した「優生学熱」という運動に、大学人、科学者、医師、ジャーナリスト、議員が皆揃って浮かされ、唱導者は正しい結婚の選択に関する中流階級への教育が適者による出産を促す道筋になると確信していた。大量の書物や一般向け講義はもちろん、州で開催される「よりよい乳児」や「よりふさわしい家族」の品評会にも優生学的思索の表象が見受けられた上、大学課程にも専攻科目が追加されたほどで、一連の試みは結婚制限や精神障害者への制度上の性的隔離を課す法案を通過させる結果になった。そして、絵空事かと何よりも耳を疑う事象が起きる。「不適格」と指定された人々に、各州が強いた断種である《52》。

＊

1904年、チャールズ・ダヴェンポートがロングアイランドのコールド・スプリング・ハーバーに優生学記録所の前身となる研究所を開設した。ハーヴァード大学で生物学者として研鑽を積んで動物学の教鞭を執っていた彼は、研究員と協同して遺伝質のデータ集積にいそしむ。当然のこと、あの発明家アレグザンダー・グラハム・ベルを始めとする数多くの著名人が所属した畜産農家と生物学者の団体「アメリカ繁殖家《ブリーダー》協会」優生学部の有力な一員でもあった。ダヴェンポートの片腕ハリー・H・ラフリンは下院移民帰化委員会の優生学担当となり、アメリカ史上最も排斥的な拘束力を持った改正法に数えられる〈1924年の移民法〉*形成の際に重要な役割を果たすことになる[53]。

優生学者は退化した者を考察して自然に南部へと関心を向けた。ダヴェンポートは自説を明かして率直にこう語る。移民を統制する連邦政策が正しく実施されない場合、ニューヨークはミシシッピ化するに違いない。彼は著書『優生学に関する遺伝』** *Heredity in Relation to Eugenics* (1911) の中、病んで退化したアメリカ人の種の涵養《ブリーディング》／血統づけの現場を掘建て小屋と救貧院のふたつに特定している。この掘建て小屋はどこにでもあるクラッカーの丸太小屋、低劣者の陋屋、はたまたプア・ホワイトの豚小屋など、どうとでも言い換えられるだろう。ジェイムズ・ギルモアの『テネシーを下って』(1864) の影響か、ダヴェンポートの著述は孤立した小屋で展開される無節操な交わりに深刻な懸念を表明しており、男女のきょうだいが、そして父娘が同衾してできる近親交配の備蓄への怖れが、はなはだしい現実味を帯びているように見受けられる。彼の救貧院への非難にしても鉾先は南部である。1928年になるまで、ミシシッピの保護施設には男女別の設備がなかった。救貧院によって、犯罪者や売春婦がありとあらゆる種類の頭の弱い半端者や非嫡出子を産み殖やしている。そうダヴェンポートは確信していた。結果、田舎への偏見はとりわけの説得力をもって彼に迫ってくる。こうして、健全者であるほど場所を移り、弱い種であるほど取り残されるという農村から都市への移住にことさら着目した〝適者生存モデル〟が描かれたのである[54]。

ほぼすべての優生学者は、動物の血統づけのアナロジーをヒトに用いた。ダヴェンポートもまた、動物の

*———過去約30年で増加した東南欧州人、アジア人の流入を規制した別称ジョンソン＝リード法。

**———大正期に邦訳『人種改良学』(中瀬古六郎他訳、大日本文明協会)がある。

繁殖家《ブリーダー》が何世紀も乳牛の表現に採用してきた判断を同様に使いながら、最良の雌の種畜／種の涵養者《ブリーダー》となる女性は大きな臀部を持つと述べている。ちなみに優生学記録所の最大の出資者、鉄道王エドワード・H・ハリマンの未亡人メアリーの実家は熱烈な馬の繁殖家だった。アレグザンダー・グラハム・ベルは優等な両親が4世代続けばひとりの純血種《サラブレッド》を産むと語りながら「ヒトの純血種」の養育を思い描いていたし、ニューヨークの裕福な馬の繁殖家ウィリアム・ストークスは1917年に優生学書を出版して〝知的容量というものは身分に相応すること請け合いで、アメリカ人にはその階級なりの種の涵養が施される〟とまで主張している。彼はまた、健全に生まれる「胎児の権利」を喧伝した。任意の世代が、両親の悪しき血統づけの選択によって罰を受けるとは。このような理屈があっていいのだろうか？[55]

　諸々のアメリカ人の血筋を「淘汰」していく取り組みの中、3つの解決策が提起された。唱導者らが動物の血統づけさながら、医師その他の専門家による総人口からの不適格者の選別と隔離を認める法の制定を促し、一方で犯罪者の去勢を、病んで退化した階級の断種を要求したのである。そして1903年、これはおそらく時代の別なく著しい人権侵害に映るだろうが、あるミシガンの議員がさらなる一歩として次の発議を行った。州は単に、不適格者を殺してしまえばいいのではないか、と。他の優生学の唱導者もまた、有罪判決の下った殺人犯への処置として、とりわけ滑稽な計画を思いつく。祖父も処刑してしまえ。周縁的なアイデアで済むはずのない提議だが、結局のところ1931年までに、外科的処置の対象となり得る人々の質を〝扱い難い34分類〟に定めて盛り込んだ断種法が27の州で制定されたのである。優生学者は、ハーヴァード大学教授フランク・ウィリアム・タウシッグによる著書『経済学原論』*Principles of Economics*（1921）の記述同様、雇用に適さない者の「根絶」を求めつつ、不適格者からなる下層階級を大雑把に創作していた。遺伝的な不適格者（「取り返しのつかない犯罪者や流れ者」）への「クロロホルムによる施術をきっぱり」社会が拒否するとしよう。教授はまくしたてる。そうすれば少なくとも「彼らのような種の繁殖」は妨げられる[56]。

全国的な運動のさなかにあって、優生学者による女性が果たすべき役割についての意見は分かれた。家庭内に収まっていればいいとある者が理想を言い立てたが、これは農園主と中流階級の女性が黒人と交流する際に抱く「自然な反感」を当然とする伝統的な南部の気風と符号する。また、ニューヨークの馬の繁殖家ストークスが女性に奨めることには、将来の求婚者と目される者がいれば家族の血統を尋ね、身体検査を受けるよう促してよくよく吟味すべきなのだという（馬の繁殖家が血統書を質す物言いをどれだけ彼が借りているかは、ことわざで言う「贈られた馬の口」*の連想に触れるまでもなくすぐにわかるだろう）。そして、科学的な高水準を満たさない男性を受け入れずに〝優生学的な結婚〟を誓う若い女性がごく当たり前になる。1908年、母親たちが自身の産物の検査と等級づけに進んで参加する「よりよい乳児」の審査をルイジアナのある意識の高い女性教師が開始し、この催しは州の農産物家畜品評会での「よりふさわしい家族」賞に発展した。審査は畜産農場で行われ、家族らが畜牛さながらに判定を受ける。優勝家族にはメダルが授与されたが、それは雄牛の受賞風景に似ていなくもなかった〈57〉。

　教養ある女性は優生学的な結婚の門番であり守衛だったが、その善き婦人を繁殖において凌駕し続けるのは多産な貧困女性のほうだった。世に言う専門家が強弁する。過度な性行動にふけり、知的抑制の欠落する者は、より脆弱な子をもうける傾向にあるのだ、と（ここでイメージされたのが、薮の中で姦淫をするプア・ホワイトだ）。ダヴェンポートのような専門家が売女稼業と貧困を継承する素養とひとたび特定するや、下層階級の性に積極的な女性は〝退化した微細な原形質〟の運搬人と見なされるようになった。そして1910年、ニュージャージー州ヴァインランドにある精神薄弱の男女児童を集めた学校で試験研究所を運営していたヘンリー・ゴダードが、軽愚 moron という新たな優生学分類を開発する。白痴 idict や痴愚 imbecile より知的とされる軽愚は健常で通用《パス》するため、とりわけ対処が難しい。軽愚の女性は上流家庭の使用人として迎えられ、若者を誘惑し、あるいはされたりもするかもしれない。真の問題はそこにあると考えられていた〈58〉。

*――「贈られた馬の口を覗くな」Don't look a gift horse in the mouth。歯で馬齢が判じられることから、進物の粗探しをいさめている。

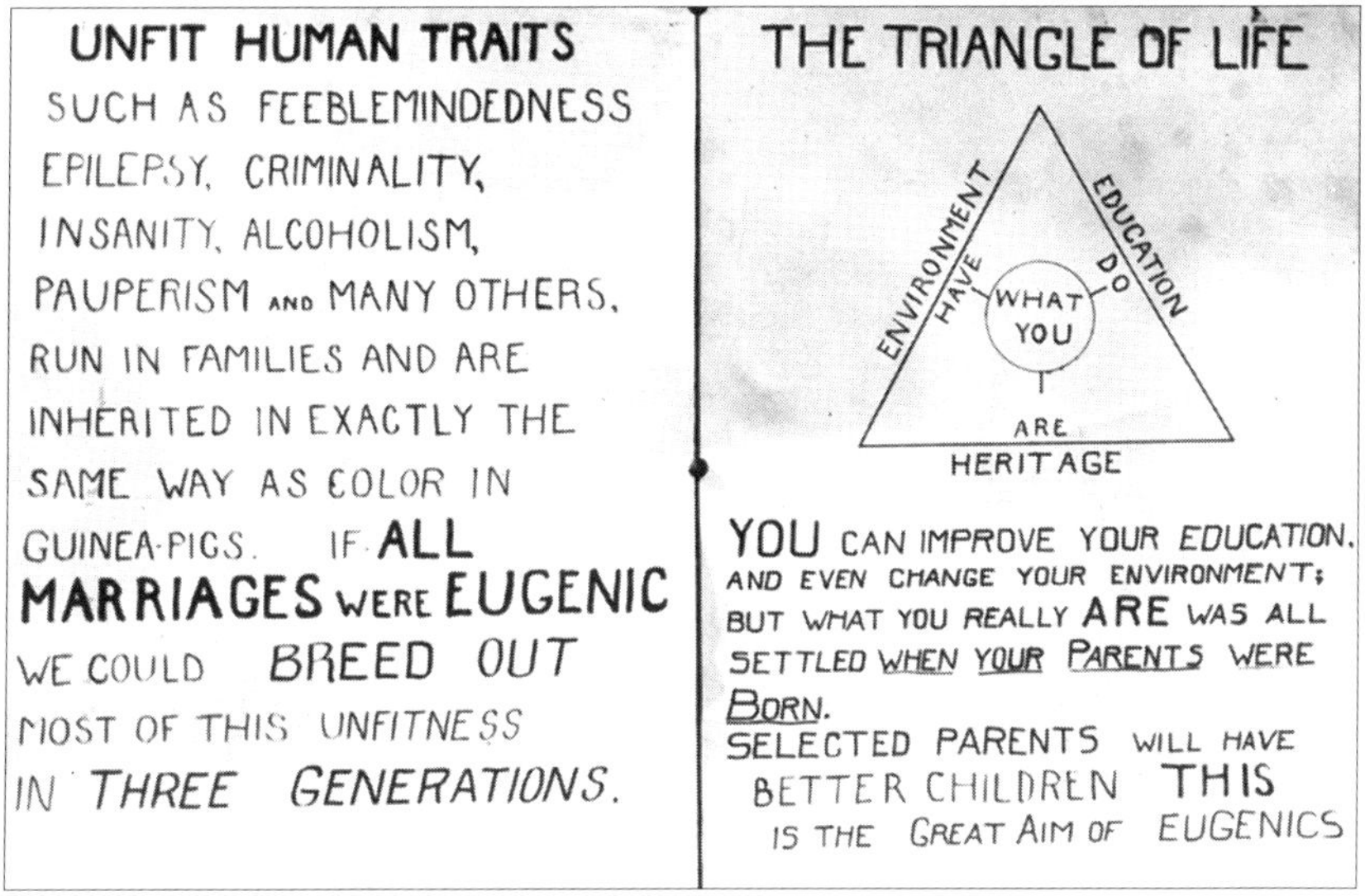

㉘———カンザスのとある農産物家畜品評会で配布された図表。ひとりひとりの運命が遺伝によって決まると断じているが、その意味するところは明白である。〝不適格者は国家の備蓄から「間引かれ」なければならない〟のだ（アメリカ優生学会文書、1929、アメリカ哲学会所蔵）。

優生学を奉じる改良家は、〝多淫な貧乏女〟に対する恐怖に駆られて精神薄弱の白人女性を収容する保護施設をさらに建設せずにはいられなかった。こうした活動のさなかに撒き散らされた術語が、南部で白人黒人を強制的に分ける際に用いられた「隔離」segregationである。また、やはり南部にあって名家に輿入れできる者として合格《パシング》したムラートへの懸念が転じた「通用《パシング》した」女性という言い回しも旧来の言葉の綾だが、これは往年のイングランドで案じられた——領家の主を誘惑する住み込みの使用人などの——階級またぎの闖入者や制御不能の〝社会移動〟のイメージを召喚する[59]。

上記の人種的な含みもあって、優生学者は貧しい白人女性を主な研究対象にしていた。先見や活気やあらゆる羞恥心の欠落した軽愚の女性というゴダードの記述は、リコンストラクション当時の著述家が描いたホワイト・トラッシュの肖像を完璧に再現している。ダヴェンポートが感得した最良の政策は繁殖期の危険な女性を他と隔絶させることにあったが、その処方が断種へと導かれる次第はむしろいっそう打算的でさえある。利に敏感な政治家や熱心な改良家が、対象女性を何十年も保護施設に収容するより手術をしたほうが安上がりだと結論を下したのだから。特に南部の優生学者はこう説いた。送り込んだ貧困女性が安全に無性化された上に下賤な仕事もできる状態で住民の中に戻されるのなら、断種は経済をも支えるのだ〈60〉。

そして第1次大戦（1914–1918）が優生学運動を活性化させる。何よりもまず、兵への避妊具支給を軍がなおざりにしていた。高級将校連は一定の精神修養が性管理に求められると力説していたが、軍の教育課程で効果的な馴致《じゅんち》などできようはずもない。地元の風紀団体と結託して約3万人の売春婦を検挙した軍はなるべく多くの者を拘留施設や監獄に入れて兵から遠ざけ、連邦政府もまたそうした次第で〝汚染された女性〟を性的に隔離する政策を後押しし、同時に徴兵制の唱導者も志願兵部隊にまつわる不公平と非優生学的傾向の双方を説いたのである。ミシシッピの上院議員ジョン・シャープが言を強める。徴兵制がないと「劣等の鋳型」から出た者が「次の種をもうけ」ようと銃後に回り、「最良の血」だけが前線送りになってしまうではないか〈61〉。

㉙――アラバマで出版された書籍で紹介された「ものぐさ病」を免れた〝プアホワイトの名士（セレブリティ）たち〟は、「よりふさわしい家族」賞の参加者とは好対照をなす。不適格なアメリカ人家族の中に見出される〝完璧な人々〟の実例（『鉤虫１万個の家族』*The 10,000 Hookworm Family* より、1913、ロックフェラー資料館所蔵）。

知能検査の重要性を高めたのも戦争である。ゴダードが「軽愚」という分類区分の新設にあたって採用したのがビネー＝シモン式検査だが、これはスタンフォード大学教授ルイス・ターマンによる推奨の上でIQ（知能指数）測定の尺度として引き継がれ、合衆国陸軍にも用いられた。ただし、南部諸州出のプア・ホワイトと黒人の新兵のＩＱ値がどちらも最低だったことからすると軍の調査結果は当該地に対する積年の偏見の裏づけにしかならなかった上、研究の総括では兵の平均知能が軽愚並み――「健常」な13歳の少年と同等――と記録されたことが判明する。結果を受けた測定者は疑念を抱いた。貧しい白人男性が、残る他の国民まで道連れにしてしまっているのではないか〈62〉。

陸軍でこのような知能検査の結果が出たことは、南部の公教育への資金不足を考えれば当然と言えるだろう。南と北の教育水準の隔たりは、すでに南北戦争前から同様に存在していたのである。受検した兵士の多くは、鉛筆を持ったことすらなかった。南部白人は見るからに――軍の検査医が彼らをして小柄で弱く身体的適性に乏しいと診断するほど――発育が阻害されており、（どちらも土食《クレイ＝イーティング》症に関連し、ホワイト・トラッシュの疾病と見なされていた）鉤虫《こうちゅう》症とペラグラ病の全国的な撲滅運動が、こうした肖像をひたすら補強していた。とはいえニューヨークのロックフェラー研究所が１９０９年から鉤虫を駆除する慈善事業に巨額の投資を行い、一方でアメリカ公衆衛生局もペラグラ病対策に取り組んではいた。ロックフェラー財団が実際の鉤虫症患者の衝撃的な写真を公開しているのだが、ひと組の同年齢の少年の内ひとりは健常、もうひとりは当該の病によって文字通り畸形化して外形が歪められている。衛生管理が行き届かずに鉤虫症が広まっているという南部のイメージは手の施しようがなかった。南部貧民にとっては、洗面所はおろか屋外便所すら稀だったのである〈63〉。

㉚――――ノースカロライナで撮影された、発育を阻害する鉤虫症の罹患例。23歳の小柄な青年と傍らに立つ遥かに背の高い2歳年下の健常の青年による衝撃的な対比（1913、ロックフェラー資料館所蔵）。

概して田舎である南部は社会的に、そして今や優生学的にひと際〝遅れた土地〟になった。急に立ち止まるラバを引き引き埃じみた道をとぼとぼ歩く小作農や分益小作人の姿は、18世紀の徘徊者への先祖帰りでもあろうか。鉤虫症やペラグラ病といった「ものぐさ病」が〝ものぐさなのらくら者〟の階級を産み、文盲は蔓延していた。節操のない血統づけへの恐怖が大きく立ちはだかった。南部で産み殖やされた貧しい白人男性の備蓄は兵役に、貧しい白人女性の備蓄は母親にそれぞれ不適格だと腐された。改良家は第1次大戦前の20年間、多くの貧しい白人の女子供が南部の織物工場で長時間厳しい労働に携わっていることを公に訴えてきた。これをまた別の「民族の自殺」のしるしかと問う者はいるだろうか？　健康で、勇気があり、知的で、繁殖力のあるアメリカ人の世代を将来産み殖やすことが、果たして彼らにできるだろうか？　20世紀初頭の多くの人々にとっての「新しい人種問題」は、こうして「黒人問題」ではなくなった。代わりに現れるのが、「反社会的白人という無価値な階級」が引き起こす何か別の危機である《64》。

＊

ヴァージニアのプア・ホワイトを「ふがいなく、無学で、無価値な、南部の反社会的白人階級」と呼んだのが、アルバート・プリディである。同州リンチバーグの癲癇者と精神薄弱者のための施設を監督し、最高裁で争われた断種の最も見逃せない試訴「バック対ベル訴訟」(1927)にもひと役買った彼は、売春婦を対象とする事例固めを1916年に開始して優生学でも一級の専門家に協力を求めたが、そこには優生学記録所とワシントンのカーネギー研究所に籍を置くダヴェンポートの仲間ふたりも含まれていた《65》。

プリディはまた、優生学と公共政策を牽引するヴァージニア大学医学部からの支援も受けていた。学部長ハーヴィー・アーネスト・ジョーダンにとってのヴァージニアは、最高の備蓄（つまり当地にあって名高い「植民地時代からの名門」）と最低の備蓄であるプア・ホワイトとを比較研究するための「申し分ない実験室」で、

1912年には白人、黒人、ムラートの子供を対象とした知能検査の実施も提案している。同大創設者トマス・ジェファーソンの古典的言辞の意味を、優生学的な戯言にねじ曲げて彼は言う。「人間は、個人ないし生殖に関する自由が社会の脅威となるかぎり、その自由についての奪うことのできない権利を有しない」。奪うことのできない権利とは、アメリカ産の「ヒトの純血種《サラブレッド》」とまさに彼が呼ぶ上位階級者の継承する特権だった〈66〉。

ヴァージニアは悪しき血の淘汰に向かう優生学者の、国家的な試験地になる。プリディは、ヴァージニア法廷で知能検査の専門家としての答弁を行うよう打診しつつ、カーネギー研究所のアーサー・エスタブルックを彼の運動に招聘したのだが、このダヴェンポートの朋輩はまた別の道筋でも優生学の意義を広めていく。彼は、ウィン族として知られるヴァージニアの孤立した山岳コミュニティの研究書『雑種のヴァージニア人』*Mongrel Virginians* を1926年に出版している。この部族は、近親交配と異人種間の交配の奇妙な事例を提供していた。彼らの生い立ちは「混交した人種に求められるが、それは黒人でも白人でもなく」――概ねがインディアンだったのである。著者は罵り混じりにその肖像を描いた。コミュニティは、エスタブルックの記述によると、誰もが不逞な混交人種の女から生まれて〝先天的な無学〟に苛まれていたのだという。これも著者の謂いなのだが、彼らの交配の習慣は「大体が気ままな動物のよう」だった〈67〉。

『雑種のヴァージニア人』で示唆される類いの例証は、黒人白人間の結婚を禁止し、インディアンの血も黒人の血もまったく別なく扱う同州の〈1924年の人種統合法〉成立に向かう十分な道標になった。〈ヴァージニア憲法〉では、白色人種《コーカソイド》以外の血を「一滴たりとも」持たない者を白人と定義しているのだが、〈統合法〉の優生学的な課題《アジェンダ》を追うと、初稿ではインディアンの血の入った明るい肌の黒人が白人と結婚し得ない旨を担保しようと、血統を辿っての人種の登記が要求されている。この条項自体、法案の最終稿で削除されたが、それでも人民には法的に白人と黒人、適者と不適格者、純血と汚染された血筋という区分けが施されていた。ヴァージニア議員は、人民に祭壇で行われる雑種婚への免疫をつけたことをついに確信した。黒人やインディアンからプア・

㉛―――キャリー・バックとその母エマ。このふたり、そしてキャリーの非嫡出の娘は揃って「バック対ベル訴訟」(1927)の審理に臨んだが、彼女らの“一系”――欠陥のある種族として永らえた3世代――はむしろ罪とされてしまった(1924、オールバニ大学図書館所蔵)。

ホワイトへの、そして疑うことを知らない白人中流階級やエリート層への伝染が、これで阻止される〈68〉。

3年後、連邦最高裁判事オリヴァー・ウェンデル・ホームズが、国家に市民の種の涵養／血統《ブリーディング》づけを統制する権力を与えることになる「バック対ベル訴訟」への革命的な判決を下した。「ドレッド・スコット事件」の判決におけるテイニー判事同様、価値ある市民と無用者とを識別しようという際に血統は有用になり得るという確信を抱き、次の裁定を行ったのである。断種は、繁殖にあって「〔何〕世代もの痴愚」の抑制を図る、適切な頼みの綱となる。ホームズは、断種が「無能者の殺到」から国家を救う市民の義務となることを説いて、1600年代にイングランド人が行った議論を反復した。不適格者は、飢え死にするか何らかの罪で処刑されてしまうだろう。したがって彼らを断種場送りにすることは、何百年も前に行われていた植民地送り同様の人道的選択になる〈69〉。

（「バック対ベル訴訟」の）キャリー・バックは「その手の者」――南部白人の「無価値な階級」――のひとりという理由で、プリディの差配での断種対象になっていた。要するに彼女は、ホワイト・トラッシュの申し分ない標本だったのである。本件の原告キャリー・バックは、母と娘とともに審理に出頭した。過剰な偏見を抱いた専門家によると、キャリーの検査結果は「軽愚の水準」にあり、母親の場合はそれより幾分か低かったらしい。非嫡出であるキャリーの子供は、生後7カ月時点で検査を受けて精神薄弱と認定された――これは赤十字職員の診断とエスタブルックの管轄下にある検査に基づいたものである。専門家による系統表からは、性的逸脱ばかりか退化傾向も明らかだったのだという。キャリーの母は売春婦で、キャリー本人は里親の甥にレイプされていた。だが結局レイプ犯は処罰されず、その上彼女に断種が施されたのである《70》。

✺

優生学が1920年代の文明を満たし、社会階級は〝継承可能な潜在性〟の水準に応じて格づけられた。新たに上位を占めたのが専業の「知的熟練者階級《マスター》」である。多くの人々が知性の遺伝を信じ、就学児童の試験にしても最もできる生徒の両親が高度な教育を受けた知的専業者であることを明らかにした。そして、こうしたエリートは精神面ばかりか身体面においても適者であることが求められたのである。1921年にニューヨークで開催された第2回国際優生学会に際し、自然史博物館のダーウィン・ホール両端に2体の像が据え置かれた。ハーヴァード大学の競技者上位50人の生物測定値で構成された一体、そして第1次大戦時の何十万人という歩兵の混合が一体――換言すれば「平均的アメリカ人男性」である。2体の内まずもって印象深いのは〝ハーヴァード標本〟のほうで、知のエリートを示す新語「貴族的遺伝子《アリストジェン》」aristogene――遺伝的な指導者階級とでも呼べるだろうか――がこのために鋳造された。ある者は貴顕 aristocracy の歴史的語義通りのある身分に何度も生まれ直すが、*それは家名や財産には由来しない。問われるのは、上位階級などとは一線を画す〝先天的な資質〟なのである《71》。一方で優生学者は世襲による支配階級の賛美を敷衍しながら、受精の才《ブリーディング・キャパシティ》に基づく社会階級の組織化にも

＊――語源はギリシア語"最上の（率先して先頭に立つ）者による支配"。本書では aristocracy を類語 aristocrat"貴族"と訳分けの上、各コンテクストを鑑みて"貴顕"と意訳しているが、第一義は"貴族政治"である。なお、aristogene の造語者は優生学者ヘンリー・オズボーン（1857–1935）。

執心した。最も聡明な女性は、投票権の主張を云々するだけでなく種の涵養／血統づけ《ブリーディング》という愛国的義務を受容すべきである、と力説する「優生学的フェミニズム」なるものを標榜したのが評判を呼んだ優生学訓戒者のひとり、Ｃ・Ｗ・セイルビーである。彼は、蜜蜂の群れ《コロニー》のように組織された女性社会をイメージしていた。上位の備蓄である女王役が繁殖期を通して血統づけを行えば、教養ある不妊の（あるいは閉経後の）女性たちは改良活動に専心できるのだという。また、ハーヴァード大学のウィリアム・マクドゥーガル教授も、同様の抜本的な解決策に思い至っている。彼が追求したのは「ユージェニア」（優生社会）という種の涵養の居留地《ブリーディング・コロニー》で、合衆国にあって隔絶されたその保護領の中、最善にして最優秀な人々が上位の備蓄を繁殖させるのである。ユージェニアは、大学と飼育場を兼ねるだろう。そして「貴人たる者、自ら義務を負う《ノブレス・オブリージュ》」という伝統の中で「貴族」として育つこの特別な居留地の産物は、有能な公僕として世に放たれるだろう[72]。

　１９２０年代にあってもなお、人々はホワイト・トラッシュにまつわる強迫観念に取り憑かれていた。改良者と政治家はそれぞれの運動を推し進め、ジャーナリストは煽情的な新聞記事を書き立て、衝撃的な写真を公表した。そして「バック対ベル訴訟」における最高裁判決に意を強めたミシシッピ、両カロライナ、ジョージアの各州が、ヴァージニアの採択とほぼ同じ断種法を成立させる。「悪しき血」の除去が注目を集めれば、「善き血」の保護と促進もそれだけ大筋の意味をなしていくものなのである[73]。

　この10年には、優生学概念の実験を行う新世代の小説家もその姿を現した。中でも抜きん出ていたのがあの人気作家シャーウッド・アンダーソンで、小さな町での暮らしから織りなされる半自伝的な創作を、『貧乏白人《プア・ホワイト》』＊ *Poor White* というそれそのものの書題のもとで１９２０年に出版している。主人公ヒュー・マックヴェイは、ミズーリを横切るミシシッピ河岸の泥深い斜面に穿たれた「小さい穴」のような町で、ホワイト・トラッシュの息子として生まれた。物憂げな夢想家の質《たち》である彼の眠ったような心では、肝心なことが何ひとつとして定まらない。そんな彼が「動物的な無為の状態」から救われるのは、町に鉄道が敷かれ、ニューイングランド生まれの

＊―――『現代アメリカ文学全集』１所収、大橋吉之輔訳、荒地出版社（次段までの引用「　」は本書より）。

童顔のミシガン人女性が登場してからだ。「血管の中に開拓者の血潮を脈うたせている」彼女はヒューに個人教授を施し、ルソーさながら新たな理知の活力の中でヒューを励ました《74》。

過去から逃れ社会で身を立てようと南部を後にしたヒューは、3年の間町から町を渡り歩き、オハイオのブライドウェルに腰を落ち着ける。そうして職にありついたその先、電信会社の先端技術《テクノロジー》が彼の運命を変えた。読み手からは旧《ふる》き良きアメリカの創意工夫の才と映る何がしかの中で、持ち前の夢想癖が花開くのである。一連の機器を発明していき、中でも〝マックヴェイ式黍《きび》刈り機〟でとりわけの大当たりを取ったヒューは、自ら選んだ産業の新興著しい町で一躍英雄になり、向こう気の強い大学出のフェミニストがかった女性、クララ・バターワースに出会う。彼女は彼を夫に選ぶ。優生学的な結婚の選択という行為において、クララの言い方では「狼や猟犬」より「親切な馬」のほうが好みに適ったのである《75》。

近代生活のうねりの中で高まる緊張から夫婦を救ったのは、つまるところ〝繁殖〟の力だった。様々な危難に直面した後、機械時代の虚無と無益に気づき始めて希望を失い陰鬱になったヒューを、狂気の淵から引き戻したのは妻だった。息子が胎《はら》の中にいる。それを思い起こさせたのである。繁殖という初原的で動物的な波動を感じて、ヒューは立ち直ることができた《76》。

アンダーソンの小説は、19世紀の狂信的愛国主義が帯びる楽観性を拒絶する一方、プア・ホワイトが「子供並みの性的不能《インポテント》」や「発達遅滞」に苛まれているという優生学概念を指向してもいる。より善きサクソン人気質の回復が、彼らには望まれるというのだ。ともあれヒューは挑戦を繰り返すことで、アースキン・コールドウェルの処女作『私生児』*The Bastard*（1929）に横溢するほどの絶望には至らなかった。コールドウェルは優生学に共鳴するジョージアの聖職者の息子で、「先天的」素養、つまり祖先伝来の刷り込みから逃れられる者はいないことの証しを、『私生児』によって探究したのである《77》。

コールドウェルのほうの主役は「ジーン」・モーガン（「ユージーン」Eugene は、貴種を意味する「優生《ユージェニック》」

eugenic と同根だ)。この皮肉な名を持つ主人公は私生児（非嫡出子）である。売女の母がルイジアナで殺されたと知るジーン。裂かれた腹は「湿地」のように口を開けていた——これは母の内にあった汚染された荒地の暗示で、彼はそこから誕生したのである。暴力が唯一の歓びを産むという流浪の悪徳白人ジーンは、年寄りのニグロ女に育てられ、ムラート娘の性の虜になり、無意識裡に肌の色による境界線《カラーライン》を逸脱する[78]。「穢れなく(……)女らしい女性」マイラ・モーガンに出会うまで、ジーンは道を踏み外していた。ふたりは結婚し、フィラデルフィアへと移る。新妻と生まれてくる子を養おうとジーンは懸命に働いた。そして子を見守るふた親のまなざし、それがやがて恐怖におののく。子が変種へと容貌を変えていったのであり、野生動物さながらに黒い体毛で覆われたその姿は、マイラの純性とは裏腹な湿地帯の汚点が血の中にまで存在する証拠だった。医師はマイラに、生まれる子は皆退化するだろうと予告し、託宣を下す。私生児ジーンは生まれつき呪われている。ジーンとマイラへの同姓の賦与は、近親交配を匂わせていた。ジーンは息子を殺そうとまで思い詰めるが果たせるかなそうすることはなく、まともな相手との再婚を愛する妻に望みながら姿を消す[79]。

新たな近代の世紀に頭角を現した世代は、家門が王朝化した「金ピカ時代」*の実態に耐えることをよしとしなかった。連中が皆揃って口にすることといえば金、金、金である。進歩的な改革者は、アメリカの不出来な貴顕の代わりとして知のエリート、つまり近代の先端技術や官僚制に対処できる者を育成しようと熱を上げた。一方で階級にも依然重きは置かれたものの、それもまた近代性に目を光らせる非生産的な旧世界の派手派手しい貴顕になっていくことはなく、代わりに実験用の白衣を着た管理職者やお仕立てのスーツをまとった官僚に期待が寄せられた。専業者ならではの専門知は、先天的な美質を十分に証すものと確信されただろう[80]。

優生学の最高潮期が、その華々しさによって語り種《ぐさ》となった「大騒ぎの1920年代」に重なったことは奇異に思える。そう、リンドバーグの大西洋横断飛行、陽気なフラッパー**、無法状態のもぐり酒場《スピークイージー》の時代である。ところがそのフラッパーでさえ、大胆なダンスの所作が「ジプシー」の（つまるところ黒人の）血を引く者の作

*———資本主義の成長に伴う拝金主義が横溢した、南北戦争終結から1893年の恐慌までの期間を指す。

**———狂騒の時代（ジャズ・エイジ）を象徴する、既成価値から逸脱した行動や服装を好む若い“跳ね返り”女性。

法に酷似していると苦言を呈された。優生学的に一番の相手とでも一緒になって、腰を落ち着かせたほうが役に立つだろうに。階級意識が深く根を張ったときがあったとすれば、このときがそうである。1920年代は社会的排他性が科学の仮面をかぶり、立ち遅れた田舎といや増す雑種という汚点とを恥として見下していた。こうした文化の囲い込みのさなかにあって、ホワイト・トラッシュの意味合いは純色《ホワイト》ということにはまずもってならない。混色《インピュア》である。育ちの悪い非嫡出子は、中流階級ということでどうにか通用《パス》する軽愚同様、目を光らせるべき社会的障害の新たなひと揃いを警戒心で一杯の人々にもたらしながら株価表示機の音を聞き、そして1929年のウォール街大暴落を伴う断崖の先へと行進していった《81》。

第9章 忘れ去られた人々と「貧しい民衆」：下降移動と大恐慌

Forgotten Men and Poor Folk: Downward Mobility and the Great Depression

それにしてもこの人が飢えるとは、ここ、この土地で／その誉（ほま）れによって恵みを授け、その手によって礎を築いたというのに？／彼のために何かをしよう、まずもって彼が／忘れ去られることのないよう、彼が日々の糧を手にするよう／わたしたちを食べさせてくれた彼、こんどは彼が食べる番。／彼の悲惨な運命を覚えておこう――／覚えておくのだ、さもなくばわたしたち自身が忘れ去られる

――エドウィン・マーカム「忘れ去られた人」The Forgotten Man（1932）

大恐慌の引き金を引いた株価大暴落から数えて3年後となる1932年、ワーナー・ブラザーズは映画『仮面の米国』*I Am a Fugitive from a Chain Gang* を公開した。第1次大戦の帰還兵が南部のチェーン・ギャング*としての苦役の中、1頭の荷駄へと身を転じる物語は観る者の心をとらえて離さず、労働の救いの力を称えた奇妙にも勢いのある一作になっている。この年までにアメリカの労働力の実に20%が、自らのしくじりもなしに職を失っていた。平凡な男たちが、気づけばアメリカ男のアイデンティティの徽章《エンブレム》となる仕事、家庭、そして家族を養う稼ぎのない余計者と化していたのである。作中の逃亡者ジェイムズ・アレンは、国の退歩を強烈に表すシンボルになった。愛国心と野望と創意の人である北部人が突然職を失い、打って変わって流れ者、囚人、逃亡者となる。これがアレンの物語で、労働人口から追われた彼は大恐慌期の「忘れ去られた人」**なのだ。南部へ赴いたそのときに、彼の運命は決まったのである。映画のラスト・シーン、かつての暮らしを取り戻す希望のついえたアレンが、影の中へと後ずさっていく。生き延びるよすがといえば、もう盗みだけ。そう認めることを強要される男として。このシーンは、不穏当にすぎるということで割愛すれすれになった〈1〉。

*――屋外での強制労働などの際に1本の鎖で両足を拘束された囚人。

**――Forgotten Manは社会学者ウィリアム・G・サマーズが1883年の講演（1918年に書籍化）で言及した“社会改良の恩恵から外れた者”のことで、F・ローズヴェルトによる1932年の大統領選演説における引用によって一般化した。

『仮面の米国』は堕落した南部のいかめしくも荒廃した研究報告《エクスポゼ》で、その物語はニューディール政策の果てに南部経済とアメリカン・ドリームとの不調和が悲劇的に表れるだろうことの有効な予告になっている。映画公開から6年後の1938年、大統領フランクリン・ローズヴェルト*がこう宣言した。「南部は今やまさしくわが国第一等の経済問題を呈している」。農業安定局（FSA）を率いるテネシー人ウィル・アレグザンダーは、南部の不動産権が農民による独立独行の機会を奪っていると説いた。わが部局は「田舎の更生《リハビリテーション》」——肢体不自由となった兵士や地味が衰えた土地に対するときと同じ言葉使いだ——に邁進している。衣食にも事欠く家庭は、助成の範疇で再訓練や再定住を行うことが望ましい（これは強制ではない）。アレグザンダーにとって、問題は以上でも以下でもない単純なものだった。ホワイト・トラッシュ《白い屑》への偏見が克服されたそのときこそ、事の成就を得たと言えるだろう。換言すれば、心理的な再調整が教育改革ほどに必要だったのである《2》。

依存体質は長年、南部の定義になっていた。貧困にさらされた分益小作人と囚人労働者が、1870年代以来、白人黒人の別なく社会秩序の最下層にしがみついていたのである。とはいえ推測し難いことではあるが、囚人のほうが南部の奴隷でいるよりましということにはならず、「ひとり死んでも、別のが来るだけ」というある獄吏の言がすべてを物語っている。貧乏白人《プア・ホワイト》は安手の使い捨てで、司法制度に照らしても彼らの運命はアフリカ系アメリカ人のそれと大差がなかったということだ。黒人であれ白人であれ囚人なら「ニガー」とひと括りにされていた事実が、これ以上ないほどの証拠になっている《3》。

この階級には、たいていのところ軽犯罪であろうと厳しい判決が下された。その回顧録が件のハリウッド映画の着想元になったニュージャージー男ロバート・バーンズにしても、たったの5ドル80セントの盗みで6年から10年の耐え難い労役に服す羽目になっており、つまるところ南部の輸送機関や拡大する産業の礎は、チェーン・ギャングの陰ながらの労働によって打ち建てられている。国は私企業に囚人を貸し出し、莫大な実入りを掻き集めた。歴史上こうした労働者の大半は黒人とされているが、その実、大恐慌の間はよりいっそうのプア・ホワイ

*———第32代大統領（1882–1945、任期：1933–1945）。“新政策”New Dealの名のもと市場経済に積極的に介入し、大恐慌後の“巻き直し”を図った。

トがこのシステムの中に掃き寄せられていたのである〈4〉。

ワーナー・ブラザーズの撮影所は、安ピカの町《ハリウッド》にあってどこよりも「親ローズヴェルト派」だと思われていた。とはいえ最高経営幹部のほうは収支への口出しばかりで、社会正義にかかずらう問題など眼中になかったのだが。ともあれ『仮面の米国』が物語ったのは人心の崩壊であり、チェーン・ギャングの収容所に押し込まれたとたんに決したアレンの運命の次第である。文字通り死ぬほど働かされるでもない囚人には〝倦怠〟がひたすら蔓延し、看守の許可なしには何もできず、額の汗を拭うことすら叶わない。足枷につながれた男たちが、トラックに詰め込まれる。その様子を舐めながらカメラがパンし、そうしてレンズがラバのひと群れへと向けられる。これ以上ないほどよくとらえられた、魂が殺されていく過程である。どちらの集塊も、心のない荷駄なのだ。同時にラバには、時代に取り残された分益小作人を思い起こさせる装置という意味合いもある〈5〉。

アレンは、一個の北部人として異邦の土地に放り出されたような心地でいた。自分の意思を曲げてまでこの状況に甘んじてはいられない。囚人の中にあってひとり脱獄への意欲を持ち続けた彼は、看守を出し抜こうとほどなく知恵を絞る。計画を実行に移すにあたり〝白人南部の基本規約〟を侵して黒人囚に協力を乞い、その男セバスチャンが手練《しゅれん》を発揮、足首の枷を大槌で曲げる。憲法修正第13条のこしらえを逆転させて南部の黒人男が北部の白人男を自由の身にした、胸を刺す一シーンである。だが、ここにはきわめて明瞭で、さらに大きな教訓がある。南部の時代錯誤のゆえんは、自由市場経済への黒人の組み込み失敗にあるのだ。

もっとも、プア・ホワイトの才や労働力もまた〝不作〟だったのである。ジェイムズ・アレンの獄舎仲間である白人の内面は、死者も同然だった。「稼ぐか死ぬかだ」と言われれば、道はそれしかない。自由の真価は、アレンがそれを掴み取るのを目撃することによってのみ理解され、身の内に浸みていくだろう。アレンの果敢な脱走は、暴力ではなく理性的な計画によって達成された。束の間の成功ではあったが、少なくとも彼は男らしさのまた違ったヴィジョンを僚友に供してのけたのである。

アレンの夢は、技師になることだった。この大志は、当時の途方もない偉業であるエンパイアステート・ビル建設によってアメリカ人が抱く誇りをも示唆する。映画の封切りと同じ1932年、写真家ルイス・ハインは、鉄骨の上で身の平衡を取りながらこの時代の聖像《アイコン》となる摩天楼《スカイスクレーパー》を建てていく熟練工「スカイ・ボーイズ」を自身の写真集に収め、発表した。都会の風景に自らの痕跡を残した労働者の勇気と想像力を、今や古典となったその『働く男』*Men at Work* で鮮やかに表現したのである。「都市は、自らを建てない」。彼は高らかに謳う。「機械は、機械を作ることができない。それらすべての裏に、人間の頭脳と労苦がありでもしないかぎり」。齢60にして改革者としての評価を確立したこの写真家は、労働を通じて人生に力が与えられる、という信念を抱いていた。問題を解き、新しきを創り、労働の過程で知の精根を応用するその能力によって、ヒトは獣と分けられるのだ。ハインが題辞に選んだ引用句は、故人となっていた哲学者ウィリアム・ジェイムズの「人生を意義深くするもの」What Makes a Life Significant から取られていた。「探求されるべき英雄像は、武器のかち合う闘いや命がけの行軍ばかりか今現在打ち建てられているあらゆる橋や建物にも、貨物列車にも、船舶や材木を運ぶ筏《いかだ》にもあり、求められる勇気は鉱山の中に、また消防士や警官の内に間断なく、供給は決して途切れることがない」。肉体労働者は、戦場の英雄と同分の敬意に値する。人類の新しい種族が姿を現し、労働の社会的意義を高めるときが来てもなお、仕事の価値を気怠げに否認する南部であれば、その心は原始状態にとらわれたままなのだ[6]。

1931年に落成したエンパイアステート・ビルがアメリカの剛直さの最高の表象となるのなら、1932年の春と夏にワシントンで起きた悲劇は衰退期も底の底であることの露呈となるだろう。約2万人にものぼる第1次大戦後に失業した退役軍人が、苦境にあえぐ家族を伴って連邦議事堂区域《キャピトル・ヒル》の川向こうに貧民区《シャンティタウン》をしつらえ、「ボーナス・アーミー」を形成したのである。彼らは議会に兵役特別賞与《ボーナス》の繰り上げ支給を要求する。「われわれは1917年の英雄だが、今やごくつぶしだ」。議事堂の前で代表者が訴えたものの、賞与の件を扱って下院を通過したパットマン法案は上院で否決されてしまう。ハーバート・フーヴァー大統領*はデモ参加者に犯罪人

＊―――第31代大統領（1874–1964、任期：1929–1933）。アイオワの貧農から出た立志伝中の人物として、自由競争を擁護する「徹底的個人主義」rugged individualism を標榜した。

というラベルを貼って合衆国軍を召集、法案否決後も居座っていた者どもに銃剣や催涙ガス、戦車隊をけしかけて排除した。「世界最強の政府が、餓死寸前の退役軍人に発砲してあばら屋から追い出したのだ」。ニューハンプシャーの元知事ジョン・ヘンリー・バートレットによる、この不穏な事件の何とも言えない目撃証言である〈7〉。「忘れ去られた人」のイメージは、劇場で大当たりを取った『仮面の米国』さながら、こうして人心に刷り込まれた。ごくつぶしの退役軍人というアレンの境遇は、彼とボーナス・アーミーの男たちとを重ね合わせる。劇中、アレンは従軍メダルを質入れできないことを悟る。質屋の引き出しにはあふれんばかりの似たようなメダル――1932年には当の退役軍人そっくりのつまらない廃物になり下がっていたのであり、真実はどうにも否定できない。位階に拠って定義される類いの階級は、次第次第に不安定化していった。

✺

大恐慌は、無用／不作《ウエイスト》と切り離せない。無用化された命、不作にされた土地、人類の不作。株価の大暴落は、誇らかに顕示されていたアメリカン・ドリームの悪夢のような下落、予想もつかず避けられもしない〝下降移動〟を暴発させた。伝統的な貧困の指標が、今や至るところに現れる。ワシントンばかりかニューヨーク市のゴミ捨て場にまでフーヴァーヴィル*ができ、セントルイス最大の貧民《シャンティタウン》区などは住民1200人を擁していた。シカゴにあった間に合わせのコミュニティに至っては、市長命令によって焼き払われている。貧者はもはや、余計者とも、「不可触民」とも、増してや流民とも見なし得なかった〈8〉。

貧者と働く中流階級とを分ける線引きは、いっそう曖昧さを増したようだった。今は職にありつき稼いでいる者にしても、貧者とは単に仕事のない男女の謂いで自身も同じ運命を経験する危険にさらされていることを感じ取っていたのである。この恐怖をよくとらえているのがニューヨーク市のフーヴァーヴィルを舞台にしたエドワード・ニューハウスの小説『おまえはここで眠れない』*You Can't Sleep Here*（1934）で、週末のたび、と作者

*――――反対政党である民主党議員が時の共和党大統領を大恐慌下の苦境の元凶と腐し、その“被害者”が形成したにわか造りの貧民区を“フーヴァーのせいでできた町”Hoovervilleと呼んだ。

が書くことには、何百という人々が貧民区の住民を見物しようと押し寄せてきた。誰も彼もをひと括りに、あたかも「檻の中の猿」でもあるかのように。とはいえ、それは嫌悪の視線ではない。「日曜日の観光客」は、思案に暮れていたのである。次は自分の番かもしれない〈9〉。

古びた常套句《クリシェ》が虚ろに響く。〝上昇移動〟は目指すべき行き先でも不断の努力と勤勉によってのぼる階段でもなくなった。トム・クローマーは、ごくつぶしの有様を描いた自伝的小説『何も待たずに』*Waiting for Nothing*（1935）の中、あてどない人生の旅を彼一流の筆致で綴る。「これからのことは、過ぎ去ったことと同じだ。わたしの人生は、始まる前から使い果たされていた」。その競争心ゆえに長く称賛されてきた「徹底的個人主義者」は1930年代の文学にあって無慈悲で欲深に映り、財界に屹立する巨人は今や「偉大なる小人《しょうじん》」となってニューヨークから来た投資銀行家にも冷やかされる。「アメリカの生活水準――いくつかの政権の最大の誇り〔は〕、国際的なからかいの的だ」。「丘の上の町」は、廃墟になったのである〈10〉。

カメラを用いて批評の新境地を示したマーガレット・バーク＝ホワイトは、『ライフ』*Life* の仕事を通じて救援物資を待つ暗い面持ちの黒人男女の列を写真に収めた。洒落た自家用車で道を通りかかる血色のいい頬をした笑顔の4人家族が主役の、派手な看板広告を背に彼らは立っている――誰と何が、オハイオ川洪水の真の犠牲を被ったのか。理想化された白人中流家庭を描いた、漫画さながらの看板イメージにけばけばしく書き立てられたスローガン。それと同じ言葉で、声高な皮肉が読者に向かって叫ばれる。「暮らしは世界一の高水準」。「アメリカ流《アメリカン・ウェイ》は最高」。洪水が起きた1937年、挑発的なこの写真が発表されるそのときまでに、大半のアメリカ人が国家の状況に関わる気づまりな真実を受け入れるようになっていた。機会の平等など大いなる幻影だ。『ライフ』当該号には、テネシー川の堤防補強にいそしむ黒人チェーン・ギャングの写真まで載っている〈11〉。

バーク＝ホワイトはその年、類似の写真と文章《フォトエッセイ》を仕立てた。今回の狙いは無階級社会という神話への異議にあり、1929年の研究書『ミドルタウン』*Middletown* で一躍注目を集めたインディアナの都市マンシーを訪れた写真家は、コミュニティが意識的に象徴するようになった「典型的アメリカ人」という概念に疑問を呈したのである。「物置小屋の町《シェドタウン》」のプア・ホワイトが住む掘建て小屋と、他に抜きん出て裕福な一門に属する家族が使う豪勢な居間との対照、という趣向で各家庭の内部を掲載した彼女は住民の反感を買い、批評家もまた「コミュニティというパイ」の「中身」は無視して外皮と「湿った底」に気を向けている、と非難した。ところが、まさにそれが彼女の目論見だった。〝アメリカ流の暮らし《アメリカン・ウェイ・オヴ・ライフ》の一なる表象〟などどこにもないのだから[12]。

株式市場の「暴落」とそれに続く「大恐慌」は、崩れた物質によるあからさまな暗喩を想起させる。ごく皮肉屋の観察者などはウォール街の底打ちを「妄想と偽りの希望との残骸で一杯の」埋もれたエジプトの墳墓になぞらえたし、町と田舎は競うように廃墟のイメージを呈していった。ゴーストタウンには板で封じられた商店や銀行、都会には配給を待つ人の列——どちらも職にあぶれたシンボルで、田舎のこしらえはといえば干上がり砂埃に埋もれるようになったかつての金満農場と、雨裂の凹凸に脅かされる肥沃だった畑地。「大恐慌」を別の言葉で表すのなら、18世紀のヴァージニア知事による隣接州ノースカロライナの呼称がふさわしい。そう、「掃き溜め」である[13]。

経済上の失敗は、荒地という旧来の観念に関連づけられる。1930年代、政府の報告書はもちろん定期刊行物にまであふれた記述がこれである。ロイ・ストライカーは再定住局*の歴史部を任された1935年のそのとき、放棄農場の点在する痩せ地や、砂嵐、洪水、雨裂などで破壊された地勢がどこまでも続くイメージ——すべての原因は、自然破壊に加担する農業、無計画な伐採、旧態依然とした採鉱技術に求められる——を記録するため、才能あふれる写真家集団を招致した。この文字通りの、また見ての通りの土地における現実の構築の中にあって、階級アイデンティティは〝滑りやすい坂〟であるばかりか、むしろ本質を鑑みるとでたらめに形成された〝人為的な雨裂による溝〟に近い。FSAの無数の写真からうかがえるのは、疲れ果て、打ちひしがれた表情をして、あても望みもなく道端にしゃがみ込んで《スクワッティング》いる追い散らされた無名者としての人々の姿で、躍動する労働

*——— RA (Resettlement Administration)。2年後、次々文にある農業安定局 FSA (Farm Security Administration) に再編された。

㉜――アーサー・ロススタインによる浸食と荒地の強烈なイメージ。アラバマのこの辺りの土地には深く巨大な雨裂が何本も走り、途方に暮れた小作人が力なく納屋に体を預けてたたずんでいる（1937、アメリカ議会図書館所蔵）。

者の不在が紛うことのない独自の託宣を伝えている――『ライフ』のある記事によって「まだ事業は完了していない」のだから不況の「視覚化」は困難だと説明されてはいるのだが。ドキュメンタリー写真家アーサー・ロスステインが、オハイオのある農業コミュニティで忘れ難い一枚を写している。建物がまばらに視認されるだけで、人の姿はまるでない。カメラは、村落の形をなさないこの場所の何たるかを示す、雪まじりの泥道に立つ標識に焦点を合わせている。そこにはこう書かれているのだ。「ユートピア」〈14〉。

フランクリン《F》・D《D》・ローズヴェルト《R》政権の農務長官ヘンリー・ウォーレスは、不断の「社会資源への重圧」と「かぎりなく使いきれないほどの土地」への普遍的な信念がいついかなるときもアメリカを特異にしてきた、と説いた。しかし土地には際限があり、1934年の政府による公式見解にもフロンティアの消滅が再び謳われている。農学の専門家ばかりか各筋の著述家にしても、貴重な表土がアメリカの河川によって流された挙句、土手に堆積して無用物となり果てていく次第を嘆いていた。この段でいくと、大恐慌もまた階級の平均化の肖像を土地の浸食という無秩序なイメージによって描き出す一種の地勢変動ということになり、表土と岩屑の流失が経済的惨事によって発生した大量の移住者の中に攪拌され放り出された異階級者たちのそれを連想させもする。写真文集《フォトエッセイ》『出アメリカ記』*An American Exodus*（1939）のドロシア・ラング撮影によるイメージは、荒地へと変転する風景を見事にとらえている。アメリカ中西部の草原地帯ダストボウルが土埃を大量に巻き上げて人々の棲処を奪い、「埃の粒子」のようにどこまでも追いやったのである《15》。

1930年代にあってなお、プア・ホワイトはアメリカ人にとっての〝目につく者〟であり続けた。ボーナス・アーミーによるフーヴァーヴィルは往年の不法居住者《スクワッター》の小屋が都会にできたようなものだし、南部諸州の小作農はといえば相変わらずの荒れ果てた丸太小屋に住み、土地を離れて移住性の労働力となる率も高く、自給自足へのアンチテーゼぶりも堂に入ったものだった。同年代の半ばに干ばつと黄塵《ダストボウル》が人々を見舞った後、メディアの目を惹いたのが「オーキーズ」Okiesと「アーキーズ」Arkiesである。* おんぼろ自動車に一切合切をぎゅう詰めにして家族ぐるみで目指す先は西のカリフォルニア、その途上の主だったハイウェイの際《きわ》で野営をする。収穫期の刈り入れなどの季節労働で糊口をしのぐ彼らの姿が黄金州《カリフォルニア》の道々で目に入ったもので、そのたたずまいから「ゴム・タイヤ車の流れ者《ラバー・トランプ》」や「車輪つきの貧民《シャンティタウン》区野郎」というラベルが貼られたものの、自称は渡り労働者《ミグラント・ワーカーズ》、こと「ミグズ」Migsである。伝説のフォーク歌手ウディ・ガスリーも自作の「トーキング・ダストボウル・ブルーズ」Talking Dust Bowl Bluesの中、「農場と車《フォード》を取っ替えた」という歌詞によって〝移動式の家《モービル・ホーム》〟というテーマを表現している。ミグズは南北戦争期にアーカンソーからミズーリに流れ込んだ難民さながら、徘徊者や遊動民による幌馬車隊の現代版を編成した。国を横断するこの移住の旅は、ベストセラー小説『怒りの葡萄』** *The Grapes of Wrath*（1939）を出したジョン・スタインベックや、そこで描かれるジョード家の苦難の旅路を暗澹たる波乱

*———それぞれ“オクラホマ野郎”、“アーカンソー野郎”というほどの意で、当該地出身の移動型労働者を指す。

**———上下、伏見威蕃訳、新潮文庫。

含みの同名ハリウッド作品（1941）に仕立てたジョン・フォードによって世に知られていく《16》。

今ひとつの混沌とした移住となるのが、おびただしい田舎の自治体への回帰を謳った「大地へ帰れ《バック・トゥ・ザ・ランド》」運動で、二心のない指導者に率いられる場合もあった。ニューヨーク市郊外に食べていけるだけの自営農地《ホームステッド》を構えていたラルフ・ボーソディなども、オハイオ州デイトン近くに協働村落を組織する際に力を発揮している。同様の冒険的事業が現れたのは、この州ばかりではない。作家チャールズ・モロー・ウィルソンがこうした民衆を「アメリカの土着農」American peasants と記述しているが、ジェイムズ・オグルソープによる18世紀のジョージア開拓者の後継と書くほうがおそらく妥当だろう。ともあれ、この類いの集団がタルサから来て、アーカンソーのオザーク高原にコミュニティを開いた。彼らは昔日の合資会社にいっそう近い〝法人〟を設立し、各成員が株主で投票権を持つとした定款の設置を採決、材木を売り、豚や鶏を飼い、地所にある製材小屋を直し、学校を建てたのである《17》。

タルサからの開拓者は地元の小作農や分益小作人とは別もので、ほとんど価値はなかったにせよ食べていけるだけに留まる程度の土地を所有していた。だがアーカンソーの定型は違う。63％近い農民が小作人だったのである。その多くに学があるタルサ人とは異なる道を選んだアーキーズは、進んで協働しながら将来の展望に意を託していた。彼らはホワイト・トラッシュらしくスラム風の小屋住まいを営んでいたかもしれないが、経済的に上向いたときには町の衆として以前の暮らしに戻れるだろう。彼らにとって土地は「避難所」であり、階級アイデンティティの恒久的な拠り処ではなかった《18》。

「大地へ帰れ」運動は、ニューディール政策に無視できない影響を及ぼす。1933年開設の自給農場局にミルバーン・リンカン・ウィルソンが初代局長として迎えられたのも、有識の社会学者、農学の専門家であればこそだった。政府の目標は、小作農や分益小作人に〝農夫の階段〟をのぼる資金や技術を授け、無職の都市民衆を援助することにあった。財を奪われた者には土壌と同じ更生《リハビリテーション》が必要だ、とウィルソンは力説する。土地は利益の原資であるばかりか「よく統合された民主的コミュニティ」の一部であり、家族の回復への傾注を通じて人々をともに結びつけるものなのだ。彼の計画の大枠にあって、自営農地コミュニティは実験場だった。政府がそこで、経済を弱体化させている衝撃の緩和と、田舎と都会の低所得家庭が自給自足の住宅所有者となる可能性の実現を、事の次第として世に示すのである。当該家族は、自前の家を買えるだけの長期貸付金を得る。助成事業は、プア・ホワイトの暮らし向きを人間らしくする運動を交えながら、失業者へのよりよい住宅供給に貢献した[19]。

事業ヴィジョンの最牽引者として、廃れた町で路頭に迷う坑夫や仕事がなく解雇された工場労働者、そして無産の土地を押しつけられた小作農を受け入れ、新たなたつきの道を全員にあてがう過程を更生《リハビリテーション》ととらえたウィルソンは、近代的自営農地を「奴隷根性の持ち主ならぬ不屈の庶民」を産み出す本物の民主主義の源泉と企図していた。トマス・ジェファーソンの構想した独立自営農《ヨーマン》共和国を創り出す前向きな政策があったとすれば、これがそうなるだろう。

貧しい南部人が自給農場局にとってのいっそう大きな懸案になることは避けられず、ウィルソンの注意の鉾先は、プア・ホワイトや黒人分益小作人の世代を超えた貧困という致命的循環を必然的に招いている、南部田園地帯の一毛作システムと「田舎のスラム地区」へと向かった。全国の小作農の3分の2が南部に住み、内3分の2が白人という事実は誇張ではない。大恐慌がもたらした農家の困窮によって判明したのは、生産力も限界に達した土地と農民の姿であり、南部は長らくそれに依存してきたのである[20]。

こうした道筋をもって、連邦政府もまた国体としての目配りを南部の鬱屈した階級環境へと注いだ。自営農地は階級を担保し、持続させ、常態化するシンボルになっていたのである。1935年、自給農場局はウェストヴァージニアの坑夫の暗く悲惨な小屋と明るく新しい自営農地とを対照するパンフレットを作成した（後者の描出には、外の芝生で遊ぶ子供のイメージが大々的に使われていた）。1年後、大統領の肝煎りによる不動産権の諮問委員会が〝農夫の階段〟の踏み板を監獄の横木になぞらえ、問題をより明確にした。不動産権は檻、階級の高低は獄舎である。鎖《チェーン》はプア・ホワイトを腐りきった土につなぎ、本物の家庭などでは断じてない奈落の小屋へと固く閉じ込めた。南部のチェーン・ギャングは、ここにもまたいるのである《21》。

南部における不動産権研究の泰斗アーサー・レイパーが、1936年の著書『土着農論序説』*Preface to Peasantry* の中で状況を解説する。南部の小作農はたいてい地主に借金を負わされ、現金をほとんど持たず、教育もない。しかも依然鉤《こうちゅう》虫症とペラグラ病につきまとわれているのだ。逃亡者ジェイムズ・アレンとは異なり、彼らには逃げ場所がなかった。ひとつのプランテーションに2、3年を超えて留まるプア・ホワイトは稀で、冬の数カ月ともなれば手押し車一杯に子供たちと廃物とを載せ、他所へ移っていく姿が見受けられた。南東部の小作農が四散する例年のこの現象は、オーキーズやアーキーズによる西部への集団大移動に先立ってすでに発生していたのである《22》。

小作農システムの全体が、抑圧と依存によって作動していた。地主は小作農が知恵をつけることを望まない。そのほうが難なく支配できるだろうから。飢えた働き手が一番のいい働き手なのであり、さらに言えば南部の綿花栽培家は多分にそう信じてもいた。誰ひとりとして――小作農であれ地主であれ――女子供の野良仕事には何の疑問も感じない。以上の事情がもっぱらあり、そういうわけで教育が自給農場事業の肝要事であり続けたのである。想定される受益者には、近代的な実践農業の手引きばかりか学校、教会、そして家庭菜園の講習会も必要になる。ウィルソンは、従来的な慈善の型枠から往々にして欠けていた心理学的要素を導入する。プア・ホワイトにしてみれば、自身を「ただのク《トラッシュ》ズ」、変わる資格の欠落した種族だとする感情を克服すべき、という意味合いになり、自給農場事業は彼らがまったくの〝正常者〟であることを何にも増して証すことだろう《23》。

ウィルソンの同志、アイオワ人ヘンリー・ウォーレスも似通った見解を抱いていた。劣性遺伝というものは、田舎の貧困に何ら関係を持たない。農務長官ウォーレスは仮想する。「荒れ果てた丸太小屋」で取り上げられたプア・ホワイトの子が10万人いるとして、一方でこの上なく裕福な一家で取り上げられた子も10万人、群《グループ》の双方に同じ食糧、教育、住宅、そして文化的体験を授けてみると、成人に達する頃には精神的、道徳的な特質には何ほどの違いも表れないだろう、と。「優性の能力」とは「特定の人種、あるいは特定の階級が他を除けて独占するもの」ではない。アドルフ・ヒトラーによるアーリア人の空想譚に反発してさらに仮定を述べるには、「熟練の繁殖家《マスター・ブリーダー》」でさえ、同じ肌や髪や目の色の人間の群を仕立てようと何世代も費やしておきながら、「金髪の軽愚」の群をまさに産み出しかねないではないか《24》。

ウィルソンもウォーレスも、階級が（それに人種までもが）生物学的にあらかじめ運命づけられている、という観念を退けた。ウォーレスが強調するには、階級の不安定性への理解が重要なのだ。彼は警告する。経済上の利益は、社会にあってより強くより抜け目ない者を経時的に利するもので、政府の統制がなければ、諸状況は「経済的独裁」や「政治的専制」を先導するだろう。アメリカ人の上位1％に富が集中していると嘆く現代の批評家にも似た物言いで、1936年のウォーレスは論じる。「経済ピラミッドの頂点にいる3万6000世帯が、底辺の1200万世帯と同じだけの総収入を得ている」というのなら、自由など夢また夢だ《25》。

少数者——選良、つまり特権階級——のための自由《リバティ》など、全員のための自由ではない。大恐慌によって、それが露見したのである。評判の著述家ジョン・コービンは、「ニューディールと憲法」The New Deal and the Constitution と題した1933年の注目すべき論説によって、アメリカ人が主張する自由《フリーダム》の高邁な品質に疑義を呈した。レトリックを駆使して、彼は問いかける。「いい暮らしのありとあらゆる道具立てにあふれている、そんな現実をまのあたりにしながら、決まった頃合いになると破産や餓死の淵にあると気づかされるような国家が、果たして自由を自称できるだろうか？」破滅的な貧困と永続的な経済不安に苛まれる国民の大多数を国家が看過するそのとき、自由は傷つけられている。彼はそう言いたかったのである。統制、地域計画、そして再調整が（最後はニューディール好みの術語だ）、市場の不正行為の是正、天然資源の開発管理、階級の不均衡の整備には必須であり、それは大統領ローズヴェルトの言葉通り「個人主義の破壊ではなく保護」によってなされるだろう。ウィルソン、ウォーレス、コービンの全員が声を揃える。自由放任主義《レセ＝フェール》という往年の基本原則《ドクトリン》はもはや維持され得ず、フロンティアのテーゼ――西部への移住が貧困を緩和したという推定――も、これ以上は機能しない。ウィルソンにとっての「不況の大いなる破壊力」は「深淵な、魔力の冥《くら》い手」で、この冥い手は統制されない経済が孕む危険の象徴だった。つまり〝下降移動〟と無数の生の破滅である《26》。

貧しい小作農や分益小作人にとって階級が逃れられない檻や獄舎だとしたら、それは等しくヘンリー・ウォーレスに「人間性の浸食」とラベルづけされたものの原因にもなる。人間性の侵食は土壌の浸食をも引き起こし、その逆はない。彼はそう力説した。この作用の完璧な例となるのが小作農業で、生計のやりくりに苦慮する小作農は土壌を管理する分別が及ばず、地主は地主で土壌保全への投資に消極的であり続けたのである。つまり、不作すら受け流すアメリカ人の善人ぶりが人間性の浸食の真の理由となり、これが労働者とその価値を貶めるというっそう大きな社会問題を招くようになった《27》。

ウォーレスは、田舎のアメリカ人については肯定的な意見を抱いていた。都会の同輩よりは子供を多く産み殖やし、社会の確立に欠くべからざる役割を果たしているではないか。「農場育ちの若者」に言い及びながら「土地が国家における生命の流れを産んだ」ことを説く彼は、国民を挙げて「血統づけする種《ブリーディング・ストック》を世話するよう、また国家によって生命の源泉の質が落とされないよう気を配る」ことを紛れもない物言いで強く促した。これはまさに、ジョン・フォードが映画版『怒りの葡萄』の全編をもってものにしようと努めた警標である。ママ・ジョードは夫に言う。「金持ちの奴ら（……）連中の子は役立たずで次々死んでいくけど、あたしたちは次々生まれていく（……）ずっと続くんだよ、あんた、あたしたちは庶民なんだから」。町の衆には「庶民」が、その繁殖性が必要だった。それはまるでジェファーソンとフランクリンが、ウォーレス、スタインベック、そしてフォードに向かって往年のイングランドの概念をいまだに奨励しながらこう教えているようでもあった。国家の強度は、人口動態の成長に結びついている《28》。

自給農場局は、あいにくと深刻な困難に突き当たった。まず、資金供給が乏しい。次に、官僚がコミュニティ建設を承認し着手するまでに時間がかかる。そして他の何よりも難しいことに、事業全体の終結が危惧される司法上の異議申し立てに部局が直面したのである。その結果、ローズヴェルト大統領が、元コロンビア大学の経済学教授レクスフォード・G・タグウェルを局長に選任したまったくの新規機関、再定住局を開設する大統領令を1935年に発布することになった。カリスマ性もあり冴えた頭の持ち主でもあるタグウェルは、ニューディールの貧困対策全般に重大な影響力を有した《29》。

✺

これ以前の助成事業とは異なり、再定住局には〝田舎の貧者〟を支援するという明確な任務があった。耕作限界に達した土地の買い取り、小作農の再定住、干ばつ被災者への長期援助、地元医師による農民向け共同診療の調整、荒廃地の回復、そして渡り労働者用の仮設住宅の管理などが、特にカリフォルニアで展開された。主たる目標の内に挙げられるのが、農場改善のための貸付金供給、そして小作農によるよりよい生活状況の獲得と農場主になる方法の体得への補助で――これらの奉仕は実験的コミュニティを建設するべく進行していた事業の大幅な拡大だった。再定住局（RA）、そして1937年に後を受けた農業安定局（FSA）は全米に地域本部を設置し、1941年までに各州へと事業管理者を置く。1935年にタグウェルが着手した諸々を引き継いで次代の局長となったのがウィル・アレグザンダーで、オザーク農民の息子である彼は南部人として初めてニューディールによる田舎の貧困のための機関に着任している。RAにしろFSAにしろ政治巧者揃いの部局として意識的な広報活動を行ったが、主要な報道筋に最上のイメージを配信して第一線で奮闘したのがロイ・ストライカーによって招致された写真家集団だった《30》。

部局時代のタグウェルは、巡回講演、ラジオ・ショー出演、そして記事の執筆と続けざまに活動を行っていた。『ニューヨーク・タイムズ』にもRAによる事業のあらましを「Re《リ》」で始まる4つの言葉――悪地《あくち》の消滅《リタイアメント》、田舎にいる貧者の移転《リロケーション》、郊外コミュニティで職を失くした者の再定住《リセトルメント》、そして農家の更生《リハビリテーション》――を使って語っている。とはいえ、そこは自身の行動に信を置くタグウェルである。ジェファーソンを実際に崇拝していたわけではない。彼の世界観における農場とは徳を洗練するための聖空間の類いではなく、たいていが「悪性《あくしょう》で気難しい土」との報われない闘いの地だった。つまるところ農民は、過重労働、劣悪な住環境、「不快で厭らしい倦怠」に苛まれていたのである。ジェファーソンの理論が健全な独立自営農《ヨーマン》の代わりに世代を超えた「人類の不作状態」を産み出してきたということで、誰もが抱く家主となる望みなどばかげた夢にすぎなかったのだ〈31〉。

タグウェルは、渦中の人以外の何者でもなかった。大方の小作農が人頭税のために投票もできずにいることに理解を示し、*自給農場事業の貸付金を得る際の諸州への請願要件をひとつ削除したのである。南部の変革には権力の均衡を動かす必要がある――わが機関によって、プア・ホワイトは現状に挑戦できるだろう。皮肉な政治家が「ものぐさで、ふがいなく、数の内に入らない」と退け続けた彼らを、政治上も認識される選挙民の中に容れようと努めたのだ。これでこそ、前向きな連邦機関ではないか〈32〉。

既得権の保有者、とりわけ階級秩序に注意が向くことに（あるいはそれを転覆させようとすることに）抵抗する大規模農企業や南部人からは、タグウェルの事業に対する反発が起こった。こうした手合いの代表で、顔を歪めて〝社会通念〟を言い立てたのがヴァージニアの上院議員ハリー・F・バードである。電気や冷蔵庫、増してや屋内の手洗いなど「単純な山の庶民」には不釣り合いだろう。「単純《シンプル》な」という謂いには、原始的な身のほど知らずが人も羨む暮らし向きを熱望している、という含みがある〈33〉。

一連の批判者からすれば、タグウェルは「客間に居座る左翼」（つまり、共産主義かぶれのリベラル）だった。共和党員は、1933年の流行歌「夢が歩いてるのを見たことがあるかい?」Did You Ever See a Dream Walk-

*――米普通選挙は1870年の憲法修正第15条によって布告されているが、それに抵触しない州法上の課税や規制によって、投票の実質的差別が依然行われていた。

ing〟を引き合いに彼を嘲る。空論ばかりのタグウェルなど、まさに「夢が歩いてる」だ。あの政府のリベラルな秘蔵っ子が、度を超えた都合のよさで〈合衆国憲法〉をあしらうアイデアをくれた「マルクスにウィンク」しながら「マディソン*の足にキス」しているのが目に浮かぶ。どうやらタグウェルの奴はこの似ても似つかぬ史上の人物ふたりをかけ合わせて「国父の帽子の下にロシア製のかつら」でもかぶっているらしい。他にもあるジャーナリストがこう註釈をつける。「タグウェル主義」がいっそうかかずらうのは人というより時間、そう、階級政治とプア・ホワイトの主張を代弁できる者との凌ぎ合いに費やす時間なのだ。この当年43歳のアイヴィ・リーグ出身者は一見して冷静で、「慎重に考え抜いたざっくばらんな出で立ち」をして押し出しは高慢、慈善を何かの「実験」とでも思っているかのようだ。こうしたわけでタグウェルの批判者の手許には、彼がアメリカの田舎を誠実《ボナ・フィデ》に理解していると示すものが何もないということになる[34]。

いずれにせよタグウェルは、「庶民の味方」が何を意味するかという大袈裟な議論には巻き込まれないようにした。アメリカにはわれこそはと情熱的な耕作者を気取る政治家の長い歴史がすでにあり、しかも南部ではそれが余技ではあり得ない——すべてなのだ。この思慮深い大統領顧問《ブレイン・トラスト》は、ニューヨーク北部の酪農家で育ったものの山出し《ヒルビリー》の血を引くとも言えず、ニューディールの声高な批判者のひとりであるジョージア州知事ユージン・タルマッジのような赤いサスペンダーを誇示する農夫でもなければ、聴衆を魅了したヒューイ・ロングのような田舎の道化者でもなく、サウスカロライナの上院議員「コットン・エド」・スミスばりの気さくなあだ名も持たなかった。ちなみにスミスは、ローズヴェルトによる再定住局局長の指名を受ける前からすでに農務次官を拝命していたタグウェルを面白くなく思っていた。ともあれ君は「旧《ふる》き良き農場を彷彿させる飾らない庶民的な物腰で臨め」。指名承認公聴会を控え、友人たちが助言する。だが、タグウェルはそうしなかった[35]。

１９３６年、ブレア・ボールズというワシントンの若きジャーナリストが〝アメリカに対する一連の罪を犯したタグウェル〟を告発した。寄稿先はＨ・Ｌ・メンケンの『アメリカン・マーキュリー』*American Marcury*で、

*———“〈憲法〉の父”のひとりとされている、第４代大統領ジェイムズ・マディソン。

軽率な社会事業家に対する憤慨を、この名高い編集者と分かち合ったというわけだ。ボールズの主張はこうなる。政府機関の監督下にある貧者は、行政への依存という「非人格の保護」の中に嬉々として「這い込んで」いるではないか。連中は揃いも揃って思い違いをしているし、援助にも価しない——連祷の響きはさぞ心地いいだろう。*「山出しの泥食らい《ヒルビリー・クレイ＝イーター》」、「鍬振り《ホー＝ウィールダー》」（この hoe–wielder は施しを求める進歩のない小作農のことだ）、「緑の牧草地で栄達の道を探す都会の貧者」、そして最後に挙げるが数は最小とはならない「砂漠住まいのインディアン」。皆が皆残らず、どうせどこへも行くあてのない種族だろうと思われていた《36》。

ニューディール政策の敵対者は親王派の官僚「レクス」・タグウェルを再三にわたり攻撃したが、**当のタグウェルもまた対立する議員の理屈をはねつけ、パトロンである政府の正当性を主張することでさらに彼らの怒りを買っていく。「これらの人々には、何をもってしてもよすぎるということはない」。これがタグウェルの台詞で、民主主義という幻想、あるいは人民の味方であるという見せかけ、さもなくば平等な機会という空虚なレトリックには、彼としても我慢がならなかったのだ。都会《まち》育ちの「声が原野」をわたる。タグウェルは、茫洋とした古《いにしえ》の信念の真贋を、果敢にも確かめようとしていた。アメリカにおける階級の境界は穴だらけだ。懸命に励みさえすれば必ずや成功するだろう《37》。

階級に関するタグウェルの主張は単純《シンプル》で、1934年、カンザスシティで演説をしたそのときに見解をこうかいつまんでいる。「徹底的個人主義」という旧《ふる》なじみの畳句《リフレイン》は「少数の利に向かう多数の統制」を本気で唱えているが、事実上、わずかな者の手の内に囚われているその個人主義を解放し、常日頃からそれを奪われている人々が行使できるようにする。これがニューディールの使命なのだ。タグウェルは、トマス・ジェファーソン同様、またヘンリー・ウォーレス同様、上位者への権力の集中が民主主義を破壊するものと信じる一方で、最も敬愛する国父ジェイムズ・マディソン同様、利害競争——この危機的状況の中、それは階級差別の硬直化防止と同じだけ調整が急務とされている——における中立の裁定者の役割を国が演じられるものという確信を抱き続けて

*———連祷（リタニア）はカトリックの信徒連が聖職者に唱和する形式の神への嘆願。助成事業に盲目的にすがる「非人格の」烏合の衆を揶揄している。

**———Rex はラテン語の君主号"国王"で、このくだりは"元首の主導する政策の手先"というほどの揶揄。

もいた《38》。

タグウェルは、農民への貸付金の拡大が再定住局による成功の大部分を占めると考えていた。大半のアメリカ人もそれには異論がなかったようで、1936年のギャラップ調査を見ると83%の回答者がこの事業を熱心に支持している。だがその実、南部にあった実験的コミュニティの3分の2近くがまったく上首尾に運んでいない。ウェストヴァージニアの廃坑地区リーズヴィルのコミュニティ、アーサーデイルが、再定住局の管轄外であるにもかかわらず目立って世の批判にさらされた。資金や公共事業促進局の人時《にんじ》を浪費しているではないか。この実験地が終始そう報道されたのも、大統領夫人エレノア・ローズヴェルトが率先した事業だからである。『サタデー・イヴニング・ポスト』*Saturday Evening Post* の記者が論説する。政府の補助を誰よりも必要としている民衆を差し置いて、成功が確実と思われる申請者だけを受け入れる方向で審査過程が調整されていることからしても、このコミュニティは救助機関としての機能さえ果たしていない。雇用の安定した供給源と銘打ってコミュニティが提示されていたにもかかわらず、郵政省向けの家具製作を行うはずだった工場への支援を議会が拒んだことで、最終的にアーサーデイルは失敗に終わった《39》。

アーサーデイルの一件は、長い影を落とした。FSA局長が1943年の議会で証言した通り、悪評が出回ったことで計画中の他のコミュニティへの反応にも色がついてしまったのである。ただし、アーサーデイルには住宅所有の偏重に根ざすさらに深刻な問題があったのだが。ともあれバーミンガムやジャスパーの各郊外にある成功したアラバマのコミュニティでさえ、結局のところ中流階級住民を維持するだけで最貧者への援助という使命を果たせなかった。より貧しい家庭ほど助成金なしには信用リスクを冒す価値すらなく、『バーミンガム・ニューズ＝エイジ・ヘラルド』*Birmingham News–Age Herald* で働くパーマーデイルのある住人なども、まさかと思うだろうが今の仕事と合わせてふたつの仕事をかけ持ちしている、と明言したほどである。夜9時から早朝まで新聞社で働き、その後帰宅して畑仕事をするというこの父親が、家族を負債から解放しようと4人の子供たちに缶詰

㉝———ペンダーリーの自営農場の聖像（アイコン）となるイメージ。近代的な家屋とラバの引く鋤による奇異な並置（1936、アメリカ議会図書館所蔵）。

製品をあてがっていたことは事実で、自給農場事業のモデルは家族の重荷を軽くするどころか、彼さながらにただ仕事を倍増させただけにすぎなかった[40]。

RAとFSAが展開した広報活動は、切り取った時間の中の非現実的な見通しを人々に供した。上記のパーマーデイル、そしてノースカロライナ州ペンダーリーで撮影されたいくつかの写真には、こぎれいな家と自転車に乗った子供たちがはっきり写っているが、別の写真ではつなぎ服を着た農夫が古めかしい鋤を押している——1840年代の銀板写真《ダゲレオタイプ》によく見受けられるその光景は、近代家庭にはおよそ不釣り合いだろう。象徴的な存在として辛うじて残る体《てい》の独立自営農《ヨーマン》は、かつての素朴なアメリカ人の暮らしの古色蒼然とした（そしてわざとらしくも不自然な）人口遺物になり果てたのである[41]。

そのペンダーリーにある自営農場は、政府が不動産権に出した解の見本にもなる。住民は裕福ではないが「楽しく、快適な、美しい環境」の只中で幸せなはずだ。とはいえ、申し分のない家庭が申し分のないコミュニティをつくるわけでもない。住民の仲間内から妨害行為《サボタージュ》が起きたのである。彼らは徒党を組んでコミュニティ活動への参加を拒み、「規則通りに」物事を進めようとする人々を嘲笑った。緊張も最高潮に達したのが中流階級なりの環境に住民が添い損ねたそのとき――あるいはそれを拒んだそのとき――である。記録は詳細に保存すべきで、会議のときは議員法を用いなければならず、その上、住宅内には妻すら初めて見るような生活便利品があるとは。官僚の失策が、こうしたいざこざの理由になる場合もあった。だが、平穏を乱したのはたいていが階級構造の人為的な押しつけで、中流階級の振る舞いなど教えて身につくようなものではなかったのである《42》。

これは、村落ひとつの問題を超えていた。南部には、とりわけ小農（あるいは小作農）には、協働農業がなじまなかったのである。タグウェルは問題を理解していた。つまり、彼一流の事業への評判を裏づけた当の〝アメリカ人〟が、総じて計画されたコミュニティへの適性を欠いていたということなのだ。1936年から1937年にかけて、メリーランド（ワシントンDCのまさに郊外）、ミルウォーキー、そしてシンシナティの「緑園帯都市《グリーンベルト・タウン》」には、驚くなかれ1200万人もの来訪者が惹き寄せられた。そして第2次大戦（1939–1945）の余波の中、郊外様式の成長に力強い礎を敷いて連邦による住宅供給に革命を起こしたプレハブ工法が、いよいよ出現する。だがいずれにせよ連邦政府は、南北の格差の橋渡しとなる田舎の公共住宅の標準型を定めることができなかった。南部の事業は、快適性――そう、屋内の水道設備のような――に資金投下をする気にもならない南部人によって運営されていたのである。タグウェルに替わってRAを引き継ぎ、そのままFSA局長になったミズーリ人ウィル・アレグザンダーもまた、南部の頑固な後進性に気づいていた。「低所得農家の全一族にデーン人*の豚小屋ほどの家をあてがえれば、かなりの前進を果たしたことになるだろう」。一方、当の南部政治家は別の決定的な方法をもって田舎のアメリカ人をごまかした。ニューディール政策ならではの社会保障事業から、農業労働者を断固除外したのである《43》。

RAでのタグウェルの任期は短かったが――わずか1年である――その影響は長く残った。貧農が直面した問

*――9世紀、七王国期のイギリスに侵攻したヴァイキング。

題についての最終的な政府声明となる『農場不動産権：大統領諮問委員会報告』*Farm Tenancy: Report of the President's Committee*（1937）には、ウィルソンやウォーレスと並んで彼の手腕のほどが示されている。報告書に「南部地域主義者」ハワード・オーダムとアーサー・レイパーの見識が反映されていることは言うまでもない《44》。

✴

ハワード・オーダムほど南部の意味や「貧しい民衆」の品格を変えようと腐心した人物は他にいない。ニューディールの傑出した政府当局者として彼らへの理解を示していったオーダムは研鑽を積んだ社会学者、心理学者であり、1920年にノースカロライナ大学に在籍して社会学科を率いる一方、公共福祉学校の初代校長として貢献もしている。ジョージア人として生まれたオーダムはエモリー大学で古典を学び、クラーク大学（ジークムント・フロイト招聘という快挙によって名を馳せた学部）で心理学博士となり、のちにコロンビア大学でも社会学の博士号を取った。たゆまぬ精力の人で著書25冊と論文200本近くを発表、南部研究の新しい方向を探る討論の場となった学術誌『社会力』*Social Forces* を創刊し、余暇は畜牛の繁殖家《ブリーダー》として過ごしていた《45》。

フーヴァー大統領によって社会動勢に関する調査委員会に名を連ね、連邦政府と深く関わり始めたオーダム教授だが、ニューディール政策における地域計画の主要情報源にして自身最も包括的な研究書となる600頁超のテクスト『合衆国南部地域』*Southern Regions of the United States* の刊行は当該政権後の1936年で、教え子のひとり、ジャーナリストのジェラルド・W・ジョンソンがこの大作を『荒らされた地』*The Wasted Land* という緊要な書名を持つ通読向けの一冊に翻案している。南部農場の不動産権を扱った決定的研究を著し、農業経済局内にある農業人口と田舎の福祉の担当部署に主任研究員として奉職したアーサー・レイパーは、もうひとりの高弟である。オーダムは、ノースカロライナとヴァージニアの13郡における社会学的事業を3年の間監督する中で、ロイ・ストライカー率いるFSAの写真家集団にも協力した《46》。

オーダムの仕事には、貯めに貯めた情報量に裏打ちされた本物の凄みがある。南部が9700万エーカー（両カロライナとジョージアの合算を超える約39万平方キロの広域）の〝侵食〟をそのままにしていることを論証したのも彼で、そこに住む何百万もの人々が貧困と無学の看過によって機会を空費され、技術訓練はおろか基本的な行政対応に至るまでの提供の否認によって人としての潜在力をないものにされていたのである。オーダムのデータの圧倒的な力は（彼自身が呼ぶところの）『風と共に去りぬ』*への郷愁 *Gone with the Wind* nostargia――エリート南部人が洗練した集団的セルフ＝イメージ――の値崩れをもたらした。ここにいるのは「南部の真実についての誠実で勇敢な証言」の片鱗に触れたいと乞い願う、ひとりの南部人である。「弁護の固定観念《コンプレックス》にはうんざりだ」と彼は語る。際限のない嘲笑も、自己満足も、無視も、そして、何にも増して貧困も。ブローダス・ミッチェルは南部史家の立場から、それと同時に「南部が必要とするのは弁護ではなく詳説だ」と力を込めている。『南部地域』の最たる美質は、量的な重厚さと客観的な見解にあった《47》。

地方主義が残した有害な遺産が、オーダムによる調査の主要対象だった。南部は変化を拒むためにヤンキーの抑圧を云々するが、そこにはもう正当性などない。いわばそうした道筋にオーダムは身を置いているのだ。そうミッチェルは解釈していた。オーダムの対峙する「南部には多く」があるものの、今何が必要かといえば地域ぐるみのヴィジョンだった。彼は畜牛の繁殖家として、地方の指向をこうなぞらえている。それは「文化的な近親交配」、そして「概念の交雑受精」への抵抗に由来する「停滞」なのであり、彼我の州を超えた提携の拒絶がそれを引き起こしているのだ。「テネシー川流域開発公社」（TVA）を調査したオーダムは、地域計画という点でニューディール政策中、紛れもなく最も成功した事業であることに気づいた。7州を協調させ、それまで途方もない貧困にあえいでいた区域で1万人近い雇用を創出し、7つの堂々たるダムの水力を思うままに利用していたのである。オーダムは展望を口にする。TVAが「49番目の州」を構成すれば。**州権という拘束衣が、もう十分というほど長く南部の進歩発展を締めつけていた《48》。

*―――ミッチェル、全5巻、鴻巣友季子訳、新潮文庫。

**―――現50州の内、アラスカ（1950）とハワイ（1959）が当時未加盟だった。

オーダムによるTVAの見立ては正しかった。それは完璧な計画の輝かしい実例だったのである。ダムそのものが工学技術の驚異、優雅にして近代的な建築術の妙であり、聡明な経営が土壌の管理をもたらした上、洪水、マラリア、そして公害の制御、再森林化、はたまた施肥《せひ》の改良――すべてが分別ある土地利用の戦略だった。TVAが率先した微に入り細を穿つ設計によるコミュニティが支援するのは――それぞれが自給農場事業の村落のためにウィルソンが処方した――図書館、そして健康や娯楽のための諸々の施設で、そこには農業、マーケティング、車や電気関係の修理、機械作業、金属加工の講習所があり、近郊の大学で開かれる工学技術や数学の講座や、さらには先例のない成人教育の機会があり、図書車両が労働者とその家族のために蔵書を運んでいた《49》。

文化的偏見の払拭は極度に困難だと考えていたオーダムは1938年に全国の著名な学者に質問票を送り、各人が何をもって「プア・ホワイト」と定義するのかを尋ねた。彼は諸々を知りたかったのである。この言葉を初めて聞いた時と場所は？　それをどのように使い、またその中で州や地域によっての差異はあるか？　最初はどこで使われ始めたと思うか？　差別的な含みはどのようなものか？　同様の意味合いを伝える他の汎用語は何か？《50》

回答からは「プア・ホワイト」というラベルづけがどれだけ掴みどころのないものかがわかった。この言葉は「曖昧」かつ不明瞭な誹謗の用例だ。数名の社会学者がそう率直に指摘する一方で、オーダムの知る46人の回答者の大半がプア・ホワイトから連想される多数の否定的な連体語を思いつくままに挙げている。その中で最も一般的な形容詞が「ふがいない」shiftlessで、一連の類義表現に結びつけられる――曰く、無目的なpurposeless、その日暮らしのhand to mouth、ものぐさなlazy、大望のないunambitious、数に入らないno account、向上心のないno desire to improve themselves、惰性inertia。すべてが仕事に対する無気力と本質的な品格の瑕《きず》をない混ぜにした描写である《51》。

「ふがいない」は新語ではない。1850年代に自身の南部紀行をものしたフレデリック・ロー・オルムステッドが怠惰な奴隷主と奴隷の双方を同類と見なしてこの言葉を使っているし、ニューイングランド人が〝悪い農夫〟を描写する際にも好んで用いられ、居酒屋の主人や卑しい労働者とともに酒場に群れ集う道徳心に欠けた者どもをとがめる文句としても普通に口にされていた。セオドア・ローズヴェルトの時代までは家族を見捨てた夫を罰する法の文言にも選ばれる言葉だったようである。また「ふがいなさ」shiftlessnessは優生学者が〝退化した者〟を診断する際の主症状でもあり、むろんのこと徘徊者や流民の習い性でもあった。W・J・キャッシュなどは『南部の精神』*The Mind of South*（1941）の中、ふがいないプア・ホワイトをこう描写している。「気の入らない土掘り」などして畑で稼ぐ妻子をよそに、数匹の猟犬に囲まれて酒瓶を手に木の下に座り込んでいる〈52〉。

黒人との社会的な近似性が、プア・ホワイトから「ふがいなさ」を連想する第2の有力な説明になる。1929年、映画『ディキシー歌舞曲』*Hearts in Dixie*に出演してたいへんな注目を浴びたアフリカ系アメリカ人俳優、その名もステピン・フェチットは、芸名が示唆するものぐさ者のぞんざいなステレオタイプとして同時代の大評判を呼び、*銀幕人生に足を踏み入れた。プア・ホワイトに関するオーダムへの回答の中、アトランタ大学の黒人研究者アイラ・デ・A・リードが思い出を語る。成長期は「人種のエチケット」を守り、「ニガー」と言い返される覚悟なしには人を「プア・ホワイト」呼ばわりなどまずしなかった。彼にとって「ホワイト・トラッシュ」、「プア・ホワイト」、「ニガー」はすべて同義の社会的汚名《スティグマ》だったのである〈53〉。

オーダムの回答者の多くが「ポ・ホワイト・トラッシュ」という呼び名は黒人訛りから派生したという見解を示していた。あるミシシッピ人によると、上流や中流の白人がこれを使うときには「黒人の言い種《ぐさ》では」という斟酌が込められているのだという。回答者らは特筆する。プア・ホワイトはプア・ブラックの近隣に住み、事実上その在所の区分は不可能である。一部の中流白人にとって、プア・ホワイトの境遇をプア・ブラックの若干上に置くことは無意味な忖度《そんたく》でしかなかった。南部を傍目に見たシンシナティのある社会学者は、マウンテン・ホワイトが「野茨またぎ《ブライアー・ホッパー》」と呼ばれ、実際《デ・ファクト》のところまさに都市黒人さながらの隔離対象になると記している（この

*―――芸名は“ステップ・アンド・フェッチ・イット”号（Step and Fetch it=駆ければ総取り）という競馬の勝馬の名のもじりとも言われている。後半生は人種運動に身を投じた。

語はかつてイングランド人がアイルランド人に向けた侮蔑語「ボグトロッター」の変形である）*[54]。

オーダムの回答者にとって、20世紀などはほぼ意味をなさなかった。プア・ホワイトは依然としてはぐれた種族、白人と黒人の半端なあわいにいる曖昧な階級と宣告されていたのである。どのような事情があれ、品行方正な白人との結婚はおろか社交ですら夢のまた夢だった。別の返信者にとっての彼らは馬に対するラバ、犬に対する猟犬で、してみると犬は「行儀がよろしく」、猟犬は「剛情」なのだ。生え抜きの人種差別主義者による全黒人への言い様と同じようなもので、ホワイト・トラッシュにしても豹さながらに斑紋を変えることなどできないのである[55]。

南部の階級システムを歪めるこれほどしつこい偏見の影響を、アメリカの教養人はどうすれば拒絶できたのだろうか？　実際、その理屈は明瞭どころではない。階級にあって――リベラルなエリートですらそれを嫌う――真の大変動が解き放たれるという恐怖が、圧倒的多数による貧者への非難を引き起こしていたのである。曰く、それは自業自得だ。しかし、見解を異にするオーダムは、田舎の貧困が持つ意味合いの囲い直しに力を尽くした。プア・ホワイトには文化が――言うなれば「集団の共有する習俗《フォークウェイ》」がある。そう提言したのだ。オーダムは、彼らが不運な捨て駒であり続けるべきだとは、そしてまた上昇への道筋が中流階級の単なる模倣を意味するとは考えなかった。ホワイトカラー階級の縮小版になろうと努めるのではなく、むしろ自身の民衆としての価値を活かすことで、彼らもまた息づくに足る〝生〟を形づくれるだろう。貧しい民衆への解は、自給自足化を可能にする教養への道筋をつけられるかどうかにかかっている。そこで必要なのは、南部の資源運用における構造改革だ。地域は、同時にいっそう高度な技術を身につけた労働人口が要求されることになる、より多様でより技術的に進歩した経済と農業のシステムを整備しなければならない。しかし、男女を皆一変させるまでには、もちろんのこと長く険しい闘いがあるだろう。ひとりの回答者が無遠慮に言う。「彼らの処遇は誰にもわからない」。〝彼の姿がそこに留まるかぎり、雨裂とラバにも劣らない静止した南部の呼び物であり続けるだろう[56]。

*――― briar hopper は特にオハイオ、ケンタッキー、テネシーで言うアパラチア山脈産の田舎者。bogtrotter については第2章、原註《35》の段落を参照。

✺

真に意義のある水準で「プア・ホワイト」の何たるかを探査しようというのであれば、テネシー人ジェイムズ・エイジーの登場を待たなければならない。彼は、力強い筆致で永遠に感情を揺さぶり続ける著書『誉《ほま》れ高き人々をたたえよう』* *Let Us Now Praise Famous Men*（1941）を通じて、中流階級と背中合わせになっているホワイト・トラッシュという呪物《フェティッシュ》の根源を読み手に軽く投げ渡そうと企てていた。この並外れた一冊は、共著者ウォーカー・エヴァンズによる簡素な静物画を思わせる手法の写真とともにオーダムの〝変化の遅い集団〟が拒むのは何かを語りかける。解釈者が被写体へとどれだけ価値観を強いているのか。それを問い質しているのだ。客観的ジャーナリズムとして、これほどのものはあり得ない。

本の冒頭で、エイジーは困惑の声を上げる。自分のようなハーヴァード出の中流階級の男が、どうすれば哀れみや厭わしさの対象にすることなくプア・ホワイトについて記せるのだろう。彼はただの傍観者になりたくはなかった。「科学の、そして〝誠実なジャーナリズム〟の名のもと、誰からも庇われずひどく傷つけられた人類のひと群れである無学で無力な田舎住まいの一家の暮らしの只中に、別種の人類のひと群れの前で人生の不利益や不面目をさらす行列《パレード》を求めて心を尽くしながら立ち入る」ことがどうすればできるのだろうか？「悲惨な輝きの何たるか」を伝えることが果たしてできるのだろうか？おそらく無理だろう[57]。

そこでエイジーは、素材対象を詳述して提示するというひと味違った戦略の実験を行う。靴、つなぎ服、小作人家庭のまばらな調度の配置。細部の隅々にまで注意をめぐらせ、カメラによる「氷のように冷たい」ヴィジョンを言葉で模写しようとしたのである。また、紋切り型の報告を脱却するもうひとつの戦略の中、かつて耳にした地主による無検閲の侮辱とともに貧しい小作農が口に出さない思いを想像して散りばめた。〝彼〟の胸の内にある不信を言葉にしたというわけだ。どのようにして「罠にはまった」のか？どのようにして「手遅れで絶望

*———「シラ書」44:1の「誉れ高き人々をたたえよう、／我々の歴代の先祖たちを」からの引用題。なお、次文の「静物画を思わせる手法」still life-style は「静かな暮らしぶり」との両義となることに留意されたい。

㉞——エイジーとの共著『誉れ高き人々を称えよう』にも掲載されたエヴァンズ作品『アラバマ、ヘイル・カントリーの綿花分益小作人フランク・テングル、バド・フィールズ、そしてフロイド・バローズ』*Frank Tengle, Bud Fields, and Floyd Burroughs, cotton sharecroppers, Hale Country, Alabama*（1936、アメリカ議会図書館所蔵）。

的に」なったのか？　エイジーが作中人物に授けたのは、本物の感情、叙事的な嘆きだった。小作農の「家庭料理」を楽しむエイジーへの嗤いから、地主の酷薄ぶりが浮かび上がる。口汚くこう罵るのだ。貧乏小作人め。「薄汚れた雌犬の息子《ソン・オヴ・ア・ビッチ》」が。5年というもの家族に石鹸の1本も買ってやれないくせに。小作農一家のある女性は、地主の言葉によればこの土地のこの辺りでも「最悪の淫売」で——母親は辛くも2番目なのだという。地主にとってこの〝群れ〟は、揃いも揃って「見つかる中でも最も卑しいクズ《トラッシュ》」なのだ〈58〉。

エイジーの物狂いにも作法があった。自身の奇妙に内省的な、深く心を乱される説話の中、貧者への従来の理解を超えた視点を読者に強いる試みを作家は行ったのである。責め立てる代わりに、同じ穴の狢《むじな》であることを自ら識《し》るよう読み手に求めたのだ。貧者はやる気がないわけでもなければ魯鈍でもない。彼は強調する。「不快、危険、そして劣等という辱めや侮り」に抗う自分を麻痺させる、一種の「無感覚状態」が習い性になっただけなのだ。南部の中流階級は辱めの大元とされても仕方がなく、あのような物言いで恬然としているとあればなおさらである。曰く、「連中は〝慣れっこ〟だから」[59]。

1941年の初版当時、のちに定まった文勲とは裏腹に、エイジーの不穏なテクストを手に取る読者はほんのわずかだった。（貧しい小作農への、というより）貧しい小作農のさらに上へと向けた語りかけゆえのことだろうが、その点で言えばむしろオーダムの仕事が非難を受けている。ヴァンダービルト大学で英語学教授を務めた詩人ドナルド・デイヴィッドソンもまたそうした口さがないオーダム批判者のひとりで、やはり敵意もあらわにTVAを北の過干渉の表れと見なしていた。農事関連の声明を集めた『わが道を行く』*I'll Take My Stand* の一寄稿者として彼は南部従来の農業理念の正当性を主張し、解放黒人局という「忌々しい」北の伝道師を打ち負かすクー・クラックス・クラン（KKK）をあえて称揚する。曰く、新生南部《ニュー・サウス》における「いっそう狡猾な空想的社会主義者《ユートピアン》」の（そう、オーダムとノースカロライナ大学に巣食うその一味の）台頭を、KKKが阻止できなかったことがただ惜しまれる。デイヴィッドソンは断言する。学究的な「南部地域主義者」では、南部をまとめることなどまずもって不可能だろう。オーダムの「指針」など「〝無学者《むがくもの》〟の術語」には翻訳できないのだから。後に残るものはといえば明白な逆説だ。地域の扇動家が、果たして南部の貧者を真に取り込める者なのだろうか？　オーダムやエイジーのような誰かが「悲惨な輝きの何たるか」を束の間とらえたとしても、彼らが解放したいと願うプア・ホワイトの耳に届かないことは明らかではないのか？　デイヴィッドソンは確信していた[60]。

一方、オーダムとエイジーの筆法のあわいのどこかが、新種の南部作家の出処となっていた。ジョナサン・ダニエルズの『南部人、南部を発見す』*A Southerner Discovers the South*（1938）はベストセラー一覧入りしたばかりかフランクリンとエレノアのローズヴェルト夫妻の目にもとまったほどで、皮肉な視点を持つノースカロライナのジャーナリストがここに登場したのである。オーダムの百科全書的な研究の濃密さを敬遠し、南部の土地均分論者の寝とぼけた田園趣味をも避けて通った彼は、いささかも身構えることなくその地域を何千マイルも旅し、出会った人々の思うままの声に耳を傾けた[61]。

ダニエルズは、ある小さな町でありとあらゆる社会学書を愛蔵する法律家と知り合い、そこでデイヴィッドソンによるハワード・オーダム批判への論駁の根拠を見つけた。〝人為的な土壌浸食〟と自然の驚異の奇妙な記念物と化した深さ150フィート（約46メートル）ものジョージアの〝雨裂〟、プロヴィデンス・キャニオンにも訪れた。そして、監獄ばりの南部の精神性、世代を超えた搾取を疑いなく受け入れる肉体労働者という概念を非難する。彼が特記することには、ノースカロライナのキャノン・ミルズ*で金網が作業場を事実上の監獄にしていたのだという。その巨大な工場から通りひとつを隔てて、遊び場がしつらえられていた。これは無意識裡の〝教訓〟である。「人々——地元庶民——への恐れが、おまえの財産だ。それを子供らに教えておくように」[62]。

プア・ホワイトの「不穏状態」を弁護し、それをふがいなさと呼ぶことを拒むダニエルズによって、様々な肖像が提示された。好ましく思えたのは、TVAの手がけたテネシーの計画都市ノリスにおけるある光景だ。大規模な学校建築の光電池による照明や暖房設備よりも、むしろ校内の「子供たちのちぐはぐさ」が深い印象を残したのである——「山に住む貧しい大家族の子」と技師の子が机を並べている。階級差別廃止の水際立った実験が、ここに現れた。彼は考える。これがアメリカ全土に行き渡れば[63]。

貧者は常にやって来る——『怒りの葡萄』のママ・ジョードばりの言葉が、南部の読み手に向け繰り返された。だが特に取り柄のない南部白人であっても、公正な機会さえ与えられれば教化になじんでいく。それを世に示したTVAをダニエルズは称えた。知るかぎり、ある者は「満足な食事も摂れず」、ある者は「精神薄弱を狂気と誤解されている」。とはいえ、それが貧者人口の総体を——あるいはその未来を——象徴していいものだろうか。向上しようとする彼らの行く手を阻むのは、ペラグラ病や文字通りの無教養ばかりではない。そこには裕福な階級が抱く恐怖心もあった。つまりこういうことだ。プア・ホワイトもまた黒人同様、今の居場所に留まる気などないに決まっている。ダニエルズは、教養人士の階級によって長年言い立てられてきた「中傷」への論駁を、読

*——1888年創業の繊維製造企業。

者の心に深く刻みつけた。「南部のニグロは救い難い無学の猿人ではない。南部の白人大衆は生物学上の退化種ではない」《64》。

彼には揺るぎない信念があった。ジェファーソン流民主主義は死に絶えて久しく、庶民から思いのままに略奪を働く南部の富貴者世代の後ろで追従《ついしょう》を言うヒューイ・ロングのような類いの扇動家が代わりに居座っただけである。そして力説の中、訓戒とも言えるオーダムの助言を取り上げる。現実の変革に向けて何事かをなすのであれば、南部再生の計画はことごとく底の底から始められなければならない。ダニエルズは続けて記す。「ひとりの南軍野郎《レブ》は、おそらく今なお10人の北軍野郎《ヤンキー》を打ち負かせるだろう」。しかし「それは的外れだ」。南軍の誇りは、階級というもののすべてを目に入らなくした。「専制君主であれ金権政治家であれ貧乏人であれ、すべてに教育が必要だ。どれがどれよりもどうだということはない」。イデオロギーに侵された罠から救い出される南部。それを目にしたい。オーダムもエイジーもダニエルズもそう望んでいた。だが、彼らは世をはかなんではいない。希望に満ちていた。とはいえ一方で、簡単な解決策――うわべだけ飾った自営農地《ホームステッド》を少しばかり――では手当てにならないこともわかっていた。より壮大なTVA並みの規模の何かが、既存の総意を揺さぶって階級構造を再編する唯一の機会を象徴するだろう《65》。

〝忘れ去られた男女〟は1930年代のアメリカ全土を覆った経済的苦闘の強烈なシンボルとなり、多くの人々が声を上げた。南部にあって絶えることのないプア・ホワイトに特別な注意を払おうではないか。ともあれ問題は「彼らをどうすべきかが誰にもわからない」ことではなかった。「同胞であり、同じアメリカ人である彼らのありのままを知りたいとは誰も思わない」こと、それが問題だった。

第10章「カントリー・ボーイ」への熱狂：エルヴィス・プレスリー、アンディ・グリフィス、そしてLBJの偉大な社会

The Cult of Country Boy: Elvis Presley, Andy Griffith, and LBJ's Great Society

僕は生粋のカントリー・ボーイでギターばかだ。自分じゃそう思ってる。
——エルヴィス・プレスリー（1956）

リンドンは全然上流の出じゃなかった。山育ちのカントリー・ボーイね。
——アラバマの公民権活動家ヴァージニア・フォスター・デュル（1991）

エルヴィス・プレスリーがリチャード・ニクソンと大統領執務室で肩を並べた、あの有名な写真は大方の記憶にあるはずだが、リンドン《L》・ベインズ《B》・ジョンソン《J》の知遇を得ていたことが忘れ去られているのはどうしてだろうか？* 自邸グレイスランドに〝大《L》統領《B》閣《J》下〟の執務室ばりの床置き3画面式テレビ・セットを備えつけ、1964年の選挙キャンペーン用のバンパー・ステッカー「LBJとともにどこまでも」を飾るほどだった「キング」・プレスリーは、俳優のジョージ・ハミルトンと当時交際していたジョンソン令嬢リンダ・バードとともに広報用の写真にまで収まっているのだ。プレスリーとジョンソン。一見すると他と比べようのないほど奇異な取り合わせだが——その一方で分離した各々の名流《セレブリティ》世界が示す以上の共通項がふたりにはある。両者ともまさにその人生が途絶しているとはいえ——歴史的に〝毒〟とされてきた貧乏白人《プア・ホワイト》像に挑んだアメリカの代表的人物なのだ[1]。

1956年、全米に旋風を巻き起こしたエルヴィスは、でき得るかぎり非白人《ノンホワイト》らしく振る舞うべくすべてをこなしているようだった。音楽様式、なでつけ盛り上げた髪型《ポンパドール・ヘア》、はたまた安ピカ《フラッシー》な衣装に至るまで、黒人その

*———テキサスの貧農出身者であるリンドン・ジョンソン（1908–1973）は、第35代大統領ジョン・F・ケネディ（1917–1963、任期：1961–1963）が暗殺された直後、副大統領から第36代大統領（任期：1963–1969）へと昇格した（この流れは第26代のT・ローズヴェルト以来のことである）。そのジョンソンによるヴェトナム戦争（1955–1975）政策の挫折を受け就任したのが、カリフォルニアの比較的余裕のある商家の出となる第37代大統領ニクソン（1913–1994、任期：1969–1974）である。

㉟——ニクソン大統領と握手を交わすエルヴィス・プレスリー（1935–1977、アトキンス撮影、1970）。

ものをあからさまに取り入れていたのである。そして彼の〝旋回運動〟ときたら。無闇にセックスを強調した踊りっぷりを批評家がたとえて曰く、「扇情的な腹踊り《フーチー・クーチー》」、滑稽劇の裸芸《バーレスク・ストリップティーズ》、反抗的なズートスーツ族。* 社会現象にまでなった名声と崇拝者とも言えるファンの存在が、彼の『エド・サリヴァン・ショー』*The Ed Sullivan Show* 出演と、それを足がかりにした銀幕への進出とを後押しした。後は車庫一杯のキャデラックの持ち主になるばかりである。エルヴィスは、ホワイト・トラッシュ《白い屑》の労働者階級男性が夢にも思わなかった諸々を成し遂げた。クールでセクシーな瀆神者。それでいてひとりの「カントリー・ボーイ」。田舎に住む変種の余計者など、もはや過去の話だった。彼は多くの10代の少年がなりたいと願う誰か、そう「山出しのあん畜生《ヒルビリー・キャット》」になったのである《2》。

1963年11月22日、リンドン・ジョンソンによる突然の最高責任者職への昇格は、国民の間に大きな動揺をもたらした。衝撃的な暗殺事件を受けてふたり目のジョンソンが選挙を経由せずに大統領職へと迎え入れられたこのことは、100年前に起きた事件の不気味な再現である。** しかも今度は悲しみを背負い、戦争に疲れたリンカンならぬ、精力的で写真映えのする東海岸のエリート、ジョン・F・ケネディを失うことになるとは。ともあれこの熟練の南部政治家は、悲劇の後を取って公民権や社会改良といった法整備上の課題《アジェンダ》の追求を積極的に行った——フラ《F》ンクリン・ロ《D》ーズヴェ《R》ルト以来となる最も劇的な〝手入れ〟である。「偉大な社会」Great Society として知られるようになるジョンソンの広範な陣立ての政綱は、投票における人頭税などの差別待遇の撤廃、教育や医療の資金拡充、そして貧困の根絶を試みる新事業の敢行を謳っ

*——1940年代に流行した肩パッド入りの長いジャケットと裾を絞った幅広のズボンが特徴の〝小粋な〟紳士用スーツ。

**——1865年のリンカン暗殺時は、副大統領アンドルー・ジョンソンが昇格している（第8章、原註《10》の段落を参照）。

ていた。では、同じ民主党の前任者とＬＢＪとをなお分けるものは何か。彼には南部の澱《よど》みさながらのアイデンティティという目新しくもない〝仕掛け〟からの脱却によって——あのテキサス訛りは捨てずに済ますにせよ——自己を刷新する必要があった。テレビにどう映り、ワシントンの記者連からどう評価され、国家指導者としてどう受け入れられるか。棚ぼたの大統領は、そこから身を矯《ただ》さなければならない。新規分配の推進者《ニューディーラー》や現代的な進歩主義者としてどれほど折り紙つきであろうと、国政の舞台という目線からすればジョンソンもまだまだ一地域人である。それでも南部にあって白人原理への迎合を拒み、１９６５年の就任演説で国家の命運が進歩的改革にかかっていると口にした彼は、自らの力を広く社会的平等の実現に使おうと願っていた[3]。

　変革へと向かうジョンソンの主張は、いろいろな意味で社会学者ハワード・オーダムによるひと昔前の処方の復唱だった。曰く、南部人は旧連合国への見当違いな郷愁から自己を解放しなければならない。彼は現代性というものに臆するところがなかった。「〝偉大な社会〟が、整然として変化のない非産の蟻の群れであるはずがないだろう」。１９６５年の就任式におけるあけすけな物言いである。思慮を欠いた整合は、それがソヴィエト流であろうと南部流であろうと息苦しく抑圧的なのだ[4]。

　彼の英雄は、そもそもがアンドルー・ジョンソンやジェイムズ・Ｋ・ヴァーダマンなどではない。誰よりも称えた政治家は、フランクリン・ローズヴェルトである。大恐慌期の「リンディ」は田舎における電化の強力な提議者であり、また職業部隊事業となる国家青年局を地元テキサスで運営して地域の無骨者によるふざけた行いには容赦がなかった。現代的な先端技術《テクノロジー》を好み、第2次大戦前にあってプロペラ機でテキサス中を遊説し、１９４８年の上院選ではヘリコプターを使う初の候補者となって接戦を制した彼は、対立候補ばりの〝気さくな〟手口など「古帽子に古いやり方と何でも古い」と側近が記した通りに一蹴し、如才ない政治家として自らを売り込んだ。上院多数派の指導者として、また副大統領時代には国家航空宇宙会議議長として、「宇宙開発競争への参入」を初めて促し、月面上への人間の配置を国民的優先事としたのも彼リンドン・ジョンソンだった[5]。

この南部っ子《サザン・ボーイ》の衣裳棚には赤いサスペンダーなど皆無で、経歴に汚点をつける人種差別発言もなかったし、大衆にしても道徳的に格調高いＬＢＪの大統領演説を難なく理解した。彼は、プア・ホワイトとの階級上の連帯を装うディキシークラット*どもによる虚偽のレトリック——白人の優越性に訴える怒りなどといった、ありがちなあのレトリック——を蔑んだ。同胞愛と包容。これが大統領として公民権を唱道する際にリンドン・ジョンソンが語った言葉である。だがそれにもかかわらず、旧態依然としたカントリー・ボーイのイメージはまだ彼につきまとっていた[6]。

✳

おそらく偶然だろうが、ジョンソン大統領が自らの勇姿をもって全国的に脚光を浴びていたその頃、テレビ・ネットワークの重役連が田舎者の登場するシットコム《シチュエーション・コメディ》という金脈に気づいた。1960年代、そうして最も人気を集めたのが『アンディ・グリフィス・ショー』*The Andy Griffith Show*、『ゴーマー・パイル：アメリカ海兵隊』*Gomer Pyle: U. S. M. C.*、『ビヴァリー・ヒルビリーズ』の3番組で、どれもまったく同じとは言えないにせよ1840年代の田舎政治屋《ポル》の、そう、あの懐かしい「サグ」の特質となる〝素朴さ〟を再び息づかせている**。リンドン・ジョンソンもまた「わたしの父さん《ダディ》」と言って、アンディ・グリフィス演じるノースカロライナの架空の町メイベリーの父性あふれる世話好きな保安官さながらにF・ローズヴェルトを追慕したもので、当該の番組には1960年代ならぬ30年代の気分がそれほど横溢していた。町の〝不適格者〟を主要人物にしながら、大恐慌期を郷愁的に書き直しているのである。グリフィスは、自身の役柄について語る中で「田夫野人」を演じているわけではないことを強調し、番組作者のひとりとして保安官の人物像をこう記している。オクラホマ生まれの好人物でユーモア作家兼人気俳優だった、往年のウィル・ロジャーズばりの「ひねりの利いたおかしみ」のある利口者だ。メイベリーにかぎっては、ほとんどの問題がアンディ宅のキッチンテーブルの周りで解決してし

*――1948年の大統領選で、現職候補ハリー・トルーマン（第33代大統領、1884–1972、任期：1945–1953）の公民権政策に反発して党を割り、州権民主党を結成した南部離反派。

**――当時の邦題は順に『メイベリー110番』、『マイペース2等兵』、『じゃじゃ馬億万長者』で、冒頭作は米ショービズの大物グリフィス（1926–2012）の出世作。「サグ」については第5章、図⑳を参照。

㊱㊲——『ビヴァリー・ヒルビリーズ』の登場人物（『サタデー・イヴニング・ポスト』、1963年2月2日）とウッド『アメリカン・ゴシック』（1930、シカゴ美術館所蔵、下図）。

まう——それは、アメリカ国民がラジオに寄り集まってＦＤＲの炉辺談話に耳を傾けている、あの様を偲ばせる。部外者が歓待を受け、小さな町の民主主義という徳性が輝く。それがアンディの世界だった〈7〉。

演者としてははたと口ごもったものの、アンディ保安官は紛れもなく田夫野人に囲まれていた。何しろテレビは〝最悪のステレオタイプ〟で商売をしていたのだから。騙られ屋のガソリンスタンドの整備士で従兄弟同士となるゴーマー・パイル（冠番組ができるまでの出演）とグーバー、大暴れが止まらない山岳民アーネスト・Ｔ・バスなどなどがメイベリーで暮らす面々で、のちにジム・ネイバーズ演じるゴーマーは「いびつな口許からとうとうと訓戒を漏らし、牛糞まみれの畑の端から端へとステップを踏む田舎の若者さながら、たどたどしくそこいらを大股で歩く」と『タイム』*Time* の記者が書く通りの〝純真な〟志願兵になる。このスピンオフ作品での彼は、完全無欠な海兵隊の官僚社会をたったひとりでめちゃくちゃにする「歩く災難」だった〈8〉。

アメリカ人はテレビという「荒地」に自らを投影していた——しかも屋外便所つきの荒地に、とはコメディアンのボブ・ホープの冗談だが、これはビヴァリーヒルズのクランペット一家にも当てはまる。めまぐるしい挿話の中、お婆ちゃん《グラニー》とその一族は、ＦＳＡの再定住コミュニティで本物の分益小作人が味わった身につまされるようなカルチャー・ショックを視聴者に分け与えながら、〝ドアベルの科学〟やキッチン用品の我慢ならない複雑さを前にてんやわんやを演じるのだ。バディ・イブセンが主演するこのプライム・タイム番組のヒルビリーは、『サタ

デー・イヴニング・ポスト』の表紙を飾った際、グラント・ウッドによる聖像《アイコン》めいた絵画作品『アメリカン・ゴシック』*American Gothic*（1930）の人物よろしく構図に収まり返っていたが、これもまたホワイト・トラッシュは先祖返りしているという長年の妄執の機微も何もないほのめかしだった《9》。

この『ビヴァリー・ヒルビリーズ』には弁護人がいた。番組作者にしてみれば「われらがヒルビリー」は清潔かつ健全なのだという。事実テレビ・ネットワークも田舎のアメリカ人のイメージ向上にひと役買っているではないか。「ヒルビリーという言葉は」と彼は語気を強める。「番組によって合衆国における新たな意義をついに獲得するだろう」。楽観主義の見当違いは明らかだった《10》。

1950年代のディズニー映画による英雄譚《サーガ》で、フェス・パーカー演じるアライグマ帽姿のクロケットのどら声の相棒を本当にバディ・イブセンが演じていたにせよ、番組の主人公ジェド・クランペットはデイヴィ・クロケットではなかった。ジェドとデイヴィとの差異は見ての通りである。彼らハリウッドのヒルビリーは観衆による嗤いのぞんざいな対象にすぎなかった――嘲笑の的であり、そこに称賛はない。「徹底的個人主義者」クロケット（もしくはフェス・パーカーによるテレビ版ダニエル・ブーン）のフロンティア幻想などひとつも召喚されず、つまり何も救いがなかったのである。クランペット一家の1920年代製おんぼろフォードには、揺り椅子に腰かけたお婆ちゃんも乗っている――ジョン・フォードによる絶望的なジョード一家のキャンプ版である《11》。

フェス・パーカー演じる鹿革をまとった闘士は颯爽としたカントリー・ボーイであり、優しいゲイリー・クーパー風の郊外型の〝父ちゃん《ダッド》〟でもあった。想像し得る早期アメリカ最高の気質の象徴がこの役柄であることを視聴者が皆揃って理解すると、1955年にデイヴィ・クロケットが大流行、熱狂的ファンが俳優を一時的なエルヴィスの同盟者に見立てて群がった。ディズニー撮影所が宣伝巡業を打てばアライグマ帽が店の棚から飛ぶようにさばけ、長身のテキサス人パーカーは連邦議事堂区域《キャピトル・ヒル》にまで車を乗りつける。愛用のライフル「わがベッツィ」を抱えた「デイヴィ」とともにポーズを取る、当時上院議員だったリンドン・ジョンソンと下院議長サム・レイバーン。そんな1枚の写真が通信社から頒布された[12]。

定番の録音された笑い声《ラフ・トラック》はさておき、1960年代のコメディはただの逃避主義めいた演《だ》し物ではなかった。北を目指し、ボルティモア、セントルイス、デトロイト、シカゴ、シンシナティなどの都市にヒルビリーのゲットーをつくるプア・ホワイトの集団移住の渦中にあって、いや増していく不安に乗じたのである——これでは「野茨またぎ《ブライアー・ホッパー》」への既存の偏見を焚きつけるばかりだろう（術語についてはオーダムの調査回答者による新分類《ノーメンクラトゥーラ》を想起されたい）。シンディケーティド・コラムニスト*、ポール・ハーヴィーが1968年にシカゴのプア・ホワイト事情を記す中、実際的な連想へと読者を導いている。「テレビの中のビヴァリー・ヒルビリーまがいの連中が、何百万ドルという銀行預金を持たないまま本当に大都市へと越して来たらどうなるだろう」**[13]。

つまり以上の三つ揃いのシットコムは、現代アメリカが真の坩堝《るつぼ》を創り損ねたのではないかという疑念に付け入ったのである——田舎の暮らしと都会の暮らしとの、そして富者と貧者との文化的差異は計り知れなかった。ドン・ノッツ演じるどたばたをやらかす登場人物でアンディ保安官とは従兄弟同士になる〝ドジな奴〟バーニー・ファイフにしても、1830年代刊の『デイヴィ・クロケットの暦書』に表された唐黍齧り《コーンクラッカー》以上に大都市向けではなく、哀れな兵卒ゴーマーもまた練兵係軍曹の容赦ないしごきにもかかわらず軍のしきたりに順応できない。海兵隊にははまらず、ホワイトカラーが協働するアメリカにあってははみ出し者、それが彼だった。そしてクランペット一家は。ハリウッドのど真ん中に邸宅を買ったはいいが、社会の階段を一段たりとものぼっていない。アメリカ中流階級のあて振りさえ、彼らはしようとしなかったのである。

『ビヴァリー・ヒルビリーズ』を観る楽しみは、「大半のアメリカ人が極端に階級を意識している」事実と地続きなのだ。1963年、『ロサンゼルス・タイムズ』*Los Angeles Times* のハル・ハンフリーがそう意見した。低劣なクランペット一家に対抗する金儲けしか頭にない銀行家ミルバーン・ドライスデイル、彼の「上昇志向の妻君」、そして息子（男らしさに疑問のある若造）の「へま」。筋運びはどうあれ、これらが各挿話の落としどころ

*——全米の地方媒体に一斉配信される原稿を書く著名コラムニストを指す。

**——クランペット一家は石油成金で、莫大な財産とともに僻地から移住している。

だ。「見るからに（……）劣等な」十把ひとからげの「ぼろを着た山育ち」が同じだけ取るに足りない「お偉方」の裏をかくのを「名なしの誰か《ジョー・ドークス》」、つまり平々凡々とした視聴者がわざわざ眺めている、とハンフリーは見立てた。要は「がさつ者《スロッブ》」と「気取り屋《スノッブ》」の競合だ。評者なりの推量によれば、番組作者は階級間紛争を笑いで擬装する定式を見出したのである。記事は冗談めかしてこう締め括られた。この階級叩きのテレビシリーズは「グルーチョ・マルクスの階級闘争理論でひと稼ぎしたのだ――いや、あれはカール・マルクスだったか？」[14]

✺

昔ながらの境界観や偏見の多くが社会の大変動に直面して転向するにつれ、アメリカ人は相変わらずだった自らの強い階級意識を否定し、社会的成層*というものが、相関する公民権運動と1950年代60年代の文化戦争との〝染み〟とされるようになる。そして、郊外に家庭を構えることがアメリカン・ドリームを象徴するようになったそのとき、住宅供給の選択肢として何にも増して胡乱な目を向けられたのが他でもない移動住宅区画《トレイラーパーク》である。隔離は、こうして人種ばかりに留まらない問題となった。土地区画法が住宅供給を階級表現の地理学と不可分にしてしまうことは、免れようがない。中流階級向けに区画された〝素敵な郊外〟にある、労働者階級のたむろするボーリング場と食堂《ダイナー》、「ホワイト・トラッシュ」の居つくトレイラーパークのスラム。そのどれもが白人だらけの隣人同士が集う裏庭のバーベキュー・パーティと、はなはだしい明暗の対比をつくり出していた。ジョンソン大統領による「偉大な社会」の助成事業の対象が、都会のゲットーとそしてアパラチア地域のくたびれた白人区の双方だったことを忘れてはいけない。ヴェトナムの事変はいまだ〝リヴィングルーム戦争〟の異名を取っているが、アメリカ人は1957年、同じ白黒テレビで、怒りに駆られたプア・ホワイトがリトルロック・セントラル高校の門をくぐろうとする上品な黒人生徒に罵りの叫び声を浴びせる人種・階級戦争まで眺めているのだ。

こうした背景のもと、1950年代に大人の仲間入りをした世代にとっての諸々のシンボルになった貧しい

*―― social stratification。財産や地位といった属性による、社会構成員の相対的区分。

カントリー・ボーイ、エルヴィスは、アフリカ系アメリカ人の音楽を漂白し、保守的なセックスの習律《モーレス》に挑戦する一方で、『ビヴァリー・ヒルビリーズ』の物語の大枠に密接した社会的アイデンティティを維持していた。富と名声の境地に突如として躍り出た、白人分益小作人の息子の登場である。両親とともに暮らそうとメンフィス外れの邸宅グレイスランドを購入した彼は、最愛の母のためにピンクのキャデラックを手に入れ、屋敷を彼女が心から楽しめる家庭にするべく裏庭に鶏小屋を建てた《15》。

エルヴィスがグレイスランドの「大地主」に収まった頃、中流出のアメリカ人は、気づくと郊外様式の利点を自ら喧伝するようになっていた。拡大する住宅供給市場を、冷戦外交の遂行における強力な武器と見なしていた副大統領リチャード・ニクソンも、そうしたひとりである。1959年、世界の2大超大国が文化交流を共同し、ソヴィエトがスプートニクと宇宙探査に関する展覧会を準備してニューヨーク市で公開すれば、対するアメリカは国家の威信を示す現世的な徽章《エンブレム》として典型的な農場様式の住宅を選び、ロシア大衆を啓発しようとソコリニキ公園で展示を行った*《16》。

モスクワの開会式での演説の中、ニクソンは次の発言を行う。持ち家で暮らす3100万世帯、そして5600万台の車を運転する4400万人と自前のテレビを観る5000万人の市民を、わが国は備蓄している。この副大統領は日和見主義者として動くに如《し》くとばかりにあるときはマディソン通りの広告業者よろしく、またあるときは新興の中流階級の預言者かと見紛うほどに様々な立場に身を置きわが身の最善を尽くしたが、ともかくも浅慮な物質主義の代理人になることははっきりと控えていた。アメリカが達成した真の偉業は、と公言して曰く、「世界最大の資本主義国」が「無階級社会における全員の繁栄という理想に最も近づいた」ことにあるのだ。この謂いはまさに本音であり、彼にとっての合衆国は〝豊穣の国〟以上になっていた。それ自体の集合的精髄の裡《うち》にある〝民主性〟はすでに一種のユートピアの域に達し、資本主義が史上初めて富や資源の独占へと向かう強欲の機関《エンジン》ではなくなった。1950年代の自由企業は、とりわけ住宅所有を通じて階級間に引かれた

＊―――ソヴィエト博覧会とアメリカ産業博覧会。

線を消してのける魔法の霊液《エリクサー》なのだ。少なくとも彼はそうした理解を欲していた《17》。

申し分のない郊外住まいの一家として、ニクソンは自らの家庭を売り込んだ。モスクワ入りが迫る頃合いに、各紙の一面を飾るよう家族でディズニーランドを訪れたのである。1960年の大統領選中、ジョン・F・ケネディと当落を競っていたそのときに、アメリカン・ドリームそのものとして彼を（そして自分自身を）持ち上げた妻パット・ニクソンは、夫が就任を勝ち取るだろうと予想しながら記者にこう語った。「つましい境遇にある人が一所懸命に努力することで階段をのぼり、見合うものを獲得できる」戦後世代の約束の地の実現、それがわたしたちの成功なのです。もしわたしがファーストレディになれたなら、と彼女は続ける。ホワイトハウス入りする初の「職業婦人《ファースト・ワーキング・ガール》」になるのではないかしら。共和党の調査担当が、郊外暮らしの理想の主婦としてパットを盛り立てるワッペン、旗、小冊子、櫛、装身具、様々なバッジなどのキャンペーン用品を山ほどつくって彼女を積極的に活用すれば、集票担当のほうは敷居を高くした郊外のショッピングセンターに「名入りの車《パットモービル》」や「冠名の行進《パット・パレード》」を使って突撃した。「フランス製仕立て服《クチュール》」で着飾った若く見惚れるようなジャクリーン・ブーヴィエ・ケネディとは違うパット・ニクソンは、棚吊るしの服を、しかも簡単にたためるものを手に取り選んだ《18》。

ニクソン夫妻が出会い、結婚したのは、南カリフォルニアのウィッティアである。そこは1946年から1970年にかけて劇的な変化を遂げたサンベルト*の一区で、何百万人というアメリカ人が住宅を新規購入するにつれ、郊外の飛び地がロサンゼルス、フェニックス、ヒューストン、マイアミその他を取り巻く各大都市圏に形成されていった。この時代に最も大当たりを取った住宅用造成地は、ニューヨーク市周縁に開発されたレヴィットタウンだろう。ロングアイランドの当該地に1万7400戸の住宅を建て8万2000人の住民を誘致する、という大望が収めた〝総取りの成功〟は、レヴィット兄弟をペンシルヴェニア州バックス郡とニュージャージー州ウィリングボロにおけるふたつの広大な分譲地、つまり第2、第3のレヴィットタウン建設へと駆り立てていく。腕利きの興業者であるレヴィット兄弟の仕掛けは住宅建設の域を超え、エリザベス朝イングランドを生

＊———カリフォルニアやネヴァダの南半分などの西部諸州からテキサスや深南部諸州までの15州にまたがる、北緯37度以南の“日照”に恵まれた温暖地域。

きた最早期の先覚者リチャード・ハクルートさながら、後背地での自立型居住地をしつらえるに及んだのである。兄弟は郊外を中流消費者向けの在所と想定して娯楽施設を併設、野球場、自転車道、遊泳場の他、ショッピングセンターを建てる商業区も完備させた[19]。

レヴィット兄弟のシステムの要は、低価格な住宅供給ばかりでなく同質の人口――彼らの言う「安定化された」近隣関係――にあった。つまるところ人種と階級の同質性ということで、この配慮が所有者に黒人家族への自宅売却を禁じる「不作為約款」導入の裏づけとなっている。最初の大規模計画がヴァージニア州ノーフォークの戦時労働者向け白人専用施設とあって、兄弟は南部の何たるかを知っていたわけだ。ともあれ彼らは、半ば田舎の地域に〝郊外〟を建設することによって次のことに気づいた。土地の価値は商工業に左右されず、孤絶した在所にある場合の価値は占有者の属する階級の度合いに関わってくる。ここに家を買おうというからには、定収入のある一家の稼ぎ手の男性――新興の１９５０年代型中流階級の定番――でいなければならない[20]。

レヴィットタウンは人呼んで「田園コミュニティ」でもあったが、とはいえこの定型住宅からなる新様式が田舎の空間になじんでいたとは言い難い。その一方、１９５０年代には郊外の牧歌的なイメージがあらゆるベッドルーム・コミュニティに適用されていた。庭の手入れをする主婦、そしてバーベキュー台で肉を焼く夫が大衆誌を飾る。だがしかし、これはジェファーソン信奉者による理想の非現実的な焼き直しであり、この郊外居住者はいわば新しい「裏庭の独立自営農階級《ヨーマンリー》」なのだ。ジェファーソン信奉者は都会周縁の生産力を必要としていたのであり、新郊外が若い家族の高い出産率によって「産みの土地」といった機微も何もないふたつ名を得ているとあればなおさらである。だが実際、多くの批評家からすれば、均一な家とこざっぱりした芝生などは――真の民主主義の徳性とは著しくかけ離れた――うわべだけのシンボルでしかなかった[21]。

つまり、階級差別は取り除くどころではなく、郊外が〝階級意識の要塞〟の様相を呈していったのである。土地区画絡みの法令が、害をもたらす下層階級を締め出すべく１棟１世帯を強調しながら１区の規模を定め、アパートの建設を規制した。たとえばニュージャージー州マーワーでは、地元自治体がフォード工場を誘致しておきながら、そこで働く低収入者を他所に住まわせようという明白な意図のもと、１エーカー（約４０００平方メートル）の土地に2万ドル前後の住宅建設を定めた条例を通過させている。ニューヨーク州ウェストチェスター郡の教育委員会などは、イタリア系や黒人といった下層階級の家族の住む低所得者地区の学校を無為のままに放っておきながら、裕福な近隣地区に豪華な学校を建てることには諸手を挙げて賛成している。連邦住宅局（ＦＨＡ）によるロサンゼルス郊外の査定は、趣味の庭いじりに精を出す地区が高評価、裏庭で野菜や食用の家畜を育てるプア・ホワイト地区は低評価、というように階級間に引かれた線に沿って行われた。エルヴィスの母の鶏小屋もまた、難色を示されること請け合いである〈22〉。

　連邦政府はこのように、そして他の道筋も通りながら、郊外という新たなフロンティアの成長を担保していった。抵当権を設定した住宅所有者には税制が魅力的な控除を約束し、信頼に足る退役軍人や定職の持ち主の抵当を引き受けた銀行には利益の上がるよう政府が配慮したのである。そして１９４４年、ＧＩ法案という名称がむしろ一般的な復員軍人援護法のもと、元兵士の抵当権に関わる助成事業を監督する退役軍人管理局（ＶＡ）が創設され、ＦＨＡとともに寛大な条件を提示しようと立ち働いた。典型的な退役軍人の抵当の90％を米国政府《アンクル・サム》が保証すれば、貸し主は金利と毎月の返済額を低く抑えられる。住宅購入を考える人々がレヴィットタウンに列をなした際も、建設会社はこうした路線に沿って、まず退役軍人を優先した。このような引き立てにより、「望ましい」白人にとってはアパートを借りるより家を買うほうが安上がりになったのである。ただしこのシステムは、万民の引き上げというよりすでに中流階級にいるか一定収入のある勤労者家庭を贔屓にしがちではあったのだが〈23〉。

　郊外の分譲地は常に人を宗教、民族、人種、そして階級で仕分けし、「同類」とともに生きることを買い手に促した。著名な建築評論家ルイス・マンフォードがレヴィットタウンを「単階級コミュニティ」だと述べれば、

1959年にはベストセラー作家でジャーナリストのヴァンス・パッカードもまた郊外の濾過作用の過程を「同じ羽毛の鳥が群れている」＊と約《つづ》めている。たびたび吟味してきたが、階級アイデンティティを慣用的に差別化しようというそのとき、動物の血統の、そしてその「種族」の普遍的な重要性がアメリカ人の口を衝くことに変わりはないのである[24]。

1951年、レヴィット兄弟が第2次開発をペンシルヴェニア州バックス郡で始めたのは、USスティール社がこの地区でのフェアレス製鉄所建設を決定してからだった。それに引かされたのが、鉄鋼労働者はもちろん建設労働者からなるトレイラーキャンプを敷設するコミュニティである。ふたつの労働者階級コミュニティはほぼ区別がつかず――世帯は安定し、子供の数も同じくらいだった。レヴィットタウンの住民《レヴィッタウナーズ》は各々のコミュニティを「中流階級の成果のシンボル」ととらえていたものの、それでもなおこのキャンプ民には「移動住宅住まいのクズ《トレイラー・トラッシュ》」trailer trashというラベルが貼られ、地元当局者もトレイラー暮らしの一家を放逐しようと条例を早急に通過させた。先行住民は、この者どもなど「可及的速やかに一掃」されるべきだと言い立てながら、「渡りの者」と不快がましく腐する。トレイラーで暮らす少数民に異を唱えたある意見は、聞き飽きた響きを帯びるだろう――〝資産価値の維持〟である。建設労働者がクズ《トラッシュ》とされるのは、本来的《ペル・セ》に階級という背景ゆえではなくトレイラー住まいゆえのことだ。汚名《スティグマ》は、車輪つきの家で運ばれるのである[25]。

＊

アメリカの文化的想像力において確たるとは言えないにせよ重要な位置を占める〝移動式の家《モービル・ホーム》〟トレイラーは、一方で鎖を解かれた自由のシンボルを表しながら、狭く安っぽいかぎられた生活様式、「ブリキ缶」という世評を同時に得ていた。まずは暮らしてみればいい。文字通り根なし草になり、プライヴァシーも消滅する。近隣住民の目、そして耳。最悪の場合、こうした場所は解放の暗黒面へと連なっていく。常軌を逸したディストピアの

＊――― birds of a feather flocking。〝類は友を呼ぶ〟という意の慣用表現。

荒地は、大都市の縁《へり》に置かれるものなのだ。

トレイラーは１９３０年代から物議をかもしてきた。公道を走る滑らかな流線型のカプセルは別として、このがたがたの箱は目障りに思われがちだ。終《つい》の棲処になったとたん、たいていが町のゴミ捨て場に建つスラムを連想させる。ものとしてのトレイラーは現代と反現代、洗練と非洗練、解放と窒息を示す何かだ。気怠いながらも安全な中流アメリカ人の郊外にそぐわないトレイラーパークが迎えるのは、のぼりならぬ見るからに下り坂の庶民である。退職者、渡り労働者、厄介な貧者。これは今も変わらない。

第２次大戦に先駆けるトレイラーの第1世代は、狩猟や釣りの旅でわざわざ使おうと裏庭で急造りした奇妙な仕掛けだった。道路を駆け回るようになったのが１９３０年代、オーキーズがおんぼろのそれに乗り66号線を走ったその頃で、あるジャーナリストが「奇怪なもの」、車輪つきの小屋と呼んでいる。だが、戦争によって事態は一変する。深刻な住宅不足に直面した連邦政府が兵士や水兵、はたまた銃後を守る者のためにトレイラーを買い上げ、鳴り物入りで供されたのが何と3万５０００台、軍事や防衛の施設がそこかしこにあったためトレイラーの町がメインからミシガン、そしてテキサスへと至る思いがけない場所に突如現れた。コネティカット州ハートフォードなどの「トレイラー村落」に住む銃後の者は、開拓者やジプシーにも容易くなぞらえられた[26]。防衛の要地に形成されたトレイラーキャンプの最も見るべき記録が、『ワシントン・ポスト』*Washington Post* の辣腕記者アグネス・マイヤーから発信されている。「国内戦線の従軍記者」を自称する彼女の急報はまとめられ、『混沌《ケイオス》を旅して』*Journey Through Chaos* と題する一冊として刊行された。育ちのよいアメリカ人女性が「無秩序《ケイオス》」を間近で見るなど滅相もないことで、あまつさえ家族は年若の女性に高等教育などふさわしくないとさえ考えていたものだが、マイヤーはバーナード・カレッジ*を卒業、パリ大学《ソルボンヌ》で研究を続けて中国絵画についての研究書を出版し、その後『ニューヨーク・サン』*New York Sun* に採用された初の女性となっている。大転機となったのは結婚で、相手は低迷していた『ワシントン・ポスト』の買収を決めた大富豪だった。娘キャサリン・マイ

＊———第８章、原註《37》の段落の訳註でも触れた“セヴン・シスターズ”の一校。

ヤー・グレアムもまた、長じて家族の所有する新聞社で他の誰よりも影響力を振るう編集者になる[27]。

1943年、アグネス・マイヤーは27の戦争の要地を訪ね歩く実態調査を行った。バッファローからデトロイト、遥かワシントン州ピュージェット湾から南下してカリフォルニアへ、そしてテキサス、ルイジアナ、ミシシッピ、フロリダと東に戻る道すがら、目にした人々の詳細を余すところなく書き綴ったのである。驚くことではないが、最も不穏な出会いの現場はやはり深南部で、彼女が光をあてたのは、ミシシッピ州パスカグーラやアラバマ州モビールの一面に並んだテント、トレイラー、荒れ果てた小屋だった。「田舎の一帯が軽んじられている様」を嘆き、そこを引き払っていくホワイト・トラッシュを、哀れで、ぼろぼろで、教養も栄養も不十分な人々と呼んだのである。法への怖れを脱して正式な住宅供給に向けての助成事業のさなかに身を置くことを、彼らはかねがね拒んできた――だがその大半が、とマイヤーは確信して言う。そもそも「まともなコミュニティの一員としての束縛」を恐れているのだ。生活状況、心身の健康、希望の欠落に気圧された彼女は、いぶかしげに問う。「これが、アメリカなのだろうか？」[28]

パスカグーラへと労働者がやって来るのも造船所があればこそで、5000人もの新参者とその家族がこのメキシコ湾岸の小さな町にひしめき合うようになると、すぐさま地元住民の間で恐慌が巻き起こった。労働者は多くが僻地の出でそのトレイラーときたら不衛生そのもの、マイヤーの出会った51歳の男性は80歳にしか見えない――1840年代であれば同様の者を泥食らい《クレイ＝イーター》と同定したところで、これは明らかな先祖返りである。町民は口々に告発する。奴らは「害虫」だ。うんざりする女性記者に、造船所の所長がこう話しかけた。連中を引き上げてやらないことには「国の残りが引きずり下ろされてしまう」。次に訪れたモビールでは、庶出子の高率のいっそうの上昇と乳児の闇取引市場の存在を小耳に挟んだ。フロリダに着く頃までに気づいたことがある。一見ハンサムなプア・ホワイトも、微笑んで虫歯がぞろりとむき出しになったとたん奇妙な顔つきになるのだ。それでもミシシッピやアラバマで出くわしていた「知性に劣る沼の衆や山の衆」よりはぞっとしなかったのだが[29]。

㊳———スクワッター、ことトレイラー・トラッシュ。この〝移動式の家（モービル・ホーム）〟の写真に付された説明文には、アリゾナ州ウィンケルマンの「スクワッターたち」とある（1950、アリゾナ州立図書館所蔵）。

「トレイラー・トラッシュ」の基調はこのように戦中南部のキャンプで定まったわけだが、その呼称が地産種の俗名ならぬ分類名となったのは戦後である。ピッツバーグやミシガン州フリントの周縁ばかりか、ノースカロライナなどの南部上方州各地にも〝彼ら〟は姿を現した。遠くアリゾナにもいた〝彼ら〟は、雑木林の中、前庭の屋外便所も一緒に収まった写真記事で「不法居住者《スクワッター》」の異名も取っている。ともあれ追われ、貧しくなれば、その者はもうホワイト・トラッシュなのだ[30]。

トレイラーの悪評を受けた製造業者は、イメージを一新させようとキャンペーンを打つ。１９４７年までには製品名に〝客車〟という言葉を加えて「トレイラー・コーチ」とし、「女性顧客に訴求」するべくより魅力的でより使いやすい内装を強調したのである。意を決した業界団体は、一方で〝トレイラー「区画／公園《パーク》」〟の改善も推進する——イメージとしてはよく手入れされた家族向け緑地の召喚であり、第2次大戦中のいかにも間に合わせという難民絡みの〝トレイラー「収容所《キャンプ》」〟は破棄されなければならない。要は移動式の家をいっそう身近にするため、家庭的なこしらえが必須だったということだ。機敏に世情を察した宣伝担当者は、トレイラーを郊外のミニチュア版「車輪つきバンガロー」として蘇生させようと懸命に働き、アメリカ人の語彙から「トレイラー・トラッシュ」を削除できるとあればどんな努力も惜しまなかった[31]。

そうしてわかったことはこうだ。トレイラーが定型住宅に肩を並べるのは難しい。何しろ潜在的な購買層が経済的に不利な立場に置かれているのだから。ＦＨＡは１９７１年になるまで移動式の家の抵当権保証を棚上げにしており、そのためトレイラーがいっそう求めやすくなったとしても所有者は隠れた出費や損失に直面してしまうのである。トレイラーパークは、最も望ましくない運命、つまり、よりよくより素晴らしい保護居住区とは気の毒なほどかけ離れた境遇へと追いやられた。郊外様式の中で暮らす若い夫婦にとって他に優るふたつながらのわかりやすい魅力となる子供やペットは管理方から禁じられ、増設地の区域は狭く、芝生もわずか——それもあるだけましなのである。日々の厳しいやりくりゆえの恨み言を漏らし、商業の成長にまったくと言っていいほど貢献せず、固定資産税も納めそびれるとあって、多くの市や郡では、恩給生活者さえ優遇が受けづらくなっていった[32]。

郊外の理想と路上暮らしのずれをうまくとらえたハリウッド作品が、ルシル・ボール、デシ・アーナズ主演による1954年のおふざけ映画『ロング・ロング・トレイラー』*The Long Long Trailer* である。災難に次ぐ災難に見舞われながらこの夫婦が身をもって示すのは——夫の大切なゴルフ・クラブをしまう十分な空きが見るからにないことは言わずもがな——セックス・ライフをことさらとするたいていのプライヴァシーが移動式の家では蝕まれるということで、この住居問題をこれ以上ないほどに面食らう出来事へと仕立てた次のようなシーンもある。車幅10フィート（約3メートル）のトレイラーが、親戚の丹精する薔薇の茂みを圧しつぶし、囲いを壊し、そもそもが古風で趣味のいい近隣地区の素敵な家として建てられていたものを台なしにするのだ。危険で不快な——そして郊外の夢のような風景にはそぐわない——代物として、トレイラーは演出されたのである[33]。

こうしたトレイラー生活が次第に知られていくにつれ、反発もまた大きくなった。1950年代後半には移動式の家の生産数がプレハブ住宅を抜いたが、自治体の評価は依然低いままである。そして1962年、ニュージャージーで見逃せない訴訟事件が起きた。ある田舎の郡区《タウンシップ》の行政区域内で、トレイラーパークの禁止を可能にするという過半数評決が下ったのだ。判事はなお異議をしたため、この判決が孕む危険性を暴いた。彼は言う。「公共の福祉」の保護という紛らわしい術語のもとで差別待遇が看過され、その過程で「トレイラー居住者」が人間の一階級にされてしまった。少なくともこのひとりの法学者からすれば、累代の社会的偏見が移動式の家の持ち主を「足任せの遊動民」、「移住性の困窮者」の群れに約《つづ》めてしまったのである[34]。

小売業者や不動産仲介業者は、なおもまた大衆の認識を変えるべく努めた。移動式の家を置く区画の質が事実上統制できないのが一般論であるならば、と高所得者向け製品の導入を決め、より高級な〝移動式の家コミュニティ〟を顧客に提案する方向に舵を切ったのである。5つ星の住まいとゴミのように薄汚れたトレイラー・スラムとを分離するため、高所得者向け敷地のブランドは「リゾート」へと改められ、「トレイラーパーク」は禁句になった。ここで最高級トレイラーが集う行楽地の出資者にして宣伝担当の牽引者となったのがアライグマ帽を脱ぎ捨て不動産仲介業者の上着を羽織った俳優フェス・パーカーで、新しい階級向けの新しい標語を鋳造しつつ誇らかにこう謳ったものである。「屈託ない生活を」。儲けにつながる〝お得意さま〟の気を惹こうと本気を出したサンベルトの相場師の手にかかれば、トレイラー生活は贅沢なホテルに匹敵するものをもたらすはずだ。サンタバーバラにあるフェス・パーカーのリゾートは、海沿いの絶景、ゴルフ場、株価表示機のテープまで提供した[35]。

デイヴィ・クロケットの〝野生の呼び声〟*もまだなお健在だったのだろう。30年の抵当権からの自由を明言することによって、トレイラー生活にまつわるかつての公道における気まぐれな嘆きは更新された。1957年の『トレイラー・トピックス』*Trailer Topics* のある寄稿者などは、遊び人をモチーフにはめ込みながらこう請け合っている。「しばりつけられた郊外暮らし」の骨休めがきっと堪能できる。（〝物語〟には蠱惑《こわく》の笑みを浮かべながらトレイラーの長椅子に座る、セクシーな金髪の写真まで添えて）。競合他社もまた負けじと「芝生、中庭、水回りの手入れ」に興じるような型通りでうんざりする郊外の日常からの自由を居住者に約束した[36]。

そして、「ニクソン膝元の端緒」と呼ばれる大統領リチャードの生誕地カリフォルニア州ヨーバリンダに、注目すべきトレイラー・コミュニティが建てられた（「ニクソンの膝元」というからには、共和党保守で階級意識が高いことになる）。そのレイクパークは人造湖、遊泳場、美化された緑地、ゆったりとした曲線を描く街路を

*――――ジャック・ロンドンに同名小説（深町眞理子訳、光文社古典新訳文庫）がある。

完備した「会員制社交場《カントリークラブ》」型の暮らしぶりを提供するのだ。『ニューヨーク・タイムズ』の記者からすれば「ミニチュア化された郊外様式」である。ロサンゼルスから来たふたりの開発業者は、建設許可を求めて3年間オレンジ郡内の役所回りをしたものの再三再四と却下されたため、ヨーバリンダの当局者には既存民の階級意識を侵害する意図のないことを納得させようと、環境の美観に特化し、かつ各区画に追加発生する保守経費が入居者によって支払われることを謳った「私営クラブ」として将来のコミュニティを練り直した。しかしそれでも十分ではないという。開発業者は最後のひと押しを付け足した。複合体をぐるりと取り囲む高さ5フィート（約1・5メートル）の壁である。ひとりの行政官が私見を述べる。「誰がそこにいるのかわかったものじゃない」。するとある地元民が臆面もなくこう譲歩した。「ではその人たちを〝壁の中の人〟としよう。こちらは〝塀の外の人〟で」。階級の成層というあからさまな信念のシンボルとして、壁の建設以上にふさわしいものがあるだろうか？〈37〉

もっとも、ヨーバリンダのトレイラー・コミュニティが典型的な概略に当てはまるとは言い難い。多くがより小規模になることはもちろんで、そうした低劣なトレイラーパークがアメリカ地図に点在していたのである。1963年に移動式の家を所有していたホワイトカラーの勤め人は全体の13％にすぎず、大半が南部地域人となる田舎出の者が圧倒的な率を占めてより貧相なトレイラーパークで暮らしていた。新品のトレイラーを買う余裕のない家族は、値下げ品を買うか借りるかということになる――つまり、前にひとりの持ち主か、場合によりふたりの持ち主を経た中古トレイラーだ。こうして、新たな中古市場ができあがる。それは、ふたりの社会学者の煽り文句によると、サンベルトや中西部やその他の諸都市周辺に突如としてその姿を現した「ヒルビリー天国」だった。ハイウェイ沿い、そして往々にして鉄道線路のそばにばら撒かれた荒れ果てたトレイラーパークは、廃品置き場とほとんど見分けがつかない。トレイラー・トラッシュは、アメリカの不可触民になっていた〈38〉。

さらに悪いことに、貧しい労働者階級のトレイラー・コミュニティは〝不正の巣窟〟と信じられていた。その非難は実に第2次大戦当時の、渡りの売春婦が車輪つきの娼館で経巡る「国防センター」にまで遡る。1950

年代頃、その名も『トレイラーの流れ者』*Trailer Tramp* や『トレイラーパーク・ガールズ』*The Trailer Park Girls* といった三文小説《パルプ・フィクション》が、行きずりのセクシャルな逢瀬や覗き趣味の物語を描いていた。当時の語法で言えば、トレイラーに乗った流れ者の女が「町から町へと――男から男へと――渡り歩く」のである。他に挙げられる『クラッカー・ガール』*Cracker Girl*（1953）などの架空譚は、読者のつぼを刺激するソフト・ポルノの赤本《パルプ》で、線路を突っ切りあけすけなセックスにありつくスリルによって木戸銭を得た。流れ者とトレイラーの遊動生活は、ドラッグやギャンブル同様、町外れの社会の無秩序を映し出していたのである[39]。

移動式の家の心象は、貧者によって支配されていた。1969年、製品の出荷総数の内40％がアパラチア地域13州*へと納入されており、しかも当然のことながら最も廉価なモデル（5000ドル未満）は山間部向けだったのである。1971年、ニューヨーク市初となるトレイラーパークの設置が承認されたのは、トレイラーを用いたホームレスへの住宅供給政策への支持を市長ジョン・リンゼイが取りつけた上でのことで、つまるところ彼らは品のないあのバワリーのごくつぶしなどではなく、都会の再編の果てに追い立てられた人々ということになるのだ――だがどうしたことかこの解決策は、彼らを非都会型設備へと詰め込もうとしていた。そう、アパラチアからビッグ・アップルへ、である。経済的安定に欠け概ね政治的影響力を持たない彼らは、トレイラーパークに最もふさわしい候補者と見なされていたのだ[40]。

格安な土地、コンクリートと泥の小区画、そして廃品置き場まがいのトレイラー――つまりスクワッターの掘建て小屋の更新版――が、ホワイト・トラッシュのアイデンティティを計る物差しとなった。階級が、土地区画や住宅供給、学校助成金を通じて、ほとんどの居住区の風景に色濃く刷り込まれたのである。田舎の南部人が職を求めて大都市圏へと移転するにつれ、階級の種族組織の新種がその姿を現す。プア・ホワイトは縮小していく領《なわばり》をめぐって争い、居住空間における階級間紛争が演じられた。次項では、ヘイゼル・ブライアンと結晶化した現代メディアの狂騒を吟味する[41]。

*――概ね北西から順に①ニューヨーク、②ペンシルヴェニア、③オハイオ、④ウェストヴァージニア、⑤メリーランド、⑥ヴァージニア、⑦ケンタッキー、⑧テネシー、⑨ノースカロライナ、⑩サウスカロライナ、⑪ミシシッピ、⑫アラバマ、⑬ジョージア。

１９５７年は、社会実験と意識高揚の見逃せない年だった。オーヴァル・フォーバス知事がセントラル高校での人種差別待遇廃止に反意を唱えたそのとき、アーカンソー州リトルロックが国内的にも国際的にも注目を一身に集めたのである。* ９月14日、15歳の黒人女生徒エリザベス・エックフォードが、校舎に入ろうと試みたもののあえなく地元州兵に遮られた。教室棟の外には記者連が集まっており、『アーカンソー・デモクラット』*Arkansas Democrat* のウィル・カウンツと『アーカンソー・ガゼット』*Arkansas Gazette* のジョニー・ジェンキンズなどもどれほど忘れ難い日だったかという論調で口を揃えている。たったひとりの女子生徒が、怒りに満ちた群衆の前を冷静に歩く。両記事に付されたほぼ同じ構図の写真は、対立の中で定義される階級と人種の道筋を明確にとらえているようだ。どちらの報道写真家も、エックフォードと、その背後から顔を歪ませて罵りの叫び声を上げる無名の白人少女にレンズの焦点を合わせていた。エックフォードは、落ち着いて見える。しとやかな身なりに真剣な面持ち。一方の白人の反対者は、身だしなみを整えてはいるものの体の線が出すぎており、威嚇的に口を開けながら前に乗り出すその様が、衆知の〝ホワイト・トラッシュ・タイプ〟のぞんざいな薄情さを放っている。撮影者の記録意図は、まさにこの明暗の対比にあった《42》。

写真に収められた不可解な白人少女はヘイゼル・ブライアンで、翌年には16歳で高校を中途退学して結婚、その後トレイラーに住むことになる。だが問題は、15歳のときの彼女が何者だったか、だ。ホワイト・トラッシュの顔つき。無学。無反省。先天的な冷酷さ。できることはただひとつ、生まれついてのみじめな生の複製である。

第２次大戦後、リトルロックに殺到したプア・ホワイトの中に、ヘイゼルとその家族の姿もあった。父親は戦傷を負った退役軍人とあって働くことができず、母親がウェスティングハウス社の工場で職を得ている。１９５１年に小さな田舎町レッドフィールドを後にしたとき、ヘイゼルは10歳。母親の結婚は14歳で、その倍

＊———人種共学に反対する白人知事が情報操作によって州兵を出動させ、着手校として選ばれたセントラル高校に登校しようとする黒人学生９人を排除した。この光景はテレビ中継によって大きく取り上げられ、第34代大統領ドワイト・アイゼンハワー（1890–1969、任期：1953–1961）と合衆国軍が登校を助けるべく介入する大事件となる。

㊴———"ホワイト・トラッシュの見苦しい表情"を浮かべるヘイゼル・ブライアン（カウンツ撮影、1957年9月4日、インディアナ大学所蔵）。

の年齢のヘイゼルの父親は当時サーカス一座に所属していた。ふたりとも高校は出ていない。かつて暮らしたレッドフィールドの家は屋内に水回りがなく、手洗いも外だった。町場への引っ越しによって、ブライアン一家はそれまで享受したことのない基本的な生活設備を授かったことになる。購入した家は州都リトルロックの南東地域にあり、近隣者は全員白人の労働者階級だった〈43〉。

写真が公開された後、ヘイゼル・ブライアンが再び姿を現す。学校の外で待ち構える記者に向かって「白人にも権利があるはずよ」と語る彼女は、もし黒人生徒がセントラル高校への入学を許されるなら、と挑発的にこう宣言する。わたしは辞めるわ。継親《ままおや》さながらの今の故郷の社会ヒエラルキーが、隔離というシステムを要に労働者階級の白人を評価認識している。それを彼女は知り抜いていた。曖昧な人種の境界は、自分のような人間をよりいっそう引きずり下ろすだろう。ヘイゼルが父親に叩かれていたことは誰でも知っており、情緒も不安定で、どう贔屓目に見ても「優等生」の内に入らない、とセントラル高校の校長は語った。問題を抱えた少女――誰かに言わせれば〝悪種〟――である彼女は、異様な振る舞いによって自らの不審な出身階級を追認させてしまったのである[44]。

『ニューヨーク・タイムズ』のベンジャミン・ファインは、ヘイゼル・ブライアンをエルヴィス・プレスリーのコンサートに集って狂乱する少女のひとりになぞらえた（セントラル高校の取材を行った記者の中には、生徒らを煽って路上でロックンロールを踊らせた者までいる）。同校が黒人生徒を招き入れようとするさなか、ある生徒がポール・リヴィア*ばりに廊下を走って叫んだ。「ニガーが来るぞ」。校外にいた親は、わが子に逃げるよう叫び、少女の集団は窓辺に立ちすくんで金切り声を上げた。教師の指示のもと大半の生徒が順々に校舎から出たが、ヘイゼルの親友サミー・ディーン・パーカーを含む数人は〝2階の窓から飛び降りた〟と爾後主張している[45]。

リトルロックには、黒人向けのホラス・マン高校と、市内西部にある富裕家庭を対象にしたR・C・ホール高校（別名「キャデラック高校」）というふたつの高校が新設されていた。主層を労働者階級家庭とするセントラル高校だけが、1920年代の創立である。それが新設校でもないというのに、人種差別待遇廃止に向けた白羽の矢を立てられようとは。反廃止勢力の最右翼となる首都市民会議のアーミス・ガスリッジが、次のように所信を述べてプア・ホワイトの激しい敵意を故意に煽り立てた。恵まれ、裕福な者は、「いわゆる赤頸《レッドネック》の暮らす管区においてこそ、ひたすら人種混交が行われていく」と見なしつつあるだろう。「レッドネック」。この術語がある含みを帯びることなど重々承知の上である。町の白人労働者階級に、教育委員会のエリートが自分たちを見下している、とひとつ気づかせてやろう。それが彼の腹づもりだった[46]。

アーカンソー州知事オーヴァル・フォーバスもまた、階級間の断絶を開拓していた。「キャデラックの連中」とは距離を置き、自らを上流階級の傲慢の犠牲者に仕立て上げたのである。国内メディアは、オザーク高原を流

＊―――南北戦争期の愛国者で、レキシントンの入植者に急を告げようと夜通し馬を飛ばし、イギリス軍の進撃を叫んだとされる。

れるグリーシーの小川からやって来た「ヒルビリー」としての彼を描き出す。フォーバスが「ミルクを顎に垂らして」訪問客を迎える様をとらえた『タイム』からは、奥地住まいの田舎者よろしく「出し抜けのげっぷ」が聞こえてきそうだし、『ライフ』にしてもつなぎ服を着た眇《すがめ》で気の触れたような表情の男性の写真をでかでかと載せて、知事の「遠縁」のひとりテイラー・ソーンベリーだと同定している。ともあれ〃展開中のひと幕〃をまず棚上げにした私的な会合が、ロードアイランド州ニューポートで行われた。アイゼンハワー大統領が裁判所命令による人種差別待遇廃止に向けた計画を受け入れるようフォーバスの説得を試みたのだが*、南部の知事にとっては怒りと恥辱に終始する面談になったようだ。自分がアイゼンハワーの顧問連中にたかが「カントリー・ボーイ」風情が、と思われているのがよくよくわかった。知事はそう後述している[47]。

フォーバスは、セントラル高校へのアーカンソー州兵派遣を正当化できるように、人種と階級が生み出す暴力という二重の脅威を難局の当初から利用していた。まだ高校の新年度が始まる前の声明で、次の公表を行ったのである。報告によると、ほうぼうの白人の「一隊《キャラバン》」がはるばるリトルロックを襲撃するべく準備万端を整えているようだ。紛争から人種戦争が勃発するかどうかはともかく、白人の暴漢、民衆扇動家、そしてレッドネックが歴史に居場所を求めて争うだろうと吹聴したのである[48]。

レッドネックという切り札を好んで弄ぶ、間断ないフォーバスの挑戦的な態度に激怒したのがアイゼンハワー

㊵———記事中、オーヴァル・フォーバスの眇(すがめ)の遠縁とされたテイラー・ソーンベリー。その風貌によってフォーバスのヒルビリー・ルーツ、退化人種ルーツを強調した(ミラー撮影、『ライフ』、1957年9月23日)。

*———人種別学を掲げたカンザス州法の違法性を裁定した1954年のいわゆる"ブラウン判決"が、リトルロック・セントラル高校事件の先触れになった。

である。第101空挺師団が派遣されて州兵は連邦の影響下に入り、軍の護衛によって黒人生徒9人に予定されたセントラル高校への登校が妨げられることなく担保された。全米注目の舞台に立つ州知事。それはまさに南部人のステレオタイプで、〝乗り遅れた愚か者〟の完璧な戯画化だった。『タイム』の記者が非難して曰く、彼は「暴動神話を捏造し」、それを実現するべく暴徒を「急ごしらえした」のだ[49]。

1957年の国内報道はリトルロックの話題で持ちきりとなり、セントラル高校の近隣地区には主要新聞社、雑誌社、テレビ・ネットワークの記者が押しかけてニュース編集室の様相を呈した。ひと握りだった報道関係者は見る間に増え、9月末までにはジャーナリストや写真家も数えること225人、法廷判断と州知事との間の行き詰まり——学校の敷地周辺に渦巻く「難局」の状況——を、世間は固唾を呑んで見守っていた。9月24日、アイゼンハワー大統領がテレビ演説でアーカンソー州都への軍派遣を発表したそのときには、国内視聴者の実に62%がチャンネルを合わせていたのだという。そして暴徒が押し寄せるや、当の記者までもがその標的となる。黒人ジャーナリストのアレックス・ウィルソンが叩かれ足蹴にされる暴行の場面は映像として記録されているし、『ライフ』のある写真家もまた顔を殴られた挙句、囚人護送車で連行されて治安紊乱《びんらん》行為による告発を受け、仲間たちが小突かれたのだと語るジョン・チャンセラー記者に至っては不快な言葉を吐きながら「群衆の中の暴漢」に詰め寄る始末。そんな中、用心のために変装した記者もいた。軽トラックを借り、古ぼけた上着を羽織り、ネクタイは締めない。身元を安全に隠すには、プア・ホワイトの労働者として通用《パス》するよう見た目の階級を変えることが肝心だったのである[50]。

「大半がつなぎ服姿」で「タバコを噛んでいる白人」か、さもなくば『ニューヨーク・タイムズ』の記事の強調通り兵士を大声で罵る「痩せこけたレッドネックの男」として描かれる南部のステレオタイプにメディアは容易くはまってしまうものだが、アーカンソーの地元ジャーナリストにしてもそれは同様で、デモの参加者は「多くのレッドネック」程度に片づけられ、そばにいた女たちのほうはといえば始末に負えないこともさることながら「さえない主婦連」や「極性《ごくしょう》な女ども」にされた。口さがないひとりの南部記者の物言いはこうだ。「ちくしょう、あいつらを見ろよ。大体がただのプア・ホワイト・トラッシュだぜ」。同月、ナッシュヴィルのある小学校で人種統合教育がなった後にも暴徒は騒ぎを起こし、『タイム』の記者が群衆にいた女たちを、そう、タトゥーのある腕で石を投げるウェイトレスは言うまでもなく「カーラーを巻いて、だぶだぶのブラウスを着た、空っぽな顔をした女たち」を、さて、と存分にこき下ろしている。ひとりのげすな女が、誰を指すともなくアフリカ系アメリカ人の子供らに向かって叫ぶ。「奴らの黒い縮れ毛を引っこ抜いちまえ！」〈51〉

諸々はすべて、アーカンソーやテネシーの「正常な」善き庶民から民衆扇動家を引き離すのに役立つ、意外でも何でもないモチーフである。アイゼンハワー大統領でさえ、テレビ演説で「扇動的な過激論者」の側の暴力を非難してからこう述べている。リトルロックの中核をなす市民は、そうした行動を是認することなく法を遵守し、税金を納め、教会へ行く人々である。カーラーの女やタトゥー自慢のウェイトレスは本書の読者にトレイラー・トラッシュを思い起こさせるかもしれないが、騒ぎを起こすレッドネックは『アンディ・グリフィス・ショー』に登場する決まった目つきの狂気じみた騒動屋の猟師アーネスト・T・バスに近い。1959年の『タイムズ文芸附録』*Times Literary Supplement* の認識はこうだ。セントラル高校の一件から永遠に記憶されていくのは、「レッドネックやクラッカーやタール踵《タールヒール》やその他のプア・ホワイト・トラッシュ」の「見苦しい表情」だろう〈52〉。

自ら引き起こした厄介事にもかかわらず、オーヴァル・フォーバスが消えることはなかった。全米メディアの注目から逃れて1958年に再選を果たし、以後3期を務め上げるのである。その手に携えた武器の放棄を拒む知事として、「強制された人種統合」に抗する白人主権の頑固な擁護者を変わらず自称したのだが、そうしたフォーバスの「根性」を評したある南部のジャーナリストは、彼一流の強さの源流をオザーク高原での日々に求めている。つなぎ服姿で5マイル（約8キロ）の道のりをてくてく歩き、廃れた学び舎へと通う。一介のヒルビリーが、そこから身を立て果《おお》せたのだ。となるとどの道、レッドネックの権力に腹を立てる上位階級の支持は得られまい。それを戦略的に受け入れたフォーバスは、ミシシッピのヴァーダマンや州知事の先達ジェフ・デイヴィスさながら、権力の座に留まるためプア・ホワイトの暴力行為という脅威を利用する。そしてそれは、上首尾に運んだのである《53》。

リトルロックが報道メディアを席巻したその同じ年、レッドネックのイメージに乗じた長編映画がハリウッドで制作された。アンディ・グリフィス主演、エリア・カザン監督による『群衆の中の一つの顔』*A Face in the Crowd* がそれで、俳優にとってはその後のテレビドラマにおける人懐っこい保安官役とは完全に趣きを異にする作品となった。アーカンソーの拘置所にいたうらぶれた男「ロンサム・ローズ」がギターの腕前を見出されて全米中の脚光を浴び、怖いもの知らずの無慈悲なテレビスターへと駆け上がっていくその軌跡を追った、陰のある一作である。批評家から見たグリフィスの演技は、ヒューイ・ロングとエルヴィス・プレスリーのかけ合わせ――叫び、歌いながら「狂暴化する、権力を持ったレッドネック」――だった《54》。

本作の筋立ては、物語の部材にすぎない。各方面から寄せられる評判の中心をなすのは、カザンの演出術だった。グリフィスを役柄に没入させるため、ホワイト・トラッシュと呼ばれた俳優の子供時代の記憶を搾取したのである。尋常でない一作として実を結んだこの手法は、階級に絡むふたつの要素からなる〝託宣〟を観客に供していく。まず喚起されるのは、下層階級であるレッドネックが慣れ親しんだ地位を超えてのし上がり、力を手にする危うさである――ゆえんとなるのがスクリーン上のレッドネックの性格で、それは怒りと狡猾さと誇大妄想が入れ替わり表れる混交物なのだ。そして次に、貧者を不潔なものでもあるかのように扱う南部文化への激しい譴責が、先述したカザンによるグリフィスの生い立ちの搾取によって浮かび上がってくる《55》。

カザンは、もうひとつの南部の物語に手を染めた。今度の設定は大恐慌期である。「テネシー川流域開発公社」（TVA）のダム建設に材を取った『荒れ狂う河』*Wild River*（1960）では、当該河川の中洲に住む年老いた女家長とその家族が立ち退きを迫られている。息子たちは、働く気も島を出る気もないものぐさなうすのろで、畑仕事も黒人の分益小作人に依存していた。孫娘はといえば少々身持ちが悪く、島から出る唯一のよすがと見込んだTVA職員と同衾することもさしてためらわない。職員は、保安官やその副官が見守る中、険悪な白人の群れによって袋叩きの目に遭わされる。カザンは前作同様に本物のプア・ホワイトを配し、エキストラを演じさせて新しい物語に生気を与えた。作中の「ホワイト・トラッシュ・スクワッター」の棲処もテネシー州クリーヴランドの文字通り町のゴミ捨て場にあるガムホロウという実在の貧民区《シャンティタウン》で、画面に映る男たちのげんなりする姿にコミュニティの指導者連がひどく腹を立てたのだという。カザンは抗議に屈し、今度は住民が「品行方正」と太鼓判を押す失業者を雇って目障りなシーンを撮り直した。この奇妙な挿話中、徳人である誇り高き街区の元締めは、極貧者という認識すら拒んだらしい〈56〉。

カザン作品が中流から上流以上の観客に届けられる一方で、同時代のドライヴイン・シアターをあて込んだ一作が1961年に大当たりを取った。1957年に公開されたものの失敗に終わった『バイユー』*Bayou* の焼き直し、『プア・ホワイト・トラッシュ』*Poor White Trash* がそれだ。精力的で巧妙なマーケティング・キャンペーンが、かつての失敗作を成功へと導いたのである。新しい題名を開拓した制作会社が新聞に挑発的な広告を打つ——「本当にいた!(……)プア・ホワイト・トラッシュ」。抜け目ない興行主は、ひとつ好色な成人をそそのかそうと地元コミュニティに警告した。曰く、子供にこの映画を見せてはいけない。もっとも本作は蓋を開ければ煽情的というより覗き趣味的で、(ブルックリン出身の俳優ティモシー・ケアリー演じる)がっしりした体つきのプア・ホワイトのケイジャン*がほとんど自慰かと見紛うような激しいダンスを披露するのが最大の見せ場だった。エルヴィス譲りの動きで汗まみれになって身を揺する大男は、脅し、斧を振る湿地《バイユー》出身のごろつきも同時に彷彿させる。過剰なジェンダーと暴力が、プア・ホワイトという原始的種族の肝なのである〈57〉。

こうした文化のひと齣《こま》に帰せられる全映画の中でも最高の評価を下されるのが『アラバマ物語』(1962)で、そこに登場するのは他に抜きん出て罪深いプア・ホワイトである。ハーパー・リーのベストセラー小説を下敷き

*——ルイジアナ南部に定着した、フランス人入植者の末裔。

に1930年代の南部の小さな町の物語を綴る本作は、かの地の人々が奉じる〝名誉という今はなき規定〟に法と秩序が道を譲る社会にあって、公明正大でいることの限界に光をあてるのだ。黒人トム・ロビンソンが、白人少女メイエラ・ユーエルをレイプしたという無実の罪で告発される。観客は、法廷の様を眺める内に陪審員の気持ちになり、言うなれば勤勉な家庭人とみじめな教育のない娘のどちらを取るかという選択を迫られるだろう。人種が階級に勝るのか、階級が人種に勝るのか？　判断するのはそうした選択だ。このコミュニティの尊敬すべき遵法の黒人を象徴するロビンソンは正直で高潔、片やユーエルはホワイト・トラッシュなのである《58》。

ハーパー・リーが小説で「気がちがったこどもの遊び場」*と描写したユーエルの廃れた丸太小屋を鑑賞者が視認するすべはなく、ホワイト・トラッシュ一家が町のゴミ捨て場を漁る様子も同様である。映画ではリーの優生学的なほのめかしは控えられるが、代わりにメイエラの父ボブ・ユーエルの悪質さが強調されている。グレゴリー・ペック演じる英雄的で非の打ちどころのない有徳の人にしてロビンソンの弁護人アティカス・フィンチの顔に唾を吐き、彼のふたりの子供の殺害まで企てるのだ。もちろんのこと、子供殺しほど陰湿なものはなくボブ・ユーエルにはただ裁きだけが許されるのみで、映画の大詰め、この物騒で復讐心に燃えたプア・ホワイトの悪漢を待っているのは、アティカス・フィンチが街路で〝狂犬〟を撃ったまさにそのときと同じ運命である。とはいえ、暴虐に訴えたのは子供らの父親ならぬ不気味な隣人ブー・ラドリーだった。過去に問題を抱えた社会の余計者ラドリーがハロウィンの夜に子供たちを助け、守護天使の役割を演じるのだ《59》。

『ニューヨーク・タイムズ』の映画評による率直な指摘通り、ユーエル家は戯画化されていたのかもしれないが、とはいえありふれた家族ではある。プア・ホワイトの内なる邪悪な感情を強調したハリウッドが、彼らのみじめな経済状況についてそれほどあからさまにしていないだけなのだ。「レッドネック」は、1950年代までに狂気すれすれの偏屈者の同義語にされていた。俳優の演じたボブ・ユーエルは痩せこけ、あまつさえある評者がしなびた体躯と萎縮した精神の昔ながらの遺伝的関係が依然として認められると示唆しながら呼んだように「退

＊――『アラバマ物語』、既訳より。

化した者」でもあった。いずれにせよ誇張されたレッドネックの行動が現れたのは、何も大スクリーンだけとはかぎらない。1957年、あのナッシュヴィルでの暴徒の先頭に立って騒動を起こした人種差別主義者にしても、ニュージャージー州カムデンから金で雇われやって来た扇動業者だったのである（彼には気取った南部訛りがあった）〈60〉。

映画製作者にとってのレッドネックという役柄の魅力は、剣の両刃《りょうば》だった。〝彼ら〟は片側であつらえ向きの悪漢となり、もう片側では何の屈託もない男になる。自制心がなく家庭的でもない〝彼ら〟の立ち位置は箱入りの郊外居住者のそれと鋭い対比をなし、泥臭い男らしさ《マチズモ》が思いがけない評価を受けることすらあるだろう。スローン・ウィルソン原作の『灰色の服を着た男』*The Man in the Gray Flannel Suit*（1955）はグレゴリー・ペック主演によって小説をハリウッド映画化したもう一本の作品となるが、そこでの彼は太鼓の連打に合わせて踊る原始的なケイジャンのほのかな模倣者だった。ジェイムズ・ディーン、エルヴィス・プレスリー、マーロン・ブランド、そして例のティモシー・ケアリーが演じたプア・ホワイト・トラッシュもまた皆が皆、家庭的でなく型にもはまらない回心前のアメリカ人である。〝彼ら〟は束縛を破りたいとうずうずしているに違いない英国国教徒めいた男性見物人を挑発しつつ、野生という種《たね》を植えていくのだ〈61〉。

「レッドネック」と「ホワイト・トラッシュ」はしばしば互換性をもって使われるものの、このふたつが同意語であることに誰もがうなずくわけでもない。『南部人、南部を発見す』（1938）で著者ジョナサン・ダニエルズがこう力説する。つましい生まれの南部男がすべて「ポ・ホワイト」とはかぎらない。たとえばアンドルー・ジャクソンとエイブラハム・リンカン。彼らもまた「日に焼けて赤い畝《うね》模様を描く頸《くび》」を持った南部の民衆だろう。踏まえた上で、貧者はふたつのキャンプに仕分けられる。社会の階段をのぼっていこうと励む、価値ある勤勉な貧者、そして一番下の段で罠にかかった、俗悪で望みのない者。だが、価値ある貧者は「レッドネック特有の頑健な泥臭さ」を持つという彼の言も、分類区分として往年の意義をもはやなくしている独立自営農《ヨーマン》という過去の階級からの借用で、この段でいくとその見識も歴史的に正確ではない。すでに触れた通り、ジャクソンは仇敵から凶暴で無法者のクラッカーだとけなされ、リンカンはプア・ホワイトだ「どん底の連中《マッドシル》」のひとりだと見くびった呼び方をされていたのだから。ともあれダニエルズでさえ、その他大勢の南部人による次の定義を認めなければならない。曰く、レッドネックとは「嫌悪を糧に育つ」者なのだ。〝彼〟は黒人を蔑み、「黒人擁護者《ニガー・ラヴァー》」を貶める。〝彼〟はボブ・ユーエルの鋳型の中、逆らう奴は皆背中にナイフをぶすりだ、と身構えている。こうして、そのラベルは貼られた[62]。

✴

それでは、ヒルビリーはどうだろうか？　レッドネックとヒルビリーはどちらも、1904年のアメリカ方言学会によって「不羈な田舎者」と定義されている。付帯的に提案された地域に応じての差別化は次の通り。「ヒル＝ビリーは山地《ヒル》の出身、レッドネックは湿地の出身である」。ヒルビリーはレッドネックと同じく冷酷で暴力的と見なされるが、その逆上はたいてい近隣住民、家族、「よそ者《フュリナー》」（つまり歓迎されない外来者《フォリナー》）に向けられ、1880年代の伝説的なハットフィールド家とマッコイ家さながらの反目と怒りの爆発的な発作によっても知られていた。喧嘩をする以外は密造酒《ムーンシャイン》を浴びるほど呑み、娘たちを7歳で嫁がせる。思うに、昔日のスクワッターにも似た怠惰な時間を長々むさぼっていたことだろう。そして物語は妊娠を受けての結婚《ショットガン・マリッジ》、つまり言い寄られ仕込まれた女性の清算にまで及ぶ。1933年、ヴァージニア、ブルーリッジ山脈の孤立コミュニティでの調査中、インタヴューを受けた女性が澱《よど》みなく語る。結婚って（子供の）「数を殖やす」ことでしょう。「産んだのは」と続けて曰く、「15人。9人は大丈夫、でも6人は死んだよ」[63]。

ハリウッドは1938年に『山の正義』*Mountain Justice* を公開した。実際の公判を下敷きにした一作で、酔って襲いかかる父親を自衛のため殺害してしまった「ヒル＝ビリー少女」ルース・ハーキンズの罪を問う裁判の冒頭、ヴァージニア州ワイズ郡の故郷は「さえない女とひょろ長い男が、退屈な仕事で暮らしを立てる」場所だと描写されている。ワーナー・ブラザーズは、この作品に感傷と暴力の双指向性を持たせた。技術指導者が撮影所に準備を打診したのは「アライグマ用猟犬6頭、コーンパイプ30本、噛みタバコ43個」、それに白木綿《キャラコ》を1000ヤード(約914メートル)以上——これらすべてがごく曖昧にしかわからない山の暮らしぶりを迫真のものにするのだ。前宣伝の謳い文句は「興味津々、欲望《ラスト》と鞭打ち《ラッシュ》のメロドラマ」。太い牛追い鞭を手にした父親が、ルースの前に立ちはだかる。スクリーン上に供された、最大の衝撃の瞬間である《64》。

1930年代と40年代にはポール・ウェブの『マウンテン・ボーイズ』*The Montain Boys* はもちろんアル・キャップの『リル・アブナー』*Li'l Abner* といった齣《こま》割り漫画が人気を呼び、前者の場合人気の3人組コメディアン、リッツ・ブラザーズ主演のどたばた映画『ケンタッキー・ムーンシャイン』*Kentucky Moonshine*(1938)として実写化されたほどである——『三ばか大将』*The Three Stooges* のヒルビリー版といったところだろうか。ニューヨーカー3人が、長い黒髭をぼうぼうたくわえ、高さのある円錐帽とぼろぼろズボンをまとい(ベルトはロープだ)、汚れた素足もむき出しのヒルビリーに扮している。同じ頃にはカントリー専門のラジオ番組「グランド・オール・オプリ」Grand Ole Opry が始まってビヴァリー・ヒルビリーズといった名の音楽グループが出演、ヒルビリー風のあいさつ「ハウディ」で名を上げたミニー・パールも40年代に同番組でキャリアの端緒を掴んでいる。のちに長寿テレビ番組『ヒーホー』* *Hee Haw* でスターになった彼女は決して生粋の〝山の娘っこ〟ではなかった。裕福な家庭に生まれて教育も十分、ヴォードヴィル芸人としての成功につながる純真な外的人格《ペルソナ》を育んだ「ミニー」であればこそか、ヒルビリーとしてはアメリカの主流から随分とかけ離れてしまい、売り出し中の値札がぶら下がったトレードマークの帽子を始終かぶる羽目になったのである《65》。

こうして1940年代までにヒルビリーは舞台の演《だ》し物に、そして田舎者のための〝がらくた箱〟の名称の一種になった。政治家もやはり、ミシシッピの「白い酋長《ホワイト・チーフ》」ジェイムズ・ヴァーダマンやルイジアナのヒューイ・

*———ロバのいななきの擬音で、“田舎臭く滑稽な”という意もある。

ロング風の芝居っ気を抑え気味に供して、その役回りを取り入れる。ジミー・デイヴィスという名の分益小作人の息子が１９４４年にルイジアナ州知事になっているが、彼は誰はばかることなく「ただのポ・カントリー・ボーイ」を自称しながら哀愁のカントリー歌手、ハリウッド俳優（もちろん西部劇だ）、歴史学教授と、奇特にも階級区分を股にかけ果《おお》せていた。この「ロングの椅子に座ったヒルビリー」は某紙の見立て通り新たな政治家の種族なのであり、*叫び声も立てず、長広舌も振るわず、腕も振り回さず、空約束もしない。簡潔に言えばちょっとした〝様式〟を持つヒルビリーで、州議事堂の階段を騎乗してのぼることで当然ながらハリウッド流の芝居にまで敬意を払っていた《66》。

　ジミー・デイヴィスほどの〝他とは違う人物〟、つまり彼に類する人物は、むろん本人ばかりではない。１９４４年、アイダホは「歌うカウボーイ」グレン・テイラーの連邦上院議員選出によってルイジアナと肩を並べたし、それ以前にも小麦粉商ウィルバート・リー・「パピー」・オダニエルが歌うヒルビリーの伝承歌《バラッド》と彼の出演するラジオ番組での旧《ふる》き良き決まり文句にテキサス中の有権者が魅了され、彼を知事公邸、そして連邦上院議員の椅子へと送り込んでいた。オハイオ育ちのオダニエルが１９４１年の上院議員選で破ったのは、何たることかあのリンドン・ジョンソンである。ミズーリは結束も固くただひとりの共和党候補者、デューイ・ショートの名を誇らかに口にした。彼は歌こそ歌わなかったものの、「ヒルビリーの愛国的熱弁家《デモステネス》」という愛称まで授かっている。哲学教授、叙任説教師、連邦議員としていくつもの役職を担った彼一流の〝様式〟は、古代ギリシアの演説家の系譜からの借用というよりむしろ辛辣な頭韻体に基づく形容詞の多用にあった。その独創性をもって議会を「無関心で、無思慮で、無動機で、無遠慮で、無気力なたわけ者の集まり」呼ばわりし、ローズヴェルト《FDR》の誇る大統領顧問《ブレイン・トラスト》を「専業のとんま」どもと中傷したのである。愚民のひと塊と報道筋に描写された地盤がショートを再選し続けたのも、憎い美辞麗句を色とりどりに連ねて散文体に趣きを添えたからだった《67》。

　ヒルビリーによるこの魅了ぶりはなぜなのだろうか？　１９４９年、オーストラリアの観察者が、当該の現

＊———ヒューイ・ロングは第40代、デイヴィスは第47代の知事。

象を最も的確に評している。アメリカ人は真の民主主義とは別の、いわば「態度の民主主義」を好むというのだ。つまり、有権者は富の大きな不均衡を受け入れながら、同時に自ら選出した指導者が「残るわれわれと何ら変わりない外観に洗練される」ことを期待しているのだという《68》。

ヒルビリーを取り巻く肯定的な神話は、自らの信頼性を訴えるのにも打ってつけだった。家同士の反目や魚釣りにうつつを抜かすイメージを超え、黄金期への信仰という装置にかかずらうのである。外界と隔絶し、原始的で、見た目も粗野だが、ある種の本然的な民主主義を実践しているのではないか。ヒルビリーはまたもや、ウィリアム・グッデル・フロストの言う〝純粋なアングロ＝サクソンの血を引く田舎のアメリカ人〟になったのだ。*「金にも名誉にもカーストにも無関心で」、飾らず、正直な、山の民の物語という形式の中、この空想譚は1940年代から50年代にわたって息を吹き返していく。ヴォードヴィル芸めいた滑稽な仕草をしても、その〝売り〟はもう失われない。中には艶っぽい魅力をふりまくヒルビリー・バンドも現れ、歌手、女優のドロシー・シェイなども1950年に「パーク通りのヒルビリー」を演じてそのキャリアに乗り出している。「のんきな」曲を歌いながらも、洗練された都会人の装いをもって《69》。

1950年代の典型的ポップ・アイコン、エルヴィス・プレスリー。ある者の確信からすると彼もまた〝ヒルビリーもの〟だった。最初期のある公演などは「ヒルビリーのお祭り騒ぎ《ジャンボリー》」と銘打たれて宣伝され、1955年、「ミス・ヒルビリー健康美《ダンプリング》コンテスト」との抱き合わせでニューオーリンズ近郊ポンチャートレイン湖畔で開催されている。ちなみに彼はアンディ・グリフィスと巡業に出たこともあった。駆け出しの頃、エルヴィスの音楽様式は〝ヒルビリーばりの歌唱とR&Bの混交物〟と見立てられており、『タイムズ＝ピカユーン』*Times-Picayune*による1956年の音楽評担当なども「自称カントリー・ボーイ」が「ヒルビリー訛りを誇張」することなく自分の青いスエード靴のことを歌っているのを聴いて胸を撫で下ろしたのだという。** 同年、ハリウッドのゴシップ・コラムニスト、ヘッダ・ホッパーもまたエルヴィスが『リル・アブナー』映画への出演依頼をまだ

*———フロストのマウンテン・ホワイト観については第8章、原註《35》の段落を参照。

**———「ブルー・スエード・シューズ」Blue Suede Shoesは1956年のカール・パーキンズ自作のシングル曲だが同年プレスリーもカヴァー、事故で入院中のパーキンズを凌ぐ大成功を収めた。

受けていないこと気づき、安堵のため息を洩らした[70]。

本当のエルヴィスは、まったく〝山《ヒルビリー》〟出しではなかった。ミシシッピ州テューペロから出てきたプア・ホワイト・ボーイ、それが彼で、分益小作人の息子である。*町でもがらの悪い地域にある細長い小屋《ショットガン・シャック》住まいの貧困家庭に生まれた彼だが、ギターを手に取り、（ある者にとっては暴力的でさえあった）乱れ狂うダンスの動きに何百万人という女性が色目を使うようになったそのとたん、中流階級の規範への反抗者――テネシーの新居にはまさにうってつけの――一種のヒルビリーとして振る舞う者、と見なされていく。1956年、ますます強固になるそのヒルビリーのイメージを、ある友人が記者にこう語っている。「ただ客の前におん出てさ、娘っこをその辺にのたうたせて山のラバみたいにひゃあひゃあ言わせる」。エルヴィスの仕事はそんなもんだよ[71]。

カントリー音楽、ポップ・カルチャー、階級政治がともに全米という舞台に躍り出たのがつまりこの1956年で、それはテネシー州知事フランク・クレメントが民主党のゴールデン（カントリー）ボーイとなった年でもある。シカゴにおける民主党全国大会の基調演説を任された彼は、副大統領候補者に名を連ねるという栄誉まで得ていた。さぞや素晴らしい演説になるだろう。そう予期した『ネイション』*Nation* の記者は、当年36歳で身長6フィート（約180センチ）の黒髪のこの知事を「アメリカ政界屈指のハンサムな男」と呼んでいる。テネシーの山々の遊説で名を売った彼を、民衆は――「正直なヒルビリー」神話のあからさまな暗示を用いて――「誠実な裸足の少年」と称賛した。吊るしのスーツでさえ〝普通人《コモン・マン》〟への忠誠として映る。「成功を収めた山の男がナッシュヴィルを訪ねるときに着る、そういうタイプの服装」なのだ[72]。

田舎臭さを強調した彼の雄弁は、あらゆる声域を含んでいた。轟いたかと思えば低い囁きにもなるその声は、ある記者が主張した通り「山のフィドルさながらに歌い、そして遠ざかっていく」のである。激しい脅しを用いてもたいていは厚い信仰から来る祝福でそれを終え、デューイ・ショートばりの頭韻体で言葉を照らす。そんな彼に、あの大物ヒルビリーのアラバマ州知事「ビッグ・ジム」・フォルサムもとうとう目をかけるようになった。

*――――ただし、テューペロはアパラチア地域には入る。

靴を脱いで登壇し、その名も「苺摘み《ストロベリー＝ピッカーズ》」という自前のバンドを引き連れてキャンペーンを行うことで知られる6フィート8インチ（約2メートル）の偉丈夫である。1954年の民主党予備選大集会の演壇でクレメントが力を出しきれるよう、フォルサムはこう助言した。「度胸を据えて、切れ味よく、堂々と出ていくんだ」。ウィスキーを愛し、色も好む「キス魔のジム」は、出色の男クレメントに祝福を与えたのである[73]。

クレメントの基調演説に対して最も意義深い評価を記した人物が、あの『怒りの葡萄』で名高い作家ジョン・スタインベックだった。彼は宣する。それが「政治家の器《ステーツマン＝シップ》とミュージカル・コメディ」のどちらにあるのかはともかく、この知事には未来がある。民主党員のクレメントを半ば「往年のカントリー・ボーイ」、半ばエルヴィス、同時にビリー・グレアムやリベラーチェの趣きもあると見立てたのだ。*スタインベックは続ける。クレメントの声には「スクエア・ダンスのフィドルの擦り切れた刺すような辛さ」と「最大の熱量をもって繰り返し語るその瞬間の（……）上品な腰の旋回運動《バンプ・アンド・グラインド》」がうかがえる。作家は、クレメントが善き道筋に沿って党を大刷新するだろうと考えたが、同時に「黍《きび》皮剝き機」さながらのやり口は他所をそこまで洗練できるはずもない局地的嗜好だと指摘した[74]。

スタインベックは、この南部政治屋《ポリティシャン》の問題の急所を見極めていたのである。知事は民衆を扇動するただのエンタテイナーなのだろうか、それとも真に全国民を代弁し得るのだろうか？ 1964年の展望で自らの〝最高のひととき〟を振り返りながら、クレメントは語った。みんなが演説に拍手喝采してるのはわかってたけど、聴いてくれる中には面白がってるだけってのもいた。それはまったく確かだ。同年、ジョンソン大統領の特別顧問を務めるテキサス人ホレス・バズビーが、指名受諾演説をしたときのLBJは早い話が反クレメントだった、と南部訛りを交えて報道官ビル・モイヤーズに語った。「弁論術は、古臭いやり方に影響されずに現代的であるべきだ」とバズビー。「頭韻体も最小限にすべきだろう」[75]。

エルヴィスばりの身ごなしのテネシー州知事は、1956年の副大統領候補指名を獲得できなかったのであ

＊――――グレアム（1918–2018）は全米で最も著名と言われた福音伝道師。リベラーチェ（1919–1987）は下品ともつかない派手な衣装と舞台で1950年代に人気を博したピアニスト。

る。第2の男の座席券を代わりに手にしたのは、同じテネシー人とはいえ幾分か柔和なヒルビリーの外面《ペルソナ》を湛《たた》えた——取りも直さずイェール大学卒の——上院議員エステス・キーフォーヴァーだった。とはいえ彼にしても遡ること1948年、上院選に立候補した際、対立候補から共産主義といちゃつくこそこそした「ペットのアライグマ」呼ばわりされたのを受けてアライグマ帽をかぶっている。そして1956年、ある記者が「俗受け狙い」とうまく表現した副大統領候補に加わることになったのだが——問題は彼の姿勢のどこにも信頼できるところがなかったということで、彼は「まがいもののヒルビリー」だったのである。それは大統領候補のイリノイ人アドレイ・スティーヴンソンの〝退屈な「卵頭」*〟と異名を取るほどの大衆への〝売り〟のなさを相殺しようとする、安っぽい策略だった。当然のこと、スティーヴンソンとキーフォーヴァーは敗北する[76]。

話は変わるが、クレメントが知事公邸でエルヴィスをもてなしたことがあり、この歌手兼俳優は1958年にその返礼として上院の通信委員を前にヒルビリー音楽とロックンロールを弁護する演説を行った。ベストセラー『かくれた説得者』** *Hidden Persuaders* の著者ヴァンス・パッカードのほうは山の音楽が国家の嗜好を汚染しているという強い主張を委員に開陳したのだが、そこで憤慨したのがクレメントである。ヒルビリーの正当性を主張して曰く、〝彼ら〟は純粋なエリザベス朝人であり、その「鼻にかかったハーモニー」こそアメリカン・ドリームの真の表現だろう。シカゴから来た辛辣な記者が、自らの驚きをおどけた口調で原稿化する。知事閣下は「10歩進んで、で繰り広げられるアコーディオンを使っての決闘を申し込みはしなかった」[77]。

テネシーのキーフォーヴァーは昔ながらのリベラル、アラバマのフォルサムはポピュリスト、テネシーのクレメントは人種問題に鷹揚と三者三様だが、皆が皆、政治生活で駒を進めるにあたってショーマンを演じる必要があった。クレメントは国政の高みを狙ったが基調演説の夜にそれもあえなく閉ざされてしまい、1950年代から60年代、副大統領候補として名乗りを上げた南部の田舎者は多々あるものの——結局、自力で大統領の座を掴み取ったのは——熟練のテキサス人リンドン・ベインズ・ジョンソンだけだった。

*——egghead は"インテリ野郎"というほどの意。

**——『著作集』1所収、林周二訳、ダイヤモンド社。

上院の頭脳にして仕掛け人、多数党院内総務のジョンソンは、大統領に次ぐ国家第2位の権力者と目されていた。（のちの大統領時代、執務室に肖像を掲げるほど）ケンタッキーの「偉大な調停者」ヘンリー・クレイを称賛する彼は、民主党上院で果たす家父長的な役回りを洗練しつつ間近なところから仲間の嗜好や関心にたゆまず目を注いでいく。「上院の雰囲気を嗅ぎ取れない者は」と公言して曰く、「指導者になる器ではない」。学校教師（自身、かつて手を染めていた）と保安官の折衷然とした彼は、アンディ・グリフィス扮するメイベリーの登場人物の〝厳粛版〟にも見えた。テレビの中の保安官と共有するのは、腹を割って話すという田舎者ならではの技巧である。話術、口撃、身体的なふれあいなどはお手のものであり、心理学や仕事をともにする議員それぞれの癖から得た細やかな見識が役立った。上院は「小さな町」で、現代型の代官リンドン・ジョンソンがその全般を取り仕切るのである《78》。

✺

1960年、副大統領という概ね割に合わない職を引き受けてケネディの忠実な副官となったジョンソンは、1963年11月22日に思いがけなく大統領へと昇格したのだが、自らが持つ南部人の泥臭い外的人格《ペルソナ》に対する世間のあたりがこのとき初めて変わり、党のリベラルな知識人に囲まれていた就任前には決して味わわなかった共感のようなものを、しばらくの間享受した。特権育ちゆえの明朗な自信がそのまま見目形になった、JFKのようにクールでもなければ洗練されてもいない彼であれば、その南部風の気取りのなさを見くびってかかる報道筋も相変わらずいはしたものの、そのときは気心の知れた仲間が対抗して「その辺の無粋な田舎者とは違う」と力説したものである。とはいえLBJもまた、ヒルビリー一派の南部政治家ばかりに派手さを愛する者ではあったのだが。キャンペーンの道中、聴衆との親密な結びつきをかもし出そうとテキサスの土地言葉を使う彼を、あるコラムニストは「何の変哲もない人々の底にある衝動を深く掘り下げる」行為と称えた。1963年以前は不利ととらえられていたカントリー・ボーイの特質が、若き前大統領を失くした国民の嘆きを境に突如として利に転じたのである《79》。

「偉大な社会」として知られるジョンソン肝煎りの一連の助成事業は、彼の持つ南部人としてのアイデンティティのひと味違う肯定的な異形と位置づけられる。〈1965年の初等中等教育法〉通過の際、テキサス州ストーンウォールへと飛び、大恐慌期に教鞭を執った学校のひと部屋しかない校舎で法案に署名した大統領は、滞在中「分益小作人の息子」を自称する。

㊶――1963年のケンタッキー巡回中、アパラチアの貧困家庭の人々と言葉を交わすリンドン・B・ジョンソン（ストウトン撮影、1963、LBJ図書館所蔵）。

進んで貧困に取り組む姿勢は〝今ある南部〟を受け入れる軌跡でもあるだろう。1960年、初めて大統領選に臨んだそのときに復唱したのは、あのハワード・オーダムの信条である。目指すは「資源の浪費、命の浪費、機会の浪費」の防止だ。「偉大な社会」へと着手するまでに制定を進めた法は、都会の貧しい黒人住民とアパラチアの山の衆というふたつの〝他とは違う階級〟に焦点を合わせていた。そして「偉大な社会」である。それを新たなニューディール政策と見立てたジョンソンは、エレノア・ローズヴェルトを偲ばせてヒルビリーの感傷に訴えるべく、彼女の業績と自身の改革とを結びつける。ケンタッキーの山間へと赴き妻「レディ・バード」・ジョンソンが給食事業と学校体育館の新設寄付を行えば、夫は腰を据えて住民家族と語り合うのだ《80》。

5州の巡回に同伴した写真家が、荒れ果てた小屋のポーチで山の住民の話に熱心に耳を傾ける大統領のイメージをとらえている――これが1930年代のジェイムズ・エイジーとウォーカー・エヴァンズの残像《フラッシュバック》の浮上でなくて何だろう。アパラチアの直面する問題は深刻だった。他地域比における失業率の高さ（場所により全国平均の3倍から4倍）、住宅事情の悪化、教育のない労働力、露天掘りで荒廃した環境。州裁判所の後ろ盾を得た炭坑会社が特権のもと畑地を荒らし、森林を破壊し、好き放題に道路をつくり、水道を汚染し、山間の農民家族は資産の法的権利を奪われ続けているのだ。ジョンソン政権は熟慮の上、インフラ、学校、病院を提供するアパラチア地域開発法を制定した。大統領が続けて声明を出す。かの地の困窮をまのあたりにし、医療保険法の必要性を強く感じるものである。田舎の貧困との闘いは、彼による包括的な「貧困戦争」War on Poverty の中心綱領であり続けたが、こうした大胆な政策もなお、疲弊した地域経済がすでに経験済みの大規模な荒廃への対処としては明らかに不十分だった[81]。

　リンドン・ジョンソンは、自らのパブリック・イメージを演出するにあたって、細部のそれぞれに注意を払った。カウボーイハットをかぶるのならばテン＝ガロンではなく〝ファイヴ＝ガロンのもの〟に、つばもなるべく狭く加減《モディファイ》する。これがＬＢＪ、つまり修正《モディファイ》され、現代化された南部人なのだ。アパラチアへの援助を模索する際、「冷たく無関心な」政府を「ちっぽけな奴」にも新しいやり方で反応するようにつくり変える親切な恩人として自己をイメージした彼は、基本的な人間らしい体面を守るための素朴な論理も提示している。「アメリカの家族たるもの、日に3回の温かい食事、暖かい住居、子供への良質な教育を得（……）そしてときには平凡な人生を単純に楽しむべきで、それができない暮らしになど甘んじるものではない」。これはローズヴェルト《FDR》が１９４４年に行った第2の〈権利章典〉とも言える演説のジョンソン流解釈であり、「国家における製造業、店舗、農場、鉱山の有益かつ引き合う仕事に就く権利」、「十分な食糧と衣服と余暇を供するに足る収入を得る権利」、「各家族が人並みの家庭を営む権利」、「良質な教育を受ける権利」などが謳われていた[82]。

　ところがこと私生活となると、ジョンソンが田舎の貧しい白人にいつ何時でも親切だったとは言い難い。テネシーを車で走っているとき、「不器量な」女の群れが人種差別的な看板を掲げているのが目に入った。そこで彼は、ホワイト・トラッシュについてのこうしたひとくさりを述べる。「何が底にあるのかを言おうか。最高の有色人種より優れていることを最低の白人に納得させられれば、君は気づかれないままそいつから掏摸《すり》を働くことだってできるだろう。何てことだ、見下せる人間をあてがえば、そいつは君のためにポケットを空にするんだからな」。ノーベル賞作家のウィリアム・フォークナーよろしく、LBJはプア・ホワイトの偽りの自尊心の病んだ本質を見抜いていた。大統領としての彼は〝中心をなす階級と人種〟が南部文化の裂け目になっていく次第を決して見失わなかったのである《83》。

左派にせよ右派にせよ、批判者はジョンソンの公約に納得していなかった。マルコムXは彼を「クラッカー党の首領」と呼んだ。1964年の大統領選ではバリー・ゴールドウォーター陣営が、都会の暴力、ポルノ、トップレスの娘たち、ストリップ劇場などの不穏なシーンをずらりと並べ立てたひどいキャンペーン映画を制作した。ジョンソンの名前には一度も触れなかったものの、「アメリカの腐敗」についての30分間の長広舌のさなか、リンカン・コンチネンタルが埃っぽい田舎道を疾走してくるとビールの空き缶が半開きの窓から投げ捨てられる。これはテキサスにある自身の牧場周辺で無意味な悪ふざけをするLBJの戯画化としては的を射ており、であればこそこの長身のテキサス人は〝普通のレッドネック〟に約《つづ》められているのだ＊（後年、ジミー・カーターのろくでなしの弟ビリーが、レッドネックはビールの空き缶を窓から投げ捨てるが、いい奴ならそんなことはしない、といみじくも語ることになる）。ゴールドウォーターのキャンペーンは、現職大統領がホワイト・トラッシュのシンボルになるよう道徳の退化という優生学的テーマを復活させたのである。〝LBJのリンカン〟のくだりが言いたいことは、こうだ。〝偉大な大統領〟が、紙コップのビールをぐびぐび呑みながら牧場の周りを高速で走り抜け、誰はばかることなく突飛な衝動に身を任せる。〝彼〟は『タイム』の写真家のために運転席でポーズを取ってきいきい鳴く子豚をほら、とばかりに抱え上げ、田舎者のユーモア丸出しで記者をからかうのだ《84》。

1950年代から60年代には、非常に特殊な道筋の中で自動車が階級の表明として映り、帰依ばかりか瀆神をも定義した。エルヴィスが持っていたのはキャデラック数台、リンカンとロールスロイスが各1台である。だ

＊———ジョンソンは身長192センチと大柄だった。

がたとえ高級車であろうと、運転者がそぐわない階級であればアメリカ人が〝上昇移動〟に感じる根源的な不快感を際立たせるだけだ。それを如実に表しているのが、その名も「スキャット歌い《スキャッター》」というペットのチンパンジー用にとお気に入りのキャデラックにエルヴィスがしつらえた、ふかふかの特製座席である。瀟洒な乗り物の所有者は、読者がぱらぱらめくるファッション雑誌の派手な広告に張り合うように血統づけ《ブリーディング》を誇示するだろう。賦課された階級アイデンティティが抑圧となって自由という幻想を搾取していくその様は、下層階級の男のバックミラーにはそこまではっきりとは映らない。エルヴィスとチンパンジーが、まさにそれだ。そして、LBJもまた。奴などテキサスの無骨な田舎者であってワシントンの人間ではない、という見立てを言い張る何の面白みもない批評家連にとっては、少なくともそうだったのである[85]。

ジョンソンの盟友でリベラルに傾倒するアーカンソーの上院議員ウィリアム・フルブライトでさえ、エルヴィスが階級ヒエラルキー顛倒のシンボルになっていると不満を述べている。「キング」は、大統領より稼いでいるではないか。サウスダコタのジョージ・マクガヴァンもまた、エルヴィスの収入はそこそこの大学に務める全教職員の総年収より多い、と気色ばんだ。しかし何でまた?『ニューヨーク・タイムズ』の映画評を担当するボズリー・クラウザーが悪態を吐く。「怪異な歌唱」と、くねくね「ばか騒ぎする」脚のおかげだ[86]。

マスメディア文化にあって、下層階級の非行はポップ・アイドルと結託しているように見なされていた。LBJのネガティヴ・キャンペーン映画を支援した「道徳的アメリカ母親会」はこれに同意し、彼の建前上の〝レッドネック流〟を階級紊乱《びんらん》の危機に結びつけた。上位者の指導権が底辺者の暮らしを左右するのだというゴールドウォーター陣営の映画製作者のひとりが、次のように説く。大統領の行動が平凡で粗雑にすぎる場合、不道徳な下層階級の欲望に認可を与えることになってしまう。勤労のない富、結婚のないセックス、適切な血統づけのない成功。すべてが危機のしるしだった。社会は、病んでいたのである[87]。

ゴールドウォーター支持者は、ジョンソンの行動を退化したホワイト・トラッシュの父親的人物のそれと見なしたのだろう。一方、リベラル系の改革者は、貧困ならではの行動を血統づけに関わる問題と考えた。「貧困の文化」、「貧困の周期」、「不十分な人々」。新たな術語が血統を補強していた。1960年代という変容の10年にあっても、階級はいまだ血筋や遺伝質といった語彙を強く暗示するものであり続けたのだ[88]。

そして階級はまた、アイデンティティの源泉である土地ともまるで切り離されていなかった。この年代でも最大の影響力を振るった有識者に数えられるハーヴァード大学のジョン・ケネス・ガルブレイスが、豊かな社会の只中にある貧困の「島々」を同定している。社会学者マイケル・ハリントンの『もう一つのアメリカ』* *The Other America* (1962) もまた、安全に隔離された郊外に住む中流階級の社会的自覚も及ばない領域に、貧者の占有する〝見えない国〟がある、と指摘して政策論争の形成に与《くみ》した。ハリントンは、経済的不適合者についてこう論じる。彼らは、アメリカの主流である快活な生産性を持つ〝上昇移動体〟としての労働力から追放された使い捨ての人々に分類されるのだ。貧乏人など遠い植民の外地に捨ててしまえばいい、とした昔日のイングランドの概念がまだ葬られていなかったことになるわけで、まさに〝目につかないものを識《し》ることはできない〟**のである[89]。

ジョンソンにしても、資するところのない社会の底辺層の考察にあたっては土壌という見地を取った。貧者は、と説き起こして曰く、「われわれがすでに手にしているものを欲しがる、小さな土地に住む小さな民衆だ」。念頭にあったのは、土地の有意義な広がりの獲得を夢見た往年の分益小作人である。大統領自身、力の源が「粗野で、硬い粘土《ねばつち》」にあったと認めながらテキサスの山間の地にある「酷薄なカリーチの土壌」***にこだわりを持ち続けていたし、妻の「レディ・バード」・ジョンソンもまた、彼が若い頃に親しんだ土地がその政策のたゆみなさを形づくったものと感じていた。ジョンソンは、荒地暮らしが人の魂を殺してしまうという古臭い観念を覆したのである。泥にはまり込むことなく、恵まれない土地を克服するのに必須の気力と同じ力をもって階級という出自を乗り越えてきた、という自負が彼にはあった[90]。

『ニューヨーク・タイムズ』のジェイムズ・レストンが、1965年の大統領就任演説の日のジョンソンをう

*――内田満、青山保訳、日本評論社。

**――原文 Out of sight, out of mind は一般的に“去る者は日々に疎し”にあたる成句とされるが、コンテクスト上、別訳を採った。

***――乾燥地帯の土壌に形成される炭酸カルシウムの表土層。

まくとらえている。そこにいたのは、「古《いにし》えのフロンティアへの信仰」と新たなフロンティアである科学の双方を語る男だった。「どの言葉もこれが最後という思い入れをもって語りかける」男。「間近で見た者は誰でも、彼の誠実さを疑うことなどできないだろう」。レストンは、真っ盛りに花開いた「ドラマ化されたアメリカン・ドリーム」をLBJに見出していた。「哀れな少年《プア・ボーイ》、そう、貧しい田舎の少年《プア・カントリー・ボーイ》が、世界の頂点に立った」のである[91]。

2週間後、ジョンソンは上院青少年助成事業の催しに出席した学生たちに語りかけていた。確信をもって、彼はこう請け合う。先祖が誰か、肌の色がどうか、3部屋しかない小作農家に生まれてそこで暮らしてるのかどうかなどは問題ではないよ。とはいえ、実のところ大統領はこれらすべてが問題であることを知り抜いてもいた。このカントリー・ボーイは、まさに太陽の下での〝彼のひととき〟を味わっているところだったろうが、内心パワーエリートに囲まれた自分の地位が実質的に保証されていないこともまた織り込み済みだったに違いない。完全に受け入れられているわけではなかったのだから。カントリー・ボーイであれば、ホワイト・トラッシュの品が露呈するしるしをいつさらしてしまうかわからない。何か不適切なことを言ってしまうかもしれない。地金《じがね》である訛りを隠すことも、こびりついた赤土を払うことも、まずできまい。生まれ育った無愛想な土地からどれだけ遠く離れ、流れ歩いても、階級アイデンティティの消えない指標が貼られれば、それは永遠について回るのだから[92]。

第Ⅲ部 「ホワイト・トラッシュ」の変造

The White Trash Makeover

第11章 生粋の南部人《レッドネック・ルーツ》：『脱出』、ビリー・ビール、そしてタミー・フェイ

Redneck Roots: *Deliverance*, Billy Beer, and Tammy Faye

初のクラッカー大統領がジミーとビリー〔カーター〕の混交種だったらよかったのだが（……）ジミーの慎重な正道のもとで高められるビリーの〝おう、何様のつもりだ、さっさとそこをどきやがれ〟的な振る舞い――もしくはビリーの人間性の限界のもとで高められるジミーの理想主義――それらがジョージアでの暮らしにも似た絶妙な化合物を形づくったろうに。

――ロイ・ブラウント・ジュニア『クラッカーズ』*Crackers*（1980）

20世紀後半、アイデンティティ・ポリティクスが末長く続く力となって数十年をかけ浮上してきた。それまで軽んじられていたアメリカ人の声を記録し、心にとめるとあれば、その信頼の度合いもいや増すというものだ。白人はもう有色人種のためにものも言えず、男ももう女の代弁ができない。新左翼《ニュー・レフト》、公民権、ブラック・パワーといった1960年代の諸運動が後続のフェミニスト運動の急発進を助けはしたが、それを踏まえてもなおアイデンティティ・ポリティクスは左翼だけのものにはならなかった。義務に応えて納税はするが連邦政府への要求の声をほぼ上げることのない、勤勉な中流の住宅所有者をもって自ら任じるアメリカ国民。その「声なき大多数《サイレント・マジョリティ》」の利益を代表しよう。1968年、そう主張して執務室入りを決めたのが、リチャード・ニクソンである〈1〉。

アイデンティティは、常に政治の一部であり続けてきた。そして野心を抱く者は、服装を変えるのと同じ道筋をアイデンティティに採用している。そう論じることもできるだろう。だが、これは物語のほんの一端である。アイデンティティを選べる者もいるが、より多くの者が持つのはあてがわれたアイデンティティだ。ホワイト《白い》・トラッシュ《屑》の民衆はその呼称を自らのために手に取ることなどまずないし、〝田舎の貧者〟にしても「無

用者」、「がらくた」、はたまた「泥食らい《クレイ＝イーター》」として社会からつまはじきにされている認識の中で自身の窮状を説明することはない。すでに吟味したように、北軍兵士とリンカンの共和党はメイソン＝ディクソン線の向こうから浴びせられた「どん底の連中《マッドシル》」という意図的な侮蔑語を甘受した。しかしそれは、政治論を整える文化的な力を有していたからのことである。奪われた者には、そんな力などなかった。

「ホワイト・トラッシュ」をセルフ＝アイデンティティにして世間で身を立てた者は、やがて〝他とは違う（そして逆に気高い）世襲財産〟である困民階級という生い立ちの正当性を主張し始めた。１９８０年代末までに、食、話しぶり、嗜好、そしてある者にとっての旧懐の情などの容易くそれとわかる独自の文化形態を伴う民族的アイデンティティというブランドづけが、「ホワイト・トラッシュ」に改めて施されていったのである。異国起源が移民に反映されるというならば、ホワイト・トラッシュは合衆国内に自分だけのひとつの国を創り上げているのだ。その最も穏当な具現の中にいれば、定型のないアメリカ階級システムのこの下層民はもはや（有害な遺伝形質を持つ）劣等の「種族《ブリード》」とは分類されず、増してや容易く脱ぎ捨てられる上に後で取り繕える文化的な血統づけ《ブリーディング》の産物という区別さえ受けない——その伝統なりアイデンティティなりを、主流社会で受け入れられるために小さく押し込める必要などないのだ。ところが、その文化も最悪の形態を取った場合には、ホワイト・トラッシュというアイデンティティがその者の早期の体験に基づくトラウマを穿《ほじ》り、子供時代の記憶を抑圧してしまう。中でも些細とは言えないのが性的逸脱であり、それは今日もなおホワイト・トラッシュのアメリカに停空する問題となっている。ハリウッドはそうした逸脱の、つまり望ましくない者が陥る蛮族状態《バーバリズム》の永遠のシンボルを、ジェイムズ・ディッキーによる暴力スリラー『脱出』* *Deliverance*（1970）を原作にしてこの国へと提供した。サウスカロライナとの州境にほど近いジョージアの田舎町を舞台にした同名映画は１９７２年に公開され、ホワイト・トラッシュの醜聞と僻地民の放蕩という荒廃した肖像を全米の脳裏に焼きつけた。

都会なのか田舎なのか、宗教的なのか世俗的なのか、イングランド系《アングロ》なのかそれ以外なのか。鋳型の如何にか

＊——『救い出される』、酒本雅之訳、新潮文庫。

かわらず、国民による帰属意識の探索は決して目新しいものではない。また、『脱出』（と特に、ネッド・ビーティ演じる登場人物が受けた恐ろしいレイプ）に見られる〝退化的託宣〟によって不快な文化的記憶が軋みを立てたままにされようとも、アメリカ奥地にまつわる再生力のある連想が完全に失われることもまずない。アパラチア地域は、多くの心の中でアングロ＝サクソンのより純粋な種族を留める失われた島であり続けた。ここが、そう、このイメージ上の過去の国であるここが、ジェファーソンの独立自営農《ヨーマン》という「根本《ルーツ》」に遡れる最良の地なのであり、山間《ヒル》の地には生《き》の男らしさがことさら見出されるのだ。そして、アメリカをさらなる民族意識の国、階級に代わる民族性の中にある国へと変容させるいっそう大きな流れが現れる。遺伝モデルが完全に放棄されることのなかった代わりに、受け継がれていく文化的価値を生来の特質以上に注視するよう、設定がし直されたのである。自然《あるがまま》に備わる文化的アイデンティティが混乱によって凌駕されたとき、そこに固有の逆説が現れる。現代アメリカ人による正統で安定した自己の盲目的追求は、ルーツが捨てられかねない、もしくは往々にして捨てられてしまう土地で行われるのだ。アメリカのモデルにおいては、中流階級という望ましい分類に自らを挿し込もうとした場合、新たなアイデンティティの採用と階級の偽装のどちらかが必要とされる〝同化〟が〝社会移動〟以上に優先された。もっともその中流階級にしても、１９６０年代後半までには他にも増して非正統的な階級になってしまったのだが。つまり、郊外というものがアルミホイルに包まれたＴＶディナー、陳腐な俗物気質、よろしくないシットコム《シチュエーション・コメディ》などの消すに消せないイメージを呈するまでになったのである。人々は、映画『卒業』*The Graduate* にも喚情的に描かれているように、キャリアにつながるプラスチック製品への投資話が飛び交うまじめくさったディナー・パーティにいそいそ出かけていく——しかし、化学者の開発した人工品こそ最たる非正統的な産物《まがいもの》ではないのだろうか？　そこあるのは日増しに育つひとつの自覚である。中流階級の快適など幻想だ。ふたりの社会学者が、皮肉混じりにこう結論づける。１９７０年には、田舎の貧乏人が住む孤立地域であれば、少数の正統的アイデンティティもまだ声高に存在を主張していた。テネシー・アパラチア地域の山出し《ヒルビリー》、中西部上方州周縁の薄汚れた農民、ニューイングランドの「湿地に住むヤンキー」がそれである〈2〉。

1973年、公共放送ネットワークPBSで放映されたドラマ『アメリカン・ファミリー』*An American Family*によって、何百万という視聴者が中流階級の生活感をまのあたりにした。テレビ初の「リアリティ番組」の試みとなるラウド一家の英雄譚《サーガ》はいわば逆機能*の研究で――これを機に「オジーとハリエット」はひと昔前の代物となり、子供向けの単調な「ブレディ一家」に至っては感情的な幾星霜を偲ばせるようになる。1年をかけて録画すること300時間。それを1時間12回に編集し、受像機に釘で打ちつけたというわけだ。

だが、このテレビの中の新しい家族を気にとめるのは、どうやら部外者になるようだ。ラウド一家を取り上げた『ニューヨーク・タイムズ・マガジン』*New York Times Magazine*の記事が語るには、彼らの世界は文化上の空虚《ワクウム》なのである。趣味らしい趣味もなく、世の中の苦しみを大筋ほぼ意に介さず、誰か他人と取引をしようというときには感情もあらわにすぐと短絡思考を覗かせる。ふたりの親ビルとパットは別れる別れないの真っ最中だが、夫にしてみれば〝自分は諍いを避けてきちんとやっている〟そうで、棚上げの離婚もふたりの反省の種にはまるでなっていない。時評家アン・ロイヒーに言わせれば、彼にとって結婚の破綻など「ちょっとした歯痛」並みの体験なのだ。撮影のさなか家が火事で焼け落ちたときでさえ、ラウド一家が慌てることはほぼない。彼らは「クラゲ」さながら、透明に、鈍感に、人生を漂っていた。「ちょっと素敵なこと」に価値を置き、注意を向けるのはぱっと見に魅力があり成功しているらしい隣近所だけ。「そうでない人」の話になると顔をしかめるのである。

ロイヒーは、マリオ・プーヅォの『ゴッドファーザー』**Godfather*に登場する氏族に触れながら「ラウドの一員よりもコルレオーネの一員でいたほうがましだろう」としかつめらしく語った。少なくともシチリア産の部族的で暴力的な登場人物には血が通っている。(「コルレオーネ」ではなく「赤頸《レッドネック》」を使ったほうが、彼女にとっては穏当だったろうに)。ともあれラウド一家は70年代中流階級の他の多くと同様、自らの〝無表情〟に盲いたままさまよっていた。この試供品家族にあてた但し書きを、ロイヒーは次のように更新する。「どれほど虚ろで

＊――社会学者ロバート・マートン（1910–2003）の機能分析における順機能の対置概念で、望ましくない結果を招致する機能要件。

＊＊――上下、一ノ瀬直二訳、ハヤカワ文庫。

あれ、わが家に優るところなし」《3》。

✺

歴史に取材した創作は、文化的な憧れへの解となる。『ニューヨーク・タイムズ』のベストセラー一覧の首位に22週連続で君臨した後、エミー賞を9部門で受賞する延べ12時間のミニシリーズとしてテレビドラマ化もされて、メディア界を席巻したアレックス・ヘイリーの『ルーツ』*Roots*（1976）もそのひとつだろう。ここでほぼ想像もつかないことをヘイリーはやってのけた。アフリカ系アメリカ人である自身の系譜を、ガンビアの村落まで遡ったのである。

作者の成功は、アメリカでトビーという名を得た父方の先祖クンタ・キンテを見出したという主張にそっくり基づいていた。ヘイリーは力説する。（アフリカ人の語り部による）一族の口述記録が、公の証拠資料により裏づけられた。そう証言できるまでの綿密な調査に、長年を費やしたのだという。作中の会話は創作としても、一族の英雄譚《サーガ》は本当に歴史の一片なのだ。

この途方もない労作に感銘を受けた『ニューヨーク・タイムズ』は、ヘイリーの「信頼できる豊かな細部」と「歴史の手触り」を辛抱強く説話に染み込ませた手法とを称えた。木鐸としての同紙の抜きん出て優れた評文が、「山のような事実から苦労の末捜し出された実話」と断言したのである。『ニューズウィーク』による称賛も同様で、曰く「徹底的な調査に裏づけられ、個人および歴史の真実に対する壮大な熱情によって生命を吹き込まれた、社会的価値のある驚くべき記録」。だが、すべては虚構だったのである《4》。

話は真のルーツの発見どころではない。大ベストセラー作家は、自らの家筋を捏造したと暴露されたのだ。1977年、著者の歴史上の主張をめぐる論争が、各報道を賑わした。著明なジャーナリストや研究者がこの作品を「欺瞞」とし、以後5年を費やして事の真相が明かされていく。未曾有にして特別な伝承という大架空譚

*――上下、安岡章太郎、松田銑訳、社会思想社。

を語るべく、彼は一族の口述記録を改竄し、家系図を潤色したのだという。そもそものところ、ヘイリーが頼みにしたガンビアの語り部は、ただ聞きたいことを語るのみである。記録にあったトビーは、クンタ・キンテという名前で生まれてさえいなかった――家筋は系図学的にも純然たる創作ということになる。ヘイリーのアフリカは、ターザンの爛熟した密林というほどの戯画化ではなかったものの、半ば意識的な、あるいは自意識過剰ゆえの歪曲で、つまるところ多くの村落の寄せ集め国家として、アメリカ中部を映し出す土地へとガンビアを変換していたのである。ヘイリーも認めたように、先祖と見なした人々の実際の村落はイギリスの交易所にあった。それは描写に見受けられる象徴的な西アフリカの「エデンの園」、歴史に飢えたアフリカ系アメリカ人のために〝裏のプリマス・ロック〟を打ち建てた素朴な世界ではなかったのである〈5〉。

これが作家の犯した罪の範疇にあるとしても、十分質《たち》の悪い話ではある。だが実際、ヘイリーによる調査の試みは、なおまだ深刻な誤謬を露呈させていく。クンタ・キンテのアメリカの子孫の生年月日もまた不当にあてがわれており、家系図には無関係な者の名まで創作されていた。つまり『ルーツ』に適合された現存史料の中に、白人黒人の別ない〝家族〟が収められているのだ。

ノースカロライナのリー家から辿れるという出自について言うと、トム・リーという名を持つ悪玉クラッカーは完全な捏造だった。クンタ・キンテの娘キジー（ヘイリーの強弁する直系の先祖）をレイプした上、自身のムラートの息子「チキン・ジョージ」の家族を安値で売り払うという裏切りまで犯したというのだが、これは起こりようもないことなのだ。実在のトマス・リーは、この時点ですでに死亡していたのだから。しかもリーは本当のところヘイリーの言う「ポ・クラッカー」などではなく1万6000エーカー（約65平方キロ）もの地所と無数の奴隷とを所有する羽振りのいい地主で、親戚には声望の高い公職者までいた。

『ルーツ』に表された階級要素は、このような道筋をもってアメリカ側同様の過ちをアフリカ側でも犯していた。以下の諸々には証拠の断片すらない。曰く、ヘイリーの失われたガンビア人祖先はエリートの血筋で、トビーことクンタ・キンテは合衆国南部で最も酷い骨折り仕事に就いていたアフリカ系アメリカ人作男の上を行く種族、あるいは階級だった。つまるところヘイリーにとってのアメリカ時代のクンタ・キンテは、栄えあるアフリカ人祖先への追慕を誇りとする男としてつくり上げられている必要があった。彼と彼の家族は、奴隷化された状況とは裏腹に、低位階級のクラッカーである親戚とは一線を画していなければならなかったのである〈6〉。

ここではっきりさせておこう。ヘイリーの著作は家族史の偽造であるばかりか、露骨な保守思考となるある種の論理の適用でさえあった。自らをアフリカ系の貴人のひとりと解釈し、人が何になれるのか――そして何を伝えられるのか――という局面で大きくものを言う〝家柄〟に固執していたのである。『ルーツ』は、実事譚としては出来すぎていた。作家が上梓前から物語をネットワークに売り込んだ理由がこれであり、このゆえ彼の騙り屋ぶりペテン師ぶりもついに暴かれることになったのである〈7〉。

ヘイリーの『ルーツ』は血統の捏造がどれほど容易いかの論証で、家系図の創作によって空前の評判を呼んだわけだが、一方、20世紀最高の人気歴史創作家であることは論証を待つまでもないジェイムズ・A・ミッチェナーもまた、小説『チェサピーク物語』* *Chesapeake*（1978）の中で大筋の白人版『ルーツ』を描いている。ミッチェナーは階級上の背景をそれぞれ異にする数家族を追い、彼らの運命を鵟鳥と青鷺の点在する風景と結びつけた。取り扱ったホワイト・トラッシュの家筋は、ひとりの人物ティモシー・ターロックに端を発している。ミッチェナーの描写によれば「敏捷かつ狡猾、相変わらず身なりも暮らしぶりも粗末な小男」で、「6人の私生児」の父親だ。彼ターロックはイングランドで平凡な暮らしを営んでいたが、1600年代に突如メリーランド東岸に放り捨てられ、以来湿地で生活している〈8〉。

どれほど世代を経ても、ターロックの氏族にはほぼ何の変化も起こらない。エイモス・ターロックは1970年代にあってなおトレイラー暮らしをする、歯の抜けたつむじ曲がりだ。ある書評家の言によると、この説話の全体が「野生返りした湿地帯人」によって牽引されていく。ターロック一門は、大地によってひとつ

＊――全4巻、渋谷比佐子訳、至誠堂（本段引用「　」は本書より）。

であり続けたのである。サンタクロースと7人の小人の質の低い彫りもので自分のトレイラーをぐるりと囲むエイモスは、管理人をまんまと出し抜き、かつて鵞鳥撃ちに使った法外に長い（つまり違法の）トウォンブリー式銃を抱えてほっつき歩くことで最高の愉しみを得ていた。ミッチェナーが史上に改めて捏造したターロック一門は揃いも揃って狡猾で――野蛮人《サヴィッジ》さながらの生存主義者だった《9》。

広範囲に及ぶ体験譚とテレビ向きの史実が建国２００年を記念する１９７６年に随伴したのも至極当然だが、そのとき建国の父が手ずから供したのがミニシリーズ化にふさわしい王朝ものさながらの英雄譚《サーガ》である。その『アダムズ年代記』*The Adams Chronicles* は硬骨漢のニューイングランド人農夫ジョン・アダムズが大統領職を占めるまでの道のりを辿り、彼の裔《すえ》が以後3世代分にわたって進んでいく様を追っている。20世紀にまで足を踏み入れ生きた信念の歴史家ヘンリー・アダムズ（1838–1918）が、回を重ねて向かう本番組の終点だった。

当時、議会図書館の新館長に任命されたばかりのダニエル・ブーアスティン教授が、ＰＢＳの同時企画による書籍の前書きの中、「独立独行の貴族」という撞着語法《オクシモロン》をもってジョン・アダムズを鋳《い》直している。彼のよく知られた「虚栄心」や「世論からの独立」は、階級の傲慢を仰ぎ見るべき一家の特質に再定義する中で「アダムズ家の伝統」へと窯変《ようへん》したのである。『年代記』にはターロックの者など不在で、それゆえ民衆扇動家サミュエル・アダムズが一家の「わけのわからない」側面をひとり担わされた。大陸会議出席の際に意匠を凝らした馬車による送迎を力説したこの又従兄の社会上昇志向と好対照をなすのが、「ごまかしのない」ジョン・アダムズである《10》。

✺

１９７０年代に起こった階級再建の只中にあって、20世紀の民族は自身の置かれた政治上の境遇に降りかかる一連の変化を耐え忍んだ。そもそもの始まりは、ニクソン大統領の企てである。ローズヴェルト《FDR》のニューディール政策が抱き込んだ人々以上に「忘れ去られたアメリカ人」となった、ひと味違う種族に訴求するとしよう。彼が関係を持とうと望んだのは、ピート・ハミルが１９６９年の『ニューヨーク』*New York* に寄稿を行った中で「白人の下位中流階級《ホワイト・ロウアーミドル・クラス》」と分類した人々だ。彼らは疎外された「下層民」であり、ニクソンは——勤勉で誠実な——アメリカの背骨である「声なき大多数《サイレント・マジョリティ》」を掻き抱こうと請け合ったのである。マイケル・ノヴァクは『溶け込めない民族の台頭』*The Rise of the Unmeltable Ethnics*（1972）の中、こう主張して議論をさらに一歩進めた。民族系アメリカ人《エスニック・アメリカン》は、アメリカ人以上にアメリカ人だ。忠誠という伝統的な価値感、国旗への愛情、そして勤労を理解し、（黒人はそれをしている、と想像しながらも）政府に不公平な特別援助を期待しないのだから〈11〉。

当時、社会福祉制度はアメリカ人を分断する問題のひとつだった。あるニクソン支持者の認識は、次のようなものである。生活保護受給者の中には、たまたま政府の援助に頼ってしまう勤勉な者もいる。だが、それに比べて資格に値しないその他大勢もいて、見たところ依存の連鎖に延々とはまっているようだ。社会福祉の批判者は、問題を人種上のそれと見なす傾向にあった。ただし、現実は違う。「忘れ去られた群れ」の内推定１７４０万人の大多数が南部で暮らす貧乏白人《プア・ホワイト》で、１９６９年、サウスカロライナ州ビューフォートで行政の無関心に不審を抱いた一団が食糧割引切符《フードスタンプ》の配布遅延に黙っていられなくなったそのときには、女性たちが福祉権運動を主導しているのである。そのひとり、昼間保育《デイケア》の助成事業を組織していたフレイザー夫人などは、視覚的にも強烈な抗議を展開する「生活保護家庭の母親たち」を率い、富裕女性の一群が住宅や庭園といったビューフォートの史蹟めぐりを年一回の定例で行っているのであればと、同時期には貧民住宅めぐりの編成まで行った。ことは全米を挙げての大討論となり、ニクソン支持者はなお見るからに憤りながら不満を訴える。社会福祉がどれほど「弱者の血統づけ《ブリーディング》を行っていることか」。貧困はまたもや疑わしい血統づけのせいにされ、強い家族が堅実な根《ルーツ》を張り〝上昇移動〟を達成する方法が勤勉だと公言されたのである。フレイザー夫人にとって、人間が仕事を得て家族を養おうというのなら社会福祉と昼間保育は必須で、餓死は現実的な危機だった——実際のところ、サウスカロライナの貧者は鉤虫《こうちゅう》などの寄生虫といまだ諍い合っていたのである〈12〉。

都市生活者が1970年代に謳歌した民族再生《エスニック・リヴァイヴァル》のさなか、ギリシア系、イタリア系、中国系の勤労者は家族の伝統を補強し、たとえば近隣地区にある中華街のレストランの人気が上昇していく。祝いの席を自民族の料理で飾ろうという衝動は中流階級なりの現象で、過ぎ去った時のぼんやりとした光を透して見られるのなら貧困は和らいでいた。勤勉という道徳律それ自体がいまや民族や家族の系統樹に接ぎ木され、過去の貧困はまったく負担にならず、根本《ルーツ》もまたそれが何であれ現在に付着する染みではない。マンハッタン、ロウアー・イースト・サイドのユダヤ人が営む民族的な暮らしぶりを情感たっぷりに綴った、アーヴィング・ハウの『われらの父たちの世界』*World of Our Fathers*（1976）のあらましを述べた、ある評者がこう結論づける。「誰もが皆、追憶のためのゲットーを欲している」〈13〉。

民族的アイデンティティも〝社会移動〟をもたらすかぎり肯定的な属性と見なされ、気を惹かない（もしくは非アメリカ的な）個性は一掃された。食、文学、音楽、衣服が促され、民族性の総体がエリス島から入国した病気持ちの、薄汚れた、ひしめき合う群れと区別されたのである。世襲の財産は、歴史の記憶そのものと同様、常に選べるものであり、民族や貧しい民衆は中流階級の優位性を担保する語り口にかぎって遠巻きに、あるいは一定の距離のもとで称賛され得た。人々は、忘れたいほうの喜ばしくもない真実を投げ捨てながら、世襲財産の好ましく、また保ちたいと見なす部分を選んで秘蔵していく。

そして同質の衝動が、すぐさま働くだろう。レッドネックを新たにつくり直し、正統的な世襲財産としてのホワイト・トラッシュをしっかり胸に抱こうというのだ。粗野で荒々しいスポーツ、改造自動車《ストックカー》レースを始めたのが、よく効くウィスキーと法を手玉に取ることで知られるあの密造酒《ムーンシャイナー》づくりたちである。この無法者のスポーツは、デトロイトの自動車会社や有名ドライヴァーからの資金を得て1970年代には成金アメリカ中流階級の益体もない暇つぶし、NASCAR《ナスカー》（全米自動車レース協会）に発展している。一方で哀愁のカントリー歌手ジョニー・ラッセルやヴァーノン・オックスフォードが、好評を得たシングル「レッドネックス、ホワイトソックス、そしてブルーリボン・ビール」Rednecks, White Socks, and Blue Ribbon Beer（1973）と「レッドネック！（レッドネック国歌）」Redneck! (The Redneck National Anthem)（1976）をそれぞれ発表した。オックスフォードが定義する。「レッドネック」は「カントリー音楽を楽しむビール呑みの連中」さ。そして1977年にエルヴィスが亡くなり、カントリー・ロックの新女王ドリー・パートンがエリート・ファッション誌『ヴォーグ』*Vogue* の誌面を飾ったが、こうした「レッドネック・シック」（小洒落たレッドネック）は1981年の映画『アーバン・カウボーイ』*Urban Cowboy* でハリウッドにまで到達し、ニュージャージー男《ジャージー・ボーイ》ジョン・トラボルタがヘルメットをかぶる《ハード＝ハット＝ウェアリング》労務者で安酒場《ホンキー＝トンク》に入り浸り、トゥーステップ・ダンスを踊るテキサス人バフォード・デイヴィスを演じた。また1986年には、低劣な専門語と田舎のレシピを満載したアーネスト・マシュー・ミックラーの『ホワイト・トラッシュ・クッキング』*White Trash Cooking* が出版されてもいる。料理人、そして同時にカントリー歌手のミックラーが、72歳の年老いたおばに著書を贈る。彼女はこう言った。「おや、あたしらの出番かね？」〈14〉

　ホワイト・トラッシュの受容や応化の推移は、端で見るほど円滑ではなかった。ドリー・パートンは度を超えた尻軽女をファッショナブルに加工し、マリリン・モンローやジェイン・マンスフィールドの金髪ではち切れんばかりのまがいもの《バーレスク》と『リル・アブナー』の人気者デイジー・メイとをかけ合わせたが、こうした公的なアイデンティティはホワイト・トラッシュの堕落というそしりを免れなかった。「こんなに安っぽい見映えをつくるのにいくらかかるか、きっとわからないでしょう？」1986年、パートンはある記者にそう語っている。ハリウッドの大成功作『脱出』にしても優雅さなど薬にしたくてもなかったが、その代わりに優生学運動が視界から徐々に消えて以来の無作法者となるヒルビリーの最も荒廃した肖像を世に供しており、まるで往年の開拓民がホワイト・トラッシュの野蛮人《サヴィッジ》どもの魔の手を逃れながら原野の危難を克服しているかのようだ、と大胆なアトランタの冒険者4人を称えるファンレターを作者ジェイムズ・ディッキーに書いた小説の読者や映画の観客にしても、いずれもが白人中流階級だった。ディッキーのかつての教え子などは恩師に追従《ついしょう》めかした手紙をしたためているが、その文面から察せられる疑わしい人間性にはどうやら本人も気づいていない。熱心に僻地をめぐるハイカーの彼は、こう記していた。「ともあれ僕は弓を持っていないですし、忍び足で僕を殺そうと高みで待ち伏せるレッドネックもそこにはいません」。道義を言うと、彼は山に登るスリルと山の男たちを死に至らしめるスリルとを区別できていないようだ[15]。

階級間の敵意は根強かった。南部の郊外居住者の多くには自地域の底辺層をなすホワイト・トラッシュへの共感など毛ほどもない。また、下層階級のレッドネックと「高所得のレッドネック」の間にもはっきりと線が引かれていた。こうした有毒な感情がふつふつと煮つまっていく現場をためつすがめつしたのが南部人作家、公民権活動家のリリアン・スミスである。忠誠の向き先を共和党に鞍替えした北部都市の民族系ブルーカラー同様、中流階級の南部人もまた「援助金が入るまで毎月毎月泣き言を言う、弱く、ものぐさで、使えない連中」をいささかなりと嫌っていた。片やホワイト・トラッシュのふた親のもとで立身出世を志す息子のほうは、勤勉と独立独行を自認し、スミスの言うように「われとわが身のみを扶《たす》ける」信念を胸に抱くもので、この類いの自助型の者は自分以外のホワイト・トラッシュを見下し、

㊷———ナッシュヴィルのレコード店に貼られたドリー・パートンの「過剰な女性らしさ」をとらえた立ち姿のポスター（『エスクァイア』、1977）。

両親が連邦政府の補助だけを頼りにタール紙張りの小屋から脱出したことも都合よく忘れてしまう。彼はのし上がり、今やそれなりの者だ。だが彼は、自らのぼってきた社会の階段をさっさと畳んでしまうだろう。

つまり郊外の白人の悪感情は、プア・ホワイトのあしらいにおいても黒人（有色人種）《ブラックス》に対するそれと同様に繰り返されたのである。スミスの見立てによると、かつて貧しい境遇にあった南部白人と立身出世を志して移り住んできた者には共通する何かがあった。「皆が皆この土地で何を欲していたのか、ここに来る大半の者が何を求めたのか、というと、ひどい臭いのする、小屋で寝起きをする、豚の背脂を口にする、仕事がないからと明くる日もほっつき歩く、そうした連中の全員から身を離すことだった」。身を立てるとはつまり、「貧困の溝《どぶ》」にいまだはまっているその者どもの向こうに身を置くことなのである。中流階級の新参者は、連中の極貧からの脱出を助けるというよりもただ貧乏人に金を浪費するだけの政府に激しく憤っていた《16》。

この鋳型にぴったり収まるのが、ウェストヴァージニアの民主党員ロバート・バードだ。１９７１年に富貴者エドワード・ケネディを撃退して上院院内幹事に新選された彼は、『ニューヨーク・タイムズ・マガジン』の評言通り「刻苦勉励の果てに大富豪の座にのぼりつめるようなポ・ホワイト・キッド」だった。孤児であり、パトロンにリンドン・ジョンソンがいると自慢する元肉屋、食品雑貨商のバードは、生活保護、暴動の徒、共産主義への攻撃によって名を上げている。調査員を雇ってワシントンDCの生活保護者名簿から不正受給者を追い払った彼は、ひと際冷淡にこう宣言した。暴動の徒など掃討して当然であり、火事場泥棒はその場で「速やかに、情け容赦なく」射殺すべきだ。彼は自らを、ドラキュラ、ジキルとハイド、ユライア・ヒープになぞらえられる上院随一の鼻つまみ者に仕立て上げた――ちなみにユライアは、ディケンズの小説『デイヴィッド・コパフィールド』*David Copperfield* のお追従者で欲深、立身出世を企む事務員だ。院内幹事への就任後にある首席補佐官がこう述べている。民主党員は「身を起こしたレッドネックの、やつれたメフィストさながらの顔色」を今やうかがうことになった。

＊――全５巻、石塚裕子訳、岩波文庫。

バードは生活保護を受ける人々を「札つきのたかり屋」と呼んだ。政府の援助を得ている子供にまで共感のないことを隠さずに曰く、ただ空腹なだけで飢えて死ぬこともないのなら、救済には価しない。彼はＫＫＫの元団員として、コロンビア特別区《ワシントンDC》の生活保護受給者（大半が黒人）と故郷ウェストヴァージニアのたかり屋とを便宜上区別していた。こうすれば、マウンテン・ホワイトに紛れる不正受給者を苦もなく根絶できるではないか。山の衆は政界への切符だったのである。議員への初立候補の際、小屋から小屋へと移動する車内の後部座席でフィドル曲を奏でてヒルビリーの群衆の機嫌を取った彼は、〝アーカンソーの旅行者〟の古謡を繰り返しながらその19世紀のドラマに登場するふたつながらの役柄、プア・ホワイトと野心にあふれる政治家とを器用に演じていた。『ニューヨーク・タイムズ』が明言する。バードは「プア・ホワイト・パワーの化身」になるだろう。彼はリリアン・スミスの言う通り、貧困という「行く手の藪を切り払った」怒れるレッドネックなのだ。政治的不寛容のシンボルとしての彼は、この上なく無慈悲だった〈17〉。

✺

位相の対極にあったのが、1970年の当選の際「新しい南部知事」のひとりとして『タイム』の表紙を飾った民主党リベラルのジョージア人ジミー・カーター*である。だがジェイムズ・ヴァーダマンやユージン・タルマッジのような唾棄すべき南部政治家から隔たること幾十年、まだなお彼も勝利のため「レッドネック」向けキャンペーンを展開する要に迫られていた。白人の怒りを燃え上がらせたアラバマ州知事ジョージ・ウォーレスの先例を、無視するわけにはいかなかったのである。**カーターは、ブルーカラーや田舎の有権者の票獲得のためとあればとリベラルで居並ぶ対抗馬カール・サンダーズを、平凡な男とは縁のない法人顧問弁護士として潤色した。スタッフもまた彼に「カフスボタン野郎のカール」というあだ名を進呈して会員制社交場《カントリークラブ》の閉ざされた扉をテレビCM化、音声にこう語らせたものである。「わたしたちのような者は招かれません。暮らしのためにあくせく働

*――第39代大統領（1924–、任期：1977–1981）。

**――1958年の知事選でNAACPの支持を受けて惨敗、1962年の立候補の際は“変節”して人種隔離派を打ち出し当選した。

いているのですから」。カーター陣営は、候補者が貧しいカントリー・ボーイ然として収まった写真――トラクターに乗っている一枚など――を探し出し、これぞという見苦しい数点を出回らせた。資金源がピーナッツ栽培という実直な商売と――理屈の上では――その在庫管理とあって、ジミー・カーターはアトランタやワシントンの「大物」のひとりではなかった〈18〉。

決戦投票の期間サンダーズ陣営は攻勢に回り、カーターのピーナッツ農場にある小作農の荒れ果てた家屋の写真を載せたビラを作成した。見出しにぶつけたのはカーター自身のスローガンである。「そろそろこういう人たちのために誰かが声を上げるときだろう?」わけても罪深い対抗ビラには、人種差別主義の指導者とベッドをともにするカーターの姿まである。彼が道化た裸足のレッドネックとして描かれ――水玉模様のスーツがばかばかしさをいや増していた。保守派有権者の政治的満足のためだけに自らの階級アイデンティティを操作するカーターは、斑紋を変えられる豹である。そう言いたいのだ。この攻撃は当たらずとも遠からずである。予備選で黒人票を遠ざけても平気なカーターも、いざ本選となると自称レッドネックの声を落として変節したのだから〈19〉。

カーターは一政治家として、州都アトランタを舞台にした『脱出』の1972年の映画化を仕方なく歓迎したが、この作品が州のためになるという企画推進者の主張には懸念を抱いたままだった。実際、ふたりのジョージア人ジェイムズ・ディッキーとジミー・カーターにはまったく共通点がない。カーターはバプティストであり、その妻は禁酒家《ティートータラー》、一方のディッキーは途方もない大酒呑みで、その上裕福な生まれの独善狂《エゴマニアック》。甘やかされた女々しい若年期を経て不安感に取り憑かれるようになったディッキーは、自分をヒルビリーの子として新たにつくり直す――わが身に関する数ある虚言のひとつである。北ジョージアの親戚は事実、相当数の奴隷を含む財産をかつて所有した大地主ではあったのだが〈20〉。

1970年に出版されたディッキーによる小説は、失われた男らしさの苦悶にあふれた探索であり、彼の「内なる《インナー》ヒルビリー」を回復しようという試みだった。表向き小説(と映画)は、アパラチアの川をカヌーで下る4人の男たちの物語だ。太っちょの独身男ボビー（ネッド・ビーティ）が山の男たちのひとりにレイプされる場面があり、映画では襲撃者から雌豚扱いされてきいきい鳴いてみろとなじられる。この性心理スリラーの中、伊達男《ダンディ》然とした町の衆は相応の報いを受けるばかりか原始的な本能の再発見まで強いられるのだが、ディッキーからするとそれは喜ばしいことだった。彼の主人公は、結果的に以前より強い男になるのだから。小説家はあるインタヴューに答え、次のように認めている。自分にとって人を誘《いざな》う疑似餌である奥地は、「生き残りのためにせざるを得ないと感じたことは何でもやり」、人外で暮らす男たちさながらに行動する「遡行した怪物《カウンター＝モンスター》」になる可能性のことだ。町場の男たちが2件の殺人を犯し、ロニー・コックス演じる仲間のひとりドルーの死を隠し、不運な旅の顛末を決して口外しないよう固い約束を交わすのは小説も映画も同じである。再びの洗礼を受けて血盟者《ブラッド・ブラザー》の名を得た生き残りの3人組は、暗い秘密を胸の裡《うち》に秘めていくのだ《21》。

ドルーは、死ななければならなかった。アトランタから来た4人のビジネスマンの中で唯一地元民に共感を示した彼は、イディオ・サヴァン*の10代の少年（この登場人物ロニーは、小説だとアルビノにも取れる）のバンジョーと自身のギターとの合奏の後に握手を求める。映画の〝託宣〟は明瞭だ。共感はシティ・ボーイが克服すべき弱さのしるしで、暴力に訴え、奥地民の無検閲な魂への擬似的突入を講じてこそ、野生返りした生粋の南部人《レッドネック・ルーツ》である自分が回復され得るのだ《22》。

ディッキーの物語には、特大の訴求力がある。彼が描いた探求は、アメリカ社会における〝どこか他所〟の表象をも見出しているのだから。NASCAR《ナスカー》のレースには同じ種類の魅力がある、と『エスクァイア』*Esquire* に書いたのはトム・ウルフである。危険という瞬間的な快楽のために生きる抑制のない男たちは、行動の帰結を恐れなかった。ノースカロライナ人ドライヴァー、ジュニア・ジョンソンは「すべての人や階級と一体になれる英雄」であるばかりか、故郷の州の孤立した山間や谷間をかっ飛ばす〝ウィスキー運び〟が昂じて改造自動車《ストックカー》レースへと至った「稀有な種族」でもある。金、段層構造《スプリット＝レヴェル》の家、家禽事業と彼はすべてを手に入れた。いかにもつ

＊———特定分野での卓越した能力を持つ知的障害者。作中ではドルーの弾く小節をロニーが即時で反復する。なお idiot savant は英医師ダウンによる 1887 年の命名だが、現在はサヴァン症候群 savant syndrome が一般的。

なぎ服は襟の立ったウィンドブレーカーと「しゅっとした《スリム・ジム》」白のズボンに着替えられたのかもしれないが、この「昔気質の種族《オールド・ボーイ》」は「生《き》のままのヒルビリー」という一種の狂気をもって時速175マイル（約時速282キロ）で突っ走り、何かどでかいことを見せつけるのだ。さぞや心を掴まれることだろう[23]。『脱出』に出演した男臭い《マッチョ》スター、バート・レイノルズは、ストックカー・レーサーの生き様への讃歌《オマージュ》となる〝南部訛りだらけの作品〟づくりへと走った。その『トランザム7000』*Smoky and the Bandit*（1977）の中、彼演じる登場人物は法規ぎりぎりの暮らしを営み、（サリー・フィールド務める）女性の道連れは逃げ出してきた花嫁で――ふたり揃って文明社会の束縛を却下するのである。作中のレイノルズはあの懐かしい「サグ」*にも似た現代の不法居住者《スクワッター》で、擦りつぶされそうな日々の仕事に出世のためと精を出し励むことなどまっぴらだと拒み、そのため尊敬の的となる。『トランザム7000』は1977年の興行収入第2位を獲得したが、その人気のおおよそは南部と中西部に拠っていた。この賑わいに一枚噛もうとしたのがCBSで、1979年に『爆発！デューク』を制作、鮮やかな赤のレーシング・カーを乗り回す反骨漢の密造酒《ムーンシャイナー》づくりと、似た者同士のセクシーな従妹で短く切ったジーンズショーツがトレードマークのデイジーを軸に筋立てが展開される。つなぎ服と田舎者じみた説教で知られる叔父ジェシー役のデンヴァー・パイルは、かつて『アンディ・グリフィス・ショー』でヒルビリーの音楽一家の無愛想な父親ブリスコー・ダーリン・ジュニアを演じていた[24]。

NASCARの何千という見物人の中には、反逆の雄叫びを上げ、酒を浴びるほど飲み、安っぽいダラス・カウガール姿で山車《フロート》に乗った「膨らんだ金髪とこぼれんばかりの胸」の尻軽女に色目を使うという、いわば〝賊《バンディット》〟のように振る舞いたい者もいた。** 固定種の自由――野暮でいる自由、後悔の埒外か後悔なしでいる自由――を奉じているのだ。「高所得のレッドネック」、上昇中のホワイト・トラッシュの中流階級もまた、つなぎ服を脱ぎ捨て、自動車業界《デトロイト》からの札束を受け取るほどの尊敬を勝ち得る者であるヒルビリー・レーサーと同種に分類される。階級構造は、さほど〝田舎の貧者〟向けになってはいなかった。ひとりやふたりのヒルビリーが儲

*――――第5章、図⑳を参照。

**――――南北戦争の南軍兵士もまた士気を高め敵方を威嚇するために「反逆の雄叫び」rebel yell を上げたという。なお、この原文では一般名詞だが、『トランザム7000』の主人公名も「バンディット」である。

けて名を売ったろうが、山間《ヒル》に取り残された者は何ら社会的恩恵を刈り入れてはいない。「高所得のレッドネック」のバックミラーには、下位の人々がくっきりとよく映っていた《25》。

ジミー・カーターの大統領就任は、従来の南部政治家とは一線を画すかに見えた。1976年の選挙キャンペーンで虚偽の拒絶を有権者に訴えた彼は新生キリスト教徒《ボーン＝アゲイン・クリスチャン》で、（原子物理学の基礎を学んだ）元海軍将校でもある。キャンペーン初期には、尋常でない言葉遣いの演説をニューハンプシャーの小学校で行った。合衆国は「アメリカ国民同様で、見事で、正直で、寛大で、有能で、厚情で、愛で一杯の政府」を持ち得ると宣言したのだ。感傷的な民主政治論者、福音の染み込んだキリスト教徒のポピュリストが、旧弊な（レッドネックの）南部の怒りに煽られたポピュリズムからついに躍り出たのである《26》。

政界の先達すべての中では端正な物腰のフランク・クレメントにおそらく最も近くなるカーターだが、個人的声明には概ね自身の宗教的見解が保持されていた。彼はクレメントばりの旋回運動をするエンタテイナーでもなければ、（5フィート7インチ〔約175センチ〕の背丈とあって）「ビッグ・ジム」・フォルサムめいた冗談好きの大男でもない。むしろイェール大学出のテネシーのリベラル、エステス・キーフォーヴァーになぞらえられるのを好んだ。キャンペーンのレトリックには一家がそこで成功を掴んだ「丸太小屋」の物語が含まれたものだが、それも少年「ジミー」の〝裏庭にテニスコートのある育ち〟を割愛した上でのことである。とはいえオールマン・ブラザーズ・バンドのようなサザンロック・グループの支持を得て、南部の誇りを表明したことも間違いではない。当然のこと、彼の政略処理担当者は軽トラックに乗る聴取者向けにラジオ広告を打った。「100年この方、われわれは悪い冗談の的になってきた。ホワイトハウスから**われわれ**の仲間を締め出すようなまねを、ワシントンの政治家どもにさせてはいけない」。クラッカーというルーツを最も意識したのは支持者（のちの国連大使）であるアンドルー・ヤングの言葉、彼は「よくできたホワイト・トラッシュだ」を引いたそのときで、これがピーナッツ農夫ジミー・カーターを「回心した」ホワイト・トラッシュにつくり変える。ジョージアの黒人下院議員ヤングの存在は、貧しい黒人と白人の間にある積年の敵意が克服できることを示唆していた[27]。

ニクソン大統領時代の汚れた政治を脱却したのはいいが、日曜学校の教師然としたカーターの外的人格《ペルソナ》はそこ止まりだった。同郷のロイ・ブラウント・ジュニアが、自著『クラッカーズ』*Crackers*（1980）でイメージの難点を巧みに要約している。カーターはジェイムズ・ディッキーばりに内なる《インナー》レッドネックを見出すというより、自分でないすべてに心が向いていたというのだ。「彼は人種差別主義者でも、エリート主義者でも、性差別主義者でも、ワシントンの人間でも、うつけ者でも、嘘つきでも、法律家でも（……）理論家でも、偏執者でも、曲者でもなかった」。いつでも現実から目を背けていたのである。ブラウンは論証を続ける。「レッドネックからしみったれぶり《ミーンネス》と黒人詆り《ハムボーン》の芸人とを」取り除くと、そこに残るのが「力も枠組も」ないカーターだ。どれほどリベラルでも、どれほど寛容で好意的な人物に見えても、レッドネックの影は彼につきまとった。その影の中でメディアは待ち構え、ジミーの歯を見せた笑顔、沼地の兎との奇妙な決闘、そして最も見逃せない彼のレッドネックの二重身《ドッペルゲンガー》――弟ビリー――に夢中になったのである[28]。

カーターは1970年代の完璧な候補者になった。〝「ルーツ」を携え政界入りする誰か〟だったのだから。出馬したのも、ちっぽけな町プレーンズの出の者として、また土地を、親族を愛し、地元コミュニティを宝とする男として、である。この素朴な〝財産〟が彼の名刺で、『クリスチャンサイエンス・モニター』*Christian Science Monitor* の人物紹介の結び通り「これほどのこだわりでルーツに愛着する者もほぼいない」。アレックス・ヘイリー同様、家族の系図学に執心するカーターは、「普通人《コモン・マン》」の生まれをうまく耕していた。ただし1977年、イギリス刊の貴族名鑑が彼の家筋を調べた仰天の23頁を投下するまでは。大統領は、年季奉公人の末裔などではない。それどころか、その家族史は英語世界でも最も意義深いものに数えられた。何とジョージ・ワシントンとイングランド女王の双方につながっていたのである。『ニューヨーク・タイムズ』は目論んだ。アメリカの同胞もこの発見に「楽しみ」を見出すだろう。イングランドの旧カーター家にアメリカで言う密造酒づくりにあたるもぐり業者までいたことを読者に喚起すれば、イギリス側の発表の調整にもなる。さて、高貴な血かヒルビリーの密造酒づくりか？　件の調査書『ディブレット貴族名鑑』*Debrett's Peerage* の渉外役は、カーター家が「智者から才人に至る」人材を産んだことを主張しようと優生学的な思考まで持ち出していた。ただこの専門家も〝家筋にはそれなりに「眠たい者」もいた〟と打ち明けており、その段でいくとこうしたほとんど不首尾だった枝が大元となって、ジミーの弟ビリーはよろしくない属性を獲得したことになる《29》。

　とはいえ、ビリー・カーターはまったくの眠たい奴でもない。彼はレッドネックの星となり、南部名士《セレブリティ》の署名や写真を求める観光客がカーター兄弟の故郷の町プレーンズへと押し寄せた。自らの銘柄、その名もビリー・ビールの監修に手を染めたこの弟は、全国展開の折衝のために代理人を雇っていた。それほど剛情で無検閲な物言いが知れ渡っていたのである。ポールモールを日に5箱吸い、何でもたらふく呑める鉄の消化器から市民ラジオの匿名は「鋳鉄《キャスト・アイアン》」、「熱狂派のキリスト者《ホーリー・ローラー》」でもなければ「南部の失われた大義」の執行者でもない。南北戦争で闘うならどちら側につくかと訊かれたときには、冗談めかしてこう答えたものだ。「たぶん沼地に隠れるね」。１９８１年、兄が執務室を去った後、ビリーは移動式の家《モービル・ホーム》を売り歩いていた《30》。

　ジミーの中にもっとビリーがいて、もう少しふてぶてしく生意気なほうが望ましかった。そんな思いをロイ・ブラウントが語る。「初のクラッカー大統領がジミーとビリーの混交種だったらよかったのだが（……）ジミーの慎重な正道のもとで高められるビリーの〝おう、何様のつもりだ、さっさとそこをどきやがれ〟的な振る舞い――もしくはビリーの人間性の限界のもとで高められるジミーの理想主義――それらがジョージアでの暮らしにも似た絶妙な化合物を形づくったろうに」。ブラウントのクラッカー大統領は、「もっと恵まれた語り口と、それほどげんなりさせられない笑顔」の持ち主なのだろう《31》。

　ジミーの内面には、ブラウントの認識を超えるレッドネックがいたように思われる。１９７６年、カーター陣営を辞したスピーチライターのボブ・シュラムが、候補者の情に欠けた一面を暴露しているのだ。炭坑夫を公に主導するある人物が、当事者である聴衆を前に演説を行った折、シュラムと私的な会話を交わしたのだという。「彼［カーター］は、坑夫の黒肺塵症の給付金増額に反対している。好きで坑夫になったんだから、とね」。階級の状況への理解がどうやら抜け落ちているらしいカーターが、1マイル幅もあるしみったれた縞模様をまさにさらしてしまったのだ。さて、危険を承知で仕事に就いたのだから坑夫は苦しむべきなのだろうか？　再びしみったれた側面を覗かせたのが1977年、妊娠中絶を望む貧困女性への医療保険給付金を制限するハイド修正条項に署名したそのときである。NBCのジュディ・ウッドラフからの質問に答えた大統領は、厳密な倫理面での立場を弁明せずに階級論を展開した。「そう、知っての通り人生には公平でないこと、富める者にその余裕があって貧しい者にはできないことがたくさんあります。しかしわたしは、そこに倫理上の要因が含まれるとき、連邦政府が機会のあまねく平等化を試行すべきとは信じません」。連邦政府は、貧困を理由に貧困女性への給付を拒否し得る。それが彼の基本的な立場だった。富者は快に任せて行い、貧者は鍛えられるべきなのである。カーターは、運命論的な視点に向かいがちだった。貧困女性は神意に値し、炭坑夫は黒肺塵症に耐えなければならないのだ。〝託宣〟が、現実的に下される――わが身を扶《たす》けられないとあれば、平等も同情も期待してはならない[32]。

ジョージア州プレーンズのジミー・カーターとアメリカとの恋は、それなりに素早く萎れた。衰える一方の人気を集約したのが1979年の〝沼地の兎のたとえ話〟である。それはメディアがかけらも逃すまいとした記事の種のひとつで、騒ぎ立てられるまで大統領スタッフが遭遇場面のイメージ配布を拒否したことで拍車がかかった。その沼地の冒険は、カーター自身の口から語られた。カヌーを漕いでいた。野兎が泳いで彼の小船を追いかけ、「歯をむき出す」のが目に入った。奇妙だし気味が悪い、と思った。（パドルで追い払ったのだ）。記者たちが、辺境民の語る自慢合戦の現代版に仕立て上げる。あるジャーナリストが小言を言う。「熊と組み合うダニエル・ブーン」ならぬ「ピーターラビット」を相手取るカーター。他の者はやれ大統領と特攻兎《バンザイラビット》の試合だ、やれモンティ・パイソンのあの殺人兎だと書き立てる。この話は、弱虫大統領の指導作法の暗喩となった。慣れ親しんできたはずの土地で――ジョージア奥地の手つかずの湿地で――臆病者に変身するカントリー・ボーイ伝説を振りまきながら。ジミー・カーター？『脱出』の主人公よりも『ハーヴィー』*Harvey* の「ジミー」・ステュアートのほうがよほどしっくりくるだろう。そう、幽霊兎の実在も証明できず、自分が田舎の無骨者に見えるような話を取り消すこともできない痴愚の男だ[33]。

1980年の大統領選でカーターを負かしたのが、南部文化をほとんど理解していないもののイメージづくりには長けていた人物ロナルド・レーガン*である。ホワイトハウスが、魅惑のハリウッド映画の舞台装置さながらの飾りつけを採用したわけだ。父祖の地アイルランドのティペラリー郡バリポリーン訪問の折にはアイルランド人になりきることができたし、最も知られた出演作のひとつ『カンザス騎兵隊』*Santa Fe Trail* で演じたようにカウボーイハットをかぶり馬にまたがることもできたこの「演じる大統領」は、感動的な台詞を発する、カメラ映えのする表情を見せる、要望通りの語調や感情を投影するなどの訓練を受けてきたという意味で、大概の政治家にはない技能を持っていた。崇拝者の主張する「偉大な伝達者」という以上に、テレビの出現とともに真の雄弁が死に絶えて以来の慎重に磨かれた「メディアへの反射神経」を持つ〝俳優〟だった彼は就任後、田舎の南部、普通人、裸足にジーンズの素朴なアメリカ人的イメージというカーターの全表象を排除した。レーガンにはタキシードが似合うのだ。当選年にはこんな噂が飛び交った。妻ナンシーが友人に触れ回っているらしい。〝カーター家はホワイトハウスを「豚小屋」にした〟。彼女の目に映る彼らはホワイト・トラッシュで、痕跡はすべて消し去られるべきだったのである[34]。

やはり同年のある新聞の一面の中で、保守派からの信頼に厚いひとりの飛び抜けたレーガン支持者が、レッドネックに関する不審な議論を展開した。彼パトリック・ブキャナンはこう告発する。都会の黒人は政府による貧困という罠にかけられ、こと男性は一家の大黒柱でいることに由来する誇りを奪われてきたのだ。彼の望みは黒人がレーガン支持に回り、「黒い声なき大多数《ブラック・サイレント・マジョリティ》」を新たに組織することにあった。「専業の貧困支持者《ポヴァタリアン》」の抵当物

*――第40代大統領（1911–2004、在任：1981–1989）。

という役割を貧者に振りながら、ニューディール政策でレクスフォード・タグウェルが受けた貧者を操る人形師という往年の攻撃を再び息づかせたわけだ。レーガンのバンパー・ステッカーを貼った軽トラックを持ち、袖に縫いつけたアメリカ国旗（南部連合旗と言うべきか）を誇示するレッドネックのまねごとを、都会の黒人が自分の流儀にすればいいというブキャナンの処方には何にも増して目を見張らされる。ブキャナンは、貧しい黒人とレッドネックを同じ船に乗せながら、官僚主義を〝全員の敵〟にしていた《35》。

✺

ジミー・カーターの当選が、ロイ・ブラウントの友人のひとりに「おれたちはもうクズ《トラッシュ》じゃない」と大声で叫ばせていたとしたら、その感慨も1987年には悲しくもくじかれていた。ジム・ベイカー師の転落が、その年最大の公的スキャンダルとなったのである。無名者から名をなした彼と妻タミー・フェイが、ノースカロライナ州シャーロット郊外にテレビ伝道師の帝国PTL（「主を誉めよ Praise the Lord／愛を伝えよ Pass the Love」）のネットワークを設立すると、概算1300万世帯がこれを視聴した。彼らはさらに2300エーカー（約9・3平方キロ）の土地に有益性の高いキリスト教テーマパーク、ヘリティッジUSAを開園する。ベイカーは1984年、リバティ大学の創始者ジェリー・ファルウェルやキリスト教放送ネットワーク（CBN）の設立者パット・ロバートソンとともにホワイトハウスのレーガン大統領に面会し、保守系宗教指導者の旗手の仲間入りを果たした。だが3年後にFBIが捜査、ベイカーは詐欺、共謀など24件の罪で有罪判決を受ける（PTLは「不正利益を得るクラブ」と認識されていた）。司直の心証は最悪で、この不徳な牧師には懲役45年が申し渡されるほどだったが、最終的に務めは5年間となった《36》。

「聖書学校の落ちこぼれ」と評されたベイカーの物語は、追随者から金を巻き上げ、その上で著しく贅沢な生活を送る男の姿を明るみに出した。数多くの私邸、1953年製ロールスロイス、優美なハウスボート、衣裳部屋一杯の高価なスーツを所有したジムは、タミー・フェイとともにかつてのトレイラー暮らしから何百万ドルという給料やボーナスを貯め込むまでになっていたのである[37]。

過剰なホワイト・トラッシュの夢を説く。それがベイカーの牧師活動で、1985年のとある番組では、キリスト教徒のアミューズメントパークの度を超えたやり口の正当性を主張している。「新聞社の人々はわれわれなどクズに戻ればいいと思っている（……）キリスト者をみすぼらしく、質も低く、さもしく、無価値な者どもと本気で思っている。彼ら同様に素敵なものを手に入れたわれわれが、脅威になるからである」。一転、わが身の放縦を認める中、ベイカーは小声で、歌うように語った。「やりすぎました。主よ、わたしはやりすぎました（……）神は大いなる神。神は私のすべてです」。二流のペテン師は、『群衆の中の一つの顔』でアンディ・グリフィスが演じたロンサム・ローズの実話版だった。つまり、ある記者がベイカーの番組の未放送部分を観た後に語った通り、その〝繁栄の神学〟とリヴィングルームで聞く説教は「『ペティコート・ジャンクション』の安っぽい感覚」を帯びていたのである[38]。

㊸———“繁栄の神学”の誘惑的で唯物論的な託宣。自身のLPレコード『負けないで（ドント・ギヴアップ）』*Don't Give Up*のジャケットを飾るタミー・フェイ・ベイカー（1985）。図㊷のドリー・パートンと“見場”を対照されたい。

物語の裏張りは、強欲そのものだった。会衆とともに崩れた化粧が頬を伝うほど大泣きすることで知られるようになっていたタミー・フェイは精神安定剤の依存症でリハビリ施設送りとなり、師である夫のほうはといえば教会秘書の若い女性に7年前のセックス奉仕への口止め料を払っていたことを当のジェシカ・ハーンによって『プレイボーイ』*Playboy* に告げ口された。暴露がまだ不十分なら、ハーンとのモーテル密会を手配した教会同僚もまたテレビに映るあの牧師と3回の同性愛関係を持ったと告白している《39》。

タブロイド紙によるベイカー事件の再三にわたる報道が、ともすれば「リアリティ番組」の本格的な誕生の前兆になったのかもしれない。壊れてしまったベイカー夫妻から、TLCテレビの『ハニー・ブー・ブー』に見受けられるジョージアのホワイト・トラッシュ王国の惚けた傍観ぶりへと直接流れる瀆聖の系譜。そうした見方もあるのだ。伝道師のこじつけと未成年のビューティ・コンテストのやらせは、どちらも大衆の抱くアメリカ底辺層の〝安い行動〟への愛着に乗じているのである(爾後となる2004年、タミー・フェイもまたリアリティ番組『超現実的生活』*The Surreal Life* を始めた)。「主を誉めよ」の伝道師に騙られた人々は主としてプア・ホワイトであり、その番組の視聴者の大多数が高等教育をさほど受けていない、とりわけ気の毒なことに無職者の新生信徒《ボーン=アゲイン》だった。ある職員が漏らす。PTLは、月初めの社会保障手当や生活保護費が届く頃合いに寄付を募る手紙を送っていました。福音の偽善への批判者は怒りを爆発させ、激昂したある新聞の論説委員などは「ホワイト・トラッシュを前線中央へ」運んだとして他ならぬレーガン大統領を攻撃した。彼はベイカーを始めとするテレビ伝道師をホワイトハウスでもてなし、国民に「伝統的なアメリカの価値」を彼らから学ぶことができるとまで言い放っているのだ。ベイカー夫妻が昼夜を問わず国語を虐殺し、信仰を冒瀆しながら「ポン引きまがいの格好で」テレビ出演していたというのに《40》。

この夫婦はそもそもが南部の出身ですらない。タミー・フェイは、ミネソタの小さな田舎町の貧困家庭の生まれだ。8人きょうだいで、屋内には水回りもない。両親はペンテコステ派*の伝道師である。夫のジムはミシガン出身、機械工の息子だった。ふたりがノースカロライナへと移ってきたのは、同派の〝神の託宣〟を伝えるのに

*――1900年頃の米聖霊運動を嚆矢とする新生信徒の一派。

恰好の市場があると嗅ぎつけていたからである。歌い、泣き、得々と派手な評判を呼び込む番組の中心的カリスマ、フェイ。ある宗教学者が断じる。「まるで《ア・ラ》リベラーチェ」だ。彼女の外見は階級アイデンティティの投影だった。白髪交じりの金髪、濃い化粧、日に焼けた肌、色とりどりのドレス、そしてトレードマークのつけまつげ。にわか成金《ヌーヴォー・リッシュ》の女性像である《41》。

この道筋においてのみ、タミー・フェイはテネシー人ドリー・パートンと外的人格《ペルソナ》を共有していた。このカントリー歌手を有名にした「あふれんばかりの豊満な体つき」、けばけばしい衣装、膨らんだ金髪のかつら――ある研究者が「過剰な女らしさ」と呼んだものだ。その上ドリーの祖父もペンテコステ派の伝道師である。歌い手はタミー・フェイ同様、格安店で服を買うことを好んだ。わたしのイメージは、と自伝記事でドリーが告白する。雑誌のモデルみたいに見られたいっていう貧しいホワイト・トラッシュ娘の願望を表現しているの。つまりそうすれば「畑で働かなくちゃいけないようには全然見えないし、洗い桶で行水しなくちゃいけないようにも見えない。おじさんや男の子が、どんな荒っぽいことをしても大丈夫だろうとすぐその気になって手を置いてくるようにも見えないでしょう」。貧弱とは、女性にとって手元不如意を超えてみじめなものなのである《42》。

ここに横たわるのが、タミー・フェイの持つ本当の魅力の手がかりだ。彼女を取り巻くファンは、自己顕示の癖《へき》や過剰を間接的に楽しんでいた。パートンの作法は、見ようによって艶笑劇《バーレスク》にもなり得た――外見《そとみ》が客引き女なら中身は可愛いカントリー・ガール。タミー・フェイの過剰な異装者《ドラァグ・クイーン》というこしらえもまた、同じ意味でゲイ・コミュニティに歓迎された。エイズに斃《たお》れていくゲイ男性に同情を示した、数少ない保守系福音伝道師のひとりでもあったのである。ともあれ、敬虔な信者にとっての彼女はキリスト教徒の生きたシンデレラ物語で、PTLの仲間が彼女の人形を手製して675ドルで販売したほどだった（対象は大人。子供向けではない）。誇張した胸、盛装、もちろん大袈裟なつけまつげの〝タミー・バービー〟は、おとぎ話のお姫さまである《43》。

ところが、このおとぎ話はめでたしめでたしとはならない。メディアの大嵐が夫婦を完全にみじめなさらしものにし、タミーには純真な妻としての情状などほぼ考慮されなかった（起訴を免れたのは、まともでない見場のおかげだろう）。タミー・フェイ・ベイカーの誇張されたホワイト・トラッシュのイメージには、怪奇的《ゴシック》とも言える何かがあった。彼女がアメリカン・ドリームを成し遂げたのは美貌や教育や才能のゆえではなく、社会的な上位者のたいそうな流儀へのつきあいを拒んだケーブルテレビ・タレントとしてのこしらえのゆえなのである。感情の制御、適切な物言い、抑えた装い、わかりやすい洗練といった（『アメリカン・ファミリー』の）パット・ラウドと中流階級の慇懃さが表象するすべてへの拒絶反応、それがタミー・フェイだった。だからといって彼女は、田舎者でも古風な独立自営農《ヨーマン》の質素さの具現でもない。頭からつま先まで派手な自分自身を受け入れていた彼女の〝過剰な安さ〟は、プア・ホワイトのファンの間では愛おしく、中流アメリカ人の目には〝据え置き品〟に映ったのである。

　皮肉にもタミー・フェイのホワイト・トラッシュとしての「根本《ルーツ》」は、丸ごとの画策ではないにせよ純粋とも言い難かった。偽物のまつげや厚盛りの化粧は奇妙な仮装舞踏会の一環であり、１９８０年代と90年代のマスメディアの拡大に伴って出来《しゅったい》した階級アイデンティティの再協議にも符合する。彼女は語る。つけまつげの作法を拝借したのはルシル・ボール……それとミニーマウスね。「放送時間で考えたら」と評論家ロジャー・イーバートが断言するには「おそらく歴史上の誰よりもテレビの生放送で人生を生きたのは彼女だろう」。フェイの公的自己《パブリック・セルフ》は、質《たち》の悪い諸々の常套句《クリシェ》の複合物さながらに映った――正統性を企図しないことにかけては『ビヴァリー・ヒルビリーズ』と何ら変わりはない。タミー・フェイは（概ね偶然だろうが）異物的であり、彼女の愛したテレビという超現実的世界における無比の被造物だった[44]。

第12章　レッドネック、外界へ：スラム風の装い《スラミング》、スリック・ウィリー、そしてサラ・ペイリン

Outing Redneck: Slumming, Slick Willie, and Sarah Palin

階級間の危険な深い裂け目は、アメリカ合衆国の中でまだまだ息づいている。そんなことはないなんて誰にも言わせちゃいけない。
――キャロリン・シュート『メイン州、エジプトのビーン家』*The Beans of Egypt, Maine* (1995)

ベイカーのスキャンダルも、１９８０年代と90年代に押し寄せたホワイト・トラッシュ・シック、レッドネック・シックの奔流をそれほど堰き止めはしなかった。『ヴォーグ』のマーゴ・ジェファーソンが、この新たな大流行を「スラム風の装い《スラミング》」と呼んでいる。こうした気分は、『私立探偵マグナム』*Magnum, P.I.* で堅苦しく礼儀正しいイングランド人執事ジョナサン・クェール・ヒギンズ3世を演じたアメリカ人俳優、ジョン・ヒラーマンのある告白にも通じているのだが、それは他の何にも増して意外だった。イングランドから〝わが同胞〟という書きぶりのファンレターを受け取ったときの発言である。彼はこう返事をしたためたのだ。「がっかりさせるつもりはないけれど、わたしはテキサス出まれの赤頸野郎《レッドネック》なのですよ」[1]。

「レッドネック」を親愛の情のこもった術語にするべくイメージを払拭していこう。そんな声が募っていった。自称レッドネック・ジャーナリストのルイス・グリザードもまた考える。そろそろわれわれへの嘲笑をおしまいにする頃合いだろう。１９９３年にシンシナティで成立した〝山間の人々《ヒルビリー》を保護階級とする〟反差別待遇条例を高く評価する彼は、１９９６年の夏季オリンピックに向かうアトランタでもレッドネックを対象とした同様

の法案が可決されるよう望んでいた。１９９１年のフロリダでは、警官をクラッカーと呼んで名誉を毀損したとして男が憎悪犯罪《ヘイトクライム》規制法のもとすでに起訴されているのだ。グリザードにとっての「レッドネック」とは野良で稼ぎ、いい塗り薬ができる前とあってむらな日焼けを負ってしまった自分の父親同様の人々で、つまりは「農業家」agriculturalist を意味していた。もちろん、本書における長期の時系列分類で示した通り、彼は間違っている[2]。

いくばくかの両義性は依然残ったままだ。レッドネック、クラッカー、ヒルビリーが、ある民族的アイデンティティ、ある人種的形容辞、ある労働者の名誉の識別章《バッジ》を同時に提起するのである。ノースカロライナのジャーナリストが、アイデンティティの混乱を手際よくこう約《つづ》めている。「自分をレッドネックと思うのなら勤勉、享楽、自立があなたの自己評価になるが、そう思わない場合は彼らをやかまし屋で、げすで、偏屈で、浅慮な連中と思うことだろう」。当該記事にはＮＡＳＣＡＲ《ナスカー》や料理やテレビ番組『ヒーホー』などに関する〝お楽しみクイズ〟が、簡単にはじき出されるはずの正解で「本物のババ＊と半可通を」差別化できると言わんばかりに添えられていた[3]。

ともあれ、アイデンティティの考慮にあって血統づけ《ブリーディング》が最重要事であり続けていることには疑いがない。１９９４年、あるジャーナリストが怒気を孕んで力説するには、ジョージアの政治家ニュートン・リロイ・ギングリッチなど決してレッドネックではないのだという。ペンシルヴェニア生まれで南部訛りもなく、大学教授を務め、連邦議員に当選したのも大半がヤンキーのアトランタ郊外居住者からの支持ゆえではないか。この記者の〝南部通ぶり〟の根拠は、自分が「あの種族の相当多くと親戚」だから、である。小言はさらに続く。「生粋のレッドネックで満杯の部屋では、ギングリッチなどものの30分ともたないだろう」。生え抜きのレッドネックでなければ、レッドネックにはならないのだ。この物差しでいけば、ギングリッチはおろか１９９１年にルイジアナ州知事選に立候補した元ＫＫＫ団員デイヴィッド・デュークもレッドネックではない。デュークは失格だ。ナチ式の敬礼を好むなど、非アメリカ的ではないか。可愛い子ぶりたいあまりに美容整形に屈従するのも品格か

＊———後述される Bubba は“頼れる仲間”というほどの意の南部口語。

ら外れている。「旧《ふる》き良き南部男なら、そんなことは夢にも思わないだろう。男らしくもなければ南部人らしくもないね」とはダートマス・カレッジ出の保守派知識人でニクソン、レーガン両大統領のスピーチライターをかつて務めたジェフリー・ハートの見解である〈4〉。

✺

レッドネックはもはや、カントリー歌手だけの排他的領域ではない。文化的共通語《リンガ・フランカ》の一部、つまり公人と、そして奇妙な突然変異を遂げたジェンダーや階級アイデンティティとを判断するひとつの方法になったのである。議論もこうなると、女性もまた黙ってはいない。ふたりの傑出した女性作家が〝ホワイト・トラッシュ・フィクション〟というモデル分野の中、歓呼をもって迎えられた。ウィリアム・フォークナーやジェイムズ・エイジーの系譜に連なるドロシー・アリソンとキャロリン・シュートが、田舎の貧困の赤裸々なひとくさりを世に送り出したのである。アリソンが幼少期に見聞きした状況を『ろくでなしボーン』＊ *Bastard Out of Carolina*（1992）で創造的に再構築すれば、ポートランドの労働者階級の生まれで大学出の作家シュートは出世作『メイン州、エジプトのビーン家』（1985）を通じて田舎暮らしの移動住宅住まい《トレイラー・トラッシュ》のクズを語る。これらの作家を他と分けるのは、自己の階級を外側の傍観者としてではなしに内側から記すというところにある。自分をさらけ出し、貧困女性の体験を描写するすべを正確に心得、〝階級〟と〝ジェンダー〟という優性的テーマを保ちながら題材のうわべを飾っていい娘《こ》に描くことをよしとせず、名誉の識別章《バッジ》としての「ホワイト・トラッシュ」や「レッドネック」が身につき得ない女性像を代わりに示したのだ〈5〉。

書きぶりは、アリソンのほうが優れている。というのもシュートは、おそらく意図的に切り詰めた散文体を用いているのである。彼女は出来事を起きているままにとらえ、題材であるホワイト・トラッシュの精神生活に踏み込んだ洞察はほぼ提示しない。エジプト区の底部を占めてだらしなく殖えた一族がビーン家で、いかにも彼ら

＊――亀井よし子訳、早川書房。

は雑駁な連中だ。登場するのはビールとその母メアリー・メアリー・ビーン。この母親は気が狂い、樹上の小屋に閉じ込め通しにされる。ルーベンはついに監獄暮らしとなる乱暴な酔いどれ、ロバータおばさんは皮を剝いで食べる兎でもあるかのようにぽんぽん赤ん坊を産む。ルーベンの女友達マデリンは、彼の手を払うのを我慢している。登場する面々の唯一の才能は孕ませ、そして孕むこと。眠るときのビールはロバータと一緒で、子供の何人かは彼のせいかもしれない。同衾する彼女もまた、赤ん坊が勝手にあちこち這い回り、涎を垂らし、駄々をこね、小銭を飲み込むに任せているのだから、母親としてはどんな賞も授からないだろう。ビールは隣のアーリーン・ポメローをレイプして妻とした後も（どの道結婚したのだ）、眠るのはおばの寝所だ。マデリンは、胸のはみ出る薄っぺらな袖なしドレスでそこいらを練り歩く〈6〉。

階級という点で言うとアーリーンはビーン一家より一段ましで、彼らを厭いながらも惹かれていた。ビールとの初めての性行為をたとえて曰く、熊に引っ掻かれたみたいだった。あいつの大足にもぞっとしたわ。性交を完遂し、彼女は「大きな赤ん坊ビーンが何百万とできた様を思い描いた。狐目で、黄色い歯の、肉をむさぼり食うビーン一家」。ビールは仕事で目に怪我を負い失業、痛みと体がままならない怒りに苦しみながらもアーリーンが食糧割引切符《フードスタンプ》を手に入れるのは断じて許さない。救急隊員にとうとう搬送されるまでは、病院行きも拒む。くじけた男は、顔をしかめて言う。「おれなんぞ小便ほどの価値もねえ」。富者の家庭の窓々をぶち抜いた後、警官の弾の雨を浴びて彼は死ぬ。アーリーンは、窓から落ちる彼を見ていた。銃は握ったままだった〈7〉。

ビーン一家は無用者、女たちは種畜《ブリーダー》／種の涵養者だ。いつも口にのぼせるのは〝ビーンの血〟のことで、皆が皆同じような顔をしている。アーリーンの父親は、ビーン一家を文明化されていない捕食者だと罵る。「そいつが走ればビーンは撃つ。そいつがくたばりゃビーンは食う」。アーリーンの父親は、こうした「この世で一番質の低い連中」よりは上だ。なぜって奴らは古トレイラー暮らしなのに、おれは家を建ててる。女衆についちゃあ、とロバータひとりを槍玉に上げてぶつくさ言うに、連れ合いもなしに9人も子供をこさえたとありゃあよ、「ナイフを出して」そいつで「産道を取り締まる」ってえ法律があるべきだろう。ルーベンが警官に連行されるときにははっきりとこう口に出す。「残りの不信心者も縛り上げて」欲しいもんだ。つまり、子供たちを一斉検挙して「一人前のビーン」になる前に根絶やしにしてくれ、とそういうことだ《8》。

『メイン州、エジプトのビーン家』の階級闘争は、最低位で演じられる。中流階級は作中、有意義な配役にない。ポメロー一家とビーン一家との区別は、婆さま《グラム》の戒律、そしてアーリーンの父ちゃん《ダッド》が職人として腕を持っている事実くらいのものだ。階級が明白に示されるのは、アーリーンの父親が両家の地所を分ける私道の見回りについてこう力説したときである。「道をビーン側に越えるな。絶対にだ！」だがもちろん、この厳命もかまわず彼女は行く。娘は向こう側に消えたのだ《9》。

シュートの作家としての感受性は、往々にしてその来し方にかけ合わされていた。「見るからに文学の伝統には不案内」であるからこその「活発な独創性」が魔法さながらに維持されている、と幾分見下し気味の称賛が寄せられている。フォークナーにもなぞらえられたが、書評子に自分とこのミシシッピ人作家の仕事の類似性を指摘されるまで、彼の作品は一冊たりとも読んだことはない。『ニューズウィーク』に寄稿する評者は、「誰が父とも知れない兇児を床に産み散らす」彼女の作中人物を、「強制断種の候補者」に見立てた。シュートは極貧の過去についてインタヴューで語り、「わたしの〔描く〕人々」とは個的な絆が強くある、と力説している。つまりこういうことだ。「あなたが何を生きてるかが、あなたの部品になるの」《10》。

彼女の夫、無学な労働者マイケルは、「わたしの人々」につながる導管だった。彼の語る田舎の人物にまつわる物語に彼女の書きものは感化されたのだ。彼女自身、そもそもがポートランド郊外の労働者階級が隣り合う区域で育ち、高校を中退してじゃが芋農場、鶏肉加工場、製靴工場で働いていたこともある（のちに南メイン大学で講義を受けた）。父親はノースカロライナ出身、彼女の南部ルーツのもとはこれだ。そしてそれらすべてが、彼女の本に深々と政治的な土台をもたらした。誰もが貧困の連鎖から抜け出せるという概念を彼女は退ける――

「故郷」や「家族」や「ルーツ」を置き去りにはできないのだから。貧乏白人《プア・ホワイト》の〝部族的本質〟は、その耐久力にある。土地と居場所の感覚は、唯一の錘り《バラスト》なのだ[11]。

その後の15年間で、シュートは政治的先鋭を強めていく。1985年当時はレッドネックを自称しなかった彼女が、2000年にはそうしているのである。近代的な水回りはおろか電気やガスの設備なしで暮らし、2002年まではパソコンも持たなかった。ワークブーツを履き通し、いつもバンダナ姿。今やシュートにとって、「レッドネック」が労働者階級ポピュリズムのシンボルなのである。メインの民兵団を独自に組織して銃の所持を支持、大企業権力をずけずけ批判するようになった彼女は、『エジプトのビーン家』の1995年版の後書きにこう記している。「階級間の危険な深い裂け目は、アメリカ合衆国の中でまだまだ息づいている」。ビーン一家はもはや生き延びようと試みる一般庶民ではない。迫りくる階級闘争と「もろく崩れる」アメリカン・ドリームのシンボルなのだ[12]。

ドロシー・アリソンもまた、まさにシュート同様、階級への感慨を表現している。彼女が語るのは、時折暴力的にもなる男女関係の困難さの物語である。登場する女性は、シュートによるビーン家の女性の作法ほどには犠牲を強いられず、また境遇に流されることもない。アリソンの女性は、いっそうの原資と家族の成員からの大きな助けを得ているのだ。とはいえこの2作家はともに情緒面の成長を阻害されたプア・ホワイト男性を描いており、日々の負担が女性により重くのしかかっているように認識している[13]。

アリソンの『ろくでなしボーン』の少女ルース・アン・「ボーン」・ボートライトは、母親の再婚相手の父さん《ダディ》、グレン・ワデルの手による肉体的、性的な虐待に耐えている。ボートライト一家はサウスカロライナの町グリーンヴィルで、メインのエジプト区におけるビーン一家さながらに蔑まれており、グレン父さんにわだかまる「ボーン」への憎しみも心に深く宿る屈辱の感情に由来している。中流階級家庭出の彼はその中で唯一〝何にもならなかった男〟で、肉体労働をしながらひとりは歯科医、ひとりは弁護士という兄並みの家庭に憧れを抱き、「おれは何をやってもうまくいかない」とこぼす。[*]「おれが蜜壺に手を入れると、糞がついてきやがる！」彼は義兄アール・ボートライトの女あしらいにも嫉妬している。とはいえビーン一家とは違い、ボートライト一家の男は拡大家族の女子供には情をかけて守ろうとするところがある《14》。

作者は、母の家族と継父の家族とを隔てるうっすらとした境界に興味をそそられている。グレンの実家は金持ちかもしれない。けれども浅慮で酷薄だ。兄たちがグレンの車のことをひそひそ話す。「黒んぼの乗ってるポンコツと同じだな」。シュートのポメロー一家と同様、下位の者に冷たくあたらずにはいられないのである。〝恥辱〟が、階級システムをそのままに維持するのだ《15》。

小説の終盤、「ボーン」はグレンの束縛を免れる。ただしその仕上げは敗北だ。彼女は肉体的に傷を負い、母が心を決め、家族を見捨ててグレンとともにカリフォルニアへと行ってしまうのである。逃げ去る母は、1世紀前のクラッカーの策略を繰り返している。そう、〝高飛びしてどこか他所でやり直そう〟だ。「ボーン」は、母の人生をとつおいつしてみる――15で妊娠、結婚したけれど17で女寡《おんなやもめ》、21になってグレンとまた結婚――自分はもっと賢い判断ができるようになっているのだろうか。母親を責めることはできない。同じ過ちを避けられるかどうか、自信がないのだから《16》。

人によってなされる選択は、階級とジェンダーの双方に干渉される。これがここで得られる教訓だ。アリソンの物語は、いっそう多くの人々――特に女性――が生来の貧困にとらわれ続けていることの備忘装置《リマインダー》を提供する。だが著者アリソンのように、貧者をとがめ立てすることなく理解する余裕のある成功者になることは稀だろう。自らの運命を彫琢できる者は、裂け目《クラック》にはまった者をとがめ立てしないようにという思いに圧しつぶされそうにもなる。この意味で、アメリカン・ドリームは諸刃の剣なのだ。ともあれ『アラバマ物語』のフィンチの娘スカウトがそうだったように、正しくない行いが普通に繰り返されていることを識《し》る様は、子供の目を通して見たときに最も力強く描写されるものである。

＊――次段までの引用「　」はアリソン前掲書、既訳より。

✳

ホワイト・トラッシュ作家の才気あふれる世代が登場して文学の典範《カノン》が新次元を迎えたように、アメリカ人はホワイトハウスを南部人のもとに再び返還した。1993年のビル・クリントン*就任に伴い、階級アイデンティティとアメリカ民主主義とのあわいの容易くはない関係に全米の目がもう一度注がれたのである。アーカンソー州ホープでとりわけつましい生を紡ぎ始めた少年が、ローズ奨学金を得てオックスフォードで学んだのちにイェール・ロースクール卒業生となり、出身州の知事を務める——これぞアメリカン・ドリームである。ウィリアム・ジェファーソン・クリントンは、その名の由来となる〝モンティチェロから来た男〟による1779年の企図の完璧な実例だった。才子が居並ぶ国家の貴顕に長じて仲間入りを果たし得る、がらくたから掻き出されるにふさわしい若者。大統領任期初年の7月4日演説でクリントンが述懐したのは、30年前のホワイトハウスの薔薇園におけるケネディ大統領との邂逅の物語である。握手を交わし、畏敬の念に打たれたのは、「アーカンソーの小さな町からやって来た、文なしで政治家の伝手もない少年」だった(17)。

クリントンの英雄譚《サーガ》は、チャールズ・ディケンズとドロシー・アリソンの調製《ブレンド》だ。彼の育ちは、1950年代の家計も安定した中流核家族のそれではない。むしろ生まれる3カ月前に父を失くしているのであり、母親は自分の両親や祖父母に息子を預け、看護学校へと通っていた。件の1993年の独立記念日、彼は誇らかに断言する。「わたしの家族の強さを、財布の重みで測ることなどできません」。しかし、その母ヴァージニアの言で衆知になった通り、ビルの子供時代にはいっそうの影の射す面があり、その〝骨折したルーツ〟は民主党全国大会で公開された生い立ちの映像の中でも詳らかにされた。新しい父の姓を名乗りはしていたものの、14歳になると反抗するようになったのだという。自動車販売業を営む賭け事好きのロジャー・クリントンが、痛飲しては暴力的に豹変するのだ。ある日、ビルは静かに言い渡す。「金輪際、母に手を上げないでくれ」。とはいえ、シュー

＊———第42代大統領(1946–、任期：1993–2001)。

トとアリソンによる男性登場人物のあしらいと同様、ビルに思いやりがなかったわけではない。継父の問題を語って曰く、「自分を大事にできない人だった」。ロジャーが裡《うち》に抱えていたのは、ホワイト・トラッシュであるという恥の意識だった《18》。

　クリントンはキャンペーンの遊説中ジェファーソンを引用し、就任式の正式なワシントン入りに際してはこの先達の住んだ「小さな山《モンティチェロ》」の頂から出発した。ホープ出身のはずの小僧《ボーイ》っ子によるこの類いの見せかけに疑義を呈する機会をかつて得たのが大統領時代のレーガンで、ケネディやジェファーソンを継ぐのはクリントンだ、というアイデアを共和党大会で一蹴している。もはや古典的となった警句をもじったわけだが、1988年の副大統領候補の討論会においてテキサス人ロイド・ベンツェンがインディアナのダン・クェールに対抗して口にしたその台詞は、クェールが若く未知数だったJFKに自身をなぞらえた後を取ってのことで、ベンツェンはあいにくとかつてこの大統領に仕えていた。「上院議員」。ベンツェンは怒鳴る。「あなたは「ジャック《J》」・ケ《F》ネディ《K》ではないだろう」。レーガンは威厳を装いながら、ベンツェンの聖像《アイコン》を用いた非難を今度は当時知事だったクリントンに見舞ってやろうと我流に展開する。「わたしはトマス・ジェファーソンを知っている」とレーガン。「彼は友人のひとりでね。ところで知事君、君はトマス・ジェファーソンじゃないね」《19》。

　では、ビル・クリントンとは何者なのか？　彼はある種のステレオタイプの体現だった。コレステロールたっぷりの食餌習慣、母にまつわる家庭内暴力の物語、アーカンソーの山間にある薄汚れた貧相な小屋というほのめかし。火をさらに煽ろうと歯を見せた笑顔で粛々とキャンペーンを行い、ジョージという名の（アーカンソーならぬ）イリノイのラバと写真に納まる。* そして、ビルという名のラバが大統領就任の行進《パレード》に参列してペンシルヴェニア通りを練り歩く様が、ついに報道されるのである《20》。

　アーカンソーは、1992年の住民ひとりあたりの収入が全米47位であり、「レッドネックの無知蒙昧ぶり」によって傷ついた州という遺産がわだかまっていた。そこでクリントンは、演説でジェファーソンやケネディの

＊―――ちなみに、1992年の選挙で2期目を狙っていた第41代大統領ジョージ・H・W・ブッシュ（1924–、任期：1989–1993）の地盤はテキサス。

SEEN AS 'WHITE TRASH'

Maybe some hate Clinton because he's too Southern

Even at the start of the presidential campaign, 'Bubba' and Arkansas jokes jammed the airways. The 'Slick Willie' motif emerged and stuck. 'Hee-haute' cuisine made the rounds.

By BILL MAXWELL

Not only has hating President Clinton become a new national pastime, it's big business for assorted right-wingers. More ominously, perhaps, this bashing indirectly affects the president's ability to govern.

Obviously, the intensity of the hatred is vastly disproportionate to the harm Mr. Clinton's alleged sins have caused. And recent articles on Clinton-bashing offer mostly routine character-related causes of this phenomenon.

But Ann Devroy of *The Washington Post* gives us a more useful explanation: "He has made himself such an Everyman that he has wiped away the invisible barrier of awe and respect for the office that distances presidents from the personalization of opposition."

Ms. Devroy's "Everyman" observation explains the cerebral side of Clintonphobia. Ordinariness is a trait that few, if any, Americans will tolerate in large doses in the president.

But what accounts for the visceral side of Clintonphobia, the gut-level antipathy driving many Americans mad?

Bill Jeff with a Georgia mule: Just too down home?

ers of the South.

Mrs. Kelley's unadorned memoir, *Leading With My Heart*, unwittingly affirms various myths about the South and sheds light on the sources of Clintonphobia.

Born to poor parents, Mrs. Kelley was destined for a life custom-made for a country-and-western song. Her parents' marriage was stormy. She recalls "nightly screaming fits." Later, she committed her morphine-addicted mother to a mental hospital for a short time.

Born in 1923 in Bobcaw, Ark., Mrs. Kelley died recently of breast cancer. She was married four times: to a serviceman; to an abusive, drunken gambler; to a hair dresser who served prison time for fraud; and to Dick Kelley, who had been her longtime horse-track pal.

And what of Mrs. Kelley's character? In the eyes of Clinton-bashers, she didn't represent the pedigree of a U.S. president.

She, too, was a poor white, an Everyman, one who knows no strangers — one who never learned the snobbism that inspires awe and respect, that keeps the world at a distance.

In ways that repulse talk-show hosts and their fans, President Clin-

㊹———「クリントンが“ホワイト・トラッシュ”に見えるなら、南部臭がきついと嫌う者も出てくるだろう」。物議をかもした彼の世評を補強する、キャンペーン写真におけるイリノイのラバとの“共演”（『スター・ニューズ』、1994年6月19日）。

威勢を借り、故郷の州と出身階級に自ら距離を置こうと試行し続ける。教育のリベラルな闘士にして正調の政治家《ステーツマン》であるアーカンソー上院議員J・ウィリアム・フルブライトを師と仰いできたものの、大統領へと立候補するにあたって国民的な聖像がなお必要になったのである。クリントンは、2004年になってさえ人気があり何かを産み出す元大統領であろうと、育ちと野望という両極端の均衡を図り続けているが、それはテキサスの評論家モリー・アイヴィンズが彼の分厚い回顧録*に評文を記したときの感慨通りだ。「この希望のないヒルビリー・キッドによる本当のアメリカン・ドリーム物語体系《アーク》は、まさしく後ろに下がって称賛する必要がある」〈21〉。

ビル・クリントンはヒルビリーでもレッドネックでもなかった。民主党全国大会ではこう主張したものだ。わたしは「ちょっとしたババ」でね。そんな彼を称えて出された『ババ読本』*Bubba Magazine* の表紙は、ビールを手にした野球帽姿の本人の写真で飾られている。『サラソータ・ヘラルド＝トリビューン』*Sarasota Herald–Tribune* のユーモリスト、デイヴィッド・グライムズの言によれば、セルフ＝アイデンティティ化に駆られたこの行動がアンドルー・ジャクソン、（歴代最大のババ）リンドン・ジョンソン、そして「そうあることを極度に後ろめたく思う」最後の者ジミー・カーターを含むババ大統領の長い列に彼を置いたことになる。

*———『マイ・ライフ クリントンの回想』上下、楡井浩一訳、朝日新聞出版。

クリントンの当選はクラッカーとレッドネックをアメリカ主流に受容される何者かに変えたが、これは彼以前の非エリート南部人大統領がなし得なかったことである。テキサスの出で在ニューヨークとなる『ババ読本』の編集者が述べる。ババとは愛国心を抱き、信心深く、猥雑な冗談を楽しむ誰かだが、アイデンティティを書き連ねていく内に「社会経済的な集団を超越してしまう」。つまりババは地域的な基盤を持たず、民族的アイデンティティに通常絡む文化上の育ち関連のステレオタイプに至ることもない。ババになることとは余暇そのものの、つまりダンガリーのズボンやトラック運転手風の野球帽などをまとい身に着けることの承認なのだ。スーツとネクタイを脱ぎ捨てたまるで《ア・ラ》レッドネックという着崩し——ホワイト・トラッシュによるスラム風の装い《スラミング》と呼ばれる場合もあるそれは、新規の普通人《コモン・マン》としてのババの聖別（そして選出）となり、階級というものの軽視がそこでさらに試みられていく。クリントン時代好みの民主的語法の革新者の出来上がりだ[22]。

別の気安くないあだ名がクリントンにあったことは言うまでもない。アーカンソーからホワイトハウスに至る全道程でつきまとった中傷、こすからいウィリアムを囃す「スリック・ウィリー」Slick Willie である。（煙を吸ったの吸わないのという）マリファナ喫煙、徴兵忌避、いわくつきの情事——と、つきまとう諸問題については文書で否認して無上の真摯さがうかがえる釈明を示した彼だったが、どれもこれも何とも率直とは言い難い印象を残してしまい、さて奴は口だけだ、いや取り込み詐欺師《コン・マン》だとまで描写された——「スリック・ウィリー」は南部風、田舎風の命名で、彼の立志伝には〝安い南部小説ばりの背景幕〟がかかっていると看破したのは『アーカンソー・デモクラット』のポール・グリーンバーグである。曰く、クリントンによる言葉のごまかしの巧みさは、入れる兎の穴があればすぐと頭から飛び込む男を連想させる。遡って１９８０年、ホープ出の青二才にこの恥ずかしい肩書を最初に進呈したのが他ならぬ彼だった。もうひとりのシンディケーティド・コラムニストは、その諢名に徹底した南部流の何かを見出している。示唆されるのはリベラルな政治家の思考様式で——南部では正直さがキャリアを脱線させかねないのだ[23]。

クリントンは、否も応もなく出自による決めつけを受けていた。天性による軽口をもってしても、名うての「悪評をはじく大統領《テフロン・コーティド》」レーガン並みには洗練されていないし、あるいは、そう、彼並みにこすからい《スリック》奴でもない。任期初年、ほんのいっとき口ごもった様子をうかがわせたときも、あのスリック・ウィリーがアンディ・グリフィス保安官の相棒バーニー・ファイフに見えてくる、と某紙の論説委員に書き立てられている。イメージ、それがすべてなのであり、浅慮で、刹那的で、ともすればげすなラベルが活字や漫画によってどれだけ貼りつけられているかに関わりなく、政治家は常にいい鴨なのである。そして1990年代には、次のようなゲームが行われていた。より好ましい光のあたる場所にビル・クリントンを置いてジーンズから泥を払い落とす、そうしたイメージを探そう。さて、クリントンによる〝「オールド・ヒッコリー」のひととき〟は何によってもたらされるのだろうか？　結論から言うと、彼はエルヴィスに救われる〈24〉。

立候補中のクリントンは、エルヴィスのイメージを耕すことに気乗りしないどころではなかった。ニューヨーク市のニュース番組で「キング」の歌を一曲歌い、チャーリー・ローズのインタヴューに応えて報道陣に「冷たくしないで」*と冗談めかして訴えている。とはいえ実際に功を奏したのは『アーセニオ・ホール・ショー』*The Arsenio Hall Show* に出演して「ハートブレイク・ホテル」でサキソフォンの腕前を披露したことだった。クリントンは――ジミー・カーターがやろうとしてもできなかった――自らの執務室への道を歌い上げ、揺する《シンギング・アンド・スウィンギング》という往年の南部政治の戦略を復活させたのである。彼の副大統領候補であるテネシーのアル・ゴアなども、昔からずっと望んでいた〝エルヴィスの前座〟をまさに今務めることができる、と打ち明けて民主党全国大会を盛り上げた。さて、キャンペーン最後のひと揺り《スウィング》である。クリントンは、聴衆のひとりひとりに語りかけて自身をパロディ化する一行《ぎょう》を演説に付け加えた。あなたは〝エルヴィス〟と心を通わせているのです。現職大統領ジョージ・H・W・ブッシュは〝アーカンソーのエルヴィス〟と記者たちとの情事にたいそう苛立たせられた。彼のスタッフが、民主党キャンペーンにけしかけてぶち壊しにしてやろうとエルヴィスの物まね芸人を雇ったほどである。クリン

*――― Don't Be Cruel はエルヴィス1956年のヒット曲。次文の Heartbreak Hotel とともに年間チャートの最上位を独占した（クリントンの歌の披露は1992年4月2日、サックス演奏は同年6月3日）。

トンはそれを苦もなく切り抜け、就任式にはエルヴィス役者の仕出しを自ら手配していた[25]。

「エルヴィスはアメリカなのです」。あるクリントンのスタッフが説明した。郷愁を誘う〝小さな町アメリカ合衆国〟のイメージによってレーガンが再現を試みた1950年代が、今度は――親の世代より政治意識の薄い――享楽的な10代に結びつけられたのである。この道筋をもって〝マリファナ吸いの徴兵忌避者クリントン〟を危ない60年代から遠ざけ、より穏健な50年代の子としてブランドづけをし直そうというのだ。南部の労働者階級への橋を打ち建て、想像し得る最良の南部の息子になりたいと彼は望んでいた。エルヴィスのファンでいることは、分裂した有権者の内部にあってより中立の立場にあたる――ババ以上に演じるのにいい若やいだ役柄で、クリントンからすれば南部っ子《サザン・ボーイ》のイメージに向かうさらに気の利いた道筋である[26]。

しかしどれだけ愛嬌があろうと、ホワイトハウスを失った共和党保守派が抱き続ける恨みは押さえられなかった。ベルトウェイ《ワシントンDC》の記者連も口を揃える。これほどの暴言は初めてだ。クリントン大統領への攻撃はその職分に対する無礼にも映り、きわめて個人的で、容赦がなかった。なぜなのかはわからなくもない、と1994年に語ったのがフロリダのアフリカ系アメリカ人ジャーナリスト、ビル・マクスウェルである。クリントン・バッシングの基調には何やら既視感を覚える。それは彼がホワイト・トラッシュと見なされていることにつながっているのではないか。レーガン大統領の広報担当補佐官デイヴィッド・ガーゲンと大袈裟な筆致のスピーチライター、ペギー・ヌーナンは、彼らの大統領をイギリス王が喚起する類いの家族的雰囲気を分かち合う卓越した父親的人物に見立てていた。レーガンの称賛者からすれば、クリントンなどその育ちによって職分に泥を塗る無価値な偽者なのである。王子が乞食に取って代わられた、*というわけだ[27]。

マクスウェルの思うに、クリントンの土臭さ、南部臭さは母ヴァージニア以来の血統づけ《ブリーディング》のゆえだった。彼女は回顧録を出しているがその物語は深刻で、母は薬物常習者、子供時代は日用品にも事欠き、結婚は4回。容貌を表せばトレイラー・トラッシュの借用となり、（タミー・フェイの面影がちらつく）「スカンクめいた縞模様《だんだら》の

＊―――むろんのことトウェイン『王子と乞食』（大久保博訳、角川書店）のもじり。

髪、入念な化粧、色とりどりの衣裳、手には競馬新聞」。つまり仇の目からすれば、とマクスウェルが語って曰く、クリントンは彼の母の息子で、正しい「アメリカ大統領の血統」と表現するには不足の感がある一種の非嫡出の種族なのだ(28)。

クリントンの政敵が描く瑕疵ある大統領像は、基本的にテネシー・ウィリアムズによる戯曲の登場人物さながらだった。ただしそれも1998年にモニカ・ルインスキーとのスキャンダルが発覚するまでのことで、結局のところ「スリック・ウィリー」は移動住宅区画《トレイラーパーク》に応分の〝安いセックス絡みの脱線行為〟にはまり、執務室を穢すことになったのである。公式捜査はセックスではなく偽証と権力濫用に関して行われた、と独立検察官ケネス・スターは主張したものの、彼の最終報告におけるセックスへの言及は何と500カ所、『ハーパーズ・マガジン』*Harper's Magazine* の寄稿編集者ジャック・ヒットなどは検察官がけしからない連続メロドラマ《ソープ・オペラ》のクズ部品を逐一記録し（味わう）「猥本」をわざわざ書こうとしたのだ、と断言した。クリントン大統領の法律顧問団も重ねて反論する。スターによる唯一の目的は、大統領を困惑させることにある。これをもって、ホワイト・トラッシュは国家の大舞台へと躍り出た。弾劾されるべき罪は、憲法に反する「最も命取りな不正」、あるいは「政府の清廉な行く末への抜き差しならない急襲」の如何を問うている。とはいえ「重大な罪または軽罪」* の基準を満たすとすれば、だが。猥褻行為の逐一の記録によって、スターは低級な淫行を重大犯罪も同然にしようと目論んでいた(29)。

保守派は、クリントンの悪行がトマス・ジェファーソンの行為になぞらえられるという考えにひどく興奮していた――ルインスキーの一件が発覚した同じ年、この第3代大統領の男系DNAが検証されたのである。科学はそこで次のように判定した。ジェファーソンの亡妻の異母妹でモンティチェロの奴隷サリー・ヘミングズの子供の父親は、主人《あるじ》（か、もしくは少なくとも日頃サリーとつながりのある同家の男性――他に誰がいよう？）である。取り乱した時評家連が、第3代大統領の不品行の容疑を晴らす推論を並べた〝稀少種の陳列棚〟を提示して

*――― "high crimes and misdemeanors"。〈合衆国憲法〉第2章第4条（大統領弾劾に関する条文）、アメリカンセンターJAPAN、https://americancenterjapan.com/aboutusa/laws/2566/ より。

事実を捏ね回した。第1に、サリーは美しかった（モニカは安っぽい）。第2に、クリントンは姦夫である（ジェファーソンは長年寡《やもめ》だった）。第3に、ジェファーソンは自らの言葉で肉体的衝動に克《か》ち、己を高めた立派な人物だった（単に口だけのクリントンは、取るに足りない出自を超えられる者ではない）。ジェファーソンとクリントンの衝動の混同は、高潔なアメリカ人には見残せない平等化だろう[30]。

他のある〝編集者〟がルインスキーの挿話を別途見立てている。クリントンが弾劾裁判を生き延び、より強くより人気者になってから解釈を探ったのだ。クリントンを厭うことが不合理なら、彼を愛することもまた同様だろう。それをして「エルヴィスの法則」だとこのジャーナリストは結語して曰く、つまりすべてのアメリカ人が王《キング》に閾下《いきか》の欲動を託していたのだ。ＪＦＫにはキャメロット*があり、レーガンにはハリウッドの威風があり、（何百万ものファンにとっての「キング」である）クリントンとエルヴィスは「ぼろを着た奴から恵まれた者」に転じた君主だった。アメリカ人が仰ぎ見る王の中の王は得も言われぬセックス・アピールとものの柔らかな傲慢を兼ね備えた男で、つまるところ少しばかりホワイト・トラッシュでいることもその見てくれが天恵を隠していることになる。外見がものを言う現代アメリカ政治の世界にあって尊大な所作は重要であり、ウォルター・モンデールやマイケル・デュカキスのようなスーツにネクタイの抑制された候補者はクリントンと同じ部類には容れられない。匂い立つレッドネック・シック――ちょっとしたババ――は、群れの中で見分けのつかない、頭も鈍く、目立たない、型通りの政治家であるよりはましなのだ[31]。

〝クリントンの合計〟はよくやられる気晴らしであり続けた。1998年に面白おかしく語られた大統領の不倫スキャンダルをおぞましい気持ちで眺めていた黒人女流小説家トニ・モリソンが、独自の解を導いている。プライヴァシーの侵害、つまり「逮捕され体をまさぐられているかのような」目に遭いながら大統領執務室を掻き回されることは、彼女に言わせれば黒人男性が直面する類いの扱いだった。「いくら冴えていても、いくら懸命に働いていても」関係なく「身のほどを思い知らされる」のだ。クリントンはそれを出し抜いた。「初のわれら

＊―――未亡人となったジャクリーンが回想の中、JFK周辺の人間模様をアーサー王伝説の理想郷キャメロットの平穏になぞらえた。

が黒人大統領ね」。モリソンはつぶやく。片親や貧困世帯という育ち、サキソフォン演奏やジャンクフード好みという労働者階級の流儀に、「黒さの機微」がありありとうかがえる。そんなクリントンは、実にエルヴィスのようだ。1990年代にまだなお帰依者がいたレッドネックのエルヴィスではなく「山出しのあん畜生《ヒルビリー・キャット》」だった1950年代のエルヴィス、黒人と白人との境界を侵した若き瀆神者――南部社会の低位にあってただはじけることができた何者か、である〈32〉。

クリントンの「初の黒人大統領」という肩書は2001年の連邦議会黒人議連の晩餐で再び確認され、2007年、バラク・オバマ＊が大統領選出馬を表明したときにもカーターの元顧問でマーティン・ルーサー・キング・ジュニア博士の友人アンドルー・ヤングが、「どこから見てもバラクのような黒人だ」とクリントンを語っている。だが何と奇妙なことか。ケニア人の息子がアーカンソー出身のババより黒くないとは？　黒さを文化的アイデンティティとして扱うヤングには、ハワイやジャカルタでのオバマの成長期がディキシー・ルーツを欠いているように映ったのだ。一方、『ワシントン・ポスト』の南部人キャスリーン・パーカーは、サックスをバンジョーに替えるだけでクリントンが「ホワイト・トラッシュの機微」の模倣《パスティーシュ》になると記して比喩的な術語における混乱を見出している。そして、この機微は『プライマリー・カラーズ』＊＊ *Primary Colors*（1996）でジャーナリストのジョー・クラインによっても推し進められた。厚いヴェールに覆われたこの小説の題材は、作中ジャック・スタントンという名になっているクリントンだった。スタントンは、未成年の黒人女性と寝て庶出の子の父となる性的禁忌を侵すのだ。クラインの小説を下敷きにしたマイク・ニコルズ監督の映画でババの大統領を演じたのは、きちきちと清潔なトム・ハンクスばりの誰かではなく上品とは言えないジョン・トラボルタである。さて、この同志スタントンは黒さとトレイラー・トラッシュのどちらのシンボルなのだろう？〈33〉

＊――第44代大統領（1961–、任期：2009–2017）。

＊＊――黒原敏行訳、早川書房（原書、訳書とも匿名で出版）。映画化の際の邦題は『パーフェクト・カップル』。

２００８年、アラスカ州知事サラ・ペイリンを（事実上）独自のホワイト・トラッシュ候補に擁立した共和党員は、厄介だったクリントンの２期目を訓話として読み込んでもいなかった。[*]『ニューヨーク・タイムズ』の壊滅的に率直なフランク・リッチなどは、共和党の公認候補者名簿を「ペイリンとマケインによる懐妊結婚《ショットガン・マリッジ》」とまで呼んでいる。アリゾナのほどほどに抜け目ない政治家、あの尊敬すべきジョン・マケインでさえここに来て判断をしくじったのだろうか？　ペイリンの地元ワシラのオンライン動画を、道に戻る前に「ガソリンを入れて小用を足す」場所、忘れ去られた荒地という表現をもって『スレイト』*Slate* が製作しているのだが、ここはさしあたり「アンカレッジで話されるたいていのレッドネック・ジョークの落ち」とでも描写される〝どこか他所〟でしかなかった。そして、『ハフィントン・ポスト』*Huffington Post* に「ホワイト・トラッシュのアメリカは確かに有権者にとって魅力的だ」と書いた作家エリカ・ジョングの言も、ペイリンが副大統領候補に指名された後インターネットに出回ったフォトショップ加工済みのイメージによって辛くも証明されることになる。星条旗柄のビキニ姿で自動小銃を抱え、得意の黒縁メガネをかけたペイリンは、半身が自称通りホッケー・ママなら残る半身がぐっとくる民兵姿の可愛い子ちゃんなのだ[34]。

　ペイリンの10代の娘ブリストルの妊娠報道は、共和党全国大会に向け間に合わせで調整されたリーヴァイ・ジョンストンとの懐妊婚約《ショットガン・エンゲージメント》にまでもつれ込む。『Ｕｓウィークリー』*Us Weekly* などは挑発的な惹句まで添えてペイリンを表紙に起用したほどだった。曰く「赤ん坊、嘘、そしてスキャンダル」。そんな彼女が初の台本なしのテレビ・インタヴューに向け身支度にいそしむ様を、モーリーン・ダウドは『マイ・フェア・レディ』*My Fair Lady* のあのイライザ・ドゥーリトルになぞらえている。疑わしい出身階級へのこれ以上直截なほのめかしが他にあるだろうか？[**]　ともあれ〝ペイリンのメロドラマ〟は、あるジャーナリストにライフタイム・テレビの特集企画としてこのアラスカの氏族を取り上げてはどうかとまで思わせ、冗談のような話は２年後に実現する。知事としての仕事を手放した僻地の元候補者は、その名も『サラ・ペイリンのアラスカ』*Sarah Palin's Alaska* と

＊———これはクリントン政権後の2001年から２期を務めた第43代大統領ジョージ・W・ブッシュ（1946–）の任期期限（2009）を受けての大統領選で、民主党がオバマ／バイデンを、共和党がマケイン／ペイリンをそれぞれ指名した。

＊＊———舞台、映画ともに作中人物イライザは貧しい花売り娘である。

いうリアリティ番組を始めるのである[35]。

ペイリンの立候補はあらゆる意味で注目の出来事だった。何であれ二流の女性にすぎなかったとはいえ、レッドネック女性としては初の副大統領候補になったのだから。ジョン・マケインの顧問団は単なるイメージ効果として人選を行ったことを認め、オバマの歴史的勝利の後には瑕《きず》ものの候補者を厄介払いにしてしまおうという大合唱に加わった。密告が引き金となり、ペイリンの被服費会計をめぐるメディアの猛批判が巻き起こる。怒りに震えたある側近が、ペイリンの浮かれた買い物ぶりをこう分類している。「高級百貨店《ニーマン・マーカス》を端から端まで分捕るワシラのヒルビリーだ」[36]。

ともあれこのアラスカ人は、いとも簡単に魅力的な標的となる。仰天するほどの知識のなさをさらしても恥じらいを表さないペイリンにジャーナリスト連は面食らい、NBCの司会者ケイティ・コリックのインタヴューでのぶざまな姿はガッチャ・ジャーナリズム*を超える表象となった。事実を誤解していたどころではない。入り組んではいるがたったひとつだけの概念《アイデア》を明瞭に表現する。それができない女、という印象を与えたのである（「あぶれた頭」という往年のクラッカーへの中傷がぴったりだろう）。とはいえ前々世紀のアンドルー・ジャクソンにしても「創意の人《アイデアマン》」として立候補したわけではなく、マケインのスタッフもまた奥地人の傲慢という彼のやり方を復活させたかったのではなかった。小型機からの狼撃ち、大好物が箆鹿《ムース》の肉という大言壮語、「アラスカから来たサラ」はキャンペーン遊説の道々、常に自身をアニー・オークリー**さながらに位置づけていた。

だがそれも、（保身のため「役立たずの流れ《レイムストリーム》」と彼女が呼んだ）本流《メインストリーム》のメディアから自分を救うには不十分だった。独立独行の女性の持つ経歴《レジュメ》がサラ・ペイリンにはなく、ローズ奨学生ビル・クリントンがやってのけたような「ホワイト・トラッシュ」というラベルの帳消しができなかったのである。大学4校に籍を置いたがどれもさして特別ではなく、息子をひとりイラクに送り出しても自身の軍務経験は皆無（つまりまるで《ア・ラ》元海軍軍人ジミー・カーター、とはならない）、ともあれその自足的な態度は衝撃だったとサム・タネンハウスが『ニュー

*―――話者の弱みの自白をことさらに誘導する、「してやったり」gotchaの取材法。

**―――ミュージカルのモデルにもなった芸能一座の射撃の名手（1860–1926）で、西部開拓時代のイメージを象徴する。

ヨーカー』*New Yorker* に書いている。「全部が中途半端な状態でも、自分自身でいる確信があれば彼女はいつだって十分最高でいることだろう」[37]。

モーリーン・ダウドは、ペイリンを「音楽なしのカントリー音楽の女王」と皮肉った。自然《あるがまま》に備わる才は言うまでもなく――ドリー・パートンの持つあの自虐的ユーモアにも欠けているというのだ。真の難問は、いかにして、というよりもなぜ彼女が選ばれたのか、である。ホワイト・トラッシュの〝バービー〟は見た目に魅力的だが同時に分裂的で、ナンバープレートに「最後のフロンティア」という標語の入る州が地元だ。* 安らぎを与える女性という紋切り型の台本の隣にペイリンの悪党としての面を詰め合わるのはひと仕事になるだろう。ともあれ女性歌手グレッチェン・ウィルソンにとっての〝バービー〟は、カントリー・チャートでヒットした「レッドネック・ウーマン」Redneck Woman（2004）の中で中流階級の非現実的なシンボルとして却下されるべきものだった――度を超えた衣装部屋が、候補者ペイリンによる〝彼女のひととき〟だったのである。

Palin's supporters identify with her: she represents the erasure of any distinction between the governing and the governed.

㊺――名士になりたいヒルビリー、サラ・ペイリン（1964–、アラスカ知事：2006–2009）を描いた諷刺画（ブロドナー作、『ニューヨーカー』、2009年12月7日）。

ペイリンによる〝イライザ・ドゥーリトル、堂々と入場す〟は、デラウェアの上院議員ジョー・バイデンとのテレビ討論という形で訪れた。さて、どんな格好でどう振る舞うのか。全米が固唾を呑んで見守る中、彼女はちょっ

*――アメリカのナンバープレートには、識別用の表記以外に文字や絵の意匠が入る。The Last Frontier はアラスカの愛称。

とした黒のスカートスーツにハイヒール、真珠のイヤリングという姿で壇上に現れ、カメラの中でしきりにまばたきをした。首から下のこしらえはワシントンの社交人士だが、まばたきとなるとやや〝小さな町の食堂《ダイナー》でガムを噛んでいるウェイトレス〟めいてしまう。このふたつの極端が盛り込み通しになり、歓心を買っていたホッケー・ママのイメージよりも〝「ヒルビリー」と「プリマドンナ」の両方〟とマケインのスタッフに同定された部分が結局のところ勝つことになる。話すのに手一杯、自分で一杯――彼女はいきなり檜舞台に放り出された女ロンサム・ローズだった[38]。

ペイリンが全米に露出している期間を通じて、意味深長なサブテクストを形成したのがセックスである。未婚の娘ブリストルの妊娠にしても、〝グズ《トラッシュ》の話〟という範疇でビル・クリントンによる伝説的な恋愛遊戯とはむしろひと味違う扱いを受けていた。ブロガーたちが、サラのダウン症の次男トリグに関する噂を広めて事態を混乱させる。「本当はブリストルの子なんじゃないの?」この取り替えっ子譚が物語るのは、近親交配による庶出子という僻地の不徳に対する新たな捏造である。ビル・クリントンの母ヴァージニアの血統を、批判者が大いに取り沙汰したことを思い出して欲しい。遺産は受け継がれる。優生学(とそれに追随した断種法)を支持するレトリックもまた、女性を汚染された種の涵養者《ブリーダー》にして重点的に狙い撃つのだ[39]。

サラ・ペイリンの『ファーゴ』風の思考は、＊こじつけめいた話しぶりをいっそう聞き苦しくした。自身の名を冠したテレビのトーク番組を持っていたディック・キャヴェットなどは、痛烈な皮肉を込めた一文で彼女を「構文の連続殺人魔《シリアル・キラー》」と呼んでいる。ああいう女性《ひと》が出た高校の国語科には、〔葬送の〕黒布を垂らすのが似合いだね。「わたしと同じようなママ」だから憧れちゃう、狼を仕留める彼女は凄い、と言いながら陶然とするファンは、そうした特質が政治を行う上でどれだけ役に立つのかをどうすれば説明できるのか。彼はそれが知りたかった。

国民は〝市民〟や〝有権者〟になるまでにこの道程をすでに辿ってきている。「正直者エイブ」ことリンカンは、猿人《エイプ》、どん底の連中《マッドシル》、ケンタッキーのホワイト・トラッシュ呼ばわりされた。アンドルー・ジャクソンは、無

＊―――原文で造語された形容詞 *Fargo*esque は、コーエン兄弟監督による狂言誘拐を扱った1996年の映画『ファーゴ』(とそれを換骨奪胎した同名テレビドラマ)のように二転三転するイメージを示唆しているものと思われる。

作法で短気なクラッカーだった（その上ペイリン同様、文法も大口を叩けるほどの代物ではなかった）。ここで、疑問が立ちはだかる。通俗性は、どの時点でポピュリズムの利点、すなわち成立可能な型でなくなり、為政者の不利益になったのか？ そして有権者もまた、キャヴェットがペイリン支持者を腐したように「エルヴィスの場合とほぼ変わらない〝追っかけ〟」の中に掃き寄せられれば、誰もが愕然とするのではないだろうか？ どの道、選挙をほうぼうで演技が行われる複合型サーカスにしてしまえば、踊る熊が勝つ好機は常にあるのだが*[40]。

にわか名士《セレブリティ》が、どこの誰とも知れない者を国民的アイドルに仕立てる。リアリティ番組というそうした新たな媒体を、アメリカ人は2008年の大統領選までにいやというほど見せつけられてきた。『スワン わたしを変えて』*The Swan* では労働者階級女性が美容整形や豊胸手術を受け、言ってみればやや控えめな郊外型のドリー・パートンになる。『アメリカン・アイドル』*American Idol* が無名者を一夜にして〝歌う大事件〟にすれば、目立ちたがりの令嬢パリス・ヒルトンは往年のドラマ『農園天国』の今日的更新版『シンプル・ライフ』*The Simple Life* の撮影を承諾してアーカンソーの農家に泊まり込む。「欲望とダーウィニズムの魅惑の織布」と惹句が打たれたドナルド・トランプの『アプレンティス』*The Apprentice* は、無慈悲でいることへの讃歌だった。これらと、そして同類の番組では才能など二の次で、不馴れなスターが覗き趣味的なおかしみを提供するために雇われ、虚栄心、欲望、強欲といった人間として最悪の気質を凡人さながらに開陳するよう、予定調和の中で期待されるのである。そして2008年、ペイリンはカメラに映らないところで——上記の類いのいっそう人気の番組の標題を拝借すれば——「究極の変造《エクストリーム・メイクオーヴァー》」を受けていたわけだ。マケインのキャンペーン顧問団が、誰でも似非名士になれると語るリアリティ番組の綺想を実行したのだが、この場合、彼らの実験には国政の作り直しという効能が見込まれていた[41]。

2008年以降、ホワイト・トラッシュの機微と試合うテレビ番組の新たな一群が出来《しゅったい》した。『湿地の奴ら』*Swamp People*、『ハニー・ブー・ブー』、『ヒルビリー・ハンドフィッシン』*Hillbilly Handfishin'*、『レッ

＊———"サーカスの熊"については、デイヴィ・クロケット関連の第5章、原註《35》の段落も参照。

㊻――――縁戚関係。『ケンタッキー・ムーンシャイン』(1938) のおかしなリッツ・ブラザーズと、その跡取りとなる A&E ネットワークの大人気リアリティ番組『ダック・ダイナスティ』(2012–2017) の男性出演陣。

ドネック・アイランド』*Redneck Island*、『ダック・ダイナスティ』、『密造酒づくり野郎《ムーンシャイナーズ》』*Moonshiners*、『アパラチアの無法者』*Appalachian Outlaws* などが業界を席巻したブームの一翼を皆揃って担っている。大恐慌期のフーヴァーヴィルを訪れ、動物園にでも来たつもりでホームレスを眺めた人々よろしく、テレビはアメリカ人のリヴィングルームにサーカスの余興《サイドショー》をもたらした。そして往年のヴォードヴィル芸人の備蓄が復活する中、スラム風《スラミング》の装いへと向かう現代人の衝動までもが姿を現すのである。ルイジアナを舞台に大好評を博した『ダック・ダイナスティ』について、ある時評家が所感を述べた。「男たちは皆、コーンパイプで一服しにハットフィールドとマッコイの紛争から抜け出してきたかのようだ」。ロバートソン家の〝野郎ども〟は、1938年のハリウッド映画『ケンタッキー・ムーンシャイン』のおかしなリッツ・ブラザーズとは仲のいい親戚同士なのである[42]。

　出来合いのリアリティが消費するのは、感情を掻き立てる競い合いやむき出しのスキャンダルだ。長寿番組『ハニー・ブー・ブー』は2014年に打ち切りになった。しかし、それはあることが発覚した直後で、ハニー・ブー・ブーの母さん《ママ》、ジューン・シャノンが何と児童への性的虐待で有罪になった男と交際していたのである。露見した彼女の正体はこればかりではない。娘ふたりの父親もまた、NBCによる囮《おとり》捜査の実録報道『捕食者を捕まえろ』*To Catch a Predator* の張り込みに引っかかったことのある別の性犯罪者だった。小さな娘ハニー・ブー・ブーが看板のはずが、ショーの真のスター、ホワイト・トラッシュ期待の新人《ニューフェイス》はジューンだったのである。やつれ、羊皮紙のような顔色の、というホワイト・トラッシュの従来イメージとはほど遠い彼女はひどい体重過多で、小学生の娘を飾り立て美少女コンテストに引っ張り出す典型的な母親のアンチテーゼでもある。ジューンが言うにはブー・ブー他4姉妹の父親はそれぞれ別の3人で、内ひとりは名前も覚えていない。故郷であるジョージアの田舎町マッキンタイアは、全世帯主の4分の1が非婚女性、2013年の世帯収入の中央値が1万8243ドルという停滞した貧困の地だった〈43〉。

2000年以降、貧富の差が拡大するにつれ、保守層はホワイト・トラッシュ・バッシングを主導していく。経済学者でフーヴァー研究所の所員トマス・ソウエルによる『黒人レッドネックと白人リベラル』*Black Rednecks and White Liberals*（2005）では、都会における黒人文化の非行がレッドネック文化に連結された。同書は、1956年記とされる次の引用から始まる。「これらの人々は、われわれの都市で恐ろしい問題を生み出している。仕事を持てず、また持とうともせず、絶えず法律を無視し、子供を顧みず、過剰に飲酒し、道徳基準は野良猫も恥じらわせる」。読者がこの引用から紋切り型の人種差別主義者による攻撃を連想するだろうことは、彼には織り込み済みだった。だが、実際の対象はインディアナポリスで暮らすプア・ホワイトなのであり、つまり同書は北部都市で生を営み「害をもたらす」南部白人を映し出しているのである。

不変のサブカルチャーが何世紀にもわたって存在してきたことを、ソウエルは強く主張した。プア・ホワイトをケルト民族（スコットランド系アイルランド人）に変容させたグレイディ・マクホワイニーによる瑕疵ある歴史研究『クラッカー文化』*Cracker Culture*（1988）に依拠して論じるには、黒人の悪しき特質（ものぐさ、多淫、暴力、拙い英語）を伝えたのが奥地の白人近隣住民なのだという。彼による後背地の奇異な鋳直《い》しの中、白人不法居住者《スクワッター》による〝旧《ふる》き良き、目玉をえぐる闘い〟は黒人の男らしさ《ブラック・マチズモ》の源にされていた。このモチーフの復活によって奴隷制の影響の軽視を導き、プア・ホワイトから黒人に広まった優生学ばりの文化上の感染へのすげ替えを行ったのだ。さらに彼は語る。福祉国家の不朽化を通じて「黒人レッドネック」の有害な生活様式を扇動し続けてきた社会状況への責を、今日の白人リベラルがひとしなみに負うことになるだろう《44》。

独自の問題ゆえの貧者を論難するもうひとりの保守派が、シャーロット・ヘイズである。2013年の著書『ホワイト・トラッシュはいつ新常態《ニュー・ノーマル》になったのか?』*When Did White Trash Become the New Normal*は、肥満、よろしくない行儀作法、そして底辺層によるそれらの「きっかけ出し《キュー》」を社会が受け入れた場合の国家退歩の危機に抗する「南部婦人《サザン・レディ》」の長広舌である。『ハニー・ブー・ブー』が2012年の共和党全国大会を凌ぐ視聴者を惹きつけたときに感じた恐怖を記すこの作家/ブロガーは、「もうたいした援助は受けられないわね」と不平をこぼす俗物既婚婦人の彼女一流の〝声まね〟を通じて、嗜みの規範がいつどこを問わずになおざりにされているその様に神経を尖らせていた。不景気な最低賃金が何百万という人々を貧しいままにしているが、それはさしたることではない。ジェイムズタウンやプリマスの開拓者なら勤勉には「多少の飢え」がつきものであることを理解していた、と彼女は語る。だが、実際のジェイムズタウンを組上に載せるなら、「多くの餓死寸前の人々」とわずかな食人《カニバリズム》には触れておくべきだったろう。アメリカのシステムには階級など無関係だと頑なに信じる多くの〝善良な人々〟を、ヘイズは象徴している。つまるところ、彼女の言いたいのは、(悲しいかな、もはや社会の下位にいる者には実践されない)行儀作法、それが文化の健全性を決定する、ということなのだ。「ジェントルマンの定義は」と記して曰く。「門番が正しい行いをする者かどうかを熟考することと同じ道筋にある」《45》。

1970年代に始まった文化の転換に対する応答、それがソウェルとヘイズだ。ヘイズはアイデンティティ・ポリティクスをそっくりそのまま払いのけたかった。あらゆる類いのホワイト・トラッシュのスラム風《スラミング》の装いを嘲ったのもこのゆえで、代わりに旧態依然とした行儀作法を再び息づかせることに思いを馳せた――偽の上流人士という虚飾の下に階級アイデンティティを隠すことができるとでも言わんばかりに。彼女は平等という見せかけを望みはしたが、富の隔たりを埋めるものは何ひとつ提案していない。ソウェルは、民族のアイデンティティと世襲財産としての人種――つまり文化上、世代から世代へと伝わる何か――を書き改める試みを通じて、アレックス・ヘイリーによる先例を新たに思い描いた。修正論者のペンを使ってヘイリーの偽造したルーツであるアフリカとの絆を断ち切り、高貴なアフリカ系アメリカ人の祖先を非道な異花受粉の勢力、クラッカーという退化したアメリカ白人に置き換えたのである。

ある評論家の一群は、こう断言せざるを得ないのだという。白人でも黒人でも――育ちの悪いひねくれ者がアメリカ社会を損ない頽廃させてしまうのだ、と。だがそれは、彼ら評論家が抱く下層階級への怖れのゆえである。彼らは、国家の経済構造と自ら興味を集中させる社会現象とが因果関係の内にあることを否定する。つまり、歴史を否定しているのだ。そうでないというのなら、合衆国経済でも最強の機関《エンジン》――昔日の奴隷所有者の農園主や土地相場師、そして銀行、税政、巨大企業、あるいは今日の同情心のない政治屋《ポリティシャン》と怒れる有権者――が、ホワイト・トラッシュ、あるいは偽のラベルを貼られた「黒人レッドネック」、そして勤労貧民《ワーキング・プア》の全般に、永久不変の影響を及ぼす無視できない責任を負っていることを認識しているはずだ。とはいえ現実とは悲しいもので、階級への分析を欠けば「世界史上最も偉大な文明」と自称愛国者が呼ぶものの中で暮らす無用者の底知れない数に愕然とさせられ続けるだろう。

結び――アメリカの奇妙な種族：「ホワイト・トラッシュ」という積年の遺産

Epilogue: America's Strange Breed: The Long Legacy of White Trash

「民主主義の」過去には、ふたつのしつこい問題がまつわり続けてきた。そのひとつはフランクリンやジェファーソンに、そして〝例外的な社会の殖産と見なされるアメリカの風景の「例外的な」相貌の喧伝〟によって階級を退けたい、という彼らの願望にまで辿られる。建国の父たちは、強くこう主張したものだ。荘厳な大陸が人口過多を逓減《ていげん》し、階級構造を平らかにして人口動態上の窮地《ジレンマ》を魔法のように解決するだろう。そして、この環境的な解法とは別に、より大規模で、かつごく有益な神話も頭をもたげていた。アメリカは、その国民《くにたみ》のすべてに声を授けている。つまり、各市民は政府全体に生得の影響力を行使し得るのである（この神話にあっては――特に資産所有をもって社会との利害関係を結ぶ場合には――ある市民がその他の者以上の価値を持つことは自明で、つまるところ常に〝資格〟が求められていることに注意しなければならない）。

イギリス人入植以来の刷り込みにしても、完全に消えはしなかった。「独立自営農《ヨーマン》」はそもそもがイギリスの一階級で、道徳的な価値観を土壌の洗練と同然に見なす、よく定着したイングランドの慣例を反映している。19世紀のアメリカ人からすれば、結婚、縁戚関係、血統、家筋を通じてできる階級上の身分の複製をすべて行った、ということだろう。南部連合が田舎貴族のてらい（と、そして下層階級を統《す》べるエリートを設けようとする社会的要求のあからさまな容認）の高点――最も明々白々たる示威行為――の謂いである一方、次の世紀には支配階級の種の涵養／血統《ブリーディング》づけを正当化する科学の名に乗じた不穏な優生学上の要請が招来された。アメリカ人はこのように、階級差別への欲望を捨てないどころか、階級差別を繰り返し繰り返し新たにつくり直してきたのである。合衆国政府がひとたび「自由世界の指導者」を自ら標榜し始めるや、いっそう王者然とした国家元首へのあこがれが増進されていく。民主党はケネディのキャメロットに陶然となり、共和党はレーガンによる〝ハリウッド宮〟を仰ぎ見た。

　アメリカ民主主義は、すべての国民に有意義な声を与えてきたわけでは決してない。代わりに大衆はシンボルを授かったのだが、それは往々にして空虚なシンボルである。国民国家は、元首が人民全体を代表してその代理を務める、という虚構を伝統的に拠り処としてきた。これがアメリカ人の場合ともなると、大統領は底深い階級区分の実在を紛らす、共有された価値観に広く訴えなければならない。だが、その戦略が奏功するにせよ、連帯は不朽のイデオロギーのふりをした欺瞞という代償に突き当たってしまう。ジョージ・ワシントンとフランクリン・ローズヴェルトは国父と呼ばれ、今や往年の心優しい家長と目されている。アンドルー・ジャクソンと「テディ」・ローズヴェルトは、肝が座り思考も不屈な猛者と伝えられている。そしてカウボーイというシンボルを戴く者が、時宜を得た行いのレーガン同様どっかりと権力の座に就き、国家の名誉を悪の帝国から守る。より近年になると、パイロット用のジャンプスーツをまとったひとりの大統領が劇的な効果を狙って航空母艦に降り立つ、という場面をアメリカ国民は目撃している。これはもちろん〝イラクでの軍事行動を終結させる〟とこのとき早々に宣言したジョージ・W・ブッシュのことだ。一方、人々の記憶から締め出されているのが、ビッグスティール社を始めとする製造業者連のポケットにすっぽり収まったウィリアム・マッキンリーのような企業の傀儡《かいらい》となった大統領で、2012年の選挙に出馬したミット・ロムニーなどもやじに応じて「企業は人だ、友よ」という台詞を吐き、危うく彼の二の舞いを演じるところだった。いわゆる「1%」〔の富裕層〕がロムニーの有権者なのであり、いくらブルージーンズをはいてもその取り澄ましたイメージは少しも払拭されなかった。

権力というものは、（それが社会的であれ、経済的であれ、あるいはただのシンボルめいたものであれ）精査されることは滅多にない。もしされたとしても、道徳的要請を満たし、同時に実際的な原因を追究する不退転の決意を要するほど差し迫った国家的緊急事にはまずなり得ないだろう。たとえば周知の通り、アメリカ人は投票権の拡大に強烈な反意を唱えてきた。力を持つ者が、無数の道筋をもって黒人や女性や貧者の参政権を奪ってきたのである。そして、これもまた知られたことだが、女性への公的な保護は、歴史的に見ても法人へのそれを下回っていた。アメリカ人は、徹底した民主主義の代わりに〝民主主義めいた劇作法〟で手を打ってきた。大袈裟なレトリック、誇張、バーベキューで気さくな装いをしながらも狩猟に出掛ける政治指導者たち。彼らはブルージーンズ、迷彩服、カウボーイハット、そしてババの野球帽を身に着けて姿を現すのだが、そのすべては一般庶民と同じに思われたいがためである。しかし選出されているからには、大統領を始めとする国政に携わる人々が一般庶民であるはずがない。この事実を覆い隠す行為は、国権という階級の本然を歪める真の擬装になるだろう。「アメリカ国民」を代弁するそぶりを見せる政治家の芝居がかった身ごなしが、貧困史に光をあてることはない。ラバを牽き鋤を振るう小作農は、歴史の記憶に刻まれるロマンティックなイメージではない。ただその個人が、闘われたどの戦《いくさ》、熱く競り合われたどの選挙にも劣らない歴史なのだ。社会停滞への耐久のシンボルとして留まるべきなのは、小作農とその小屋なのである。

厄介事を起こす、反乱を煽る、暴動に加担する、あるいは南軍の兵役から逃れて湿地へと隠れ、そこで地下経済を興す、というところまではいかないながらも、底辺層というものは存在する。原野の中に身を消すことをしなかった者どもが、あらゆる州の町や都市や舗装未舗装を問わない道々に出没する。ウォーカー・エヴァンズやドロシア・ラングの写真の中であれ、「リアリティ番組」のおどけた形式の中であれ、貧者の姿を認めるにつけ、大勢の只中にこれだけの人がよくいたものだという驚きを禁じ得ない。第2次大戦期、南部の移動住宅住《トレイラー・トラッシュ》まいのクズに目を注いだ『ワシントン・ポスト』のコラムニスト、アグネス・マイヤーは、「これが、アメリカなのだろうか?」と問いかけている。

そう、それが、アメリカだ。それが、アメリカ史の大切な一部なのだ。そして、貧者の状況を改善する試みがなされたときに起こる、過激な反発もまたアメリカの一部なのである。ニューディール政策、LBJ《ジョンソン》の福祉事業、オバマ期の医療保険改革のどれを取っても、不平等と貧困に取り組むすべての努力は、酷薄で避けられそうもない反発に見舞われてしまう。怒った市民が悪態を吐く。彼らは、(暗示する明示するの別なく、不当に)貧しい人々を扶助しようと振り向いて身を屈める政府に気づくと、勤勉な男女からのあがりの無駄遣いだと官僚を責め立てるのだ。ニクソンが階級を屈曲させて訴求した人々、彼のキャンペーン・スタッフによって「声なき大多数《サイレント・マジョリティ》」とひと括りにされた人々の姿がこれである。事態をさらに大枠から見れば、国家の干渉に対する現代人の不満は、非産者を助長するという物言いで往年のイングランド人が抱いた、社会の平等化に対する怖れの復唱である。後々それが具体化すれば、政府の援助はアメリカン・ドリームを密かに傷つけていると言われてしまう。ちょっと待って。傷つけているのは、誰のアメリカン・ドリームだと?

　階級は、現実の人々の生き方を定義する。人は神話を生きているのではない。夢を生きているのでもない。政治は、声明にあること、あるいは眼前に立ちはだかることを常に超えている。それを否定されてもなお政治家は、階級という論点にかかずらう。南北戦争は、人種と階級の両ヒエラルキーを支えようとする闘いだった。連合国は、貧乏白人《プア・ホワイト》が連邦の訴えに引かされ、奴隷制を終わらせる票を投じてしまうことを恐れていた――まず第一に富裕農園主の私腹を投影していたのが奴隷制だったのだから。今日でも同様に、集団の利益に反対票を投じようという徹底した思い込みを持つ偏った有権者は大勢いるが、こうした人々は、やれ東海岸の大学教授が若者を洗脳している、やれハリウッドのリベラルが自分らを侮って何も共有しようとせずにアメリカを憎み、忌避すべき神をも怖れぬ暮らしぶりを押しつけようと望んでいる、と吹き込まれている。そそのかす側は、本質的に南部の連邦脱退が諮られた際に当地の白人の大多数が耳にしたのと同じ、恐怖に満ちた〝託宣〟を提起する。揺るぎない上位層のための統制の必要性に衝き動かされた、アメリカ史上に名を連ねるパワーエリートは、隙だらけの人々をなだめすかし――どこにでも起こり得る現実の階級格差を否定しながら――偽の一体感をつくり出すことで栄えてきた。

この欺瞞は、多くの危険を孕んでいる。底辺にいる誰もが皆、如才ない勤勉な労働を通じて、あるいは倹約とつましい暮らしを通じて、同等の成功の機会を持つらしいのだが、そう言いたいがためのモデルに取り上げられるのは、下層階級のルーツを免れた比較的少数の者なのだ。果たしてフランクリンの「抱卵／蓄え《ネスト・エッグ》」が、彼を独立独行の人に仕立てられるのだろうか？ それは難しい。フランクリン自身、彼の植民地世界でのし上がるためにパトロンを必要としたのであり、それと同じ社会ネットワークづくりの法則はなお息づいている。個人的な縁故、情実、階級に基づく知識の交換は、現代の専業ビジネス世界における〝社会移動〟を動かす車輪へといまだに油をさしているのだ。本書が成し遂げる何かがあるとすれば、それはアメリカン・ドリームを語るいくつもの神話の開示であり、そして読者の誤解していること、すなわち〝上昇移動〟は建国の父による巧妙な計画の一機能でジャクソン流民主主義は諸般の解放、南部連合がかかずらったのは階級差別と人種差別の維持というよりも州権、といった諸々に対する修正なのである。またときとして、名がその体をなすこともある。スキャラワグは、黒人の地位向上や共和党の改良に尽くした者にも同定されるリコンストラクションの時代の南部白人として知られるようになる前、畜生並みの劣等種族という定義を受けていた。現代のスキャラワグは〝プア・ホワイトとプア・ブラックが同様の経済的利益を得られるものと言い放つ南部の売国奴〟と保守イデオロギーの信奉者に描写される、南部リベラルのことである。

✳

話はこうして、農耕時代には十分理解され、産業化以前の経済の中、固く結ばれた限定的な社会関係における暗喩として強烈に響き渡った種の涵養／血統づけ《ブリーディング》の関連語へと立ち戻る次第となる。共和政体による平等への専心を仮想してみれば、この種族《ブリード》の関連語もどうして同じように訴求し得るだろう？　種族を語ることとはつまり、白人同士の不平等な境遇を正当化することなのだ。それは人々を類別し、階級特権の存在をないことにする最良の道筋だったのである。一種族に分類されれば、自分とは何者かを管理することも、定められた運命《ディスティニー》／神意をそらすこともできないのだ。

種の涵養／血統づけ。この社会的に規定される研究分野の往時の専門家は、科学とそして畜産の広範な実践からの修正を取り入れていった。雑種はその（あるいは彼の、彼女の）両親が持つ無能力を受け継ぐ、と彼らは語る。悪い土壌と近親交配を踏まえて営む暮らしの中で、黄みがかった肌の亜麻色の髪の子が産み殖やされるのもまさに同じことなのだ。こうした道筋をもって負の特質が伝えられ、灌木地帯は家畜——あるいはヒト——のどうにもならないひと群れを産み殖やす。誰が栄え、誰が衰えるのかを決めるのは、種の涵養／血統づけなのである。

ヒトと家畜の間には、アナロジーが常につきまとった。ちょうど１７８７年にジェファーソンが記したように。「われわれが、馬や犬その他の家畜をふやすときに、より美しいものをと心がけることは大切なことであると考えられている。それならば、なぜ人間の場合に、そうであってはいけないのだろうか」〔第４章題辞〕。

関連する論理形式のもと、陸路を開き、悪しき種族を、おそらくはメキシコ経由で国外へと絞り出す望ましい手づるになったのが、〝明白なる運命《マニフェスト・デスティニー》〟である。＊プア・ホワイト・トラッシュが、魔法のように合衆国から行進して退場する。そうした光景をダニエル・ハンドリーが１８６０年に思い描き、昔日のイングランドによる植民地化の概念にしても、貧者をどこかに放り捨てるべきだと求めていた。人口を排出し、濾過し、雑味を除かなければならないのである。そして、まさに同じ思考にはぐくまれたのが社会ダーウィニズムと優生学で、曰く、汚染された女性が正規格の人々と血統づけを行った場合、未来の備蓄の品質に瑕《きず》をつけることになるだろう。自然の理《ことわり》が劣等の備蓄を除去するか、フランシス・ゴルトンによる血統づけの制御、すなわち最低級の駄種や軽

＊———第２章、原註《35》の段落初行に付した訳註を参照。

愚の断種に関する提言に従ってヒトが手ずから介入するか。そのどちらかが必要だというのである。

ある特定の種族には、まったく改良の余地がない。そう主張して不平等をないことにするのは実に容易い。1909年のW・E・B・デュボイスの発言通り、南部政治家は妥当な論理の欠如の中で道を失っていた。人間は自然力をはねのけられず、そのためいかなる形式の社会的介入も的外れになる。そうした議論に陥っていたのである。ある人種やある階級の、精神的、肉体的な劣性が防ぎようもなく固定されているのだという。だが、特権の既得者に報いる既存の体制の是認によって公益を保護しているとする南部の主張は、本質的に反民主主義的である。御しにくい種族を自然のせいにしたところで、それは無関心を説明するひとつの道筋でしかない。

レーガン大統領は、「丘の上の町」のイメージを呪文のように好んで唱えたものだ。批判者が、間髪を入れず指摘する。17世紀当時そうだったように、20世紀になってもその輝ける町の成員はかぎられている。レーガノミクスのもと、金満階級の税率が徹底的に引き下げられたのである。ニューヨーク州知事マリオ・クオモが、1984年の民主党全国大会の基調演説で忘れ難い態度をもってこの問題への発言を行っている。「そもそもレーガン大統領は、一種の社会ダーウィニズム、適者生存を信じる、とそう述べている（……）強者の保護の推進に耐え、残る人々に経済的な大望と慈善が行われるよう期待しておけ、と言うのだ。恵まれている者はより恵まれ、中流階級や中流階級に辿り着こうと必死に努力を試みている人々はテーブルから落ちたもので十分だろうということらしい」。クオモの赤裸々な言葉にデュボイスは共鳴した。彼なりの反ダーウィニズムが、強い種族と弱い種族との仕分けを正当化する思考態度への警報装置《リマインダー》として機能したのである。現状さえ満足に維持されない。何事も起きず、社会という織物が裂けることもなく、ただ不平等が拡大し、階級間の格差が広がっていくのではないか。2009年、あの「1%」の人々が州・地方税として収入の5・2%を納める一方、最貧の20%が支払ったのは10・9%。国家が貧者を〝不処罰の被告〟に仕立てたのである〈1〉。

階級は、収入や金融資産だけにかかずらってきたのではまずなかった。物理的な――そう、身体的な――術語を通じて形づくられてもきたのである。汚れた足や獣脂のような顔色は、非行や腐敗のしるしであり続けている。あばら屋、「掘建て小屋」、「陋屋」、あるいは物置小屋の町《シェドタウン》、あるいは移動住宅区画《トレイラーパーク》に住むことは、「家庭」という呼称がとても得られるものではない場所で暮らす、ということになる。これらは移ろう空間、乱れた空間であり、安定性、生産性、経済的価値観、人間的有用性といった公民としての指標を欠いた占有者が入居するのだ。

全員の働く機会——完全雇用の神話——は、ただの神話だ。誰彼となく雇用を供することなど経済が許さないという真実は、ほぼ認知されていない。16世紀のイングランドには、兵役へと鳴り物入りで迎えられる「貧者で編成された予備軍」があった。現代アメリカにおける貧者で編成された予備軍は、最悪の仕事、最低賃金待遇へと鉦太鼓で掻き集められ、炭坑掘り、便所や家畜小屋の清掃、渡りの者としての畑作物の収穫、屠殺といった仕事に労働力を提供する。無用者は依然、社会的富の足下に置かれ、予備労働力の底層に満ち満ちる「どん底の連中《マッドシル》」のままだ。プア・ホワイトは、なおまだ憎しみを教え込まれる——とはいえ列に並ばせてくれる者を憎んではいけない。これを知りつつ警句を吐いたのが、リンドン・ジョンソンである。「最高の有色人種より優れていることを最低の白人に納得させられれば、君は気づかれないままそいつから掏摸《すり》を働くことだってできるだろう。何てことだ、見下せる人間をあてがえば、そいつは君のためにポケットを空にするんだからな」。

ともあれ、アメリカ人自体が、自身を民主性そのものであり、平等にさほど関心を払ったこともない大多数そのものでさえある、と思い描く〝アメリカ国〟なのだ。このゆえ〝国〟は、種の涵養／血統づけをどう機能させるか、というものにはならない。継承者、血統、家筋といった社会的権力を誇示する道筋をいまだに見出しているのは富める似非貴顕で、目にとまるのは相続された富が取り柄や才能への何の裏づけもなしに〝境遇〟を授ける有様である。つまり、こういうことだ。ドナルド・トランプやジョージ・W・ブッシュやジェシー・ジャクソン・ジュニアに、あるいはチャーリー・シーンやパリス・ヒルトンといったハリウッドの有名人に、そして彼らのようなその他大勢に、もし権力や影響力のある両親を持っているという事実がなければ、アメリカ人は彼らを知ることになっただろうか？　国政にあって能力が認められている者の中にまで、身内贔屓の産物はいる——アルバート・ゴア・ジュニア、ランド・ポール、アンドルー・クオモ、そしておびただしいケネディ。正当な継承者、神の選民《エレクト》であるピューリタンの子の現代版の彼らに、アメリカ人は道を空け、人生の有利な振り出しを授けている。

トマス・ジェファーソンによる定式化の中では、階級が自然《あるがまま》に従って割り当てられていた。自然が、天性に基づく貴顕——彼言うところの「偶然の貴顕」——を求めるのだという。欲望の閃光は強者が強者と血統づけを行うよう導き、「善良で賢明な者」は美や健康や徳や才——種の涵養を前進させるであろう特質——に惹かれて縁を結ぶだろう。ジェファーソンの属する支配階級と20世紀初頭の優生学者との見逃せない差異は、前者が男性側でなされる選択に単一の焦点を絞り、後者が縁づこうとする男性の血統の念入りな調査を中流階級女性に促しているところにある。結婚というものは常に階級の度合いに連結されてきたわけだが、現代のオンライン・デートサービスの場合は完璧な相手——共通の階級や教育的関心という基盤が推定される相手——を誰しも見つけられる、という優生学的な観念を前提にしており、イーハーモニー・ドットコムのテレビCMなども2014年から2015年にかけて同様の〝託宣〟を送り続けていた。「平均的な」中流階級の募集者は、〝安い（つまりは下層階級の）負け犬〟にどうしても射止められてしまうようだが。ともあれ、優生学の泰斗として自身のキャリアに先鞭をつけていた企業家気質のポール・ポピノー博士が結婚相談に仕事を移行、1956年にはついにコンピュータ・デート事業へと乗り出していたことは、ジル・ルポールが歴史家として『ニューヨーカー』誌上で指摘した通りである。ごくいかがわしいデートサービスも中には尽きないようで、〝優良な遺伝子《グッド・ジーンズ》〟なるウェブサイトは「アイヴィ・リーグ出身者」の手助けをしているなどと言ってはばからない。類似階級の血統という含みで、「ふさわしい資格」を持つ将来の配偶者を探しているのだという〈2〉。

いずれにせよ、自然の法則によって実力主義が人為的な貴顕に取って代わると考えられたわけだが、それは同時に人類の失策を異種や劣等種族に結びつけることや、そうした失策を特定の必然性に帰することを人々に許容してもいた。こうした思索の道筋が長らく受け入れられる中、それでも自然が物事を規定するというのなら、そこには〝庭師〟も必要になる。人類の雑草は折につけ抜き取られなければならないのだから。不法居住者《スクワッター》がインディアンの土地を侵害する入植者の第一波として利用された後、高所得者農家の到来を汐《しお》に追われていったゆえんがこれである。やがて境界の警備が人種隔離法へと拡大し、さらにその後は近代的郊外の創造を通じて〝籾殻から小麦を選《え》る〟土地区画法にまで発展していく。入念に計画された町や近隣地区で資産価値が調整される道筋に従って、階級の壁が打ち建てられたのである。

19世紀のアメリカ人は、動物と人間とを等しく見なしがちだった。種馬はさしあたりエリート農園主で当然のように最良の牧草地があてがわれる一方、弱々しく質の低い馬のほうはホワイト・トラッシュも同然とされ湿気った土地で無聊《ぶりょう》をかこつのである。そこまで頻繁に論じられることもないが、アメリカ社会は占有する土地の価格でいまだに人の値打ちを推し量る。都会のゲットーは町外れで評価の低い土地にあるトレイラーパークと大差なく、ウィリアム・バードのディズマル湿地を現代に移植した最右翼といったところか。そこは、膿むに任せ、非産であり続ける危険で文明化されていない不毛の地なのだ。

何しろ、立地がすべてである。設備の整った学校、安全な近隣地区、向上したインフラ、最善の医療、選り抜きの食品雑貨店が使えるかは立地次第なのだから。上中流階級の親は、今いる特別な階級環境で身を処すすべをわが子に教え込む。それに向かう適切な物質的原資を与える。ここで、ヘンリー・ウォーレスによる１９３９年の記述をもう一度吟味してみたい。さて、何が起こるだろう？　そう言って彼が提起したのは、各10万の貧しい子供と裕福な子供の全員に同じ食糧、衣服、教育、世話、保護を与えたら、という仮定だった。階級間に引かれた線はなくなるだろう。これが階級をなくすのに唯一考えられる道筋だ、と彼は語った——つまり言外に、子供たちを各家庭から中立で公平な環境へと移して育てる必要があると匂わせたのだ。まさか。危ないアイデアだ！

人は常に——そして今なお——血筋をよすがに階級の利を維持し、子に伝えようとする。統計上の数値は、当該の先祖の属した階級の度合いが〝成功の最たる予言者〟になることをさもありなんとばかりに示している。独立革命がもたらした旧世界の貴顕への憎悪とは裏腹に、アメリカ人がその元の社会の流儀をもって今なお富を譲渡する一方、現代ヨーロッパ諸国が人民にいっそう多くの社会サービスを提供しているのはいかにも皮肉である。平均すると、アメリカ人は財産の50％を子に残す。〝社会移動〟がいっそう盛んな北欧諸国の場合、デンマークで全蓄財の15％、スウェーデンで27％が子に伝えられる。階級に付随する財産と特権は、実際の遺伝形質にも増して（潜在力の尺度となる）重要な〝遺伝質〟なのである〔3〕。

優生学的な思考を、あるときにもてはやされた疑わしい概念と片づけてしまってはいけない。それが完全に消滅したわけではないことは、自明のはずだ。貧者も「多少」飢えはするだろうが、と語ったシャーロット・ヘイズなどはこう言い放ったものである。同じように感じる人々が他にもいることは間違いない。「不妊治療」はむろん他意のない響きの術語だが、全国の「ベビーセンター」で精子と卵子を買って自らの種の涵養を行う権利を富者に与えるものではある。妊娠中絶と産児制限を産めよ殖えよと全人類に命じた神の意向への冒瀆とする福音派保守にしてみても、自然に任せない生殖法に感じる畏れが不妊クリニックへの抵抗に向かうまでには至っていない。反中絶活動家は優生学者と同様、国が貧しい独身女性の血統づけの習慣に介入する権利を持つべきだと考えている。

貧困女性はカーター政権期に国の財源による中絶ができなくなった上、使い捨てオムツを買うのに福祉基金を利用することも現行法上の適用外とされてしまった。現代の保守からすれば女性は何よりもまず種の涵養者《ブリーダー》になるらしく、このことが顕著に表れたのは２０１２年の共和党予備選の討論会だった。カメラが演壇の候補者を追う。と、それぞれが他を出し抜こうと大家族であることを口々に自慢し出した。20世紀初頭の農産物家畜品評会で開催された「よりふさわしい家族」賞の優勝者の誉《ほま》れを、共和党員がまねたわけだ。ある記者が減らず口を叩く。ジョン・ハンツマンとミット・ロムニーの子供が血統づけをしたらどうだろう。「驚くほど見事なモルモン信徒の〝超越種〟ができるんじゃないか」。アメリカには「自身の種」の涵養に向かう文化的欲求が残存している。様々な〝畑〟で続く身内贔屓の実践同様、階級は過去と似ていなくもない道筋で再生されるのだ〈4〉。

ある物事は決して変わらない。アメリカン・ドリームという観念に〝買い〟を張って自らを騙ったのは何も1世代ばかりではなかったのである。アメリカ例外主義として知られ奉じられる法外な信念が今日存在するが、これは数世紀前に島国である大英帝国がアメリカ大陸への入植を始めた頃に立てられた計画と実行に移された政策に端を発する。大陸支配に向かうより壮大な植民地構想を進めたのはリチャード・ハクルートによる空想的な文献で、同じイデオロギーがベンジャミン・フランクリン、トマス・ペイン、トマス・ジェファーソンの理論を焚きつけた（一方でロンドンの経済学者ウィリアム・ペティによる政治算術の概念が、人口動態の成長を伴う長期の魅惑をいっそう力づけている）。「テディ」・ローズヴェルトもまた、夢を抱いていた。アングロ＝サクソン一家の最も健やかな成員がアメリカ人であると認知させ、優生学的に健全な結婚を推奨し、その大家族化をもって両親に報いようというのである。

ここで論は、奴隷制／自由労働という系《コロラリー》に進む。鋭敏で思慮深いアイデアを初めて実行に移したのは、ジョージアのジェイムズ・オグルソープだった。奴隷制を繁栄させるに任せると経済の機会が停滞し、平均的な白人男性やその家族の〝社会移動〟が阻害されるだろう。こうした道筋の中、南部諸州では人種の優越が階級の優越と絡み合う。白人のエリート支配層が政治を牛耳り、少数に利するような経済システムを装塡するかぎりこのふつはどうにも分かち難かった。もちろん、奴隷制とアフリカ系アメリカ人の才能ある人々の抑圧が悲劇的な誤りであることは今や明らかだ。ではなぜアメリカ人は、自国共和制の政治上の世襲財産の一部である階級を中心とした権力関係の病的な性格をないことにし続けたのだろうか？　アメリカン・ドリームが現実なら〝上昇移動〟も遥かにより顕著なはずだろうに。

ここで、正しく把握しておこう。国土には、自由市場というものがまるでなかった。〝上昇移動〟と同じだけの〝下降移動〟が見受けられるのはそのためだ。歴史的に見て、アメリカ人は〝社会移動〟と〝物理的な移動〟とを混同し続けてきた。階級システムがいわゆる先駆者《パイオニア》／開拓民の集団に付着したまま国土へと持ち込まれた、その事実をまず識《し》るべきだろう。富者への優良な国土分配を差配し、貧しいスクワッターを締め出したのは、得てして全権を掌握する相場師だった。目に見える手腕がないかぎり、市場はいつでも、そう、それこそ今でも、魔法のように道を敷くということをしない。報いられるのは最も才を授かった者で、かつても今もいい縁故を与えられた者が優先的に厚遇を受けるのである。

✻

自由とは〝下降移動〟の現実を説明する回転扉だ。誰かを導き入れると同時に、他の誰かを寒空の下へと放り出す。それはいかにも搾取への見込みであり、助長ですらある。その正当化の過程で、人々は長い間、失敗の原因をこう言い表す傾向にあった。それは個々人の持つ人としての瑕疵のせいである――21世紀も20年がたとうとする今もなお、こうした言葉は共和党が議会で使う手頃な畳句《リフレイン》となっている。元下院議長ジョン・ベイナーが公然と言い放つ。無職はものぐさと何ら変わりがないのだ、と。もうひとりの元下院議長「ニュート」・ギングリッチもまた2011年末、独立革命期のジェファーソンの貧困対策よろしく救貧院への学校設置の認可に動いているらしいと大々的に取り上げられた。彼は言う。「極貧の近隣地区がある。学校に行くべき生徒がいる。彼らには金がなく、働く習慣もない(……)床や化粧室にモップをかける清掃員の補助をやったらどうだろう?」。〝下降移動〟がどういうことか。国を挙げてそれを味わったのは、大恐慌期のさなかだった。個人に責を負わせる頼みの言葉も、国民の4分の1が職場から放り出されたそのときにもはや誰も納得させせないほど古めかしくなっていたはずだった[5]。

平均的な人々が営む暮らしの中で、日常の不公平はたいてい気づかないふりをされている。だがこれは、貧しい人々が自らの生活状況に無頓着でいるという意味ではない。政治家は、多くの社会問題にあえて目を閉じてきた。アメリカが概ね無階級社会として豊かに成長してきたというそぶきは、控えめに言っても誤った歴史観なのである。また、金満家の占有の約数として近年最も話題になった「１％」の、集合された力によって生じる病弊に注意が喚起されているが、こうした現象の言語化も今に始まったことではない。人を欺くレトリックをもって社会の現実を覆い隠そうとするあらゆる試みとは裏腹に、階級の分離はこれまでも常に政治論議の中心になってきた。白人の貧民は、様々な相貌をしてすぐそこにい続けたのである。世紀を超えて与えられてきた呼び名が、その証拠だ。曰く、無用者、汚物、のらくら者、沼地で速脚する奴《ボグトロッター》、ならず者、がらくた、不法居住者《スクワッター》、クラッカー、泥食らい《クレイ＝イーター》、質の低い奴《タッキー》、どん底の連中《マッドシル》、スキャラワグ、野茨またぎ《ブライアー・ホッパー》、山出し《ヒルビリー》、低劣者、白いニガー、退化者、ホワイト・トラッシュ《白い屑》、赤頸《レッドネック》、トレイラー住まいのクズ《トレイラー・トラッシュ》、沼人《ぬまびと》、などなど。

〝彼ら〟は、他に選択の余地でもあったかのように、ひどい土地に住んでいると責め立てられた。田舎や都会のエリート、そして中流階級の心の中には、雑草だらけの無産の土から生えてきたような〝彼ら〟が初めから存在しており、肉体にも貧困の疵痕の残る、怠惰な、根なし草の徘徊者と描写したのである。最も ひどい者になると、泥を食らって黄みがかり、ぬかるみや汚穢《おわい》の中で転げ回り、暑い日射しに首筋が焼かれるようになり、一方で貧相な服を着せられて満足に食べさせてももらえない子供たちはといえば、永遠に続く瑕疵ある種族と傍目に信じられるものをまた生み出していくのだ。性的逸脱？　それは文明から離れた曖昧な隠れ里の窮屈な一角で起こるのだろうが、町場で思案される道徳的語彙などそこではとうの昔に失われている。この置き去りにされた集団はもはや死に絶えたとされ、今や先進的な思索と感覚の時代になったと誰もが考える。だが、現代のトレイラー・トラッシュにしても、単なる車に乗った徘徊者、おんぼろ車のオーキーズや荷車の中にいるフロリダのクラッカーの改訂版なのだ。

呼び名はたびたび変わっても〝彼ら〟の存在は消えない。われとわが身に何を語るかにかかわらず、国家はまさにアメリカ人のアイデンティティであり、疎外された人々とも密に結びついている。そうしたわけで、人々は人種ばかりか、自ら承知しているように種族の良し悪しにまで偏見を抱くのだ。その偏見もむべなるかな。アメリカを、機会にあふれた「ある《a》」国ではなく「この《the》」国と呼んで、総意のもと孫や子にこう約束したのだから。〝自らの力を頼りに上昇する真の可能性が、いついかなるときもそこにあるだろう〟。

アメリカで身を立て損なう人々もまた、文明としてのアメリカ人の身残せない一部なのである。ホワイト・トラッシュの最悪のステレオタイプを搾取し、作品の撮影地のどこかに存在していた貧困に素知らぬふりを決め込んだおぞましい冒険ハリウッド映画『脱出』の後日談にも、酷薄な皮肉が見出されることになる。ひと際印象に残る俳優、役者としてはずぶの素人だったビリー・レデンが演じたのは、バンジョーを掻き鳴らす近親交配の落とし胤という聖像《アイコン》めいた役柄だった。彼は当時15歳。地元ジョージア州ラブン郡の学校で映画製作者に見初められたのも、(メーキャップで強調されることになる)その奇異な容姿ゆえである。バンジョーを弾けなかったので正規の奏者が陰で音を出し、後はカメラマンがうまくやったそうだ。2012年、作品の製作40周年を記念したインタヴューに応じたビリーは、あまり支払いはよくなかったと語っている。そうでなければ、と56歳の男は言う。「今頃ウォルマートで働いてやしないさ。本当にかつかつでね、苦労してるよ」〈6〉。

貧困の存在を認識するよう強いられたときに中流階級のアメリカ人が感じる居心地の悪さは、イメージと現実とのあわいにある断絶を浮き彫りにする。1941年、ジェイムズ・エイジーが貧しい分益小作人の世界をあらわにし、アメリカ人にはほぼ何の進展も見られないことが明確になったように思われる。「悲惨な輝きの何たるか」に人々は今日なお目を閉ざす。静止したような田舎の営為は、階級を屈曲させた絶え間ない言葉の綾と、退化存在というテレビ描写が与える覗き趣味的な衝撃によって理屈づけられ、かつてないほどの恵まれた国で〝生〟を浪費する。では、ビリー・レデンの取り分は? 1972年、ひとりのカントリー・ボーイが遅れたヒルビリーのステレオタイプ、イディオ・サヴァンに仕立てられた。そして今現在の生き延びようとする世俗的な奮闘は、誰の期待も満足させられない。彼の物語などありふれているのだから。彼は、常軌を逸してもいなければ、ひねくれてもいない。髭を生やし放題にするでもバンダナを巻くでもなし、ワニを捕まえるでもない。ウォルマートで働く何百何千という顔のない雇われ人のひとりにすぎないのである。

ホワイト・トラッシュとは、たとえ不穏であれ、アメリカ全国民の説話をつなぐ核心である。こうした人々の——可視不可視の両面の——存在自体が、知ろうとも思わない隣人に与えた移ろいやすいラベルにアメリカ社会が執拗に悩まされる証拠になっている。「彼らは、われわれの誰でもない」。だが、彼らはわれわれの誰かであり、それこそずっとわれわれの歴史の基部であり続けてきた。好むと好まざるとにかかわらず。

解説

Postscript

渡辺将人

本書はNancy Isenberg, *White Trash: The 400-Year Untold History of Class in America*（Viking, 2016）の全訳である。主題の「ホワイト・トラッシュ」White Trashとは、英語ではPWT（Poor White Trash）と略されるアメリカの貧困層に属する下層の白人のことで、直訳すると「白い屑」すなわち「屑のような白人」という侮蔑的な比喩表現だ。１８５０年代に本格的に定着したアメリカ英語である。「ホワイト・トラッシュ」をモチーフにアメリカの階級史を解剖する本書はその刺激的な内容からも大きな反響を集め、２０１６年「グッドリーズ・チョイス賞」歴史・伝記部門の最終候補にもなった。

著者のナンシー・アイゼンバーグは、ルイジアナ州立大学歴史学部のT・ハリー・ウィリアムズ冠教授として教鞭をとる歴史学者である。歴史学の名門ウィスコンシン大学マディソン校で１９９０年に博士号を取得し、女性解放運動の歴史を描いた『アメリカ南北戦争以前における性と市民権』*Sex and Citizenship in Antebellum America*(1998)で初期アメリカ史家協会賞を受賞、ジェファーソン政権の副大統領だったアーロン・バーの伝記『堕ちた創始者：アーロン・バーの生涯』*Fallen Founder : The Life of Aaron Burr*（2007）でロサンゼルス・タイムズ出版賞の最終候補、さらに共著『マディソンとジェファーソン』*Madison and Jefferson*（2010）が書評誌『カーカス』*Kirkus*２０１０年度ノンフィクション5選の一冊となった。初の邦訳作品となる本書は、これら数十年の研究成果の結晶でもある。

アメリカには白人最下層の階級が常に存在していた——。本書を貫くこの主張が3部構成で明らかにされる。まず第Ⅰ部で「ホワイト・トラッシュ」の由来が語られる。イギリスの下層民であった身寄りのない孤児、年季奉公人などが新大陸ヴァージニア植民地のジェイムズタウンに送り込まれた。「貧者を海外へ移住させるというイギリスによる植民地政策の結果、アメリカの階級に対する考えが条件づけられ、永久に刻み込まれた」。トマス・ジェファーソン、ベンジャミン・フランクリンら建国の父たちの白人最下層への本音も丹念に検討される。第Ⅱ部では、南北戦争を階級をめぐる戦争と捉え直し、南部の貧しい白人の疎外化が詳述される。彼らは優生学の標的にもなったが、他方でニューディール政策、ジョンソン政権の「偉大な社会」に救済される存在でもあった。そして第Ⅲ部では「ホワイト・トラッシュ」が現代においてメディアの表象として変造、再生産される過程が映画、テレビ番組から、エルヴィス・プレスリーのようなアメリカ史を代表する芸能人、ビル・クリントンやサラ・ペイリンなど現代の政治家まで、「ホワイト・トラッシュ」の象徴をめぐる分析として縦横に展開していく。

本書はドナルド・トランプが大統領選挙に勝利する直前の２０１６年夏に刊行されたため、トランプ支持の白人労働者層についての解説書であることを期待され、それが突如として「話題の本」となった背景にあることは否めない。だが、他方で内容と執筆の分量、著者の先行業績からも一目瞭然だが、トランプ台頭とは無関係に遥か前から温められていた課題でもあった。それが結果として絶妙な共時性を伴って世に出た経緯は興味深い。すなわち、初期アメリカの建国者に精通した歴史家が、その延長で取り組んだアメリカ階級論である。したがって、自動車や鉄鋼、石炭などの産業の衰退で白人労働者を苦しめるグローバリゼーション、あるいはレーガン政権以降の共和党の富裕層優遇策を糾弾するアメリカ民主党の党派的解釈などを直接的に扱う議論ではない。著者アイゼンバーグの狙いは、白人下層の存在を歴史的底流として1本の線で描き切ることにある。勿論、年季奉公人など下層白人が植民地に存在したことは学術的には新事実ではないし、アイルランド系など後続の白人移民へのネイティヴィズムによる排斥、都市白人労働者の苦悩の歴史も既知の領域だ。アメリカの経済格差が深刻なのも周知の通りである。だが、それが決して近年、ましてやトランプ台頭前夜に起きた現象ではなく、アメリカ独立革命以前からの入植に付随する建国以上の古い歴史があることの解明に本書の真骨頂はある。

その意味で、本書はアメリカ例外主義を自明視するアメリカ国内の歴史観への部分的な挑戦でもある。アメリカ例外主義とは、アメリカがその成り立ち上、他国と異質な存在であるという概念で、自由、平等、個人主義、民主主義などの「理念」に体現される信条である。「ごく往々にしてないことにされてしまいがちなアメリカのアイデンティティに関わる何か」を抉り出そうとする著者は、アメリカ人は階級を論じず「無階級社会」を装っていると考える。なるほど現代アメリカ政治においても「ミドルクラス」が魔法の言葉として過剰利用され、市民もそれを心地よく受け入れている。なぜ「ホワイト・トラッシュ」が忘れ去られた民として埋もれてきたのか。詳しくは著者が本文で活写する史実に触れていただきたいが、あえて補足的に述べれば、以下のような点にも思考を及ばせることは無駄ではなかろう。

著者が言うようにアメリカは階級を意識させない社会だが、アメリカ政治の現場では、アメリカ市民の属性上の「差異」が「ないもの」として扱われたことはなく、むしろ有権者の投票を誘い込む上での鍵になってきた。しかし、そこでも下層白人は「見えない」存在だった。アメリカの選挙現場にはアウトリーチと呼ばれる属性ごとの集票対策があり、監訳者はかつて1990年代末にワシントンの下院議員事務所で選挙区対応（中西部イリノイ州向け）と、2000年に民主党のニューヨーク本部でアジア系の集票戦略を担当したことがある。広報戦略、メディア交渉、献金会合の運営まで業務は多岐にわたったが、共和党の現場担当者とも交流する中で疑問が深まったことに「白人アウトリーチ」の不在があった。本書の分類流に言えば「イングランド系」アウトリーチである。民主党側では、ユダヤ教徒、カトリック信徒といった信仰別のほかにも人種・民族別という分類があり、黒人、アジア系などのほか、アングロ＝サクソン・プロテスタント以外の白人が、ギリシア系、イタリア系と小分類で扱われる（彼らは「エスニック票」と総称される）。「白人」という概念は不在だ。他方、共和党ではごく一部存在するマイノリティ系対策のほかは、ライフル協会、教会などの部門別アプローチが主流だ。また、貧困アウトリーチも両党に不在だ。民主党側では労働組合、黒人、ヒスパニックなどに経済階級の分類は横断的に溶けてしまっている。共和党は「小さな政府」の理念が柱で、貧困層の救済は政府ではなく教会の役割だった。白人下層の「ホワイト・トラッシュ」は、二大政党どちらにも経済階級としては透明な扱いを余儀なくされてきたのだ。

ただ、「ホワイト・トラッシュ」は貧しい下層階級としては可視化を阻まれている一方、「文化」としては奇妙な存在感も発揮する。貧困は人間が統制不能な自然の仕業であり、押し付けられた「相続」であると著者は述べる。それは「文化」として定着していった。比較的知られている「レッドネック」（農作業で日焼けした赤い首から）と同じく、「ホワイト・トラッシュ」も明白な侮蔑語だ。しかし、現代の「ホワイト・トラッシュ」という言葉には、自らの育ちを卑下しつつも愛着ある文化として称揚する複雑な含意も皆無ではない。食文化にそれが表れることが少なくなく、アーネスト・ミックラーによる料理本『ホワイト・トラッシュ・クッキング』*White Trash Cooking*（1986）はコレステロール値には悪そうだがどこか懐かしいシンプルな田舎レシピが受けて版を重ね、ウェストヴァージニア州のばあちゃん、おふくろの味の紹介『ホワイト・トラッシュの宴会』*White Trash Gathering*（2006）も南部への愛郷心をかき立てた。

彼らを取り込む文化のアウトリーチは、トランプ以前から共和党には存在した。その穏健なポピュリズムを支えたのは民衆的な政治家を好むアメリカの反知性主義であり反エリート主義だった。経済的に富裕な少数の利益を代弁するレーガニズムに象徴される保守ポピュリズムが１９８０年代以降、経済的に質素な白人層を共和党支持層に巻き込んできたのは文化争点だった。保守派は人工妊娠中絶や同性愛問題を争点化することに成功してきた。冷戦期に共産圏、また冷戦終了後にはテロの脅威に象徴された対外的な脅威への抵抗は、銃による個人単位での防衛心や移民への嫌悪感として表意された。批評家のトマス・フランクが故郷カンザス州を現代アメリカの「反動」のモデルとして論じたように、共和党が内部の接着剤に使用したのは、文化争点をめぐる価値観による連帯であった。それはストックカー・レース(NASCAR)愛好者向けのアウトリーチにも体現されている。「保守」として連帯できる力がそこにはあったが、だからこそ経済格差や最下層の存在は置き去りにされた。

他方、「ホワイト・トラッシュ」は、あまりに粗野で無教養という烙印を押されてきたため、嘲笑の標的にされることが公の場でも半ば正当化されてきた。右で紹介した「ホワイト・トラッシュ」料理本も、「部外者」にはジョークのように扱われた。1994年に元アーカンソー州政府職員のポーラ・ジョーンズという女性が、州知事時代のビル・クリントンと性的関係があったと暴露した騒動があった。その女性は典型的な「ホワイト・トラッシュ」と見られていたため、クリントン側は信憑性を崩す戦略で返り討ちにした。選挙参謀のジェイムズ・カービルは「100ドル札をトレイラーパークでぶら下げておくと、いったい何が釣れるか分からないな」と述べ、金目当ての言いがかりだと世論を誘導した。相手が「ホワイト・トラッシュ」である限り、女性蔑視的でもあるこの発言も政治的には十分に有効だったのだ。無論、クリントン自体が「初の黒人大統領」の異名も得た、「ホワイト・トラッシュ」性をまとう生粋の南部人だったから許される反撃でもあった。

本書では中心的な論点ではないが、アメリカの人種問題史も「ホワイト・トラッシュ」と不可分の関係にある。黒人奴隷は解放後も人種隔離政策で差別されてきた。アファーマティヴ・アクション(積極的差別是正措置)はアメリカでは奴隷制に対する贖罪が源で「多様性」のための制度ではなかった。同制度と公民権運動を経て、アフリカ系が政治的にはアメリカの弱者の代名詞として「マイノリティの主流」となったことで、白人の中の階級差はいっそう目立たなくなった。著者が引用しているように、ジョンソン大統領は「最高の有色人種より優れていることを最低の白人に納得させる」「見下せる人間をあてがう」ことを示唆していた。人種差別の加害者像と一部重複する「ホワイト・トラッシュ」が、経済的に貧しいだけで「弱者」扱いされることは黒人も望まなかった。

２０１６年大統領選挙におけるトランプ支持層の怒りの下地には、オバマ大統領に対する白人下層の不満も堆積していた。グローバリゼーションによる産業構造の変化と経済的な苦境に、人種観念が融合しての発火だ。オバマは白人の母親とアフリカ人留学生の子で、厳密には奴隷の子孫としての黒人大統領はまだ誕生していないが、それでも初の「アフリカ系」大統領の誕生は、アメリカ史において真に取り残された下層としての「ホワイト・トラッシュ」認識を強めさせたかもしれない。本書では、素朴な農園主ジミー・カーターがイギリスの名門の血を引いている事実も指摘される。政治的代弁者としての「ホワイト・トラッシュ」出身の現代的な大統領の定義には議論の余地がある。

「ホワイト・トラッシュ」は定義を緩めるとアイルランド系などを含むカトリック信徒にも広がる。かつて民主党支持だった南部白人は「永遠の人種隔離」を叫んだアラバマ州知事ジョージ・ウォーレスが公民権運動の反動で台頭する中、無党派あるいは共和党へ鞍替えした。１９７０年代以降になると、民主党内で文化的な進歩派の勢力はさらに拡大し、女性解放、ＬＧＢＴ、環境、消費者などの運動が深まり、南部や中西部の下層白人との不協和音が目立つようになった。経済格差の是正を目指すリベラル派も、貧しい白人層と文化的な争点の不一致から共闘できない。たとえどんなに貧しく、建国黎明期から辛酸を舐めている弱者であっても、公民権、憲法修正第２条（銃所持）など文化争点で反目するならば、窮境を我がこととして共有できないからだ。アメリカ政治特有のジレンマはここにある。

かくして、民主党の「大きな政府」の恩恵を期待してきた「ホワイト・トラッシュ」は、文化面で共和党に親和性を持ちながらも、エスタブリッシュメント政治との距離は遠く無党派的にもなり、経済的には相も変わらず往年の地位に停留を迫られてきた。ルイス・ハーツらのコンセンサス学派の歴史学者は、身分制の不在がアメリカで社会主義の発展を阻んだと考えた。アメリカでは領主も小作人も、真の意味での右翼も左翼も不在でロック的な自由主義だけが基礎であり、政治のスペクトラムもヨーロッパと比較して極めて狭いと見なされたからだ。

反共的な下層白人が労働組合を嫌悪し、自らの経済的な苦境を再生産している悲劇は、サリー・フィールド主演の映画『ノーマ・レイ』*Norma Rae*（1979）にも余すところなく描かれている（拙著『アメリカ政治の壁』、岩波新書、2016, pp. 119–122）。

本書はアメリカ研究に新たな考察を促す論争の喚起力にも満ちている。原書刊行後、英米のメディアや専門誌から幅広く寄せられた批評群から2つだけ論点をここでは紹介しておきたい。

第1に、フランスの思想家アレクシ・ド・トクヴィルのアメリカ論との整合性の問題である。アイゼンバーグはトクヴィルを参照していない。ジャクソニアン・デモクラシーの１８３０年代にアメリカを訪れて『アメリカのデモクラシー』*De la démocratie en Amérique*（全4冊、松本礼二訳、岩波文庫）を著したトクヴィルは、貴族のいない中産階級で構成されたアメリカが、当時の世界では類を見ない平等な社会であったと考えた。トクヴィルは先住民と黒人については言及しているが、平等がおよぶ範囲について下層白人を除外していたのだろうか。トクヴィルが経済的な不平等、「アメリカの底辺と頂点の格差」を過小評価したというレオ・ダムロッシュのような見解もある（『トクヴィルが見たアメリカ』*Tocqueville's Discovery of America*〔永井大輔、高山裕二訳、白水社、2012〕）。アイゼンバーグはアメリカの各時代に「ホワイト・トラッシュ」が遍在した事実を詳述することに目的を絞り、トクヴィル評価を視野に入れた階級論に踏み込んではいない。だが、宇野重規が指摘したように、平等社会にも不平等は残るが、それは身分制の不平等社会における不平等とは異質であるとトクヴィルが論じていたことは強調しておきたい（『トクヴィル：平等と不平等の理論家』、講談社選書メチエ、2007）。

第2に、アジア系、ヒスパニック系など他のマイノリティの労働者層の問題だ。本書の舞台は南部とアパラチア地方であり、アジア系やヒスパニック系は姿を見せない。しかし、『アメリカ西漸史』*Dominion from Sea to Sea*（拙訳、東洋書林、2013）で著者カミングスが描いたように、ハワイにも宣教師2代目が経営したさとうきびプランテーションがあり、日系を含むアジア系移民が過酷な労働を強いられた。大陸横断鉄道建設に従事しつつも、排華法で虐げられた中華系もいた。アジア系移民の多くはのちに「モデルマイノリティ」として社会的上昇を実現する。労働力としての価値を除けばかつてはアメリカの「余計者」だったはずのアジア系の「成功」は本書に照らしてどう解釈すべきか。いずれも過酷な労働や差別を経験してきたが、その歴史的な「古さ」と社会移動の幅の狭さの不均衡の度合いでは「ホワイト・トラッシュ」は例外的かもしれない。

ところで、本書は出版時期がたまたま重なったJ・D・バンスによる2016年の著書『ヒルビリー・エレジー』*Hillbilly Elegy*（関根光宏、山田文の邦訳が翌年、光文社より刊行）と併せて紹介されることが少なくなかったが、両書は相互補完の関係ながらも性質は異なる。本書の射程は「ホワイト・トラッシュ」の400年史でアメリカの見えない階級の可視化であるが、バンスが自分語りで描いたのはその現代史であり個人史だ。もちろん、本書で紹介されているように「ホワイト・トラッシュ作家」はこれまでにも存在した。しかし、単に彼らの暮しを記述するだけでなく、バンスの場合は仲間から1歩も2歩も抜け出し、イェール大学ロースクール修了のベンチャー・キャピタリストに上昇移動することで発言権を得たことが画期的だった。格差の悲劇の中の「例外」に一縷の希望を感じさせるアメリカ的な物語である。集団の歴史の「語り手」を輩出しにくい物語継承における不利の有様は、特定の階層がその地位に甘んじざるを得ない問題と政治的には無関係ではない。優れた文学や公民権運動などを介して政治的に内外に存在感を示してきたアフリカ系にこの点でも「ホワイト・トラッシュ」は遅れをとってきたと言えよう。

アメリカ政治の文脈における「弱者の中の主流」の席をめぐる歩みはどうなるのか。本書『ホワイト・トラッシュ』で紹介される古い歴史をもつ下層白人が、他のマイノリティや弱者とどのような関係性を築くのか。何をスケープゴートに、どのような政治的な言説に動かされていくのか。ヒスパニック系移民が人口の過半数を占めることが予想され、既に不法移民をめぐる争いが激化している現代のアメリカを考える上で、「ホワイト・トラッシュ」はいつまでも「ホワイト・トラッシュ」であり続けるのか、そのアイデンティティは歴史的に「主流」

の弱者であるアフリカ系、新しい移民層らとどのような共存の道を模索できるのか、あるいは分断の亀裂を不可逆的に広げるのか。本書はアメリカ史の底流に知られざる発見を確認するためだけでなく、今後のアメリカを議論する上でもアメリカ人ばかりか外国人読者にも大きな示唆を与える一冊である。それだけに、外国人の初学者のアメリカ観を歪める猛毒性もある。修正的な色彩を持つ本書の企てをより俯瞰で把握する上では、一般的なアメリカ史の入門にまず目を通すことも推奨されよう。

『アメリカ西漸史』に引き続き、本訳書にも企画の立ち上げ段階から関わったが、アメリカ史への洞察に満ちた助言と編集力で企画を牽引してくれたのは東洋書林の加藤修氏である。そして、独特な筆法を駆使した原書の難文と格闘された富岡由美氏の尽力なくして本書はない。富岡氏の訳に監訳者である渡辺の訳も突き合せ、編集部との共同作業で訳出を確定させた。本書では、比喩的な表現ながらアメリカでは名詞として定着している「ホワイト・トラッシュ」をあえてそのまま紹介することにした。また、邦訳版では読者の理解の便宜を考慮し、肖像画など原書になかった図版も多く挿入している。刊行に関わってくださった各位に、深くお礼申し上げたい。

2018年夏

used for her husband's clothes; see "Hackers and Spending Sprees," *Newsweek* (November 5, 2008); also see Darling, "O Sister! Sarah Palin," 24.

37 Sam Tanenhaus, "North Star: Populism, Politics, and the Power of Sarah Palin," *New Yorker* (December 7, 2009); 84–89, esp. 89.

38 Maureen Dowd, "White Man's Last Stand," *New York Times*, July 15, 2009; on Gretchen Wilson, see Nadine Rubbs, " 'Redneck Woman' and the Gendered Poetics of Class Rebellion," *Southern Cultures* 17, no. 4 (Winter 2011): 44–77, esp. 56, and endnote 24 on page 69. For Palin as a hillbilly and prima donna, see Gail Collins, "A Political Manners Manual," *New York Times*, November 8, 2008.

39 Justin Elliot, "Trig Trutherism: The Definitive Debunker: Salon Investigates the Conspiracy Theory: Is Sarah Palin Really the Mother of Trig Palin?," Salon.com, April 22, 2011.

40 On her accent, see Jesse Sheildlower, "What Kind of Accent Does Sarah Palin Have? Wasillan, Actually," Slate.com, October 1, 2008; Dick Cavett, "The Wild Wordsmith of Wasilla," *New York Times*, opinion ator.blogs.nytimes.com, November 14, 2008.

41 William Egginton, "The Best or Worst of Our Nature: Reality TV and the Desire for Limitless Change," *Configurations* 15, no. 2 (Spring 2007): 177–91, esp. 191; David Carr, "Casting Reality TV, No Longer a Hunch, Becomes a Science," *New York Times*, March 28, 2004; Jim Ruttenberg, "Reality TV's Ultimate Jungle: Simulated Presidential Politics," *New York Times*, January 9, 2004; also see Brenda R. Weber, *Makeover TV: Selfhood, Citizenship, and Celebrity* (Durham, NC: Duke University Press, 2009), 143–44.

42 *Duck Dynasty* was simply a modified version of *The Real Beverly Hillbillies*, a reality TV show that was canceled because of protests; see *Appalachian Journal* 31, no. 3/ 4 (Spring/ Summer 2004): 438; Jonah Goldberg, " 'Duck Dynasty,' Unreal Outrage," *New York Post*, December 20, 2013.

43 Mary Elizabeth Williams, "What Will It Take for TLC to Dump 'Honey Boo Boo'?," Salon.com, October 23, 2014; Jenny Kutner, " 'Honey Boo Boo' Star Mama June Reveals Father of Two Daughters Is a Sex Offender," Salon.com, November 13, 2014.

44 Thomas Sowell, *Black Rednecks and White Liberals* (San Francisco: Encounter Books, 2005), 1, 5–9, 14–15, 29, 51; also see James B. Stewart, "Thomas Sowell's Quixotic Quest to Denigrate African American Culture: A Critique," *Journal of African American History* 91, no. 4 (Autumn 2006): 459–66. Grady McWhiney, *Cracker Culture: Celtic Ways of the Old South* (Tuscaloosa: University of Alabama Press, 1988). McWhiney's work was yet another example of the rush to turn poor whites into an ethnicity, and to deny that they were/ are a class. McWhiney argued, "Cracker does not signify an economic condition; rather, it defines a culture." See *Cracker Culture*, xiv.

45 Charlotte Hays, *When Did White Trash Become the New Normal? A Southern Lady Asks the Impertinent Question* (Washington, DC: Regnery, 2013), 7, 9, 11, 45, 172; and Hays, "When Did White Trash Become Normal?," *New York Post*, November 2, 2013.

✺ Epilogue

1 Carl Davis et al., *Who Pays? A Distributional Analysis of the Tax Systems of All 50 States*, 3rd. ed. (Washington, DC: Institute on Taxation and Economic Policy, 2009), 2.

2 Jill Lepore, "Fixed: The Rise of Marriage Therapy, and Other Dreams of Human Betterment," *New Yorker* (March 29, 2010).

3 See Sean McElwee, "The Myth Destroying America: Why Social Mobility Is Beyond Ordinary People's Control," Salon.com, March 7, 2015; and Lisa A. Keister and Stephanie Moller, "Wealth Inequality in the United States," *Annual Review of Sociology* 26 (2000), 63–81, esp. 72. As one scholar wrote, "If you want the American Dream, you'll have to go to Denmark." Also, Americans grossly underestimate wealth inequality, and if shown charts comparing the United States' and Sweden's wealth distribution (though without identifying the countries), respondents overwhelming choose Sweden. See Tim Koechlin, "The Rich Get Richer: Neoliberalism and Soaring Inequality," *Challenge* 56, no. 2 (March/ April 2013): 5–30, esp. 16–17, 20.

4 Bryce Covert, "The First-Ever Bill to Help Low-Income Moms Afford Diapers," *Think Progress*, August 13, 2014, thinkprogress.org. The large families celebrated by Republicans invited a comparison to our eugenic president Theodore Roosevelt and his six children; see Amy Bingham, "Presidential Campaign: Big GOP Families Lining Up to Fill White House," ABC News, June 21, 2011, abcnews.go.com. It was not only the number of children but the master-race looks of the Romney and Huntsman children that got attention. Scott Stossel, an editor of *Atlantic* magazine, joked on his Twitter feed, "Huntsman daughters and Romney sons should get together and breed." See Paul Harris, "Republican Candidates Seek Strength in Numbers to Show Off Family Values," *Guardian*, January 7, 2012.

5 Paul Krugman, "Those Lazy Jobless," *New York Times*, September 22, 2014; "Gingrich Says Poor Children Have No Work Habits," ABC News, December 1, 2011, abcnews.go.com.

6 "Billy Redden—Deliverance," YouTube, https:// www.youtube.com/ watch? v=PBgxdROTTrE; Cory Welles, "40 Years Later, 'Deliverance' Causes Mixed Feelings in Georgia," Marketplace.org, August 22, 2012; "Mountain Men: A Look at the Adaptation of James Dickey's Novel," *Atlanta Magazine*, September 2, 2011.

really dreaded going. There was a lot of times when Michael and I were eligible for food stamps that we didn't go, because I felt so humiliated by it." See Lesser and Chute, "An Interview with Carolyn Chute," 169.

16 Allison, *Bastard Out of Carolina*, 309. [アリスン『ろくでなしボーン』、前同]

17 For his July Fourth speech, see William Jefferson Clinton, "What Today Means to Me," *Pittsburgh Post Gazette*, July 4, 1993.

18 Ibid. On Clinton standing up to his stepfather, see Ron Fournier, "Early Lessons Serve Him Well," *Beaver County* [PA] *Times*, January 20, 1993. On *The Man from Hope film*, see David M. Timmerman, "1992 Presidential Candidate Films: The Contrasting Narratives of George Bush and Bill Clinton," *Presidential Studies Quarterly* 26, no. 2 (Spring 1996): 364–73, esp. 367.

19 Mike Feinsilber, "But Others Say, 'You're No Thomas Jefferson,' " *Prescott* [AZ] *Courier*, January 17, 1993.

20 On describing Clinton as a poor sharecropper, see Todd S. Purdum, "If Kennedy's Musical Was 'Camelot,' What's Clinton's?," *New York Times*, January 17, 1993. See AP photograph of Clinton with the mule George in Centralia, Illinois, July 21, 1992, in Brian Resnick, "Campaign Flashback: Bill Clinton in Summer '92," *National Journal*; and Josh O'Bryant, "Well-Known Democratic Mule of Walker Dies," *Walker County* [GA] *Messenger*, May 14, 2008.

21 Roy Reed, "Clinton Country: Despite Its Image as a Redneck Dogpatch, Arkansas Has Long Been a Breeding Ground of Progressive Politics," *New York Times Magazine*, September 6, 1992; Peter Applebome, "Suddenly Arkansas's Being Noticed, but a First Glance Can Be Misleading," *New York Times*, September 26, 1992; Hank Harvey, "Arkansas Needs Clinton's Candidacy," *Toledo Blade*, October 4, 1992; Molly Ivins, "Clinton Still a Kid from Arkansas," [Wilmington, NC] Star-News, July 15, 2004; Randall Bennett Woods, *J. William Fulbright, Vietnam, and the Search for a Cold War Foreign Policy* (Cambridge: Cambridge University Press, 1998), 280.

22 David Grimes, "Put Bubba in White House," *Sarasota Herald-Tribune*, July 21, 1992; Nancy Kruh (Dallas Morning News) syndicated in [Spokane, WA] *Spokesman Review*, February 14, 1993; Michael Kelly, "A Magazine Will Tell All About Bubba," *New York Times*, February 4, 1993.

23 On Greenberg's use of "Slick Willie," see Paul Greenberg, "Truth Catches Slick Willie," *Tuscaloosa News*, February 19, 1992; Paul Greenberg, "Why Yes, I Did Dub Bill Clinton 'Slick Willie,' but Then, He Earned It," [Fredericksburg, VA] *Free Lance-Star*, June 28, 2004; "Just Why Is Slick Willy So Smooth?," [Burlington, NC] *Times-News*, April 6, 1992; Sandy Grady, "Clinton's Biggest Enemy Is Image of 'Slick Willie,' " *The Day* [New London, CT], April 16, 1992; Martin Schram, "Wherever Bill Clinton Goes, Slick Willie Is Sure to Follow," *Rome* [GA] *News-Tribune*, April 6, 1992; Walter D. Myers, " 'Slick Willie' Clinton Inherits the Woes of Tricky Dick," [Bend, OR] *Bulletin*, April 2, 1992.

24 See Schieffer and Gates, *The Acting President*, 180. Colorado congresswoman Patricia Schroeder gave Reagan the name "Teflon-coated president"; see Steven V. Roberts, "Many Who See Failure in His Policies Don't Blame Their Affable President," *New York Times*, March 2, 1984; Donald Kaul, "Slick Willie Starts to Look Like Barney Fife," [Wilmington, NC] *Star-News*, February 11, 1993.

25 On Clinton singing the Elvis song, see "Elvis Presley Sighting in Clinton Campaign," *Allegheny Times* [PA], April 3, 1992. Clinton's staff also used Paul Simon's song "Graceland" to introduce the candidate before his speeches; see "Elvis Running," *Ellensburg* [WA] *Daily Record*, April 3, 1992. For Elvis as the reporters' nickname for Clinton, see John King, "Slick Willie's Calling on Elvis," *Lodi* [CA] *News-Sentinel*, May 4, 1992; "Clinton Inaugural: He'd Invite Elvis," *Gainesville* [FL] *Sun*, May 1, 1992. For Clinton communing with the spirit of Elvis, see "Clinton Enjoying His Lead: He's Finding Time to Joke About Elvis," *Reading Eagle*, October 22, 1992. For an Elvis impersonator participating in the inaugural parade, see " 'Elvis' to Perform in Grand Parade for Clinton," *New Straits Times* [Singapore], December 16, 1992. On Bush hiring an impersonator and *The Arsenio Hall Show*, see Daniel Marcus, *Happy Days and Wonder Years* (New Brunswick, NJ: Rutgers University Press, 2004), 156, 166–67.

26 For "Elvis is America," and the Elvis image as a way to attract more centrist voters, see "Elvis and Bill: Southern Boys with Thangs in Common" [Wilmington, NC] *Star-News* (reprinted from the *Economist*), August 18, 1996; and Marcus, *Happy Days*, 155, 158.

27 Bill Maxwell, " 'Seen as 'White Trash': Maybe Some Hate Clinton Because He's Too Southern," [Wilmington, NC] *Star-News*, June 19, 1994. On Noonan gushing over Reagan and Pope John Paul II, two men she wrote books about, see Kenneth L. Woodward, " 'John Paul the Great,' by Peggy Noonan," *New York Times*, December 18, 2005; Helen Eisenbach, "Looking for Mr. Right," *New York* (September 1, 2004); and on Gergen and Noonan seeing Reagan as a beloved father figure who transcended his party, see Marcus, *Happy Days*, 83; and Peggy Noonan, *What I Saw at the Revolution: A Political Life in the Reagan Era* (New York: Random House, 1990), 127.

28 Maxwell, "Seen as 'White Trash.' "

29 For the revival of the "Slick Willie" slur, see Jack Germond and Jules Witcover, "Clinton's Deposition Reveals Reputation as 'Slick Willie,' " *Reading* [PA] *Eagle*, March 12, 1998. William Rusher argued that Clinton was white trash, that with his "record of moral squalor and criminal misconduct, we must now add an essential tackiness straight out of the trailer parks of Arkansas"; see William Rusher, "White Trash in the White House," *Cherokee County* [GA] *Herald*, February 7, 2001; Jack Hitt, "Isn't It Romantic?," *Harper's Magazine* (November 1998): 17–20, esp. 17; "Second White House Response to Starr," *Washington Post*, September 12, 1998.

30 See Marianne Means, "But Bill Clinton's No Thomas Jefferson," [Wilmington, NC] *Star-News*, November 7, 1998; Thomas J. Lucente Jr. "No Comparison for Clinton and Jefferson," *Lawrence Journal-World*, November 20, 1998; Georgie Anne Geyer, "Clinton and Jefferson: An Odd Comparison," *Victoria Advocate*, November 12, 1998. There was a cartoon accompanying Geyer's article of Clinton calling Jefferson and telling him not to worry about the DNA evidence. "The People don't give a damn!" Also see Andrew Burstein, Annette Gordon-Reed, and Nancy Isenberg, "Three Perspectives on America's Jefferson Fixation," *Nation* (November 30, 1998): 23–28.

31 Jeffery Jackson, "Understanding Clinton: The King Is Dead; Long Live the King," *Nevada Daily Mail*, August 19, 1999.

32 See Toni Morrison, "The Talk of the Town," *New Yorker* (October 5, 1998): 31–32, esp. 32.

33 Kathleen Parker, "Democratic Race Seems to Be Bill vs. Oprah," *The Item*, December 1, 2007. Andrew Young also made the crude comment that Clinton had slept with more black women than Barack Obama. On Klein's *Primary Colors*, [『プライマリー・カラーズ』、黒原敏行訳、早川書房（著者匿名）] see Eric Lott, "The First Boomer: Bill Clinton, George W., and Fictions of State," *Representations* 84, no. 1 (November 2003): 100–122, esp. 101, 108, 111.

34 Frank Rich, "Palin and McCain's Shotgun Marriage," *New York Times*, September 7, 2008; Erica Jong, "The Mary Poppins Syndrome," *Huffington Post*, October 4, 2008; Eliza Jane Darling, "O Sister! Sarah Palin and the Parlous Politics of Poor White Trash," *Dialectical Anthropology* 33, no. 1 (March 2009): 15–27, esp. 19, 21. On Wasilla as a redneck town, see Jill Clarke of the Associated Press, "Alaskan Views of Clinton Reflect Those in the Lower 48," [Schenectady, NY] *Daily Gazette*, January 16, 1999.

35 Monica Davey, "Palin Daughter's Pregnancy Interrupts G.O.P. Convention Script," *New York Times*, September 2, 2008; Stephanie Clifford, "Readers See Bias in *Us Weekly*'s Take on Sarah Palin," *New York Times*, September 8, 2008; Maureen Dowd, "My Fair Veep," *New York Times*, September 10, 2008; David Firestone, "Sarah Palin's Alaskan Rhapsody," *New York Times*, December 9, 2010.

36 It was discovered that Palin had spent "tens of thousands" more than the disclosed $150,000 and that $20,000 to $40,000 had been

Coaster," *People*, September 18, 1989, 98–99, 102–4, 106, esp. 104; Mary Zeiss Stange, "Jessica Hahn's Strange Odyssey from PTL to Playboy," *Journal of Feminist Studies in Religion* 6, no. 1 (Spring 1990): 105–16, esp. 106; "The Jessica Hahn Story: Part 1," *Playboy*, November 1987, 178–80; "The Jessica Hahn Story: Part 2," *Playboy*, December 1987, 198; "Jessica: A New Life," *Playboy*, September 1988, 158–62.

40 On sending out the appeals for money on the first of the month, see Montgomery, "Unholy Roller Coaster," 106; Nicholas Von Hoffman, "White Trash Moves Front and Center," *Bangor Daily News*, April 8, 1987. Hoffman's editorial appeared alongside a cartoon of Satan meeting with his minions, holding a paper marked "T.V. Evangelicals." Satan is saying, "Then it's agreed. The hostile takeover will not be attempted. The enterprise in question being too sleazy for our consideration." For the typical viewers of televangelist shows, see Barry R. Litman and Elizabeth Bain, "The Viewership of Religious Television Programming: A Multidisciplinary Analysis of Televangelism," *Review of Religion* 30, no. 4 (June 1989): 329–43, esp. 338. For President Reagan cultivating televangelists, see Jeffrey K. Hadden, "The Rise and Fall of American Televangelism," *Annals of the American Academy of Political and Social Science* 527 (May 1993): 113–30, esp. 126.

41 "Tammy Faye Bakker," in R. Marie Griffith, "The Charismatic Movement," in *Encyclopedia of Women and Religion in North America*, eds. Rosemary Skinner Keller and Rosemary Radford Reuther (Bloomington: University of Indiana Press, 2006), 463; Shepard, *Forgiven*, 6–7, 30–31, 152–53; and William E. Schmidt, "For Jim and Tammy Bakker, Excess Wiped Out a Rapid Climb to Success," *New York Times*, May 16, 1987.

42 Parton told Roy Blount that the reason for her outrageous appearance was that she had nothing as a child and, having acquired money, "I'm gonna pile it all over me." Roy Blount Jr., "Country's Angels," *Esquire* (March 1977): 62–66, 124–26, 131–32, esp. 126; Pamela Wilson, "Mountains of Contradictions: Gender, Class, and Region in the Star Image of Dolly Parton," *South Atlantic Quarterly* 94, no. 1 (Winter 1995): 109–34, esp. 110, 112, 125; Pamela Fox, "Recycled 'Trash': Gender and Authenticity in Country Music Autobiography," *American Quarterly* 50, no. 2 (June 1998): 234–66, esp. 258–59; Dolly Parton, *My Life and Other Unfinished Business* (New York: HarperCollins, 1994), 59.

43 Griffith, "Tammy Faye Bakker," 463. On the Tammy Faye Bakker dolls being sold for $675 at the Heritage USA gift shop, and for $500 from the doll maker herself, see "Tammy Faye Dolls Selling for $500," [Wilmington, NC] *Star-News*, May 19, 1987.

44 Roger Ebert, "Tammy Faye's Story Captured in Documentary," January 24, 2000, RogerEbert.com; Renee V. Lucas, "The Tammy Look: It's Makeup by the Numbers," Philly.com, April 8, 1987.

✹ Chapter Twelve

1 Margo Jefferson, "Slumming: Ain't We Got Fun?," *Vogue* (August 1, 1988): 344–47; Mike Boone, "Magnum's Oh, So English Chum Higgins Is Really a Texas Redneck," *Montreal Gazette*, June 19, 1982.

2 Lewis Grizzard, "In Defense of Hillbillies and Rednecks," [Burlington, NC] *Times-News*, December 3, 1993. On Grizzard's reputation, see "Columnist Grizzard Dies After Surgery," [Schenectady, NY] *Daily Gazette*, March 22, 1984. For "redneck" becoming a term of endearment, see Clarence Page, "Getting to the Root of Redneck," *Chicago Tribune*, July 16, 1987; and Larry Rohter, "To Call a Floridian a 'Cracker' in Anger May Be a Crime," *New York Times*, August 19, 1991.

3 Celia Riverbark, " 'Hey, Do You Know Me?': The Definition of Redneck Depends on Your Point of View," [Wilmington, NC] *Star-News*, August 23, 1993.

4 Stacy McCain, "One Thing Gingrich Is Not, Is a Redneck," *Rome* [GA] *News-Tribune*, November 27, 1994; and in syndicated column "Hart to Heart," Jeffrey Hart, "What's Behind David Duke?," *Gadsden* [AL] *Times*, October 31, 1991.

5 One reviewer of Chute's second book remarked, "If Ms. Chute's characters were Southern, we'd call them poor white trash"; see Mary Davenport, "Chute Novel Finds White Trash Up North," [Wilmington, NC] *Star-News*, May 29, 1988. Scholars have identified the genre as "Rough South," of which Allison has figured prominently, but the regional name is inaccurate given that Chute's subjects are rural families in Maine. For a discussion of the genre and how these novelists write from "within" their class, see Erik Bledsoe, "The Rise of Southern Redneck and White Trash Writers," *Southern Cultures* 6, no. 1 (Spring 2000): 68–90, esp. 68.

6 Carolyn Chute, *The Beans of Egypt, Maine* (New York: Ticknor & Fields, 1985), 10–11, 21, 23–25, 92, 100, 114–16, 122–24, 134–35, 156, 174, 189.

7 Ibid., 135–36, 165, 175, 177–79, 181, 192.

8 Ibid., 3, 46–47, 122, 116.

9 Ibid., 3.

10 See Peter S. Prescott, "A Gathering of Social Misfits: Six New Novels Take a Walk on Life's Weirder Shores," *Newsweek* (February 25, 1985): 86; and David Gates, "Where the Self Is a Luxury Item," *Newsweek* (June 13, 1988): 77. Chute emphasized that she was "so close to these people—they were my people"; see Ellen Lesser and Carolyn Chute, "An Interview with Carolyn Chute," *New England Review and Bread Loaf Quarterly* 8, no. 2 (Winter 1985): 158–77, esp. 161, 174. For other interviews highlighting her experiences with poverty, see Donald M. Kreis, "Life Better for 'Beans of Egypt' Author Carolyn Chute," *Lewiston* [ME] *Daily Sun*, March 6, 1985; and Katherine Adams, "Chute Dialogics: A Sidelong Glance from Egypt, Maine," *National Women's Studies Association* Journal 17, no. 1 (Spring 2005): 1–22.

11 Lesser and Chute, "An Interview with Carolyn Chute," 158, 160, 164–67, 177. For her husband as "coauthor," see Dudley Clendinin, "Carolyn Chute Found Her Love and Her Calling in Maine," *Gainesville* [FL] *Sun*, February 3, 1985. On the influence of her husband, see "Illiterate Mate Inspires Maine's Carolyn Chute," [*Lewiston*, ME] *Sun Journal*, September 16, 1991. For a realistic portrait of Maine poverty, see Leigh McCarthy, "Carolyn Chute Took a Bum Rap on Poverty," *Bangor* [ME] *Daily News*, September 24, 1985.

12 In 1985, Chute distinguished herself from rednecks. Doing public readings, she wrote, "gives me a chance to see some people that aren't [slaps her neck with her hand to indicate 'redneck.'] I wouldn't mind if rednecks showed up, that would be all right. I just don't like to see them brushing their teeth out my window." See Lesser and Chute, "An Interview with Carolyn Chute," 163. But in 2000, she wrote, "But being a redneck, working class—or, more accurately, the 'tribal class,'—I am proud of that." See "An Interview with Carolyn Chute," *New Democracy Newsletter* (March–April 2000), in Newdemocracy world.org; Charles McGrath, "A Writer in a Living Novel," *New York Times*, November 3, 2008; Carolyn Chute, *The Beans of Egypt, Maine: The Finished Version* (San Diego: Harcourt Brace & Co., 1995), 273, 275; Gregory Leon Miller, "The American Protest Novel in a Time of Terror: Carolyn Chute's Merry Men," *Texas Studies in Literature and Language* 52, no. 1 (Spring 2010): 102–28, esp. 103; Dwight Gardner, "Carolyn Chute's Wicked Good Militia," Salon.com, February 24, 1996.

13 Chute explains that Reuben Bean's immaturity comes from social disadvantages; he "was at a childish level, not in his intelligence but in his emotional development." See Lesser and Chute, "An Interview with Carolyn Chute," 169. Chute also said in another interview that the minimum wage produces genuine male rage and that women were better able to endure than men. See "Chute's Book Is a Real American Classic," [Norwalk, CT] *Hour*, February 21, 1985.

14 Dorothy Allison, *Bastard Out of Carolina* (New York: Plume, 1992), 12, 22–24, 69, 80–81, 91, 98–99, 123.［アリスン『ろくでなしボーン』、亀井よし子訳、早川書房］

15 Ibid., 102. Chute also talked about the shame of using food stamps. "But in the little stores they were kind of mean to us. Food stamps, you know, ugh. They come right out with it. I got to the point where I didn't want to go to the store anymore, I was so embarrassed. I

matic Side of Carter," *New York Times*, July 1, 1976. Young's comment was aimed at the black community, where many of Carter's critics called him a "cracker" and "redneck." And Carter called himself a redneck; see Paul Delaney, "Many Black Democratic Leaders Voice Doubt: Fear and Distrust About Carter," *New York Times*, July 6, 1976. Other political observers saw Carter as the "new roots" of a new South, because he was not a redneck; see James Wolcott, "Presidential Aesthetics: You've Seen the Movie ('Nashville'), Now Meet the Candidate—Jimmy Carter," *Village Voice*, January 19, 1976.

28 Roy Blount Jr., *Crackers: This Whole Many Angled Thing of Jimmy, More Carters, Ominous Little Animals, Sad Singing Women, My Daddy and Me* (New York: Knopf, 1980), 210, 221. Norman Mailer wrote about the campaign film shown at the Democratic convention that covered the parodies of Carter's famous smile (such as Alfred E. Neuman on the cover of *Mad Magazine*); see Norman Mailer, "The Search for Carter," *New York Times Magazine*, September 26, 1976, 20–21, 69–73, 88–90, esp. 69. And there was even an Associated Press news story on Carter's dentist, see Fred Cormier, "That Famous Carter Grin Doesn't Need Toothpaste," *Ocala Star-Banner*, February 7, 1980.

29 On Carter's tenacity for his roots, see John Dillin, "Jimmy Carter: Forces in His Life," *Boca Raton News*, August 1, 1976 (reprinted from the *Christian Science Monitor*); Robert D. Hershey Jr., "Carter's Family Linked to Royalty by British Publication on Peerage," *New York Times*, August 12, 1977. For Carter's fascination with his own roots, also see Wooten, *Dasher*, 62. On the fact that the "details" of Carter's colonial Virginia heritage were as sketchy and improbable as Alex Haley's, see Douglas Brinkley, "A Time for Reckoning: Jimmy Carter and the Cult of Kinfolk," *Presidential Studies Quarterly* 29, no. 4 (December 1999): 778–97, esp. 781. And on the centrality of Carter's Georgia roots as crucial to his self-fashioning, see F. N. Boney, "Georgia's First President: The Emergence of Jimmy Carter," *Georgia Historical Quarterly* 72, no. 1 (Spring 1988): 119–32, esp. 119, 123.

30 See Phil Gailey, "Meet Billy Carter," [St. Petersburg, FL] *Evening Independent*, July 15, 1976; Huber, "A Short History of Redneck," 158. On selling mobile homes, see "Billy Carter," [Henderson, NC] *Times-News*, September 23, 1981; also see Stanley W. Cloud, "A Wry Clown: Billy Carter, 1937–1988," *Time* (October 10, 1988): 44.

31 Blount, *Crackers*, 93, 131–32.

32 On Shrum, see Mary McGrory, "Ex-Carter Speech Writer Says Jimmy Lies," *Boca Raton News*, May 9, 1976. On poor women, see David S. Broder, "Life Isn't Fair," *Telegraph*, July 25, 1977. Carter displayed the same dichotomy on welfare, calling for greater health care for poor rural women, yet emphasizing that government cannot "solve all our problems." As one *New York Times* reporter noted, Carter's Dixie conservatism was part of a tradition that "embraces a certain fatalism about social inequalities and the natural pecking order more readily than do Northern liberals"; see Hendrick Smith, "Carter's Political Dichotomy: Beliefs Rooted in Southern Democratic Traditions Seem to Counteract His Compassion for the Poor," *New York Times*, July 16, 1977; and Andrew R. Flint and Joy Porter, "Jimmy Carter: The Re-Emergence of Faith-Based Politics and the Abortion Rights Issue," *Presidential Studies Quarterly* 35, no. 1 (March 2005): 28–51, esp. 39.

33 For a sample of the stories of the rabbit affair, see *Chicago Tribune*–New York News Syndicate writer Jack W. Germond and Jules Witcover, "Laughing with the President—Or at Him," *St. Petersburg Times*, September 1, 1979; "Banzai Bunny 'Just a Quiet Georgia Rabbit,' " *Montreal Gazette*, August 31, 1979; "Carter and Peter Rabbit," *Lewiston Evening Journal*, August 31, 1979; Louis Cook, "About the Rabbit . . . ," *Bangor Daily News*, August 31, 1979; Valerie Schulthies, "Monster Rabbits Strike Terror in Many a Heart," *Deseret News*, September 1, 1979; Ralph de Toledano, "The Great Rabbit Caper," *Lodi* [CA] *News-Sentinel*, September 20, 1979. For Carter telling the story, see "Questions Get Tough When Carter Meets the Press," *Palm Beach Post*, August 31, 1979; "A Tale of Carter and the 'Killer Rabbit'; President Orders Photograph," "Carter Describes Foe: 'Quiet Georgia Rabbit,' " and "Rabbit Photo Kept Secret," *New York Times*, August 29, August 31, and September 5, 1979. For a release of the "clearest picture" of the rabbit duel, see "The Famed Rabbit Attack," *Gainesville* [FL] *Sun*, June 23, 1981. Tom Paxton wrote a satirical song, titled "I Don't Want a Bunny Wunny," playing on the theme of a mock duel or battle: "President Carter saved the day; / Splashed with the paddle, rabbit swam away. / Jimmy was a hero, felt it in his bones, / Said in the words of John Paul Jones."

34 On Reagan's visit to Ireland, see Jacobson, *Roots Too*, 16–17. When Reagan gave a speech at the dedication of the Carter library, he called Carter's personal story the "story of the South," clearly the opposite of what Reagan stood for. On Reagan not understanding the South, see Frederick Allen, "Jimmy Carter, a Son of the South Who Bore the Region's Burdens," [Wilmington, NC] *Star-News*, October 5, 1986. On Reagan's acting skills and the Nancy Reagan "pigsty" rumor, see Bob Schieffer and Gary Paul Gates, *The Acting President* (New York: E. P. Dutton, 1989), 170, 181, 375. Kitty Kelley wrote that Nancy Reagan wanted " 'a return of dignity,' " as if "the Carters had been jugheads in blue jeans who prodded cattle through the halls"; see Kitty Kelley, *Nancy Reagan: The Unauthorized Biography* (New York: Simon & Schuster, 1991), 296–97. On Reagan's "media reflexes," see Lance Morrow, "The Decline of Oratory," *Time* (August 18, 1980): 76, 78, esp. 76.

35 Patrick Buchanan, "Reagan Offers Hope to Blacks," *Chicago Tribune*, September 2, 1980.

36 Blount, *Crackers*, 5. On Bakker at the White House, see Dudley Clendinen, "Spurred by White House Parley, TV Evangelists Spread Word," *New York Times*, September 10, 1984. For the "Pass-the-Loot Club," see Sandy Grady, "Camera Double-Crossed Bakker," *Spokane Chronicle*, September 22, 1989. On the forty-five-year sentence, see June Preston, "Bakker Given 45 Years, $500,000 Fine for Fraud," *Schenectady Gazette*, October 25, 1989. By 1987, the PTL broadcast on 165 local stations covering 85 percent of the national TV market; see Charles E. Shepard, *Forgiven: The Rise and Fall of Jim Bakker and the PTL Ministry* (New York: Atlantic Monthly Press, 1989), 239.

37 For the "Bible school dropout," see Preston, "Bakker Given 45 Years"; for the Bakkers' extravagant lifestyle, see Elizabeth LeLand, "Jim and Tammy Bakker Lived Life of Luxuriant Excess," *Ocala Star-Banner*, May 24, 1987; Richard N. Ostling, "Of God and Greed: Bakker and Falwell Trade Charges in Televangelism's Unholy Row," *Time* (June 8, 1987): 70–72, 74, esp. 72. On living in a trailer and later excesses, see Shepard, Forgiven, 35, 110, 133, 180, 201, 249, 264, 551.

38 On Jim Bakker's use of his poor class background in his religious message, see Richard N. Ostling, "TV's Unholy Row: A Sex-and-Money Scandal Tarnishes Electronic Evangelicalism," *Time* (April 6, 1987): 60–64, 67, esp. 62. On prosperity theology, see "Jim Bakker," in Randall Herbert Balmer, *Encyclopedia of Evangelicalism* (Waco, TX: Baylor University Press, 2004), 50–52; and Axel R. Schafer, *Countercultural Conservatives: American Evangelicalism from the Postwar Revival to the New Christian Right* (Madison: University of Wisconsin Press, 2011), 125. On the "cheesy" nature of the Jim and Tammy show, see Brian Siang, "Jim & Tammy Faye's Fall from Grace Is Perfectly Clear," *Philadelphia Inquirer*, April 8, 1987.

39 On Tammy's drug addiction, see "Tammy Bakker Treated," [New Orleans] *Times-Picayune*, 1986; and Ostling, "Of God and Greed," 72. On sex scandals and Hahn revelations, see Associated Press story, "Playboy Interview with Jessica Hahn," [Spartanburg, SC] *Herald Journal*, September 22, 1987; Horace Davis, "Hahn's Story—In Hahn's Words," *Lakeland* [FL] *Ledger*, October 9, 1987; "Fletcher Says Bakker Bisexual," *Gadsden* [AL] *Times*, December 5, 1988; "As He Faces Likely Indictment, New Sex Accusation: Bakker Says Christianity in Disarray," *Ellensburg* [WA] *Daily Record*, December 5, 1988; "Bakker Defrocked by Assemblies of God," *Lodi* [CA] *News-Sentinel*, May 7, 1987; Montgomery Brower, "Unholy Roller

tion at the Republican National Convention in Miami Beach, Florida, August 8, 1968," in John T. Woolley and Gerhard Peters, *The American Presidency Project at UC Santa Barbara*, http://presidency.ucsb.edu/ws/index.php?pid=25968; Scott J. Spitzer, "Nixon's New Deal: Welfare Reform for the Silent Majority," *Presidential Quarterly* 42, no. 3 (September 2012): 455–81, esp. 458–62, 471, 473, 477; Rick Perlstein, *Nixonland: The Rise of a President and the Fracturing of America* (New York: Scribner, 2008); Lassiter, *The Silent Majority*, 234, 236; Michael Novak, *The Rise of the Unmeltable Ethnics* (New York: Macmillan, 1972), 4, 30, 53, 60, 70–71, 81, 258–60; Matthew Frye Jacobson, *Roots Too: White Ethnics Revival in Post–Civil Rights America* (Cambridge, MA: Harvard University Press, 2006), 44–45, 190.

12 See Washington syndicated NEA (Newspaper Enterprise Association) columnist Bruce Biossat, "White Poor in US Forgotten Masses," *Gadsden* [AL] *Times*, September 14, 1969; Biossat, "Poor White Dilemma," *Sumter Daily Item*, May 24, 1967; "White Tar Heels Poor, Too," *Spring Hope* [NC] *Enterprise*, November 2, 1967; Marjorie Hunter, "To the Poor in South Carolina, Free Food Stamps Are a Source of Satisfaction and Embarrassment," *New York Times*, May 18, 1969. On the role of the welfare rights movement, see Premilla Nadasen, *Welfare Warriors: The Welfare Rights Movement in the United States* (New York: Routledge, 2005); and Felicia Kornbluh, *The Battle for Welfare Rights: Politics and Poverty in Modern America* (Philadelphia: University of Pennsylvania Press, 2007); "The Work Ethic," *New York Times*, November 6, 1972; Gaylord Shaw, "Welfare Ethic Advocates Hits; Leads to Vicious Cycle of Dependency—Nixon," [New Orleans] *Times-Picayune*, September 4, 1972; also see "Transcript of the President's Labor Day Address," *New York Times*, September 7, 1971.

13 Marcus Klein, "Heritage of the Ghetto," *Nation* (March 27, 1976): 373–75, esp. 373.

14 On changes in NASCAR from the forties to the seventies, see Daniel, *Lost Revolutions*, 94–97, 108–10, 118–20. On Dolly Parton, see "People Are Talking About: Dolly Parton," *Vogue* (October 1, 1977): 300–301. On "redneck chic," see Patrick Huber, "A Short History of Redneck: The Fashioning of a Southern White Masculine Identity," *Southern Cultures* 1, no. 2 (Winter 1995): 145–66, esp. 159. On redneck country music, see Joe Edwards, "He's a Redneck," *Reading* [PA] *Eagle*, August 12, 1976; and Joe Edwards, " 'Redneck' Doesn't Have to Be Offensive," *Gadsden* [AL] *Times*, March 25, 1983. On *White Trash Cooking*, see Sylvia Carter, "He's Proud to Be 'White Trash,' " *Milwaukee Journal*, December 29, 1986.

15 See Robert Basler, "Dolly Parton: Fittin' into Floozydom Comfortably," [Lafayette, LA] *Advertiser*, April 24, 1986; Emily Satterwhite, *Dear Appalachia* (Lexington: University of Kentucky Press, 2011), 131, 172, 174–75.

16 See Lillian Smith, "White Trash" (ca. 1964 or 1965) and "The Poor White's Future" (ca. 1964), Lillian Eugenia Smith Papers, Box 41, ms. 1283 A, and Box 43, ms. 1238 A, Hargrett Rare Book and Manuscript Library, University of Georgia Libraries, Athens; Huber, "A Short History of Redneck," 161.

17 Robert Sherrill, "The Embodiment of Poor White Power," *New York Times Magazine*, February 28, 1971. In 1968, a group of demonstrators from an Appalachian contingent of the Poor People's Campaign protested at his home in Arlington. See John Yago, "Poor Encountered a Slick Senator," *Charleston Gazette*, June 24, 1968; also see Sanford J. Ungar, "The Man Who Runs the Senate: Bobby Byrd: An Upstart Comes to Power," *Atlantic Monthly* (September 1975): 29–35, esp. 35; and *Robert C. Byrd, Robert C. Byrd: Child of the Appalachian Coalfields* (Morgantown: West Virginia University Press, 2005), 42, 53, 219–221, 223, 228, 235–37, 244–45.

18 See cover and "New Day A'Coming in the South," *Time* (May 31, 1971): 14–20, esp. 14–16. On Wallace, see Dan T. Carter, "Legacy of Rage: George Wallace and the Transformation of American Politics," *Journal of Southern History* 62, no. 1 (February 1996): 3–26, esp. 10–12, 26; Randy Sanders, " 'The Sad Duty of Politics': Jimmy Carter and the Issue of Race in His 1970 Gubernatorial Campaign," *Georgia Historical Quarterly* 76, no. 3 (Fall 1992): 612–38, esp. 620–21, 623–25; and see James Clotfelter and William R. Hamilton, "Electing a Governor in the Seventies," in *American Governor in Behavioral Perspective*, eds. Thad Beyle and J. Oliver Williams (New York: Harper & Row, 1972), 32–39, esp. 34, 36.

19 Sanders, " 'The Sad Duty of Politics,' " 632–33.

20 On Dickey inventing his mountain roots, see Satterwhite, *Dear Appalachia*, 149–50, 508–11; and Henry Hart, "James Dickey: The World as a Lie," *The Sewanee Review* 108, no. 1 (Winter 2000): 93–106; also Harkins, *Hillbilly*, 209. In his memoir, Dickey's son Christopher recounted his father's endless need to lie about his life; for a review of the memoir (*Summer of Deliverance: A Memoir of Father and Son*), see David Kirby, "Liar and Son," *New York Times*, August 30, 1998; on Dickey's egomania, see Benjamin Griffith, "The Egomaniac as Myth Maker" (review of *The One Voice of James Dickey: His Letters and Life, 1970–1997*), *Sewanee Review* 117, no. 1 (Winter 2009): vi–viii.

21 In the novel, Dickey describes Bobby as "plump and pink," and screaming and squalling. He also has Lewis voice the survivalist ethos that the four men must tap the instincts within themselves to endure their ordeal. As used goods, Bobby is unable to overcome the "taint" of his rape. See James Dickey, *Deliverance* (Boston: Houghton Mifflin, 1970), 54, 121–22, 126, 135, 167; ［ディッキー、『救い出される』、酒本雅之訳、新潮文庫］also see Christopher Ricks, "Man Hunt," *New York Review of Books* 14, no. 8 (April 23, 1970), 37–40, esp. 40; Walter Clemmons, "James Dickey, Novelist," *New York Times*, March 22, 1970. On the sexualized nature of the trauma and the pact among the three survivors, see Linda Ruth Williams, "Blood Brothers," *Sight and Sound*, September 1994, 16–19. For a review that focused on "sodomy-inclined hillbillies," see Vincent Canby, "The Screen: James Dickey's 'Deliverance' Arrives," *New York Times*, July 31, 1972.

22 Not only does Drew show compassion, but he is the only one to defend the law over Lewis's primal code of survival. See Dickey, *Deliverance*, 68, 70, 137;［上同］Anil Narine, "Global Trauma at Home: Technology, Modernity, 'Deliverance,' " *Journal of American Studies* 42, no. 3 (December 2008): 449–70, esp. 466. On the idiot savant, see Hal Aigner, " 'Deliverance' by John Boorman," *Film Quarterly* 26, no. 2 (Winter 1972–73): 39–41, esp. 41.

23 On discovery of this "rare breed," Wolfe writes, "There is Detroit, hardly able to believe itself, what it has discovered, a breed of good old boys from the fastness of the Appalachian hills and flats—a handful from this rare breed—who have given Detroit . . . speed . . . and the industry can present it to a whole generation as . . . yours." Tom Wolfe, "The Last American Hero Is Junior Johnson. Yes!" *Esquire* (March 1965): 68–74, 138, 142–48, 150–52, 154–55, esp. 71, 74, 147, 155.

24 Andrew Horton, "Hot Car Films & Cool Individualism or, 'What We Have Here Is a Lack of Respect for the Law,' " *Cinéaste* 8, no. 4 (Summer 1978): 12–15, esp. 14; and James Poniewozik, "What Did *The Dukes of Hazzard* Really Say About the South?," *Time* (July 2, 2015).

25 Wolfe, "The Last American Hero," 71, 74, 144.

26 James Wooten, *Dasher: The Roots and Rising of Jimmy Carter* (New York: Summit Books, 1978), 280, 346–47, 354–56; and James Wooten, "The Man Who Refused to Lose: James Earl Carter Jr.," *New York Times*, July 15, 1976.

27 For Carter on the kinship he felt for Justice Hugo Black and Estes Kafauver, see Anthony Lewis, "Jimmy Carter: Southern Populist," *Morning Record*, June 4, 1976. On Carter's "log cabin" campaign style, see Frank Jackman (of the *New York Daily News*), "Profile: Who Is Jimmy Carter?" [St. Petersburg, FL] *Evening Independent*, July 15, 1976. On the Allman Brothers benefits for Carter, see Wayne King, "Rock Goes Back to Where It All Began: Rock Goes South," *New York Times*, June 20, 1976. On the radio ad, see Eli Evans, "The Natural Superiority of Southern Politicians," *New York Times*, January 16, 1977. For Carter describing himself as "white trash made good," see Charles Mohr, "Reporter's Notebook: Enig-

idency: 'Mr. President, You're Fun,' " *Time* (April 3, 1964): 23–24. On the symbolic meaning of freedom (escaping your ancestors) associated with cars in American culture, see Deborah Clark, *Driving Women: Fiction and Automobile Culture in Twentieth-Century America* (Baltimore: Johns Hopkins University Press, 2007), 165.

86 On Fulbright and McGovern, see Albert Lauterbach, "How Much Cutback for Consumers," *Challenge* 6, no. 7 (April 1958): 72–76, esp. 72; and Joseph Green, "Events & Opinions," *The Clearing House* 32, no. 8 (April 1958): 485–86; also "Presley Termed a Passing Fancy," *New York Times*, December 17, 1956. On Elvis's "orgiastic" dancing, see Bosley Crowther, "The Screen: Culture Takes a Holiday: Elvis Presley Appears in 'Love Me Tender,' " *New York Times*, November 16, 1956.

87 Robertson, "G.O.P. Film Depicts 'Moral Decay.' " Elvis's delinquent ways led a church congregation in Jackson, Florida, to pray for his soul; see "Elvis a Different Kind of Idol," *Life* (August 27, 1956): 101–9, esp. 108–9. Elvis was considered the idol of delinquent boys; see Martin Gold, *Status Forces in Delinquent Boys* (Ann Arbor, MI: Institute for Social Research, 1963), 104; and Eugene Gilbert, "Typical Presley Fan Is a 'C' Student; Aloof, Indifferent," [New Orleans] *Times-Picayune*, March 14, 1958. On Appalachians having no respect for working hard and striving to move up the ladder, see Roscoe Griffin, "When Families Move . . . from Cinder Hollow to Cincinnati," *Mountain Life and Work* (Winter 1956): 11–20, esp. 16, 18. On the lure of being lazy, see Damon Runyon, "My Old Home Town—The Passing of Crazy Bill," *Milwaukee Sentinel*, September 8, 1957; Eller, *Uneven Ground*, 26.

88 Harrington wrote, "But the real explanation of why the poor are where they are is that they made the mistake of being born to the wrong parents, in the wrong section of the country, in the wrong industry, or in the wrong racial or ethnic group. Once that mistake has been made, they could have been paragons of will and morality, but most of them would never have had a chance to get out of the other America." See Michael Harrington, *The Other America: Poverty in the United States* (Baltimore: Penguin, 1962), 21. Another researcher used a different set of analogies that emphasized inherited incapacities: he said the poor were "underendowed," "economic invalids," and possessed an "inadequate personal patrimony." See Oscar Ornati, "Affluence and the Risk of Poverty," *Social Research* 31, no. 3 (Autumn 1964): 333–46, esp. 341–45; and see Eller, *Uneven Ground*, 101.

89 John Kenneth Galbraith, *The Affluent Society*, 40th anniversary ed. (Boston: Houghton Mifflin, 1999), 235–37; ［ガルブレイス『ゆたかな社会』、鈴木哲太郎訳、岩波現代文庫］ Harrington, *The Other America*, 9–14, 18, 34. ［『もう一つのアメリカ』、内田満、青山保訳、日本評論社］

90 Lewis H. Lapham, "Who Is Lyndon Johnson?," *Saturday Evening Post* (September 9, 1965): 21–25, 65–67, 70–72, esp. 66, 71. On the idiom of "big ones" as rich white folks and poor whites as craving land and respect, see Jack Temple Kirby, "Black and White in Rural South, 1915–1954," *Agricultural History* 58, no. 3 (July 1984): 411–22, esp. 418; also see "Johnson's Rare Word: 'Caliche,' a Soil Crust," *New York Times*, January 5, 1965; "Politics Was Johnson's Work, Rest, and Relaxation," [Clearfield, PA] *Progress*, January 24, 1973; Ryan Greene, "Sideglances in the Mirror," *Gilmer* [TX] *Mirror*, May 26, 1966.

91 James Reston, "Paradox and Reason," *New York Times*, January 21, 1965.

92 Lyndon Johnson, "Remarks to Students Participating in the U.S. Senate Youth Program," February 5, 1965, *Public Papers of the Presidents: Johnson*, 148–51, esp. 150.

✺ Chapter Eleven

1 Mary Bernstein, "Identity Politics," *Annual Review of Sociology* 31 (2005): 47–74, esp. 49, 53, 64. As Mary Louis Adams argued, "It is important to note that identity politics encompass a celebration of the group's uniqueness as well as an analysis of its particular oppression"; see "There's No Place Like Home: On the Place of Identity in Feminist Politics," *Feminist Review*, no. 31 (Spring 1989): 22–33, esp. 25; and Douglas C. Rossinow, *The Politics of Authenticity: Liberalism, Christianity, and the New Left in America* (New York: Columbia University Press, 1998); Mathew D. Lassiter, *The Silent Majority: Suburban Politics in the Sunbelt South* (Princeton, NJ: Princeton University Press, 2006), 1, 3.

2 Joseph Bensman and Arthur J. Vidich, "The New Middle Classes: Their Culture and Life Styles," *Journal of Aesthetic Education* 4, no. 1 (January 1970): 23–39, esp. 24–25, 29.

3 Anne Roiphe, " 'An American Family': Things Are Keen but Could Be Keener," *New York Times Magazine*, February 18, 1973, 8–9, 41–43, 45–47, 50–53, esp. 8, 47, 50–53.

4 Thomas Lask, "Success of Search for 'Roots' Leaves Alex Haley Surprised," *New York Times*, November 23, 1976; Paul D. Zimmerman, "In Search of a Heritage," *Newsweek* (September 27, 1976): 94–96. Even the Library of Congress classified the book as genealogy instead of fiction; see David Henige, "Class as GR Instead?," *American Libraries* 31, no. 4 (April 2000): 34–35.

5 The first compelling critique that exposed problems with his African research was Mark Ottaway, "Tangled Roots," *Sunday Times* (London), April 10, 1977, 17, 21. His conclusions were reconfirmed by an African scholar who explained that the griot, or family storyteller, was unreliable, and told the inquirer what he wanted to hear. (Haley failed to tape the interview, relied on only one informant, and when other information contradicted the story he wanted, he ignored it.) See Donald R. Wright, "Unrooting Kunta Kinte: On the Perils of Relying on Encyclopedic Informants," *History in Africa* 8 (1981): 205–17, esp. 206, 209–13. For Haley's response to Ottaway's criticism and his rationale for the unrealistic portrayal of Kinte's village, see Robert D. McFadden, "Some Points of 'Roots' Questioned: Haley Stands by the Book as a Symbol," *New York Times*, April 10, 1977. Professional historians had different reactions to Haley's claims: Oscar Handlin of Harvard called the book a "fraud," and Professor Willie Lee Rose of Johns Hopkins University, an expert in slavery, concluded that the "anachronisms . . . are too numerous and chip away at the verisimilitude of central matters in which it is important to have full faith." See Israel Shenker, "Some Historians Dismiss Report of Factual Mistakes in 'Roots,' " *New York Times*, April 10, 1977.

6 For the most thorough exposition of research errors in Roots, coauthored by a historian and genealogist, see Gary B. Mills and Elizabeth Shown Mills, " 'Roots' and the New 'Faction': A Legitimate Tool for Clio?," *Virginia Magazine of History and Biography* 89, no. 1 (January 1981): 3–26, esp. 6–19. On Haley's class bias (making his ancestors superior to other slaves), see Mills and Mills, " 'Roots' and the New 'Faction,' " 25; and James A. Hijiya, "Roots: Family and Ethnicity in the 1970s," *American Quarterly* 30, no. 4 (Autumn 1978): 548–56.

7 For Haley as a hoaxer, see Stanley Crouch, "The Beloved Fraud of 'Roots,' " *Garden City Telegram*, May 9, 2011; for timing of pitch to ABC, see obituary of Brandon Stoddard, who developed the Roots miniseries, *Washington Post*, December 29, 2014.

8 James A. Michener, *Chesapeake* (New York: Random House, 1978), 158–59, 161. ［ミッチェナー『チェサピーク物語』全４巻、渋谷比佐子訳、至誠堂］

9 Ibid., 325, 803, 822, 826, 842–45, 854–55; ［上同］ Tom Horton, "Michener's 'Chesapeake' Revisited Novel," *Baltimore Sun*, October 24, 1997.

10 See Nancy Isenberg and Andrew Burstein, "Adamses on Screen," in *A Companion to John Adams and John Quincy Adams*, ed. David Waldstreicher (Malden, MA: Wiley-Blackwell, 2013), 487–509; Boorstin's introduction, in Jack Shepherd, *The Adams Chronicles: Four Generations of Greatness* (Boston: Little, Brown, 1975), xxxi; and Hijiya, "Roots," 551.

11 Pete Hamill, "The Revolt of the White Lower Middle Class," *New York* (April 14, 1969): 24–29; Philip Shabecoff, "A Blue-Collar Voter Discusses His Switch to Nixon," *New York Times*, November 6, 1972; Richard Nixon, "Address Accepting the Presidential Nomina-

"Democrats: Answer to Dick Nixon," *Newsweek* (July 23, 1956): 19–20; Harold H. Martin, "The Things They Say About the Governor!," *Saturday Evening Post* (January 29, 1955): 22–23, 48–51, 54–55, 58, esp. 22.

73 Martin, "The Things They Say About the Governor!," 22, 48; "Democrats: Answer to Dick Nixon," 20; Parmenter, "Tennessee Spellbinder," 117; "Democrats' Keynote," *Time* (July 23, 1956): 14. On Folsom, see Paul E. Deutschman, "Outsized Governor: 'Big Jim' Folsom Loathes Shoes and Grammar—But Loves Nature, Girls and Being Top Man in Alabama," *Life* (September 1, 1947): 59–65, esp. 59, 64–65; " 'Clowning' Blamed in Folsom's Defeat" and "Politician in Squeeze: Gov. James E. Folsom," *New York Times*, June 6, 1948, and February 25, 1956; and Robert J. Norrell, "Labor at the Ballot Box: Alabama Politics from the New Deal to the Dixiecrat Movement," *Journal of Southern History* 57, no. 2 (May 1991): 201–34, esp. 230.

74 For the text of his address, see "Democratic National Convention: Keynote Address, by Frank Clement, Governor of Tennessee," *Vital Speeches of the Day*, vol. 22 (September 1, 1956): 674–79; and John Steinbeck, " 'Demos Get Selves Voice in Clement'— Steinbeck," [New Orleans] *Times-Picayune*, August 15, 1956.

75 On Clement's later comment, see Robert E. Corlew III, "Frank Goad Clement and the Keynote Address of 1956," *Tennessee Historical Quarterly* 36, no. 1 (Spring 1977): 95–107, esp. 107. There were other critical reviews of his performance, some calling his address mere "bombast," or a forensic exercise rather than real eloquence; see "The New Democrats: A Democratic Party of Youth and Energy," *Life* (August 27, 1957): 20–36, esp. 22; and George E. Sokolsky, " 'A Torrent of Oratory,' *Gadsden Times*, August 17, 1956; also see memorandum from Horace Busby to Bill Moyers, July 29, 1964, in the appendix of Robert Mann, *Daisy Petals and Mushroom Clouds: LBJ, Barry Goldwater, and the Ad That Changed American Politics* (Baton Rouge: Louisiana State University Press, 2014), 122.

76 Hodding Carter, "Hushpuppies, Stew—and Oratory: Southern Politicians Must Be Showmen, Too, but Behind Their Act Is a Deadly Seriousness," *New York Times Magazine*, June 18, 1950; "The Politician as Bore," *Chicago Tribune*, March 23, 1956.

77 "Hillbilly Chivalry," *Chicago Tribune*, March 15, 1958.

78 On Estes Kefauver and "Big Jim" Folsom, see William G. Carleton, "The Southern Politician—1900 and 1950," *Journal of Politics* 13, no. 2 (May 1951): 215–31, esp. 220–21; Corlew, "Frank Goad Clement," 106–7; and for linking Clement's fall from prominence to his "corn-filled keynote speech," see "Politics: Ole Frank," *Time* (August 10, 1962): 13. On Johnson as the second most powerful man in the nation, see Stewart Alsop, "Lyndon Johnson: How Does He Do It?," *Saturday Evening Post* (January 24, 1959): 13–14, 38, 43, esp. 13–14. And on Johnson hanging Clay's portrait in the oval office, see "Portraits of Washington, Clay and Jackson on Walls," *New York Times*, March 2, 1964. On Johnson as a teacher, see John R. Silber, "Lyndon Johnson as Teacher," *Listener and BBC Television Review* 73 (May 20, 1965): 728–30.

79 On Johnson earning sympathy, see James Reston, "The Office and the Man: Johnson Emerges Grave and Strong as the Presidency Works Its Change," *New York Times*, November 28, 1963; Anthony Lewis, "Johnson Style: Earthy and Flamboyant," *New York Times*, November 24, 1963; "Lyndon Baines Johnson," *New York Times*, August 27, 1964. On his close associates rejecting the rural hick portrait, see the AP article that appeared in numerous newspapers: Arthur Edson, "Johnson Called Complex Person Mistaken as a 'Cornball' " *Milwaukee Journal*, December 28, 1963. On "digging down deeply," see "Johnson's Way," *New York Times*, April 26, 1964; and Russell Baker, "President's Manner, Like Jackson's, a Folksy One," *New York Times*, November 2, 1964. On his showmanship and deep emotions, see Marianne Means, "Despite His Informal Air, LBJ Seldom Shows Sensitive Side," *San Antonio Light*, October 10, 1965. The ambivalence over Johnson continued during his presidency. As one reporter wrote in 1968 on his accession to the presidency, "Just plain folksy or just plain corny, spontaneous or devious, inspiring persuader or ruthless arm-twister, Lyndon Baines Johnson was now firmly in the saddle"; see AP correspondent Saul Pett, "The Johnson Years: The Arc of Paradox," *Hutchinson* [KS] *News*, April 14, 1968.

80 See Lyndon Johnson, "Remarks in Johnson City, Tex., Upon Signing the Elementary and Secondary Education Bill, April 11, 1965," in *Public Papers of the Presidents: Johnson*, 412–14, esp. 414. On his echoes of Odum, see Lyndon B. Johnson, "My Political Philosophy," *Texas Quarterly* 1, no. 4 (Winter 1958): 17–22. On the strategic plan for winning over southern legislators, see William B. Cannon, "Enlightened Localism: A Narrative Account of Poverty and Education in the Great Society," *Yale Law and Policy Review* 4, no. 1 (Fall–Winter 1985): 6–60, esp. 39, 43; John A. Andrew III, *Lyndon Johnson and the Great Society* (Chicago: Ivan R. Dee, 1998), 120–21. On Lady Bird Johnson's visit without her husband, see Nan Robertson, "Mrs. Johnson Visits Poverty Area," *New York Times*, March 22, 1964.

81 On photographs, see "Johnson and the People," *New York Times*, May 3, 1964. On poor white images, also see "Johnson's Great Society—Lines Are Drawn," *New York Times*, March 14, 1965; and John Ed Pearce, "The Superfluous People of Hazard, Kentucky," *Reporter* 28, no. 1 (January 3, 1963): 33–35; Homer Bigart, "Kentucky Miners: A Grim Winter," *New York Times*, October 20, 1963; Robyn Muncy, "Coal-Fired Reforms: Social Citizenship, Dissident Miners, and the Great Society," *Journal of American History* (June 2009): 72–98, esp. 74, 90–95; and Ronald Eller, *Uneven Ground: Appalachia Since 1945* (Lexington: University Press of Kentucky, 2008), 20, 23–25, 30–32, 36–39; David Torstensson, "Beyond the City: Lyndon Johnson's War on Poverty in Rural America," *Journal of Policy History* 25, no. 4 (2013): 587–613, esp. 591–92, 596, 606.

82 On Johnson's hat, see "Random Notes from All Over: Johnson Says Aye to LBJ Hats," *New York Times*, February 17, 1964. On the poor, see Marjorie Hunter, "President's Tour Dramatized Issue" and "Johnson Pledges to Aid the Needy," *New York Times*, April 26, 1964, and September 21, 1964; Franklin D. Roosevelt, "State of the Union Address," January 11, 1944.

83 Bill Moyers, "What a Real President Was Like: To Lyndon Johnson the Great Society Meant Hope and Dignity," *Washington Post*, November 13, 1988. On manipulation of white trash pride in Faulkner's writing, see John Rodden, " 'The Faithful Gravedigger': The Role of 'Innocent' Wash Jones and the Invisible 'White Trash' in Faulkner's Absalom, Absalom!," Southern Literary Journal 43, no. 1 (Fall 2010): 23–38, esp. 23, 26, 30–31; and Jacques Pothier, "Black Laughter: Poor White Short Stories Behind *Absalom, Absalom!* and *The Hamlet*," in *William Faulkner's Short Fiction*, ed. Hans H. Skei (Oslo: Solum Forlag, 1977), 173–184, esp. 173. Nearly thirty years after he wrote *A Southerner Discovers the South*, Jonathan Daniels wrote of the unfulfilled promise of the American dream in the South. The "New South" was still the Old South, poor whites and blacks remained poor together, and "none but the blind can believe that in the South the unfortunate and dispossessed are only of one color." See Daniels, "The Ever-Ever Land," *Harper's Magazine* (April 1965): 183–88.

84 For the Republican campaign attack film, see Nan Robertson, "G.O.P. Film Depicts 'Moral Decay,' " *New York Times*, October 21, 1964; and Mann, *Daisy Petals and Mushroom Clouds*, 94–95. On Billy Carter's famous comment, see "You'll Have to Pardon Billy," *Milwaukee Sentinel*, February 17, 1977; also see John Shelton Reed, Southern *Folk, Plain and Fancy: Native White Social Types* (Athens: University of Georgia Press, 1986), 38. On Malcolm X, see William E. Leuchtenburg, *The White House Looks South: Franklin D. Roosevelt, Harry Truman, and Lyndon B. Johnson* (Baton Rouge: Louisiana State University Press, 2005) 327.

85 On Elvis's Cadillac, see Joe Hyams, "Meet Hollywood's Biggest Spenders," *This Week Magazine*, February 25, 1962. The film's attack was based on stories about Johnson driving his car fast and drinking beer, but they added the references to him throwing cans out the window. On LBJ's wild driving and posing with a piglet, see "Pres-

the code of honor without deserving it. See Lisa Lindquist Dorr, *White Women, Rape, and the Power of Race in Virginia, 1900–1960* (Chapel Hill: University of North Carolina Press, 2004), 79, 115–19.

59 In the novel, Lee offers this scathing portrait of the Ewells: "No economic fluctuations changed their status—people like the Ewells lived as guests of the country in prosperity as well as in the depths of the depression. No truant officers could keep their numerous offspring in school; no public health officer could free them from congenital defects, various worms, and diseases indigenous to their filthy surroundings. . . . The Ewells gave the dump a thorough gleaning every day, and the fruits of their industry (those that were not eaten) made the plot of land around their cabin look like the playhouse of an insane child." Lee also has Atticus Finch offer a different definition of white trash, one decoupled from poverty, as anyone, rich or poor, who tried to cheat a black man or treat him unfairly; see Harper Lee, *To Kill a Mockingbird* (New York: HarperCollins, 1999; originally published 1960), 194–95, 253.［リー『アラバマ物語』、前同］

60 Though the film muted its eugenic theme, one reviewer saw Bob Ewell as a "degenerate father" and the daughter as a "poor white trash type"; see syndicated columnist Alice Hughes, "A Woman's New York," *Reading Eagle*, February 23, 1963. The *New York Times* called the portrayals of Bob and Mayella Ewell "almost caricatures"; see Bosley Crowther, "Screen: 'To Kill a Mockingbird,' " *New York Times*, February 15, 1963. For the tangled career of John Frederick Kasper, the paid agitator from New Jersey, see John Egerton, "Walking into History: The Beginning of School Desegregation in Nashville," *Southern Spaces* (May 4, 2009).

61 An Afro-American newspaper gave this description of the film *Poor White Trash*: "There are no Emily Post rules to raw life, and 'Poor White Trash' creates none in this story of a people whose way of life has stood still while time has marched on and left them in a world apart"; see " 'Poor White Trash' in Neighborhood Runs," *Baltimore Afro-American*, September 22, 1962. On Sloan Wilson's *The Man in the Gray Flannel Suit* (1955) and the dangers of losing one's individuality, see Anna Creadick, *Perfectly Normal: The Pursuit of Normality in Postwar America* (Amherst: University of Massachusetts Press, 2010), 77, 86–87. Jeans and a white T-shirt was not only the outfit of James Dean in *Rebel Without a Cause* (1955), but also the dress of angry poor white men protesting desegregation in Nashville in 1957. See "The South: What Orval Hath Wrought," 15.

62 Daniels, *A Southerner Discovers the South*, 183, 175, 179.

63 See "redneck" and "hillbilly," in *Dialect Notes, Vol. II, Part IV, Publications of the American Dialect Society* (New Haven, CT, 1904), 418, 420. The Hatfields ruthlessly killed women as well as men, breaking a key taboo of civilized behavior; see "So Ends a Mountain Feud," *Kansas City Times*, January 30, 1921. On myth about the feud, see Altina L. Waller, "Feuding and Modernization in Appalachia: The Hatfields and McCoys," *Register of the Kentucky Historical Society* 87, no. 4 (Autumn 1989): 385–404, esp. 399, 401–2; Hal Boyle, "Arkansas Ends Hillbilly Myth," *Tuscaloosa News*, May 29, 1947. On a critique of "hillbillydom" from the *Arkansas Gazette*, see "Hillbillies in Action," *Tuscaloosa News*, August 12, 1940. On the woman having "her number," see Mandel Sherman and Thomas R. Henry, *Hollow Folk* (New York, 1933), 26. A review of *Hollow Folk* described them as "degenerate," and though "the inhabitants of our own race, theirs is a primitive culture"; see Robert E. L. Paris, "Hollow Folk," *American Journal of Sociology* 39, no. 2 (September 1933): 256.

64 Frank S. Nugent, "The Screen: 'Mountain Justice,' A Hill-Billy Anthology Is Shown at the Rialto—A New Film at the Cine Roma," *New York Times*, May 13, 1937; Sharon Hatfield, "Mountain Justice: The Making of a Feminist Icon and a Cultural Scapegoat," *Appalachian Journal* 23, no. 1 (Fall 1995), 26–47, esp. 28, 33, 35, 37, 42.

65 On hillbilly bands, comic strips, and *Kentucky Moonshine*, see Anthony Harkins, *Hillbilly: A Cultural History of an American Icon* (New York: Oxford University Press, 2004), 86–87, 103–13, 124–36, 154–55, 161–62. On Minnie Pearl, see Pamela Fox, "Recycled Trash: Gender and Authenticity in Country Music Autobiography," *American Quarterly* 50, no. 2 (1998): 234–66, esp. 253–54. For the connection between "radio rubes" like Minnie Pearl and the vaudeville circuit, see Bill C. Malone, "Radio and Personal Appearances: Sources and Resources," *Western Folklore* 30, no. 3, Commercialized Folk Music (July 1971): 215–25, esp. 216–17.

66 "The Hillbilly in Huey Long's Chair," *Milwaukee Journal*, January 4, 1946. Davis had a bachelor's degree in history and taught history at Dodd College for women, but had an M.A. thesis in psychology; his thesis, which he earned in 1927, was on the rather racist topic of intellectual differences among whites, blacks, and mulattoes. He sang songs with his band on the campaign trail. His greatest hit was "You Are My Sunshine." He refused to run a negative campaign. He ran for governor and won one term in 1944–48, and another in 1960–64. He rode his horse up the capitol steps in 1963. On Davis, see Angie Reese, "Jimmie Davis: From Sharecropper's Cabin to the Governor's Mansion" (M.A. thesis, Southeastern Louisiana University, 1995), 1, 4–9, 14–16, 30, 99.

67 See William C. Pratt, "Glen H. Taylor: Public Image and Reality," *Pacific Northwest Quarterly* 60, no. 1 (January 1969): 10–16; "O'Daniel Writes Own Songs for Vote Campaign" and "Biscuit Passing Pappy," [New Orleans] *Times-Picayune*, July 25 and August 14, 1938; "Hill-Billy Sense," *Cleveland Gazette*, September 10, 1938; P. McEvoy, "Pass the Biscuits, Pappy," *Reader's Digest*, October 1938, 9–12. On Dewey Short, see "Hillbilly 'Demosthenes,' " *Milwaukee Journal*, August 3, 1942.

68 See W. R. Crocker, "Why Do Americans Dislike the English?," *Australian Quarterly* 21, no. 1 (March 1949): 27–36, esp. 31–33. Crocker made references to both Jimmy Davis and Pappy O'Daniel.

69 On the time- warp theme, see Brooks Blevins, "In the Land of a Million Smiles: Twentieth-Century Americans Discover the Arkansas Ozarks," *The Arkansas Historical Quarterly* 61, no. 1 (Spring 2000): 1–35, esp. 2, 20, 24. On the classless myth, see speech by Supreme Court justice Hughes on the hill folk of Appalachia in "Merit Not Birth America's Basis," [Columbia, SC] State, February 25, 1915. On the theme that mountain people practiced true equality, a place where "pride of birth and social standing meant nothing," see the advertisement for a movie based on the 1903 classic mountain novel *The Little Shepherd of Kingdom Come*, in *Lexington Herald*, March 21, 1920. By the fifties, the egalitarian theme had become more pronounced; see Julia McAdoo, "Where the Poor Are Rich," *American Mercury* (September 1955): 86–89; also see Brooks Blevins, "Wretched and Innocent: Two Mountain Regions in the National Consciousness," *Journal of Appalachian Studies* 7, no. 2 (Fall 2001): 257–71, esp. 264–65. On the "Park Avenue Hillbilly," see Mark Barron, "Broadway Notes," [New Orleans] *Times-Picayune*, July 23, 1950.

70 See promotion for Hillbilly Jamboree staring Red Smith and Elvis Presley, [New Orleans] *Times-Picayune*, September 1, 1955. For touring with Griffith in 1955, see Hedda Hopper, "Elvis Was Nice to Andy," *Times-Picayune*, February 6, 1957; and Goddard Lieberson, " 'Country' Sweeps Country: Hillbilly Music Makers Have Parlayed a Blend of Blues, Spirituals and Folk Tunes into a $50-Million-Year Business," *New York Times*, July 28, 1957; Dick Kleiner, "Elvis Presley," Sarasota Journal, July 11, 1956; Vivian Boultinghouse, "The Guy with the Blue Suede Shoes," *Times-Picayune*, July 1, 1956; and Hedda Hopper, "Hollywood: Star Switch on Goodwin," *Times-Picayune*, August 2, 1956.

71 On Elvis's background in Tupelo, Mississippi, see Lloyd Shearer, "Elvis Presley," *Parade*, September 30, 1956, 8–13, esp. 11; and Michael T. Bertrand, "A Tradition-Conscious Cotton City: (East) Tupelo, Mississippi, Birthplace of Elvis Presley," in *Destination Dixie: Tourism and Southern History*, ed. Karen L. Cox (Gainesville: University of Florida Press, 2012), 87–109, esp. 87–88, 91–92, 95–97. On his female fans as mountain mules, see Jock Carroll, "Side-Burned Dream Boat of Red-Blooded Youth? This Reviewer (Male) Says I Like Elvis Presley," *Ottawa Citizen*, September 8, 1956.

72 Noel E. Parmenter Jr., "Tennessee Spellbinder: Governor Clement Runs on Time," *Nation* (August 11, 1956): 114–17, esp. 113, 116;

On television and tribalism, see H. J. Skornia, "What TV Is Doing to America: Some Unexpected Consequences," *Journal of Aesthetic Education* 3, no. 3 (July 1969): 29–44.

42 Counts was working for the afternoon *Arkansas Democrat* when he took the picture, which made his photograph the first to appear. Johnny Jenkins published a similar photograph the next day in the *Arkansas Gazette*. See Karen Anderson, *Little Rock: Race and Resistance at Central High School* (Princeton, NJ: Princeton University Press, 2010), 2; Peter Daniel, *Lost Revolutions: The South in the 1950s* (Chapel Hill: University of North Carolina Press, 2000), 262; David Margolick, *Elizabeth and Hazel: Two Women of Little Rock* (New Haven, CT: Yale University Press, 2011), 1–2, 36–37, 59–61, 63, 152–54.

43 Margolick, *Elizabeth and Hazel*, 38–39, 41. On the rural white migration into Little Rock, see Ben F. Johnson III, "After 1957: Resisting Integration in Little Rock," *Arkansas Historical Quarterly* 66, no. 2 (Summer 1007): 258–83, esp. 262.

44 Margolick, *Elizabeth and Hazel*, 70–71, 88.

45 Benjamin Fine, "Students Unhurt," *New York Times*, September 24, 1957; Fletcher Knebel, "The Real Little Rock Story," *Look*, November 12, 1957, 31–33, esp. 33; Margolick, *Elizabeth and Hazel*, 37, 105; Daniel, *Lost Revolutions*, 263; and Phoebe Godfrey, "Bayonets, Brainwashing, and Bathrooms: The Discourse of Race, Gender, and Sexuality in the Desegregation of Little Rock's Central High," *Arkansas Historical Quarterly* 62, no. 1 (Spring 2003): 42–67, esp. 45–47; and Belman Morin, "Arkansas Riot Like Explosion," [Spokane, WA] *Spokesman Review*, September 23, 1957.

46 For Guthridge's remarks, see "Some Bitterness," *Arkansas Gazette*, September 1, 1957; C. Fred Williams, "Class: The Central Issue in the 1957 Little Rock School Crisis," *Arkansas Historical Quarterly* 56, no. 3 (Autumn 1997): 341–44; Graeme Cope, " 'Everybody Says All Those People. . . Were from out of Town, but They Weren't': A Note on Crowds During the Little Rock Crisis," *Arkansas Historical Quarterly* 67, no. 3 (Autumn 2008): 245–67, esp. 261.

47 Roy Reed, *Faubus: The Life and Times of an American Prodigal* (Little Rock: University of Arkansas Press, 1997), 358; "The South: What Orval Hath Wrought," *Time* (September 23): 1957, 11–14, esp. 12–13. Also see Williams, "Class: The Central Issue," 344; "Orval's Iliad and Odyssey," *Life* (September 23, 1957): 28–35; Anderson, *Little Rock*, 68; and Don Iddon, "Faubus of Little Rock: 'The President Underestimated the Ruthless Ambition of This Hillbilly Who So Far Has Always Won in the End,' " [London] *Daily Mail*, September 26, 1957.

48 Benjamin Fine, "Militia Sent to Little Rock; School Integration Put Off," *New York Times*, September 3, 1957; "Speech of Governor Orval E. Faubus, September 2, 1957," http://southerncolloqrhetoric.net/resources/Faubus570902.pdf. The original speech is located in the Orval Eugene Faubus Papers, 1910–1994, Series 14, Box 496, University of Arkansas, Fayetteville, AK; and David Wallace, "Orval Faubus: The Central Figure at Little Rock Central High School," *Arkansas Historical Quarterly* 39, no. 4 (Winter 1980): 314–29, esp. 324.

49 Anthony Lewis, "President Sends Troops to Little Rock, Federalizes Arkansas National Guard; Tells Nation He Acted to Avoid Anarchy," *New York Times*, September 25, 1957. On Faubus manufacturing the myth of violence, see "Arkansas," *Time* (September 30, 1957): 17–19; "Little Rock Sputnik Is Burning Itself Out," *Washington Afro-American*, October 22, 1957.

50 John Chancellor, "Radio and Television Had Their Own Problems in Little Rock Coverage," *Quill* (December 1957): 9–10, 20–21; Jack Gould, "TV: Reality in the South," *New York Times*, September 26, 1957; Harold R. Isaacs, "World Affairs and U.S. Race Relations: A Note on Little Rock," *Public Opinion Quarterly* 22, no. 3 (Autumn 1958): 364–70, esp. 366–67; and "A Historic Week of Civil Strife," *Life* (October 7, 1957): 37–48, esp. 38–39.

51 For local journalists calling them rednecks, see Cope, " 'Everybody Says All Those People,' " 246–47, 267. For "many in overalls," see Chancellor, "Radio and Television," 9. For the "rednecked man," see Homer Bigart, "School Is Ringed: Negroes Go to School in Little Rock as Soldiers Guard the Area," *New York Times*, September 26, 1957. For the women in the Nashville mob, see "The South: What Orval Hath Wrought," 12, 15. For the crowd as white trash, see Stewart Alsop, "Tragedy in the Sunshine at Little Rock," *Victoria Advocate*, September 26, 1957 (reprinted from the *New York Herald Tribune*). Another portrayal of the mob as a "motley crowd of poor whites" is in the syndicated columnist Bob Considine's "Anatomy of the Mob—II," *St. Petersburg Times*, September 16, 1957; Considine, "The Anatomy of Violence—1: Mob Actions Help Cause of Integration," *Milwaukee Sentinel*, September 14, 1957. On calling women "slattern housewives" and "harpies," see Considine, "Riffraff of Little Rock Is Giving City Bad Name," *Milwaukee Sentinel*, September 12, 1957. An Afro-American newspaper claimed that Governor Faubus had inflamed a mob of "Arkansas hillbillies"; see "Ring Out the False, Ring in the True," *Baltimore Afro-American*, December 29, 1959.

52 "Eisenhower Address on Little Rock Crisis," *New York Times*, September 25, 1957; Jack Gould, "Little Rock: Television's Treatment of Major News Developments Found Superficial" and "The Face of Democracy," *New York Times*, September 15 and 26, 1957; Richard C. Bedford, "A Bigger Bomb," *Journal of Higher Education* 29, no. 3 (March 1958): 127–31; Daniel, *Lost Revolutions*, 267; and "Tragedy at Little Rock," *Times Literary Supplement*, August 28, 1959, 491.

53 On his political success in Arkansas, see Reed, *Faubus*, 251, 352, 357; Daniel, *Lost Revolutions*, 283; Paul Greenberg, "Orval Faubus Finally Blurts Out Truth of His Defiance That Led to the Racial Crisis in Little Rock in 1957," [Washington, DC] *Observer-Reporter*, June 1, 1979; "The Faubus Victory," *Lakeland* [FL] *Ledger*, July 30, 1958; "Faubus Unperturbed by Crisis," [Hopkinsville] *Kentucky New Era*, September 20, 1957; Anderson, *Little Rock*, 77; Thomas F. Pettigrew and Ernest Q. Campbell, "Faubus and Segregation: An Analysis of Arkansas Voting," *Public Opinion Quarterly* 24, no. 3 (Autumn 1960): 436–47. Faubus had Jeff Davis in mind, because he wanted to be the "first Arkansas governor since Jeff Davis to be elected to a third term." In the end, Faubus served six terms from 1955 to 1967. He also defended his actions based on polls. See Wallace, "Orval Faubus," 319, 326; and "Segregation Wins on Arkansas Poll," *New York Times*, January 29, 1956; "The Mike Wallace Interview: Guest Orval Faubus," September 15, 1957, transcript, Harry Ransom Center, University of Texas at Austin.

54 Gilbert Millstein, "Strange Chronicle of Andy Griffith," *New York Times*, June 2, 1957; "A Face in the Crowd," *Berkshire* [MA] *Eagle*, June 6, 1957.

55 Millstein, "Strange Chronicle of Andy Griffith."

56 On the film *Wild River*, see Henry Goodman, "Wild River by Elia Kazan," *Film Quarterly* 13, no. 4 (Summer 1960): 50–51; Robert Murray and Joe Heumann, "Environmental Catastrophe in Pare Lorentz's 'The River' and Elia Kazan's 'Wild River': The TVA, Politics, and Environment," *Studies in Popular Culture* 27, no. 2 (October 2004): 47–65, esp. 55. And on the controversy in Cleveland over Gum Hollow, see "Southern Pride Ends Movie Roles for 'White Trash,' " *Ocala Star-Banner*, November 15, 1959.

57 On the aggressive marketing campaign, see syndicated article by Hollywood correspondent Erskine Johnson, " 'Bayou' Film, Bust in 1957, Released Under New Title," [Florence, AL] *Times Daily*, December 11, 1962; and Jim Knipfel, "The Brooklyn Cajun: Timothy Carey in 'Poor White Trash,' " *The Chiseler*, chiseler.org/post/6558011597/the-brooklyn-cajun-timothy-carey-in-poorwhite (2011). On the advertising campaign, see [Hopkinsville] *Kentucky New Era*, October 9, 1961; and "Compromise with Sin," *Lewiston* [ME] *Daily Sun*, June 23, 1962.

58 Lisa Lindquist Dorr has shown that the politics surrounding rape were more complicated. In her study of Virginia, the reputations of the white woman and the accused black man were taken into account. So the film and Lee's novel, for dramatic effect, paint a much more skewed picture. This serves to make the white trash characters even more insidious, because the Ewells demand the protection of

25 On the Bucks County Levittown, see "Levitt's Design for Steel Workers' Community," *New York Times*, November 4, 1951; David Schuyler, "Reflections on Levittown at Fifty," *Pennsylvania History* 70, no. 1 (Winter 2003): 101–9, esp. 105. On the trailer park, see Don Hager, "Trailer Towns and Community Conflict in Lower Bucks County," *Social Problems* 2, no. 1 (July 1954): 33–38; and Andrew Hurley, *Diners, Bowling Alleys, and Trailer Parks: Chasing the American Dream* (New York: Basic Books, 2001), 195–96.

26 For one of the first references to trailer trash in reference to war workers, see Mary Heaton Vorse, "And the Workers Say . . . ," *Public Opinion Quarterly* 7, no. 3 (Autumn 1943): 443–56. For the homemade trailers as "monstrosities," see Harold Martin, "Don't Call Them Trailer Trash," *Saturday Evening Post* 225, no. 5 (August 2, 1952): 24–25, 85–87; Allan D. Wallis, "House Trailers: Innovation and Accommodation in Vernacular Housing," *Perspectives in Vernacular Architecture* 3 (1989): 28–43, esp. 30–31, 34; "Trailers for Army Areas," *New York Times*, March 19, 1941; Carl Abbott, *The New Urban America: Growth and Politics in the Sunbelt Cities* (Chapel Hill: University of North Carolina Press, 1981), 107–10; Hurley, *Diners, Bowling Alleys, and Trailer Parks*, 203; "Trailers for Army Areas," *New York Times*, March 19, 1941; and see Lucy Greenbaum, " 'Trailer Village' Dwellers Happy in Connecticut Tobacco Field," *New York Times*, April 13, 1942.

27 See "Agnes Ernest Meyer" (1887–1970), in *Notable American Women: The Modern Period*, eds. Barbara Sicherman and Carol Hurd Green (Cambridge, MA: Harvard University Press, 1980), 471–73; and Agnes E. Meyer, *Journey Through Chaos* (New York, 1944), x.

28 Meyer, *Journey Through Chaos*, ix, 373–74.

29 Ibid., 196–99, 210, 216.

30 See Alexander C. Wellington, "Trailer Camp Slums," *Survey* (1951): 418–21. For trailer camps and idle wastelands as part of the fringe zone around Flint, Michigan, see Walter Firey, *Social Aspects to Land Use Planning in the Country-City Fringe: The Case of Flint, Michigan* (East Lansing: Michigan State College, 1946), 8, 32, 42, 52, 54. "Photograph of Mobile Homes, Described as 'Squatters,' in Winkelman, Arizona" (1950), Arizona Archives and Public Records, Arizona State Library. For earlier references to trailerites as squatters and the trailer as the "family kennel," see "200,000 Trailers," *Fortune* 15, no. 3 (March 1937): 105–11, 214, 200, 220, 222, 224, 226, 229, esp. 105–6, 220. The squatter allusion continued to hold sway; see Keith Corcoran, "Mobile Homes Merit More Respect," [Schenectady, NY] *Daily Gazette*, April 14, 1990.

31 See John E. Booth, "At Home on Wheels: Trailer Exhibition Stresses Comfortable Living," *New York Times*, November 16, 1947; Virginia J. Fortiner, "Trailers a la Mode," *New York Times*, April 27, 1947; "Trailers: More and More Americans Call Them Home," *Newsweek* (July 7, 1952): 70–73, esp. 70; Martin, "Don't Call Them Trailer Trash," 85. Some six thousand trailers were being used on college campuses in 1946; see Milton Mac Kaye, "Crisis at the Colleges," *Saturday Evening Post* 219 (August 3, 1946): 9–10, 34–36, 39, esp. 35.

32 Allan D. Wallis, *Wheel Estate: The Rise and Decline of Mobile Homes* (New York: Oxford University Press, 1991), 116. On zoning restrictions, see Emily A. MacFall and E. Quinton Gordon, "Mobile Homes and Low-Income Rural Families." (Washington, DC, 1973), 38–40; Robert Mills French and Jeffrey K. Hadden, "An Analysis of the Distribution and Characteristics of Mobile Homes in America," *Land Economics* 41, no. 2 (May 1965): 131–39; Lee Irby, "Taking Out the Trailer Trash: The Battle over Mobile Homes in St. Petersburg, Florida," *Florida Historical Quarterly* 79, no. 2 (Fall 2000): 181–200, esp. 188, 194–96; Hurley, *Diners, Bowling Alleys, and Trailer Parks*, 235–41, 254, 256, 258.

33 Dina Smith, "Lost Trailer Utopias: *The Long, Long Trailer* (1954) and Fifties America," *Utopian Studies* 14, no. 1 (2003): 112–31.

34 "Trailers Gaining in Popularity in U.S. but Urban Planner Asserts Community Opposition Is Growing," *New York Times*, July 17, 1960; "Mobile Homes—Today's Name for Residence on Wheels," *Sarasota Herald-Tribune*, January 19, 1961. *Vickers v. Township Comm. of Gloucester Township*, 37 N.J. 232, 265, 181 A.2d 129 (1962), dissenting opinion at 148–49; for a discussion of the case, see Richard F. Babcock and Fred P. Bosselman, "Suburban Zoning and the Apartment Boom," *University of Pennsylvania Law Review* 11, no. 8 (June 1963): 1040–91, esp. 1086–88; also see "Would Forbid Trailer Parks: Council Group Acts," *Milwaukee Journal*, December 14, 1954.

35 Anthony Ripley, "Mobile Home 'Resorts' Make 'Trailer Park' a Dirty Word," *New York Times Magazine*, May 31, 1969, 25, 48; "Fess Parker's Dollars Ride on Wheels," [Bowling Green, KY] *Park City Daily*, November 11, 1962—a news story written by Erskine Johnson, Hollywood correspondent, for the NEA; also see "Giant Man, with a Giant Plan," *Tuscaloosa News*, March 28, 1969; and "Fess Parker Rides Again," [Fredricksburg, VA] *Free Lance-Star*, October 3, 1970.

36 Morris Horton, "There's No Crack in Our Picture Window," *Trailer Topics* (May 1957): 7, 74, 76; Agnes Ash, "Trailer Owners Staying Put," *Miami News*, July 24, 1960; also see "The Mobile Home Isn't So Mobile Any More," *Business Week* (March 16, 1957): 44–46.

37 Douglas E. Kneeland, "From 'Tin Can on Wheels' to the Mobile Home," *New York Times Magazine*, May 9, 1971. In 1941, a white community in Detroit had erected a wall between themselves and a black community in order to receive FHA approval for mortgages; see Jackson, *Crabgrass Frontier*, 209.

38 See "A Sociologist Looks at an American Community," *Life* (September 12, 1949): 108–19; Robert Mills French and Jeffrey K. Hadden, "Mobile Homes: Instant Suburbia or Transportable Slums?," *Social Problems* 16, no. 2 (Autumn 1968): 219–26, esp. 222–25; Bailey H. Kuklin, "House and Technology: The Mobile Home Experience," *Tennessee Law Review* 44 (Spring 1977): 765–844, esp. 809, 814; MacFall and Gordon, "Mobile Homes and Low-Income Rural Families," 46. On the high depreciation rate of trailers, see Jack E. Gaumnitz, "Mobile Home and Conventional Home Ownership: An Economic Perspective," *Nebraska Journal of Economics and Business* 13, no. 4, Midwest Economics Association Papers (Autumn 1974): 130–43, esp. 130, 142. One of the worst trailer parks in Denver was described as follows: "Called 'Peyton Place,' many of the trailer pads are empty. One is littered with an old porcelain toilet bowl from some forgotten departure. The place is for sale and the sign, in misspelled English, read 'vacancy' "; see Ripley, "Mobile Home 'Resorts,' " 48.

39 For prostitutes in trailers at military and defense installations, see "Syphilis and Defense," *New York Times*, November 29, 1941. Even before the war, there were rumors of a "rolling bordello" traveling between trailer camps in Florida, and racy stories in newspapers, such as that of a man traveling with both his wife and his mistress; see "200,000 Trailers," 220, 229. For the association of trailers with immoral behavior, see Kuklin, "House and Technology," 812–13; also Alan Bérubé and Florence Bérubé, "Sunset Trailer Park," in *White Trash: Race and Class in America*, eds. Annalee Newitz and Matt Wray (New York: Routledge, 1997), 19; Orrie Hitt, *Trailer Tramp* (Boston: Beacon, 1957). Similar titles included: Loren Beauchamp, *Sin on Wheels: The Uncensored Confessions of a Trailer Camp Tramp* (1961) and Glenn Canary, *The Trailer Park Girls* (1962). On the cover of *Cracker Girl*, it read, "She was his property; to keep, to beat, to use"; see Harry Whittington, *Cracker Girl* (Stallion Books, 1953). The psychologist Harold Lasswell listed "trailer nomadism" along with other sources of degeneracy, such as alcoholism, drugs, gambling, and delinquency; see Harold Lasswell, "The Socio-Political Situation," *Educational Research Bulletin* 36, no. 3 (March 13, 1957): 69–77, esp. 75.

40 "The Mobile Home Market," *Appraiser's Journal* 40, no. 3 (July 1972): 391–411, esp. 397; and "Planners Approve City Trailer Parks for the Homeless," *New York Times*, March 23, 1971.

41 Cohen, *A Consumers' Republic*, 202–8, 228, 231, 240–41, 404. On the migration from rural to metropolitan areas, see Pete Daniel, "Going Among Strangers: Southern Reactions to World War II," *Journal of American History* 77, no. 3 (December 1990): 886–911, esp. 886, 898.

Henning's interview in Noel Hoston, "Folk Appeal Was Hooterville Lure," [New London, CT] *Day*, August 10, 1986. The most influential Hollywood gossip columnist came to the defense of *The Beverly Hillbillies*, along with conservative women's groups; see Hedda Hopper, "Hollywood: Hillbillies Take Off," [New Orleans] *Times-Picayune*, March 23, 1964. Irene Ryan, who played Granny, offered this defense of the show: "When I was a kid I worked through the Ozarks, where our characters are supposed to be from. They are terribly funny, warm people, but up to now nobody ever really got 'em down on paper. Our show did"; see Muriel Davidson, "Fame Arrived in a Gray Wig, Glasses and Army Boots," *TV Guide* (September 7, 1963): 5–7, esp. 5.

11 On the connection between *The Beverly Hillbillies* and the Joads, see John Keasler, "TV Synopsis: Unappreciated Art Form," *Palm Beach Post*, May 30, 1970.

12 On the Davy Crockett craze, see Steven Watts, *The Magic Kingdom: Walt Disney and the American Way of Life* (Columbia: University of Missouri Press, 1997), 313–22, esp. 318, 320–21. While the six-foot-five Parker was called handsome and compared to Jimmy Stewart, Buddy Ebsen was dismissed as "greasy and gamey"; see Bosley Crowther, "Screen Disney and the Coonskin Set," *New York Times*, May 26, 1955. For Parker's "aw-shucks school of acting" like Gary Cooper and Jimmy Stewart, see "Meet Fess Parker," *St. Petersburg Times*, December 24, 1954. For photograph of LBJ and Fess Parker, see "Davy Crockett and Old Betsey," [Santa Ana, CA] *Register*, April 1, 1955.

13 Harkins, "The Hillbilly in the Living Room," 100–101, 114; and Paul Harvey, "The Beverly Hillbillies," *Lewiston* [ME] *Evening Journal*, October 26, 1968; the same article by the syndicated columnist circulated in the South. For a synopsis of Barney's failure in the big city, see "Reunion to Bring Barney Fife Back," *New York Times*, November 20, 1965.

14 Hal Humphrey, "Viewing Television: Theory of the 'Hillbillies,' " [New Orleans] *Times-Picayune*, January 13, 1963. Another critic saw the stories of the top ten television shows as relying on the "rube" versus the "city slicker," or the older cracker motif of the beau versus the backwoodsman. He called *The Beverly Hillbillies* "vigorous vulgarians," the characters in *The Andy Griffith Show* "oafs," and Gomer Pyle a "slob." See Arnold Hano, "TV's Topmost—This Is America?," *New York Times*, December 26, 1965.

15 Marling, "Elvis Presley's Graceland," 74, 79–81, 85, 89.

16 For Elvis becoming a "country squire," see "Presley Buys $100,000 Home for Self, Parents," [New Orleans] *Times-Picayune*, March 24, 1957. On Nixon's trip, see " 'Made in U.S.A.'—In Red Capital," *U.S. News & World Report* (August 3, 1959): 38–39; Stephen J. Whitfield, *The Culture of the Cold War* (Baltimore: Johns Hopkins University Press, 1991), 72–73; Elaine Tyler May, *Homeward Bound: American Families in the Cold War* (New York: Basic Books, 1988), 10–12.

17 "By Richard Nixon," *New York Times*, July 25, 1959.

18 Charles Hillenger, "Disneyland Dedication: Vice-President and Other Celebrities Help Open Six New Attractions at Park," *Los Angeles Times*, June 15, 1959; Mary Ann Callan, "Says Pat Nixon: 'It's American Dream,' " *Los Angeles Times*, July 27, 1960; James McCartney, "Campaign Push Starts for Pat: Republicans Feel Pat Nixon May Hold the Key to the Election," *Pittsburgh Press*, September 1, 1960; Patricia Conner, "Women Are Spotlighted in 1960 Presidential Campaign," *Lodi* [CA] *News-Sentinel*, November 1, 1960; Marylin Bender, "Home and Public Roles Kept in Cheerful Order," *New York Times*, July 28, 1960; also Martha Weinman, "First Ladies—In Fashion, Too? This Fall the Question of Style for a President's Wife May Be a Great Issue," *New York Times*, September 11, 1960.

19 Becky M. Nicolaides, "Suburbia and the Sunbelt," *OAH Magazine of History* 18, no. 1 (October 2003): 21–26; Eric Larrabee, "The Six Thousand Houses That Levitt Built," *Harper's Magazine* 197, no. 1180 (September 1948): 79–88, esp. 79–80, 82–83; Boyden Sparkes, "They'll Build Neighborhoods, Not Houses," *Saturday Evening Post* (October 28, 1944): 11, 43–46. For Levittown as a "vast housing colony," see "New Model Homes to Be Opened Today," *New York Times*, April 3, 1949; Kenneth T. Jackson, *Crabgrass Frontier: The Suburbanization of the United States* (New York: Oxford University Press, 1985), 234–37; and Thomas J. Anton, "Three Models of Community Development in the United States," *Publius* 1, no. 1 (1971): 11–37, esp. 33–34.

20 Sparkes, "They'll Build Neighborhoods," 44. Though the Levitts removed the restrictive covenant, they continued to discriminate against black families; see "Housing Bias Ended," *New York Times*, May 29, 1949; and James Wolfinger, " 'The American Dream—For All Americans': Race, Politics, and the Campaign to Desegregate Levittown," *Journal of Urban History* 38, no. 3 (2012): 230–52, esp. 234. For the Norfolk housing facility, see Larrabee, "The Six Thousand Houses That Levitt Built," 80; Jackson, *Crabgrass Frontier*, 234.

21 For the symbolic weight given the barbecue, see Kristin L. Matthews, "One Nation over Coals: Cold War Nationalism and the Barbecue," *American Studies* 50, no. 3/ 4 (Fall/ Winter 2009): 5–34, esp. 11, 17, 26; and A. R. Swinnerton, "Ranch-Type Homes for Dudes," *Saturday Evening Post* (August 18, 1956): 40. Also see Lois Craig, "Suburbs," *Design Quarterly* 132 (1986): 1–32, esp. 18; Ken Duvall, "Sin Is the Same in the City or the Suburb," *Toledo Blade*, December 6, 1960. On "Fertile Acres," see Harry Henderson, "The Mass-produced Suburbs: I. How People Live in America's Newest Towns," *Harper's Magazine* 207, no. 1242 (November 1953): 25–32, esp. 29. On lawn mowing as husbandry, see Dan W. Dodson, "Suburbanism and Education," *Journal of Educational Sociology* 32, no. 1 (September 1958): 2–7, esp. 4; Scott Donaldson, "City and Country: Marriage Proposals," *American Quarterly* 20, no. 3 (Autumn, 1968): 547–66, esp. 562–64; and Harry Henderson, "Rugged American Collectivism: The Mass-produced Suburbs, II.," *Harper's Magazine* (December 1953): 80–86.

22 Frederick Lewis Allen, "The Big Change in Suburbia," *Harper's Magazine* 208, no. 1249 (June 1954): 21–28. On the way class reinforced racial segregation, see "Economic Factors May Keep Suburbia Segregated," [Lexington, KY] *Dispatch*, June 19, 1968. On Mahwah and Westchester, see Dodson, "Suburbanism and Education," 5–6. On the class strategies of zoning, see Carol O'Connor, *A Sort of Utopia: Scarsdale, 1891–1981* (Albany: SUNY Press, 1983), 30–42, 159–65; also Lizabeth Cohen, *A Consumer's Republic: The Politics of Mass Consumption in Postwar America* (New York: Knopf, 2003), 202–8, 231; and Becky M. Nicolaides, " 'Where the Working Man Is Welcomed': Working-class Suburbs in Los Angeles, 1900–1940," *Pacific Historical Review* 68, no. 4 (November 1999): 517–59, esp. 557. On neat lawns and gardens as class markers, see William Dobriner, *Class in Suburbia* (Englewood Cliffs, NJ: Prentice Hall, 1963), 23.

23 See Wolfgang Langewiesche, "Everybody Can Own a House," *House Beautiful* (November 1956): 227–29, 332–35; Jackson, *Crabgrass Frontier*, 205, 235, 238.

24 Because home construction relied heavily on banks and other such institutions, lenders had tremendous power in reinforcing racial and class stratification; see "Application of the Sherman Act to Housing Segregation," *Yale Law Journal* 63, no. 6 (June 1954): 1124–47, esp. 1125–26. For the residents' obsession with property values, see Henderson, "Rugged American Collectivism," 85–86; Cohen, *A Consumer's Republic*, 202, 212–13. For lack of variety in suburbs, see Sidonie Matsner Gruenberg, "The Challenge of the New Suburbs," *Marriage and Family Living* 17, no. 2 (May 1955): 133–37, esp. 134; David Reisman, "The Suburban Dislocation," *Annals of the American Academy of Political and Social Science* 314 (November 1957): 123–46, esp. 134. For Lewis Mumford's critique, see Penn Kimball, " 'Dream Town'—Large Economy Size: Pennsylvania's New Levittown is Pre-Planned Down to the Last Thousand Living Rooms," *New York Times*, December 14, 1952; and Vance Packard, *The Status Seekers: An Exploration of Class Behavior in America and the Hidden Barriers That Affect You, Your Community, Your Future* (New York: David McKay Co., 1959), 28.［パッカード『地位を求める人々』、『著作集』2 所収、野田一夫、小林薫訳、ダイヤモンド社］

also see Ira de A. Reid to Howard Odum, February 2, 1938, Howard Washington Odum Papers.

54 See M. Swearingen to Howard Odum, June 13, 1938. On "social scum living like Negroes," see Frederic L Paxon to Odum, March 18, 1938. On no clear line of demarcation between black and poor white homes, see Ulin W. Leavell to Odum, January 27, 1938. On poor whites being above Negroes "in only one respect, the matter of color," see L. Guy Brown to Odum, February 6, 1938. On "looked down upon by all Negroes," see A. C. Lervis to Odum, February 2, 1938. On working like blacks and living side by side with blacks, see W. A. Schiffley to Odum, February 7, 1938. On "briar hoppers," see Earle Eubank to Odum, March 23, 1938, Howard Washington Odum Papers.

55 Raymond F. Bellamy to Howard Odum, January 21, 1938, Howard Washington Odum Papers.

56 B. O. Williams to Howard Odum, February 9, 1938, Howard Washington Odum Papers.

57 James Agee and Walker Evans, *Let Us Now Praise Famous Men* (1941; reprint ed., Boston: Houghton Mifflin, 2001), 5–6, 8–9.

58 Ibid., 70–73, 127, 137, 164–65, 183–84, 205–6, 231–39. On the ninety-three pages of detailed description of the material culture, see Michael Trinkley, " 'Let Us Now Praise Famous Men'—If Only We Can Find Them," *Southeastern Archeology* 2, no. 1 (Summer 1983): 30–36. On Agee's distrust of the writer's investment in the documentary process, see James S. Miller, "Inventing 'Found' Objects: Artifactuality, Folk History, and the Rise of Capitalist Ethnography in 1930s America," *Journal of American Folklore* 117, no. 466 (Autumn 2004): 373–93, esp. 387–88.

59 Agee and Walker, *Let Us Now Praise Famous Men*, 184–85. As one reviewer at the time observed, Agee reveals as much about himself (and the things about ourselves that he represents) as about his subject, which was its "chief social documentary value"; see Ruth Lechlitner, "Alabama Tenant Families," review of *Let Us Now Praise Famous Men, New York Herald Tribune Books*, Sunday, August 24, 1941, 10; and for a discussion of this point, see Paula Rabinowitz, "Voyeurism and Class Consciousness: James Agee and Walker Evans, 'Let Us Now Praise Famous Men,' " *Cultural Critique* 21 (Spring 1992): 143–70, esp. 162.

60 Only around three hundred copies of *Let Us Now Praise Famous Men* were sold in 1941; see Stott, *Documentary Expression and Thirties America*, 264; also see Donald Davidson, *The Attack on Leviathan: Regionalism and Nationalism in the United States* (Chapel Hill: University of North Carolina Press, 1938), 308; Tindall, *The Emergence of the New South*, 594; and Edward S. Shapiro, "Donald Davidson and the Tennessee Valley Authority: The Response of a Southern Conservative," *Tennessee Historical Quarterly* 33, no. 4 (Winter 1974): 436–51, esp. 443.

61 Jennifer Ritterhouse, "Dixie Destinations: Rereading Jonathan Daniels' A *Southerner Discovers the South*," *Southern Spaces* (May 20, 2010).

62 Jonathan Daniels, *A Southerner Discovers the South* (New York: Macmillan, 1938), 31, 140, 148, 299–305. For the gully becoming a tourist site, see Paul S. Sutter, "What Gullies Mean: Georgia's 'Little Grand Canyon' and Southern Environmental History," *Journal of Southern History* 76, no. 3 (August 2010): 579–616, esp. 579, 582–83, 585–86, 589–90.

63 Daniels, *A Southerner Discovers the South*, 25, 58.

64 Ibid., 345.

65 Ibid., 346.

Chapter Ten

1 Randall Woods, *LBJ: Architect of American Ambition* (New York: Free Press, 2006), 458; Bobbie Ann Mason, *Elvis Presley: A Life* (New York: Viking, 2002), 105; [メイソン『エルヴィス・プレスリー』、外岡尚美訳、岩波書店] Karal Ann Marling, "Elvis Presley's Graceland, or the Aesthetic of Rock 'n' Roll Heaven," *American Art* 7, no. 4 (Autumn 1933), 99; Michael T. Bertrand, *Race, Rock, and Elvis* (Urbana and Chicago: University of Illinois Press, 2005), 224.

2 Jack Gould, "TV: New Phenomenon: Elvis Presley Rises to Fame as Vocalist Who Is Virtuoso of Hootchy-Kootchy," *New York Times*, June 6, 1956. For the zoot suit reference, see Jules Archer, "Stop Hounding Teenagers!: Elvis Presley Defends His Fans and His Music," *True Story* (December 1956): 18–20, 22–24, 26, 28. "Elvis Presley: What? Why?," *Look Magazine* (August 7, 1956): 82–85; Candida Taylor, "Zoot Suit: Breaking the Cold War's Dress Code," in *Containing America: Cultural Production and Consumption in 50s America*, eds. Nathan Abrams and Julie Hughes (Edgbaston, Birmingham, UK: University of Birmingham Press, 2000), 64–65; Karal Ann Marling, *As Seen on TV: The Visual Culture of Everyday Life in the 1950s* (Cambridge, MA: Harvard University Press, 1994), 169–70; and Michael Bertrand, "I Don't Think Hank Done It That Way: Elvis, Country Music, and the Reconstruction of Southern Masculinity," in *A Boy Named Sue: Gender and Country Music*, eds. Kristine M. McCusker and Diane Pecknold (Jackson: University Press of Mississippi, 2004), 59–85, esp. 59, 62, 66, 73, 75, 84.

3 On the difficulties of overcoming his southern identity, see Joe B. Frantz, "Opening a Curtain: The Metamorphosis of Lyndon B. Johnson," *Journal of Southern History* 45, no. 1 (February 1979): 3–26, esp. 5–7, 25.

4 On his inaugural address, see "The President's Inaugural Address, January 20, 1965," in *Public Papers of the Presidents of the United States: Lyndon B. Johnson: Containing the Public Messages, Speeches, and Statements of the President, 1965 (in Two Books)*, Book I—January 1 to May 31, 1965 (Washington, DC: Government Printing Office, 1966), 71–74, esp. 73; Carroll Kilpatrick, "Great Society, World Without Hate," *Washington Post*, January 21, 1965.

5 Dale Baum and James L. Hailey, "Lyndon Johnson's Victory in the 1948 Texas Senate Race: A Reappraisal," *Political Science Quarterly* 109, no. 4 (Autumn 1994): 595–13, esp. 596, 613; Robert A. Caro, *The Years of Lyndon Johnson: Means of Ascent* (New York: Knopf, 1990), xxxii, 211, 218, 223, 228, 232, 238, 259–64, 268, 300; on Johnson's crucial role in promoting NASA and shaping Kennedy's space policy, see Andreas Reichstein, "Space—The Last Cold War Frontier?" *Amerikastudien/ American Studies* 44, no. 1 (1999): 113–36.

6 For the theme of brotherhood over divisiveness, see "Address to the Nation upon Proclaiming a Day of Mourning Following the Death of Dr. King, April 5, 1968," and his proclamation, in *Public Papers of the Presidents, Book I—January 1 to June 30, 1968–1969*, 493–95.

7 John O'Leary and Rick Worland, "Against the Organization Man: *The Andy Griffith Show* and the Small-Town Family Ideal," in *The Sitcom Reader*, eds. Mary M. Dalton and Laura R. Linder (Albany: SUNY Press, 2005), 73–84, esp. 80–82; also see syndicated columnist for the National Enterprise Association Erskine Johnson, "Andy Griffith Drops Yokel Role for Semi-intellectual," *Ocala Star-Banner*, October 2, 1960.

8 On Gomer Pyle, see "Comedies: Success Is a Warm Puppy," *Time* (November 10, 1967): 88; Anthony Harkins, "The Hillbilly in the Living Room: Television Representations of Southern Mountaineers in Situation Comedies, 1952–1971," *Appalachian Journal* 29, no. 1/ 2 (Fall–Winter 2002): 98–126, esp. 106. The *New York Times* writer described Jim Nabors's character as a "hillbilly," with an "attractive awkwardness and naiveté," who "merely assumes that everyone in the Marines is as friendly as the folks back home." See Jack Gould, "TV: Freshness in Old Military Tale," *New York Times*, September 26, 1964.

9 See the cover of *Saturday Evening Post* (February 2, 1963); "Hope Quips Convulse Convention," *Billboard: The International Music-Record Newsweekly* (April 13, 1963), 41; Hal Humphrey, "Last Laugh on Ratings," *Milwaukee Journal*, November 16, 1963; also see Harkins, "The Hillbilly in the Living Room," 112, 114; Jan Whitt, "Grits and Yokels Aplenty: Depictions of Southerners on Prime-Time Television," *Studies in Popular Culture* 19, no. 2 (October 1996): 141–52, esp. 148.

10 Richard Warren Lewis, "The Golden Hillbillies," *Saturday Evening Post* (February 2, 1963): 30–35, esp. 34. Paul Henning produced, directed, and cowrote every episode of *The Beverly Hillbillies*; see

Charles M. Smith, "Observations on Regional Differentials in Cooperative Organization," *Social Forces* 22, no. 4 (May 1944): 437–42, esp. 437, 439, 442. On visitors to the Greenbelt town, see Gilbert A. Cam, "United States Government Activity in Low-Cost Housing, 1932–1938," *Journal of Political Economy* 47, no. 3 (June 1939): 357–78, esp. 373. On prefabrication, see Greg Hise, "From Roadside Camps to Garden Homes: Housing and Community Planning for California's Migrant Work Force, 1935–1941," *Perspectives in Vernacular* 5 (1995): 243–58, esp. 243, 249; also see Conkin, *Tomorrow a New World*, 171–72; Philip K. Wagner, "Suburban Landscapes for Nuclear Families: The Case of the Greenbelt Towns in the United States," *Built Environment* 10, no. 1 (1984): 35–41, esp. 41; and Will W. Alexander, "A Review of the Farm Security Administration's Housing Activities," *Housing Yearbook*, 1939 (Chicago: National Association of Housing Officials, 1939), 141–43, 149–50. Only Huey Long protested the exclusion, and led a one-man filibuster in the Senate. On the exclusion of agricultural workers from Social Security, see Mary Poole, *The Segregated Origins of Social Security: African Americans and the Welfare State* (Chapel Hill: University of North Carolina Press, 2006), 33, 39, 41, 43, 45, 94; and Earl E. Muntz, "The Farmer and Social Security," *Social Forces* 24, no. 3 (March 1946): 283–90.

44 On the special committee that put together the *Farm Tenancy* report, Henry Wallace was the chairman, and Will W. Alexander, R. G. Tugwell, M. L. Wilson, and Howard Odum were members, while Arthur Raper's work was cited; see *Farm Tenancy: Report of the President's Committee*, 28, 87.

45 See Harvey A. Kantor, "Howard W. Odum: The Implications of Folk, Planning, and Regionalism," *American Journal of Sociology* 79, no. 2 (September 1973): 278–95, esp. 279–80; and Dewey W. Grantham Jr., "The Regional Imagination: Social Scientists and the American South," *Journal of Southern History* 34, no. 1 (February 1968): 3–32, esp. 14–17.

46 Kantor, "Howard W. Odum," 283. For Johnson's reliance on Odum's work, see Gerald W. Johnson, *The Wasted Land* (Chapel Hill: University of North Carolina Press, 1937), esp. 6–7. On Johnson's education and role as editor of the *Baltimore Evening Sun*, see review of "The Wasted Land," *Social Forces* 17, no. 2 (December 1938): 276–79; also see Louis Mazzari, "Arthur Raper and Documentary Realism in Greene County, Georgia," *Georgia Historical Quarterly* 87, no. 3/ 4 (Fall/ Winter 2003): 389–407, esp. 396–97; Stuart Kidd, *Farm Security Administration Photography, the Rural South, and the Dynamics of Image-Making, 1935–1943* (Lewiston, NY: Edward Mellon Press, 2004), 50, 152–53; and Mary Summer, "The New Deal Farm Programs: Looking for Reconstruction in American Agriculture," *Agricultural History* 74, no. 2 (Spring 2000): 241–57, esp. 248–50.

47 Johnson, *The Wasted Land*, 6–11, 21, 24–30; Howard Odum, *Southern Pioneers in Social Interpretation* (Chapel Hill: University of North Carolina Press, 1925), 25; Howard Odum, "Regionalism vs. Sectionalism in the South's Place in the National Economy," *Social Forces* 12, no. 3 (March 1934): 338–54, esp. 340–41; Broadus Mitchell, "Southern Quackery," *Southern Economic Journal* 3, no. 2 (October 1936): 143–47, esp. 146.

48 See Odum, "Regionalism vs. Sectionalism in the South's Place in the National Economy," esp. 339, 345; Mitchell, "Southern Quackery," 145; and William B. Thomas, "Howard W. Odum's Social Theories in Transition, 1910–1930," *American Sociologist* 16, no. 1 (February 1981): 25–34, esp. 29–30; also see Odum's assessment of southern regionalism in "The Regional Quality and Balance of America," *Social Forces* 23, no. 3, *In Search of the Regional Balance in America* (March 1945): 269–85, esp. 276–77, 279–80.

49 See Howard K. Menhinick and Lawrence L. Durisch, "Tennessee Valley Authority: Planning in Operation," *Town Planning Review* 24, no. 2 (July 1953): 116–45, esp. 128–30, 142; and F. W. Reeves, "The Social Development Program of the Tennessee Valley Authority," *Social Science Review* 8, no. 3 (September 1934): 445–57, esp. 447, 449–53. For the importance of sociology in the planning process, see Arthur E. Morgan, "Sociology and the TVA," *American Sociological Review* 2, no. 2 (April 1937): 157–65; William E. Cole, "The Impact of the TVA upon the Southeast," *Social Forces* 28, no. 4 (May 1950): 435–40; Daniel Schaffer, "Environment and TVA: Toward a Regional Plan for the Tennessee Valley, 1930s," *Tennessee Historical Quarterly* 43, no. 4 (Winter 1984): 333–54, esp. 342–43, 349–50, 353; and Sarah T. Phillips, *This Land, This Nation: Conservation, Rural America, and the New Deal* (New York: Cambridge University Press, 2007), 80, 89, 96–98, 100, 105–7.

50 On the class and caste system (here he meant family and kinship in which inclusion was measured by intermarriage; this notion of caste was separate from the race–sex caste system), see Howard W. Odum, "The Way of the South," *Social Forces* 23, no. 3, 258–68, esp. 266–67. Odum also believed that regions had a "folk personality" or "biography," quoting Carl Sandburg to express the powerful hold of folk culture: "the feel and the atmosphere, the layout and the lingo of a region, of breeds of men, of customs and slogans, in a manner and air not given in regular history"; see Odum, ibid., 264, 268; also see Arthur T. Raper and Ira de A. Reid, "The South Adjusts—Downward," *Phylon* 1, no. 1 (1st quarter, 1940): 6–27, esp. 24–26.

51 In this collection of letters, nine of the forty-six used the word "shiftless"; others used related terms. Benjamin Burke Kendrick and Thomas Abernathy thought "shiftless" would be a better term than "poor white." See B. B. Kendrick to Howard Odum, March 10, 1938, and Thomas Abernathy to Odum, April 6, 1938. For "fuzzy," see Charles Sydnor to Odum, March 12, 1939; for others on "shiftless," also see Frank Owsley to Odum, March 27, 1938, Haywood Tearce to Odum, March 19, 1938, A. B. Moore to Odum, April 29, 1938, Earle Eubank to Odum, March 23, 1938, Read Bain to Odum, January 21, 1938, D. B. Taylor to Odum, January 25, 1938; and on "indolent, shiftless class," see Dudley Tanner to Odum, January 25, 1938. See Howard Washington Odum Papers, 1908–82, Folder 3635, Special Collections, Wilson Library, University of North Carolina, Chapel Hill.

52 The word "shiftless" goes back to the 1500s meaning helpless, without resources, lazy, without a shift or shirt; see *Oxford English Dictionary*. On the shiftless behavior of Virginia planters and Louisiana slaves, see Frederick Law Olmsted, *The Cotton Kingdom: A Traveller's Observations on Cotton and Slavery in the American Slave States* (New York, 1861), 106, 373. For "shiftless" as a New England term, see "Shiftless," *Ohio Farmer*, December 17, 1896; also see " 'Farmer Thrifty' and 'Farmer Shiftless,' " *Maine Farmer*, June 4, 1870. On the typical shiftless tavernkeeper, see Gail Dickersin Spilsbury, "A Washington Sketchbook: Historic Drawings of Washington," *Washington History* 22 (2010): 69–87, esp. 73. On shiftless deserting husbands, and a bill passed in New York in 1897 called the "Shiftless Fathers Bill," see Michael Willrich, "Home Slackers: Men, the State, and Welfare in Modern America," *Journal of American History* 87, no. 2 (September 2000): 460–89, esp. 469. On eugenics and "shiftless," see Irene Case and Kate Lewis, "Environment as a Factor in Feeble-Mindedness: The Noll Family," *American Journal of Sociology* 23, no. 5 (March 1918): 661–69, esp. 662; Leonard, "Retrospectives: Eugenics and Economics in the Progressive Era," 220; Kelves, *In the Name of Eugenics*, 48–49; and Davenport, *Heredity in Relation to Eugenics*, 81–82. On the shiftlessness of poor whites in fiction, and the association of shiftlessness with tenancy and transiency, see William J. Flynt, *Poor but Proud: Alabama's Poor Whites* (Tuscaloosa: University of Alabama Press, 1989), ix, 63, 90, 160, 293. On shiftless vagabonds, see "Causes of Poverty," *Genesee Farmer and Gardner's Journal*, March 10, 1832; Todd Depastino, *Citizen Hobo: How a Century of Homelessness Shaped America* (Chicago: University of Chicago Press, 2003), 15, 102; and W. J. Cash, *The Mind of the South* (New York: Knopf, 1941), 22–24.

53 See movie review, which describes Stepin Fetchit as the "sluggard of the tale, the ebony creature whose distaste for work" is emphasized; "Hearts in Dixie" (1929), *New York Times*, February 28, 1929; and D. Bogle, *Toms, Coons, Mulattoes, Mammies, and Bucks: An Interpretative History of Blacks in American Films* (New York: Continuum, 1994), 8;

Kirkendall, *Social Scientists and Farm Politics in the Age of Roosevelt* (Columbia: University of Missouri Press, 1966); Kennedy, *The American People in the Great Depression*, 208–10; Fred C. Frey and T. Lynn Smith, "The Influence of the AAA Cotton Program upon the Tenant, Cropper, and Laborer," *Rural Sociology* 1, no. 4 (December 1936): 483–505, esp. 489, 500–501, 505; Warren C. Whatley, "Labor for the Picking: The New Deal in the South," *Journal of Economic History* 43, no. 4 (December 1983): 905–29, esp. 909, 913–14, 924, 926–29; Jack T. Kirby, *Rural Worlds Lost: The American South, 1920–1960* (Baton Rouge: Louisiana State University Press, 1987), 65–74; George Brown Tindall, *The Emergence of the New South, 1913–1945* (Baton Rouge: Louisiana State University Press, 1967), 409.

30 Kirkendall, *Social Scientists and Farm Politics*, 109–11; Sidney Baldwin, *Poverty and Politics: The Rise and Decline of the Farm Security Administration* (Chapel Hill: University of North Carolina Press, 1968), 92–96, 117–19. On migratory workers, see Paul Taylor, "What Shall We Do with Them? Address Before the Commonwealth Club of California" (April 15, 1938); and "Migratory Agricultural Workers on the Pacific Coast" (April 1938), reprinted in Taylor, *On the Ground in the Thirties*, 203–20.

31 R. G. Tugwell, "Resettling America: A Fourfold Plan," *New York Times*, July 28, 1935. For Tugwell's criticism of Jefferson, see " 'Through Our Fault' Is the Waste of Land," *Science News Letter* 30, no. 800 (August 8, 1936), 85–86; Tugwell, "Behind the Farm Problem: Rural Poverty, Not the Tenancy System, but the Low Scale of Life, Says Tugwell, Is the Fundamental Question," *New York Times Magazine*, January 10, 1937, 4–5, 22; and Rexford G. Tugwell, "The Resettlement Idea," *Agricultural History* 33, no. 4 (October 1959): 159–64, esp. 160–61. On the unromantic portrait of farming, see Rexford G. Tugwell, Thomas Munro, and Roy E. Stryker, *American Economic Life and the Means of Its Improvement* (New York, 1930), 90; also see Baldwin, *Poverty and Politics*, 87–88, 105–6, 163–64.

32 Tugwell, "Behind the Farm Problem," 22, and "The Resettlement Idea," 162; Baldwin, *Poverty and Politics*, 111.

33 Baldwin, *Poverty and Politics*, 113–14; Roger Biles, *The South and the New Deal* (Lexington: University of Kentucky Press, 1994), 64; Howard N. Mead, "Russell vs. Talmadge: Southern Politics and the New Deal," *Georgia Historical Review* 65, no. 1 (Spring 1981): 28–45, esp. 36, 38, 42.

34 On "parlor pink," see Paul Mallon, "Tugwell," and in the same paper, see "Tugwellism," [Steubenville, OH] *Herald Star*, June 13, 1934. On his "carefully-studied informality," see "Tugwell Defends 'New Deal' Earnestly; Ignore Red Scare," [Burlington, NC] *Daily Times-News*, April 24, 1934. On "a dream walking," see "Tugwell Meets His Critics," *Oelwein* [IA] *Daily Register*, June 11, 1934; also see "Sick of Propertied Czars at 24, Tugwell Homes Dreamy Economics," *Kansas City Star*, August 31, 1936; and "Tugwell Named to Fill New Post," *New York Times*, April 25, 1934.

35 On Huey Long's hillbilly image, see James Rorty, "Callie Long's Boy Huey," *Forum and Century*, August 1935, 74–82, 126–27, esp. 75, 79–80, 127. On Long as a defender of "poor white trash," see eulogies in "Friends Applaud Memory of Long in Senate Talks," [New Orleans] *Times-Picayune*, January 23, 1936. For Long's failure to help the poor in Louisiana, see Anthony J. Badger, "Huey Long and the New Deal," *New Deal/ New South: An Anthony J. Badger Reader* (Fayetteville: University of Arkansas Press, 2007), 1–30, esp. 1, 5–7, 21–25. On Long's rustic clown role, see J. Michael Hogan and Glen Williams, "The Rusticity and Religiosity of Huey P. Long," *Rhetoric and Public Affairs* 7, no. 2 (Summer 2004): 149–171, esp. 151, 158–59. On politicians claiming to be one with the plowmen or "plain old country boy[s]," see Roger Butterfield, "The Folklore of Politics," *Pennsylvania Magazine of History and Biography* 74, no. 2 (April 1950): 164–77, esp. 165–66. On Ed "Cotton" Smith using Vardaman's tricks, see Dan T. Carter, "Southern Political Style," in *The Age of Segregation: Race Relations in the South, 1890–1954*, ed. Robert Haws (Jackson: University Press of Mississippi, 1978), 45–67, esp. 51. On friends telling Tugwell to affect a homely democratic manner, see Arthur Krock, "In Washington: Senator Smith Certainly 'Put On a Good Show,' " *New York Times*, June 12, 1934.

36 For the most vicious attack, see Blair Bolles, "The Sweetheart of the Regimenters: Dr. Tugwell Makes America Over," *American Mercury* 39, no. 153 (September 1936): 77–86, esp. 84–85. On criticism of the New Deal, see "What Relief Did to Us," *American Mercury* 38, no. 151 (July 1936): 274–83, esp. 283; H. L. Mencken, "The New Deal Mentality," *American Mercury* 38, no. 149 (May 1936): 1–11. For endorsing eugenics over relief, see Mencken, "The Dole for Bogus Farmers," *American Mercury* 39, no. 156 (December 1936): 400–407; also see Cedric B. Cowing, "H. L. Mencken: The Case of the 'Curdled' Progressive," *Ethics* 69, no. 4 (July 1959): 255–67, esp. 262–63.

37 On Tugwell's slogan "nothing is too good for these people," see Rodney Dutcher, "Behind the Scenes in Washington," [Biloxi, MS] *Daily Herald*, September 12, 1937. Bolles wrote another critical article on FDR as an extravagant spender; see "Our Uneconomic Royalist: The High Cost of Dr. Roosevelt," *American Mercury* 43, no. 171 (March 1938): 265–69.

38 See "Mission of the New Deal by Rexford G. Tugwell," *New York Times*, May 27, 1934; "Address Delivered at the National Conference of Social Work, Kansas City, May 21, 1934," in Rexford Tugwell, *The Battle for Democracy* (New York: Columbia University Press, 1935), 319. Tugwell defended the theory of a flexible Constitution and the role of government mediating imbalances in class power; see "Design for Government" and "The Return to Democracy," ibid., 12–13, 204–5; also see Simeon Strunsky, "Professor Tugwell Defines the Battle for Democracy," *New York Times*, January 6, 1935.

39 For Tugwell's defense of the loans, see Tugwell, "The Resettlement Idea," 161. For the popularity of the program, see Tindall, *The Emergence of the New South*, 423–24; also see Eleanor Roosevelt, "Subsistence Farmsteads," *Forum and Century* 91, no. 4 (April 1934): 199–202; Wesley Stout, "The New Homesteaders," *Saturday Evening Post* 207, no. 5 (August 4, 1934): 5–7, 61–65, esp. 7, 64; and Conkin, *Tomorrow a New World*, 116–17.

40 For the impact of Arthurdale, see testimony of C. B. Baldwin in *Congressional Committee on Non-Essential Services*, May 18, 1943, 4307; also see Linda T. Austin, "Unrealized Expectations: Cumberland, the New Deal's Only Homestead Project," *Tennessee Historical Quarterly* 68, no. 4 (Winter 2009): 433–50, esp. 443–44. On the Alabama communities, see Charles Kenneth Roberts, "New Deal Community-Building in the South: The Subsistence Homesteads Around Birmingham, Alabama," *Alabama Review* 66, no. 2 (April 2013): 83–121, esp. 91, 95–96, 99, 102, 110, 114–16; and Jack House, "547 Homesteaders in District Now Enjoy More Abundant Life," *Birmingham News-Age Herald*, May 9, 1943. I want to thank Charles Roberts for sending me this article.

41 For images of homesteader and plow, see Frank L. Kluckhorn, "Subsistence Homestead Idea Spreading," *New York Times*, December 9, 1934; also see Carl Mydans, "Homestead, Penderlea, North Carolina" (August 1936), and Arthur Rothstein, "Plowing a Field at Palmerdale, Alabama. New Homestead in Background" (February 1937), Library of Congress, Prints and Photographs Division, FSA/ OWI Collection, LC-USF33-T01-00717-M2, LC-USF34-005891-E; and Roberts, "New Deal Community-Building in the South," 91.

42 On Penderlea, see Gordon Van Schaack, "Penderlea Homesteads: The Development of a Subsistence Homesteads Project," *Landscape Architecture* (January 1935): 75–80, esp. 80. On the discontents of the residents, see Thomas Luke Manget, "Hugh MacRae and the Idea of the Farm City: Race, Class, and Conservation in the New South, 1905–1935" (M.A. thesis, Western Carolina University, 2012), 154–57; and Harold D. Lasswell, "Resettlement Communities: A Study of the Problems of Personalizing Administration" (1938), in Series II: Writings, Box 130, Folders 135–39, Harold Dwight Lasswell Papers, Yale University, New Haven, CT; Conkin, *Tomorrow a New World*, 290–91.

43 On the lack of a cooperative agricultural culture in the South, see

(Chicago: University of Chicago Press, 1973), 62–63, 67–68, 212. And on the importance of erosion to Roy Stryker's photographic agenda, see Stuart Kidd, "Art, Politics and Erosion: Farm Security Administration Photographs of the Southern Land," *Revue française d'études américaines*, rev. ed. (1986): 67–68; Arthur Rothstein, "Melting Snow, Utopia, Ohio," February 1940, Library of Congress, Prints and Photographs Division, Washington, DC; and Peeler, *Hope Among Us Yet*, 148.

15 On waste, see Herbert J. Spinden, "Waters Flow, Winds Blow, Civilizations Die," *North American Review* (Autumn 1937): 53–70; Russell Lord, "Behold Our Land," *North American Review* (Autumn 1938): 118–32; on the chaotic groundswell, also see Russell Lord, "Back to the Land?," *Forum* (February 1933): 97–103, esp. 99, 102. Spinden was an archeologist who specialized in Mayan art and was curator of American Indian art and culture at the Brooklyn Museum from 1929 to 1951. See Regna Darnell and Frederic W. Gleach, eds., *Celebrating a Century of the American Anthropological Association: Presidential Portraits* (New York, 2002), 73–76. Dorothea Lange and Paul Taylor, An *American Exodus: A Record of Human Erosion* (New York: Reynal & Hitchcock, 1939), 102. Engineer and WPA consultant David Cushman Coyle published a powerful little book titled Waste, which offered this statement in his opening chapter, "Mud": "Wherever man touches this land, it breaks down and washes away. If he builds a cabin, the track to his door becomes a devouring gully. . . . This land shrinks and withers under the touch of man"; see *Waste: The Fight to Save America* (Indianapolis: Bobbs-Merrill, 1936), 5–6. He also had a chapter titled "Human Erosion," and described working people "moving into the slums or into shacks built of rubbish—sliding down and down, at last to the relief line"; see ibid., 57. This little book became a key campaign tool in Roosevelt's 1936 reelection campaign in Indiana; see James Philip Fadely, "Editors, Whistle Stops, and Elephants: The Presidential Campaign in Indiana," *Indiana Magazine of History* 85, no. 2 (June 1989): 101–37, esp. 106.

16 See Carleton Beals, "Migs: America's Shantytown on Wheels," *Forum and Century* 99 (January 1938): 10–16, esp. 11–12; " 'I Wonder Where We Can Go Now,' " *Fortune* 19, no. 4 (April 1939): 91–100, esp. 91, 94; Paul Taylor, "The Migrants and California's Future: The Trek to California and the Trek in California" [ca. 1935], in Taylor, *On the Ground in the Thirties* (Salt Lake City: Peregrine Smith Books, 1983), 175–84, esp. 175–77, 179; Charles Poole, "John Steinbeck's 'The Grapes of Wrath,' " in "Books of the Month," *New York Times*, April 14, 1939; " 'The Grapes of Wrath': John Steinbeck Writes a Major Novel About Western Migrants," *Life* 6, no. 23 (June 5, 1939): 66–67; Woody Guthrie, "Talking Dust Bowl Blues" (1940); Frank Eugene Cruz, " 'In Between a Past and Future Town': Home, the Unhomely, and 'The Grapes of Wrath,' " *Steinbeck Review* 4, no. 2 (Fall 2007): 52–75, esp. 63, 73; Michael Denning, *The Cultural Front: The Laboring of American Culture in the Twentieth Century* (London: Verso, 1997), 259; Vivian C. Sobchack, "The Grapes of Wrath (1940): Thematic Emphasis Through Visual Style," *American Quarterly* 31, no. 5 (Winter 1979): 596–615.

17 Paul K. Conkin, *Tomorrow a New World: The New Deal Community Program* (Ithaca, NY: Cornell University Press, 1959), 26, 30; William H. Issel, "Ralph Borsodi and the Agrarian Response to Modern America," *Agricultural History* 41, no. 2 (April 1967): 155–66; Ralph Borsodi, "Subsistence Homesteads: President Roosevelt's New Land and Population Policy," *Survey Graphic* 23 (January 1934): 11–14, 48, esp. 13; and Borsodi, "Dayton, Ohio, Makes Social History," *Nation* 136 (April 19, 1933): 447–48, esp. 448. On Dayton, Ohio, also see John A. Piquet, "Return of the Wilderness," *North American Review* (May 1934): 417–26, esp. 425–26; Charles Morrow Wilson, "American Peasants," *The Commonweal* 19 (December 8, 1933): 147–49; and Pamela Webb, "By the Sweat of the Brow: The Back-to-the-Land Movement in Depression Arkansas," *Arkansas Historical Quarterly* 42, no. 4 (Winter 1983): 332–45, esp. 337.

18 Webb, "By the Sweat of the Brow," 334. One observer concluded that "many of these would-be farmers are not farmers and most of them may be expected to return to city jobs when prosperity returns"; see W. Russell Taylor, "Recent Trends in City and County Population," *Journal of Land and Public Utility Economics* 9, no. 1 (February 1933): 63–74, esp. 72.

19 Richard S. Krikendall, *Social Scientists and Farm Politics in the Age of Roosevelt* (Ames: Iowa State University Press, 1982), 12–14; and M. L. Wilson, "The Fairway Farms Project," *Journal of Land and Public Utility Economics* 2, no. 2 (April 1926): 156–71, esp. 156; Roy E. Huffman, "Montana's Contributions to New Deal Farm Policy," *Agricultural History* 33, no. 4 (October 1959): 164–67; also see "A Hope and a Homestead" (Washington, DC: Government Printing Office, 1935), 6, 8–10; and M. L. Wilson, "The Subsistence Homestead Program," *Proceedings of the Institute of Public Affairs* 8 (1934): 158–75.

20 M. L. Wilson, "A New Land-Use Program: The Place of Subsistence Homesteads," *Journal of Land and Public Utility Economics* 10, no. 1 (February 1934): 1–12, esp. 6–8; Wilson, "Problem of Poverty in Agriculture," *Journal of Farm Economics* 22, no. 1, Proceedings Number (February 1940): 10–29, esp. 20; *Farm Tenancy: Report of the President's Committee* (Washington, DC: Government Printing Office, 1937), 4.

21 Wilson, "A New Land-Use Program," 2–3, 11–12; "A Hope and a Homestead," 4; *Farm Tenancy: Report of the President's Committee*, 5.

22 Arthur F. Raper, *Preface to Peasantry: A Tale of Two Black Belt Counties* (Chapel Hill: University of North Carolina Press, 1936), 61, 172, 218, 405; also see Rupert B. Vance, *Human Factors in Cotton Culture: A Study in Social Geography of the American South* (Chapel Hill: University of North Carolina Press, 1929), 153, 248, 279; *Farm Tenancy: Report of the President's Committee*, 3, 5–7, 9.

23 Harold Hoffsommer, "The AAA and the Cropper," *Social Forces* 13, no. 4 (May 1935): 494–502, esp. 494–96, 501; Raper, *Preface to Peasantry*, 61, 75, 157–59, 173, 405; Vance, *Human Factors in Cotton Culture*, 161–62, 168, 201, 204, 215, 259, 307–8; Wilson, "A New Land-Use Program," 9, 12; Wilson, "Problem of Poverty in Agriculture," 14–17, 21; Wilson, "The Problem of Surplus Agricultural Population," *International Journal of Agrarian Affairs* 1 (1939): 37–48, esp. 41–43; Wilson, "How New Deal Agencies Are Affecting Family Life," *Journal of Home Economics* 27 (May 1935): 274–80, esp. 276–78.

24 Henry A. Wallace, "The Genetic Basis of Democracy" (February 12, 1939), in Henry A. Wallace, *Democracy Reborn*, ed. Russell Lord (New York: Reynal and Hitchcock, 1944), 155–56.

25 Wilson, "Problem of Poverty in Agriculture," 20, 23, 28; Wallace, "Chapter VII: The Blessing of General Liberty," in *Whose Constitution? An Inquiry into the General Welfare* (New York: Reynal and Hitchcock, 1936), 102–3.

26 John Corbin, "The New Deal and the Constitution," *Forum and Century* 90, no. 2 (August 1933): 92–97, esp. 94–95; Wilson, "Problem of Poverty in Agriculture," 17. Though he was the drama critic for the *New York Times*, Corbin spent four years studying history, which led to his biography of George Washington, *Washington: Biographic Origins of the Republic* (New York: Charles Scribner's Sons, 1930); also see David M. Clark, "John Corbin: Dramatic Critic (Lincoln: University of Nebraska Press, 1976). For the importance of the word "readjustment," see "President's Address to the Farmers," *New York Times*, May 15, 1935.

27 Wallace, "Chapter VIII: Soil and the General Welfare," in *Whose Constitution*, 109, 115–17.

28 Wallace, "Chapter IX: Population and the General Welfare," in *Whose Constitution*, 122–24, 126. The full quote from the film is, "Rich fellas come up an' they die, an' their kids ain't no good and they die out, but we keep a-comin'. We're the people that live. They can't wipe us out, they can't lick us. We'll go on forever, Pa, cos we're the people." Steinbeck wrote, "We ain't gonna die out. People is goin' on—changin' a little, maybe, but goin' right on." See *The Grapes of Wrath* (New York: Penguin, 2014), 423.

29 Conkin, *Tomorrow a New World*, 128–30, 142–45; Richard S.

Carolina in the 1920s, see Karen L. Zipf, *Bad Girls at Samarcand: Sexuality and Sterilization in a Southern Juvenile Reformatory* (Baton Rouge: Louisiana State University Press, 2016), 3, 66–67, 73, 83–84, 150–52, 154.

74 See Sherwood Anderson, *Poor White* (New York: B. W. Huebsch, Inc., 1920), 3–8, 11–14, 18; ［アンダーソン『貧乏白人』、『現代アメリカ文学全集』1所収、大橋吉之輔訳、荒地出版社］Stephen C. Enniss, "Alienation and Affirmation: The Divided Self in Sherwood Anderson's 'Poor White,' " *South Atlantic Review* 55, no. 2 (May 1990): 85–99; Welford Dunaway Taylor and Charles E. Modlin, eds., *Southern Odyssey: Selected Writings of Sherwood Anderson* (Athens: University of Georgia Press, 1997); and on Anderson's focus on people building walls, often class barriers, see Percy H. Boynton, "Sherwood Anderson," *North American Review* 224, no. 834 (March–May 1927): 140–50, esp. 148.

75 Anderson, *Poor White*, 29, 43, 55, 56, 62, 72, 80, 118–21, 127–28, 156, 169, 171–72, 190–91, 227–28, 230–31, 253–54, 299. ［上同］

76 Ibid., 136, 260, 271, 277, 332, 342, 345, 357, 367–71.

77 For the idea of "childish impotence," "arrested development of the social class," "spiritual stagnation," and that the South had "buried its Anglo-Saxons," see Tannenbaum, *Darker Phases of the South*, 39–42, 56, 70, 117–19, 183; William Garrott Brown, *Lower South in American History* (New York, 1902), 266; Edgar Gardner Murphy, *The Problems of the Present South* (New York, 1909), 123; also see Ring, *The Problem of the South*, 139, 148, 152. Ira Caldwell published a five-part series in 1929 for *Eugenics: A Journal of Race Betterment* on a poor white family that he called "The Bunglers." It was his own family study in the tradition of *The Jukes*. See Ashley Craig Lancaster, "Weeding out the Recessive Gene: Representations of the Evolving Eugenics Movement in Erskine Caldwell's 'God's Little Acre,' " *Southern Literary Journal* 39, no. 2 (Spring 2007): 78–99, esp. 81.

78 Erskine Caldwell, *The Bastard* (New York, 1929), 13–14, 16, 21, 28.

79 Ibid., 21–23, 141–42, 145–46, 165–66, 170, 175, 177, 198–99.

80 For articles debating aristocracy, see Robert N. Reeves, "Our Aristocracy," *American Magazine of Civics* (January 1896): 23–29; Harry Thurston Peck, "The New American Aristocracy," *The Cosmopolitan* (October 1898): 701–9; Harry Thurston Peck, "The Basis for an American Aristocracy," *Independent* (December 22, 1898): 1842–45; "Is America Heading for Aristocracy?," *The Living Age* (September 21, 1907): 757–60; Charles Ferguson, "A Democratic Aristocracy," *The Bookman: A Review of Books and Life* (October 1917): 147–48. In favor of an aristocracy of talent, see James Southall Wilson, "The Future of Aristocracy in America," *North American Review* (January 1932), 34–40. And for an inbred civil servant class, see James Edward Dunning, "An Aristocracy of Government in America," *Forum* (June 1910): 567–80. There were also critics of creating this master class; see "Modern Biology as the Enemy of Democracy," *Current Opinion* 49, no. 3 (September 1920): 346–47; on the new power of science and expertise, see JoAnne Brown, *The Definition of a Profession: The Authority of Metaphor in the History of Intelligence Testing, 1900–1930* (Princeton, NJ: Princeton University Press, 1992), 41.

81 On the flapper, see Corra Harris, *Flapper Anne* (Boston: Houghton Mifflin, 1926). It was serialized in *Ladies' Home Journal* in 1925; see Betsy Lee Nies, *Eugenic Fantasies: Racial Ideology and the Literature and Popular Culture of the 1920s* (New York: Routledge, 2010), 41.

✹ Chapter Nine

1 David M. Kennedy, *The American People in the Great Depression: Freedom from Fear: Part I* (New York: Oxford University Press, 1999), 86–87, 89.

2 See U.S. National Emergency Council, *Report on Economic Conditions in the South. Prepared for the President by the National Emergency Council* (Washington, DC: Government Printing Office, 1938), 1; Will W. Alexander, "Rural Resettlement," *Southern Review* 1, no. 3 (Winter 1936): 528–39, esp. 529, 532, 535, 538. As another expert explained, rural rehabilitation did not mean a return to the status quo, but giving farmers the means to sustain and improve their standard of living; see Joseph W. Eaton, *Exploring Tomorrow's Agriculture: Co-Operative Group Farming—A Practical Program of Rural Rehabilitation* (New York: Harper & Brothers, 1943), 4–7.

3 Matthew J. Mancini, *One Dies, Get Another: Convict Leasing in the American South, 1866–1928* (Columbia: University of South Carolina Press, 1996), 2–3, 23, 37–38; Edward L. Ayers, *Vengeance and Justice: Crime and Punishment in the Nineteenth-Century American South* (New York: Oxford University Press, 1985), 185–222.

4 Robert E. Burns, *I Am a Fugitive from a Georgia Chain Gang*, *foreword* by Matthew J. Mancini (Athens: University of Georgia Press, 1997), vi–ix. By 1932, nearly a third of the population of convicts were white, a tripling since 1908; see Alex Lichtenstein, "Chain Gangs, Communism, and the 'Negro Question': John L. Spivak's Georgia Nigger," *Georgia Historical Quarterly* 79, no. 3 (Fall 1995): 633–58, esp. 641–42.

5 On Warner Brothers, see Andrew Bergman, *We're in the Money: Depression America and Its Films* (Chicago: Ivan R. Dee, 1971), 92.

6 Lewis W. Hine, *Men at Work: Photographic Studies of Modern Men and Machines* (New York, 1932), frontispiece; also see Kate Sampsell Willmann, "Lewis Hine, Ellis Island, and Pragmatism: Photographs as Lived Experience," *Journal of the Gilded Age and Progressive Era* 7, no. 2 (April 2008): 221–52, esp. 221–22.

7 Amity Shlaes, *The Forgotten Man: A New History of the Great Depression* (New York: Harper Perennial, 2008), 129; Roger Daniels, *The Bonus March: An Episode of the Great Depression* (Westport, CT: Greenwood, 1971); John Dos Passos, "The Veterans Come Home to Roost," *New Republic* (June 29, 1932): 177–78. One account noted that there were a large number of farmers; see Mauritz A. Haligren, "The Bonus Army Scares Mr. Hoover," *Nation* 135 (July 27, 1932): 73. On burning the shantytown, see "The Bonus Army Incident," *New York Times*, September 16, 1932. On the reaction to Hoover calling Bonus Army men criminals, see Harold N. Denny, "Hoover B.E.F. Attack Stirs Legion Anew," *New York Times*, September 13, 1932; John Henry Bartlett, *The Bonus March and the New Deal* (Chicago: M. A. Donohue & Co., 1937), 13; and Donald J. Lisio, "A Blunder Becomes a Catastrophe: Hoover, the Legion, and the Bonus Army," *Wisconsin Magazine of History* 51, no. 1 (Autumn 1967): 37–50.

8 Charles R. Walker, "Relief and Revolution," *Forum and Century* 88 (August 1932): 73–79.

9 Edward Newhouse, *You Can't Sleep Here* (New York: Macaulay, 1934), 103–4, 112.

10 On thirties writers, see David P. Peeler, *Hope Among Us Yet: Social Criticism and Social Solace in Depression America* (Athens: University of Georgia Press, 1987), 167–68, 171; Tom Kromer, *Waiting for Nothing* (New York, 1935), 186; and Arthur M. Lamport, "The New Era Is Dead—Long Live the New Deal," *Banker's Magazine* (June 1933): 545–48. 529, 532, 535, 538.

11 See the photographs "The Flood Leaves Its Victims on the Bread Line" and "Tennessee Puts a Chain Gang on Its Levees," *Life* 2, no. 7 (February 15, 1937): 9, 12–13.

12 "Muncie, Ind. Is the Great U.S. 'Middletown': And This Is the First Picture Essay of What It Looks Like," *Life* 2 (May 10, 1937): 15–25; also see Sarah E. Igo, "From Main Street to Mainstream: Middletown, Muncie, and 'Typical America,' " *Indiana Magazine of History* 101, no. 3 (September 2005): 239–66, esp. 244–45, 255, 259–60. As one writer noted, the popular understanding of the American standard of living was "mouthed about by everyone, but defined by none," and at the "present time the American Standard of Living is probably nothing more than a set of values which the majority of people place on things they wish they had"; Elmer Leslie McDowell, "The American Standard of Living," *North American Review* 237, no. 1 (January 1934): 71–75, esp. 72.

13 "The American Collapse," *The Living Age* (December 1, 1929): 398–401; on the Egyptian tomb theme, see Virgil Jordan, "The Era of Mad Illusions," *North American Review* (January 1930): 54–59.

14 See William Stott, *Documentary Expression and Thirties America*

Distinctiveness," in Disease and *Distinctiveness in the American South*, eds. Todd L. Savitt and James Harvey Young (Knoxville: University of Tennessee Press, 1988), 1–28, 100–19, esp. 14– 15, 104. On the army's discovery that southern recruits had a "poorer degree of physical development," see Natalie J. Ring, *The Problem of the South: Region, Empire, and the New Liberal State, 1880–1930* (Athens: University of Georgia Press, 2012), 79.

64 See S. A. Hamilton, "The New Race Question in the South," *Arena* 27, no. 4 (April 1902): 352–58; also see "Science and Discovery: The Coming War on Hookworm," *Current Literature* 17, no. 6 (December 1909): 676–80; E. J. Edwards, "The Fight to Save 2,000,000 Lives from Hookworm," *New York Times*, August 28, 1910; John Ettling, *The Germ of Laziness: Rockefeller Philanthropy and Public Health in the New South* (Cambridge, MA: Harvard University Press, 1981); Andrew Sledd, "Illiteracy in the South," *Independent*, October 17, 1901, 2471–74; Richard Edmonds, "The South's Industrial Task: A Plea for Technical Training of Poor White Boys," an address before the Annual Convention of Southern Cotton Spinners' Association at Atlanta, November 14, 1901 (Atlanta, 1901). On education and reforming poor whites, see Bruce Clayton, *The Savage Ideal: Intolerance and Intellectual Leadership in the South, 1890–1914* (Baltimore: Johns Hopkins University Press, 1972), 114–15, 119, 140. On millwork endangering white women and children, see Elbert Hubbard, "White Slavery in the South," *Philistine* (May 1902): 161–78; "Child Labor in the South," *Ohio Farmer* (February 3, 1906): 121; Louise Markscheffel, "The Right of the Child Not to Be Born," *Arena* 36, no. 201 (August 1906): 125–27; Owen R. Lovejoy, assistant secretary of the National Child Labor Committee, "Child Labor and Family Disintegration," *Independent* (September 27, 1906): 748–50. On tenant farmers as the new vagrants, see Frank Tannenbaum, *Darker Phases of the South* (New York, 1924), 131–35; also see Ring, *The Problem of the South*, 25–26, 62–63, 121, 125–26, 135–36. The poor whites were also a greater target because blacks had been disenfranchised in many southern states. The uneducated cracker still had political power, which many elite southerners found troubling. See Charles H. Holden, *In the Great Maelstrom: Conservatives in Post–Civil War South Carolina* (Columbia: University of South Carolina Press, 2002), 65, 80.

65 Dorr, *Segregation's Science*, 122–23, 129, 132; Paul Lombardo, "Three Generations, No Imbeciles: New Light on *Buck v. Bell*," *New York University Law Review* 60, no. 1 (April 1965): 30–60, esp. 37, 45–50.

66 See David Starr Jordan and Harvey Ernest Jordan, *War's Aftermath: A Preliminary Study of the Eugenics of War as Illustrated by the Civil War of the United States and the Late Wars in the Balkans* (Boston: Houghton Mifflin, 1914), 63; Dorr, *Segregation's Science*, 54–55, 57, 59, 62, 65; Gregory Michael Dorr, "Assuring America's Place in the Sun: Ivey Foreman Lewis and the Teaching of Eugenics at the University of Virginia, 1915–1953," *Journal of Southern History* 66, no. 2 (May 2000): 257–96, esp. 264–65.

67 In addition to focusing on their immoral sexual relations and high fecundity, he emphasized how most of their teachers ranked the children as "feebleminded," "stupid," and "hopeless." He also delineated the degree of inbreeding, mostly second cousins mating and marrying. He identified four "fountain heads," or male progenitors; one was Joseph Brown, a white man, who married a full-blooded Indian. He described their "stock" as better than if not equal to the common whites of Virginia. The Wins themselves recognized those of pure white blood as having "clar blood." See Arthur H. Estabrook and Ivan E. M. McDougle, *Mongrel Virginians: The Win Tribe* (Baltimore: Williams & Wilkins Company, 1926), 13–14, 23, 119, 125, 145–46, 154–57, 160–66, 181, 203–5.

68 Estabrook included in his book a copy of the 1924 proposed law and an explanation of it; see Estabrook, *Mongrel Virginians*, 203–5. Virginia's 1924 Racial Integrity Act also had the "Pocahontas exception" that protected elite families (descendants of John Rolfe) from being considered racially tainted; see Richard B. Sherman, " 'The Last Stand': The Fight for Racial Integrity in Virginia in the 1920s," *Journal of Southern History* 54, no. 1 (February 1988): 69–92, esp. 78; Dorr, *Segregation's Science*, 145–46.

69 On the law prohibiting the mixing of blacks and whites in public venues, see Sherman, " 'The Last Stand,' " esp. 83–84. For the opinion of Chief Justice Oliver Wendell Holmes, see *Buck v. Bell*, 274 U.S. 200 (1927), 208.

70 Harry Laughlin used Albert Priddy's words in his disposition for the 1924 trial when he described the Buck family as "belong[ing] to the shiftless, ignorant, and worthless class of anti-social whites of the South." In 1914, in a report to the governor, Priddy had defended sterilization for the feeble-minded by equating heredity defects with antisocial behavior (crime, prostitution, drunkenness) among the "non-producing and shiftless persons, living on public and private charity." See Lombardo, "Three Generations, No Imbeciles," 37, 49–50, 54; Dorr, *Segregation's Science*, 129–30, 132, 134. Eugenic promoters published the court's decision to justify the expansion of sterilization; see Popenoe, "The Progress of Eugenic Sterilization," 23–26. For Carrie Buck's pedigree chart, used in the trial, see "Most Immediate Blood-Kin of Carrie Buck. Showing Illegitimacy and Hereditary Feeblemindedness" (circa 1925), the Harry H. Laughlin Papers, Truman State University, Lantern Slides, Brown Box, 1307, accessed from Image Archive on the American Eugenics Movement, Dolan DNA Center, Cold Spring Harbor Laboratory (#1013), http://www.eugenicsarchive.org.

71 Lewis M. Terman dismissed the influence of environment and saw class as an accurate outcome of hereditary ability. He wrote, "Common observation would itself suggest that social class to which the family belongs depends less on chance than on the parents' native qualities of intellect and character." For his class arguments, see Terman, *The Measurement of Intelligence*, 72, 96, 115. Terman worried more about the low birthrates among the talented class, and doing everything possible to increase this class; see Lewis Madison Terman, "Were We Born That Way?," *The World's Work* 44 (May–October 1922): 655–60. Terman's intelligence scale was more elitist; he grouped the most severely mentally deficient into one category of the "intellectually feeble," and then used borderline, inferior, average, superior, very superior, select, very select, and genius. It was the top of the scale that mattered most to him; see Terman, "The Binet Scale and the Diagnosis of Feeble-Mindedness," *Journal of the American Institute of Criminal Law and Criminology* 7, no. 4 (November 1916): 530–43, esp. 541–42; also see Mary K. Coffey, "The American Adonis: A Natural History of the 'Average American' Man, 1921–32," in *Popular Eugenics: National Efficiency and American Mass Culture in the 1930s*, eds. Susan Currell and Christina Cogdell (Athens: Ohio University Press, 2006), 185–216, esp. 186–87, 196, 198. Other eugenicists like popular lecturer Albert E. Wiggam feared that if intelligent and beautiful women (as if those traits were united in one class) did not breed, "the next generation will be both homely and dumb"; see R. le Clerc Phillips, "Cracks in the Upper Crust," *Independent* (May 29, 1926): 633–36.

72 On C. W. Saleeby and his new book *Woman on Womanhood*, see "Urging Women to Lift the Race," *New York Times*, November 19, 1911; for a satire of eugenic feminism, of women running down men, replacing marriage for love with the "cold-blooded selection" of the best based on "scientific propagation," see Robert W. Chambers, "Pro Bono Publico: Further Developments in the Eugenist Suffragette Campaign," *Hampton's Magazine* (July 1, 1911): 19–30; and William McDougall, *National Welfare and Decay* (London, 1921), 9–25. McDougall did a similar study comparing the intellectual capacity of English private schools (children of educated elite) and primary schools (children of shopkeepers and artisans) and arrived at the same conclusion as Terman: there was a marked superiority of the children of the educated elite. See Reverend W. R. Inge, "Is Our Race Degenerating?," *The Living Age* (January 15, 1927): 143–54.

73 Steven Noll, *Feeble-Minded in Our Midst: Institutions for the Mentally Retarded in the South, 1900–1940* (Chapel Hill: University of North Carolina Press, 1995), 71. For the importance of targeting delinquent white girls of the poorer class for sterilization in North

American Women, 1607–1950: A Biographical Dictionary, vol. 1, eds. Edward T. James, Janet Wilson James, and Paul Boyer (Cambridge, MA: Belknap Press of Harvard University Press, 1971): 208–9.

56 A Michigan legislator proposed a measure for killing by electricity children considered hopeless cases; see S. T. Samock, "Shall We Kill the Feeble-Minded?," *Health* (August 1903): 258–59. W. Duncan McKim, M.D., Ph.D., called for a method of elimination of the very weak and very vicious by carbonic acid gas asphyxiation in his *Heredity and Human Progress* (New York, 1900), 188–93. On executing the grandfather, see Kelves, *In the Name of Eugenics*, 92. For a similar argument that degeneracy should be stopped at the grandfather, see John N. Hurty, M.D., "Practical Eugenics," *Journal of Nursing* 12, no. 5 (February 1912): 450–53. On sterilization laws and categories, see Paul, "Population 'Quantity' and 'Fitness for Parenthood,' " 296; and Paul Popenoe, "The Progress of Eugenic Sterilization," *Journal of Heredity* 25, no. 1 (January 1934): 19–27, esp. 20. On Taussig, see Thomas C. Leonard, "Retrospectives: Eugenics and Economics in the Progressive Era," *Journal of Economic Perspectives* 19, no. 4 (Autumn 1905): 207–24, esp. 214.

57 For examples of the argument that whites, especially white women, had an instinctual aversion to blacks, see an article by the chancellor of the University of Georgia, Walter B. Hill, "Uncle Tom Without a Cabin," *Century Magazine* 27, no. 6 (1884): 862; Reverend William H. Campbell's book, *Anthropology for the People: A Refutation of the Theory of the Adamic Origins of All Races* (Richmond, 1891), 269; "The Color Line," New York Globe, June 1883; "Race Amalgamation," American Economic Association. Publications (August 1896): 180; and "The Psychology of the Race Question," *Independent* (August 13, 1903): 1939–40; Ellen Barret Ligon, M.D., "The White Woman and the Negro," *Good Housekeeping* (November 1903): 426–29, esp. 428; and Mencke, *Mulattoes and Race Mixture*, 105, 107–8; also see Stokes, The Right to Be Well Born, 86, 222–24, 230. On checking husbands before marriage, see Mrs. John A. Logan, "Inheritance, Mental and Physical," *Philadelphia Inquirer*, April 24, 1904. On eugenic marriages, see "Wants to Be a Eugenic Bride," *New York Times*, November 3, 1913. On a novel about eugenic marriage (*Courtship Under Contract: The Science of Selection*), see "Book Reviews," *Health* (February 1911): 43. On a eugenic school for female orphans in Louisiana, see "Quits Society for Eugenics," *New York Times*, August 29, 1913. On a eugenic registry, see "Superman a Being of Nervous Force . . . Eugenic Registry Plan Would Develop a Race of Human Thoroughbreds, It Is Argued—Elimination of the Unfit," *New York Times*, January 11, 1914; and Selden, "Transforming Better Babies into Fitter Families," 206–7, 210–12. On the important role of women in the eugenics movement, see Edward J. Larson, " 'In the Finest, Most Womanly Way': Women in the Southern Eugenics Movement," *American Journal of Legal History* 39, no. 2 (April 1995): 119–47.

58 By 1928, nearly four hundred colleges and universities were offering eugenics courses; see Steven Selden, *Inheriting Shame: The Story of Eugenics and Racism in America* (New York: Teachers College Press, 1999), 49. Goddard classified morons as having the mental age from eight to twelve; see Henry H. Goddard, "Four-Hundred Feeble-Minded Children Classified by the Binet Method," *Journal of Psycho-Asthenics* 15, no. 1–2 (September and December, 1910): 17–30, esp. 26–27. On the moron and sexual deviance, see Edwin T. Brewster, "A Scientific Study of Fools," *McClure's Magazine* 39, no. 3 (July 1912): 328–34. On the fecundity of feeble minded women, see "The Unfit," *Medical Record* (March 4, 1911): 399–400; and Martin W. Barr, M.D., "The Feebleminded a Sociological Problem," *Alienist and Neurologist* (August 1, 1913): 302–5. On feeble minded girls as a menace to society, see "The Menace of the Feebleminded," *Colman's Rural World* (June 25, 1914): 8. On female morons becoming prostitutes or slovenly housekeepers with hordes of children, see George S. Bliss, M.D., "Diagnosis of Feebleminded Individuals," *Alienist and Neurologist* (January 1, 1918): 17–23; also see Kevles, *In the Name of Eugenics*, 77, 107; Davenport, *Heredity in Relation to Eugenics*, 233–43; and Wendy Kline, *Building a Better Race: Gender, Sexuality, and Eugenics from the Turn of the Century to the Baby Boom* (Berkeley: University of California Press, 2005), 20–29.

59 On the continuing fears of miscegenation, see William Benjamin Smith, *The Color Line: A Brief in Behalf of the Unborn* (New York, 1905), 5, 8, 11–14, 17–18, 74; Robert W. Shufeldt, M.D., *The Negro: A Menace to American Civilization* (Boston, 1907), 73–74, 77–78, 103–4, 131. Between 1907 and 1921, Congress proposed twenty-one bills against miscegenation; see Robinson, *Dangerous Liaisons*, 82.

60 For Goddard using the same metaphors as Reconstruction writers for white trash, see Henry Herbert Goddard, *The Kallikak Family: A Study in the Heredity of Feeble-Mindedness* (New York, 1912), 66, 71–72. On reducing taxpayers' burden, an argument used in Indiana, which passed one of the first sterilization laws in 1907, see "Feeble-Minded Women," *Duluth News Tribune*, March 12, 1904; Davenport, *Heredity in Relation to Eugenics*, 259; Kline, *Building a Better Race*, 49, 53; Kelves, *In the Name of Eugenics*, 72. On morons as needed for manual laborers, see Lewis M. Terman, *The Measurement of Intelligence* (Boston: Houghton Mifflin, 1916), 91. This was the argument of Albert Priddy, superintendent of the asylum involved in the *Buck v. Bell* case; see Gregory Michael Dorr, *Segregation's Science: Eugenics and Society in Virginia* (Charlottesville: University of Virginia Press, 2008), 132.

61 On the Chamberlain-Kahn Bill passed by Congress in 1918, for detaining suspected prostitutes, see Kristin Luker, "Sex, Social Hygiene, and the State: The Double-Edged Sword of Social Reform," *Theory and Society* 27, no. 5 (October 1998): 601–34, esp. 618–23; Christopher Capozzola, "The Only Badge Needed Is Your Patriotic Fervor: Vigilance, Coercion, and the Law in World War I America," *Journal of American History* 88, no. 4 (March 2002): 1354–82, esp. 1370–73; Kline, *Building a Better Race*, 46–47; Aine Collier, *The Humble Little Condom: A History* (Amherst, NY: Prometheus Books, 2007), 185, 187. On the draft, see Jeanette Keith, *Rich Man's War, Poor Man's Fight: Race, Class and Power in the Rural South During the First World War* (Chapel Hill: University of North Carolina Press, 2004), 43, 70–71, 73–75.

62 On the army filled with morons, and calls for intelligence tests for voting, see "Are We Ruled by Morons?," *Current Opinion* 72, no. 4 (April 1922): 438–40. For southern poor whites and blacks receiving lower scores, especially those from the Deep South, see M. F. Ashley Montagu, "Intelligence of Northern Negroes and Southern Whites in the First World War," *American Journal of Psychology* 58, no. 2 (April 1945): 161–88, esp. 165–67, 185–86; also see Daniel J. Kevles, "Testing the Army's Intelligence: Psychologists and the Military in World War I," *Journal of American History* 55, no. 3 (December 1968): 565–81, esp. 576; Dorr, *Segregation's Science*, 110; and James D. Watson, "Genes and Politics," in Witkowski and Inglis, *Davenport's Dream*, 11.

63 Hookworm was identified as the reason for stunted bodies among World War I draftees; see M. W. Ireland, Albert Love, and Charles Davenport, *Defects Found in Drafted Men: Statistical Information Compiled from the Draft Records* (Washington, DC, 1919), 34, 265. For clay-eating as a white trash addiction, see (the ironically titled) "They Eat Clay and Grow Fat," *Philadelphia Inquirer*, November 26, 1895; and "The Clay Eaters," *Fort Worth Register*, January 12, 1897. On hookworm and stunted bodies, see Marion Hamilton Carter, "The Vampires of the South," *McClure's Magazine* 33, no. 6 (October 1909): 617–31; J. L. Nicholson, M.D., and Watson S. Rankin, M.D., "Uncinariasis as Seen in North Carolina," *Medical News* (November 19, 1904): 978–87; H. F. Harris, "Uncinariasis; Its Frequency and Importance in the Southern States," *Atlanta Journal-Record of Medicine*, June 1, 1903; "Uncinariasis, the Cause of Laziness," *Zion's Herald*, December 10, 1902; "The Passing of the Po' 'White Trash': The Rockefeller Commission's Successful Fight Against Hookworm Disease," *Hampton-Columbia Magazine*, November 1, 1911. On white trash diseases, see James O. Breeden, "Disease as a Factor in Southern Distinctiveness," and Elizabeth W. Etheridge, "Pellagra: An Unappreciated Reminder of Southern

World Movement," in *The Works of Theodore Roosevelt*, ed. Herman Hagdorn (New York: Charles Scribner's Sons, 1924), 14:258–85; Dyer, *Theodore Roosevelt and the Idea of Race*, 39, 42, 64, 148; also see David H. Burton, "The Influence of the American West on the Imperialist Philosophy of Theodore Roosevelt," *Arizona and the West* 4, no. 1 (Spring 1962): 5–26, esp. 10–11, 16.

45 Roosevelt, of course, wrote an account of his Amazon expedition; see Theodore Roosevelt, *Through the Brazilian Wilderness* (New York, 1914). For a detailed account of his trip, see Candice Millard, *River of Doubt: Theodore Roosevelt's Darkest Journey* (New York: Doubleday, 2005). And for the best discussion of Roosevelt's rugged masculinity, see Gail Bederman, *Manliness and Civilization: A Cultural History of Gender and Race in the United States, 1880–1917* (Chicago: University of Chicago Press, 1995), 170–215.

46 On the composition of the Rough Riders, see Gary Gerstle, "Theodore Roosevelt and the Divided Character of American Nationalism," *Journal of American History* 86, no. 3 (December 1999): 1280–1307, esp. 1282–83, 1286–87.

47 Frederic Remington, "Cracker Cowboys of Florida," *Harper's New Monthly Magazine* 91, no. 543 (August 1895): 339–46, esp. 339, 341–42, 344; for a similar portrait, see "Florida Crackers and Cowboys," [San Francisco] *Daily Evening Bulletin*, May 5, 1883.

48 Theodore Roosevelt to Owen Wister, April 27, 1906, *The Letters of Theodore Roosevelt*, 5:226–28; "Br'er Vardaman," *Biloxi Herald*, January 21, 1902.

49 Roosevelt took the concept of "race suicide" from University of Wisconsin professor Edward Ross; see Theodore Roosevelt to Marie Van Horst, October 18, 1902. This letter became the "famous race suicide letter," and was reprinted as the introduction to Van Horst's book *The Woman Who Toils* (New York: Doubleday, Page & Co., 1903); also see Theodore Roosevelt, "On American Motherhood," March 13, 1905, speech given before the National Congress of Mothers, in *[Supplemental] A Compilation of the Messages and Speeches of Theodore Roosevelt, 1901–1905*, ed. Alfred Henry Lewis, vol. 1 (Washington, DC: Bureau of National Literature and Art, 1906), 576–81; Dyer, *Theodore Roosevelt and the Idea of Race*, 15, 147, 152–55, 157; Laura L. Lovett, *Conceiving the Future: Pronatalism, Reproduction, and the Family in the United States, 1890–1938* (Chapel Hill: University of North Carolina Press, 2007), 91–95. The majority of fearmongers who worried about "race suicide" never based their claims on statistical data; see Miriam King and Steven Ruggles, "American Immigration, Fertility, and Race Suicide at the Turn of the Century," *Journal of Interdisciplinary History* 20, no. 3 (Winter 1990): 347–69, esp. 368–69.

50 Report of the Eugenics Section of the American Breeders' Association, in Harry H. Laughlin, *Scope of the Committee's Work*, Eugenics Record Office Bulletin, No. 10A (Cold Spring Harbor, Long Island, NY), 16, as quoted in Julius Paul, "Population 'Quantity' and 'Fitness for Parenthood' in the Light of State Eugenic Sterilization Experience, 1907–1966," *Population Studies* 21, no. 3 (November 1967): 295–99, esp. 295; also see Theodore Roosevelt to Charles Davenport, January 3, 1913, Charles Benedict Davenport Papers, American Philosophical Society, Philadelphia (Digital Library, #1487); and Theodore Roosevelt, "Twisted Eugenics," Outlook (January 3, 1914): 30–34; Dyer, *Theodore Roosevelt and the Idea of Race*, 158–60.

51 For his criticism of the new income tax and for his other proposals for mothers, see Theodore Roosevelt, "A Premium on Race Suicide," *Outlook* (September 27, 1913); Roosevelt also supported the idea of a "very high tax on the celibate and childless"; see Kathleen Dalton, *Theodore Roosevelt: A Strenuous Life* (New York: Vintage Books, 2004), 312; also see "Mother's Pensions in America," *Journal of the American Institute of Criminal Law and Criminology* 9, no. 1 (May 1918): 138–40, esp. 139. On "fit" mothers, see Jessica Toft and Laura S. Abrams, "Progressive Maternalist and the Citizenship Status of Low-Income Single Mothers," *Social Science Review* 78, no. 3 (September 2004): 447–65, esp. 460. Some jurists saw the pensions as working similarly to eugenics, preventing "the child's poverty" from reaching a "menacing state"; see Susan Sterett, "Serving the State: Constitutionalism and Social Spending, 1860s–1920s," *Law and Social Inquiry* 22, no. 2 (Spring 1997): 311–56, esp. 344.

52 "Eugenic Mania," *Pacific Medical Journal* (October 1, 1915): 599–602; Steven Selden, "Transforming Better Babies into Fitter Families: Archival Resources and the History of the American Eugenics Movement, 1908–1930," *Proceedings of the American Philosophical Society* 149, no. 2 (June 2005): 199–225; Daniel J. Kelves, *In the Name of Eugenics: Genetics and the Uses of Human Heredity* (New York: Knopf, 1985), 59–62, 91–92; Matthew J. Lindsay, "Reproducing a Fit Citizenry: Dependency, Eugenics, and the Law of Marriage in the United States, 1860–1920," *Law and Social Inquiry* 23, no. 3 (Summer 1998): 541–85; Mark A. Largent, *Breeding Contempt: The History of Coerced Sterilization in the United States* (New Brunswick, NJ: Rutgers University Press, 2008), 13–95.

53 Kelves, *In the Name of Eugenics*, 44–46, 103; Anne Maxwell, *Picture Imperfect: Photography and Eugenics, 1870–1940* (Brighton: Sussex Academic Press, 2008), 111; Matthew Frye Jacobson, *Barbarian Virtues: The United States Encounters Foreign Peoples at Home and Abroad, 1876–1917* (New York: Hill & Wang, 2000), 157–58; Jan A. Witkowski, "Charles Benedict Davenport, 1866–1944," in *Davenport's Dream: 21st Century Reflections on Heredity and Eugenics*, eds. Jan. A Witkowski and John R. Inglis (Cold Spring Harbor, NY: Cold Spring Harbor Laboratory Press, 2008), 47–48; Barbara A. Kimmelman, "The American Breeders' Association: Genetics and Eugenics in an Agricultural Context, 1903–13," *Social Studies Science* 13, no. 2 (May 1983): 163–204.

54 Davenport wrote his brother in 1924 that if immigrants were allowed to overrun the country, in two hundred years New York and the North would be transformed into Mississippi. Here he used southern backwardness as his model for the menace of foreign immigration. See Charles Davenport to William Davenport, February 11, 1924, Box 33, Charles Benedict Davenport Papers, 1876–1946, American Philosophical Society, as cited in Kelves, *In the Name of Eugenics*, 94. He saw the failure to segregate the sexes in the poorhouse as primarily a southern problem; see Davenport, *Heredity in Relation to Eugenics* (New York: Henry Holt & Co., 1911), 67, 70–71, 74, 182, 200. On Mississippi, see Edward J. Larson, *Sex, Race, and Science: Eugenics in the Deep South* (Baltimore: Johns Hopkins University Press, 1995), 81, 92. Davenport wanted to use the U.S. Census to collect data on human bloodlines and use that information to identify in each county the "centers of feeblemindedness and crime and know who each hovel brings forth"; see Davenport, *Heredity in Relation to Eugenics*, 1, 80–82, 87–90, 211–12, 233–34, 248–49, 255, 268. Eugenicist and sociologist Edward Ross (who coined the term "race suicide") also believed that migration to the city produced a different and better breed. He argued that long-skulled people moved to the city, while the broad-skulled and mentally inferior stayed in the countryside; see Edward Ross, *Foundations of Sociology* (New York, 1905), 364.

55 On Davenport's reference to women with big hips, and for a reference to horse breeding, see *Heredity in Relation to Eugenics*, 1, 7–8. For Alexander Graham Bell's argument at the Fourth Annual Convention of the American Breeders' Association, see "Close Divorce Doors If Any Children. Prof. Alexander Graham Bell Considers Plan to Produce Better Men and Women," *New York Times*, January 30, 1908; W. E. D. Stokes, *The Right to Be Well Born, or Horse Breeding in Its Relations to Eugenics* (New York, 1917), 8, 74, 76, 199, 256; also see "W. E. D. Stokes on Eugenics," *Eugenical News* 2, no. 2 (February 1917): 13. On the focus on "human thoroughbreds" and the "unborn," also see "A Perfect Race of Men: According to Prof. Kellar the Success of Eugenics Depends on Rules Made by Custom," *New York Times*, September 27, 1908. It was Mary Harriman's daughter, also named Mary, both a student of eugenics and a horse lover, who encouraged her mother to donate money to Davenport's Eugenics Record Office. Her brother William Averell Harriman was a horse breeder, and the daughter Mary also bred cattle. See Persia Campbell, "Mary Harriman Rumsey," *Notable*

training poor whites in the South; see A. D. Mayo, "The Third Estate of the South," *Journal of Social Sciences* (October 1890): xxi–xxxii. On reconciliation stories, see Nina Silber, " 'What Does America Need So Much as Americans?': Race and Northern Reconciliation with Southern Appalachia, 1870–1900," in *Appalachians and Race: The Mountain South from Slavery to Segregation*, ed. John Inscoe (Lexington: University of Kentucky Press, 2001): 245–58.

34 Mary Denison, *Cracker Joe* (Boston, 1887), 9–10, 17, 33, 97–198, 206, 233, 248–55, 314, 317, 320. For other reconciliation stories presenting positive portrayals of crackers, see "The Southern Cracker," *Youth's Companion* (May 13, 1875): 149–50; Charles Dunning, "In a Florida Cracker's Cabin; To the Mockingbird," *Lippincott's Magazine* (April 1882): 367–74; Zitella Cocke, "Cracker Jim," *Overland Monthly and Out West Magazine* 10, no. 55 (July 1887): 51–70.

35 William Goodell Frost, "University Extension in Kentucky" (September 3, 1898): 72–80, esp. 72, 80; also see Frost, "Our Contemporary Ancestors in the Southern Mountains," *Atlantic Monthly* 83 (March 1899): 311–19; and James Klotter, "The Black South and White Appalachia," *Journal of American History* 66, no. 4 (March 1980): 832–49, esp. 840, 845. For less flattering portrayals, see Will Wallace Harvey, "A Strange Land and Peculiar People," *Lippincott's Magazine* 12 (October 1873): 429–38, esp. 431. Others stressed their isolation in the mountains, cut off from modern commerce, as the cause of their shiftlessness, lawlessness, ignorance, and clanlike vendettas; see James Lane Allen, "Mountain Passes of the Cumberland (with Map)," *Harper's New Monthly Magazine* 81 (September 1890): 561–76, esp. 562. Allen also stressed their distinctive physiognomy—their time warp style of living—which gave them a "general listlessness," angular bodies "without great muscular robustness," and "voices monotonous in intonation"; see James Lane Allen, "Through the Cumberland Gap on Horseback," *Harper's New Monthly Magazine* 73 (June 1886): 50–67, esp. 57.

36 Davis of Arkansas served from 1901 to 1913; Tillman, who also served as a senator, was first elected governor of South Carolina in 1890; Vardaman was Mississippi governor from 1904 to 1908, then senator from 1913 to 1919. See Stephen Kantrowitz, *Ben Tillman and the Reconstruction of White Supremacy* (Chapel Hill: University of North Carolina Press, 2000); William F. Holmes, *White Chief: James Kimball Vardaman* (Baton Rouge: Louisiana State University Press, 1970); Albert D. Kirwan, *Revolt of the Rednecks: Mississippi Politics, 1876–1925* (Lexington: University of Kentucky Press, 1951), 145–47, 152–53, 160–61. And on Jeff Davis, see Richard L. Niswonger, "A Study in Southern Demagoguery: Jeff Davis of Arkansas," *Arkansas Historical Quarterly* 39, no. 2 (Summer 1980): 114–24. For the story of the term "redneck" involving Guy Rencher, see "Mississippi Campaign Reaches Noisy Stage," [New Orleans] *Daily Picayune*, July 11, 1911. For rednecks in the Mississippi swamps, see Hunt McCaleb, "The Drummer," *Daily Picayune*, April 2, 1893. On rednecks in the Boer War, see "Dashing Sortie by British," [Baltimore] Sun, December 11, 1899. One article noted that the Boers called the British and Americans "damned rednecks"; see "The News from Ladysmith," *New York Daily Tribune*, November 2, 1899. On Guy Rencher, see Dunbar Rowland, *The Official and Statistical Register of the State of Mississippi*, 1908, vol. 2 (Nashville, 1908): 1156–57. On one of the earliest usages of "redneckv in Mississippi politics, on August 13, 1891, see Patrick Huber and Kathleen Drowne, "Redneck: A New Discovery," *American Speech* 76, no. 4 (Winter 2001): 434–43. For the folk rhyme "I Would Rather Be a Negro Than a Poor White Man," see Thomas W. Talley, *Negro Folk Rhymes: Wise and Otherwise* (New York, 1922), 43. For the dating of the rhyme, see Archie Green, "Hillbilly Music: Source and Symbol," *Journal of American Folklore* 78, no. 309 (July–September 1965): 204–28, esp. 204.

37 On the "coon-flavored President," see *Biloxi Herald*, April 22, 1903; "Vardaman at Scranton," [New Orleans] *Daily Picayune*, June 24, 1903. For "coon-flavored miscegenationist," see "Correspondence: A Mississippian on Vardaman," *Outlook*, September 12, 1903; also see "Lynch Law, and Three Reasons for Its Rule," [New Orleans] *Times-Picayune*, March 21, 1904; "Southern Democrats Berate President," *New York Times*, October 19, 1901; J. Norrell, "When Teddy Roosevelt Invited Booker T. Washington to Dinner," *Journal of Blacks in Higher Education*, no. 63 (Spring 2009): 70–74; and Dewey W. Grantham Jr., "Dinner at White House: Theodore Roosevelt, Booker T. Washington, and the South," *Tennessee Historical Quarterly* 17, no. 2 (June 1958): 112–30, esp. 114–18.

38 For Roosevelt's comment on Vardaman's "foul language" as "kennel filth which the foulest New York blackguard would not dare to use on the stump," and his "unspeakable lowness," see Theodore Roosevelt to Lyman Abbott, October 7, 1903, Theodore Roosevelt Papers, Manuscript Division, Library of Congress, Washington, DC. He voiced similar views in a letter to the muckraking journalist Ray Stannard Baker; see Roosevelt to Ray Stannard Baker, June 3, 1908, in *The Letters of Theodore Roosevelt*, ed. Elting Morison, 8 vols. (Cambridge, MA: Harvard University Press, 1951–54), 6:1046–48. For controversy over Vardaman's dog insult, see "The Vardaman Campaign," *Macon Telegraph*, August 31, 1903; "It Is Not Denied," "And This Man Wants to Be Governor!," *The Biloxi Daily Herald*, July 31, August 5, 1903; and two untitled articles in The Biloxi Daily Herald, July 22, August 1, 1903; "Vardaman Wrote It,v *New York Times*, August 16, 1904.

39 On rednecks and hillbillies, see "Vardaman, the Saint," [Gulfport, MS] *Daily Herald*, March 3, 1911. On "dirty" democracy and the people, see "Vardaman at Scranton," [New Orleans] *Daily Picayune*, June 24, 1903. On Vardaman as a "medicine man," see William Alexander Percy, *Lanterns on the Levee: Recollections of a Planter's Son* (Baton Rouge: Louisiana State University Press, 1973; originally published 1941), 143.

40 See John M. Mecklin, "Vardamanism," *Independent* (August 31, 1911): 461–63. On the symbolic meaning of the "cracker cart" or "*critter-kyarts*" as the cracker's usual form of transportation, see "Work Among the 'Poor Whites,' or 'Crackers,' " Friends' Review (March 22, 1888): 532–33. For an Afro-American newspaper's pointed criticism of Vardaman's racism, see "That Devilish Old Vardaman," *Topeka Plaindealer*, August 15, 1913. On the problem of poor white illiteracy in Mississippi, see S. A. Steel, "A School in the Sticks: Problem of White Illiteracy," *Zion's Herald*, December 30, 1903; and "Governor Vardaman on the Negro," *Current Literature* 36, no. 3 (March 1904): 270–71. On the importance of pitting poor whites against blacks, see John Milton Cooper Jr., "Racism and Reform: A Review Essay," *Wisconsin Magazine of History* 55, no. 2 (Winter 1971): 140–44; and Kirwan, *Revolt of the Rednecks*, 212.

41 Percy, *Lanterns on the Levee*, 148–49.

42 For accounts of Roosevelt's visit and speech, see "President Denounces Rape and Lynching," [Columbia, SC] *State*, October 26, 1905; "Gala Day in Little Rock. President on Race Problem," *Charlotte Daily Observer*, October 26, 1905; "Twelve Doves of Peace Hover over Roosevelt," *Lexington Herald*, October 26, 1905. On rebuking Davis, see "The President's Most Important Speech," *Macon Telegraph*, October 29, 1905; "Governor Jefferson Davis," *Morning Olympian*, December 6, 1905; "Can't Train with Roosevelt Now," *Fort Worth Telegram*, December 6, 1905. For comment that Roosevelt avoided being shot by Vardaman, see "Vardaman Outwitted," *New York Times*, November 1, 1905; and William B. Gatewood Jr., "Theodore Roosevelt and Arkansas, 1901–1912," *Arkansas Historical Quarterly* 32, no. 1 (Spring 1973): 3–24, esp. 18–19; also see Mrs. Wallace Lamar, "Roosevelt Wrongs His Mother's Blood," *Macon Telegraph*, October 26, 1905; and Henry Fowler Pringle, "Theodore Roosevelt and the South," *Virginia Quarterly Review* 9, no. 1 (January 1933): 14–25.

43 On Roosevelt's view of Washington's educational project, see Theodore Roosevelt to L. J. Moore, February 5, 1900, in Morison, The Letters of Theodore Roosevelt, 2:1169; Thomas G. Dyer, Theodore Roosevelt and the Idea of Race (Baton Rouge: Louisiana State University Press, 1980), 97.

44 Theodore Roosevelt to Cecil Arthur Spring-Rice, August 11, 1899, in Morison, *The Letters of Theodore Roosevelt*, 2:1053; Roosevelt, "The

24 For "pride of caste" and "pride of race," see "Extension of Suffrage," *Macon Daily Telegraph*, October 28, 1865. For women protecting bloodlines, see "Our People," *New-Orleans Times*, November 24, 1865. Senator Montgomery Blair, brother of Francis Blair Jr., in a speech at a large Democratic rally in New York City, argued that only abandoned women would marry black men; see "The New York Campaign," *New York Herald*, October 19, 1865; and F. Fleming, ed., "The Constitution and the Ritual of the Knights of the White Camelia," in *Documents Relating to Reconstruction* (Morgantown, WV, 1904), 22, 27. On the Knights of the White Camelia and racial purity, also see "Arkansas," *New York Herald*, October 31, 1868. On treating a mixed-race child as bastard progeny, see "Miscegenation," *Georgia Weekly Telegraph*, February 27, 1870.

25 On Blair's fondness for Darwin's *Origins of Species*, ［ダーウィン『種の起源』上下、渡辺政隆訳、光文社古典新訳文庫］ see Foner, *Reconstruction*, 340. On his speeches, see "General Blair's Letter to General George Morgan, July 13, 1868" and "Speeches of Horatio Seymour and Francis P. Blair, Jr., Accepting the Nominations, July 10, 1868," in Edward McPherson, *The Political History of the United States of America During the Period of Reconstruction (from April 15, 1865, to July 15, 1870)* ... (Washington, DC, 1880), 369–70, 381–82; "General Blair's Speeches," [Alexandra, LA] *Louisiana Democrat*, September 2, 1868; "Blair on the Stump," *New York Times*, August 9, 1868. On the Georgia case, see *Scott v. State*, 39 Ga. 321 (1869). For coverage of the case, see "Social Status of the Blacks," *New York Herald*, June 27, 1869; also see Charles Frank Robinson III, *Dangerous Liaisons: Sex and Love in the Segregated South* (Fayetteville: University of Arkansas Press, 2003), 24, 37–38; Pascoe, *What Comes Naturally*, 20; James R. Browning, "Anti-Miscegenation Laws in the United States," *Duke Bar Journal* 1, no. 1 (March 1951): 26–41, esp. 33. For the theory that mongrel mixtures exaggerate the vices of both races, see "The Philosophy of Miscegenation," *New-Orleans Times*, January 4, 1867. It is just as important to understand that Democratic politicians supported laws against amalgamation in order to curb the "waywardness" of low-down whites for degrading Saxon blood; see "Remarks of Thomas Orr, in the Senate, on the Bill to Prevent the Amalgamation of the African with the White Race in Ohio," [Columbus, OH] *Crisis*, February 28, 1861.

26 Hyman argues that violence was the key to the dismantling of the Republican Party, including targeted assaults against scalawags who were political leaders; see Hyman, *South Carolina Scalawags*, xvi, xxv, 41, 45, 48. Republican vice presidential candidate Schuyler Colfax gave a powerful speech in the defense of scalawags, and stressed the vicious threats made against them; see "Political Intelligence," *New York Herald*, October 8, 1868. For hanging scalawags, see "The Rebel Press," [Raleigh, NC] *Tri-Weekly Standard*, 1868. The editor of the *Atlanta Constitution* argued that the inauguration of a Democratic president would be a signal for hanging scalawags and carpetbaggers; see George C. Rable, *But There Was No Peace: The Role of Violence in the Politics of Reconstruction* (Athens: University of Georgia Press, 1984), 69. On the trial for the murder of radical Republican Mr. Ashburn, the defense attorney—none other than former governor Joseph Brown—used the scalawag slur to justify the attack; see "The Ashburn Tragedy," *Georgia Weekly Telegraph*, July 17, 1868. On the KKK targeting scalawags, see "Editorial," *Daily Memphis Avalanche*, June 7, 1868. On calls to shoot scalawags, see "Reconstruction Convention," *Daily Austin Republican*, July 22, 1868. And for a Republican election poem mocking the Democratic Party's campaign: "Then let's shoot and stab and kill, / The men who dare their thoughts to tell / If we lack the power, we have the will / To drive the scalawags, down to hell"; see "Democratic Principles," *Houston Union*, May 7, 1869. On assassinations of prominent Republican politicians in 1868, also see Foner, *Reconstruction*, 342.

27 For an account of the stereotypical black man "Cuffy" kissing a scalawag, see " 'I Salute You, My Brother,'" [Memphis, TN] *Public Ledger*, May 7, 1868; and "A Scalawag Senator Invites a Darkey to His House," [Atlanta] *Daily Constitution*, July 3, 1868. For scalawags as "piebald," "mangy," "slarapery" (meaning flabby-headed or feeble minded) and "stinkee," see "Arkansas," "News in Brief," and "The Scalawag," *Daily Avalanche*, May 20, June 24, August 27, 1868; "Ye Stinkee and the Perry House," *Georgia Weekly Telegraph*, March 27, 1868. For "slaves of the scalawag white trash," see "Mississippi," *New York Herald*, August 12, 1868. On inciting Negroes with "low-flung" speeches, a comment made by Judge Carlton after observing a Republican gathering in Virginia, see "Meeting at Music Hall Last Night," [Albany, IN] *Daily Ledger*, October 31, 1868. On the role as party operatives, see "Carpet Baggery and Scalawagerie," *New-Orleans Times*, August 16, 1868; Foner, *Reconstruction*, 297.

28 "The Autobiography of a Scalawag," *Boone County* [IN] *Pioneer*, March 13, 1868.

29 For reference to "low born scum and quondam slaves," see the poem "White Men Must Rule," published in the [Raleigh] *North Carolinian*, February 15, 1868, as quoted in Karen L. Zipf, " 'The Whites Shall Rule the Land or Die': Gender, Race, and Class in North Carolina Politics," *Journal of Southern History* 65, no. 3 (August 1999): 499–534, esp. 525. For a specific call to return the hereditary elite to power in place of "mongrel Republicanism," see "Address of the Conservative Men of Alabama to the People of the United States," *Daily Columbus* [GA] *Enquirer*, October 1, 1867.

30 For Wade Hampton, see "The Week," *Nation* 7, no. 165 (August 27, 1868): 161; and "America," *London Daily News*, September 18, 1865. For scalawag as vagabond stock, see "Horse and Mule Market," [New Orleans] *Daily Picayune*, February 9, 1867. For carpetbaggers as the "offscourings of the North" and scalawags the "spewed up scum of the South," see "Feels Bad," [Raleigh, NC] *Tri-Weekly Standard*, May 14, 1868. The same theme was used again to sum up the failure of Reconstruction; see Charles Gayarre, "The Southern Question," *North American Review* (November/ December 1877): 472–99, esp. 482–83.

31 For his speech, see "Bullock Ratification Meeting," *Georgia Weekly Telegraph*, March 27, 1868.

32 For motley breeds, see "Negro Suffrage," *Abbeville* [SC] *Press*, March 16, 1866; and that mongrels communicate all the vices and few of the virtues of the parent stock, see "Results of Miscegenation," *Pittsfield* [MA] Sun, March 16, 1865. For scalawag cattle as a low breed dragging down the rest to its level, see *New York Tribune*, October 24, 1854. One journalist made fun of the term "scalawag" as the "elegant language of refined Virginia gentleman," and observed that the word applied to all natives who were loyal or Republicans, regardless of their class background; see "Virginia," *New York Times*, July 27, 1868. Scholars who have studied actual "scalawags" have shown that they were not white trash, but they were of a lower class than either antebellum politicians in the South or their opponents who formed the Redeemer governments in the 1870s. Many had only a public school education. Many supported black suffrage, as James Baggett has argued, "to prevent conservatives, who were judged their betters, from ruling"; see Baggett, "Summing Up the Scalawags," and appendix Table 3, *The Scalawags: Southern Dissenters in the Civil War and Reconstruction* (Baton Rouge: Louisiana State University Press, 2003), 261–62; Hyman, *South Carolina Scalawags*, xxi, 27–28, 52; also see James Baggett, "Upper South Scalawag Leadership," *Civil War History* 29, no. 1 (March 1983): 53–73, esp. 58–60, 73. On the modest landholdings (and the majority as nonslaveholders), see Richard L. Hume and Jerry B. Gough, *Blacks, Carpetbaggers, and Scalawags: The Constitutional Conventions of Radical Reconstruction* (Baton Rouge: Louisiana State University Press, 2008), 6, 19, 262, 270.

33 On the importance of education uniting the North and South, see "National Help for Southern Education," "President Hayes's Speech," and "Education for the South," *New York Times*, January 31, September 2, December 17, 1880; Charles F. Thwing, "The National Government and Education," *Harper's New Monthly Magazine* 68 (February 1884): 471–76; Allen J. Going, "The South and the Blair Education Bill," *Mississippi Valley Historical Review* 44, no. 2 (September 1957): 267–90. Reverend A. D. Mayo was one of the strongest supporters of the Blair bill, and a vocal advocate of

freedmen, see "Condition of the South," *New York Times*, August 27, 1867. On the equal need for education of poor whites, see "The Education of Poor Whites," *New York Times*, October 5, 1865. On neatness and thriftiness and preparation for the franchise among the freedmen, see Trowbridge, *The South*, 220, 458, 589; also see Stephen K. Prince, *Stories of the South: Race and Reconstruction and Southern Identity* (Chapel Hill: University of North Carolina Press, 2014), 28. On freedmen's superiority to poor whites in brains and muscle, see "The Negro, Slave and Free," *Hartford Daily Courant*, March 6, 1865. On loyalty of the freedman and distrust of poor whites, see "Governing and Governed" and "Two Reasons," *New Orleans Tribune*, June 8, 1865, August 27, 1865; "Reconstruction," *Wilkes Spirit of the Times*, August 26, 1865; "Reconstruction and Negro Suffrage," *Atlantic Monthly* 16, no. 94 (August 1865): 238–47, esp. 245; also see Richardson, *The Death of Reconstruction*, 32–37.

16 For "inert," see "The Poor Whites," *Miner's Register*, October 18, 1865. For deformed and idiotic, see Gilmore, *Down in Tennessee*, 187. For "thoughtless," "fumbling," and the "moony glare" of the lunatic, see "The Poor White Trash," *New Orleans Tribune*, September 1, 1865. For poor whites ranked on the lowest level in Darwin's evolutionary scale, see "From the South: Southern Journeyings and Jottings," *New York Times*, April 7, 1866; also see "The Poor Whites," *The Congregationalist*, September 22, 1865. For belonging to the "genus Homo," but "from long effects of long generations of ignorance, neglect, degradation and poverty, it has developed few of the higher qualities of the race to which it belongs," see J. S. Bradford, "Crackers," *Lippincott's Magazine*, vol. 6 (November 1870): 457–67, esp. 457.

17 For "dangerous class," see "The Poor Whites," *Miner's Register*, October 18, 1865. On intermarrying, incest, and wife selling, see Gilmore, *Down in Tennessee*, 184, 187. On mothers conniving illicit liaisons for daughters and poor white women having sex with black men, see "The Low-Down People," *Putnam's Magazine* (June 1868): 704–13, esp. 705–6. On filthy refugees in boxcars, see Reid, *After the War*, 248; also see W. De Forest, "Drawing Bureau Rations," *Harper's Monthly Magazine* 36 (May 1868): 792–99, esp. 794, 799. On Herbert Spencer, see Robert J. Richards, *Darwin and the Emergence of Evolutionary Theories of Mind and Behavior* (Chicago: University of Chicago Press, 1987), 303–4; Spencer first used "survival of the fittest" in his *Principles of Biology* (London, 1864), 1:444, 455. On the popularity of Darwin and Spencer, see "The Theory of Natural Selection," *The Critic* (November 26, 1859), 528–30; "Natural Selection," [New Orleans] *Daily Picayune*, January 9, 1870. And for an article underscoring Darwin's tree analogy, and that the harsh law of natural selection meant that certain branches have "decayed and dropped off," see "Review of Darwin's Theory of the Origins of Species by Means of Natural Selection," *American Journal of Science and the Arts* (March 1860): 153–84, esp. 159.

18 "The Low-Down People," *Putnam's Magazine of Literature, Science, Art and National Interests* (June 1868): 704–16. On the importance of *The Jukes*, see Nicole Hahn Rafter, *White Trash: The Eugenic Family Studies, 1877–1919* (Boston: Northeastern University Press, 1988), 2–3, 6–7.

19 See Sanford B. Hunt, "The Negro as Soldier," *Anthropological Review* 7 (January 1869): 40–54, esp. 53; also see John S. Haller Jr., *Outcasts from Evolution: Scientific Attitudes of Racial Inferiority, 1859–1900* (Urbana: University of Illinois Press, 1971), 20–32.

20 "Mongrel" came from various sources: animal and plant breeding, evolutionary science, racist arguments for miscegenation and amalgamation, and older theories of conquest (barbarian and Mongol hordes became "mongrel hordes"), and the English slur of "mongrel pup" for a lower-class man without any pedigree. For free blacks as a spurious and mongrel race, see "Free Blacks of the North," [Fayetteville, NC] *Carolina Observer*, October 7, 1858. On the mongrel party voting themselves down to the level with degraded Negroes, see "Correct Likeness of the Union Party," [Millersburg, OH] *Holmes County Farmer*, October 5, 1865; and "Mexico and the Indians—Two More 'Twin Relics' for the Next New Party," *New York Herald*, June 28, 1867. On preserving the "best blood" from "admixture of baser blood," see "Our People," *New-Orleans Times*, November 24, 1865. And since mongrels were often identified as dogs without any known pedigree, see "Strange Dog," [New Orleans] *Daily Picayune*, June 12, 1866. On the famous English mongrel pup rhyme ("Of mongrel, pup, ay, whelp and hound, / And curs of low degree"), see "Letter from Mobile," *Daily Picayune*, August 16, 1866. On comparing the South to the mongrel republic of Mexico, see "The Future of the Freemen," *New-Orleans Times*, October 22, 1865; "Southern Self-Exile—Mexico and Brazil," *Richmond Examiner*, April 14, 1866; "The Mongrel Republics of America," Old Guard, September 1867, 695–702; "Editor's Table," *Old Guard* (September 1868): 717–20. And for mongrel hordes, see "Speech of Gen. Geo. W. Morgan," *Daily Ohio Statesman*, October 5, 1865. Also see Elliott West, "Reconstructing Race," *Western Historical Quarterly* 34, no. 1 (Spring 2003): 6–26, esp. 11; Haller, *Outcasts from Evolution*, 72–73, 82; John G. Menke, *Mulattoes and Race Mixture: American Attitudes and Images, 1865–1918* (Ann Arbor, MI: UMI Research Press, 1979), 51, 60–61, 101–2; Forrest G. Wood, *Black Scare: The Racist Response to Emancipation and Reconstruction* (Berkeley: University of California Press, 1968), 65–70. For the long-standing English slur for a dog "without a breed," see Neil Pemberton and Michael Worboys, *Mad Dogs and Englishmen: Rabies in Britain, 1830–2000* (New York: Palgrave, 2007), 30–31. And on the Greek etymology of the word "mongrel" meaning "lust" and "an outrage on nature," see Warren Minton, "Notes. On the Etymology of Hybrid (Lat. Hybrida)," *American Journal of Philology* (October 1, 1884): 501–2.

21 On the carpetbagger and his black valise, see Ted Tunnell, " 'The Propaganda of History': Southern Editors and the Origins of the 'Carpetbagger' and the 'Scalawag,' " *Journal of Southern History* 72, no. 4 (November 2006): 789–822, esp. 792. For the theme of race traitor and treason, see Hyman Rubin III, *South Carolina Scalawags* (Columbia: University of South Carolina Press, 2006), xvi; Foner, *Reconstruction*, 297.

22 On President Johnson's veto of the Civil Rights Act described as rejecting "mongrel citizenship," see "Veto of Civil Rights Bill," [Harrisburg, PA] *Weekly Patriot and Union*, April 5, 1866; also see Francis S. Blair Jr. to Andrew Johnson, March 18, 1866, and the Veto of the Civil Rights Bill, March 27, 1866, in Bergeron, *The Papers of Andrew Johnson*, vol. 10, *February–July 1866*, 10:270, 312–20. Johnson was more explicit in his Annual Message to Congress, December 3, 1867, in which he contended the two races could never subject be to "amalgamation or fusion of them into one homogeneous mass"—and to try to force this on the South would "Africanize half the country." Johnson's attack on mongrel citizenship in his veto of the Civil Rights Act echoed the speeches of Edgar Cowan in the Senate, who had raised the danger of gypsies, Chinese, and Indians gaining citizenship from the act. See Senate, *Congressional Globe*, 39th Congress, 1st Session, May 30, 1866, 2890–91. Johnson was personally invested in the idea of "fitness." He wrote that section of the veto. See John H. Abel Jr. and LaWanda Cox, "Andrew Johnson and His Ghost Writers: An Analysis of the Freedmen's Bureau and Civil Rights Veto Messages," *Mississippi Valley Historical Review* 48, no. 3 (December 1961): 460–79, esp. 475.

23 In one term, Johnson vetoed twenty-nine legislative bills, far more than Jackson or any previous president; during the period from Washington to the Civil War, all the presidents combined had vetoed only fifty-nine acts of Congress. On the revolutionary significance of the Fourteenth Amendment, see Robert J. Kraczorowski, "To Begin the Nation Anew: Congress, Citizenship, and Civil Rights After the Civil War," *American Historical Review* 92, no. 1 (February 1987): 45–68, esp. 45; and see Wood, *Black Scare*, 111–13. On Johnson's obstruction leading to impeachment, especially his opposition to the Fourteenth Amendment and control of the military, see Michael Les Benedict, *The Impeachment and Trial of Andrew Johnson* (New York: Norton, 1973), 49; and Hans L. Trefousse, *Impeachment of a President: Andrew Johnson, the Blacks, and Reconstruction* (New York: Fordham University Press, 1999), 41–48, 54.

no. 3 (December 1960): 472–79, esp. 476.

56 "Recent News by Mail," *Philadelphia Inquirer*, April 14, 1861.

✺ Chapter Eight

1 W. E. B. Du Bois, "The Evolution of the Race Problem," *Proceedings of the National Negro Conference* (New York, 1909), 142–58, esp. 148–49.

2 Ibid., 147–48, 152–54, 156.

3 Ibid., 153–54, 157.

4 Charles Darwin, *The Descent of Man* (London, 1871), 2:402–3. ［ダーウィン『人間の由来』上下、長谷川真理子訳、講談社学術文庫］ Galton's major publications were an article, "Hereditary Talent and Character" (1865), and books *Hereditary Genius* (1869), *Inquiry into Human Faculty* (1883), and *Natural Inheritance* (1889); see Mark H. Haller, *Eugenics: Hereditarian Attitudes in American Thought* (New Brunswick, NJ: Rutgers University Press, 1963), 4–6, 8–12. Also see Richard A. Richards, "Darwin, Domestic Breeding and Artificial Selection," *Endeavour* 22, no. 3 (1988): 106–9; and for the importance of animal breeding in shaping Darwin's theory of natural selection, see Robert J. Roberts, "Instinct and Intelligence in British Natural Theology: Some Contributions to Darwin's Theory of Evolutionary Behavior," *Journal of the History of Biology* 14, no. 2 (Autumn 1981): 193–230, esp. 224–25.

5 "Plebein [*sic*] Aristocracy," *Independent* (May 24, 1864); and Heather Cox Richardson, *West from Appomattox: The Reconstruction of America After the Civil War* (New Haven, CT: Yale University Press, 2007), 17–20.

6 For a typical example of a free-labor economy for poor whites and free slaves, see "The Emancipation and Free Labor Question in the South," *New York Herald*, May 18, 1865; also see Heather Cox Richardson, *The Death of Reconstruction: Race, Labor, and Politics in the Post–Civil War North, 1865–1901* (Cambridge, MA: Harvard University Press, 2004), 21–22, 24–25, 34, 39, 42.

7 The newspapers focused on the stipulation that exempted the elite class from the amnesty: "All persons who have voluntarily participated in said rebellion and the estimated value of whose taxable property is over $20,000"; see "President Johnson's Plan of Reconstruction in Bold Relief," *New York Herald*, May 31, 1865; "President Johnson and the South Carolina Delegation," *Philadelphia Inquirer*, June 26, 1865. And for an article pointing out how all the New York newspapers stressed this point, see "The New York Press on the President's Talk with the South Carolina Delegation," *Daily Ohio Statesman*, July 6, 1865. Also see Andrew Johnson, "Proclamation 134—Granting Amnesty to Participants in the Rebellion, with Certain Exceptions," May 29, 1865; and "Interview with South Carolina Delegation, June 24," in *The Papers of Andrew Johnson, May–August 1865*, ed. Paul H. Bergeron (Knoxville: University of Tennessee Press, 1992), 8:128–29, 280–84.

8 On Johnson's decision to pardon the elites because he needed their support, see Eric Foner, *Reconstruction: America's Unfinished Revolution, 1863–1877* (New York: Harper & Row, 1988), 191. Johnson pardoned 13,500 out of the 15,000 who applied; see Richardson, *The Death of Reconstruction*, 16.

9 For Johnson's view of a racial war of extermination, see "The Negro Question—Dangers of Another 'Irrepressible Conflict,' " *New York Herald*, July 12, 1865; also see [San Francisco] *Evening Bulletin*, July 31, 1865. On Johnson's opinion that Negro suffrage would breed a race war between the freedmen and poor whites, see "The President upon Negro Suffrage," *Philadelphia Inquirer*, October 25, 1865; also see "Interview of George L. Stearns," October 3, 1865," *The Papers of Andrew Johnson*, 9:180.

10 See the remarks by Senators David Schenck, Henry S. Lane, John P. Hale, and Reverdy Johnson, *Congressional Globe*, 38th Congress, 2nd Session, 959, 984–85, 989; and Congressman Green Clay Smith, *Congressional Globe*, 39th Congress, 1st Session, 416; also see Paul Moreno, "Racial Classification and Reconstruction Legislation," *Journal of Southern History* 61, no. 2 (May 1995): 271–304, esp. 276–77, 283–87; and Michele Landis Dauber, "The Sympathetic State," *Law and History Review* 23, no. 2 (Summer 2005): 387–442, esp. 408, 412, 414–15.

11 For "loafing whites," see "North Carolina: Blacks and Whites Loafing," *New York Times*, May 28, 1866; and "From Over the Lake. Barancas—Gens. Steel and Ashboth—The Seen and Unseen—The Refugee Business, Etc., Etc.," *New Orleans Times*, March 9, 1865. On poor white refugees and children, see "Poor White Trash," *Independent* (September 7, 1865): 6; Daniel R. Weinfield, " 'More Courage Than Discretion': Charles M. Hamilton in Reconstruction-Era Florida," *Florida Historical Quarterly* 84, no. 4 (Spring 2006): 479–516, esp. 492; and William F. Mugleston and Marcus Sterling Hopkins, "The Freedmen's Bureau and Reconstruction in Virginia: The Diary of Marcus Sterling Hopkins," *Virginia Magazine of History and Biography* 86, no. 1 (January 1978): 45–102, esp. 100. It was also reported that North Carolina had the highest number of "white trash," and most of the cases adjudicated by the Freedmen's Bureau involved this class. See "Affairs in the Southern States: North Carolina," *New York Times*, March 22, 1865.

12 "From the South: Southern Journeyings and Jottings," *New York Times*, April 15, 1866; Sidney Andrews, *The South Since the War* (Boston, 1866); Whitelaw Reid, *After the War: A Tour of the Southern States* (London, 1866); John T. Trowbridge, *The South: A Tour of Its Battlefields and Ruined Cities* (Hartford, CT: 1866). Andrews's book was known for providing a "portraiture of the poor whites" that was "painfully true to nature"; see "New Books," *Philadelphia Inquirer*, April 23, 1866. His portrait of the typical poor white as physically stunted and displaying "insipidity in his face, indecision in his step, and inefficiency in his whole bearing" was reprinted verbatim in "Poor Whites of North Carolina, Wilmington, October 14," *Freedmen's Record. Organ of the New England Aid Society* (November 1, 1865): 186–87.

13 Gilmore's allusion to a fungus was identical to social Darwinist Herbert Spencer's argument that "whatever produces a diseased state in one part of the community, must inevitably inflict injury upon all other parts"; see Spencer, *Social Statistics, or, The Conditions Essential to Human Happiness Specified and the First of Them Developed* (London, 1851), 456. Edward Kirke (pseudonym of James Roberts Gilmore), *Down in Tennessee, and Back by Way of Richmond* (New York, 1864), 104, 184, 188–89. Excerpts from Gilmore's book were printed in the newspapers; see "The White Population in the South. 'Poor Whites'—'Mean Whites'— And the Chivalry," *New Hampshire Sentinel*, November 10, 1864; "The Common People of the South" *Circular* (September 26, 1864): 222–23; "From 'Down in Tennessee.' The 'Mean Whites' of the South," *Friends' Review* (October 15, 1864): 101–2. Gilmore also published an article; see J. R. Gilmore, "The Poor Whites of the South," *Harper's New Monthly Magazine* (June 1, 1864): 115–24.

14 Andrews wrote, "I should say that the real question at issue in the South is, not 'What shall be done with the negro? but 'What shall be done with the white?' " Andrews, *The South Since the War*, 224. The variation on Andrews's phrase quoted in the text, which added "poor white," appeared in a Colorado newspaper article (reprinted from the *Chicago Republican*), "The Rising Race in the South," *Miner's Register*, January 12, 1866. The same question was raised in the *Christian Advocate and Journal*: "It is not the negro who calls for pity, he can take care of himself; it is the ignorant, landless, clay-colored, hope-abandoned whites that demand and yet defy relief"; see Reynard, "A Vacation Tour in the South and West: Hell Opens Her Mouth," *Christian Advocate and Journal* (August 24, 1865), 266.

15 A writer for the *New York Times* argued that poor whites had had the vote for eighty years and remained "improvident, ignorant and debased" and the "easy dupes of designing leaders"; see "The Suffrage Question," *New York Times*, February 13, 1866; also see "The Poor Whites," *Miner's Register*, October 18, 1865; Reid, *After the War*, 59, 221, 247–50, 255, 302–3, 325, 348; Andrews, *The South Since the War*, 335–36. On freedmen having a greater desire for education than poor whites, see "A Dominant Fact of the Southern Situation," *New York Times*, August 10, 1865. On rapid educational progress of

who most unremittingly toils with his hands, or if with his brains, he must dry them up with years of mechanic toil over Day Book & Ledger." See ibid., 105.

43 "The Presidential Campaign," *New York Herald*, June 8, 1860.

44 "The Educated Southerner," "The Effect of Bull Run upon the Southern Mind," "Anti-Mortem Sketches," and Charles Godfrey Leland, "North Men, Come Out!," *Vanity Fair*, May 6, August 17, August 21, and September 28, 1861. On *Vanity Fair*, which was published from December 31, 1859, to July 4, 1863, see James T. Nardin, "Civil War Humor: The War in Vanity Fair," *Civil War History* 2, no. 3 (September 1956): 67–85, esp. 67; also see "The Bad Bird and the Mudsill," *Frank Leslie's Illustrated Newspaper*, February 21, 1863.

45 "A Soldier's Speech," *Wooster* [OH] *Republican*, November 12, 1863. One essay argued that mudsills were the backbone of the economy; see "Who Are the Mudsills?," *American Farmer's Magazine*, August 1858. Garfield was less generous in his assessment of Confederate deserters. He described them as "men of no brains who had been scared into the rebel army and whose lives were not worth to the county what the bullet would cost to kill them"; see Harry James and Frederick D. Williams, eds., *The Diary of James Garfield*, 4 vols. (East Lansing: Michigan State University, 1967–1981), 1:65, and Mitchell, *Civil War Soldiers*, 33. For another rousing defense of northern mudsills, see the poem "Northmen, Come Out!," with the stanzas, "Out in your strength and let them know / How working men to work can go. / Out in your might and let them feel / How mudsills strike when edged with steel"; see Charles Godfrey Leland, "Northmen, Come Out!," *Hartford Daily Courant*, May 6, 1861, originally published in *Vanity Fair*. Northerners also reported on "secesh nabobs" paying high prices for "mudsill substitutes"; see *Hartford Daily Courant*, December 20, 1861.

46 Grimsley, *The Hard Hand of War*, 15–16, 56, 68–70. Halleck was an expert on international law, and the principle of occupying armies taxing disloyal citizens was laid out in Emmerich de Vattel's 1793 treatise *The Law of Nations*. This practice was not new to the Civil War, but what was different was the decision to target the rich. See W. Wayne Smith, "An Experiment in Counterinsurgency: The Assessment of Confederate Sympathizers in Missouri," *Journal of Southern History* 35, no. 3 (August 1969): 361–80, esp. 361–64; Louis S. Gerteis, *Civil War St. Louis* (Lawrence: University of Kansas Press, 2001), 172–76. And on guerrilla warfare shaping these policies, see Daniel E. Sutherland, "Guerrilla Warfare, Democracy, and the Fate of the Confederacy," *Journal of Southern History* 68, no. 2 (May 2002): 259–92, esp. 271–72, 280, 288; and Michael Fellman, *Inside War: The Guerrilla Conflict in Missouri During the American Civil War* (New York: Oxford University Press, 1989), 88, 94, 96.

47 John F. Bradbury Jr., " 'Buckwheat Cake Philanthropy': Refugees and the Union Army in the Ozarks," *Arkansas Historical Quarterly* 57, no. 3 (Autumn 1998): 233–54, esp. 237–40. Estimates vary on the total number of southern refugees. Stephen Ash claims that nearly 80,000 white refugees had entered Federal lines by 1865. Elizabeth Massey contends that 250,000 were displaced by the war and the majority were women. See Stephen V. Ash, *When the Yankees Came: Conflict and Chaos in the Occupied South, 1861–1865* (Chapel Hill: University of North Carolina Press, 1999); Stephen V. Ash, *Middle Tennessee Society Transformed, 1860–1870: War and Peace in the Upper South* (Knoxville: University of Tennessee Press, 1988); and Mary Elizabeth Massey, *Women in the Civil War* (Lincoln: University of Nebraska Press, 1966), 291–316.

48 Grimsley, *The Hard Hand of War*, 108; and Smith, "An Experiment in Counterinsurgency," 366; Jacqueline G. Campbell, "There Is No Difference Between a He and a She Adder in Their Venom: Benjamin Butler, William T. Sherman, and Confederate Women," *Louisiana History: Journal of the Louisiana Historical Association* 50, no. 1 (Winter 2009): 5–24, esp. 12, 15, 18–19. Marion Southwood not only commented on the wealthy hiding assets but emphasized that it was the elites who "turned up their aristocratic noses" at the thought of assenting to the oath of allegiance; see Marion Southwood, *"Beauty and Booty": The Watchword of New Orleans* (New York, 1867), 123, 130–33, 159. The same rule of punishing rude women and subjecting disloyal women to confiscation was established by General Halleck in Missouri; see Gerteis, *Civil War St. Louis*, 174. Confederates described the destruction of elite property in class terms: as one account wrote, men from the "dunghill" of the North holding "saturnalias round the princely mansions of the Southern planters"; see "Rebel (Yankee Definition)," *Houston Tri-weekly Telegraph*, November 18, 1864. In Maryland, when one Virginia slaveowner demanded the return of his slaves, a dozen Union soldiers threw the man onto a blanket and tossed him up in the air. One sergeant described the slaveowner as "a perfect specimen of a Virginia gentleman," and he was pleased to think that man must have been horrified to be humiliated and unmanned by "Union soldiers—northern mudsills." See James Oakes, *Freedom National: The Destruction of Slavery in the United States, 1861–1865* (New York: W. W. Norton, 2012), 365.

49 Hans L. Trefousse, *Andrew Johnson: A Biography* (New York: Norton, 1989), 19, 21–23, 43, 55, 138, 152, 155–56, 168, 179; Ash, *Middle Tennessee Society Transformed*, 107, 159–60; also see Rufus Buin Spain, "R. B. C. Howell, Tennessee Baptist, 1808–1868" (M.A. thesis, Vanderbilt University, 1948), 105–7. It is interesting that Johnson planned to have all citizens take the loyalty oath and would begin with the wealthiest class, then ministers, doctors, and measured secessionist sympathies according to a class scale; see ibid., 101, 104–6.

50 Grimsley, *The Hard Hand of War*, 169, 202–3; and Debra Reddin van Tuyll, "Scalawags and Scoundrels? The Moral and Legal Dimensions of Sherman's Last Campaigns," *Studies in Popular Culture* 22, no. 2 (October 1999): 33–45, esp. 38–39. Soldiers blamed South Carolina for the war, and thought of its political elite as the very symbol of tyranny and arrogance. They looked forward to wreaking vengeance on the capital—where they vandalized property, set fire to buildings, and targeted the homes of the elites. See Charles Royster, *The Destructive War: William Tecumseh Sherman, Stonewall Jackson, and the Americans* (New York: Knopf, 1991), 4–5, 19–21.

51 Grimsley, *The Hard Hand of War*, 173–74, 188; Burstein and Isenberg, *Madison and Jefferson*, 204–5.

52 Hallock Armstrong to Mary Armstrong, April 8, 1865, in *Letters from a Pennsylvania Chaplain at the Siege of Petersburg, 1865* (published privately, 1961), 47.

53 Letter from William Wheeler, April 1, 1864, in *Letters of William Wheeler of the Class of 1855* (Cambridge, MA: H. G. Houghton & Co., 1875), 444–46; Grimsley, *The Hard Hand of War*, 173–74; John D. Cox, *Traveling South: Travel Narratives and the Construction of American Identity* (Athens: University of Georgia Press, 2005), 165, 174–76. And for the indistinguishable quality of shanties of poor white or blacks, see George H. Allen, *Forty-Six Months with the Fourth R. I. Volunteers in the War of 1861 to 1865: Comprising a History of Marches, Battles, and Camp Life, Compiled from Journals Kept While on Duty in the Field and Camp* (J. A. & R. A. Reid Printers, 1887), 219; also see "Confederate Prisoners at Chicago," *Macon Daily Telegraph*, February 14, 1863; Mitchell, *Civil War Soldiers*, 42, 95, 97; Diary of Robert Ransom, *Andersonville Diary, Escape, and List of the Dead, with Name, Co., Regiment, Date of Death and No. of Grave in Cemetery* (Auburn, New York, 1881), 71.

54 On marching through mud, fighting swamps and rebels, see Manning Ferguson Force, "From Atlanta to Savannah: The Civil War Journal of Manning F. Force, November 15, 1864–January 3, 1865," *Georgia Historical Quarterly* 91, no. 2 (Summer 2007): 185–205, esp. 187–90, 193–94. And on muddy mass graves, see Drew Gilpin Faust, *The Republic of Suffering: Death and the American Civil War* (New York: Random House, 2008), 73–75.

55 Phillips, *Diehard Rebels*, 56, 62. Confederates also hoped that the New York City draft riots were a sign of class revolution in the North; see "Important News from the North" and another report in the *Richmond Enquirer*, July 18, 1863; also see A. Hunter Dupree and Leslie H. Fischel Jr., "An Eyewitness Account of the New York City Draft Riots, July, 1863," *Mississippi Valley Historical Review* 47,

Carolina, became a vociferous critic of conscription. He wrote, "We are not willing to see any one white child starve to death on account of this war, while the negroes are fat and sleek." See *Raleigh Weekly Standard*, July 1, 1863, as quoted in Rable, *The Confederate Republic*, 190–91. On "dog catchers," see John Beauchamp Jones, *A Rebel Clerk's Diary at the Confederate Capital*, 2 vols. (Philadelphia, 1866), 2:317; also see an editorial from the *Richmond Whig*, reprinted in "The Rebel Army and the Rebel Government," *Philadelphia Inquirer*, January 24, 1862.

32 Robert E. Lee to President Jefferson Davis, August, 17, 1863, in *The Wartime Papers of Robert E. Lee* (Boston: Little, Brown, 1961), 591; also see Atkins, "Desertion among Virginia Soldiers," 47–48; Harris, *Plain Folk and Gentry*, 179–80. North Carolina's desertion rates may have been closer to Virginia's numbers, but it is extremely difficult to get an accurate estimate; see Richard Reid, "A Test Case of the 'Crying Evil': Desertion Among North Carolina Troops During the Civil War," *North Carolina Historical Review* 58, no. 3 (July 1981): 234–62, esp. 234, 237–38, 247, 251, 253, 254–55. For retaliation against Confederates who joined the Union, see Lesley J. Gordon, " 'In Time of War': Unionists Hanged in Kinston, North Carolina, February 1864," in Sutherland, *Guerrillas, Unionists, and Violence*, 45–58; Bynum, *The Long Shadow of the Civil War*, 28, 43–46; see Victoria E. Bynum, *The Free State of Jones: Mississippi's Longest Civil War* (Chapel Hill: University of North Carolina Press, 2001).

33 On Georgia deserters and the defiant wives of renegades, see Carlson, "The 'Loanly Runagee,' " 600, 610–13; and Harris, *Plain Folk and Gentry*, 180–81.

34 For the joke, see *Houston Tri-Weekly Telegraph*, December 23, 1864. Drawing on the work of James Scott, *Weapons of the Weak: Everyday Forms of Resistance* (1985), Katherine Guiffre points out that powerless groups often engage in everyday acts of rebellion—gossiping, malingering, petty theft—instead of extreme acts, such as fomenting a large-scale uprising; see Katherine A. Guiffre, "First in Flight: Desertion as Politics in the North Carolina Confederate Army," *Social Science History* 21, no. 2 (Summer 1997): 245–63, esp. 249–50, 260. I argue that jokes served a similar purpose, making light of what the ruling elite saw as acts of treason, cowardice, or mutiny.

35 Historians debate the estimates of men who served in the Confederate army. For the most recent estimates, see McCurry, *Confederate Reckoning*, 152. On desertion, see Mark A. Weitz, *More Damning Than Slaughter: Desertion in the Confederate Army* (Lincoln: University of Nebraska Press, 2005); and Reid, "A Test Case of the 'Crying Evil,' " 234, 247. For the best study on the problem of disaffection among conscripts, substitutes, and those who enlisted late in the war (two groups often ignored in studies of Confederate soldiers' motivation), see Kenneth W. Noe, *Reluctant Rebels: The Confederates Who Joined the Army After 1860* (Chapel Hill: University of North Carolina Press, 2010), 2, 7, 88–89, 94–95, 108, 113–14, 178, 190. As Noe notes, conscripts and substitutes, the men most likely to be disaffected, are also the two cohorts about whom historians have the least knowledge of their personal feelings. It is difficult to track down the correspondence of these men. Class also determines who was literate enough to write—so historians who rely on personal letters inevitably reflect a class bias. For the lower-class origins of substitutes and the difficulty identifying them, also see John Sacher, "The Loyal Draft Dodger? A Reexamination of Confederate Substitution," *Civil War History* 57, no. 2 (June 2011): 153–78, esp. 170–73. For another example of festering resentment, Sergeant William Andrews of the First Georgia Volunteers wrote after Lee's surrender, "While it is a bitter pill to have to come back into the Union, don't think there is much regret at the loss of the Confederacy. The treatment that the soldiers have received from the government in various ways put them against it." See David Williams, Teresa Crisp Williams, and David Carlson, *Plain Folk in a Rich Man's War: Class and Dissent in Confederate Georgia* (Gainesville: University Press of Florida, 2002), 194.

36 Williams et al., *Plain Folk in a Rich Man's War*, 25–29, 34–36; also see "Cotton Versus Corn," *Philadelphia Inquirer*, May 4, 1861.

37 See Teresa Crisp Williams and David Williams, " 'The Woman Rising': Cotton, Class, and Confederate Georgia's Rioting Women," *Georgia Historical Quarterly* 86, no. 1 (Spring 2002): 49–83, esp. 68–79; on the riot in Richmond, see Michael B. Chesson, "Harlots or Heroines? A New Look at the Richmond Bread Riot," *Virginia Magazine of History and Biography* 92, no. 2 (April 1984): 131–75; for two accounts of the Richmond bread riot of 1863, see Mary S. Estill, "Diary of a Confederate Congressman, 1862–1863," *Southwestern Historical Quarterly* 39, no. 1 (July 1935): 33–65, esp. 46–47; and Jones, April 2, 1863, *A Rebel Clerk's Diary*, 1:285–87; also see Williams, Rich Man's War, 99, 100–101, 114–15; Escott, *After Secession*, 122. As Lebergott argued, because the Confederacy failed to collect sufficient taxes, it was forced to rely on impressments, which often targeted the weakest members of society: farms run by women whose husbands were soldiers. This practice encouraged desertions and heightened women's anger toward the government. See Stanley Lebergott, "Why the South Lost: Commercial Purpose in the Confederacy, 1861–1865," *Journal of American History* 79, no. 1 (June 1983): 58–74, esp. 71–72. In defense of the Confederacy, some reports insisted that the Richmond protest was not a "bread riot," and that the cause was crime, not want; see "Outrageous Proceedings in Richmond," *Staunton Spectator*, April 7, 1863; but in the same newspaper, another article argued that class conflict was going to destroy the Confederate cause, see "The Class Oppressed," *Staunton Spectator*, April 7, 1863.

38 "Pity the Poor Rebels," *Vanity Fair*, May 9, 1863.

39 Entries for July 26, 27, 1863, Lucy Virginia French Diaries, 1860, 1862–1865, microfilm, Tennessee State Library and Archives, Nashville; Stephen V. Ash, "Poor Whites in the Occupied South, 1861–1865," *Journal of Southern History* 57, no. 1 (February 1991): 39–62, esp. 55.

40 On government officials dining on delicacies while soldiers were suffering, see Jones, September 22, 1864, *A Rebel Clerk's Diary*, 2:290; and on snubbing Varina Davis, see Jones, March 19, 1865, *A Rebel Clerk's Diary*, 2:453.

41 "The Drum Roll," *Southern Field and Fireside*, February 18, 1864; and Anne Sarah Rubins, *The Shattered Nation: The Rise and Fall of the Confederacy, 1861–1868* (Chapel Hill: University of North Carolina Press, 2005), 88. The same theme of the loss of class privilege (wives forced to clean the "slops of the bed chamber") appeared in the *Richmond Daily Whig*, February 12, 1865; see George C. Rable, "Despair, Hope, and Delusion: The Collapse of Confederate Morale Re-Examined," in *The Collapse of the Confederacy*, eds. Mark Grimsley and Brooks D. Simpson (Lincoln: University of Nebraska Press, 2001), 129–67, esp. 149–50; and "Items of Interest," *Houston Daily Telegraph*, December 21, 1864.

42 See "Sketches from the Life of Jeff. Davis," *Macon Daily Telegraph*, March 12, 1861. For southern papers calling Lincoln a drunken sot, see "The News," *New York Herald*, May 21, 1861. For Lincoln derided as the "Illinois ape," see Josiah Gilbert Holland, *The Life of Abraham Lincoln* (Springfield, MA, 1866), 243; also see "A Bad Egg for the Lincolnites," *The Macon Daily Telegraph*, September 18, 1861, and *Richmond Examiner*, October 19, 1861. On Davis's and Lincoln's shared birthplace of Kentucky, see "News and Miscellaneous Items," *Wisconsin Patriot*, March 30, 1861. For Hunter's opinion of Lincoln, see Letter from Salmon Portland Chase, October 2, 1862, in *Diary and Correspondence of Salmon Portland Chase*, eds. George S. Denison and Samuel H. Dodson (Washington, DC: American Historical Association, 1903), 105. And for the slur against midwesterners, see John Hampden Chamberlayne, *Ham Chamberlayne—Virginia: Letters and Papers of an Artillery Officer in the War for Southern Independence, 1861–1865* (Richmond, VA, 1932), 186. Chamberlayne also criticized people in Maryland for their free-labor ethos and Yankee blood. He described them as having low character, "with the education of common schools, with Dutch instincts dashed with Yankee blood." He dismissed them for only working to make money, believing that the man "is worthiest

cords of Georgia, ed. Allen D. Candler, 5 vols. (Atlanta, 1909–11), 1:47; William W. Freehling and Craig M. Simpson, *Secession Debated: Georgia Showdown in 1860* (New York: Oxford University Press, 1992); Bernard E. Powers Jr., "'The Worst of All Barbarism': Racial Anxiety and the Approach of Secession in the Palmetto State," *South Carolina Historical Magazine* 112, no. 3/ 4 (July–October 2011): 139–56, esp. 151; Harris, *Plain Folk and Gentry*, 134. And on vigilante societies and "Minute Men" companies, see West, *From Yeoman to Redneck*, 68–69, 76–81, 84, 91–92. Northern observers in the southern states wrote that many poor whites opposed secession but felt "forced to maintain silence." See "The Poor Whites at the South—Letter from a Milwaukee Man in Florida," *Milwaukee Daily Sentinel*, April 15, 1861. Alfriend repeated the same argument as Governor Brown, that the Lincoln administration would win over the poor whites by "all the glozing arts at the command of himself and his adroit advisers, he will flatter the vanity and pamper the grasping and indolent propensities of the people for federal bounties and cheap lands," and that the Republican message will peculate down to the "lower strata of Southern society." He also predicted that what awaited the South was either a war of conquest or a class war: "If not conquest, it will be civil war, not between the North and South, but between the slaveholder and the non-slaveholder backed by the North." See "Editor's Table," *Southern Literary Messenger* (December 1, 1860): 468–74, esp 472.

24 James D. B. De Bow was a South Carolinian who relocated to New Orleans to publish his own periodical. At first titled the *Commercial Review of the South and West*, it later became *De Bow's Review*. Although early in his career he advocated public education and industrialization in the South, he fully embraced the secessionist rhetoric that "cotton is King" and slavery was the major source of the South's superiority. De Bow published *The Interest in Slavery of the Southern Non-Slaveholder* as a pamphlet in 1860, and then republished the piece as articles in the *Charleston Mercury* and *De Bow's Review*. See James De Bow, "The Non-Slaveholders of the South: Their Interest in the Present Sectional Controversy Identical with That of Slaveholders," *De Bow's Review*, vol. 30 (January 1861): 67–77; Eric H. Walther, "Ploughshares Come Before Philosophy: James D. B. De Bow," in *The Fire-Eaters* (Baton Rouge: Louisiana State University Press, 1992), 195–227; and Sinha, *The Counter-Revolution of Slavery*, 234. Governor Joseph Brown of Georgia made a similar appeal to poor whites; he praised the high wages in the South, and warned that if slavery was eliminated poor whites would lose legal and social status and slaves would plunder those living in the mountainous region of the state—a region known for a high proportion of poorer nonslaveholders. Elite secessionists praised his appeal and felt it was "well calculated to arouse them" to the cause of secession and would fortify their minds against all appeals that might "array the poor against the wealthy." See Johnson, *Toward a Patriarchal Republic*, 49–51.

25 Rable, *The Confederate Republic*, 32–35, 40–42, 50–51, 60–61; Johnson, *Toward a Patriarchal Republic*, 63–65, 110, 117–23, 153, 156; William C. Davis, *Jefferson Davis: The Man and His Hour* (Baton Rouge: Louisiana State University Press, 1991), 308; Stephanie McCurry, *Confederate Reckoning: Power and Politics in the Civil War South* (Cambridge, MA: Harvard University Press, 2010), 51, 55, 63, 75, 81; and G. Edward White, "Recovering the Legal History of the Confederacy," *Washington and Lee Legal Review* 68 (2011): 467–554, esp. 483. The *Southern Literary Messenger* felt that constitutional reform should restrict the franchise from "classes incapable of exercising it judicially," thus freeing the Confederate government from the "mercy of lawless and untutored majorities"; see "Editor's Table," 470; also see Richard O. Curry, "A Reappraisal of Statehood Politics in West Virginia," *Journal of Southern History* 28, no. 4 (November 1962): 403–21, esp. 405. And on Unionists in East Tennessee and their fear of secessionists imposing an elitist government, see Noel L. Fisher, "Definitions of Victory: East Tennessee Unionists in the Civil War and Reconstruction," in Sutherland, ed., *Guerrillas, Unionists, and Violence on the Confederate Homefront* (Fayetteville: University of Arkansas Press, 1999), 89–111, esp. 93–94.

26 Simms feared that the border states would promote manufacturing and thus increase the poor white population. See William Gilmore Simms to William Porcher Miles, February 20, 24, 1861, in *The Letters of William Gilmore Simms*, eds. Mary C. Simms Oliphant, Alfred Taylor Oldell, and T. C. Duncan Miles, 5 vols. (Columbia: University of South Carolina Press, 1952–56), 4:330, 335; Alfriend, "A Southern Republic and Northern Democracy"; also see "The Poor Whites to Be Dis-Enfranchised in the Southern Confederacy," *Cleveland Daily Herald*, February 2, 1861. The editor of the *Southern Confederacy*, T. S. Gordon of Florida, defended not only the rejection of Jefferson's notions of the rights of man, but the idea that his generation had the right to "think for themselves" and disregard the "opinions of their forefathers"; see a reprint of Gordon's article in "Bold Vindication of Slavery," *Liberator*, March 22, 1861; and Rable, *The Confederate Republic*, 50, 55–56.

27 For the slaveowners' House of Lords, see Augusta *Chronicle and Sentinel*, February 9, 1861. While Ruffin called the masses the "swinish multitude," Georgia conservatives called them the mob or "domestic foes"; see William Kauffman Scarborough, ed., *The Diary of Edmund Ruffin*, 3 vols. (Baton Rouge: Louisiana State University Press, 1972–89), 2:167–71, 176, 542; Rable, *The Confederate Republic*, 42; Johnson, *Toward a Patriarchal Republic*, 101, 130–31, 143, 178–79, 184; McCurry, *Confederate Reckoning*, 43; see reprint and discussion of editorial published in the *Charleston* [SC] *Mercury* in "Seceding from Secession," *New York Times*, February 25, 1861. For another example of secessionists viewing the three-fifths compromise as a usurpation of southern rights, see "National Characters—The Issues of the Day," *De Bow's Review* (January 1861); on race as a "title of nobility," see "Department of Miscellany . . . The Non-Slaveholder of the South," *De Bow's Review* (January 1, 1861).

28 "The Southern Civilization; or, the Norman in America," *De Bow's Review* (January/ February 1862).

29 See John F. Reiger, "Deprivation, Disaffection, and Desertion in Confederate Florida," *Florida Historical Quarterly* 48, no. 3 (January 1970): 279–98, esp. 286–87; Escott, *After Secession*, 115, 119; Reid Mitchell, *Civil War Soldiers* (New York: Viking, 1988), 160; "The Conscription Bill. Its Beauty," *Southern Literary Messenger* (May 1, 1862): 328; and Harris, *Plain Folk and Gentry*, 153. On using the slur "Tartar," see James D. Davidson to Greenlee Davidson, February 12, 1861, in Bruce S. Greenawalt, "Life Behind Confederate Lines in Virginia: The Correspondence of James D. Davidson," *Civil War History* 16, no. 3 (September 1970): 205–26, esp. 218; also see Williams, *Rich Man's War*, 122; Bessie Martin, Desertion of *Alabama Troops in the Confederate Army: A Study in Sectionalism* (New York: Columbia University Press, 1932), 122.

30 On the twenty-slave exemption, see Williams, *Rich Man's War*, 132; Escott, *After Secession*, 95; also see King-Owen, "Conditional Confederates," 351, 359, 377–78. James Phelan measured patriotism in class terms: he wrote that the "pride of intellect, position, and education will only acutely feel its necessity and spring with alacrity to the post of such danger and sacrifice." The poor white farmers lacked those qualities. See James Phelan to Jefferson Davis, May 23, 1861, in *The War of Rebellion: A Compilation of the Official Records of the Union and Confederate Armies*, 130 vols. (Washington, DC: Government Printing Office, 1880–1901), Series IV, 1:353, also see Escott, *After Secession*, 115; Rable, *The Confederate Republic*, 156, 190–91; Harris, *Plain Folk and Gentry*, 64; Jack Lawrence Atkins, "'It Is Useless to Conceal the Truth Any Longer': Desertion of Virginia Soldiers from the Confederate Army" (M.A. thesis, Virginia Polytechnic Institute, 2007), 41–42.

31 Class-conscious men felt that honor and service displayed that they were the "right breed of people"; see Lee L. Dupont to his wife, February 27, 186[1 or 2], Dupont Letters, Lowndes-Valdosta Historical Society, as quoted in David Carlson, "The 'Loanly Runagee': Draft Evaders in Confederate South Georgia," *Georgia Historical Quarterly* 84, no. 4 (Winter 2000): 589–615, esp. 597. William Holden, the editor of the *Raleigh Weekly Standard* in North

Louisiana, South Carolina, and Alabama. See "Ridiculous Attacks of the South upon the North, and Vice Versa," *New York Herald*, September 16, 1856.

9 For the banner of "greasy mechanic," see "Great Torchlight Procession! Immense Demonstrations," *Boston Daily Atlas*, October 1856.

10 Speech of Jefferson Davis at Aberdeen, Mississippi, May 26, 1851, in Rowland, *Jefferson Davis*, 2:73–74. He made a similar argument in a speech before the Mississippi legislature, November 16, 1858; see ibid., 3:357. This idea was widely used in the South by ruling elites to reaffirm the allegiance of poor whites; see Williams, *Rich Man's War*, 28; and William J. Harris, *Plain Folk and Gentry in a Slave Society: White Liberty and Black Slavery in Augusta's Hinterlands* (Middletown, CT: Wesleyan University Press, 1985), 75.

11 "Offscourings," which can be traced back to English insults aimed at vagrants, was a vicious slur. It meant fecal waste—dispelling the worst remains from the lining of the intestines. On urban roughs and the Union army, see Lorien Foote, *The Gentlemen and the Roughs: Violence, Honor, and Manhood in the Union Army* (New York: New York University Press, 2010). On immigrants, see Tyler Anbinder, "Which Poor Man's Fight? Immigrants and Federal Conscription of 1863," *Civil War History* 52, no. 4 (December, 2006): 344–72. On Union men as worse than "Goths and Vandals," see "The Character of the Coming Campaign," *New York Herald*, April 28, 1861. The Confederacy refused to recognize black soldiers as soldiers, or as prisoners of war, and promised death to any Union officer commanding such troops; see Dudley Taylor Cornish, *The Sable Arm: Black Troops in the Union Army, 1861–1865* (1956; reprint ed., Lawrence: University Press of Kansas, 1987), 158–63, 178.

12 James Hammond, Speech to the U.S. Senate, March 4, 1858, *Congressional Globe*, 35th Congress, 1st Session, Appendix, 71; also see Faust, *James Henry Hammond and the Old South*, 374.

13 Hammond, Speech to the U.S. Senate, 74. The equation of the Republican Party (and its philosophy) with a socialist revolution was common among southern writers; see Harris, *Plain Folk and Gentry*, 138; and Manisha Sinha, *The Counter-Revolution of Slavery: Politics and Ideology in Antebellum South Carolina* (Chapel Hill: University of North Carolina Press, 2000), 191, 223–29.

14 For "Red Republicans," see "The War upon Society—Socialism," *De Bow's Review* (June 1857): 633–44. On black Republicans making slaves the equals of poor whites, see Williams, *Rich Man's War*, 47; also see Arthur Cole, "Lincoln's Election an Immediate Menace to Slavery in the States?," *American Historical Review* 36, no. 4 (July 1931): 740–67, esp. 743, 745, 747. For the threat of amalgamation, see George M. Fredrickson, "A Man but Not a Brother: Abraham Lincoln and Racial Equality," *Journal of Southern History* 41, no. 1 (February 1975): 39–58, esp. 54. And for race-mixing charges during Lincoln's reelection campaign, see Elise Lemire, *"Miscegenation": Making Race in America* (Philadelphia: University of Pennsylvania Press, 2002), 115–23.

15 Alexander Stephens, "Slavery the Cornerstone of the Confederacy," speech given in Savannah, March 21, 1861, in *Great Debates in American History: States Rights (1798–1861); Slavery (1858–1861)*, ed. Marion Mills Miller, 14 vols. (New York, 1913), 5:287, 290.

16 For Wigfall's remarks, see "Proceedings of the Confederate Congress," *Southern Historical Society Papers* (Richmond, VA, 1959), 52:323. For the bootblack reference, see "Latest from the South," [New Orleans] *Daily Picayune*, February 15, 1865. For class components of his speech, see "The Spring Campaign—Davis' Last Dodge," *New York Daily Herald*, February 9, 1865. Also see Edward S. Cooper, *Louis Trezevant Wigfall: The Disintegration of the Union and the Collapse of the Confederacy* (Lanham, MD: Fairleigh Dickinson University Press, 2012), 137–40.

17 Williams, *Rich Man's War*, 184. On conscription, see Albert Burton Moore, *Conscription and Conflict in the Confederacy* (New York, 1924), 14–18, 34, 38, 49, 53, 67, 70–71, 308. On desertion and the unequal burden of military service, see Scott King-Owen, "Conditional Confederates: Absenteeism Among Western North Carolina Soldiers, 1861–1865," *Civil War History* 57 (2011): 349–79, esp. 377; Rable, *The Confederate Republic*, 294; and Jaime Amanda Martinez, "For the Defense of the State: Slave Impressment in Confederate Virginia and North Carolina" (Ph.D. dissertation, University of Virginia, 2008). Some Georgians thought that arming slaves would dispel the cries of "rich man's war and poor man's fight" and convince white deserters to rejoin the Confederate ranks; see Philip D. Dillard, "The Confederate Debate over Arming Slaves: View from Macon and Augusta Newspapers," *Georgia Historical Quarterly* 79, no. 1 (Spring 1995): 117–46, esp. 145.

18 On the attitudes and policy of Union generals, see Mark Grimsley, *The Hard Hand of War: Union Military Policy Toward Southern Civilians, 1861–1865* (New York: Cambridge University Press, 1995); and *Ulysses S. Grant: Memoirs and Selected Letters* (New York: Library of America, 1990), 148–49. Grant used the same five-to-one reference in a letter written during the war. He also voiced a similar view amid the war that the "war could be ended at once if the whole Southern people could express their unbiased feeling untrammeled by leaders." See Grant to Jesse Root Grant, August 3, 1861, and Grant to Julia Dent Grant, June 12, 1862, in ibid., 972, 1009. On Hinton Rowan Helper, *Land of Gold* (1855), see chapter 6 of this book.

19 *The Irrepressible Conflict. A Speech by William H. Seward, Delivered at Rochester, Monday, Oct 25, 1858* (New York, 1858), 1–2.

20 See "The Destinies of the South: Message of His Excellency, John H. Means, Esq., Government of the State of South-Carolina, . . . November 1852," *Southern Quarterly Review* (January 1853): 178–205, esp. 198; also see James Hammond, *Governor Hammond's Letters on Southern Slavery: Addressed to Thomas Clarkson, the English Abolitionist* (Charleston, SC, 1845), 21; Jefferson Davis, "Confederate State of America—Message to Congress, April 29, 1861," in *A Compilation of the Messages and Papers of the Confederacy*, ed. James D. Richardson, 2 vols. (Nashville: United States Publishing Co., 1906), 1:68; and Christa Dierksheide and Peter S. Onuf, "Slaveholding Nation, Slaveholding Civilization," in *In the Cause of Liberty: How the Civil War Redefined American Ideals*, eds. William J. Cooper Jr. and John M. McCardell Jr. (Baton Rouge: Louisiana State University Press, 2009): 9–24, esp. 9, 22–23.

21 "The Union: Its Benefits and Dangers," *Southern Literary Messenger* (January 1, 1861): 1–4, esp. 4; and "The African Slave Trade," *Southern Literary Messenger* (August 1861): 105–13; also see Rable, *The Confederate Republic*, 55. On the reaction to Helper's book, see Brown, *Southern Outcast; and Williams, Rich Man's War*, 31–32.

22 See *Memoir on Slavery, Read Before the Society for the Advancement of Learning, of South Carolina, at Its Annual Meeting at Columbia. 1837. By Chancellor Harper* (Charleston, SC, 1838), 23–24. On lower literacy rates and fewer opportunities for the poor to receive a common school education in the South, see Carl Kaestle, *Pillars of the Republic: Common Schooling and American Society, 1780–1860* (New York, 1893), 195, 206; James M. McPherson, *Drawn with the Sword: Reflections on the American Civil War* (New York: Oxford University Press, 1996), 19. Estimates on illiteracy vary widely. McPherson chose the lower number of a three-to-one margin in illiteracy rates between slave and northern states. Wayne Flynt noted that the 1850 federal census announced that illiteracy rates among whites were 20.3 percent in the slave states, 3 percent in the middle states, and .42 percent in New England. That makes it over 40:1 with New England and 7:1 for the middle states. See Wayne Flynt, *Dixie's Forgotten People: The South's Poor Whites* (Bloomington: Indiana University Press, 1979), 8. On the call for a Confederate publishing trade, see Michael T. Bernath, *Confederate Minds: The Struggle for Intellectual Independence in the Civil War South* (Chapel Hill: University of North Carolina Press, 2013).

23 See "The Differences of Race Between the Northern and Southern People," *Southern Literary Messenger* (June 1, 1860): 401–9, esp. 403. On patrician rule in the South, see Frank Alfriend, "A Southern Republic and Northern Democracy," *Southern Literary Messenger* (May 1, 1863): 283–90. On tempting the poor, see "Message of Gov. Joseph E. Brown," November 7, 1860, in *The Confederate Re-*

NC: Duke University Press, 1994), 14, 25, 27–29, 53, 67, 69, 94; and Stephen A. West, *From Yeoman to Redneck in the South Carolina Upcountry, 1850–1915* (Charlottesville: University of Virginia Press, 2008), 28–39, 43–44. On the declining opportunities for nonslaveholding whites, see Gavin Wright, *The Political Economy of the Cotton South: Households, Markets, and Wealth in the Nineteenth Century* (New York: Norton, 1978), 24–42.

41 Stowe, *Dred*, 27, 37, 109, 194.

42 See William Cooper's introduction in Hundley, *Social Relations in Our Southern States*, xv–xx.

43 Hundley, *Social Relations in Our Southern States*, xxxii–xxxiii, 27–29, 31, 34–36, 40–41, 43–44, 60, 70–71, 82, 91, 198, 226, 239, 251, 255–57.

44 Stowe, *Dred*, 81, 83, 86–87, 89–90, 99, 107–9, 190–94, 400, 543, 549.

45 "Curious Race in Georgia," *Scientific American*, July 31, 1847. Emily Pillsbury of New Hampshire took a teaching position at the Savannah Female Orphan Asylum in 1840 and stayed in the South for nine years. She married the Reverend A. B. Burke while there, but he died and she left for Ohio. See Burke, *Reminiscences of Georgia*, 206. For the "abnormal classes in the slave states," also see "Selections: Manifest Destiny of the American Union," *Liberator*, October 30, 1857 (reprinted from the English publication the *Westminster Review*).

46 On white trash women as a wretched specimen of maternity, see "Up the Mississippi," *Putnam's Monthly Magazine of American Literature, Science, and Art* (October 1857): 433–56, esp. 456. On their strange complexion and hair, see Burke, *Reminiscences of Georgia*, 206; "Sandhillers of South Carolina," *Christian Advocate and Journal*, August 7, 1851; "The Sandhillers of South Carolina," *Ohio Farmer*, January 31, 1857; "Clay-Eaters," *Ballou's Pictorial Drawing-Room Companion*, July 31, 1858. On clay-eating infants, see "The Poor Whites of the South," *Freedom's Champion*, April 11, 1863; and Hundley, *Social Relations in Our Southern States*, 264–65.

47 Isabella D. Martin and Myrta Lockett Avary, eds., *A Diary from Dixie, as Written by Mary Boykin Chesnut* (New York, 1905), 400–401.

48 Hammond also claimed that mulattoes existed primarily in the cities and resulted from sex between northerners/ foreigners and blacks. He called them "mongrels." On Hammond, see Drew Gilpin Faust, *James Henry Hammond and the Old South: A Design for Mastery* (Baton Rouge: Louisiana State University Press, 1982), 278–82; and James H. Hammond, *Two Letters on Slavery in the United States, Addressed to Thomas Clarkson, Esq.* (Columbia, SC, 1845), 10–11, 17, 26, 28. On others in the proslavery intelligentsia, see Drew Gilpin Faust, "A Southern Stewardship: The Intellectual and Proslavery Argument," *American Quarterly* 31, no. 1 (Spring 1979): 63–80, esp. 67, 73–74; and Laurence Shore, *Southern Capitalists: Politics and Ideology in Antebellum South Carolina* (Chapel Hill: University of North Carolina Press, 2000), 43.

49 On Tucker, see Faust, "A Southern Stewardship," 74. On the *Richmond Enquirer*, see "White Slavery—The Privileged Class," *National Era*, January 24, 1856. And on the Republican reaction to this conservative southern defense of slavery, see "Charles Sumner's Speech," *Ohio State Journal*, June 19, 1860. Also see Hundley, *Social Relations in Our Southern States*, 272. Peter Kolchin has argued that proslavery defenders turned to defending servitude without regard to complexion; see Kolchin, "In Defense of Servitude: Proslavery and Russian Pro-Serfdom Arguments, 1760–1860," *American Historical Review* 85, no. 4 (October 1980): 809–27, esp. 814–17.

50 The decision was issued on March 6, 1857. Justice Taney insisted that the Declaration of Independence did not refer to slaves or descendants of the African race. He argued that there was no distinction between the slave and free black or mulatto, and that a "stigma" and "deepest degradation" was forever applied to the whole race. This "impassable barrier" was in place by the time of the Revolution and the federal Constitutional Convention. He further insisted that the black race was set apart by "indelible marks." He upheld the idea that Dred Scott was a "Negro of African descent; his ancestors were of pure African blood." *See Scott v. Sandford*, 19 How. 393 (U.S., 1856), 396–97, 403, 405–7, 409–10, 419. On the importance of pedigree, see James H. Kettner, *The Development of American Citizenship, 1608–1870* (Chapel Hill: University of North Carolina Press, 1978), 326, 328. Taney had rejected the authority of the Northwest Ordinance in an earlier 1851 decision, which he then used in the *Dred Scott* decision; see William Wiecek, "Slavery and Abolition Before the Supreme Court," *Journal of American History* 65, no. 1 (June 1978): 34–58, esp. 54, 56. Taney was able to insist that there was no difference between slaves and free blacks because he placed all the descendants of the entire race into one single category—again proving the importance of pedigree. Also see Dan E. Fehrenbacher, *Slavery, Law, and Politics: The Dred Scott Case in Historical Perspective* (New York: Oxford University Press, 1981), 187–98.

✸ Chapter Seven

1 See the account of the arrival and speech of President Jefferson Davis in Montgomery, Alabama, in the *Charleston* [SC] *Mercury*, February 19, 1861, in *Jefferson Davis, Constitutionalist: His Letters, Papers and Speeches*, ed. Dunbar Rowland, 10 vols. (Jackson: Mississippi Department of Archives and History, 1923), 5:47–48.

2 Thomas Jefferson saw national unity as rooted in shared cultural values and national stocks. He wrote that too many immigrants would turn America into a "heterogeneous, incoherent, distracted mass." He wished for the U.S. government to be "more homogeneous, more peaceable, more durable" by limiting immigrants. See Jefferson, *Notes on the State of Virginia*, 84–85. ［ジェファソン『ヴァジニア覚え書』、前同］ Others used the "one flesh trope," such as the writer who argued that all the southern slave states were metaphorically married and "no Yankee shall put asunder"; see *Richmond Examiner*, October 19, 1861.

3 Davis used "degenerate sons" in four speeches and "degenerate descendants" in another. For his February 18, 1861, speech, see Rowland, ed., *Jefferson Davis*, 5:48; for other references, see ibid., 4:545; 5:4, 391; 6:573.

4 For Davis's speech of December 26, 1862, see "Jeff Davis on the War: His Speech Before the Mississippi Legislature," *New York Times*, January 14, 1863.

5 See "Speech of Jefferson Davis at Richmond" (taken from the *Richmond Daily Enquirer*, January 7, 1863), Rowland, *Jefferson Davis*, 5:391–93.

6 On the importance of demonizing the enemy, see Jason Phillips, *Diehard Rebels: The Confederate Culture of Invincibility* (Athens: University of Georgia Press, 2007), 40–41.

7 On masking divisions within the Confederacy, see Paul Escott, *After Secession: Jefferson Davis and the Failure of Confederate Nationalism* (Baton Rouge: Louisiana State University Press, 1978); and George C. Rable, *The Confederate Republic: A Revolution Against Politics* (Chapel Hill: University of North Carolina Press, 1994), 27; Michael P. Johnson, *Toward a Patriarchal Republic: The Secession of Georgia* (Baton Rouge: Louisiana State University Press, 1977), 41. On southerners fighting for the Union, see William W. Freehling, *The South vs. the South: How Anti-Confederates Shaped the Course of the Civil War* (New York: Oxford University Press, 2001), xiii. On class strife, see David Williams, *Rich Man's War: Class, Caste, and Confederate Defeat in the Lower Chattahoochee Valley* (Athens: University of Georgia Press, 1998); and Wayne K. Durrill, *War of Another Kind: Southern Community in Great Rebellion* (New York: Oxford University Press, 1990). And on dissent in the South during the war, see Victoria E. Bynum, *The Long Shadow of the Civil War: Southern Dissent and Its Legacies* (Chapel Hill: University of North Carolina Press, 2010); and Daniel E. Sutherland, ed., *Guerrillas, Unionists, and Violence on the Confederate Homefront* (Fayetteville: University of Arkansas Press, 1999).

8 The *New York Herald* reprinted the quote and claimed that the article came from the *Muskogee Herald* in Alabama. The *New York Herald* writer complained that this was one of many attacks that could be found in numerous southern newspapers in Virginia, Mississippi,

Letter of Mr. Walker, 9; Horsman, *Race and Manifest Destiny*, 218.

20 On marital annexations, see Nancy Isenberg, *Sex and Citizenship in Antebellum America* (Chapel Hill: University of North Carolina Press, 1998), 140; James M. McCaffrey, *Army of Manifest Destiny: The American Soldier in the Mexican War, 1846–1848* (New York: New York University Press, 1992), 200; and on Cave Johnson Couts, see Michael Magliari, "Free Soil, Unfree Labor: Cave Johnson Couts and the Binding of Indian Workers in California, 1850–1867," *Pacific Historical Review* 73, no. 3 (August 2004): 349–90, esp. 359, 363–65. On Polk's relationship with Couts, see Greenberg, *A Wicked War*, 69. The war unleashed a flood of racist propaganda; see Lota M. Spell, "The Anglo-Saxon Press in Mexico, 1846–1848," *American Historical Review* 38, no. 1 (October 1932): 20–31, esp. 28, 30.

21 On Texas riffraff, see Carroll, *Homesteads Ungovernable*, 4, 79, 84–86. For half-breeds and "mongrel dandyism," see Charles Winterfield, "Adventures on the Frontier of Texas and California: No. III," *The American Review; A Whig Journal of Politics, Literature, Art and Science* (November 1845): 504–17. Americans described the population of California as a "mongrel race," a composite of the worst traits of the "arrogance of the Spanish and the laziness of Indians"; see "California in 1847 and Now," *Ballou's Pictorial Drawing-Room Companion*, February 6, 1858.

22 For Native Americans used as indentured servants, see Margliari, "Free Soil, Unfree Labor," 349–58. On using Indians as slave and servant labor, see "California—Its Position and Prospects," *United States Magazine and Democratic Review* (May 1849): 412–27. The same kinds of appeals were made to recruit marriageable women to Florida; see *New Bedford Mercury*, September 4, 1835. Novelist Eliza Farnham wrote promotional literature for recruiting women to California; see her *California, Indoor and Outdoor, How We Farm, Mine, and Live Generally in the Golden State* (New York, 1856); also see Nancy J. Taniguchi, "Weaving a Different World: Women and the California Gold Rush," *California History* 79, no. 2 (Summer 2000): 141–68, esp.142–44, 148. For the French caricature, see *Le Charivari*, ca. 1850, Picture Collection, California State Library. On importing women to California ending spinsterhood, see "A Colloquial Chapter on Celibacy," *United States Magazine and Democratic Review* (December 1848): 533–42, esp. 537. On the sex ratio imbalance in California, claiming there were three hundred men to every woman, see "Letters from California: San Francisco," *Home Journal*, March 3, 1849.

23 See Sucheng Chan, "A People of Exceptional Character: Ethnic Diversity, Nativism, and Racism in the California Gold Rush," *California History* 79, no. 2 (Summer 2000): 44–85; Hinton Rowan Helper, *The Land of Gold: Reality Versus Fiction* (Baltimore, 1855), 264.

24 Helper, *Land of Gold*, 264; Brown, *Southern Outcast*, 25–26.

25 Helper, *Land of Gold*, 166, 214, 221–22, 268, 272–73, 275. Helper also used the old allusion to Indians disappearing like melting snow; see Laura M. Stevens, "The Christian Origins of the Vanishing Indian," in *Mortal Remains: Death in Early America*, eds. Nancy Isenberg and Andrew Burstein (Philadelphia: University of Pennsylvania Press, 2003), 17–30, esp. 18.

26 Helper, *Land of Gold*, 38–39, 47, 92, 94, 96, 111.

27 Ibid., 121–30. Helper's description of the defeated bull becomes a model for how he described defeated poor whites in the southern states. He wrote that in the South the free white laborer is "treated as if he was a loathsome beast, and shunned with utmost disdain . . . he is accounted as nobody, and would be deemed presumptuous, if he dared open his mouth, even so wide to give faint utterance to a three-lettered monosyllable, like yea or nay, in the presence of the august knight of the whip and the lash"; see *The Impending Crisis*, 41. ［ヘルパー『このままでは南部は破滅する』、前同］

28 Helper, *Land of Gold*, 150, 152–60, 180–82, 185; Helper, *The Impending Crisis*, 42, 49, 89, 102–3, 101–11. ［上同］

29 Foner, *Free Soil, Free Labor, Free Men*, 166; Richard H. Sewell, *A House Divided: Sectionalism and Civil War, 1848–1865* (Baltimore: Johns Hopkins University Press, 1988), 52–55; also see John Bigelow, *Memoir of the Life and Public Services of John Charles Fremont* (New York, 1856), 50–53.

30 On poor whites as refugees and exiles, see "Slavery and the Poor White Man," *Philanthropist*, May 31, 1843. On slavery depopulating the earth of her white inhabitants, and creating a class and political hierarchy in the South between the slaveowners and the "vassels to slaveowners," see "Slavery and the Poor White Men of Virginia," *National Era*, January 11, 1849. On "land-sharks," see Helper, *The Impending Crisis*, 151. ［ヘルパー『このままでは南部は破滅する』、前同］

31 On David Wilmot, see Foner, *Free Soil, Free Labor, Free Men*, 60, 116; Jonathan H. Earle, *Jacksonian Antislavery and the Politics of Free Soil, 1824–1854* (Chapel Hill: University of North Carolina Press, 2004), 1–3, 27–37, 123–39; also see "Slavery," *Workingman's Advocate*, June 22, 1844; and "Progress Towards Free Soil," and "The Homestead," *Young America*, January 17, February 21, 1846. On the defeat of the Homestead Bill of 1854, see Gerald Wolff, "The Slavocracy and the Homestead Problem of 1854," *Agricultural History* 40, no. 2 (April 1966): 101–12.

32 See report of speech in "Slavery in Kentucky," *Philanthropist*, May 5, 1841. Wilmot privately used the arguments of blood to attack the southern white slaveholder, claiming that "men born and nursed by white women are not going to be ruled by men who were brought up on the milk of some damn Negro wench!" In the theory of the time, as stated earlier, the quality of bloodlines was passed through a mother's milk. For the Wilmot quote, see Earle, *Jacksonian Antislavery*, 131.

33 On Frémont's acceptance speech, see Bigelow, *Memoir of the Life and Public Services of John Charles Fremont*, 458; also see "America vs. America," *Liberator*, July 22, 1842; and Helper, *The Impending Crisis*, 42, 121, 149, 376. ［ヘルパー『このままでは南部は破滅する』、前同］

34 Helper, *The Impending Crisis*, 67–72, 90–91; ［上同］ Weston, *The Poor Whites of the South*, and on how southerners used the agricultural address to lament southern decline, see Drew Gilpin Faust, "The Rhetoric and Ritual of Agriculture in Antebellum South Carolina," *Journal of Southern History* 45, no. 4 (November 1979): 541–68.

35 For the description of "Hard-scratch," see Warren Burton, *White Slavery: A New Emancipation Cause Presented to the United States* (Worcester, MA, 1839), 168–69; and Henry David Thoreau, "Slavery in Massachusetts," in *Reform Papers*, ed. Wendell Glick (Princeton, NJ: Princeton University Press, 1973), 109; ［ソロー『マサチューセッツ州における奴隷制度』、『アメリカ古典文庫』4所収、木村晴子訳、研究社］ and for a discussion of this point, see Jennifer Rae Greeson, *Our South: Geographic Fantasy and the Rise of National Literature* (Cambridge, MA: Harvard University Press, 2010), 207.

36 Stowe, *Dred*, 105–6, 190–93.

37 Jeff Forret, *Race Relations at the Margins: Slaves and Poor Whites in the Antebellum Southern Countryside* (Baton Rouge: Louisiana State University Press, 2006), 112; Timothy James Lockley, *Lines in the Sand: Race and Class in Lowcountry Georgia, 1750–1860* (Athens: University of Georgia Press, 2001), 115, 129, 164.

38 Forret, *Race Relations at the Margins*, 29, 97, 105, 112; and for Gregg's speech, see Helper, *The Impending Crisis*, 377; ［ヘルパー『このままでは南部は破滅する』、前同］ also see Tom Downey, "Riparian Rights and Manufacturing in Antebellum South Carolina: William Gregg and the Origins of the 'Industrial Mind,' " *Journal of Southern History* 65, no. 1 (February 1999): 77–108, esp. 95; and Thomas P. Martin, "The Advent of William Gregg and the Graniteville Company," *Journal of Southern History* 11, no. 3 (August 1945): 389–423.

39 On New Orleans laborers and poor white men and women in the fields, see Helper, *The Impending Crisis*, 299–301; ［上同］ also see Seth Rockman, *Scraping By: Wage Labor, Slavery, and Survival in Early Baltimore* (Baltimore: Johns Hopkins University Press, 2009).

40 On the class barriers to social mobility among poor whites, see Charles C. Bolton, *Poor Whites of the Antebellum South: Tenants and Laborers in Central North Carolina and Northeast Mississippi* (Durham,

Hinton Rowan Helper and "The Impending Crisis of the South" (Baton Rouge: Louisiana State University Press, 2006), 1, 130, 148, 182.

6 The treaty with Mexico added 339 million acres, Oregon 181 million, and the Gadsden Purchase 78 million. On the war, see Thomas Hietala, *Manifest Design: American Exceptionalism and Empire*, rev. ed. (Ithaca, NY: Cornell University Press, 2003), 2, 10, 36, 40–42, 49, 52–53, 81–83, 200–201, 230–31, 251; Amy Greenberg, *A Wicked War: Clay, Polk, and Lincoln and the 1846 Invasion of Mexico* (New York: Knopf, 2012), 25, 55, 61–63, 67, 78–79, 84–85, 95, 100, 104, 259–61; Jesse S. Reeves, "The Treaty of Guadalupe-Hidalgo," *American Historical Review* 10, no. 2 (January 1905): 309–24; Jere W. Robinson, "The South and the Pacific Railroad, 1845–1855," *Western Historical Quarterly* 5, no. 2 (April 1974): 163–86.

7 On the increasing popularity of this ideology, see Reginald Horsman, *Race and Manifest Destiny: The Origins of American Racial Anglo-Saxonism* (Cambridge, MA: Harvard University Press, 1981), 183, 208–9, 224–28, 236–37. Franklin's theory still carried weight in the antebellum period. One writer claimed that the rate of increase doubles every twenty-three years, though what made the argument different from Franklin was the insistence that out of a population of seventeen million, "14,000,000 were of the Anglo-Saxon race." See "America," *Weekly Messenger* (December 7, 1842): 1502–3; also see "Progress of the Anglo-Saxon Race," *Literary World* (July 26, 1851): 72–73; and for Anglo-Saxons (United States and Great Britain) conquering the world by their population and their language, see "The Anglo-Saxon Race," *Christian Observer*, March 22, 1860.

8 "The Education of the Blood," *American Monthly Magazine* (January 1837): 1–7, esp. 4.

9 See "Spurious Pedigrees" and "American Blood," *American Turf Register and Sporting Magazine* (June 1830 and November 1836): 492–94 and 106–7; John Lewis, "Genealogical Tables of Blooded Stock," *Spirit of the Times: A Chronicle of the Turf, Agriculture, Field Sports, Literature and the Stage* (January 14, 1837): 380; and "From Our Armchair: The Races," *Southern Literary Journal and Magazine of Arts* (March 1837): 84–86.

10 Alexander Walker's book was republished in Philadelphia in 1853; also see "Intermarriage," *British and Foreign Medical Review or Quarterly Journal of Practical Medicine and Surgery* 7 (April 1839): 370–85. Orson Fowler echoed Jefferson, writing, "Farmers take extra pains to see that their sheep, calves, colts, and even pigs, should be raised from first rate stock, yet pay no manner of regard to the parentage of their prospective children." Fowler also divided the races, and he argued that both the Indian and African would naturally succumb to the superior Caucasian race. See Orson Squire Fowler, *Hereditary Descent: Its Laws and Facts Applied to Human Improvement* (New York, 1848), 36, 44, 66–69, 80, 92, 100, 125, 127, 135. For another example of this new advice literature, see Dr. John Porter, *Book of Men, Women, and Babies: The Laws of God Applied to Obtaining, Rearing, and Developing of Natural, Healthful, and Beautiful Humanity* (New York, 1855), 25, 28–29, 73, 79, 110, 193; also see "Remarks on Education," *American Phrenological Journal*, November 1, 1840; and for the same language of "attending to pedigree" used for cattle breeding, see "Essay upon Livestock," *Farmer's Register; a Monthly Magazine*, February 28, 1838; also see "Our Anglo-Saxon Ancestry," *Philanthropist*, December 8, 1841; and for hereditary thinking in general, see Charles Rosenberg, *No Other Gods: On Science and American Social Thought* (Baltimore: Johns Hopkins University Press, 1961), 28, 31–32, 34, 40, 42; also see Robyn Cooper, "Definition and Control: Alexander Walker's Trilogy on Woman," *Journal of the History of Sexuality* 2, no. 3 (January 1992): 341–64, esp. 343, 345, 347–48.

11 Lawrence published *Lecture on Physiology, Zoology, and the Natural History of Man* in 1819. On the different schools of thought to which Lawrence and Nott belonged, see John Haller Jr., "The Species Problem: Nineteenth-Century Concepts on Racial Inferiority in the Origins of Man Controversy," *American Anthropologist* 72 (1970): 1319–29. For Nott's argument on mulattoes as hybrids, and his insistence that the present-day "Anglo-Saxon and negro races" are "distinct species," see J. C. Nott, "The Mulatto a Hybrid—Probable Extermination of the Two Races If the Whites and Blacks Are Allowed to Intermarry," *Boston Medical and Surgical Journal*, August 16, 1843; also see Reginald Horsman, *Josiah Nott of Mobile: Southerner, Physician, and Racial Theorist* (Baton Rouge: Louisiana State University Press, 1987).

12 See "Literary Notices," *Northern Light*, September 2, 1844; Horsman, "Scientific Racism and the American Indian at Mid-Century," *American Quarterly* 27, no. 2 (May 1975): 152–68.

13 "Inaugural Address 1836," in *First Congress—First Session. An Accurate and Authentic Report of the Proceedings of the House of Representatives. From the 3d of October to the 23d of December*, by M. J. Favel (Columbia, TX, 1836), 67; Sam Houston to Antonio Santa Anna, March 21, 1842, in *Writings of Sam Houston, 1813–1863*, eds. Amelia W. Williams and Eugene C. Barker, 8 vols. (Austin, TX, 1938), 2:253; also see Charles Edward Lester, *Sam Houston and His Republic* (New York, 1846), 103.

14 For Houston's inauguration ceremony and speech, see *First Congress—First Session. An Accurate and Authentic Report of the Proceedings of the House of Representatives*, 57, 65–69. There were negative reports of Houston as a "base, and lost man," living in exile with Indians, until the Texas Revolution; see "General Houston," *Rural Repository*, July 16, 1836. Colonel Mirabeau Lamar, a former Georgia politician, was also praised in the press as "a statesman, a poet, and a warrior," and the "beau ideal of Southern chivalry"; see "A Modern Hero of the Old School," *Spirit of the Times*, June 18, 1836. Lamar called for "an exterminating war upon their warriors, which will admit no compromise and have no termination except in their total extinction." He had no intention of waiting until nature took its course. See Gary Clayton Anderson, *The Conquest of Texas: Ethnic Cleansing in the Promised Land, 1820–1875* (Norman: University of Oklahoma Press, 2005), 174; also see Mark M. Carroll, *Homesteads Ungovernable: Families, Sex, Race and the Law in Frontier Texas, 1823–1860* (Austin: University of Texas Press, 2001), 23–24, 33–38, 43; Peggy Pascoe, *What Comes Naturally: Miscegenation Law and the Making of Race in America* (New York: Oxford University Press, 2009), 18, 21.

15 On Gideon Lincecum, see Mark A. Largent, *Breeding Contempt: The History of Coerced Sterilization in the United States* (New Brunswick, NJ: Rutgers University Press, 2011), 11–12.

16 Carroll, *Homesteads Ungovernable*, 3–5, 11–13, 17–19.

17 Ibid., 42, 46. For the speeches of James Buchanan and Levi Woodbury, see appendix to *Congressional Globe*, Senate, 28th Congress, 1st Session, June 1844, 726, 771. Also see Horsman, *Race and Manifest Destiny*, 217. And for the mongrel notion that the "Spaniards grafted themselves on the conquered and debased aborigines, and the mongrel blood became dull and indolent," see Brantz Mayer, *Mexico as It Was and as It Is* (New York, 1844), 333.

18 William W. Freehling, *The Road to Disunion: Secessionists at Bay, 1776–1854* (New York: Oxford University Press), 419; Greenberg, *A Wicked War*, 69–70; Hietala, *Manifest Design*, 5, 26–34, 40–43, 50. For Benjamin Rush's theory, see chapter 5 of this book. For Robert Walker's speech on Texas annexation, see appendix to *Congressional Globe*, Senate, 28th Congress, 1st Session, June 1844, 557; Robert Walker, *Letter of Mr. Walker, of Mississippi, Relative to the Annexation of Texas* (Washington, DC, 1844), 14–15; Horsman, *Race and Manifest Destiny*, 215–17; and Stephen Hartnett, "Senator Robert Walker's 1844 Letter on Texas Annexation: The Rhetorical Logic of Imperialism," *American Studies* 38, no. 1 (Spring 1997): 27–54, esp. 32–33. For Nott's misuse of census data, see C. Loring Brace, "The 'Ethnology' of Josiah Clark Nott," *Journal of Urban Health* 50, no. 4 (April 1974): 509–28; and Albert Deutsch, "The First U.S. Census of the Insane (1840) and Its Use as Pro-Slavery Propaganda," *Bulletin of the History of Medicine* 15 (1944): 469–82.

19 Speech on Texas annexation by alexander Stephens, Appendix of *Congressional Globe*, 28th Congress, 2nd Session, House of Representatives, January 25, 1845, 313. Walker turned Texas into an organic body, with "veins and arteries," that had to be reunited with the United States to heal the wounds of a "mutilated state." See

White House," *Mississippian*, September 6, 1844; Rohrbough, *The Land Office Business*, 162–63, 169–75, 235–36. For a favorable portrait of squatters and the preemption debate, which was originally published in the *New York Post*, see "The Squatters," *Mississippian*, March 24, 1837, and "The Squatters," *Wisconsin Territorial Gazette and Burlington Advertiser*, July 10, 1837.

69 Michael E. Welsh, "Legislating a Homestead Bill: Thomas Hart Benton and the Second Seminole War," *Florida Historical Quarterly* 27, no. 1 (October 1978): 157–72, esp. 158–59; Van Atta, *Securing the West*, 181, 226–28.

70 See "Public Exhibition. Mammoth Hog, Corn Cracker. 'Kentucky Against the World,' " [New Orleans] *Daily Picayune*, June 3, 1840; Gustav Kobbe, "Presidential Campaign Songs," *The Cosmopolitan* (October 1888), 529–35, esp. 531; and Robert Gray Gunderson, *The Log-Cabin Campaign* (Lexington: University of Kentucky Press, 1957), 1, 8, 75–77, 102–3, 110–15. In a fake campaign biography of Martin Van Buren, supposedly written by Davy Crockett, Van Buren is mercilessly mocked as a strange hermaphroditic breed; see David Crockett, [Augustin Smith Clayton] *The Life of Martin Van Buren* (Philadelphia, 1835), 27–28, 79–81; and J. D. Wade, "The Authorship of David Crockett's 'Autobiography,' " *Georgia Historical Quarterly* 6, no. 3 (September 1922): 265–68.

71 John S. Robb, "The Standing Candidate; His Excuse for Being a Bachelor," in *Streaks of Squatter Life, or Far West Scenes* (Philadelphia, 1847), 91–100. Robb's story also appeared in newspapers; see "The Standing Candidate," *Cleveland Herald*, March 19, 1847, and "Old Sugar! The Standing Candidate," *Arkansas State Democrat*, June 4, 1847. For another story of the generous squatter (like the older backwoodsman story) opening his home to the traveler (and disabusing readers that squatters might be violent men), see "Sketches of Missouri," [Hartford, CT] *New-England Weekly Review*, January 22, 1842.

72 See Daniel Dupre, "Barbecues and Pledges: Electioneering and the Rise of Democratic Politics in Antebellum Alabama," *Journal of Southern History* 60, no. 3 (August 1994): 479–512, esp. 484, 490, 496–97. For the fear of squatters making violent threats against rival bidders, see "Land Sales," *New Hampshire Sentinel*, August 13, 1835.

73 Alexander Keyssar, *The Right to Vote: The Contested History of Democracy in the United States* (New York: Basic Books, 2000), 26, 50–52; Marc W. Kruman, "The Second Party System and the Transformation of Revolutionary Republicanism," *Journal of the Early Republic* 12, no. 4 (Winter 1992): 509–37, esp. 517; Robert J. Steinfeld, "Property and Suffrage in the Early Republic," *Stanford Law Review* 41 (January 1989): 335–76, esp. 335, 363, 375; Thomas E. Jeffrey, "Beyond 'Free Suffrage': North Carolina Parties and the Convention Movement of the 1850s," *North Carolina Historical Review* 62, no. 4 (October 1985): 387–419, esp. 415–16; Fletcher M. Green, "Democracy in the Old South," *Journal of Southern History* 12, no. 1 (February 1946): 3–23.

74 For Jackson drafting restrictions, see "An Impartial and True History of the Life and Service of Major General Andrew Jackson," *New Orleans Argus*, February 8, 1828. On Florida, see Herbert J. Doherty Jr., "Andrew Jackson on Manhood Suffrage: 1822," *Tennessee Historical Quarterly* 15, no. 1 (March 1956): 57–60, esp. 60. Harold Syrett put it best: "Jackson did not once espouse a policy that was designed to aid the majority or to weaken the control of the minority over government"; see Harold C. Syrett, *Andrew Jackson, His Contribution to the American Tradition* (New York, 1953), 22. Liberia's universal suffrage lasted nine years, before new restrictions were imposed in 1848. The United States was not the first country to grant women the right to vote either; that honor went to New Zealand in 1893. Suffrage restrictions targeting blacks, women, and the poor continued until the Voting Rights Act of 1965, and even now the United States disenfranchises the poor. See Adam Przeworski, "Conquered or Granted? A History of Suffrage Extensions," *British Journal of Political Science* 39, no. 2 (April 2009): 291–321, esp. 291, 295–96, 314.

75 For the contrasting portraits of "country crackers" listening to a speech by George McDuffie, see *Augusta Chronicle and Georgia Advertiser*, August 18, 1827. Henry Clay was attacked for calling settlers "squatters," which meant a "term, denoting infamy of life or station"; see "Distinctive Features of Democracy—Outlines of Federal Whiggism—Conservative Peculiarities," *Arkansas State Gazette*, October 19, 1842.

76 For a story of President John Quincy Adams meeting a "backwoodsman," see "Letter to the Editor of the New-York Spectator," *Connecticut Courant*, January 27, 1826; and James Fenimore Cooper, *Notions of the Americans; Picked up by a Traveling Bachelor*, 2 vols. (London, 1828), 1:87.

77 Sarah Brown, " 'The Arkansas Traveller': Southwest Humor on Canvas," *Arkansas Historical Quarterly* 40, no. 4 (Winter 1987): 348–75, esp. 349–50. For a similar perspective, in which poor Georgia crackers are entertained with barbecues but remain trapped in a life of destitution and ignorance, see "A Georgia Cracker," *Emancipator*, March 26, 1840.

✷ Chapter Six

1 One of the earliest uses of "poor white trash" appeared in 1822 from Georgetown, DC. This was a report on a "very novel and whimsical trial [that] came on in our Circuit court on Thursday last, Nancy Swann a lady of color whose might powers of witchcraft have made de black niggers, and the poor white trash tremble"; see *Bangor* [ME] *Register*, August 1, 1822. In the earliest printed reference, the writer remarked that he had never heard "white trash" used in this way; see "From the Chronicle Anecdotes," [Shawnee] *Illinois Gazette*, June 23, 1821. The argument that poor whites were more miserable than slaves emerged in debates over the Missouri Compromise; see "Slavery in the New States," *Hallowell* [ME] *Gazette*, December 8, 1819. And for poor white laboring classes as "rude and uncultivated than slaves themselves," also see "Maryland," *Niles Weekly Register*, December 15, 1821. For a satirical piece in which a black man is horrified to hear that white trash are marrying into free black circles, see *Baltimore Patriot and Mercantile Advertiser*, April 12, 1831. For the description of poor white trash at the funeral of Andrew Jackson in Washington City, see *New York Herald*, June 30, 1845.

2 Emily P. Burke, *Reminiscences of Georgia* (Oberlin, OH, 1850), 205–6; "Sandhillers of South Carolina," *Christian Advocate and Journal*, August 1, 1851; "The Sandhillers of South Carolina," *Ohio Farmer*, January 1, 1857; "Clay for Food," *Ballou's Pictorial Drawing-Room Companion*, July 1, 1858; "Clayeaters. From Miss Bremer's 'Homes of the New World,' "*Youth's Companion* (September 21, 1854): 88; "Poor Whites of the South," *Freedom's Champion*, April 11, 1863; "Poor Whites in North Carolina," *Freedom's Record*, November 1, 1865.

3 George M. Weston, *The Poor Whites of the South* (Washington, DC, 1856), 5; Eric Foner, *Free Soil, Free Labor, Free Men: The Ideology of the Republican Party Before the Civil War* (New York: Oxford University Press, 1970; rev. ed., 1995), 42, 46–47.

4 Daniel Hundley, *Social Relations in Our Southern States*, ed. William J. Cooper Jr. (1860; reprint ed., Baton Rouge: Louisiana State University Press, 1979), xv, 251, 254, 258.

5 Harriet Beecher Stowe, *Dred: A Tale of the Great Dismal Swamp*, ed. Robert S. Levine (1856; reprint ed., Chapel Hill: University of North Carolina Press, 2000), 106–7, 109, 190–91, 400; also see Allison L. Hurst, "Beyond the Pale: Poor Whites as Uncontrolled Contagion in Harriet Beechers Stowe's *Dred*," *Mississippi Quarterly* 63, no. 3–4 (Summer/ Fall 2010): 635–53; and Hinton Rowan Helper, *The Impending Crisis of the South: How to Meet It*, ed. George M. Fredrickson (1857; reprint ed., Cambridge, MA: Belknap Press of Harvard University Press, 1968), ix, 32, 44–45, 48–49, 89, 110, 381.［ヘルパー『このままでは南部は破滅する』、ジン、アーノブ編『肉声でつづる民衆のアメリカ史』上下所収、寺島隆吉、寺島美紀子訳、明石書店］*The Impending Crisis* sold 13,000 copies in 1857; a new and enlarged version was published in 1860, and it sold over 100,000 copies, and Helper reported that it sold as many as 137,000 copies by May 1860. See David Brown, *Southern Outcast:*

tract from a Catalogue of General Jackson's 'Juvenile Indiscretions,' from the Age of 23 to 60," *Newburyport Herald*, July 1, 1828.

53 See Andrew Jackson to John Coffee, June 18, 1824, in *Correspondence of Andrew Jackson*, ed. John Spencer Bassett, 6 vols. (Washington, DC, 1926–34), 3:225–26; and Matthew Warshauer, "Andrew Jackson as 'Military Chieftain' in the 1824 and 1828 Presidential Elections: The Ramifications of Martial Law on American Republicanism," *Tennessee Historical Quarterly* 57, no. 1 (Spring/ Summer 1998): 4–23.

54 See "The Presidency" and "General Jackson," *Louisville Public Advertiser*, January 14, 1824, and October 22, 1822.

55 See "Sketch of a Debate: Seminole War," *City of Washington Gazette*, February 5, 1819.

56 See "The Beau and the Cracker," *Columbian Museum and Savannah Advertiser*, October 7, 1796; and *To a Woodman's Hut* (New York, 1812). The plot may be older, for it shares certain similarities with "A Dialogue Between a Noble Lord, and a Poor Woodman" (1770); Joseph Doddridge's story was printed in his *Logan. The Last of the Race of Schikellemus, Chief of the Cayuga Nation* (1823), as cited in Cecil D. Eby, "Dandy Versus Squatter: An Earlier Round," *Southern Literary Review* 20, no. 2 (Fall 1987): 33–36, esp. 34.

57 A popular anecdote circulated during the 1824 campaign that described a humorous encounter between the general and a "pert Macaroni" (dandy) in Philadelphia. See "Anecdote of General Jackson," *Raleigh Register, and North Carolina State Gazette*, February 13, 1824.

58 For the Crockett-like response to coffin handbills, see John Tailaferro, *Account of Some of the Bloody Deeds of GENERAL JACKSON, Being a Supplement to the "Coffin Handbill"* (broadside, Northern Neck, VA, 1828). On Jackson as "homebred," see "General Jackson," *Maryland Gazette and the State Register*, January 22, 1824. On Jackson being from a common family, see "Jackson's Literature," *United States' Telegraph*, March 8, 1828. For other articles focusing on his commonness and lack of education, see "The Presidency," [Portland, ME] *Eastern Argus*, October 7, 1823; "Something Extraordinary," *Raleigh Register, and North Carolina State Gazette*, August 6, 1824; and "General Jackson," *National Advocate*, March 10, 1824.

59 For a cracker supporter of Jackson, see *New Orleans Argus*, August 21, 1828 (this piece came from the *Darien Gazette* in Georgia and was widely reprinted in New Hampshire, Connecticut, and New York newspapers); and "The Backwoods Alive with Old Hickory," *Louisville Public Advertiser*, February 27, 1828.

60 See "Jackson Toasts," *Newburyport Herald*, June 22, 1828; and "Humorous Sketch," *Norwich Courier*, April 1, 1829; "Barney Blinn" (from the Augusta *Georgia Chronicle*), *New London Gazette*, December 19, 1827. For a song titled "Ode to General Jackson," in which he cut the British with his saber, "knock'd off all their legs," but retained the eternal devotion of his supporters even if he was "shot through the head," see Charles Mathews, *The London Mathews; Containing an Account of the Celebrated Comedian's Journey to America* ... (Philadelphia, 1824), 33–34. For a satire of a typical Jackson man having no trouble with the fact that Jackson was a "blundering, half-taught, ignoramus," see "The Subjoined Communication," New-England *Galaxy and United States Literary Advertiser*, November, 7, 1828.

61 "Mr. Jefferson's Opinion of Gen. Jackson—Settled," *Indiana Journal*, January 3, 1828.

62 For the happy-marriage defense of Rachel Jackson, see *New Hampshire Patriot & State Gazette*, April 23, 1827. The accidental bigamy defense was published widely in newspapers; for example, see [Portland, ME] *Eastern Argus*, May 8, 1827. For exposing the fallacy of the accidental bigamy story, see Burstein, *The Passions of Andrew Jackson*, 28–33, 227–28, 241–48; and Ann Toplovich, "Marriage, Mayhem, and Presidential Politics: The Robards-Jackson Backcountry Scandal," *Ohio Valley History* 5 (Winter 2005): 3–22.

63 For Jackson robbing another man of his wife, see "From Harrisburgh, Pa.," *New Orleans Argus*, May 17, 1828; and Charles Hammond, "The Character of Andrew Jackson," in *Truth's Advocate and Monthly Anti-Jackson Advocate* (Cincinnati, 1828), 216.

64 See Basch, "Marriage, Morals, and Politics in the Election of 1828," 903; Charles Hammond, "View of General Jackson's Domestic Relations," *Truth's Advocate and Monthly Anti-Jackson Advocate*, 5; "Dana vs. Mrs. Jackson," *Richmond Enquirer*, May 4, 1827; and "Dana vs. Mrs. Jackson," *New Hampshire Patriot & State Gazette*, May 21, 1827. On Dana, see James D. Daniels, "Amos Kendall: Kentucky Journalist, 1815–1829," *Filson Historical Quarterly* (1978): 46–65, esp. 55–56. And for Rachel's log cabin immorality, see "Mrs. Jackson," *Richmond Enquirer*, May 4, 1827. Jackson himself was attacked as a mulatto, when a rumor was spread that his mother was a British camp follower who had shacked up with a black man. The story focused on Jackson's questionable pedigree, what *"stock or race"* Jackson had sprung from. See "Rank Villainy and Obscenity," *Charleston* [SC] *Mercury*, August 22, 1828.

65 For the washerwoman reference and the snide comment on her "healthy tanned complexion," see Lynn Hudson Parsons, *The Birth of Modern Politics: Andrew Jackson, John Quincy Adams and the Election of 1828* (New York: Oxford University Press, 2009), 189; for her pronunciation, see "British Scandal," *Salem Gazette*, April 15, 1828; for her favorite song, "Possum Up a Gum Tree," see "Mrs. Jackson," *New Bedford* [MA] *Mercury*, December 5, 1828; and for attacks hastening her death, see "Mrs. Jackson," [Portland, ME] *Eastern Argus Semi-Weekly*, February 24, 1829.

66 See "The Game of Brag," *Richmond Enquirer*, February 29, 1840. For the talkative country politician, see George Watterston, *Wanderer in Washington* (Washington, DC, 1827), 3. For Jackson as the "Knight of New Orleans," see "Toasts at a Celebration in Florida," *Orange County Patriot, or the Spirit of Seventy-Six*, March 14, 1815. For Jackson as the savior of his country, see John Eaton, *Letters of Wyoming to the People of the United States, on the Presidential Election, and in Favor of Andrew Jackson* (Philadelphia, 1824), 12. And for Jackson as the "Matchless hero! Incomparable man! ... The records of chivalry, the pages of history do not furnish a more exalted character than that!," see William P. Van Ness, *A Concise Narrative of General Jackson's First Invasion of Florida, and of His Immortal Defense of New-Orleans; with Remarks. By Aristides* (Albany, NY, 1827), 29–30. Also see "Mr. J. W. Overton's Address," *Carthage Gazette*, June 9, 1815. In 1824, supporters of Adams claimed they were not "part of the boisterous boasting part of the population," but by 1832 they too were bragging about their candidate; see "Presidential," *Middlesex Gazette*, June 23, 1824; for Henry Clay and his Party as braggarts, see "Henry Clay," *Richmond Enquirer*, August 21, 1832; for the term "electioneering rag," see "To the Editor of the Globe," *Richmond Enquirer*, August 31, 1832; for the "game of brag" used by newspapers to defend Clay's strength in the election, see "Put Up Your Cash!," *Rhode Island Republican*, October 2, 1832; on bragging and elections, see "From the National Intelligencer," *The Connecticut Courant*, May 25, 1835; for a poem mocking the failure of the Whig Party's bragging, see "The Whigs Lament, After the Election in '35," *New Hampshire Patriot & State Gazette*, June 1, 1835; on Whigs and the game of brag, see "General Harrison," *Richmond Enquirer*, July 29, 1836; and "Pennsylvania," *Richmond Enquirer*, September 27, 1836. After visiting the United States, Englishwoman Francis Trollope wrote, "Every American is a braggadocio. He is always boasting." See "Leaves from Mrs. Trollope's Journal," *Connecticut Mirror*, September 1, 1832.

67 See "A Challenge. The Walnut Cracker, vs. the Knight of the Red Rag," *Pendleton Messenger*, August 2, 1820; this story was originally published in a Tennessee paper and reprinted here in a Pendleton, South Carolina, newspaper. This was a duel to be waged over an infringement of the boundary lines between the states. In issuing his challenge, Walnut Cracker, "instead of a glove," sends him the heads of several men he had bitten off.

68 John R. Van Atta, " 'A Lawless Rabble': Henry Clay and the Cultural Politics of Squatters' Rights, 1832–1841," *Journal of the Early Republic* 28, no. 3 (Fall 2008): 337–78; and for Clay's remarks taken from his 1838 speech in the Senate, also see "The Squatter in the

34 *Davy Crockett's Almanack of 1837* (Nashville, 1837), 40–43; Heale, "The Role of the Frontier in Jacksonian Politics," 408; James Atkins Shackford, *David Crockett: The Man and the Legend* (Chapel Hill, NC: University of North Carolina Press, 1956), 68–69, 136, 144; Alexander Saxton, *The Rise and Fall of the White Republic: Class Politics and Mass Culture in Nineteenth-Century America* (London: Verso, 1990), 78, 83; Boylston and Wiener, *David Crockett in Congress*, 16. On Crockett's advocacy for the poor man over the rich speculator, see "Remarks of Mr. Crockett, of Tennessee," *United States Telegraph*, May 19, 1828; "Congressional Canvas," [Columbia, SC] *Columbia Telescope*, June 12, 1829; and "Col. David Crockett, of Tennessee," *Daily National Intelligencer*, June 22, 1831; and "Cracker Dictionary."

35 See "There Are Some Queer Fellows in Congress," [Fayetteville, NC] *Carolina Observer*, March 20, 1828. On Crockett's popularity, surpassing the government, Black Hawk, or a "caravan of wild varmints," see an excerpt from his biography (supposedly written by Crockett), "Preface of Hon. David Crockett's Biography," *United States Telegraph*, February 22, 1834. On the comparison to the trained bear, see "The Indian Question," *Raleigh Register, and the North Carolina Gazette*, July 1, 1834; for Frederick Douglass's comparison of Crockett to the harlequin, see "Meeting in New York," The North Star, June 8, 1849, and Todd Vogel, *Rewriting White: Race, Class and Cultural Capital in Nineteenth-Century America* (New Brunswick, NJ: Rutgers University Press, 2004), 25.

36 *Davy Crockett's Almanack of 1837*, 8, 17.

37 For Crockett's speech in defense of poor squatters, see Guy S. Miles, "Davy Crockett Evolves, 1821–1824, *American Quarterly* 8, no. 1 (Spring 1956): 53–60, esp. 54–55; also see Melvin Rosser Mason, " 'The Lion of the West': Satire on Davy Crockett and Frances Trollope," *South Central Bulletin* 29, no. 4 (Winter 1969): 143–45; also see Walter Blair, "Americanized Comic Braggarts," *Critical Inquiry* 4, no. 2 (Winter 1977): 331–49.

38 For alienating his Tennessee colleagues, see "Col. David Crockett, of Tennessee." For his opposition to the Indian Removal Bill, see "The Indian Question." For refusing to be Jackson's dog, see "Politics of the Day," *Daily National Intelligencer*, March 30, 1831; and "Col. Crockett. From the Boston Journal," *Indiana Journal*, May 31, 1834; also see Megan Taylor Shockley, "King of the Wild Frontier vs. King Andrew I: Davy Crockett and the Election of 1831," *Tennessee Historical Quarterly* 56, no. 3 (Fall 1997): 158–69, esp. 161–62, 166.

39 On the defection of his friends and allies, see Burstein, *The Passions of Andrew Jackson*, 209–11.

40 For "hardy sons of the West," see "Old Hickory," [Haverhill, MA] *Gazette and Patriot*, August 7, 1824. On the "Old Hickory" name for tough, fibrous wood associated with the Tennessee tree of the frontier, see Harry L. Watson, *Liberty and Power: The Politics of Jacksonian America* (New York: Hill & Wang, 1990; rev. ed., 2006), 77.

41 See "Emigration to the Westward," [Boston] *Independent Chronicle*, September 11, 1815; also see broadside "Unparalleled Victory" (Boston, 1815). For Jackson celebrating the British death toll, see "Address, Directed by Maj. General Jackson to Be Read at the Head of Each Corps Composing the Line Below New Orleans, January 24, 1815," *Albany Argus*, February 28, 1815 (this address was widely published in many newspapers around the country). For the poem on Jackson's bloody victory in New Orleans, see "The River Mississippi," *American Advocate and Kennebec Advertiser*, March 25, 1815; Burstein, *The Passions of Andrew Jackson*, 125.

42 Burstein, *The Passions of Andrew Jackson*, 5, 121, 138. On Daniel Webster's 1824 account of Jefferson's remarks on Jackson, see Kevin J. Hayes, ed., *Jefferson in His Own Time: A Biographical Chronicle of His Life, Drawn from Recollections, Interviews, and Memoirs by Family, Friends, and Associates* (Iowa City: University of Iowa Press, 2012), 99.

43 For an excerpt from Jesse Benton's pamphlet attacking him as "Boisterous in ordinary conversation," see "From the Georgia Constitutionalist," [Charleston, SC] *City Gazette and Commercial Daily Advertiser*, October 22, 1824. For "A Backwoodsman and a Squatter," see "Foreign Notices of American Literature," *Literary Gazette*, March 3, 1821.

44 For the "rude instinct of masculine liberty," see a review of Achille Murat's *Essay on the Morality and Politics of the United States of North America* (1832), *North American Quarterly Magazine* (March 1838): 103–19, esp. 107. The author Achille Murat was a close friend of Jackson ally John Coffee and had lived in Florida for several years.

45 David S. Heidler and Jeanne T. Heidler, *Old Hickory's War: Andrew Jackson and the Quest for Empire* (Baton Rouge: Louisiana State University Press, 2003), 87–108.

46 Jackson was accused in the British press of exterminating the Indians and introducing savage principles into the character of the American people; his execution of the two British citizens was seen as another "atrocity." See "From the *Liverpool Courier* of Aug. 18," *Commercial Advertiser*, October 3, 1818; also see Isaac Holmes, *An Account of the United States of America, Derived from Actual Observation, During a Residence of Four Years in That Republic* (London, 1824), 83; "American Justice!! The Ferocious Yankee Gen.! Jack's Reward for Butchering Two British Subjects!," Tennessee State Museum Collection, Nashville; Heidler and Heidler, *Old Hickory's War*, 154–57; and David S. Heidler, "The Politics of National Aggression: Congress and the First Seminole War," *Journal of the Early Republic* 13, no. 4 (Winter 1993): 501–30, esp. 504–5.

47 "White Savages," *Thomas's Massachusetts Spy, and Worcester Gazette*, September 9, 1818. For Seminoles' distrust of violent crackers, see "From Darien Gazette," [Windsor] *Vermont Journal*, June 28, 1819. For Indians only attacking "cracker houses," see "Seminole—First Campaign. Extracts from the Journal of a Private," *New Hampshire Gazette*, May 9, 1827.

48 On Jackson's outburst to Adams, "D—m Grotius! D—m Puffendorf! D—m Vatell! This Is Mere Matter Between Jim Monroe and Myself!," see Ward, *Andrew Jackson: Symbol for an Age*, 63. On Jackson threatening to cut off the ears of some senators, see "Mr. Lacock's Reply," *Nile's Weekly Register*, April 3, 1819.

49 F. P. Prucha, "Andrew Jackson's Indian Policy: A Reassessment," *Journal of American History* 56, no. 3 (December 1969): 527–39, esp. 529; Waldo S. Putnam, *Memoirs of Andrew Jackson; Major General in the Army of the United States and Commander in Chief of the Division of the South* (Hartford, CT, 1818), 310. John Eaton, one of his most devoted allies and the author of his biography, admitted that Jackson had an irritable and hasty temper, which brought him into many disputes. This point was considered well known in the aftermath of the Seminole War. See "The Life of Andrew Jackson," *Western Review and Miscellaneous Magazine* (September 1819): 87–91, esp. 87. For his "fiery and impetuous" temper and his disregard for "legal construction," see "General Andrew Jackson," *National Register*, August 5, 1820; and for his lack of civility, see "The Presidency," *Eastern Argus*, October 7, 1823. For Clay's insult of "military chieftain," see his letter published in the *Daily National Intelligencer*, February 12, 1825. Jackson's defenders claimed he had a duty to protect the life of every frontier settler, and that his policy was premised on protecting future emigrations; violence was the only way to deal with the savage foe. See "Defense of Andrew Jackson: Strictures on Mr. Lacock's Report on the Seminole War," *Niles Weekly Register*, March 13, 1819.

50 On Indian removal, see Michael Morris, "Georgia and the Conversation over Indian Removal," *Georgia Historical Quarterly* 91, no. 4 (Winter 2007): 403–23, esp. 405, 419. Jackson denied that Indians had any right of domain and rejected Indian claims to "tracts of country on which they have neither dwelt or made improvements"; see Prucha, "Andrew Jackson's Indian Policy: A Reassessment," 532. On squatters in Alabama, see Van Atta, *Securing the West*, 186–87; and Rohrbough, *The Land Office Business*, 163.

51 On the Dickinson duel, see Burstein, *The Passions of Andrew Jackson*, 56–57; "Col. Benton and Col. Jackson," *Daily National Journal*, June 30, 1828. For the 1824 account of Jackson's duel with Dickinson, see "Traits in the Character of General Jackson," *Missouri Republican*, September 13, 1824.

52 *Some Account of Some of the Bloody Deeds of Gen. Andrew Jackson* (broadside, Franklin, TN, 1818); also see "Reminiscences; or an Ex-

War, May 31, 1816, in *The Territorial Papers of the United States*, vol. 10, *The Territory of Michigan, 1805–1820*, ed. Clarence Edwin Carter (Washington, DC: Government Printing Office, 1942), 642–43. The same idea of purging the poor accompanied the migration of wealthier settlers into the western states. See John Melish (who wrote on Kentucky), *Travels in the United States of America in the Years 1806 & 1807, and 1809, 1810, & 1811*, 2 vols. (Philadelphia, 1812), 2:204.

17 On land speculators and class power, see Lee Soltow, "Progress and Mobility Among Ohio Propertyholders, 1810–1825," *Social Science History* 7, no. 4 (Autumn 1983): 405–26, esp. 410, 412–15, 418, 420; Andrew R. L. Cayton, "Land, Power, and Reputation: The Cultural Dimension of Politics in the Ohio Country," *William and Mary Quarterly* 47, no. 2 (April 1990): 266–86, esp. 278; Rudolf Freud, "Military Bounty Lands and the Origins of the Public Domain," *Agricultural History* 20, no. 1 (January 1946): 8–18, esp. 8. For the relocation of the top-down social structure from Virginia to Kentucky, and the rise of the merchant class, see Craig T. Friend, "Merchants and Markethouses: Reflections on Moral Economy in Early Kentucky," *Journal of the Early Republic* 17, no. 4 (Winter 1997): 553–74, esp. 556–57, 572. On elite speculators using kinship networks to advance their class power, see Marion Nelson Winship, "The Land of Connected Men: A New Migration Story from the Early Republic," *Pennsylvania History* 64 (Summer 1997): 88–104, esp. 90, 97.

18 On old soldiers, see Peter Onuf, "Settlers, Settlements, and New States," in *The American Revolution: Its Character and Limits*, ed. Jack Greene (New York: New York University Press, 1987), 171–96, esp. 180–82. For Jefferson's policy on squatters, see Thomas Jefferson to Secretary of War, April 8, 1804, in *The Territorial Papers of the United States*, vol. 13, *The Territory of Louisiana-Missouri, 1803–1806*, ed. Clarence Edwin Carter (Washington, DC: Government Printing Office, 1948), 13:19; and Thomas Jefferson to Albert Gallatin, November 3, 1808, in *The Territorial Papers of the United States*, vol. 7, *The Territory of Indiana, 1800–1810*, ed. Clarence Edwin Carter (Washington, DC: Government Printing Office, 1939), 7: 610–11; also see Bethel Saler, *The Settlers' Empire: Colonialism and State Formation in America's Old Northwest* (Philadelphia: University of Pennsylvania Press, 2015), 48–50, 54; Van Atta, *Securing the West*, 77–78.

19 On wretchedness and a poor and feeble population, see Mathew Carey, *Essays on Political Economy, or, The Most Certain Means of Promoting Wealth, Power, Resources, and Happiness of Nations: Applied to the United States* (Philadelphia, 1822), 177, 376. On public education and the poor, see Andrew R. L. Cayton, *The Frontier Republic: Ideology and Politics in the Ohio Country, 1780–1825* (Kent, OH: Kent State University Press, 1986), 77, 144–45; Van Atta, *Securing the West*, 110–12, 118, 210.

20 On landlessness and limited mobility, see Gary Edwards, " 'Anything . . . That Would Pay': Yeoman Farmers and the Nascent Market Economy on the Antebellum Plantation Frontier," in *Southern Society and Its Transformation, 1790–1860*, eds. Susanna Delfino, Michele Gillespie, and Louis M. Kyriakoudes (Columbia: University of Missouri Press, 2011), 102–30, esp. 108, 110; Craig Thompson Friend, " 'Work & Be Rich': Economy and Culture on the Bluegrass Farm," in *The Buzzel About Kentuck*, ed. Craig Thompson Friend (Lexington: University Press of Kentucky, 1999), 124–51, esp. 128–33. For land agents discouraging tenancy, see Robert P. Swierenga, "The 'Western Land Business': The Story of Easley & Willingham, Speculators," *Business History Review* 41, no. 1 (Spring 1967): 1–20, esp. 12, 16; Rohrbough, *The Land Office Business*, 170–71, 175–76, 235–36. On the difficulty of tenants becoming large landowners (as compared to sons of the rich inheriting wealth), see Soltow, "Progress and Mobility," 423.

21 For the scandal swirling around Jackson's divorce, see Norma Basch, "Marriage, Morals, and Politics in the Election of 1828," *Journal of American History* 80, no. 3 (December 1993): 890–918; also see John Ward, *Andrew Jackson: Symbol for an Age* (New York: Oxford University Press, 1953), 54–55; and Andrew Burstein, *The Passions of Andrew Jackson* (New York: Knopf, 2003), 11, 170, 172.

22 For "Old Hickory" as a strong tree, see "Ode to the Fourth of July," *Salem* [MA] *Gazette*, July 15, 1823; and for Jackson's nickname meaning he was "tough, unyielding, and substantial," see "Old Hickory," *Haverhill* [MA] *Gazette and Patriot*, August 7, 1824.

23 See Wilson's poem "The Pilgrim," and "Extract of a Letter from Lexington," *The Port-Folio* (June 1810): 499–519, esp. 505, 514–15. On Wilson, see R. Cantwell, *Alexander Wilson: Naturalist and Pioneer* (Philadelphia: J. B. Lippincott, 1961). Wilson applied the same criteria to studying birds and squatters; he wrote that the "character of the feathered race" could be determined by "noting their particular haunts, modes of constructing their nests"; see Edward H. Burtt Jr. and William E. Davis Jr., *Alexander Wilson: The Scot Who Founded American Ornithology* (Cambridge, MA: Belknap Press of Harvard University Press, 2013), 11.

24 Wilson, "Extract of a Letter from Lexington," 519. For the symbolic meaning of homes in securing territorial claims, also see Anna Stilz, "Nations, States, and Territory," *Ethics* 121, no. 3 (April 2011): 572–601, esp. 575–76.

25 Cornelia J. Randolph to Virginia J. Randolph (Trist), August 17, 1817, *PTJ-R*, Thomas Jefferson Foundation, Charlottesville, VA. I would like to thank Lisa Francavilla of the Retirement Series for alerting me to this letter.

26 See "Measuring for a Bed," *New Bedford* [MA] *Mercury*, February 12, 1830 (reprinted from the *Baltimore Emerald*); also see "Sporting in Illinois," *Spirit of the Times; A Chronicle of Turf, Agriculture, Field Sports, Literature, and Stage* (July 14, 1838): 169; and Ludwig Inkle, "Running from the Indians," *Magnolia; or Southern Monthly* (August 1841): 359–62. esp. 360.

27 See John M. Denham, "The Florida Cracker Before the Civil War as Seen Through Travelers' Accounts," *Florida Historical Quarterly* 72, no. 4 (April 1994): 453–68, esp. 460, 467–68; and Inkle, "Running from the Indians."

28 For a cracker shouting and squealing, see "The Tobacco Roller," [Augusta, GA] *Southern Sentinel*, November 6, 1794. For the Mississippi squatter as a screamer, see "Taking the Mississippi," *Maine Farmer*, October 26, 1848. For Hoosier anecdotes, see "A Forcible Argument," *New Hampshire Centinel*, June 15, 1837; "The Hoosier Girls," [Charleston, SC] *Southern Patriot*, October 12, 1837; "Hoosier Poetry," [New Orleans] *Daily Picayune*, July 26, 1838; *Barre* [MA] *Weekly Gazette*, November 2, 1838; "From the National Intelligencer," *Macon Georgia Telegraph*, April 7, 1840.

29 See John Finley, "The Hoosier's Nest," *Indiana Quarterly Magazine of History* 1, no. 1 (1905): 56–57; also see William D. Pierson, "The Origins of the Word 'Hoosier': A New Interpretation," *Indiana Magazine of History* 91, no. 2 (June 1995): 189–96.

30 "Cracker Dictionary," *Salem* [MA] *Gazette*, Mary 21, 1830; also see "Southernisms," *New Hampshire Patriot & State Gazette*, July 27, 1835; and "The Gouging Scene," *Philadelphia Album and Ladies Literary Portfolio*, September 25, 1830; and both "jimber-jawed" and "gimbal-jawed" were derived from "gimbal," meaning hinge or joint, and thus meant a protruding and loose jaw, see *Oxford English Dictionary*.

31 "Cracker Dictionary." Another writer defined a "squatter" with the motto of " 'here to-day-gone in a moment' "; see "Original Correspondence," *Boston Courier*, November 25, 1830.

32 M. J. Heale, "The Role of the Frontier in Jacksonian Politics: David Crockett and the Myth of the Self-made Man," *Western Historical Quarterly* 4, no. 4 (October 1973): 405–23, esp. 405–9, 417; James R. Boylston and Allen J. Wiener, *David Crockett in Congress: The Rise and Fall of the Poor Man's Friend* (Houston: Bright Sky Press, 2009), 2–3.

33 Cynthia Cumfer, "Local Origins of National Indian Policy: Cherokee and Tennessee Ideas About Sovereignty and Nationhood, 1790–1811," *Journal of the Early Republic* 23, no. 1 (Spring 2003): 21–46, esp. 25, 31; Heale, "The Role of the Frontier in Jacksonian Politics," 416–17; and "Premium on Fecundity," [Haverhill, MA] *Essex Gazette*, April 3, 1830.

fred Jonas and Robert W. Wells (Schenectady, NY: Union College Press, 1982), 35–68.

6 See Kendall, *Travels*, 160–62; Alan Taylor, " 'A Kind of War': The Contest for Land on the Northeastern Frontier, 1750–1820," *William and Mary Quarterly* 46, no. 1 (January 1786): 3–26, esp. 6–9; and for the case of Daniel Hildreth in Lincoln County Supreme Court in Massachusetts, see "Various Paragraphs," *Columbian Centinel. Massachusetts Federalist*, October 18, 1800.

7 Kendall made the point that "squatters were not peculiar to Maine," and then mentioned Pennsylvania. See Kendall, *Travels*, 161–62. For the various proclamations, see *Proclamation, by Honorable George Thomas, Esq. Lieutenant Governor and Commander in Chief of the Province of Pennsylvania* . . . (October 5, 1742); and *Proclamation, by Honorable James Hamilton, Lieutenant Governor and Commander in Chief of the Province of Pennsylvania* . . . (July 18, 1749); and *Proclamation, by the Honorable John Penn, Esq., Lieutenant Governor and Commander in Chief of the Province of Pennsylvania* (September 23, 1766); and for the emphasis on the death penalty, see *Proclamation, by the Honorable John Penn, Esq., Lieutenant Governor and Commander in Chief of the Province of Pennsylvania* . . . (February 24, 1768). There were the equivalent of squatters in Great Britain, vagrants who lived in forests and marshes—the wastelands of manorial estates, as well as people who lived on property they did not own after the 1666 fire in London. See the broadside warning of ejectment: *This Court Taking into Consideration, the Utmost Time for Taking Down and Removing All Such Sheds, Shops, and Other Like Buildings, Which Have Been Erected Since the Late Dismal Fire* . . . (London, 1673); also see A. L. Beier, *Masterless Men*, 9, 19, 73–74.

8 Eric Hinderaker, *Elusive Empires: Constructing Colonialism in the Ohio Valley, 1763–1800* (Cambridge: Cambridge University Press, 1997), 239–40, 244, 246; Holly Mayer, "From Forts to Families: Following the Army into Western Pennsylvania, 1758–1766," *Pennsylvania Magazine of History and Biography* 130, no. 1 (January 2006): 5–43, esp. 13, 21, 23–24, 36–38, 40.

9 On Colonel Henry Bouquet, see Bouquet to Anne Willing, Bedford, September 17, 1759, in *The Papers of Colonel Henry Bouquet*, ed. Sylvester E. Stevens et al., 19 vols. (Harrisburg: Pennsylvania Historical Commission and Works Progress Administration, 1940–44), 3:371–72, 4:115–16.

10 For various meanings of "squat" and "squatting," see *Oxford English Dictionary;* Melissa J. Pawlikowski, " 'The Ravages of a Cruel and Savage Economy': Ohio River Valley Squatters and the Formation of a Communitarian Political Economy, 1768–1782" (paper presented at the Society of Historians of the Early American Republic, July 17, 2011, in possession of the author). On Hottentots, see "The Voyage of Peter Kolben, A.M., to the Cape of Good Hope; with an Account of the Manners and Customs of Its Inhabitants," *The Pennsylvania Herald, and General Advertiser*, July 21, 1786. For a Cherokee woman sitting squat on the ground, see "A True Relation of the Unheard of Sufferings of David Menzies, Surgeon Among the Cherokees; Deliverance in South-Carolina," *The Boston Post-Boy and Advertiser*, March 6, 1767. For British soldiers and their fighting style, see "Annapolis, in Maryland, July 15," [Boston] *Weekly News-Letter*, August 19, 1756; "New-York, March 27," *The New-York Gazette: or, The Weekly Post-Boy*, March 27, 1758; "Extract of a Letter from Ticonderoga, July 31," *Pennsylvania Gazette*, August 9, 1759; also see John K. Mahon, "Anglo-American Methods of Indian Warfare, 1675–1794," *Mississippi Valley Historical Review* 45, no. 2 (September 1958): 254–75. For the importance of the legal meaning of standing, see Tomlins, *Freedom Bound*, 119–20.

11 The colonial official also emphasized that "they enjoyed engaging in cruelty," were horse stealers, and tried to stir up war by propagating "idle stories"; see Captain Gavin Cochrane to Lord Dartmouth, June 22, 1767, in M. Mathews, "Of Matters Lexicographical," *American Speech* 34, no. 2 (May 1959): 126–30. On southern crackers, see Mr. Simpson and Mr. Barnard, Address Presented to Governor James Wright in March 1767, in *The Colonial Records of the State of Georgia*, ed. Allen D. Chandler, 26 vols. (Atlanta, 1904), 14:475–76; and Mr. James Habersham to Governor James Wright, in *The Letters of James Habersham 1756–1775*, in *The Collections of the Georgia Historical Society*, 15 vols. (Savannah, 1904), 6:204; also cited in Delma E. Presley, "The Crackers of Georgia," *Georgia Historical Quarterly* 60, no. 2 (Summer 1976): 102–16, esp. 102–3. For the cracker eye-gouger, see "Extracts of the Letter from a Camp Near Seneca, August 18," *Pennsylvania Ledger*, October 26, 1776 (this report was republished in numerous papers in Rhode Island, Connecticut, and Massachusetts).

12 Woodmason also called them "banditti, profligates, reprobates, and the lowest scum of the Earth." He further noted that the people were intended to "set down as a barrier between the Rich planters and Indians." See Richard Hooker, ed., *The Carolina Backcountry on the Eve of the Revolution: The Journal and Other Writings of Charles Woodmason, Anglican Itinerant* (Chapel Hill: University of North Carolina Press, 1953), 25, 27, 31–32, 52–54, 60–61, 154.

13 For the reference to "cracking traders" used by Ensign Alexander Cameron, a British agent in South Carolina, who was describing white poachers in a letter to Captain Gavin Cochrane, dated February 3, 1765, see John L. Nichols, "Alexander Cameron, British Agent Among the Cherokee, 1764–1781," *South Carolina Historical Magazine* 97, no. 2 (April 1996): 94–114, esp. 95, 97. Cameron appears to be the first person to use "cracking traders" before Cochrane called them crackers. Cameron was a native of Scotland, and first came to America as a soldier with General James Oglethorpe in 1738. For the term "louse cracker" (nasty, slovenly fellow), see *New-England Courant*, February 22–March 5, 1722. For the definition of "louse cracker," see John Ebers, *The New and Complete Dictionary of England and German Language*, vol. 2 (Leipzig, 1798), 363. For a "joke cracker," as a person who wastes time, see "Cursory Thoughts," *Vermont Gazette*, August 5, 1805. On nasty insults resembling smelly firecrackers, see *Lloyd's Evening Post*, May 15–17, 1765. For a cracker as liar, or teller of marvelous tales, see "No. CXXXIV. Kit Cracker, a Great Dealer in the Marvelous, Describes Himself and His Adventures to the Observer," in Richard Cumberland, *The Observer: Being a Collection of Moral, Literary and Familiar Essays* (London, 1791), 86–95.

14 For "crack brained people" acting like crazy animals, see "No. III, To the Editors of the Charleston Courier," *United States Gazette*, June 13, 1804; also see "crack brained son" in *The Providence Gazette, and Country Journal*, January 3, 1768; and for a parody of haymakers and crack-brained drinkers, see "Attention Haymaker!," *Thomas's Massachusetts Spy, or Worcester Gazette*, July 20, 1796. For the use of the term "crack-brained" by prominent Georgia trustee the Earl of Egmont, see Robert G. McPherson, ed., *The Journal of the Earl of Egmont, Abstract of the Trustees Proceedings for Establishing the Colony of Georgia, 1732–1738* (Athens: University of Georgia Press, 1962), 59. Reverend Woodmason also referred to a "crack'd the brain" North Carolinian; see Hooker, *The Carolina Backcountry*, 62; for "crack brained," also see *Oxford English Dictionary;* and see Thomas Tusser, *Five Hundred Points of Good Husbandry* (1573; reprint ed., Oxford, 1848), 93.

15 For the reference to their "delight in cruelty" and "lawless set of rascals," see Gavin Cochrane to Lord Dartmouth, June 27, 1766, in Mathews, "Of Matters Lexicographical," 127. On "rascal" as rubbish, camp followers, and lean and inferior animals, see *Oxford English Dictionary;* for "rascal" as "trash," see Edward Philips, *A New World of Words: or A General Dictionary* (London, 1671), n.p.

16 Benjamin Rush, "An Account of the Progress of Population, Agriculture, Manners, and Government in Pennsylvania, in a Letter to a Friend in England," in *Essays, Literary, Moral, Philosophical* (Philadelphia, 1798), 214, 224–25. In 1816, the governor of the Michigan Territory described French settlers in the same way, as adopting the ways of Indians, living with periods of trade and then long periods of indolence, and neglecting their farms. They also were ignorant of "the common acts of domestic life." He warned that until there was a new migration of people, the territory would be plagued with "indigent helpless people." See Governor Lewis Cass to Secretary of

Richard D. Brown, "Shays Rebellion and Its Aftermath: A View from Springfield, 1787," *William and Mary Quarterly* 40, no. 4 (October 1983): 598–615, esp. 602. For a description of Shaysites as "Abroad in rags like wolves to roam," see *New Haven Gazette, and Connecticut Magazine*, January 25, 1787.

33 "Jefferson's Observations on Démeunier's Manuscript," *PTJ*, 10:52.

34 Curtis, *Jefferson's Freeholders*, 97, 101.

35 Fredrika J. Teute and David S. Shields, "The Court of Abigail Adams," and "Jefferson in Washington: Domesticating Manners in the Republican Court," *Journal of the Early Republic* 35 (Summer 2015): 227–35, 237–59, esp. 229–30, 242, 246; Charlene M. Boyer Lewis, *Elizabeth Patterson Bonaparte: An American Aristocrat in the Early Republic* (Philadelphia: University of Pennsylvania Press, 2012), 12, 16, 20, 23, 29.

36 Pater Shaw, *The Character of John Adams* (Chapel Hill: University of North Carolina Press, 1976), 227, 230, 232–33.

37 See Simon Newman, "Principles or Men? George Washington and the Political Culture of National Leadership, 1776–1801," *Journal of the Early Republic* 12, no. 4 (Winter 1992): 447–507.

38 Burstein and Isenberg, *Madison and Jefferson*, 262, 381; Jean Edward Smith, *John Marshall: Definer of a Nation* (New York: Henry Holt, 1996), 12; John C. Rainbolt, "The Alteration in the Relationship Between the Leadership and Constituents in Virginia, 1660–1720," *William and Mary Quarterly* 27, no. 3 (July 1970): 411–34, esp. 418–22. Elite Virginians disliked vain displays of learning and dress as signs of the nouveau riche, which is why men like Jefferson and John Marshall dressed beneath their station. This class perspective is captured in Robert Munford's satirical play *The Candidates* (1770); see Jay B. Hubbell and Douglas Adair, "Robert Munford's 'The Candidates,' " *William and Mary Quarterly* 5, no. 2 (April 1948): 217–57, esp. 233–35, 240–42; on Jefferson and his sheep, see Stanton, "Thomas Jefferson: Planter and Farmer," 264.

39 Jefferson, *Notes on the State of Virginia*, 86–87, 138–40. ［ジェファソン『ヴァジニア覚え書』、前同］

40 See "A Bill Declaring What Persons Shall Be Deemed Mulattos," *PTJ*, 2:476; and Thomas Jefferson to Francis C. Gray, March 4, 1815, *PTJ-R*, 8:310–11. On Jefferson's method for breeding sheep, see "Notes on Breeding Merino Sheep," enclosure in Thomas Jefferson to James Madison, May 13, 1810, and Thomas Jefferson to William Thorton, May 24, 1810; and "Petition of Albemarle County Residents to the Virginia General Assembly" [before December 19, 1811], *PTJ-R*, 2:390, 2:413, 4:346; and *Thomas Jefferson's Farm Book: With Commentary and Relevant Extracts from Other Writings*, ed. Edwin Morris Betts (Charlottesville: University of Virginia Press, 1999), 111–41. Jefferson's argument was repeated in an 1816 essay by Dr. Parry; he applied the same pattern of animal crossing to humans and designated four stages of mixed-race types: the first cross produces a mulatto, the second a quadroon, the third a mestizo, and the fourth a quinteroon. He claimed that the quinteroon was an "almost perfect white" that was free of the "taint of the Negro." He also stressed that this worked only with white men and mixed-race women. The "converse would take place in the mixture of white female with male Negroes," that is, the children would breed back to a perfect black. See Dr. C. H. Parry, "On the Crossing the Breeds of Animals," *Massachusetts Agricultural Repository and Journal* (June 1, 1816): 153–58; also Buffon, *Natural History*, 3:164–65; ［ビュフォン『博物誌』、前同］ and Andrew Curran, "Rethinking Race History: The Role of the Albino in the French Enlightenment Life Sciences," *History and Theory* 48 (October 2009): 151–79, esp. 171.

41 William Short to Thomas Jefferson, February 27, 1798, *PTJ*, 30:150.

42 Jefferson believed that racial mixing improved blacks. He wrote, "The improvement of the blacks on body and mind, in the first instance of their mixture with the whites, has been observed by everyone, and proves that their inferiority is not the effect merely of condition of life." See Jefferson, *Notes on the State of Virginia*, 141 ［ジェファソン『ヴァジニア覚え書』、前同］; Stanton, *"Those Who Labor for My Happiness,"* 64–65, 178–79, 197, 224; and Gordon-Reed, *The Hemingses of Monticello*, 41, 49, 80, 86, 100–101, 661–62.

43 See Thomas Jefferson to Joel Yancy, January 17, 1819, and Thomas Jefferson to John W. Eppes, June 30, 1820, in *Thomas Jefferson's Farm Book*, 43, 46. Jefferson measured the price of female slaves by their breeding capacity. In discussing a slave woman whom a relative considered selling, he described her as one who had "ceased to breed." See Thomas Jefferson to William O. Callis, May 8, 1795, *PTJ*, 28:346.

44 John Adams to Thomas Jefferson, August [14?], November 15, 1813, in *The Adams-Jefferson Letters: The Complete Correspondence Between Thomas Jefferson and Abigail and John Adams*, ed. Lester J. Cappon (Chapel Hill: University of North Carolina Press, 1959), 365–66, 397–402.

45 Thomas Jefferson to John Adams, October 28, 1813, *The Adams-Jefferson Letters*, 387–88; Jefferson, *Notes on the State of Virginia*, 140; Burstein, *Jefferson's Secrets*, 167–68. ［ジェファソン『ヴァジニア覚え書』、前同］

46 Thomas Jefferson to John Adams, October 13, 1813, *The Adams-Jefferson Letters*, 387–89.

47 Thomas Jefferson to William Wirt, August 5, 1815, *PTJ-R*, 8:642–43. Jefferson had described the "class of artificers" as "panders," prone to vice; see Thomas Jefferson to John Jay, August 23, 1785, *PTJ*, 8:426; and *Notes on the State of Virginia*, 165. ［ジェファソン『ヴァジニア覚え書』、前同］Jefferson also used the word "yeomanry" to represent the nonelite classes in the United States; see Thomas Jefferson to James Monroe, May 5, 1793, and Thomas Jefferson to James Madison, May 5, 1793, *PTJ*, 25:660–61.

48 John Adams to Thomas Jefferson, November 15, 1813, *The Adams-Jefferson Letters*, 401.

✵ Chapter Five

1 See John R. Van Atta, *Securing the West: Politics, Public Lands, and the Fate of the Old Republic, 1785–1850* (Baltimore: Johns Hopkins University Press, 2014), 17–18, 23.

2 See Malcolm J. Rohrbough, *The Land Office Business: The Settlement and Administration of American Public Lands, 1789–1837* (Belmont, CA: Wadsworth, 1990), 6; Eliga H. Gould, *Among the Powers of the Earth: The American Revolution and the Making of a New World Empire* (Cambridge, MA: Harvard University Press, 2012), 12.

3 While the concept of the southern backcountry began in the colonial period, its existence as a distinct area that was different from the East Coast settlement continued after the Revolution as new frontiers emerged during the early republic. See Robert D. Mitchell, "The Southern Backcountry: A Geographical House Divided," in *The Southern Backcountry: Interdisciplinary Perspectives on Frontier Communities*, eds. David C. Crass, Steven D. Smith, Martha A. Zierden, and Richard D. Brooks (Knoxville: University of Tennessee Press, 1998), 1–35, esp. 27.

4 Van Atta, *Securing the West*, 14, 18.

5 For the 1815 definition of squatter, see John Pickering, "Memoir of the Present State of the English Language in the United States, with a Vocabulary Containing Various Words Which Has Been Supposed to Be Peculiar to This Country," *Memoirs of the American Academy of Arts and Sciences* (January 1, 1815), 523. Pickering cited the Englishman Edward Augustus Kendall for his account of how the word squatter was used in America; see Kendall, *Travels Through the Northern Part of the United States in the Years 1807 and 1808* (New York, 1809), 160; also see Nathaniel Gorham to James Madison, January 27, 1788, *The Papers of James Madison*, 10:435–36. The *Oxford English Dictionary* incorrectly identifies Madison as first using the term, but Madison merely repeated verbatim in a letter to George Washington what Gorham had written to him. See also Madison to Washington, February 3, 1788, *The Papers of James Madison*, 10:463. For the article on Pennsylvania "squatlers," see "Philadelphia, August 10," The [Philadelphia] *Federal, and Evening Gazette*, August 10, 1790. On the Phelps-Gorham Purchase that involved around six million acres in western New York, see William H. Stiles, "Pioneering in Genesee County: Entrepreneurial Strategy and the Concept of Central Place," in *New Opportunities in a New Nation: The Development of New York After the Revolution*, eds. Man-

2009), 18, 20, 25. On early modern English husbandry, see McRae, *God Speed the Plough*, 203–4, 206, 208, 210; George Washington to William Pierce, 1796, in *The Writings of Washington from the Original Manuscript Sources, 1744–1799*, ed. John C. Fitzpatrick, 39 vols. (Washington, DC: Government Printing Office, 1931–44), 34:451; and Jefferson, *Notes on the State of Virginia*, 85［ジェファソン『ヴァジニア覚え書』、前同］; Miller, "Jefferson as an Agriculturalist," 69, 71–72.

6 Jefferson described slaves as "confined to tillage"; see Jefferson, *Notes on the State of Virginia*, 139.［上同］

7 See Kevin J. Hayes, "The Libraries of Thomas Jefferson," in *A Companion to Thomas Jefferson*, 333–49; Burstein and Isenberg, *Madison and Jefferson*, 558. On Jefferson's literary training and epicureanism, see Andrew Burstein, *The Inner Jefferson: Portrait of a Grieving Optimist* (Charlottesville: University of Virginia Press, 1995), 16–17, 32, 34, 129, 133; and Burstein, *Jefferson's Secrets: Death and Desire at Monticello* (New York: Basic Books, 2005), 162, 165–66. On his purchase of wines and luxuries in France, see Herbert E. Sloan, *Principle and Interest: Thomas Jefferson and the Problem of Debt* (Charlottesville: University of Virginia Press, 1995), 25, and note 84 on 259–60, and *Jefferson's Memorandum Books: Accounts, with Legal Records and Miscellany, 1767–1826*, eds. James A. Bear Jr. and Lucia C. Stanton (Princeton, NJ: Princeton University Press, 1997), 671, 686, 717, 724, 728, 734, 741–42, 807. On training his slave James Hemings as a French chef, see Annette Gordon-Reed, *The Hemingses of Monticello: An American Family* (New York: Norton, 2008), 164–65, 209.

8 Thomas Jefferson to Charles Wilson Peale, April 17, 1813, *PTJ-R*, 6:69.

9 On cultivators having a "deposit for substantial and genuine virtue," see Jefferson, *Notes on the State of Virginia*, 164.［ジェファソン『ヴァジニア覚え書』、前同］

10 Michael A. McDonnell, *The Politics of War: Race, Class, and Conflict in Revolutionary Virginia* (Chapel Hill: University of North Carolina Press, 2007), 27, 93, 95, 109, 119, 227–29, 258–61, 275, 277–78, 306–7, 389–94; John Ferling, "Soldiers for Virginia: Who Served in the French and Indian War?," *Virginia Magazine of History and Biography* 94, no. 3 (July 1986): 307–28; Thomas Jefferson to Richard Henry Lee, June 5, 1778, *PTJ*, 2:194.

11 Thomas L. Humphrey, "Conflicting Independence: Land Tenancy and the American Revolution," *Journal of the Early Republic* 28, no. 2 (Summer 2008): 159–82, esp. 170; L. Scott Philyaw, "A Slave for Every Soldier: The Strange History of Virginia's Forgotten Recruitment Act of 1 January 1781," *Virginia Magazine of History and Biography* 109, no. 4 (2001): 367–86, esp. 371.

12 Stanley Katz, "Thomas Jefferson and the Right to Property in Revolutionary America," *Journal of Law and Economics* 19, no. 3 (October 1976): 467–88, esp. 470–71.

13 Holly Brewer, "Entailing Aristocracy in Colonial Virginia: 'Ancient Feudal Restraints' and Revolutionary Reform," *William and Mary Quarterly* 54, no. 2 (April 1997): 307–46; Christopher Michael Curtis, *Jefferson's Freeholders and the Politics of Ownership in the Old Dominion* (New York: Cambridge University Press, 2012), 21–26, 56, 72, 75–76.

14 Curtis, *Jefferson's Freeholders*, 56, 72.

15 Humphrey, "Conflicting Independence," 180–81.

16 The bill was first presented in 1778, again in 1780, and in 1785, where it passed the House but died in the Senate. See "A Bill for the More General Diffusion of Knowledge" (1778), *PTJ*, 2:526–35; and Jennings L. Wagoner Jr., *Jefferson and Education* (Charlottesville, VA: Monticello Monograph Series, 2004), 34–38.

17 Jefferson, *Notes on the State of Virginia*, 146.［ジェファソン『ヴァジニア覚え書』、前同］Bunyan had two references to muck; one was the muck-rake, which was an emblem for covertness, the other was that of a bad crop turned into muck in his *Book for Boys and Girls*. See Roger Sharrock, "Bunyan and the English Emblem Writers," *Review of English Studies* 21, no. 82 (April 1945): 105–16, esp. 109–10, 112.

18 "A Bill for Support of the Poor," *PTJ*, 2:419–23. This bill was not passed until 1785.

19 Georges-Louis Leclerc, Comte de Buffon, *Natural History, General and Particular, by the Count de Buffon, Translated into English*, 8 vols. (2nd. ed., London, 1785), 3:104, 134–36, 190.［ビュフォン『博物誌』、前同］

20 Ibid., 3:57–58, 61–62, 129–30, 192–93.［上同］

21 Jefferson, *Notes on the State of Virginia*, 7–8, 10, 19, 21–22, 43–54, 58–65, 79, 226–31, 253–54.［ジェファソン『ヴァジニア覚え書』、前同］

22 Thomas Jefferson to the Marquis de Chastellux, June 7, 1785, *PTJ*, 8:185–86.

23 Thomas Jefferson to G. K. van Hogendorp, October 13, 1785, and Thomas Jefferson to John Jay, August 23, 1785, *PTJ*, 8:426, 633; on chorography, see McRae, *God Speed the Plough*, 231–261.

24 "Report of the Committee, March 1, 1784," *PTJ*, 6:603; C. Albert White, *A History of the Rectangular Survey System* (Washington, DC: Government Printing Office, 1983), 11, 512; William D. Pattison, *Beginnings of the American Rectangular Land Survey System, 1784–1800* (Chicago: University of Chicago Press, 1957), 42–45, 63–65; Peter Onuf, "Liberty, Development, and Union: Visions of the West in the 1780s," *William and Mary Quarterly* 43, no. 2 (April 1986): 179–213, esp. 184.

25 J. Hector St. John de Crèvecoeur, *Letters from an American Farmer*, ed. Susan Manning (New York: Oxford University Press, 1997), xi–xiii, 15, 25, 27–28, 41–42, 45–47.［クレヴクール『アメリカ農夫の手紙』、『アメリカ古典文庫』2所収、秋山健、後藤昭次訳、研究社］For the excerpt of the farmer placing his son on the plough, see "Pleasing Particulars in Husbandry & c. [From Letters from J. Hector St. John, a Farmer in Pennsylvania, to his Friend in England]," *Boston Magazine* (July 1986), 285–91, esp. 285; also see Thomas Philbrick, "Crevecoeur as New Yorker," *Early American Literature* 11, no. 1 (Spring 1976): 22–30; and St. John Crèvecoeur to Thomas Jefferson, May 18, 1785, *PTJ*, 8:156–57.

26 Answers to Démeunier's First Queries, January 24, 1786, *PTJ*, 10:16.

27 On importing Germans into Virginia, see Thomas Jefferson to Richard Claiborne, August 8, 1787, *PTJ*, 16:540. On using Germans to train slaves, see Thomas Jefferson to Edward Bancroft, January 26, 1789, *PTJ*, 14:492, 35:718–21.

28 McDonnell, *The Politics of War*, 439, 455, 480–82; Woody Holton, "Did Democracy Cause the Recession That Led to the Constitution?," *Journal of American History* 92, no. 2 (September 2005): 442–69, esp. 445–46.

29 John Ferling, *Whirlwind: The American Revolution and the War That Won It* (New York: Bloomsbury, 2015), 320–21; Charles Royster, *A Revolutionary People at War: The Continental Army and the American Character, 1775–1783* (Chapel Hill: University of North Carolina Press, 1979), 353–57.

30 "Jefferson's Reply to the Representations of Affairs in America by British Newspapers" [before November 20, 1784], *PTJ*, 7:540–45; Wallace Evan Davies, "The Society of Cincinnati in New England, 1783–1800," *William and Mary Quarterly* 5, no. 1 (January 1948): 3–25, esp. 3, 5.

31 Thomas Jefferson to Abigail Adams, February 22, 1787, *PTJ*, 11:174–75; Thomas Jefferson to James Madison, January 30 and February 5, 1787, in *The Republic of Letters: The Correspondence Between Thomas Jefferson and Madison, 1776–1826*, ed. James Morton Smith, 3 vols. (New York: Norton, 1994), 1:461; Burstein and Isenberg, *Madison and Jefferson*, 146–48, 168; Woody Holton, *Unruly Americans and the Origins of the Constitution* (New York: Hill & Wang, 2007), 145–48, 155, 159; and David P. Szatmary, *Shays' Rebellion: The Making of an Agrarian Insurrection* (Amherst: University of Massachusetts Press, 1980), 66.

32 Abigail Adams to Thomas Jefferson, September 10, 1787, *PTJ*, 12:112. For Shays living in a sty, see "To the Printer," *American Recorder, and Charlestown Advertiser*, January 19, 1787. For the description of Shaysites as "ragamuffins," see the account of Reverend Bezaleel Howard of Springfield (September 1787), reprinted in

41 See Thomas Paine, "A Dialogue Between the Ghost of General Montgomery Just Arrived from the Elysian Fields; and an American Delegate, in the Wood Near Philadelphia" (1776), ［ペイン「対話」、『コモン・センス』所収、小松春雄訳、岩波文庫］ which was published in newspapers and in a later edition of *Common Sense*; see Philip Foner, ed., *The Complete Writings of Thomas Paine*, 2 vols. (New York: Citadel, 1945), 2:91. He expanded on this notion of commercial transatlantic alliances in his later writing; see Thomas Paine, *Rights of Man, Part the Second. Combining Principle and Practice*, second edition (London, 1792), 82–88; and Thomas C. Walker, "The Forgotten Prophet: Tom Paine's Cosmopolitanism and International Relations," *International Studies Quarterly* 44, no. 1 (March 2000), 51–72, esp. 59–60. Paine also explored the nature of mutual affections and voluntary commerce through the analogy of American Indian marriages; and the detrimental influence of titles in encouraging the "over-awed superstitious vulgar"; see "Reflections on Titles," *Pennsylvania Magazine; or, American Monthly Museum* (May 1775), 209–210; and "The Old Bachelor, No. IV. Reflections on Unhappy Marriages," *Pennsylvania Magazine; or, American Monthly Museum* (June 1775), 263–65.

42 Slaughter, Common Sense, 112–14. ［ペイン『コモン・センス』、前同］ Paine noted that there were three ways for the rebellion to go: declaring independence by "the legal voice of the people in Congress; by military power; by a mob: It may not always happen that our soldiers are citizens, and the multitude are reasonable men."

43 Slaughter, *Common Sense*, 79, 83–84, 102, 105; ［上同］ Keane, *Tom Paine*, 74.

44 Paine's ship docked in Philadelphia on November 30, 1774. He published the first run of *Common Sense* on January 10, 1776. See Keane, *Tom Paine*, 84; also see "To the Honorable Benjamin Franklin, Esq.," March 4, 1775, in Foner, *Complete Writings*, 1132. Paine recommended Goldsmith's *History of the World* to his readers in the *Pennsylvania Magazine*, and he included a poem and portrait of the Irish writer; see "List of New Books," and "Retaliation; a Poem, by Dr. Goldsmith," *Pennsylvania Magazine; or, American Monthly Museum* (January 1775), 40, 42; also see Oliver Goldsmith, *History of Earth and Animated Nature; abridged*. By Mrs. Pilkington (Philadelphia, 1808), 16–22. The first edition of Goldsmith's book appeared in eight volumes, published in London in 1774.

45 Linné first published his *General System* in 1735, where he simply laid out the four groups of *Homo sapiens* based on continents and colors; by 1758, he ascribed a series of traits. The 1735 edition was only eleven folio pages long; the 1758 edition was over three thousand pages. Buffon in his *Histoire Naturalle* (1749) ［ビュフォン『博物誌』、荒俣宏監、工作舎］ preferred "race" to Linné's more stagnant "variety." Buffon viewed human races as particular stocks, lineages, in which traits were passed down through succeeding generations. See Sir Charles Linné, *A General System of Nature, Through the Three Grand Kingdoms of Animals, Vegetables, and Minerals; Systematically Divided into Their Several Classes, Orders, Genera, Species, and Varieties, with Their Habitations, Manners, Economy, Structure, and Peculiarities*, trans. William Turton, M.D. (London, 1802), 1; also see Nicholas Hudson, "From 'Nation' to 'Race': The Origins of Racial Classification in Eighteenth-Century Thought," *Eighteenth-Century Studies* 29, no. 3 (1996): 247–64, esp. 253.

46 See Joseph Priestley, *An Address to Protestant Dissenters of All Denominations, on the Approaching Election of Members of Parliament, with Respect to the State of Public Liberty in General, and of American Affairs in Particular* (London, 1774), 9; "Free Thoughts on Monarchy and Political Superstition," *St. James Chronicle or the British Evening Post*, January 22–25, 1774; and for the reprint of this piece in American newspapers, see *Dunlap's Pennsylvania Packet or, the General Advertiser*, April 25, 1774; it also appeared in *The Norwich Packet and the Connecticut, Massachusetts, New Hampshire and Rhode Island Weekly Advertiser*, May 12, 1774. For Franklin's friendship with Priestley, see Verner W. Crane, "The Club of Honest Whigs: Friends of Liberty and Science," *William and Mary Quarterly* 23, no. 2 (April 1966): 210–33, esp. 231.

47 Slaughter, *Common Sense*, 87–90, 94, 99, 104, 110; ［ペイン『コモン・センス』、前同］ James V. Lynch, "The Limits of Revolutionary Radicalism: Tom Paine and Slavery," *Pennsylvania Magazine of History and Biography* 123, no. 5 (July 1999): 177–99.

48 Slaughter, *Common Sense*, 88, 90, 92–93, 99; ［上同］ Keane, *Tom Paine*, 42–45. On Canada, see Paine, *Letter Addressed to the Abbe Raynal, on the Affairs of North America: in Which the Mistakes in the Abbe's Account of the Revolution of America Are Corrected and Cleared Up* (1782), in Foner, *Complete Writings*, 2:258.

49 Slaughter, *Common Sense*, 100, 104–5. ［上同］

50 Ibid., 87–88, 93–94, 110; and for the legal precept of waste on a pending lawsuit, see Book 2, chapter 14, "Of Waste," in Sir William Blackstone, *Commentaries on the Laws of England* (London, 1765–66).

51 Slaughter, *Common Sense*, 113–14. ［ペイン『コモン・センス』、前同］

52 See Paine, "A Dialogue Between the Ghost of General Montgomery" (1776) ［ペイン「対話」、前同］ and *Letter Addressed to the Abbe Raynal, on the Affairs of North America* (1782), in Foner, *Complete Writings*, 2:92, 243. Paine also published the dialogue in *Dunlap's Pennsylvania Packet*, February 19, 1776.

✺ Chapter Four

1 For Jefferson's use of the phrases "empire of liberty" and "empire for liberty," see Thomas Jefferson to George Rogers Clark, December 25, 1780, *Papers of Thomas Jefferson*, ed. Julian Boyd et. al., 40 vols. to date (Princeton, NJ: Princeton University Press, 1950–), 4:237; Thomas Jefferson to James Madison, April 27, 1809, in *The Papers of Thomas Jefferson: Retirement Series*, ed. J. Jefferson Looney, 11 vols. to date (Princeton, NJ: Princeton University Press, 2005–), 1:69. Hereafter cited as *PTJ* and *PTJ-R*. Andrew Burstein and Nancy Isenberg, *Madison and Jefferson* (New York: Random House, 2010), 388–90. Also see John Murrin, "The Jeffersonian Triumph and American Exceptionalism," *Journal of the Early Republic* 20, no. 1 (Spring 2000): 1–25.

2 John E. Selby, *The Revolution in Virginia, 1775–1783* (Williamsburg, VA: Colonial Williamsburg Foundation, 1988), 26–32; Michael McDonnell, "Jefferson's Virginia," in *A Companion to Thomas Jefferson*, ed. Francis D. Cogliano (Chichester, UK: Wiley-Blackwell, 2012), 16–31, esp. 21–22. On Jefferson's slaves, see Lucia Stanton, *"Those Who Labor for My Happiness": Slavery at Thomas Jefferson's Monticello* (Charlottesville: University of Virginia Press, 2012), 56. Jefferson grew tobacco and wheat, but tobacco was his principal cash crop; see Barbara McEwan, *Thomas Jefferson: Farmer* (Jefferson, NC: McFarland & Co., 1991), 2–3, 39–42, 45–46.

3 Thomas Jefferson to John Jay, August 23, 1785, and Thomas Jefferson to Francis Willis, July 15, 1796, *PTJ*, 8:426, 29:153; and Thomas Jefferson, *Notes on the State of Virginia*, ed. William Peden (Chapel Hill: University of North Carolina Press, 1955), 164–65. ［ジェファソン『ヴァジニア覚え書』、中屋健一訳、岩波文庫］ For an excellent overview of Jefferson's troubled career as a farmer, see Lucia Stanton, "Thomas Jefferson: Planter and Farmer," in Cogliano, *A Companion to Thomas Jefferson*, 253–70.

4 See Thomas Jefferson to Thomas Leiper, February 23, 1801, *PTJ*, 8:210–12, 33:50. On Jefferson's design for the moldboard plough, see Thomas Jefferson to Sir John Sinclair, March 23, 1798, *PTJ* 30: 197–209; the original memorandum, "Description of a Mouldboard of the Least, & of the Easiest and Most Certain Construction," is located at the Massachusetts Historical Society, along with an undated drawing of the plough, MSi5 [electronic edition]. Thomas Jefferson Papers: An Electronic Archive, Boston, MA: Massachusetts Historical Society, 2003, thomasjeffersonpapers.org; and August C. Miller Jr., "Jefferson as an Agriculturalist," *Agricultural History* 16, no. 2 (April 1942): 65–78, esp. 70, 71–72, 75.

5 On English notions of husbandry and improvement, see Joan Thirsk, "Plough and Pen: Writers in the Seventeenth Century," *Social Relations and Ideas: Essays in Honour of R. H. Hilton* (Cambridge: Cambridge University Press, 1983), 295–318, esp. 297–98, 316; Benjamin R. Cohen, *Notes from the Ground: Science, Soil, and Society in the American Countryside* (New Haven, CT: Yale University Press,

min Franklin, vol. 1, *Journalist, 1706–1730* (Philadelphia: University of Pennsylvania Press, 2005), 1:238, 258, 268, 458–59, and vol. 2, *Printer and Publisher*, 1730–1747 (Philadelphia: University of Pennsylvania Press, 2005), 2: 322–23; Jacquelyn C. Miller, "Franklin and Friends: Franklin's ties to Quakers and Quakerism," *Pennsylvania History* 57, no. 4 (October 1990): 318–36, esp. 322–26.

19 On the rise of the non-Quaker elite, see Stephen Brobeck, "Revolutionary Change in Colonial Philadelphia: The Brief Life of the Proprietary Gentry," *William and Mary Quarterly* 33, no. 3 (July 1976): 410–34, esp. 413, 417–18, 422–23; Thomas M. Doerflinger, "Commercial Specialization in the Philadelphia Merchant Community, 1750–1791," *Business History Review* 57, no. 1 (Spring 1983): 20–49, esp. 22, 28, 46.

20 See Robert F. Oaks, "Big Wheels in Philadelphia: Du Simitière's List of Carriage Owners," *Pennsylvania Magazine of History and Biography* 95, no. 3 (July 1971): 351–62, esp. 351, 355. On Franklin's horse and carriage, see Lemay, *The Life of Benjamin Franklin*, 2:320–21, and footnote 36 on 594; and see "Appendix 2: Franklin's Residences and Real Estate to 1757" and "Appendix 8: Franklin's Wealth, 1756," in Lemay, *The Life of Benjamin Franklin*, vol. 3, *Soldier, Scientist, and Politician, 1748–1757* (Philadelphia: University of Pennsylvania Press, 2008), 3: 599–602, 630–34. Franklin acquired other signs of elite status, such as a coat of arms and fine furniture, and he continued to purchase what he called "my Fancyings" while in England and Europe for his new home (which he began building in 1764) in Philadelphia; see Edward Cahill, "Benjamin Franklin's Interiors," *Early American Studies* 6, no. 1 (Spring 2008): 27–58, esp. 44–46.

21 Lemay, *The Life of Benjamin Franklin*, 2:320.

22 *Pennsylvania Gazette*, January 20, 1730, in *Franklin: Writings*, ed. J. A. Leo Lemay (New York: Library of America, 1987), 139. Approximately seventy-three thousand Europeans traveled to British North America during the 1730s, and at least seventeen thousand arrived in Philadelphia's port. Nearly one of every three passengers disembarking in Philadelphia during the 1730s was an indentured servant, and an additional five hundred imported slaves joined them at the bottom of the social ladder. The largest influx of convict laborers from Britain occurred during the mid-eighteenth century. Philadelphians were concerned about absconding servants; see *Pennsylvania Gazette*, July 2, 1751.

23 See *Boston News Post-Boy*, December 4, 1704; for fans, see [Boston] *Weekly Rehearsal*, May 14, 1733; for buttons, see *New-York Gazette, or Weekly Post-Boy*, June 15, 1747.

24 [Boston] *Weekly Rehearsal*, March 20, 1732; see Jenny Davidson, *Breeding: A Partial History of the Eighteenth Century* (New York: Columbia University Press, 2009), 137–43; Boudreau, "Done by a Tradesman," 529.

25 " 'Arator': On the Price of Corn, and the Management of the Poor" (1766), Franklin Papers, 4:479–86, esp. 479–80; 13:510–15. ［フランクリン「小麦の価格および貧乏人の取り扱い論」、『アメリカ古典文庫』1所収、池田孝一訳、研究社］

26 Franklin to Peter Collinson, May 9, 1753, *Franklin Papers*, 4:480–82.

27 "To the Author of the Letter on the Last *Pennsylvania Gazette*," *Pennsylvania Gazette*, May 15, 1740; Franklin, *Plain Truth: or, Serious Considerations on the Present State of the City of Philadelphia and Province of Pennsylvania. By a Tradesman of Philadelphia* (Philadelphia, 1747), and "Form of Association," *Pennsylvania Gazette*, December 3, 1747, in *Franklin Papers*, 3:180–212, esp. 198–99, 201, 211; "Extracts from Plain Truth," *New-York Gazette, or Weekly Post-Boy*, December 14, 1747.

28 *Plain Truth*, and "Form of Association," in *Franklin Papers*, 3:198, 209, 211.

29 "Petition to the Pennsylvania Assembly Regarding Fairs" (1731), *Franklin Papers*, 1:211; *Pennsylvania Gazette*, November 18, 1731, and Waldstreicher, *Runaway America*, 94; Franklin, *The Autobiography*, 34–35. ［『フランクリン自伝』、前同］

30 On the inability to "wash out the stain of servility," see "From the Reflector: Of Ambition and Meanness," *Boston Evening Post*, March 2, 1752; on the meaner sort at the heels of those above them, see *The New-York Weekly Journal*, March 3, 1734. In England, there was actually more social mobility among the commercial classes; see Neil McKendrick, John Brewer, and John Harold Plumb, eds., *Birth of a Consumer Society: The Commercialization of Eighteenth-Century England* (Bloomington: Indiana University Press, 1982), 20.

31 "From a Paper entitled COMMON SENSE. The First Principles of Religion for Preserving Liberty," *Pennsylvania Gazette*, February 12, 1741.

32 Franklin to Benjamin Franklin Bache, September 25, 1780, *Franklin Papers*, 33:326.

33 Franklin to Peter Collinson, May 9, 1753, *Franklin Papers*, 4:480–82.

34 Ibid.; Franklin to Peter Collinson [1753?], *Franklin Papers*, 5:158–59.

35 On the impact of Paine's pamphlet, see Trish Loughan, "Disseminating *Common Sense:* Thomas Paine and the Problem of the Early National Best Seller," *American Literature* 78, no. 1 (March 2006): 1–28, esp. 4, 7, 12, 14. On Paine's background, see John Keane, *Tom Paine: A Life* (Boston: Little, Brown, 1995), 62, 73–74, 79, 84; J. C. D. Clark, "Thomas Paine: The English Dimension," in Selected Writings of Thomas Paine, eds. Ian Shapiro and Jane E. Calvert (New Haven, CT: Yale University Press, 2014), 538; John Brewer, *The Sinews of Power: War, Money and the English State, 1688–1783* (Cambridge, MA: Harvard University Press, 1900), 104–5, 222–30; Edward Larkin, "Inventing an American Public: Paine, the 'Pennsylvania Magazine,' and American Revolutionary Discourse," *Early American Literature* 33, no. 3 (1998): 250–76, esp. 254, 257, 261; and Robert A. Ferguson, "The Commonalities of *Common Sense*," *William and Mary Quarterly* 57, no. 3 (July 2000): 465–504, esp. 487–89, 502.

36 Thomas Slaughter, ed., *Common Sense and Related Writings by Thomas Paine* (Boston: Bedford/ St. Martin's, 2001), 79; ［ペイン『コモン・センス』、小松春雄訳、岩波文庫］ Thomas Paine, "Agrarian Justice, Opposed to Agrarian Law, and to Agrarian Monopoly," (1797), in Shapiro and Calvert, *Selected Writings of Thomas Paine*, 555, 557.

37 On his theory of commerce and nations, he wrote, "It is the commerce and not the conquest of America, by which England is to be benefited, and that 25. Williams, "The 'Industrious Poor' and the Founding of the Pennsylvania Hospital," 336–37, 339, 441–42; Franklin to Peter Collinson, May 9, 1753, and that would in a great measure continue, were the countries independent of each other as France and Spain; because many articles, neither can go to a better market"; see Slaughter, ed., *Common Sense*, 89–90, 110. ［上同］

38 Slaughter, *Common Sense*, 86, 89, 100, 113. ［上同］ Adam Smith offered a similar rebuke of the English financial system, highlighting its enormous debts and repeated engagement in costly wars in *The Wealth of Nations* (1776).

39 See Slaughter, *Common Sense*, 89, 100, 102–4. ［上同］ On Pennsylvania selling wheat and flour to southern Europe, see T. H. Breen, "An Empire of Goods: The Anglicization of Colonial America, 1760–1776," *Journal of British Studies* 25, no. 4 (October 1986): 467–99, esp. 487. The magazine for which Paine became the chief editor, the *Pennsylvania Magazine; or, American Monthly Museum*, published a chart of exports (tonnage and value) from Philadelphia's port for the years 1771 to 1773; see *Pennsylvania Magazine; or, American Monthly Museum* (February 1775), 72.

40 Paine wrote, "The *mercantile* and reasonable part in England, will be still with us; because peace *with* trade, is preferable to war *without* it"; see Slaughter, *Common Sense*, 114. ［上同］ On the debates in the Continental Congress on free trade in 1775 and 1776, see Staughton Lynd and David Waldstreicher, "Free Trade, Sovereignty, and Slavery: Toward an Economic Interpretation of the American Revolution," *William and Mary Quarterly* 68, no. 4 (October 2011): 597–630, esp. 610, 624–30. The British "friends of America" who supported independence did so because they wanted to ensure that a strong alliance was sustained between Great Britain and America, for both economic and political reasons. See Eliga H. Gould, *The Persistence of Empire: British Political Culture in the Age of the American Revolution* (Chapel Hill: University of North Carolina Press, 2000), 165.

59 Alan Gallay, "Jonathan Bryan's Plantation Empire: Land, Politics, and the Formation of a Ruling Class in Colonial Georgia," *William and Mary Quarterly* 45, no. 2 (April 1988): 253–79, esp. 253, 257–60, 275.

✺ Chapter Three

1 *Poor Richard, 1741. An Almanack for the Year of Christ 1741, . . .* By Richard Saunders (Philadelphia, 1741), in *The Papers of Benjamin Franklin*, ed. Leonard W. Labaree et al., 40 vols. (New Haven, CT: Yale University Press, 1959–), 2:292. Hereafter cited as *Franklin Papers*.

2 On Silence Dogood and Franklin's creation of literary disguises, see Albert Furtwangler, "The Spectator's Apprentice," in *American Silhouettes: Rhetorical Identities of the Founders* (New Haven, CT: Yale University Press, 1987), 15–34, esp. 28–30; R. Jackson Wilson, *Figures of Speech: American Writers and the Literary Marketplace from Benjamin Franklin to Emily Dickinson* (New York: Johns Hopkins University Press, 1989), 21–65. On Dingo, see David Waldstreicher, *Runaway America: Benjamin Franklin, Slavery, and the American Revolution* (New York: Hill & Wang, 2004), 50–52, 220. On the financial success of the *Pennsylvania Gazette*, see Charles E. Clark and Charles Wetherell, "The Measure of Maturity: *The Pennsylvania Gazette*, 1728–1765," *William and Mary Quarterly* 46, no. 2 (April 1989): 279–303, esp. 291. On the wide reach of his almanacs, see William Pencak, "Politics and Ideology in 'Poor Richard's Almanack,' " *Pennsylvania Magazine of History and Biography* 116, no. 2 (April 1992): 183–211, esp. 195–96. On his retirement, see Benjamin Franklin, The Autobiography, ［『フランクリン自伝』、鶴見俊輔訳、土曜社］ with introduction by Daniel Aaron (New York: Vintage, 1990), 116.

3 Carl Van Doren, *Benjamin Franklin* (New York: Viking, 1938), 170–71, 174–80, 195–96, 210–15, 220, 223–24. On his proposals for his academy, see George Boudreau, " 'Done by a Tradesman': Franklin's Educational Proposals and the Culture of Eighteenth Century Philadelphia," *Pennsylvania History* 69, no. 4 (Autumn 2002): 524–57. On Pennsylvania Hospital, see William H. Williams, "The 'Industrious Poor' and the Founding of the Pennsylvania Hospital," *Pennsylvania Magazine of History and Biography* 97, no. 4 (October 1973): 431–43. On his reception in Europe, see J. L. Heilbron, "Benjamin Franklin in Europe: Electrician, Academician, and Politician," *Notes and Records of the Royal Society of London* 61, no. 3 (September 22, 2007): 353–73, esp. 355; and L. K. Mathews, "Benjamin Franklin's Plans of Colonial Union," *American Political Science Review* 8, no. 3 (August 1914): 393–412.

4 For his arguments about human impulses shaped by pleasure and pain, see Franklin, "A Dissertation on Liberty and Necessity, Pleasure and Pain" (London, 1725), in *Franklin Papers*, 1:57–71, esp. 64, 71 ［フランクリン「自由と必然、快楽と苦痛についての論」、『アメリカ古典文庫』1所収、池田孝一訳、研究社］; also see Joyce Chaplin, *Benjamin Franklin's Political Arithmetic: A Materialist View of Humanity* (Washington, DC: Smithsonian Institution Libraries, 2006), 12–16.

5 Peter Kalm, *Travels into North America; Containing Its Natural History, and a Circumstantial Account of Its Plantations and Agricultural in General, with the Civil, Ecclesiastical and Commercial State of the Country, the Manners of the Inhabitants, and Several Curious and Important Remarks on Various Subjects*, trans. John Reinhold Forster, vol. 1 (Warrington, UK, 1770), 1:305–6; Benjamin Franklin to Samuel Johnson, August 23, 1750, *Franklin Papers*, 4:40–42, esp. 42.

6 For "uneasy in rest," see "A Dissertation on Liberty," *Franklin Papers*, 1:64. ［フランクリン「自由と必然、快楽と苦痛についての論」、前同］ For the English as "stirrers abroad," see the dedication in Hakluyt, *Principall Navigations*, 1:[2].

7 Franklin, "Observations Concerning the Increase of Mankind" (1751), *Franklin Papers*, 4:225–34, esp. 228. ［フランクリン「人類の増加、諸国の人口などに関する考察」、『アメリカ古典文庫』1所収、池田孝一訳、研究社］ This manuscript was first published in 1755; see William F. Von Valtier, "The Demographic Numbers Behind Benjamin Franklins Twenty-Five-Year Doubling Period," *Proceedings of the American Philosophical Society* 155, no. 2 (June 2011): 158–88, esp. 160–61, footnote 9.

8 Franklin, "Observations Concerning the Increase of Mankind," *Franklin Papers*, 231. ［上同］ On the value of marrying young, also see Franklin to John Alleyne, August 9, 1768, *Franklin Papers*, 3:30–31, 15:184.

9 "The Speech of Miss Polly Baker," April 15, 1747, *Franklin Papers*, 3:123–25. ［フランクリン「ポリー・ベイカーの弁論」、『アメリカ古典文庫』1所収、池田孝一訳、研究社］ One writer has suggested that Polly Baker was based on a real woman, an Eleanor Kellog, who was tried in Worcester, Massachusetts, in 1745 for having her fifth bastard child. See Max Hall, *Benjamin Franklin and Polly Baker: The History of a Literary Deception* (Pittsburgh: University of Pittsburgh Press, 1960; rev. ed., 1990), 94–98.

10 For the punishment for bachelors, see "To All Married Men to Whom These Presents Shall Come," *New-York Gazette*, March 20, 1749, reprinted in the *Boston Evening Post*, April 7, 1749; also see "From an Epistle from a Society of Young Ladies," *New-York Evening Post*, October 28, 1751; and a call to tax bachelors, *Boston Evening Post*, August 4, 1746; Franklin wrote elsewhere that "a single Man has not nearly the Value he would have in that State of Union"; see Franklin, "Old Mistresses Apologue," June 25, 1745, *Franklin Papers*, 3:30–31.

11 William H. Shurr, " 'Now, God, Stand Up for Bastards': Reinterpreting Benjamin Franklin's Autobiography," *American Literature* 64, no. 3 (September 1992): 435–51, esp. 444. On Franklin's "pronatalist convictions," see Dennis Hodgson, "Benjamin Franklin on Population: From Policy to Theory," *Population and Development Review* 17, no. 4 (December 1991): 639–61, esp. 640–41.

12 Franklin, "Observations Concerning the Increase of Mankind," *Franklin Papers*, 4:231–32. ［フランクリン「人類の増加、諸国の人口などに関する考察」、前同］ See excerpts from Locke's "Atlantis" writings (1678–79) in Goldie, ed., *Locke: Political Essays*, xxvi, 255–59.

13 Franklin, "The Interest of Great Britain Considered (1760)," *Franklin Papers*, 9:59–100, esp. 73–74, 77–78, 86–87, 94.

14 Franklin to Peter Collinson (1753), *Franklin Papers*, 5: 158–59; and "Information to Those Who Would Remove to America," by Dr. Franklin, ［フランクリン「アメリカへ移住しようとする人びとへの情報」、『アメリカ古典文庫』1所収、池田孝一訳、研究社］ *Boston Magazine* (October 1784), 505–10. Franklin, "The Interest of Great Britain Considered (1760)," *Franklin Papers*, 9:86.

15 Franklin, *The Autobiography*, 13–25. ［『フランクリン自伝』、前同］ For runaway servants, see Marcus Rediker, " 'Good Hands, Stout Heart, and Fast Feet': The History and Culture of Working People in Early America," *Labour/ Le Travail* 10 (Autumn 1982): 123–44, esp. 141; *The Infortunate: The Voyage and Adventures of William Moraley, an Indentured Servant* (1743), eds. Susan E. Klepp and Billy G. Smith, 2nd ed. (University Park: Pennsylvania State University Press, 2005), xvii–xviii, xxv–xxvi, 16, 26, 41, 51, 72–74, 78–79, 87–88, 97.

16 Billy G. Smith, "Poverty and Economic Marginality in Eighteenth-Century America," *Proceedings of the American Antiquarian Society* 132, no. 1 (March 1988): 85–118, esp. 100–103, 105, 113; Gary B. Nash, "Poverty and Poor Relief in Pre-Revolutionary Philadelphia," *William and Mary Quarterly* 33, no. 1 (January 1976): 3–30, esp. 12–13. On infant mortality rates, see Susan E. Klepp, "Malthusian Miseries and the Working Poor in Philadelphia, 1780–1830," in *Down and Out in Early America*, ed. Billy G. Smith (University Park: Pennsylvania State University Press, 2004), 63–92, esp. 64.

17 Jack Marietta, *The Reformation of American Quakerism, 1748–1783* (Philadelphia: University of Pennsylvania Press, 1984), 21–24, 28, 51, 65; Jean R. Soderlund, "Women's Authority in Pennsylvania and New Jersey Quaker Meetings, 1680–1760," *William and Mary Quarterly* 44, no. 4 (October 1987): 722–49, esp. 743–44.

18 See Frederick B. Tolles, "Benjamin Franklin's Business Mentors: The Philadelphia Quaker Merchants," *William and Mary Quarterly* 4, no. 1 (January 1947): 60–69; J. A. Leo Lemay, *The Life of Benja-*

sit in the corner like Lazy Lawrence. For the history of the folktale, see J. B. Smith, "Toward a Demystification of Lazy Lawrence," *Folklore* 107 (1996): 101–5; also see Susan Manning, "Industry and Idleness in Colonial Virginia: A New Approach to William Byrd," *Journal of American Studies* 28, no. 2 (August 1994): 169–90; and James R. Masterson, "William Byrd in Lubberland," *American Literature* 9, no. 2 (May 1937): 153–70. Byrd was also influenced by "An Invitation to Lubberland," which appeared as a broadside in 1685. In this long verse, Lubberland is a land of plenty where one can "lead a lazy life free from labour" and "everyone do's what he pleases." See *An Invitation to Lubberland, with an Account of the Great Plenty of That Fruitful Country* (London, ca. 1685).

37 Byrd, HDL, 192, 196; SH, 59–61, 63. Wild boars cannibalize shoats and young pigs, and they eat everything, including newborn cattle. They are predators, and are willing to eat carrion and manure. Byrd's theory about pork was probably influenced by John Lawson's 1709 account of North Carolina. Lawson discussed how various Indians suffered from yaws, and he discussed pork as a "gross food," spreading juices through the body. See Lefler, *A New Voyage to Carolina*, 25; it was a common assumption among the English that to be noseless reduced a person to the state of an animal, because it was believed that man was the only creature with a nose. English jest books were filled with nasty jokes about noseless people. See Simon Dickie, "Hilarity and Pitilessness in the Mid-Eighteenth Century: English Jestbook Humor," *Eighteenth-Century Studies* 37, no. 1, Exploring Sentiment (Fall 2003): 1–22, esp. 2–3.

38 Byrd, HDL, 160–61, 221–22, 296. Byrd felt the Indians were healthy and strong, and less debilitated by the European disease of lewdness; see Fischer, *Suspect Relations*, 75–77. Lawson argued that men should marry Indian women rather than spend "four or five years Servitude," in which they might suffer sickness and die. Both Lawson and Byrd argued that intermarriage was a better method of conquest than bloodshed. See Lefler, *A New Voyage to Carolina*, 192, 244, 246. Byrd did purchase 100,000 acres west of "Lubberland," hoping to create a more stable community of Swiss-German settlers to offset the dangerous wastrels he observed on the expedition. By the end of his life, he had acquired 179,440 acres. See Lockridge, *The Diary, and Life, of William Byrd*, 140; Wright and Tinling, *William Byrd of Virginia*, 41.

39 For the account of Reverend John Urmston, who was in North Carolina from 1711 to 1720, see "Mr. Urmston's Letter," July 7, 1711, in Saunders, *CRNC*, 1:770; for Governor Johnson's remarks, see Ekirch, Poor Carolina, 67; and for the later traveler, see J. F. D. Smyth, Esq., *A Tour of the United States of America* (Dublin, 1784), 64–65.

40 Smyth, *A Tour of the United States of America*, 65.

41 *A Voyage to Georgia: Begun in the Year 1735*, by Frances Moore, Georgia Historical Society, Savannah.

42 For the motto, see Mills Lane, ed., *General Oglethorpe's Georgia: Colonial Letters, 1733–1743* (Savannah, GA: Beehive Press, 1990), xviii. On the first group of settlers, see E. M. Coulter and A. B. Saye, eds., *A List of the Early Settlers of Georgia* (Athens: University of Georgia Press, 1949), xii, 111. Oglethorpe took on the unusual role of "gossip," helping pregnant women to give birth; see Mr. Benjamin Ingham's journal of his voyage to Georgia, 1736, in Egmont Papers, Philips Collection, University of Georgia, vol. 14201, 442–43; and Joseph Hetherington to Mr. Oglethorpe, March 22, 1733/ 34, in Lane, *General Oglethorpe's Georgia*, 138.

43 On emulation, see James Edward Oglethorpe, *Some Account of the Design for the Trustees for Establishing Colonies in America*, eds. Rodney M. Baine and Phinizy Spalding (Athens: University of Georgia Press, 1990), 31–32. On Oglethorpe's sacrifices for the community, and giving up the soft bed, see Samuel Eveleigh to the Trustees, April 6, 1733, in Lane, *General Oglethorpe's Georgia*, 1:13; and Governor Johnson to Benjamin Martyn, July 28, 1733, and Mr. Beaufain to Mr. Simond, January 23, 1733/ 34, and Extract of a letter from Georgia, March 7, 1735/ 36, Egmont Papers, vol. 14200, 36, 62; vol. 14201, 314.

44 Oglethorpe, *Some Account of the Design*, 51; Rodney E. Baine, "General James Oglethorpe and the Expedition Against St. Augustine," *Georgia Historical Quarterly* 84, no. 2 (Summer 2000): 197–229, esp. 197–98. On the military design of Savannah, see Turpin C. Bannister, "Oglethorpe's Sources for the Savannah Plan," *Journal of the Society of Architectural Historians* 20, no. 2 (May 1961): 47–62, esp. 60–62.

45 Oglethorpe wanted Georgia to allow men to "labour at a decent maintenance," and he calculated the labor value of wives and eldest sons to offset the needs for servants and slaves; see James Oglethorpe, *A New and Accurate Account of the Provinces of South-Carolina and Georgia* (London, 1733), 39, 42–43; also see Philip Thicknesse to his mother, November 3, 1736, in Lane, *General Oglethorpe's Georgia*, 1:281; Rodney Baine, "Philip Thicknesse's Reminiscences of Early Georgia," *Georgia Historical Quarterly* 74, no. 4 (Winter 1990): 672–98, esp. 694–95, 697–98. For the citizen-soldier idea, see Benjamin Martyn, *An Account, Showing the Progress of the Colony* (London, 1741), 18. For Oglethorpe's views on women and cleanliness, see Oglethorpe, *Some Account of the Design*, 23, 26, 29–31. On the problem of female slaves, see Betty Wood, *Slavery in Colonial Georgia, 1730–1775* (Athens: University of Georgia Press, 1984), 18. From 1732 to September 1741, 45.4 percent of the settlers sent on charity were "Foreign Protestants"; see Coulter and Saye, *A List of the Early Settlers*, x.

46 James Oglethorpe to the Trustees, August 12, 1733, in Egmont Papers, vol. 14200, 38–39.

47 See Colonel William Byrd to Lord Egmont, July 12, 1736, in "Colonel William Byrd on Slavery and Indentured Servants, 1736, 1739," *American Historical Review* 1, no. 1 (October 1895): 88–99, esp. 89. On John Colleton, see J. E. Buchanan, "The Colleton Family and Early History of South Carolina and Barbados, 1646–1775" (Ph.D. dissertation, University of Edinburgh, 1989), 33.

48 James Oglethorpe to the Trustees, January 17, 1738/ 9, Egmont Papers, vol. 14203, 143.

49 "The Sailors Advocate. To Be Continued." (London, 1728), 8, 10–17; and Julie Anne Sweet, "The British Sailors' Advocate: James Oglethorpe's First Philanthropic Venture," *Georgia Historical Quarterly* 91, no. 1 (Spring 2007): 1–27, esp. 4–10, 12.

50 John Vat to Henry Newman, May 30, 1735, and Patrick Tailfer and Others to the Trustees, August 27, 1735, in Lane, *General Oglethorpe's Georgia*, 1:178, 225.

51 "Oglethorpe State of Georgia," October 11, 1739, (Introductory Discourse to the State of the Colony of Georgia), Egmont Papers, vol. 14204, 35; and "The Sailors Advocate," 12; Wood, *Slavery in Colonial Georgia*, 66; Coulter and Saye, *A List of the Early Settlers*, 106–11.

52 On the small number of Indian slaves, see Rodney M. Baine, "Indian Slavery in Colonial Georgia," *Georgia Historical Quarterly* 79, no. 2 (Summer 1995): 418–24. On debtors and economic vulnerability, see Oglethorpe, *Some Account of the Design*, 11–12; Oglethorpe, *A New and Accurate Account*, 30–33; and Rodney M. Baine, "New Perspectives on Debtors in Colonial Georgia," *Georgia Historical Quarterly* 77, no. 1 (Spring 1993): 1–19, esp. 4.

53 See Milton L. Ready, "Land Tenure in Trusteeship Georgia," *Agricultural History* 48, no. 3 (July 1974): 353–68, esp. 353–57, 359.

54 See Translation of Reverend Mr. Dumont's Letter to Mr. Benjamin Martyn, May 21, 1734, Egmont Papers, vol. 14207. Dumont wrote from Rotterdam, and represented a community of French Vaudois.

55 See Oglethorpe, *A New and Accurate Account*, 73–75. In his other promotional tract, he used a similar argument about the Roman colonies, noting that only men with land married and had children; see Oglethorpe, *Some Account of the Design*, 6, 9–10, 40.

56 James Oglethorpe to the Trustees, January 16, 1738/ 9, and James Oglethorpe to the Trustees, January 17, 1738/ 9, in Egmont Papers, vol. 14203, 142–43.

57 Wood, *Slavery in Colonial Georgia*, 67.

58 For the attempted murder, see "New York. Jan. 9. We Hear from Georgia," *Boston Gazette*, January 22, 1739.

20 Byrd, HDL, 202; Charles Royster, *The Fabulous History of the Dismal Swamp Company* (New York: Knopf, 1999), 6–7, 82–83, 89–91, 98–99, 117, 287–88, 292–93, 299–301, 340, 342–43. Though Byrd's full "History of the Dividing Line" was not published until 1841, a shorter excerpt circulated to promote the company; see "A Description of the Dismal Swamp in Virginia," *The Mail, or Claypoole's Daily Advertiser*, March 15, 1792.

21 Hugh T. Lefler and William S. Powell, *Colonial North Carolina: A History* (New York: Charles Scribner's Sons, 1973), 81–86; Lindley Butler, *Pirates, Privateers, and Rebel Raiders of the Carolina Coast* (Chapel Hill: University of North Carolina Press, 2000), 4–8, 30, 39–41, 46, 52–56, 60, 68; Marcus Rediker, " 'Under the Banner of the King of Death': The Social World of Anglo-American Pirates, 1716–1726," *William and Mary Quarterly* 38, no. 2 (April 1981): 203–27, esp. 203, 205–6, 218–19; David Cordingly, *Under the Black Flag: The Romance and the Reality of Life Among the Pirates* (New York: Harvest, 1995), 18–19, 198–202.

22 Webb, *1676*, 26, 98; Jacquelyn H. Wolf, "Proud and the Poor: The Social Organization of Leadership in Proprietary North Carolina, 1663–1729" (Ph.D. dissertation, University of Pennsylvania, 1977), 28–29. For the proprietors wanting more compact settlements, see Lord Ashley to Governor Sayle, April 10, 1671, Lord Ashley to Sir John Yeamans, April 10, 1671, and Lord Ashley to Sir John Yeamans, September 18, 1671, in *Collections of the South Carolina Historical Society*, 5: 311, 314–15, 344; Barbara Arneil, "Trade, Plantations, and Property: John Locke and the Economic Defense of Colonialism," *Journal of the History of Ideas*, vol. 55, no. 4 (October 1994): 591–609, esp. 607; McIlvenna, *A Very Mutinous People*, 31, 33; Lowry, "Class, Politics, Rebellion," 33–34, 45–46, 80–81.

23 Jacquelyn Wolf has calculated that 309 grantees owned 49 percent of all land grants. From 1663 to January 1729, the number of land grants recorded was 3,281. Out of this number, 2,161 were grants of two or more to the same person. By 1730, the total population was 36,000, and it has been estimated that between 3,200 and 6,000 were slaves. See Wolf, "The Proud and the Poor," 25–28, 150–51, 157, 172–73; Fischer, *Suspect Relations*, 27. Charles Lowry, using land records instead of tithables, has calculated a lower population figure of 13,887 whites and 3,845 slaves. Contemporary observers in 1720 felt there were no more than 500 slaves in North Carolina. See Lowry, "Class, Politics, Rebellion," 8–9, 79–80, 84, 113, 115–17, 122–23; McIlvenna, *A Very Mutinous People*, 23, 133–34. For the minister's comments on sloth, see "Mr. Gordon to the Secretary, May 13, 1709," in Saunders, *CRNC*, 1:714; and "Petition to Governor and Council, February 23, 1708/ 9," in *The Colonial Records of North Carolina*, ed. Robert J. Cain, vol. 7, *Records of the Executive Council, 1664–1734* (Raleigh: Department of Cultural Recourses, North Carolina Division of Archives and History, 1984), 431.

24 Because of the possible defect in the first charter, a second charter was issued in 1665. See "Charter to the Lord Proprietors of Carolina" (June 30, 1650), in Parker, *North Carolina Charters and Constitutions*, 90; Wolf, "The Proud and the Poor," 69; McIlvenna, *A Very Mutinous People*, 49–50, 97–99. On the effort of Berkeley to acquire Albemarle, see Cain, *Records of the Executive Council*, 7:xix. For putting Carolina under stricter controls, see "Mr. Randolph's Memoranda About Illegal Trade in the Plantations, Mentioned in the Foregoing Presentment," November 10, 1696, and another report by Randolph, dated March 24, 1700, in Saunders, *CRNC*, 1:464–70, 527.

25 See Saunders, *CRNC*, 1:xxi; Mattie Erma E. Parker, "Legal Aspects of 'Culpeper's Rebellion,' " *North Carolina Historical Review* 45, no. 2 (April 1968): 111–27, esp. 118–20, 122–24; McIlvenna, A Very Mutinous People, 56–57, 65–66.

26 See "Answer of the Lords Proprietors of Carolina Read the 20 Nov. 1680" and "Petition of Thomas Miller to the King, November 20, 1680," in Saunders, *CRNC*, 1:303, 326–28; and Parker, "Legal Aspects of 'Culpeper's Rebellion,' " 111–27, esp. 111–12; Lowry, "Class, Politics, Rebellion," 49.

27 On the controversy surrounding Thomas Miller, see "Affidavit of Henry Hudson, January 31, 1679," and "Carolina Indictment of Th. Miller Received from Ye Comm. Of Ye Customes the 15 July 1680," in Saunders, *CRNC*, 1:272–74, 313–17; and Lindley S. Butler, "Culpeper's Rebellion: Testing the Proprietors," in *North Carolina Experience: An Interpretative and Documentary History*, eds. Lindley S. Butler and Alan D. Watson (Chapel Hill: University of North Carolina Press, 1984), 53–78, esp. 56–57. On the scarcity of landgraves and caciques in North Carolina, see Paschal, "Proprietary North Carolina," 184.

28 Wolf, "The Proud and the Poor," 68, and footnote 29 on 172; Paschal, "Proprietary North Carolina," 179; McIlvenna, *A Very Mutinous People*, 73, 80, 146; Lefler and Powell, *Colonial North Carolina*, 54; Lowry, "Class, Politics, Rebellion," 49, 96–97. On Governor Spotswood waging war on North Carolina, and the connection to the Tuscarora Indians, see "Colonel Spotswood to the Board of Trade, July 25, 1711," in Saunders, *CRNC*, 1:782.

29 "Journal of John Barnwell," *Virginia Magazine of History and Biography* 6, no. 1 (July 1898): 442–55, esp. 451; on Barnwell's treachery, see "Colonel Spotswood to the Board of Trade, July 26, 1752," in Saunders, *CRNC*, 1:862. Barnwell was accompanied by around five hundred Yamassee and other Indian allies. Their interest in attacking the Tuscaroras was also spurred on by the desire to capture slaves. See Lowry, "Class, Politics, Rebellion," 98–99.

30 See "Governor Spotswood to the Earl of Rochester, July 30, 1711," in Saunders, *CRNC*, 1:798; Lord Culpeper to the Board of Trade, December 1681, British Public Record Office, class 1, piece 47, folio 261, Library of Congress, Washington, DC; and Barbara Fuchs, "Faithless Empires: Pirates, Renegadoes, and the English Nation," *ELH* 67, no. 1 (Spring 2000): 45–69, esp. 50–51.

31 See Byrd, SH and HDL, 19, 66, 195; Philip Ludwell and Nathaniel Harrison, "Boundary Line Proceedings, 1710," *Virginia Magazine of History and Biography* 5 (July 1897): 1–21. It appears that Byrd wrote and revised his two texts between 1729 and 1740. Although the more polished "History of the Dividing Line" was not published until 1841, he did circulate the text among friends and other curious people. See Kenneth A. Lockridge, *The Diary, and Life, of William Byrd II of Virginia, 1674–1744* (Chapel Hill: University of North Carolina Press, 1987), 127, 142–43; and Louis B. Wright and Marion Tinling, eds., *William Byrd of Virginia: The London Diary (1717–1721) and Other Writings* (New York: Oxford University Press, 1958), 39–40.

32 See William Byrd to Charles Boyle, Earl of Orrery, July 25, 1726, in "Virginia Council Journals, 1726–1753," *Virginia Magazine of History and Biography* 32, no. 1 (January 1932): 26–27; and Robert D. Arner, "Westover and the Wilderness: William Byrd's Images of Virginia," *Southern Literary Journal* 7, no. 2 (Spring 1975): 105–23, esp. 106–7.

33 Byrd, SH, 66, 81; HDL, 182. For another discussion of the "knights-errant" allusion, see Susan Scott Parrish, "William Byrd and the Crossed Languages of Science, Satire, and Empire in British America," in *Creole Subjects in the Colonial Americas: Empires, Texts, and Identities*, eds. Ralph Bauer and Jose Antonio Mazotti (Chapel Hill: University of North Carolina Press, 2009), 355–72, esp. 363.

34 Byrd, HDL, 182, 204–5. The idea of women doing all the work and "husbands lie snoring in bed" is a much older theme. Thomas More alluded to this dysfunctional gender pattern in *Utopia*, where he felt all men and women should be engaged in productive labor. See Thomas More, *Utopia*, eds. George M. Logan and Robert M. Adams (Cambridge: Cambridge University Press, 1989; rev. ed., 2011), 51.［モア『ユートピア』、前同］

35 Byrd, SH, 143; HDL, 311–12. According to the *Oxford English Dictionary*, "bogtrotting" was first used in 1682, and was associated not only with the Irish but with people who were poor and lived near marshes.

36 Byrd, HDL, 196. Scholars have recognized Byrd's reference to Lubberland and sloth, but failed to trace its roots to the folktale of Lawrence Lazy, which circulated orally and was first published in English in 1670. The influence on Byrd is that his lazy Carolinians

✺ Chapter Two

1 On the words Jefferson borrowed from Locke, see John Locke, *Two Treatises of Government*, ed. Peter Laslett (Cambridge: Cambridge University Press, 1988), 523, 415.［ロック『統治二論』、加藤節訳、岩波文庫］For the idea that Locke should be read by everyone, men, women, and children, see advertisement for Locke's *Second Treatise on Government*, in *Massachusetts Evening Gazette*, March 4, 1774; also see *Boston Evening Gazette*, October 19, 1772; and *New London Gazette*, October 9, 1767. Locke's major critic (and of his "disciples") was Welsh clergyman Josiah Tucker; see Josiah Tucker, *A Series of Answers to Certain Popular Objections, Against Separating from the Rebellious Colonies, and Discarding Them Entirely; Being the Concluding Tract of the Dean of Gloucester, on the Subject of American Affairs* (Gloucester, UK, 1776), in *Four Tracts on Political and Commercial Subjects* (Gloucester, 1776; reprint ed., New York, 1975), 21–22, 102–3. On Locke's involvement in the slave trade, see David Armitage, "John Locke, Carolina, and the *Two Treatises of Government*," *Political Theory* 32, no. 5 (October 2004): 602–27, esp. 608; James Farr, "Locke, Natural Law, and New World Slavery," *Political Theory* 36, no. 4 (August 2008): 495–522, esp. 497; Wayne Glausser, "Three Approaches to Locke and the Slave Trade," *Journal of the History of Ideas* 51, no. 2 (April–June 1990): 199–216, esp. 200–204; George Frederick Zook, "The Royal Adventurers in England," *Journal of Negro History* 4, no. 2 (April 1919): 143–62, esp. 161.

2 Shaftesbury referred to Carolina as "my darling" in a 1672 letter to another proprietor, Sir Peter Colleton; see Langdon Cheves, ed., *The Shaftesbury Papers and Other Records Relating to Carolina* (Charleston: South Carolina Historical Society, 1897), 416; also see L. H. Roper, *Conceiving Carolina: Proprietors, Planters, and Plots, 1662–1729* (New York: Palgrave Macmillan, 2004), 15.

3 Armitage, "John Locke, Carolina, and the *Two Treatises of Government*," 603, 607–8; and Armitage, "John Locke, Theorist of Empire?," in *Empire and Modern Political Thought*, ed. Sankar Muthu (Cambridge: Cambridge University Press, 2015), 7. For the important role of the secretary, see Herbert Richard Paschal Jr., "Proprietary North Carolina: A Study in Colonial Government" (Ph.D. dissertation, University of North Carolina, 1961), 145; and Barbara Arneil, *John Locke and America: The Defense of English Colonialism* (Oxford: Clarendon Press, 1996), 1–2, 21–22, 24–26, 43–44.

4 See "Concessions and Agreement Between the Lords Proprietors and Major William Yeamans and Others" (January 7, 1665) and *The Fundamental Constitutions of Carolina* (July 21, 1669),［ロック『カロライナ憲法草案』、『政治論集』所収、山田園子、吉村信夫訳、法政大学出版局］in *North Carolina Charters and Constitutions, 1578–1698*, ed. Mattie Erma Edwards Parker (Raleigh, NC: Carolina Charter Tercentenary Commission, 1963), 122–23, 129, 133.

5 Ibid., 107, 112, 129–30, 132, 137–42, 145; Charles Lowry, "Class, Politics, Rebellion, and Regional Development in Proprietary North Carolina, 1697–1720" (Ph.D. dissertation, University of Florida, 1979), 38–39; Paschal, "Proprietary North Carolina: A Study in Colonial Government," 216, 229, esp. 236–37.

6 Parker, *The Fundamental Constitutions of Carolina*, 129, 134［ロック『カロライナ憲法草案』、前同］; *The Fundamental Constitutions of Carolina, in Locke: Political Essays*, ed. Mark Goldie (Cambridge: Cambridge University Press, 1997), 162; Farr, "Locke, Natural Law," 498–500; Thomas Leng, "Shaftesbury's Aristocratic Empire," in *Anthony Ashley Cooper, 1621–1681*, ed. John Spurr (Surrey, UK: Ashgate, 2011), 101–26; Shirley Carter Hughson, "The Feudal Laws of Carolina," *Sewanee Review* 2, no. 4 (August 1894): 471–83, esp. 482.

7 Parker, *The Fundamental Constitutions of Carolina*, 129, 136–37.［上同］

8 On Leet-men, see David Wootton, ed. and introduction, *John Locke: Political Writings* (New York: Penguin, 1993), 43; and John Locke, "An Essay on the Poor Law" (1697)［ロック『救貧法論』、『政治論集』所収、山田園子、吉村信夫訳、法政大学出版局］and "Labour" (1661), in Goldie, *Locke: Political Essays*, 192, 328.

9 See Daniel W. Fagg Jr., "St. Giles' Seigniory: The Earl of Shaftesbury's Carolina Plantation," *South Carolina Historical Magazine* 71, no. 2 (April 1970): 117–23, esp. 123; and Shaftesbury to Mr. Andrew Percival, May 23, 1674, in *Collections of the South Carolina Historical Society*, vol. 5 (Charleston: South Carolina Historical Society, 1897), 5:443–44.

10 Thomas Woodward to Proprietors, June 2, 1665, in *The Colonial Records of North Carolina*, ed. William L. Saunders (Raleigh: Hale, 1886), 1:100–101. Hereafter cited as *CRNC*. Lindley S. Butler, "The Early Settlement of Carolina: Virginia's Southern Frontier," *Virginia Magazine of History and Biography* 79, no. 1, Part One (January 1971): 20–28, esp. 21, 28. On the influx of squatters, see Robert Weir, " 'Shaftesbury's Darling': British Settlement in the Carolinas at the Close of the Seventeenth Century," in *The Oxford History of the British Empire*, vol. 1, *The Origins of the Empire: British Overseas Enterprise to the Close of the Seventeenth Century*, ed. Nicolas Canny (Oxford: Oxford University Press, 1998), 381.

11 For Locke's and Shaftesbury's dismissal of settlers who were "Lazy or debauched," see Locke's Carolina Memoranda, and Lord Ashley to Joseph West, December 16, 1671, *Collections of the South Carolina Historical Society*, 5:248, 366.

12 See Richard Waterhouse, *A New World Gentry: The Making of a Merchant and Planter Class in South Carolina, 1670–1770* (New York: Garland, 1989), 62–63, 71, 74; and Lori Glover, *All Our Relations: Blood Ties and Emotional Bonds Among the Early South Carolina Gentry* (Baltimore: Johns Hopkins University Press, 2000), 87–88.

13 Theo. D. Jervey, "The White Indentured Servants of South Carolina," *South Carolina Historical and Genealogical Magazine* 12, no. 4 (October 1911): 163–71, esp. 166. Slaves were 72 percent of the population by 1740, and then declined to around 50 percent of the population over the next forty years; see Tomlins, *Freedom Bound*, 436–37. Fears of the high rates of importing slaves began in the 1690s, and the recruitment of Leet-men, to offset this imbalance, was still part of the equation; see Brad Hinshelwood, "The Carolinian Context of John Locke's Theory," *Political Theory* 4, no. 4 (August 2013): 562–90, esp. 579–80.

14 Noeleen McIlvenna, *A Very Mutinous People: The Struggle for North Carolina, 1660–1713* (Chapel Hill: University of North Carolina Press, 2009), 1, 13, 162; Kirsten Fischer, *Suspect Relations: Sex, Race, and Resistance in Colonial North Carolina* (Ithaca, NY: Cornell University Press, 2002), 24; A. Roger Ekirch, *"Poor Carolina": Politics and Society in Colonial North Carolina, 1729–1776* (Chapel Hill: University of North Carolina Press, 1981), xviii–xix, 24. For "useless lubbers," see Hugh Talmage Lefler, ed., *A New Voyage to Carolina by John Lawson* (Chapel Hill: University of North Carolina Press, 1967), 40.

15 See "From the *Gentlemen's Magazine*," *Boston Evening-Post*, February 5, 1739. Italics in the original.

16 See *Oxford English Dictionary*, 467; and William Shakespeare's poem "The Passionate Pilgrim" (1598), line 201.

17 Sharon T. Pettie, "Preserving the Great Dismal Swamp," *Journal of Forestry* 20, no. 1 (January 1976): 28–33, esp. 29, 31; McIlvenna, *A Very Mutinous People*, 18. There are other estimates of the size of the swamp. Alexander Crosby Brown believes the swamp in the colonial era was between six hundred and one thousand square miles; see Brown, *The Dismal Swamp Canal* (Chesapeake: Norfolk County Historical Society of Chesapeake, Virginia, 1970), 17.

18 William Byrd, "The Secret History of the Dividing Line" (hereafter SH) and his revised version, "The History of the Dividing Line Betwixt Virginia and North Carolina, Run in the Year of Our Lord, 1728" (hereafter HDL), in *The Prose Works of William Byrd of Westover: Narratives of a Virginian* (Cambridge, MA: Belknap Press of Harvard University Press, 1966), 19–20, 63, 70, 190, 196–97, 199, 202.

19 For swamps having no fixed borders, and wetlands as transitional zones, see William Howarth, "Imagining Territory: Writing the Wetlands," *New Literary History* 30, no. 3 (Summer 1999): 509–39, esp. 521. For the ongoing boundary dispute, see Lowry, "Class, Politics, Rebellion," 31, 45–46.

York: Charles Scribner's Sons, 1910), 340–87, esp. 343–44, 348, 358. Also see *A Brief Description of the Province of Carolina on the Coasts of Floreda* (London, 1666), 9–10.

62 On the marriage fraud to secure land, see Morgan, "The First American Boom," 189–90. Historian Carole Shammas has noted that the colonies of Virginia and Maryland were more generous to widows, which benefited men who married them, encouraging a "lively marriage market in widows"; see Shammas, "English Inheritance Law and Its Transfer to the Colonies," *American Journal of Legal History* 31, no. 2 (April 1987): 145–63, esp. 158–59. On high mortality rates and remarriage, see Lorena Walsh, " 'Till Death Do Us Part': Marriage and Family in Seventeenth-Century Maryland," in *The Chesapeake in the Seventeenth Century: Essays on Anglo-American Society*, eds. Thad W. Tate and David L. Ammerman (Chapel Hill: University of North Carolina Press, 1979), 126–52. Widows were routinely made the executrix of their husband's estates, and most women remarried one year and never longer than two years after a husband's death; see James R. Perry, *The Formation of a Society on Virginia's Eastern Shore, 1615–1655* (Chapel Hill: University of North Carolina Press, 1990), 41, 79, 81.

63 T. H. Breen, "A Changing Labor Force and Race Relations in Virginia, 1660–1710," *Journal of Social History* 7, no. 1 (Autumn 1973): 3–25, esp. 10. For "ye scum of the country," leveling language, and the charge that Bacon attracted the idle, or those in debt, see "William Sherwood's Account" and "Ludlow's Account," in "Bacon's Rebellion," *Virginia Magazine of History and Biography* 1, no. 2 (October 1893): 169, 171, 183. For Bacon's followers as "Vulgar and Ignorant," and "lately crept out of the condition of Servants," see "A True Narrative of the Late Rebellion in Virginia, by the Royal Commissioners, 1677," in *Narratives of the Insurrections, 1675–1690*, ed. Charles M. Andrews (New York: Charles Scribner's Sons, 1915), 110–11, 113. On comparing the rebels to swine, see William Sherwood, "Virginias Deploured Condition, Or an Impartiall Narrative of the Murders comitted by the Indians there, and of the Sufferings of his Maties Loyall Subjects under the Rebellious outrages of Mr Nathaniell Bacon Junr: to the tenth day of August Anno Dom 1676 (1676)," in *Collections of the Massachusetts Historical Society*, vol. 9, 4th ser. (Boston: Massachusetts Historical Society, 1871): 176.

64 Stephen Saunders Webb, *1676: The End of American Independence* (New York: Knopf, 1984; reprint ed., Syracuse, NY: Syracuse University Press, 1995), 16, 34, 41, 66; Tomlins, *Freedom Bound*, 39–41, 425.

65 In Bacon's manifesto, he made it clear that the Berkeley faction had formed a powerful "Cabal" that protected the "Darling Indians" over the lives of its English settlers. Bacon's rebels also protested against the governor's policy that forbade military action against Indians without an express order from Berkeley. See Nathaniel Bacon, "Proclamations of Nathaniel Bacon," *Virginia Magazine of History and Biography* 1, no. 1 (July 1893): 57–60; and Webb, 1676, 7, 74.

66 On "Land lopers," see Sherwood, "Virginias Deploured Condition," 164. For unfair taxes and "Grandees" that "engrosse all their tobacco into their own hands," see "A True Narrative of the Late Rebellion," 108, 111; also see Peter Thompson, "The Thief, a Householder, and the Commons: Language of Class in Seventeenth Century Virginia," *William and Mary Quarterly* 63, no. 2 (April 2006): 253–80, esp. 264, 266–67. For the mixture of taxes, debts, and declining tobacco prices as the economic causes of the rebellion, see Warren M. Billings, "The Causes of Bacon's Rebellion: Some Suggestions," *Virginia Magazine of History and Biography* 78, no. 4 (October 1970): 409–35, esp. 419–22, 432–33. And for the importance of land issues and abuses of the council in the aftermath of the rebellion, see Michael Kammen, "Virginia at the Close of the Seventeenth Century: An Appraisal by James Blair and John Locke," *Virginia Magazine of History and Biography* 74, no. 2 (April 1966): 141–69, esp. 143, 154–55, 157, 159–60.

67 Bacon died on October 26, 1676; Berkeley died on July 9, 1677. As Kathleen Brown notes, Bacon's death by the bloody flux suggested that he was "defeated by his own body's corruption"; see Brown, *Foul Bodies*, 67. The lice may have been just as important, as it associated Bacon with the meaner sort and animals that carried lice. One account recorded that he had the "Lousy disease; so that swarmes of Vermyne that bred in his body he could not destroy but by throwing his shirts into the fire." See "A True Narrative of the Late Rebellion," 139; Wilcomb E. Washburn, "Sir William Berkeley's 'A History of Our Miseries,' " *William and Mary Quarterly* 14, no. 3 (July 1957): 403–14, esp. 412; and Wilcomb E. Washburn, *The Governor and the Rebel: A History of Bacon's Rebellion in Virginia* (Chapel Hill: University of North Carolina Press, 1957), 85, 129–32, 138–39.

68 Andrews, *Narratives of the Insurrections*, 20. On white aprons, see Mrs. An. Cotton, "An Account of Our Late Troubles with Virginia. Written in 1676," in *Tracts and Other Papers, Principally Relating to the Origin, Settlement, and Progress of the Colonies of North America, from the Discovery of the Country to the Year 1776*, ed. Peter Force, 4 vols. (Washington, DC, 1836–46), 1:8. In another account the women were called guardian angels, and Aphra Behn in her play on Bacon's Rebellion alludes to the women being used as a truce to avoid combat; see "The History of Bacon's and Ingram's Rebellions, 1676," in Andrews, *Narratives of the Insurrections*, 68; and Behn, *The Widow Ranter, or, The History of Bacon in Virginia. A Tragi-Comedy* (London, 1690), 35; also see Washburn, *The Governor and the Rebel*, 80–81; Terri L. Snyder, *Brabbling Women: Disorderly Speech and the Law in Early Virginia* (Ithaca, NY: Cornell University Press, 2003), 33–34; and Webb, 1676, 20–21.

69 On Lydia Chisman, see "The History of Bacon's and Ingram's Rebellions," in Andrews, *Narratives of the Insurrections*, 81–82. On Elizabeth Bacon's later marriages, see "Bacon's Rebellion," 6. On the confiscation and return of the estates to widows of the rebels, see Washburn, *The Governor and the Rebel*, 141–42; and Wilcomb E. Washburn, "The Humble Petition of Sarah Drummond," *William and Mary Quarterly* 13, no. 13 (July 1956): 354–75, esp. 356, 358, 363–64, 367, 371. Lyon G. Tylor, "Maj. Edmund Chisman," *William and Mary Quarterly* 1, no. 2 (October 1892): 89–98, esp. 90–91, 94–97; Susan Westbury, "Women in Bacon's Rebellion," in *Southern Women: Histories and Identities*, eds. Virginia Bernhard, Betty Brandon, Elizabeth Fox-Genovese, and Theda Perdu (Columbia: University of Missouri Press, 1992), 30–46, esp. 39–42.

70 Webb, *1676*, 102, 132–63.

71 See Behn, *The Widow Ranter*, 3, 12, 42, 45, 48; Jenny Hale Pulsipher, " 'The Widow Ranter' and Royalist Culture in Colonial Virginia," *Early American Literature* 39, no. 1 (2004): 41–66, esp. 53–55; and Snyder, *Brabbling Women*, 11–12, 117, 122–23.

72 Jane D. Carson, "Frances Culpeper Berkeley," in *Notable American Women, 1607–1950*, ed. Edward James et al., 3 vols. (Cambridge, MA: Harvard University Press, 1971), 1:135–36; Snyder, *Brabbling Women*, 19–25.

73 Kathleen M. Brown, *Good Wives, Nasty Wenches, and Anxious Patriarchs: Gender, Race, and Power in Colonial Virginia* (Chapel Hill: University of North Carolina Press, 1996), 129–33; Tomlins, *Freedom Bound*, 455, 457–58.

74 Morgan, *Laboring Women*, 77–83; Anderson, "Animals into the Wilderness," 403.

75 For the quotation see Francis Bacon, *The Two Books of Francis Bacon, of the Proficience and Advancement of Learning, Divine and Human* (London, 1808), 72［ベーコン『学問の進歩』、ワイド版『世界の大思想』２－４所収、服部英次郎他訳、河出書房新社］; for a different interpretation of this quotation, see Parrish, "The Female Opossum and the Nature of the New World," 489.

76 Turk McClesky, "Rich Land, Poor Prospects: Real Estate and the Formation of a Social Elite in Augusta County, Virginia, 1738–1770," *Virginia Magazine of History and Biography* 98, no. 3 (July 1990): 449–86; John Combs, "The Phases of Conversion: A New Chronology for the Rise of Slavery in Virginia," *William and Mary Quarterly* 68, no. 3 (July 2011): 332–60; Emory G. Evans, *A "Topping People": The Rise and Decline of Virginia's Old Political Elite, 1680–1790* (Charlottesville: University of Virginia Press, 2009), 1–30.

King Philip's War, the court charged "38 wives and maids and 30 young men . . . for wearing silk and that in a flaunting manner"; see Laurel Thatcher Ulrich, *The Age of Homespun: Objects and Stories in the Creation of an American Myth* (New York: Knopf, 2001), 125; and Konig, *Law and Society in Puritan Massachusetts*, 148. And on the anxiety over parents and masters indulging children and servants, see Edmund Morgan, *The Puritan Family: Religious and Domestic Relations in Seventeenth-Century New England* (Westport, CT: Greenwood Press, 1966), 149.

50 For the privileges that church members had in court proceedings, see Thomas Haskell, "Litigation and Social Status in Seventeenth-Century New Haven," *Journal of Legal Studies*, no. 2 (June 1978): 219–41. On Mary Dyer, see Carla Gardina Pestana, "The Quaker Executions as Myth and History," *Journal of American History* 80, no. 2 (September 1992): 441–69, esp. 441, 460–64; and David D. Hall, *Worlds of Wonder, Days of Judgment: Popular Religious Belief in Early New England* (Cambridge, MA: Harvard University Press, 1990), 172–74, 186. Excommunication in England could result in severe penalties of barring the person from receiving an inheritance or restricting the right to sue. In New England, at least initially, excommunication only led to disenfranchisement. In 1638, the courts established harsher punishments: if a person did not repent or seek readmission within six months of excommunication, he or she could be fined, jailed, banished, or "further." See Konig, *Law and Society in Puritan Massachusetts*, 32.

51 Archer, Fissures in the Rock, 44, 50, 59–63, endnote 5, 180; Robert J. Dinkin, "Seating the Meetinghouse in Early Massachusetts," *New England Quarterly* 43, no. 3 (September 1970): 450–64, esp. 453–54.

52 Kathryn Zabelle Derounian, "The Publication, Promotion, and Distribution of Mary Rowlandson's Indian Captivity Narrative in the Seventeenth Century," *Early American Literature* 23, no. 3 (1988): 239–62. On Rowlandson's embrace of English class and material symbols, see Nan Goodman, " 'Money Answers All Things': Rethinking Economic Cultural Exchange in the Captivity Narrative of Mary Rowlandson," *American Literary History* 22, no. 1 (Spring 2010): 1–25, esp. 5.

53 Mary Rowlandson, *The Sovereignty and Goodness of God, Together with the Faithfulness of His Promises Displayed: Being a Narrative of Captivity and Restoration of Mrs. Mary Rowlandson and Related Documents*, ed. Neil Salisbury (Boston: Bedford Books, 1997), 1, 16, 26, 75, 79, 83, 86, 89, 96–97, 103［ローランソン『メアリー・ローランソン夫人の捕囚と救済の物語』、『インディアンに囚われた白人女性の物語』所収、白井洋子訳、刀水書房］; Ulrich, *The Age of Homespun*, 59; Teresa A. Toulouse, " 'My Own Credit': Strategies of (E)valuation in Mary Rowlandson's Captivity Narrative," *American Literature* 64, no. 2 (December 1992): 655–76, esp. 656–58; Tiffany Potter, "Writing Indigenous Femininity: Mary Rowlandson's Narrative of Captivity," *Eighteenth-Century Studies* 36, no. 2 (Winter 2003): 153–67, esp. 154.

54 See Increase Mather, *Pray for the Rising Generation, or a Sermon Wherein Godly Parents Are Encouraged, to Pray and Believe for Children* (Boston, 1678), 12, 17; Hall, *Worlds of Wonder*, 148–55; Gerald F. Moran, "Religious Renewal, Puritan Tribalism, and the Family in Seventeenth-Century Milford, Connecticut," *William and Mary Quarterly* 36, no. 2 (April 1979): 236–54, esp. 237–38, 250–54; Bremer, *John Winthrop*, 314–15; Lewis Milton Robinson, "A History of the Half-Way Covenant" (Ph.D. dissertation, University of Illinois, 1963).

55 Hakluyt wrote two different dedications: one emphasized Virginia as a nubile bride, and the other as a child, with Queen Elizabeth as her godmother overseeing the gossips (midwives) assisting in the birth of a child. Samuel Purchas repeated the same marital allusion, writing that Virginia's "lovely looks" were "worth the wooing and loves of the best husband." See "Epistle Dedicatory to Sir Walter Ralegh by Richard Hakluyt, 1587," *De Orbe Novo Petri Martyris*, in Taylor, *The Original Writings*, 2:367; and "To the Right Worthie and Honourable Gentleman, Sir Walter Ralegh," in *A Notable Historie Containing four Voyages Made by Certayne French Captaynes into Florida* (London, 1587), [2]. Raleigh used a similar allusion about Guiana, that she hath "yet to lose her Maidenhead." See Sir Walter Ralegh, *The Discovery of the Large, Rich, and Beautiful Empire of Guiana, with a relation of the Great and Golden City of Manoa (which the Spaniards call El Dorado), etc. performed in the Year 1595*, edited by Sir Robert H. Schomburgk (London, 1848), 115; also see Louis Montrose, "The Work of Gender in the Discourse of Discovery," *Representations* 33 (Winter 1991): 1–41, esp. 12–13; Fuller, *Voyages in Print*, 75; and Morgan, "Virginia's Other Prototype," 360.

56 See Rachel Doggett, Monique Hulvey, and Julie Ainsworth, eds., *New World Wonders: European Images of the Americas, 1492–1700* (Washington, DC: Folger Shakespeare Library/ Seattle: University of Washington Press, 1992), 37; Edward L. Bond, "Sources of Knowledge, Sources of Power: The Supernatural World of English Virginia, 1607–1624," *Virginia Magazine of History and Biography* 108, no. 2 (2000): 105–138, esp. 114.

57 See Jack Dempsey, ed., *New England Canaan by Thomas Morton of "Merrymount"* (Scituate, MA: Digital Scanning, 2000), 283–88; Karen Ordahl Kupperman, "Thomas Morton, Historian," *New England Quarterly* 50, no. 4 (December 1977): 660–64; Michael Zukerman, "Pilgrims in the Wilderness: Community, Modernity, and the May Pole at Merrymount," *New England Quarterly* 50, no. 4 (December 1977): 255–77; John P. McWilliams Jr., "Fictions of Merry Mount," *American Quarterly* 29, no. 1 (Spring 1977): 3–30.

58 He was first marooned on the Isle of Shoals (New Hampshire) after his arrest in 1628, and then shipped back to England. He returned to New England in 1629 and was banished again to England in 1630. He returned once more in 1643, only to be arrested the next year; he was released in 1645 on the condition that he go out of the jurisdiction, so he headed to Maine and died soon after. For the best overview of his life, see Jack Dempsey, *Thomas Morton of "Merrymount": The Life and Renaissance of an Early American Poet* (Scituate, MA: Digital Scanning, 2000).

59 Morton believed that special water used by the Indians (the "crystal fountain") cured barrenness; see Dempsey, *New English Canaan*, 7, 26–27, 53–55, 70, 90, 92, 120–21, 135–36, 139. For the best analyses of Morton's writings, see Michelle Burnham, "Land, Labor, and Colonial Economics in Thomas Morton's *New English Canaan*," *Early American Literature* 41, no. 3 (2006): 405–28, esp. 408, 413–14, 418, 421, 423–24; and Edith Murphy, " 'A Rich Widow, Now to Be Tane Up or Laid Downe': Solving the Riddle of Thomas Morton's 'Rise Oedipeus,' " *William and Mary Quarterly* 55, no. 4 (October 1996): 755–68, esp. 756, 759, 761–62, 765–67.

60 Hamor, *A True Discourse of the Present State of Virginia*, 20; Hakluyt, "Epistle Dedicatory to Sir Walter Ralegh by Richard Hakluyt, 1587," 2:367–68. Lawson also emphasized the "wonderful increase" of sheep and cattle, which he described as "fat"—another word used to describe their abundant fertility; see John Lawson, *A New Voyage to Carolina*, with introduction by Hugh Talmage Lefler (reprint of 1706 London ed., Chapel Hill: University of North Carolina Press, 1967), 87–88, 91, 196. John Smith repeated this notion that Indian women "are easily delivered of childe." See Smith, *The Generall Historie of Virginia, New England, and the Summer Isles* . . . (1624) 2:1165. On New World images of fertility in general, see Parrish, "The Female Opossum and the Nature of the New World," 475–514, esp. 502–6, 511. The Romans claimed that barbarian and nomadic women "give birth with ease," and this idea readily translated to Native women in the New World. See Morgan, *Laboring Women*, 16–17.

61 Tomlins, *Freedom Bound*; Alsop also referred to Mary-land as having a "natural womb (by her plenty)," which gave forth several different kinds of animals. The land's "superabounding plenty" he compared to a woman's pregnant belly. If "copulative marriage" involved women coming to "market with their virginity," Alsop contrasted virgins with prostitutes or doxies, who "rent out" their wombs, and to spinsters who had let their wombs become "mouldy"; see George Alsop, *A Character of the Province of Maryland* (London, 1666), in *Narratives of Early Maryland, 1633–1684*, ed., Clayton G. Hall (New

tury Agriculture and the Classical Inspiration," in Michael Leslie and Timothy Raylor, eds., *Culture and Cultivation in Early Modern England: Writing and the Land* (Leicester and London: Leicester University Press, 1992), 22.

31 On Rolfe and tobacco, see Philip D. Morgan, "Virginia's Other Prototype: The Caribbean," in *The Atlantic World and Virginia, 1550–1624*, ed. Peter C. Mancall (Chapel Hill: University of North Carolina Press, 2007), 362; and Edmund S. Morgan, "The Labor Problem at Jamestown, 1607–1618," *American Historical Review* 76, no. 3 (June 1971): 595–611, esp. 609.

32 See Manning C. Voorhis, "Crown Versus Council in the Virginia Land Policy," *William and Mary Quarterly*, 3rd ser., 3, no. 4 (October 1946): 499–514, esp. 500–501; and Edmund S. Morgan, *American Slavery, American Freedom: The Ordeal of Colonial Virginia* (New York: Norton, 1975), 93–94, 171–73. Morgan quotes Jamestown planter John Pory, who wrote that "our principall wealth . . . consisteth in servants." See Morgan, "The First American Boom," *William and Mary Quarterly* 28, no. 2 (1971): 169–98, esp. 176–77.

33 See Tomlins, *Freedom Bound*, 31–36, 78–81; Mary Sarah Bilder, "The Struggle over Immigration: Indentured Servants, Slaves, and Articles of Commerce," *Missouri Law Review* 61 (Fall 1996): 758–59, 764; and Warren M. Billings, "The Law of Servants and Slaves in Seventeenth Century Virginia," *Virginia Magazine of History and Biography* 99, no. 1 (January 1991): 45–62, esp. 47–49, 51.

34 Morgan, "The First American Boom," 170, 185–86, 198; Schen, "Constructing the Poor in Early Seventeenth-Century London," 451; Billings, "The Law of Servants and Slaves," 48–49. On high death tolls for indentured servants, see Martha W. McCartney, *Virginia Immigrants and Adventurers: A Biographical Dictionary* (Baltimore: Genealogical Publishing Company, 2007), 14; and Smith, *The Generall Historie of Virginia, New England, and the Summer Isles . . .*, in Barbour, *The Complete Works of Captain John Smith*, 2:255.

35 Smith, *The Generall Historie of Virginia, New England, and the Summer Isles* . . . (1624), in Barbour, *The Complete Works of Captain John Smith*, 2:388. Dr. John Pott paid the ransom for her release from the Indians with a few pounds of trade beads; he also claimed that her dead husband owed him three years of work on his indenture. See McCartney, *Virginia Immigrants and Adventurers*, 258; and "The Humble Petition of Jane Dickenson Widdowe" (1624), in *Records of the Virginia Company of London*, ed. Susan M. Kingsbury, 4 vols. (Washington, DC: Government Printing Office, 1906–35), 4:473; also see Canny, "The Permissive Frontier," 32.

36 *The Merchant of Venice* was published in 1600. Under Roman law, not only war captives but debtors and abandoned children could be made slaves. Children born to slaves could be slaves too. In Jamestown, children born to debtors could be made slaves. See Temin, "The Labor Market of the Early Roman Empire," 513–38, esp. 524, 531.

37 See David R. Ransome, "Wives for Virginia, 1621," *William and Mary Quarterly* 48, no. 1 (January 1991): 3–18, esp. 4–7. The sex ratio was roughly four to one during the early years of Virginia; see Virginia Bernhard, " 'Men, Women, and Children' at Jamestown: Population and Gender in Early Virginia, 1607–1610," *Journal of Southern History* 58, no. 4 (November 1992): 599–618, esp. 614–18. On the shipping of cattle and cows as emissaries of Englishness, see Virginia DeJohn Anderson, "Animals into the Wilderness: The Development of Livestock Husbandry in the Seventeenth-Century Chesapeake," *William and Mary Quarterly* 59, no. 2 (April 2002): 377–408, esp. 377, 379. The idea of sending women as breeders to the colonies was not new. In 1656, Cromwell had shipped off two thousand young women of England to Barbados in "order that by their breeding they should replenish the white population." See Jennifer L. Morgan, *Laboring Women: Reproduction and Gender in New World Slavery* (Philadelphia: University of Pennsylvania Press, 2004), 74–75.

38 William Berkeley, *A Discourse and View of Virginia* (London, 1663), 2, 7, 12.

39 Samuel Eliot Morrison, "The Plymouth Company and Virginia," *Virginia Magazine of History and Biography* 62, no. 2 (April 1954): 147–65; Donegan, Seasons of Misery, 119.

40 Tomlins, *Freedom Bound*, 23, 54–56; Alison Games, *Migration and Origins of the English Atlantic World* (Cambridge, MA: Harvard University Press, 1999), 25, 48, 53; T. H. Breen and Stephen Foster, "Moving to the New World: The Character of Early Massachusetts Migration," *William and Mary Quarterly* 30, no. 2 (April 1973): 189–222, esp. 194, 201; Nuala Zahedieh, "London and the Colonial Consumer in the Late Seventeenth Century," *Economic History Review* 42, no. 2 (May 1994): 239–61, esp. 245.

41 See his "General Observations" (1629), in *John Winthrop Papers*, 6 vols. (Boston: Massachusetts Historical Society, 1928–), 2:111–15; Edgar J. A. Johnson, "Economic Ideas of John Winthrop," *New England Quarterly* 3, no. 2 (April 1930): 235–50, esp. 245, 250; Francis J. Bremer, *John Winthrop: America's Forgotten Founder* (New York: Oxford University Press, 2003), 152–53, 160–61, 174–75, 181, and footnote 9 on 431–32.

42 John Winthrop, "A Model of Christian Charity" (1630), *Collections of the Massachusetts Historical Society*, 3rd ser., 7 (Boston, 1838), 33; Scott Michaelson, "John Winthrop's 'Modell' Covenant and the Company Way," *Early American Literature* 27, no. 2 (1992): 85–100, esp. 90; Lawrence W. Towner, " 'A Fondness for Freedom': Servant Protest in Puritan Society," *William and Mary Quarterly* 19, no. 2 (April 1962): 201–19, esp. 204–5.

43 Norman H. Dawes, "Titles of Symbols of Prestige in Seventeenth-Century New England," *William and Mary Quarterly* 6, no. 1 (January 1949): 69–83; David Konig, *Law and Society in Puritan Massachusetts: Essex County, 1629–1692* (Chapel Hill: University of North Carolina Press, 1979), 18–19, 29–30, 92; *John Winthrop Papers*, 4, 54, 476; Bremer, *John Winthrop*, 355.

44 Towner, " 'A Fondness for Freedom,' " 202; Tomlins, *Freedom Bound*, 254–55; Bremer, *John Winthrop*, 313.

45 Tomlins, *Freedom Bound*, 56, 255–56, 258. Fourteen was the age of discretion in Massachusetts law, and most did not arrive at adulthood until the age of twenty-one. See Ross W. Beales Jr., "In Search of the Historical Child: Adulthood and Youth in Colonial New England," *American Quarterly* 27, no. 4 (April 1975): 379–98, esp. 384–85, 393–94, 397. Massachusetts first required youth to reside in families and work for them without compensation when land grants were distributed in 1623; laws were passed in Massachusetts, Connecticut, and Rhode Island that "all single persons had to reside with families." See William E. Nelson, "The Utopian Legal Order of Massachusetts Bay Colony, 1630–1686," *American Journal of Legal History* 47, no. 2 (April 2005): 183–230, esp. 183; and Archer, *Fissures in the Rock*, 106.

46 Tomlins, *Freedom Bound*, 307, 310; Philip Greven, *Four Generations: Population, Land, and Family in Colonial Andover, Massachusetts* (Ithaca, NY: Cornell University Press, 1970), 75, 81–83, 125, 132, 135, 149.

47 Winthrop's first two wives died in childbirth. His last wife gave birth a year before he died. Bremer, *John Winthrop*, 90–91, 102–3, 115, 314, 373.

48 Cotton Mather, *A Good Master Well Served* (Boston, 1696), 15–16, 35–36, 38; Towner, " 'A Fondness for Freedom,' " 209–10; Robert Middlekauf, *The Mathers: Three Generations of Puritan Intellectuals, 1596–1728* (New York: Oxford University Press, 1971), 195.

49 William Perkins, "On the Right, Lawful, and Holy Use of Apparel" in *The Whole Treatise of the Cases of Conscience Distinguished into Three Books* (Cambridge, England, 1606); Louis B. Wright, "William Perkins: Elizabethan Apostle of 'Practical Divinity,' " *Huntington Library Quarterly* 2, no. 2 (January 1940): 171–96, esp. 177–78; Stephen Innes, *Creating the Commonwealth: Economic Culture of Puritan New England* (New York: Norton, 1998), 101–3. In 1651, officials in Massachusetts Bay Colony declared their "utter detestation & dislike that men and women of meane condition, education & callings should take upon theme the garb of the gentlemen"; see Leigh Eric Schmidt, " 'A Church-Going People Are a Dress-Loving People': Clothes, Communication, and Religious Culture in Early America," *Church History* 58, no. 1 (March 1989): 36–51, esp. 38–39. During

2004): 513–38, esp. 534. A French scholar has noted that in English ethnography, the term "rubbish men" was used to describe debt slavery; see Alain Testart, "The Extent and Significance of Debt Slavery," *Revue Française de Sociologie* 43, no. 1 (2002): 173–204, esp. 199.

16 Hakluyt, *Discourse of Western Planting*, 31–32, 120. ［上同］ On the children of beggars being put into service, see A. L. Beier, " 'A New Serfdom': Labor Laws, Vagrancy Statutes, and Labor Discipline in England, 1350–1800," in *Cast Out: Vagrancy and Homelessness in Global Perspective*, eds. A. L. Beier and Paul Ocobock (Athens: Ohio University Press, 2009), 47.

17 Beier, *Masterless Men*, 158–60; C. S. L. Davies, "Slavery and Protector Somerset: The Vagrancy Act of 1547," *Economic History Review* 19, no. 3 (1966): 533–49.

18 See William Harrison, "Chapter IX: Of Provisions Made for the Poor" (1577 and 1857), in *Elizabethan England: From "A Description of England," by William Harrison (in "Holinshed's Chronicles")*, edited by Lothrop Withington, with introduction by F. J. Furnivall (London: The W. Scott Publishing Co., 1902), 122–29, esp. 122; and Patrick Copland, *Virginia's God Be Thanked, or A Sermon of Thanksgiving for the Happie Successe of the Affayres in Virginia This Last Yeare. Preached by Patrick Copland at Bow-Church in Cheapside, Before the Honourable Virginia Company, on Thursday, the 18. of April 1622* (London, 1622), 31.

19 Beier, *Masterless Men*, 43; Copland, *Virginia's God Be Thanked*, 31; John Donne, *A Sermon upon the Eighth Verse of the First Chapter of the Acts of the Apostles. Preached to the Honourable Company of the Virginia Plantation, 13, November 1622* (London, 1624), 21. Though John White tried to counter this negative image, he acknowledged that it was widely believed the "Colonies ought to be Emunctories or Sinkes of States; to drayne away the filth"; see John White, *The Planters Plea, or the Grounds of Plantations Examined and Usuall Objections Answered* (London, 1630), 33. For the elder Hakluyt's phrase of "offals of our people," see his "Letter of Instruction for the 1580 Voyage of Arthur Pet and Charles Jackman," in Hakluyt, *Principall Navigations*, 1:460. The idea of draining off the poor into the colonies can be traced back to ancient Rome. Cicero described the poor as " '*dordem urbis et faecem*, the poverty stricken scum of the city,' who should be 'drained off to the colonies' "; see Paul Ocobock, introduction in Beier and Ocobock, *Cast Out*, 4.

20 Harrison, *Elizabethan England*, 122. Harrison's allusion to the poor as unbounded and haphazardly dispersed matched how the English thought of wastelands. A writer in 1652 described "those many and wild vacant *Wast-Lands* scattered up and down this Nation, be not suffered to lye longer (like deformed *Chaos*) to our discredit and disprofit"; see *Wast Land's Improvement, or Certain Proposals Made and Tendered to the Consideration of the Honorable Committee Appointed by Parliament for the Advance of Trade, and General Profits of the Commonwealth* . . . (London, 1653), 2.

21 William Harrison contended that while some believe that a "brood of cattle" was far better than the "superfluous augmentation" of the poor, he pointed out that the poor were necessary in times of war. They alone would form a "wall of men" if England was invaded. See Harrison, *Elizabethan England*, 125; Beier, *Masterless Men*, 75–76.

22 Nicholas P. Canny, "Ideology of English Colonization: From Ireland to America," *William and Mary Quarterly* 30, no. 4 (October 1973): 575–90, esp. 589–90; and Canny, "The Permissive Frontier: The Problem of Social Control in English Settlements in Ireland and Virginia," in *The Western Enterprise: English Activities in Ireland, the Atlantic, and America, 1480–1650*, eds. K. R. Andrews, N. P. Canny, and P. E. H. Hair (Detroit: Wayne State University Press, 1979), 17–44, esp. 18–19. Also see Linda Bradley Salamon, "Vagabond Veterans: The Roguish Company of Martin Guerre and Henry V," in *Rogues and Early Modern English Culture*, eds. Craig Dionne and Steve Mentz (Ann Arbor: University of Michigan Press, 2004), 261–93, esp. 265, 270–71; and Roger B. Manning, "Styles of Command in Seventeenth Century English Armies," *Journal of Military History* 71, no. 3 (July 2007): 671–99, esp. 672–73, 687.

23 Craig Dionne, "Fashioning Outlaws: The Early Modern Rogue and Urban Culture," and Salamon, "Vagabond Veterans," in Dionne and Mentz, *Rogues and Early Modern English Culture*, 1–2, 7, 33–34, 267–68, 272–73; Harrison, *Elizabethan England*, 127–28; Beier, *Masterless Men*, 93–94; Claire S. Schen, "Constructing the Poor in Early Seventeeth-Century London," *Albion: A Quarterly Journal Concerned with British Studies* 32, no. 3 (Autumn 2000): 450–63, esp. 453.

24 As Hakluyt wrote, "If frontier wars there chance to arise, and if thereupon we shall fortify, yet will occasion the training up of our youth in the discipline of war and make a number fit for the service of the wars and for the defense of our people there and at home"; see *Discourse of Western Planting*, 119–20, 123. ［ハクルート『西方植民論』、前同］ Other colonial promoters argued that colonial service was a substitute for military service and that it would provide the necessary discipline for the idle poor. Christopher Carleill made this argument based on his own military experience in the Low Country wars; see Carleill, *A Breef and Sommarie Discourse upon the Entended Voyage to the Hethermoste Partes of America: Written by Captain Carleill in April 1583* (1583), 6. For soldiers as cannon fodder, see Salamon, "Vagabond Veterans," 271; and Sweet, "Economy, Ecology, and Utopia in Early Colonial Promotional Literature," 408–9.

25 No scholar has recognized the connection between training the children of the poor and treating them as recycled waste.

26 On the laws passed against defecating in the streets and punishments for blasphemy and stealing vegetables, see "Articles, Lawes, and Orders, Divine, Politique, and Martiall for the Colony of Virginia: First Established by Sir Thomas Gates. . . . May 24, 1610," in *For the Colonial in Virginia Britannia. Lavves, Diuine, Morall, and Martiall, &c. Alget qui non Ardet. Res nostrae subinde non sunt, quales quis optaret, sed quales esse possunt* (London, 1612), 10–13, 15–17; also see Kathleen M. Brown, *Foul Bodies: Cleanliness in Early America* (New Haven, CT: Yale University Press, 2009), 61–64. On the man murdering and eating his wife, see *A True Declaration of the Estate of the Colonie in Virginia, with a Confutation of Such Scandalous Reports as have Tended to the Disgrace of So Worthy an Enterprise* (London, 1610), 16; and John Smith, *The Generall Historie of Virginia, New England, and the Summer Isles* . . . (1624), in Barbour, *The Complete Works of Captain John Smith*, 2:232–33; Donegan, *Seasons of Misery*, 103.

27 Donne, *A Sermon upon the Eighth Verse of the First Chapter of the Acts of the Apostles*, 19.

28 Karen Ordahl Kupperman, "Apathy and Death in Early Jamestown," *Journal of American History* 66, no. 1 (June 1979): 24–40, esp. 24–27, 31; and Wesley Frank Craven, *The Virginia Company of London, 1606–1624* (Williamsburg: Virginia 350th Anniversary Celebration Corporation, 1957), 22–28, 32–34. On the promise of finding gold, see David Beers Quinn, *England and the Discovery of America, 1481–1620* (New York: Knopf, 1974), 482–87. For a popular satire about the lure of quick riches and gold chamber pots to be found in the New World, see George Chapman, *Eastward Hoe* (London, 1605; reprint, London: The Tudor Facsimile Texts, 1914), 76. For "sluggish idlenesse," see *A True Declaration of the Estate of the Colonie* (1610), 19. For "beastiall sloth" and "idleness," see Virginia Company, *A True and Sincere Declaration of the Purpose and End of the Plantation Begun in Virginia* (London, 1610), 10.

29 Hakluyt, *Discourse on Western Planting*, 28. ［ハクルート『西方植民論』、前同］ Hakluyt took this idea from Gilbert, who advised having the children of the poor trained in "handie craftes" so they could make "trifles" to be sold to the Indians; see Gilbert, "A Discourse of a Discoverie for a New Passage to Cataia" (1576), in Quinn, *The Voyages and Colonial Enterprises of Sir Humphrey Gilbert*, 1:161. Also see Canny, "The Permissive Frontier," 25, 27–29, 33. And on prohibitions against gaming, rape, and trading with sailors, see "Articles, Lawes, and Orders . . . Established by Sir Thomas Gates," 10–11, 13–14.

30 On Thomas More's *Utopia* (1516), ［モア『ユートピア』、平井正穂訳、岩波文庫］ see Joan Thirsk, "Making a Fresh Start: Sixteenth-Cen-

barbarians"; see John Seelye, *Memory's Nation: The Place of Plymouth Rock* (Chapel Hill: University of North Carolina Press, 1998), 75.

18 On English notions of eliminating the poor, see E. P. Hutchinson, *The Population Debate: The Development of Conflicting Theories up to 1900* (Boston: Houghton Mifflin, 1967), 37, 44, 52, 123–24; Timothy Raylor, "Samuel Hartlib and the Commonwealth of Bees," in *Culture and Cultivation in Early Modern England*, eds. Michael Leslie and Timothy Raylor (New York: St. Martin's, 1992), 106.

19 Abbot Emerson Smith, *Colonists in Bondage: White Servitude and Convict Labor in America, 1607–1776* (Chapel Hill: University of North Carolina Press, 1947): 5, 7, 12, 20, 67–85, 136–51; A. Roger Ekirch, "Bound for America: A Profile of British Convicts Transported to the Colonies, 1718–1775," *William and Mary Quarterly* 42, no. 2 (April 1985): 184–222; Abbott Emerson Smith, "Indentured Servants: New Light on Some of America's 'First' Families," *Journal of Economic History* 2, no. 1 (May 1942): 40–53; A. L. Beier, *Masterless Men: The Vagrancy Problem in England, 1560–1640* (London: Methuen, 1985), 162–64; Tomlins, *Freedom Bound*, 21, 76–77; Farley Grubb, "Fatherless and Friendless: Factors Influencing the Flow of English Emigrant Servants," *Journal of Economic History* 52, no. 1 (March 1992): 85–108. On "Egyptian bondage," see Marilyn C. Baseler, *"Asylum for Mankind": America, 1607–1800* (Ithaca, NY: Cornell University Press, 1998), 99–101. On "Little Bess" Armstrong, see Emma Christopher, *A Merciless Place: The Fact of British Convicts After the American Revolution* (New York: Oxford University Press, 2010), 32.

20 Baseler, *"Asylum for Mankind,"* 35–40, 75; Tomlins, *Freedom Bound*, 504; Beier, *Masterless Men*, 95; Sir Josiah Child, *A Discourse on Trade* (London, 1690), 172–73; John Combs, "The Phases of Conversion: A New Chronology for the Rise of Slavery in Virginia," *William and Mary Quarterly* 68, no. 3 (July 2011): 332–60.

✹ Chapter One

1 See Peter C. Mancall, *Hakluyt's Promise: An Elizabethan's Obsession for an English America* (New Haven, CT: Yale University Press, 2007), 3, 6–8, 25, 31, 38, 40, 102.

2 Ibid., 8, 63, 76–77; D. B. Quinn, ed., *The Voyages and Colonizing Enterprises of Sir Humphrey Gilbert*, 2 vols. (London: Hakluyt Society, 1940), 1:102; Kenneth R. Andrews, *Trade, Plunder and Settlement: Maritime Enterprise and the Genesis of the British Empire, 1480–1630* (Cambridge: Cambridge University Press, 1984), 30–31, 200–201, 218, 294–99.

3 Mancall, *Hakluyt's Promise*, 3–4, 92–100, 158, 184–94, 218, 221–31; E. G. R. Taylor, "Richard Hakluyt," *Geographical Journal* 109, no. 4–6 (April–June 1947): 165–71, esp. 165–66; Kupperman, *Captain John Smith*, 3–4, 267. On Smith's borrowing from Hakluyt, see David B. Quinn, "Hakluyt's Reputation," in *Explorers and Colonies: America, 1500–1625* (London and Ronceverte, WV: Hambledon Press, 1990), 19.

4 Mancall, *Hakluyt's Promise*, 72, 92, 128–29, 139, 183–84; David B. Quinn and Alison M. Quinn, eds., *A Particular Discourse Concerning the Greate Necessite and Manifolde Commodyties That Are Like to Growe to This Realm of Englande by the Westerne Discoveries Lately Attempted. Written in the Year 1584. By Richard Hackluyt of Oxforde. Known as Discourse of Western Planting* (London: Hakluyt Society, 1993), xv, xxii. Hereafter cited as "Discourse of Western Planting."

5 Hakluyt, *Discourse of Western Planting*, 8, 28, 31, 55, 116, 117, 119.［ハクルート『西方植民論』、『大航海時代叢書』II -18 所収、越智武臣訳、岩波書店］Michel de Montaigne's "Of Cannibals" (1580) was translated into English in 1603; see Lynn Glaser, *America on Paper: The First Hundred Years* (Philadelphia: Associated Antiquaries, 1989), 170–73; and Scott R. MacKenzie, "Breeches of Decorum: The Figure of a Barbarian in Montaigne and Addison," *South Central Review*, no. 2 (Summer 2006): 99–127, esp. 101–3.

6 For Virginia as Raleigh's bride, see "Epistle Dedicatory to Sir Walter Ralegh by Richard Hakluyt, 1587," in *The Original Writings and Correspondence of the Two Richard Hakluyts*, ed. E. G. R. Taylor, 2 vols. (London: Hakluyt Society, 1935), 2:367–68; also see Mary C. Fuller, *Voyages in Print: English Travel to America, 1576–1624* (New York: Cambridge University Press, 1995), 75.

7 Tomlins, *Freedom Bound*, 114–18, 135–38, 143–44; and John Smith, *Advertisements: Or, The Pathway to Experience to Erect a Plantation* (1831), in *The Complete Works of Captain John Smith (1580–1631)*, ed. Philip L. Barbour, 3 vols. (Chapel Hill: University of North Carolina Press, 1986), 3:290.

8 For the manure reference, see Smith, *The Generall Historie of Virginia, New England, and the Summer Isles . . .* (1624) and John Smith, *Advertisements for the Unexperienced Planters of New England, or Any Where* (1631) in Barbour, *The Complete Works of Captain John Smith*, 2:109; 3:276. According to the *Oxford English Dictionary*, "waste" when connected to the land meant several things: (1a) uninhabited or desolate region, desert, or wilderness; (1b) a vast expanse of water, empty space in the air, or land covered with snow; (2) a piece of land not cultivated or used for any purpose, lying in common (not owned privately); and (3) a devastated region. The legal definition is "any unauthorized act of a tenant for a freehold estate not of inheritance, or for any lesser interest, which tends to the destruction of the tenement, or otherwise to the injury of the inheritance." This means a tenant, not an owner of the land, who damages the property and decreases its value. "Wasteland" referred to land in its uncultivated or natural state, or land (usually surrounded by developed land) "not used or unfit for cultivation or building and allowed to run wild."

9 Hakluyt, *Discourse of Western Planting*, 115.［ハクルート『西方植民論』、前同］For the language of agrarian improvement, see Andrew McRae, *God Speed the Plough: The Representation of Agrarian England, 1500–1660* (Cambridge: Cambridge University Press, 1996), 13, 116, 136–37, 162, 168.

10 Hakluyt, *Discourse of Western Planting*, 28［上同］; also see the elder Hakluyt's "Inducements to the Liking of the Voyage Intended Toward Virginia" (1585), in Taylor, *The Original Writings*, 2:331; and McRae, *God Speed the Plough*, 168. Timothy Sweet, "Economy, Ecology, and Utopia in Early Colonial Promotional Literature," *American Literature* 71, no. 3 (September 1999): 399–427, esp. 407–8. Hakluyt's list of tasks (down to plucking and packing feathers) was borrowed from George Peckham's *A True Reporte of Late Discoveries and Possession, Taken in the Right of the Crowne of Englande of the Newfound Landes: By That Valiant and Worthye Gentleman, Sir Humphrey Gilbert, Knight*. Hakluyt later included the relevant passage: Richard Hakluyt, *The Principall Navigations Voiages and Discoveries of the English Nation* (London, 1589), eds. David Beers Quinn and Raleigh Ashlin Skelton, 2 vols. (reprinted facsimile, London: Cambridge University Press, 1965), 2:710–11.

11 Hakluyt, *Discourse of Western Planting*, 28, 120, 123–24.［上同］On using the colonies to unburden England of idle children of the poor, see Hakluyt the elder, "Inducements for Virginia," in Taylor, *The Original Writings*, 2:330; Gilbert, "A Discourse of a Discoverie for a New Passage to Cataia" (London, 1576), in Quinn, *The Voyages and Colonizing Enterprises of Sir Humphrey Gilbert*, 1:161; and Peckham, "A True Report," in Hakluyt, *Principall Navigations*, 2:710–11.

12 Hakluyt, *Discourse of Western Planting*, 28.［上同］

13 John Cramsie, "Commercial Projects and the Fiscal Policy of James VI and I," *Historical Journal* 43, no. 2 (2000): 345–64, esp. 350–51, 359.

14 Walter I. Trattner, "God and Expansion in Elizabethan England: John Dee, 1527–1583," *Journal of the History of Ideas*, vol. 25, no. 1 (January–March 1964): 17–34, esp. 26–27; Beier, *Masterless Men*, 56, 149–50, 168.

15 Hakluyt, *Discourse of Western Planting*, 28.［ハクルート『西方植民論』、前同］Gilbert made the same argument of settling needy men instead of sending them to the gallows; see "A Discourse of a Discoverie for a New Passage to Cataia," in Quinn, *The Voyages and Colonizing Enterprises of Sir Humphrey Gilbert*, 1:160–61. Under Roman law, men, women, and children could become slaves if they were captives of war. Captives were given their lives in return for serving as slaves; see Peter Temin, "The Labor Market of the Early Roman Empire," *Journal of Interdisciplinary History* 34, no. 4 (Spring

原　註

✹ Preface

1 Harper Lee, *To Kill a Mockingbird* (New York: HarperCollins, 1960; anniversary publication, 1999), 194–95.［リー『アラバマ物語』、菊池重三郎訳、暮しの手帖社］

2 See twelve photos in "KKK Rallies at South Carolina Statehouse in Defense of Confederate Flag," NBC News, July 19, 2015; and "Paula Deen: 'Why, of Course, I Say the N-Word, Sugar. Doesn't Everybody?,' " Thesuperficial.com, July 19, 2013; and for calling Deen a "66-year-old, White trash, trailer park, backwards-ass, country-fried peckerwood," see "Paula Deen's Southern-Fried Racist Fantasies," *The Domino Theory by Jeff Winbush*, June 20, 2013.

✹ Introduction

1 Charles Murray, *Coming Apart: The State of White America, 1960–2010* (New York: Crown Forum, 2012), 4–5.［マレー『階級「断絶」社会アメリカ：新上流と新下流の出現』、橘明美訳、草思社］

2 *The Adventures of Ozzie and Harriet* first aired in 1952, while *The Honeymooners* began in 1951. Murray, *Coming Apart*, 8–9.［上同］

3 See Francis J. Bremer, "Would John Adams Have Called John Winthrop a Founding 'Father'?," *Common-Place* 4, no. 3 (April 2004).

4 Sacvan Bercovitch, "How the Puritans Won the American Revolution," *Massachusetts Review* 17, no. 4 (Winter 1976): 597–630, esp. 603. Also see Michael P. Winship, "Were There Any Puritans in New England?," *New England Quarterly* 74, no. 1 (March 2001): 118–38, esp. 131–38; and Peter J. Gomes, "Pilgrims and Puritans: 'Heroes' and 'Villains' in the Creation of the American Past," *Proceedings of the Massachusetts Historical Society* 95 (1983): 1–16, esp. 2–5, 7.

5 The final version of the monument was eighty-one feet high. See James F. O'Gorman, "The Colossus of Plymouth: Hammatt Billings National Monument to the Forefathers," *Journal of the Society of Architectural Historians* 54, no. 3 (September 1995): 278–301.

6 Roger Cushing Aikin, "Paintings of Manifest Destiny: Mapping a Nation," *American Art* 14, no. 3 (Autumn 2000): 84–85.

7 Matthew Dennis, *Red, White, and Blue Letter Days: An American Calendar* (Ithaca, NY: Cornell University Press, 2002), 85, 87, 101; Ann Uhry Abrams, *The Pilgrims and Pocahontas: Rival Myths of American Origin* (Boulder, CO: Westview Press, 1999), 5, 26. Also see Flora J. Cooke, "Reading Lessons for Primary Grades: History, Series I, 'The Pilgrims,' " *Course of Study* 1, no. 5 (January 1901): 442–47; and John H. Humins, "Squanto and Massasoit: A Struggle for Power," *New England Quarterly* 60, no. 1 (March 1987): 54–70.

8 On the aura of mystery surrounding Roanoke, see Kathleen Donegan, *Seasons of Misery: Catastrophe and Colonial Settlement in Early America* (Philadelphia: University of Pennsylvania Press, 2014), 23–24, 67; Karen Ordahl Kupperman, "Roanoke Lost," American Heritage 36, no. 5 (1985): 81–90.

9 In 1803, William Wirt, a future U.S. attorney general and a protégé of Thomas Jefferson, called Pocahontas the "patron deity" of Jamestown. George Washington Parke Custis, the grandson of Martha Washington, wrote the play *Pocahontas* in 1830. Mary Virginia Wall, in her play *The Daughter of Virginia Dare* (1908), made Dare the consort of Powhatan and the mother of Pocahontas. Southern writer Vachel Lindsay published his ode to Virginia as America's birthplace, "Our Mother, Pocahontas," in 1917. See Jay Hubbard, "The Smith-Pocahontas Story in Literature," *Virginia Magazine of History and Biography* 65, no. 3 (July 1957): 275–300.

10 See Edward Buscombe, "What's New in the New World?," *Film Quarterly* 62, no. 3 (Spring 2009): 35–40; Michelle LeMaster, "Pocahontas: (De)Constructing an American Myth," *William and Mary Quarterly* 62, no. 4 (October 2005): 774–81; Kevin D. Murphy, "Pocahontas: Her Life and Legend: An Exhibition Review," *Winterthur Portfolio* 29, no. 4 (Winter 1994): 265–75. On women and nature, see Sherry Ortner, "Is Female to Male as Nature Is to Culture?" in *Women, Culture, and Society*, eds. Michelle Zimbalist Rosaldo and Louise Lamphere (Stanford, CA: Stanford University Press, 1974), 68–87; Anne Kolodny, *The Land Before Her: Fantasy and Experience of the American Frontier, 1630–1860* (Chapel Hill: University of North Carolina Press, 1984): 3–5; and Susan Scott Parrish, "The Female Opossum and the Nature of the New World," *William and Mary Quarterly* 54, no. 3 (July 1997): 476, 502–14.

11 Hubbard, "The Smith-Pocahontas Story," 279–85. Smith mentioned the rescue briefly in his first book, published in 1608, but only elaborated on the episode in his 1624 *Generall Historie of Virginia, New England, and the Summer Isles . . .*; see Karen Ordahl Kupperman, ed., *Captain John Smith: A Select Edition of His Writings* (Chapel Hill: University of North Carolina Press, 1988), 57–73. Ralph Hamor described her as "one of rude education, manners barbarous and cursed generation," and he saw the union as "meerely for the good and honour of the Plantation"; see Hamor, *A True Discourse of the Present State of Virginia* (London, 1615; reprint ed., Richmond: Virginia Historical Society, 1957), 24, 63. On the popular Scottish ballad, see Rayna Green, "The Pocahontas Perplex: The Image of Indian Women in American Culture," *Massachusetts Review* 16, no. 4 (Autumn 1975): 698–714, esp. 698–700.

12 Buscombe, "What's New in the New World?," 36; Murphy, "Pocahontas: Her Life and Legend," 270.

13 Nancy Shoemaker, "Native-American Women in History," *OAH Magazine of History* 9, no. 4 (Summer 1995): 10–14; and Green, "The Pocahontas Perplex," 704.

14 On the use of coercion and punishment to uphold the lower ranks of labor force (mostly children and adolescents) in New England, see Barry Levy, *Town Born: The Political Economy of New England* (Philadelphia: University of Pennsylvania Press, 2013), 61–72. Even William Bradford in his *Of Plymouth Plantation* attempted to erase the dead by using political arithmetic to show that the "increase" of children outnumbered the dead; see Donegan, *Seasons of Misery*, 119, 135–36, 138, 153–54; Richard Archer, *Fissures in the Rock: New England in the Seventeenth Century* (Hanover and London: University of New Hampshire Press, 2001), 44, 50, 59–63.

15 Donegan, *Seasons of Misery*, 70, 74–76, 78, 100–103 (cannibalism), 108–10. On the English sharing the Spanish desire for gold, see Constance Jordan, "Conclusion: Jamestown and Its North Atlantic World," in *Envisioning an English Empire: Jamestown and the Making of the North Atlantic World*, eds. Robert Appelbaum and John Wood Sweet (Philadelphia: University of Pennsylvania Press, 2005), 280–81.

16 François Weil, "John Farmer and the Making of American Genealogy," *New England Quarterly* 80, no. 3 (September 2007): 408–34, esp. 431; Francesca Morgan, "Lineage as Capital: Genealogy in Antebellum New England," *New England Quarterly* 83, no. 2 (June 2010): 250–82, esp. 280–82; Michael S. Sweeney, "Ancestors, Avotaynu, Roots: An Inquiry into American Genealogical Discourse" (Ph.D. dissertation, University of Kansas, 2010), 41.

17 Francis J. Bremer, "Remembering—and Forgetting—Jonathan Winthrop and the Puritan Founders," *Massachusetts Historical Review* 6 (2004): 38–69, esp. 39–42. On legal standing, see Christopher Tomlins, *Freedom Bound: Law, Labor, and Civic Identity in Colonizing English America, 1580–1865* (New York: Cambridge University Press, 2010), 119–20. On the new City Hall, see David Glassberg, "Public Ritual and Cultural Hierarchy: Philadelphia Civic Celebration at the Turn of the Century," *Pennsylvania Magazine of History and Biography* 107, no. 3 (July 1983): 421–48, esp. 426–29. On Plymouth Rock, see Abrams, *The Pilgrims and Pocahontas*, 6; and Gomes, "Pilgrims and Puritans," 6. In his 1820 oration, the lawyer Daniel Webster described the rock as the "first lodgement, in a vast extent of country, covered with a wilderness, and peopled by roving

マ

ヤ

✺一般索引

ア

索　引

✺〈種族語〉索引

✺

ナンシー・アイゼンバーグ(Nancy Isenberg)

ルイジアナ州立大学歴史学部教授。歴史学博士。著書に『堕ちた創始者：アーロン・バーの生涯』*Fallen Founder : The Life of Aaron Burr*（ロサンゼルス・タイムズ出版賞最終候補）、『アメリカ南北戦争以前における性と市民権』*Sex and Citizenship in Antebellum America*（初期アメリカ史家協会賞）などがある。

✺

渡辺将人(わたなべ・まさひと)

北海道大学大学院准教授、博士（政治学）。『評伝 バラク・オバマ』（集英社）、『現代アメリカ選挙の変貌』（名古屋大学出版会、大平正芳記念賞）、『アメリカ政治の壁』（岩波新書）、『見えないアメリカ』（講談社現代新書）、カミングス『アメリカ西漸史』（東洋書林、日本翻訳出版文化賞）など著訳書多数。

✺

富岡由美(とみおか・ゆみ)

翻訳家。訳書に英国王立地理学協会編『世界の探検大百科』、ハート＝デイヴィス編『世界を変えた技術革新大百科』（共に日本語版監修・荒俣宏）、ハーヴェイ『黒の文化史』（以上、東洋書林）などがある。

LIST OF ILLUSTRATIONS:

＊For credits not listed below; See the description of the corresponding figure＊⑩ The Mapp of Lubberland or the Ile of Lazye (ca. 1670), British Print, #1953.0411.69AN48846001, The British Museum, London, England / ⑱ Encounter Between a Corncracker and an Eelskin, from Davy Crockett's Almanack of 1837, American Antiquarian Society, Worcester, Massachusetts / ⑳ 130 "Old Sug," from John Robb's Streaks of Squatter Life (1847), American Antiquarian Society, Worcester, Massachusetts / ㉔ "The Bad Bird and the Mudsill," Frank Leslie's Illustrated Newspaper, February 21, 1863 / ㉘ Chart used at a fair in Kansas promoting fitter families and eugenic marriages (ca. 1929), crapbook, American Eugenic Society Papers, American Philosophical Society, Philadelphia, Pennsylvania / ㉙ 199 The 10,000 Hookworm Family, 201 H Alabama, Hookworm, Box 42, Folder 1044, #1107, 1913, Rockefeller Archive Center, Sleepy Hollow, New York / ㉚ Photograph of Henry McLean, age twenty-three, infected with hookworm, and W. C. Riddich, age twenty-one, not infected, 236 H North Carolina, Box 53, Folder 1269, #236 Vashti Alexander County, North Carolina, May 29, 1913, Rockefeller Archive Center, Sleepy Hollow, New York / ㉛ Carrie Buck and her mother, Emma (1924), Arthur Estabrook Collection, M. E. Grenander Department of Special Collections and Archives, University of Albany Libraries, Albany, New York / ㉜ Eroded land on tenant's farm, Walker County, Alabama (Arthur Rothstein, 1937), LC-USF34-025121, Library of Congress Prints and Photographs Division, Washington, DC / ㉝ Homestead, Penderlea, North Carolina (1936), LC-USF33-000717- M2, Library of Congress Prints and Photographs Division, Washington, DC / ㊱ The Beverly Hillbillies as American Gothic on the cover of the Saturday Evening Post, February 2, 1963 / ㊳ Trailer trash as squatters in Winkelman, Arizona (1950), Photograph Collection of the History and Archives Division of the Arizona State Library, Archives and Public Records, Phoenix, Arizona / ㊴ Will Counts's photograph of Elizabeth Ann Eckford and Hazel Bryan in Little Rock, Arkansas, September 4, 1957, Will Counts Collection, Indiana University Archives / ㊵ Taylor Thornberry, Life magazine, September 23, 1957, Francis Miller/ The LIFE Picture Collection/Getty Images / ㊶ LBJ visiting Appalachian families for the Tour on Poverty (1963), #215-23-64, Inez Kentucky, LBJ Library Photograph by Cecil Stoughton, Lyndon Baines Johnson Library, Austin, Texas / ㊷ Dolly Parton stand-up poster from Nashville, Tennessee, featured in Roy Blount Jr., "Country's Angels," Esquire, March 1977 / ㊸ Tammy Faye Bakker on the cover of her album Don't Give Up (1985) / ㊹ Bill Maxwell's article "Seen as 'White Trash': Maybe Some Hate Clinton Because He's Too Southern," Wilmington, North Carolina, Star-News, June 19, 1994 / ㊺ Caricature of Sarah Palin in overalls by Steve Brodner in The New Yorker, December 7, 2009 / ㊻ Ritz Brothers from the Hollywood movie Kentucky Moonshine (1938) and the cast of A&E's reality TV show Duck Dynasty (2015)

ホワイト・トラッシュ

アメリカ低層白人の四百年史

✺

2018年10月31日　第1刷発行（本体480頁）

［著］ナンシー・アイゼンバーグ／［監訳］渡辺将人／［訳］富岡由美

［装丁］桂川潤

［発行人］成瀬雅人

［発行所］株式会社 東洋書林

〒162-0004 東京都新宿区四谷4-24 瀧澤ビル

TEL 03-6274-8756・FAX 03-6274-8759

［印刷］シナノ パブリッシング プレス

ISBN978-4-88721-825-3／©2018 Masahito Watanabe, Yumi Tomioka ／printed in Japan

定価はカバーに表示してあります